"研究生学术论文写作"丛书

汉语言文字学研究论文写作
案例与方法

◎ 主　编　丁治民　杨逢彬
◎ 副主编　林素娥　凌　锋

Paper Writing

上海大学出版社

图书在版编目(CIP)数据

汉语言文字学研究论文写作：案例与方法 / 丁治民，杨逢彬主编；林素娥，凌锋副主编. —上海：上海大学出版社，2022.11
（研究生学术论文写作）
ISBN 978-7-5671-4553-5

Ⅰ.①汉… Ⅱ.①丁… ②杨… ③林… ④凌… Ⅲ.①汉语—语言学—论文—写作②汉字—文字学—论文—写作 Ⅳ.①H1

中国版本图书馆 CIP 数据核字(2022)第 215233 号

责任编辑　贾素慧
封面设计　缪炎栩
技术编辑　金　鑫　钱宇坤

汉语言文字学研究论文写作：案例与方法
丁治民　杨逢彬　主编
上海大学出版社出版发行
（上海市上大路 99 号　邮政编码 200444）
（https://www.shupress.cn）发行热线 021-66135112
出版人　戴骏豪

*

南京展望文化发展有限公司排版
上海华业装潢印刷厂有限公司印刷　各地新华书店经销
开本 710mm×1000mm　1/16　印张 30　字数 506 千
2022 年 11 月第 1 版　2022 年 11 月第 1 次印刷
ISBN 978-7-5671-4553-5/H·408　定价 62.00 元

版权所有　侵权必究
如发现本书有印装质量问题请与印刷厂质量科联系
联系电话：021-56475919

"研究生学术论文写作"丛书编委会

主　任　汪小帆

副主任　刘文光　李常品　曾桂娥

委　员（按姓氏笔画为序）
　　　　　于瀛洁　王廷云　王远弟　毛建华
　　　　　卢志国　田立君　闫坤如　李凤章
　　　　　沈　荟　张勇安　张新鹏　姚　萱
　　　　　姚　蓉　聂永有　黄晓春　曾　军

本书编委会

主　编　丁治民　杨逢彬

副主编　林素娥　凌　锋

专家委员会　（按姓氏笔画为序）
　　　　　　马重奇（福建师范大学）
　　　　　　王贵元（中国人民大学）
　　　　　　刘　利（北京语言大学）
　　　　　　孙玉文（北京大学）
　　　　　　李无未（厦门大学）
　　　　　　杨永龙（中国社会科学院语言研究所）
　　　　　　杨宝忠（河北大学）
　　　　　　杨逢彬（上海大学）
　　　　　　张民权（中国传媒大学）
　　　　　　张涌泉（浙江大学）
　　　　　　陈伟武（中山大学）
　　　　　　孟蓬生（西南大学）
　　　　　　洪　波（首都师范大学）
　　　　　　徐正考（吉林大学）
　　　　　　黄德宽（清华大学）
　　　　　　董志翘（北京语言大学）
　　　　　　蒋冀骋（湖南师范大学）
　　　　　　鲁国尧（南京大学）
　　　　　　曾晓渝（南开大学）

编　委（按姓氏笔画为序）

王立军（北京师范大学）
王贵元（中国人民大学）
方一新（浙江大学）
乔全生（陕西师范大学）
华学诚（北京语言大学）
刘　钊（复旦大学）
刘晓南（复旦大学）
孙玉文（北京大学）
李守奎（清华大学）
李运富（郑州大学）
杨　军（苏州大学）
汪维辉（浙江大学）
张涌泉（浙江大学）
林素娥（上海大学）
郑贤章（湖南师范大学）
徐时仪（上海师范大学）
凌　锋（上海大学）
黄笑山（浙江大学）
黄德宽（清华大学）
董秀芳（北京大学）
储泰松（安徽师范大学）
鲁国尧（南京大学）

总　序

教育部办公厅《关于进一步规范和加强研究生培养管理的通知》明确指出，研究生培养单位要加强学术规范和学术道德教育，把论文写作指导课程作为必修课纳入研究生培养环节。上海大学积极响应，安排各个学院组织开设相关课程并纳入研究生培养环节，取得良好效果。

为了进一步提升研究生培养质量，上海大学研究生院和上海大学出版社联合策划了"研究生学术论文写作"丛书，作为研究生学习学术写作的指导用书。本丛书内容涵盖文科、理科、工科、医学、经济、管理等多个学科，邀请各学科教授及学术骨干领衔担任主编，并根据学科特点，采用以下两种编纂模式：一是对已发表的高水平论文进行综合分析，归纳出写作要点；二是在已发表的论文案例基础上，论文原作者解析撰文过程和注意事项。这种"案例＋方法"的编纂模式，通过论文作者现身说法的方式，从问题意识、论证方法、创新之处等方面揭示论文的成文之道，为研究生提供可参考、可借鉴的学术写作范例。

上海大学老校长钱伟长生前指出，研究生培养分为两个阶段，一个是课程学习阶段，另一个是论文写作阶段。钱校长非常重视研究生学术论文写作能力的培养，他曾经在研究生开学典礼的讲话中指出："论文很重要。写论文以前，你首先要到第一线找到人家的'肩膀'在哪儿。"本丛书的编纂，践行钱伟长教育思想，探索案例和方法相结合的教学途径，为研究生提供学术研究的"肩膀"，为各学科研究生提供学术论文写作的方法指导，也可为青年教师撰写学术论文提供思路启发。

我们真诚地希望使用本丛书的教师、学生以及广大读者对其中存在的问题提出修改意见或建议，交流互鉴，共彰学术。

"研究生学术论文写作"丛书编委会

2021 年 9 月

前　言

一、为何要编写这部教材

2019年3月，教育部办公厅印发了《关于进一步规范和加强研究生培养管理的通知》(下文简称《通知》)。《通知》等文件的陆续颁布，标志着我国研究生的培养不断向规范化和科学化的方向发展。《通知》等文件对研究生的科研质量，特别是对研究生毕业论文的写作质量提出了更高的要求，同时也为高校对研究生的培养指明了方向。

我国多数高校在本科阶段并未开设学术论文写作的有关课程，所以低年级的研究生在刚刚接触学术论文写作时，往往面临找不到选题方向、理不清写作思路、甚至连最基本的论文写作规范都不清楚的问题。教师在指导新入学研究生写论文的时候不得不先花费大量的时间向学生讲解学术论文写作的基本知识，并纠正学生写作中出现的格式错误。基础关不过，学生就很难在短时间内了解科研"套路"，更不用说上手科研项目了，这会直接影响到学生的科研热情。当下各高校越来越意识到系统性地开设一门研究生论文写作基础课程的重要性，在此背景下，上海大学研究生院要求每个学院面向硕士研究生开设一门论文写作课程。

文学院中文系积极响应号召，自2021年秋季学期开始，组织师资力量面向各个二级学科方向的硕士研究生分别开设了"人文研究学术规范与论文写作"这门课程。汉语言文字学专业的写作课由我统筹，由语言学教研室的五位老师共同担任主讲教师，每位老师讲授一个汉语言文字学论文写作的专题。一个学期下来，授课教师们反映，由于缺少教材，在讲授这门课程的时候出现各个老师讲授的内容有重复、讲授的知识点有遗漏的现象。市面上的论文写作教学类教材大多属于通适型教材,其特点是不区分具体专业,只是概括性地介绍学术论文的选题方法、写作思路以及格式规范等内容。汉语言文字学学科在长期的发展过程中已形成了一些自己学科特有的研究方法和写作范式,而这些内容无法在现有的教材中学到,所以单独出版一部以汉语言文字学学科论文的写作范例与方法为主要内容的教材是很有必要的。

受研究生院之托,由我来组织编写《汉语言文字学研究论文写作:案例与方法》,以更好地满足学生的学习需求和教师的教学需求。

二、教材的编排体例及学习方法

教材收录的文章涵盖了汉语言文字学学科研究领域内的各个方向(文字、音韵、训诂等),其中文字学的文章可分为研究古文字的、俗字的、现代规范字和疑难字的;音韵学的文章可分为研究上古音、中古音的、近代音以及方音的;训诂学的文章可分为对单字的和有关词的训释的,这些文章可以满足不同研究方向的同学的学习需求。

教材编排采用"案例+方法"的编排模式,各位专家学者都推荐了自己著作中最能展现自身科研水平、语言最为规范凝练、且对研究生论文写作有启发意义的文章编入教材。每篇文章之后所附的作者的复盘与导读,专家们结合自身经历给研究生提出如何发现、解决问题的建议。读者可以先阅读论文,再阅读文后所附的作者复盘与导读,总结作者的写作思路,并尝试将其应用到自己的论文当中。

拿到教材,可以先将教材中的文章通读一遍,大致了解专家们的研究领域和研究方法。此后便可选择与自己的研究方向相契合的文章逐字逐句地精读。要边读边思考:作者的研究问题从哪里来?文章的结构为什么这样安排?这篇文章给自己的写作带来了哪些启发?这些文章都是学者们精研多年的成果,故而对一些基础性的知识,专家们可能不会在某一篇文章中讲得很详细,所以在阅读过程中,可以对疑难处作圈点标记,针对这些掌握得还不够好的问题,可以去寻找该作者或其他学者在以往论著中对相关问题的研究结论,了解了基本的理论再回头看这篇文章,一定会有新的收获。这样既可以很好地体悟文章的写作思路,又能够通过广泛阅读与文章所述问题相关的若干文献,从而系统地了解该领域的整体研究状况,也会对自己学术视野拓展起到巨大的作用。

三、教材的特色与优势

这部教材凝聚了各位学者的汗水与智慧,适合各年级、各层次水平的研究生阅读。刚进入研究生学习阶段的读者可以学习基本的写作规范,有一定写作能力的研究生读者可以拓宽视野,在短时间内了解汉语言文字学学科近年来学界的热点研究问题,并学习学界权威学者的写作方法。例如《词汇扩散与文献传本异文》一文就用到了当下在语言学界较有影响力的"词汇扩散理论",通过阅读徐时仪先生的这篇文章,我们就可以了解"词汇扩散理论"是什么,还可以学会如何正确地运用这一理论来进行研究。各位学者在研究材料的选择上也同样有非常多的值得我们去学习的地方。黄德宽先生的《汉字构形方式:一个历时态演进的系统》通过对殷商时期甲骨文、《说文解字》记载的小篆以及《六书略》记载的楷书进行统计与分析,梳理了汉字结构类型的分布情况,这篇文章在典型可靠材料基础上提出解决问题的理论;张涌泉先生的《说"卜煞"》对敦煌文献进行了细致地发掘,通过大量鲜活实例的分析,同样总结出了极具说服力的观点。多研读这些学者的文章,可以帮助我们更高效地掌握研究与写作的方法。

作者们在学界普遍具有广泛的影响力,教材收录的这些文章都是他们在各自领域深耕多年的重要成果,凝结了他们的心血与智慧,其后又通过经年的细致雕琢与打磨,才得以面世。这些文章的发表都曾在学界引起过巨大反响,且对汉语言文字学研究深度的推进做出了重要贡献,所以收录这些文章在极大程度上保证了教材的质量。阅读和学习这些文章能让研究生的写作一开始就站在一个很高的起点,从而少走弯路。在作者复盘与导读部分,各位专家也提出了自己关于论文写作的一些看法,这些看法都很有启发指导意义,读者应仔细阅读体会。读者若能在学习写作的过程中不断开拓视野、博采众家之长,再加之以持续地勤奋练习,假以时日,一定可以达到写出高质量的学术论文的目的。

四、余论

很多学生在刚接触科研时经常会有这样一种顾虑,即本科阶段学习的知识都是记忆性的,少有精深的语言学理论,到了研究生阶段是否先要花费一段时间把本领域内的所有理论都掌握了,然后再开展研究呢?对于这个问题,我们的看法是,先去了解所研究领域的基本理论和核心概念是有必要的,否则连学科范围内最基本的一些东西都不清楚,研究就无从下手了。但在了解了领域内基本的概念后就可以开始着手进行研究了,而不必求多求全,甚至对穷尽性阅读抱有执念。作为一门研究历史悠久、积淀深厚且一直在发展着的学科,汉语言文字学到今天已有了众多细分研究领域,想要完全掌握所有的理论是不切实际的。所以我们在了解了该领域内基本的概念后就可以尝试着运用这些基本理论去思考、解决一些问题,遇到方法上和理论上的困难再去有针对性地阅读相关理论,学术能力就是在不断地发现问题、学习新知、解决问题这一过程中逐步得到提升的。

要想写出一篇高质量的学术论文,言之有序是基础标准,言之有物是内在要求。学会了基本的写作规范仅仅是学写高质量论文的第一步,更重要的是要知道文章的内容应该有什么,怎么用流畅严谨的学术语言把自己想法表述出来。想要做汉语言文字学的研究,就必须要多去阅读各种文献和材料,特别是想对某一时期的某一语言现象进行全面的概述与总结,就更是要建立在大量阅读的基础上的。当阅读材料足够丰富、举证足够充分了,文章总结出的观点就自然而然地会更具有说服力。鲁国尧先生的《语学与史学的会通——三十而立,再证"长安论韵开皇六年说"》一文,广泛地征引了《隋书》《旧唐书》等历史文献,文章证据全面、逻辑严密,所得的结论很能让人信服,足见作者的阅读范围之广博,积累之深厚。这是一篇从传统考据到具有理论特色的新型考据的代表。在大量阅读的基础上,我们还应当全面地梳理以往学者有关这一问题做了哪些研究,还有哪些不足;如果不参考已有的研究成果,就容易做一些前人已做过的重复性工作,这就犯了做研究的大忌。在选择研究的课题时,我们一定要善于细心发掘别人在以往研究中容易忽略的内容,选题的切口要小,思考要深刻,证据要全面。同时我们也应该注意,做学问要能够做到不唯上、不唯书、只唯实。对于一些问题,有的解答貌似合理,或是该解答是由某一学术权威所提,所以很长一段时间内也没有人对其产生过质疑,但是运用现代语言学理论去仔细分析,我们就能发现其中的不合理之处。这就要求我们用批判性的眼光来看待已有的研究成果,而不能全信全用。

做汉语言文字学研究要充分利用各种便捷的现代化的信息技术手段。中国古代典籍浩如烟海,想要穷尽性地阅读古文献是不切实际的。计算机技术的发展给我们的科研带来了极大的便利,如我们想要研究某一个词义的演变历史,我们就只需在语料库中搜索这个词,所有包含这个词汇的古文句就全面地呈现在我们眼前了,这样我们就可以很方便地看到不同时期文献中这个词的应用情况,从而对其词义的演变情况进行总结。再比如想去查阅某一套典籍,我们也不一定非要去图书馆找书,充分利用好各种电子资源库,就可以不受时地限制,更高效地完成研究任务。

在学写汉语言文字学论文的初期,可以遵循"材料＋归纳"的模式来做论文。我们应当广泛地收集语料,包括传世文献语料和新出土文献语料。但仅仅罗列出语言事实是不够的,还要善于归纳,即要从繁杂多样的语言事实中抽绎出共性的东西。通过对大量的语言现象的分析概括,形成一套能够合理解释这些语言现象的理论,再通过新发现的材料不断地去检验理论的适用性,发现问题,不断修正,从而推动研究的逐步深入。

最后我想再谈一点关于学术道德方面的问题。近几年关于学术不端的报道常见诸报端,我们认为,尊重他人的研究成果是我们作为学人应当遵循的最基本的学术规范。我们在阅读教材中的文章时可以关注下脚注,我们常会在脚注部分看到作者对文章中出现的某些观点出处的介绍,这些观点有可能出自某一次私下的交流抑或某一次学术会议,但作者没有将观点据为己功,而是要将观点的知识产权归于原作者,哪怕原作者并未将这一观点公开发表。这足可见大家在做学问上严谨、尊重他人劳动成果的优秀品质,以实际行动给我们树立了榜样。

这部教材的面世离不开各位先生们的鼎力支持,除被教材收录文章的诸位专家外,上海大学研究生院和上海大学出版社为教材的出版做出了巨大贡献。在此向他们表示最为诚挚的感谢!教材在编写体例等方面还存在着可以提升完善的地方,受编者能力所限,无法在短时间内加以调整,恳请读者不吝赐教,多多提出宝贵意见,以便在教材再版时加以改进!

丁治民
2021 年 10 月

目 录

前言 ································· 丁治民 1

语学与史学的会通
　　——三十而立,再证"长安论韵开皇六年说" ············ 鲁国尧 1
　　附:长安论韵开皇六年说 ···················· 鲁国尧 21
　　复盘与导读 ····························· 26

《切韵》三等韵 ABC
　　——三等韵分类及其声、介、韵分布和区别特征拟测
　　································ 黄笑山 30
　　复盘与导读 ····························· 44

词汇扩散与文献传本异文 ····················· 徐时仪 48
　　复盘与导读 ····························· 63

汉字构形方式:一个历时态演进的系统 ············· 黄德宽 66
　　复盘与导读 ····························· 78

《经典释文》几组喉音的异读与语音纠缠 ············· 杨 军 81
　　复盘与导读 ····························· 96

说"卜 煞" ····························· 张涌泉 99
　　复盘与导读 ···························· 117

语言接触视域下晋方言语音的几点变化 …………… 乔全生 121
    复盘与导读 ………………………………………… 131

论意域项的赘举、偏举与复举 …………………… 李运富 134
    复盘与导读 ………………………………………… 146

论朱熹诗骚叶音的语音根据及其价值 …………… 刘晓南 150
    复盘与导读 ………………………………………… 168

浅议异文、通假与经典化
    ——以毛诗《关雎》"芼"安大简作"教"为例 …… 华学诚 171
    复盘与导读 ………………………………………… 182

中古汉语词义求证法论略 ………………………… 方一新 186
    复盘与导读 ………………………………………… 198

论词的时代性和地域性 …………………………… 汪维辉 202
    复盘与导读 ………………………………………… 212

"集"字的形音义 …………………………………… 刘　钊 215
    复盘与导读 ………………………………………… 231

汉字发展史的几个核心问题 ……………………… 王贵元 234
    复盘与导读 ………………………………………… 253

上古音构拟的检验标准问题 ……………………… 孙玉文 257
    复盘与导读 ………………………………………… 294

从观念出发与从材料出发的汉字阐释
    ——以"也"及其所构成的文字为例 ……………… 李守奎 297
    复盘与导读 ………………………………………… 322

当代汉字应用热点问题回顾与思考 ……………… 王立军 325
    复盘与导读 ………………………………………… 338

梵汉对音与中古音研究 …………………………… 储泰松 341

复盘与导读 ·· 353

从疑难字看新版《汉语大字典》的缺失 ················ 郑贤章 356
　　复盘与导读 ·· 367

上古汉语叙事语篇中由话题控制的语篇中的省略模式 ·········· 董秀芳 370
　　复盘与导读 ·· 385

宇内孤本《永乐大典韵总歌括》名实关系考论 ············ 丁治民 388
　　复盘与导读 ·· 405

早期上海话位移事件的词化类型 ························ 林素娥 409
　　复盘与导读 ·· 441

苏州话[i]元音的语音学分析 ······························ 凌　锋 443
　　复盘与导读 ·· 458

语学与史学的会通[*]

——三十而立,再证"长安论韵开皇六年说"

鲁国尧[**]

摘要:1990年"声韵学国际学术研讨会"在香港举行,研讨会隆重而热烈,血浓于水,此次"香江论韵"具有历史意义。笔者有幸与会,宣读《长安论韵开皇六年说》一文(现作本文附录刊布),与董作宾、罗常培、李荣、王显诸大家名家之说立异。2019年底笔者在家中故纸堆里发现当年会议复印的原手稿本,激发我再度研究的兴趣,始自2020年初,殚精竭虑,今方完稿,历时一年余。本文既重申三十年前之说,又是再证。不仅史料丰赡,论证加密,而且提出"齐一律""以今例古法""知世论人说"等新见。结语总叙研、撰此文的学术思想。全文可以提炼成八字:"千年谜题,百年破解。"

关键词:陆法言;《切韵序》;开皇六年;齐一律;知世论人说;以今例古法

一、经典《切韵》与谜题"开皇初"

音韵学是中国传统语言文字学的三大分支学科之一,隋文帝仁寿元年(601)陆法言撰作的《切韵》是中国音韵学的经典。"切韵系韵书"长期高居中国音韵学的主流地位,是汉语语音史、汉语音韵学史的重要研究对象。

《切韵》孕育于隋文帝开皇年间的一次文化精英的燕集。陆法言《切韵序》开

---

[*] 原载《古汉语研究》2021年第3期。本书收录时略有修改。中国人民大学复印资料《语言文字学》2022年第1期全文转载。

[**] 鲁国尧(1937—),南京大学教授,博士生导师,国家社科基金评委。

篇云:"昔开皇初,有刘仪同臻、颜外史之推、卢武阳思道、魏著作彦渊、李常侍若、萧国子该、辛咨议德源、薛吏部道衡等八人,同诣法言门宿。夜永酒阑,论及音韵。"史称"长安论韵"。论韵诸公对当时各地区的语音及行世的若干韵书作了评点,结论"定"在求切正。这次论韵对于《切韵》的编著以至一千多年来的汉语音韵学史都具有十分重要的历史意义。这篇《切韵序》开头的"开皇初"显然是一种模糊的表述,因是经典,陆法言不经意间的三字,遂成谜题,而且是具有高度吸引力的谜题,引得众多语言学家、历史学家和文学史家竞相奋力破解:此"开皇初"究竟是隋文帝开皇何年?

二、1957年李荣说与1984年王显说①

"长安论韵"是中国音韵学史上的至为重要的大事,这次论韵的学术成果孕育了中国音韵学的经典《切韵》。根据陆法言《切韵序》的记述,"长安论韵"的地点、人物都很明确②,但是论韵的具体时间近百年来学术界却意见纷纭。我于1990年撰《长安论韵开皇六年说》,当时引起我研究兴趣的主要有两说,拙文均提及,但是由于篇幅所限,未作较详的引录与阐释。而欠此背景资料则有碍读者对拙文的理解与评估,故在此略补叙。

中国科学院语言研究所李荣(1957)《陆法言的〈切韵〉》,其第二节"《切韵序》略释"里讲道:"《切韵序》说'昔开皇初',刘臻等八人都到陆法言家里讨论音韵,我们不能确指开皇初是开皇哪一年,现在姑且假定为开皇元年(581)。"又加了个注:"不过总在开皇五年九月以前。开皇五年九月,李若使于陈。开皇六年,卢思道死于长安。"

中国社会科学院语言研究所王显(1984:34-35)《〈切韵〉纲纪讨论制订的年份》,认为上述的"两说都不能成立","只能寻找别的途径来加以解决。从《切韵序》把刘臻等八人按照年龄大小,先后相次,有条不紊来看,自应认为,陆序对于刘臻等八人的称呼也有个统一的准则,不可能这个用最高的头衔,那个用最近的头衔,随随便便,信手拈来的。底下可以看到,他对八人的称呼,绝不用隋朝以

---

① 此文涉及师辈和同辈友人甚多,为节减计,一般不加"先生"或"同志",祈请原谅。
② 这篇《切韵序》中提及的人物有刘臻、颜之推等"八人"及"烛下握笔,略记纲纪"的作者陆法言本人。此外,尚有一位"隐身"者,即此番燕集的主人陆爽,系法言父,何故"隐身"? 涉废太子杨勇案获罪。前贤时彦于此论述甚多,兹不赘。

前的官衔,就是一个严格的准则。虽然他们八人各自有着复杂的仕宦经历,有一连串的官衔;但在具体的年月里,其官衔则是固定的,不是可此可彼的。通过头衔的考察,如果发现开皇初的某一年,他们八人的头衔基本上都跟陆序的称呼相合,那就有理由认定《切韵》纲纪的讨论大概在这一年"。王显对刘臻等八人的头衔逐一做了考证后,认为在开皇九年四月间,他们的官衔跟陆法言《切韵序》中的称呼相合。最后,王显(1984:44)认为:"把《切韵》纲纪的论定定在开皇九年四月十七日前后,是考之史实而基本相合,揆之情理而最能圆通的。"

与李荣、王显的观点不同,我提出长安论韵开皇六年说。我曾将在1990年音韵学者交流会上宣读的拙文复印件复制了一份寄呈王显先生乞正,他坚持己见,又撰《陆序"开皇初"为九年四月十七日前后说的补充》示我。1994年王先生仙逝后,我将他的手写遗稿复印件寄《古汉语研究》杂志社请求发表,《古汉语研究》刊于1997年第3期。

三、《切韵序》"开皇初"谜题破解之热

就我浅闻,《切韵序》于601年"诞生"以来,似乎在1928年以前一直无人探究"开皇初"的具体年份问题,即使在考据学大盛的清代,即使以《切韵考》一书而名垂音韵学史的陈澧都未曾措意于此①。1928年《国立中山大学语言历史研究所周刊》第三集第二五、二六、二七期合刊发表了董作宾《切韵年表》、罗常培《切韵序校释》、丁山《陆法言传略》,开启了"开皇初"谜题的破解之旅。

近七十年来,出版的汉语音韵学的通论书和中国语言学史的著作、辞典很多,在述论陆法言的《切韵》时,必然要介绍《切韵序》和长安论韵,一般不触及"昔开皇初"的具体年份问题。但也有不少论著予以探究,正如王启涛(2005)《〈切韵·序〉之"隋开皇初"蠡测》所云:"其中的'隋开皇初'究竟是何时?一直是语言学史和文化史中一个激烈争论的话题。"就本文笔者耳目所及,有10种说法,非谜题而何?下面胪陈诸说并作评议,但未见论证者则不置评。

卅年前拙作《长安论韵开皇六年说》开头就说,"元年说不予讨论",显得很是突兀,实因"开皇元年说"系"姑且假定之言",见上引李荣文。周祖谟先生(1966:441)《切韵的性质和它的音系基础》和《中国大百科全书·语言文字》"切

---

① 如有方家揭示1928年之前的关于长安论韵具体年份的学说,笔者不胜感谢之至。

韵"条皆言"开皇初"为开皇元年,但均未见论证①。

主张"开皇二年说"的学者颇多:最早是董作宾(1977),其《切韵年表》:"开皇二年(公历五八二)""刘臻、颜之推、卢思道、魏彦渊、李若、萧该、辛德源、薛道衡等八人燕集陆爽家论韵,议定后命法言即烛下握笔记其纲要。"②罗常培(2008:44)《切韵序校释》赞成此说:"董彦堂云:'昔开皇初,当指二年,据《卢思道传》,思道于开皇元年方为武阳太守,是岁解职归,三年卒于京师。是在法言家论韵当在解职以后、未卒之前也。'其说亦颇可信。"此后有吕朋林(1996:增刊)《〈切韵〉议纲年份考辨》,最近有张雨(2018)《〈切韵〉成书缘起与长安论韵时间再探》,均有阐说。王启涛(2005)持"元年或二年"说,他以《颜氏家训》与《史记索隐》所载同一史事互证,及《旧唐书》与《册府元龟》所载同一事互证,结论为"'隋开皇初'可能是隋开皇元年或开皇二年,不会是开皇三年或之后"。

读上述诸文,可见,"开皇二年说"的支柱有二:第一,开皇初年燕集论韵的十人中卢思道最早下世,因此燕集必在卢卒之前,这是最正常的逻辑推理。董作宾《切韵年谱》:"周静帝大象二年(580)卢思道为武阳太守时年四十九","(隋文帝)开皇三年(583)卢思道卒,年五十二"。《隋书·卢思道传》文末叙述卢思道两次"上奏",一为大理不可除,二为殿庭非杖罚之所。此后的文字是:"是岁,卒于京师,时年五十二,上甚惜之。""是岁"紧承两次上奏,似乎时间与之同一,因而可以据以确定卒年。可是《隋书》对这两次"上奏"的时间都未明确交代。而且两次"上奏"未必同一年份,于此,王显、吕朋林、祝尚书、张雨四位以及文学史家倪其心都做过考证,各抒己见。我认为祝尚书之言可从③,所以这关键的"是岁"绝不能认定是开皇三年。《隋书·卢思道传》的作者就这样给后人留下了一个"疑案"。董作宾定周静帝大象二年(580)卢思道 49 岁,自然将卢思道卒于 52 岁系于"开皇三年(583)"之下,他同时将诸人燕集论韵之事系于"开皇二年"。其实,细推物理,除非卢思道死于开皇三年正月初一则十人燕集才不可能发生在开皇三年。

"二年说"的第二根支柱是人们对"初"意义的直觉认知。张雨(2018)说:"若

---

① 《中国大百科全书·语言文字》"切韵"条撰作者为邵荣芬,北京:中国大百科全书出版社 1988 年版。
② 见《董作宾先生全集》甲编第三册第 1095 页,台北艺文印书馆 1977 年版。此承王松木教授提供照片。
③ 祝尚书《卢思道年谱》:"或误将《隋书》本传所述思道奏大理不可除及殿庭非杖罚之所理解为同在一年,因前奏在开皇元年,后奏又恰在卒年,因合而系之。其实,二事并非同年。合数年、数事而叙之,史法如此,其例甚多。"见《卢思道集校注》第 238 页。

单从'初'之字义来看,'开皇初'当以开皇元年、二年、三年说最为可信。"张雨之文最终将燕集论韵定在开皇二年,而且因陆法言序中有"夜永"二字,考虑到天气问题,遂进一步定在开皇二年初。

既然长安论韵被定在开皇二年,那么史传上好些有关人物在开皇头几年的行踪就只能被压缩在元年和二年的时间之内。如此,就不能不面临许多难以解释的困难。

二年说的信从者最多、影响最大,当与董作宾的高知名度不无关系。赵少咸(2010:36)《广韵疏证》:"据《隋书·卢思道传》推算,开皇初为开皇二年。"洪诚(2000:135)选注《中国历代语言文字学文选》:"有人据《隋书·卢思道传》考证开皇初是开皇二年(582)。"濮之珍(2017:200)《中国语言学史》:"据《隋书·卢思道传》考证,开皇初当是开皇二年(582)。"另,历史学家缪钺(2017:378)《颜之推年谱》在"开皇二年"下云:"'开皇初'未言何年,姑系于此。"

但是这两根支柱都成问题。开皇元年、二年、三年固然可以称作"开皇初",而其后的开皇六年就不可以称作"开皇初"吗?可以!这次,即2020年我再读《隋书》,大有收获,现在我可以拿出铁证来。又,困扰"开皇初"谜题破解的关键之一是卢思道的卒年,可以说,不是董作宾、张雨诸位所认作的开皇三年,而应是开皇六年。下均有详论。

长安论韵"开皇三年说"见于黄典诚(1994:2)《切韵综合研究》、祝尚书(2001:237)《卢思道集校注》,"开皇四年说"见于何九盈(2013:232/234)《中国古代语言学史》(第四版),"开皇五年说"亦见于黄典诚(1994:2)《切韵综合研究》,皆欠证明。文学史家曹道衡认为"开皇初""有可能指三年至四年间事",因为他认可卢思道卒于开皇六年。

"五年九月以前说"见于李荣《陆法言的〈切韵〉》一文,理由是"开皇五年九月,李若使于陈。开皇六年,卢思道死于长安"。王显不同意此说,笔者亦以为此说嫌宽泛。

笔者提出"长安论韵开皇六年说"有论证,全文见本篇附录,今再作大幅增补。

最后是"开皇九年说",王显著两篇长文,有论证,有影响,陆萌一的《陆法言》一文采取王显之说[①],胡裕树(1992:3)主编《中国学术名著提要·语言文字卷》

[①] 见吉常宏、王佩增编:《中国古代语言学家评传》第128—129页,济南:山东教育出版社1992年版。

亦持是说。对王说,笔者在卅年前的《长安论韵开皇六年说》文中提出质疑。近张雨(2018)云:"王显所主张的开皇九年说,其实是最不符合'初'字之意的观点。"张雨有考辨,颇详。

四、三十而立,再证"开皇六年说"

我在1990年音韵学者学术讨论会上提出"开皇六年说"。光阴似箭,至2020年,"三十而立",现再证前说,应有进步。

再证之甲:"开皇六年"可以称作"开皇初"。

上引张雨文认为"开皇初"该是开皇的前一、二、三年。我认为,这种语感直觉未必完全可靠,"开皇初"可不可以不限于头三年?

我首先采取"以今例古法"。这"以今例古"四字取自鲁迅先生的名作《魏晋风度及文章与药及酒之关系》一文①。时间,古与今当然有异,因为事物是发展的;但是同一种或类的事物,其古与今必也有相同之处。《荀子·非相篇》:"类不悖,虽久同理。"《吕氏春秋·察今》:"有道之士,贵以近知远,以今知古,以所见知所不见。"古哲之言,甚是! 现在叙述我做过的一个社会调查如下。如果以开皇元年(581)为起点算,那么陆法言撰写《切韵序》的仁寿元年(601)则为第21年,在这一年称说开皇六年(586)为"开皇初"可不可以?以今例古,今者,当今仍健在的中国人的语感也。众所周知,在中国近71年的当代史上有两个最重要的时间节点,首先是1949年,如果在1970年写文章,称1949年、1950年、1951年为"解放初""新中国初"是绝没有问题的,而称第六个年份即1954年为"解放初""新中国初"可不可以? 我分别调查了六位经历过这一时段的老人,他们都一致认可。再说另一个关键年份,1978年是"改革开放"的第一年,在1999年称说1983年为"改革开放"的初期行不行? 被调查的七位过来人都不约而同回答说"行!"。

至于开皇六年是否可以称为"开皇初",当然更需要有可靠的典籍为证,这就是"历史文献考证法"! 过了三十年我再次读《隋书》,从中找到三条书证。《隋书·五行志》:"开皇初,梁王萧琮改元为广运。江陵父老相谓曰:'运之为字,军

---

① 鲁迅《魏晋风度及文章与药及酒之关系》:"比方操破袁氏兄弟,曹丕把袁熙的妻甄氏拿来,归了自己,孔融就写信给曹操,说当初武王伐纣,将妲己给了周公了。操问他的出典,他说,以今例古,大概那时也是这样的。"见《鲁迅全集》第三卷,第505页,北京:人民文学出版社1981年版。

走也。吾君当为军所走乎?'其后,琮朝京师而被拘留不反。"《隋书·萧琮传》:"琮年号广运,有识者曰:'运之为字,军走也。'吾君将奔走乎?"(按,隋时"運"字,从辶,声符为"軍",故当时后梁民间有此说。"軍"今简化为"军","運"今简化作"运"。)又,《隋书·五行志》:"开皇初,梁主萧琮新起,后有鵂鸟集其帐隅。未几,琮入朝,被留于长安,梁国遂废。"为了理解这三则史料,需要简叙一段历史。自西晋王朝覆亡至隋灭陈统一(316—589),中国南北分裂达273年之久,在此期内,政权更迭频繁,战祸连年不断。梁武帝萧衍(464—549)后期,收纳东魏叛将侯景,致成大乱,549年梁武帝饿死建康台城,此后其子孙争立,叔侄相残,乱局更甚,552年梁武帝第七子萧绎在江陵称帝,是为梁元帝。554年梁武帝太子萧统之子萧詧引西魏军攻陷江陵,梁元帝出降,不久遇害。555年西魏立萧詧为梁帝(史书或称"梁王""梁主"),史称后梁,辖地仅三百里,乃西魏附庸。此后,在宗主国,西魏(元氏)—北周(宇文氏)—隋(杨氏)相继,在后梁,萧詧—萧岿—萧琮父子祖孙相继。《周书·萧岿传》:"(开皇)四年,岿来朝长安,隋帝甚敬待之。……岿在位二十三载,年四十四。(开皇)五年五月薨。……隋文帝又命其太子萧琮嗣位,年号广运。"按通例,萧岿死之次年,即隋开皇六年,后梁新君萧琮改元广运。上引《隋书·五行志》"开皇初,梁王萧琮改元为广运",又《隋书·萧琮传》"琮年号广运"皆为开皇六年事,这三则文献史料证明了"开皇初"可以指称"开皇六年",无可置疑!

再证之乙:唐代张说《齐黄门侍郎卢思道碑》不可否认、不可改易。

准确破解《切韵序》"开皇初"谜题的关键之一是长安论韵的参与者卢思道究竟卒于何年?

张雨(2018)云:"最早主张开皇二年说的董作宾就没有提及张说《齐黄门侍郎卢思道碑》与《隋书·卢思道传》对其卒年的不同记载。"按,《卢思道碑》云,卢思道"隋开皇六年,春秋五十有二,终于长安",而《隋书·卢思道传》只是说"是岁,卒于京师,时年五十二",并没有明确给出卒年(本文前有论议)。卢思道卒于开皇三年这句话,是董作宾讲的,是推论。张雨(2018)文中有"董作宾之所以不据卢碑,而径据卢传"的话,这说明张文认为董作宾知道卢碑但不提及也不依据。我的看法则是,董作宾、罗常培两先生在1928年并不知道有张说作的《齐黄门侍郎卢思道碑》一文的存在。按照学术常规,如知晓而不信其说,则必先提出,然后驳正,何况张说乃历史名人!其文掩盖不了的。学人有一种常见心理,即对名家的尊崇或膜拜,而不能历史地看问题。《国立中山大学语言历史研究所周刊》发表关于《切韵》的系列文章,时为1928年,董作宾时年34岁,罗常培29岁,虽然他们那一代人比起近几十年的处于同一年龄段的学人,书读得多得多,学问成熟得早得多,然而中国古书浩如烟海,"术业有专攻",谁能读遍古书?不为贤者讳,清初大学者朱彝尊认为颜之推、刘臻为"北方之学者",罗常培(2008:44)《切韵序校释》袭用其误说,是未能将郡望与里居区别开。其实颜、刘都是二百多年前的北方移民的后裔,至南北朝后期,他们应该都是南方人而非北方人,犹如1620年由英国乘坐五月花号轮船至北美的移民,他们在十九世纪末的裔孙应该称作美国人而非英国人。将张说《齐黄门侍郎卢思道碑》引进语言学者视野的当是研究"不今不古"之学的陈寅恪,他是二十世纪研究魏晋南北朝隋唐史的最杰出的专家,卢思道及其玄孙卢藏用和张说三人都是在他的专业研究范围内的历史人物,《张说之文集》必然是他熟谙的典籍。陈寅恪(2015:399)《从史实论切韵》是研究《切韵》的一篇经典论文,他在引述《隋书·卢思道传》后写了按语:"寅恪案,张说之文集二五卢思道碑云'隋开皇六年春秋五十有二,终于长安',是周武平齐之岁思道年四十有三。"

《卢思道碑》的这则史料十分重要,但却或未被认可或遭到更改。王显为了维护他的长安论韵"开皇九年七月十四日左右"说,将"开皇六年"改为"开皇十年",将"春秋五十有二"改为"六十"。张雨持长安论韵"开皇二年说",是认可董作宾推算出的卢思道卒于开皇三年,而不认可唐人张说作的《卢思道碑》的"开皇六年""终于长安"。

我认为,张说《齐黄门侍郎卢思道碑》文中的卢思道卒于开皇六年的记载应可信,论证于下。存世至今《齐黄门侍郎卢思道碑》碑文见于宋太宗时官修的《文苑英华》、四部丛刊初编影印明嘉靖丁酉年刊本《张说之文集》、清乾隆时四库全书本《张燕公集》、清嘉庆内府刻本《全唐文》,诸本一致作"开皇六年"。未见"六"字有异文。

在我国古代,通常的情况是,埋在地下的墓志和竖在地上的墓碑,其上的文章都是孝家请当时文士写就的,作者与死者一般是同时人。而此《齐黄门侍郎卢思道碑》很特殊,碑文作者张说与死者卢思道相差130多年,怎么会出现这种情况?原来作者张说(667—730)是应卢思道的玄孙卢藏用(约666—约718)①之请写的,张说、卢藏用二人在《旧唐书》《新唐书》均有传。张说在盛唐历史上是位名

---

① 据陶敏《全唐诗作者小传补正》第159页,沈阳:辽海出版社2010年版。此承武秀成教授赐告。

人,他经历唐高宗、武则天、中宗、睿宗、玄宗五朝,官至宰相,封燕国公。他是当时著名文学家,与许国公苏颋并称"燕许大手笔"。卢藏用也是著名文士,但官位及文名皆逊于张说,如今知晓张说的只是很专业的文史学者,可是卢藏用在历史上留下的痕迹使得他至今仍广为人知,这是因他而产生的"终南捷径"四字成语在当今任何一本成语词典里都能找到①。卢藏用为何请同僚张说为其高祖卢思道撰作碑文,文中云,系因"邑里多改,先人封树,岁久将平",似乎树碑的目的在保护祖先墓园。依我之见,在唐代初年由魏徵领衔编写的《隋书》中,卢思道形象很不佳,"不持操行,好轻侮人","每居官多被谴辱,后以擅用库钱免归于家","思道自恃才地,多所陵轹,由是宦涂沦滞",可以说,卢思道玄孙卢藏用请张说撰写碑文旨在美化祖先。碑文和墓志几乎都具有这种功能,人们所熟知的是《新唐书·韩愈传》记载的一个故事,韩愈弟子刘义"因持愈金数斤去,曰:'此谀墓中人得耳,不若与刘君为寿。'"丧家请文士撰写此类文字,必须准备可观的钱财作润笔酬金,还需要提供死者的生平仕履等资料,以便作者采择。请看这篇《齐黄门侍郎卢思道碑》总括卢思道一生历仕齐、周、隋三朝的仕宦经历为:"凡更臣三代,易官十七:再降,一免,二去职,八平除,擢迁者四而已。"②(按,我在"十七"后施加的是冒号)历数细致,总括无误,何等准确!非卢藏用提供精确资料而谁?《隋书》是唐初修的官书正史,卢藏用和张说不可能没有认真读过,张说碑文有些词句就是抄袭!请比勘二者,《隋书》:"高祖为丞相,迁武阳太守。""开皇初,以母老,表请解职,优诏许之。"《卢思道碑》:"隋高祖为丞相也,迁武阳太守。以母老,乞解职,优诏许之。"何其相似乃尔!张说的《卢思道碑》添加的卢思道卒年为"隋开皇六年",显然是对《隋书》的补充,用现在的语言,就是"增补本",这当是以卢藏用提供的准确年份为依据的。传世的张说《齐黄门侍郎卢思道碑》"隋开皇六年,春秋五十有二,终于长安"的记载应该得到后世学人的认可,并以此作为考史的基石。

总之,1928 年董作宾是不知有《齐黄门侍郎卢思道碑》文存世,而推算卢思道卒于开皇三年,从而提出长安论韵"开皇二年说"。后来者知晓有张说的《卢思道碑》,就不应再拘守董作宾的旧说。

---

① 如《汉语成语小词典》第 498 页,北京:商务印书馆 2003 年版。
② 鲁迅《魏晋风度及文章与药及酒之关系》:"例如看北朝的墓志,官位升进,往往详细写着,再仔细一看,他是已经经历过两三个朝代了,但当时似乎并不为奇。"《鲁迅全集》第三卷,第 516 页,北京:人民文学出版社 1981 年版。

依据卢思道《劳生论》《孤鸿赋》等文学作品中的模糊词语推算其年龄及参与长安论韵的时间,其准确性是很难说的。因为嗟叹时光流逝,壮志未酬几乎是古今文人的通习,尤其在失意抑郁之时,往往"虚报年龄""倚'老'卖老"。卅年前拙文举欧阳修(1007—1072)《醉翁亭记》为例,修自称"翁",实际上其时年仅四十,这与他遭弹劾贬官心情郁闷有关①。现回忆多年前读《宋史·程颢传》,时任知县的程颢(1032—1085)断一民事案件,一叟称富人张某为张三翁,程颢质问道:"才四十,安得有'翁'称?"程颢与欧阳修是同时代人,于此可见《醉翁亭记》有夸张成分。祝尚书(2001:238)《卢思道集校注》之见可取,他说:"叹老嗟卑,乃古代文人常态,将四十余说成五十忽至,未为不可,似不足信以为真。"曹道衡的证明亦可取(曹道衡1992)。

五、破解谜题的方法:齐一律

笔者在1990年《长安论韵开皇六年说》中云:"我们的办法是考察主人父子及八位客人什么时候都能聚集在长安,而且有可能燕集论韵。反过来说,只要某一段时间内有一人不在长安或不可能参与论韵,则陆府论韵绝不会在此时发生。"

聚集宴饮论韵,十人必须都在长安而且有可能燕集,笔者现在即2020年命名为"齐一律"。且看其实践效果如何,即在"开皇初"这一谜题破解中的运用。下面主要利用正史《隋书》《周书》《陈书》所载史料作考证。

首先探究薛道衡的经历。薛道衡,河东汾阴人,本为北齐文臣。周武帝平齐,随至长安而仕于周。我们关注的是他入隋后的经历。《隋书·薛道衡传》:"高祖受禅,坐事除名。河间王弘北征突厥,召典军书。还,除内史舍人,其年,兼散骑常侍,聘陈主使。"按,"高祖受禅"指581年2月杨坚取代周静帝,自立为帝,国号隋,其庙号为"高祖"。杨弘是杨坚的从祖弟,《隋书·高祖纪》载开皇元年五月杨弘进位为河间王。杨弘北征突厥事在开皇三年(583),何以知之?《隋书·赵仲卿传》:"高祖受禅,进爵河北郡公。开皇三年,突厥犯塞,以行军总管从河间王弘出贺兰山,仲卿别道俱进,无虏而还。"上引《薛道衡传》中的"其年",乃开皇

---

① 胡适《欧阳修的两次狱事》:"狱起时,欧公止三十九岁,他谪滁州后,即自号醉翁,外谪数年而头发皆白。"见耿云志、李国彤《胡适传记作品全编》第四卷第52页。上海:东方出版中心2002年版。

四年,请阅《隋书·高祖纪》:"(四年)冬十一月壬戌遣兼散骑常侍薛道衡……使于陈。"从上引史料等可知薛道衡在开皇元年、二年"因事除名",按"除名"即"为民"①。开皇三年薛道衡从军北征突厥,"典军书",自不在京城,四年方返朝廷任职。即此一条史料就可以说,长安论韵"元年说""二年说""三年说"皆不能成立②。

再看魏澹。张雨文述及,甚是。拙文《长安论韵开皇六年说》漏考,今补。《隋书·魏澹传》:"及高祖受禅,出为行台礼部侍郎。寻为散骑常侍聘陈主使。还除太子舍人。"按,"行台:魏晋至金代尚书台(省)临时在外设置的分支机构。""隋开皇二年(582)在并、洛、益三州各置河北道、河南道、西南道行台尚书省,文帝以其子杨广、杨俊、杨秀各为行台尚书令。"(参见《中国大百科全书·中国历史》(缩印本)第2版第840—841页)此在《隋书·高祖纪》开皇二年正月辛酉有记载。《隋书·百官志中》:"行台在令无文,其官置令、仆射,其尚书丞、郎皆随权制而置员焉。"《百官志下》:"行台省则有……礼部、膳部、兵部、驾部、库部、刑部、度支、户部、金部、工部、屯田侍郎各一人。""行台诸曹侍郎为视正六品。"可见魏澹官位不高。《高祖志》:"(三年)闰十二月乙卯,遣……通直散骑常侍魏澹使于陈。"则是魏澹开皇二年初即外出任职,至三年末才回长安。

再看辛德源。《隋书》本传:"及齐灭仕周,为宣纳上士。因取急诣相州,会尉迥作乱,以为中郎。德源辞不获免。遂亡去。高祖受禅,不得调者久之,隐于林虑山。郁郁不得志,著《幽居赋》以自寄,文多不载。德源素与武阳太守卢思道友善,时相往来,魏州刺史崔彦武奏德源潜为交结,恐其有奸计,由是谪令从军讨南宁。岁余而还。"《隋书·地理志上》:"开皇三年,遂废诸郡。"《隋书·百官志下》:开皇三年四月,"罢郡,以州统县"。既然《隋书》称崔彦武为魏州刺史,那么告发辛德源与卢思道秘密交结则是三年事。于是辛德源受处分从军讨南宁,讨蛮事毕,"岁余归",当在四年甚或五年还。于此可知,辛德源在开皇元年二年,久隐山中,三年被"谪令从军讨南宁","岁余而还",当在开皇四或五年。关于隋初南宁

---

① 《隋书·高颎传》:"于是除名为民。"《隋书·陆爽附子法言传》载,隋文帝废太子杨勇,迁怒太子洗马陆爽,云:"其身虽故,子孙并宜屏黜,终身不齿,法言竟坐除名。"陆法言《切韵序》:"今返初服","屏居山野"。

② 《陈书·阮卓传》:"至德元年入为德教殿学士,寻兼通直散骑常侍,副王话聘隋。隋主夙闻卓名,乃遣河东薛道衡、琅琊颜之推等与卓谈燕赋诗。"按,陈后主至德元年即隋文帝开皇三年,而《隋书·高祖志》开皇三年所载为:二月癸酉陈遣贺彻、萧褒来聘,十一月庚辰隋遣周坟、袁彦来聘。《陈书》所载之王话、阮卓聘隋一事,于《隋书·高祖志》,系于开皇五年七月庚申,"陈遣兼散骑常侍王话兼通直散骑常侍阮卓来聘"。当以《隋书》为是。《隋书》未言薛道衡、颜之推接待陈使。

州东爨、西爨的情况,《隋书》梁睿传、韦冲传、王长述传皆述及。兹录《韦冲传》:"俄而起为南宁州总管,持节抚慰,复遣柱国王长述以兵继进。"《王长述传》:"开皇初,复献平陈之计。……后数岁以行军总管击南宁,未至,道病卒。"我们可以从这条史料"开皇初""后数岁"这些表时间的词语推知辛德源"从军讨南宁"当在开皇三年或四年。

再探究另一位陆府宴会参与者卢思道在开皇初的行踪。《隋书》本传:"高祖为丞相,迁武阳太守,非其好也。为《孤鸿赋》以寄其情……。开皇初,以母老表请解职,优诏许之。思道自恃才地,多所陵轹,由是宦涂沦滞。既而又著《劳生论》,指切当时。岁余,被征,奉诏郊劳陈使。顷之,遭母忧。未几,起为散骑侍郎奏内史侍郎事。于时议置六卿,将除大理,思道上奏曰……又陈殿庭非杖罚之所……。上悉嘉纳之。是岁卒于京师,时年五十二。上甚惜之。"卢思道出身于当时的北方头等高门大族。在"五胡乱华"南北分裂的时代,原在北方的汉人高等士族,一部分逃至南方,成为南朝政权的支柱。而留在原地的,少数民族的帝王利用他们,仍旧给予权力与地位,如魏孝文帝时,卢崔郑王为四姓高门,范阳卢氏有"北州冠族"之称。卢思道"自恃才地","地"即地望,他在北齐时官至黄门侍郎,这是皇帝近侍之官,参与机要。周武帝平齐,将十八朝士带至长安,其一为卢思道。可是他次年参与原齐地的反周叛乱,几被处死,后因文才优异获免。杨坚为周丞相时,只给了他一个武阳太守这样不大的地方官,他不满意。至开皇初,以母老辞职。"岁余,被征,奉诏郊劳陈使"。张雨文认为此"陈使"所指是开皇二年正月戊辰"陈遣使请和"(《隋书·高祖纪》)。按,需注意《隋书》"岁余"二字,杨坚称帝是在开皇元年二月甲子,至开皇二年正月戊辰,即使卢思道在杨坚称帝登基大典的同一天"表请解职",也不到一年。只要打开《隋书·高祖纪》,杨坚自登基之日起,百事俱兴,赏功臣,封百官,立皇后,定太子……。连他很喜爱的从祖弟杨弘,也要待到五月才进位河间王。在开国初期,杨坚还要大肆杀戮北周皇室及镇压反对派,《隋书·宇文恺传》:"(高祖)及践阼,诛宇文氏。"《隋书·高祖纪》载,开皇元年正月原来的皇帝周静帝宇文阐被贬为介国公,五月杀之,时年九岁。因此一个北齐旧臣且官位不高的武阳太守辞职奉母,下诏许之,不会在那开国之初政务极其繁忙众多要事亟需处理之时。卢思道解职居乡,体味《隋书》的"岁余,被征,奉诏郊劳陈使",这"岁余",岂能在开皇二年正月戊辰?只能在开皇三年。此根据《隋书》,卢思道在开皇三年进京郊劳陈使以前,据其自作《劳生论》"罢郡屏居"则不可能待在长安。《隋书·卢思道传》叙述了"郊劳陈使"一事后,

"顷之,遭母忧"。在那个时代,遭父母之丧,必须解职返乡,守制三年(实际上二十七个月),《隋书·卢思道传》的"未几,起为散骑侍郎奏内史侍郎事",是指母死服丧毕后的"未几",被任命新官。因此卢思道只能在开皇六年回到京城,任新职。张雨(2018)为了圆其长安论韵于开皇二年说,既将郊劳陈使一事提前置于开皇二年正月,又将礼制"居丧三年"略过,于是提出卢思道"夺情"说:"不久虽又遭遇母丧丁忧,但是很快就被夺情任命为散骑侍郎,奏内史侍郎事。"按,张雨文之言不能成立,《隋书》本传和张说《卢思道碑》皆未言"夺情",王显文与拙文均指出此点。现据史实再作有力的申说于下:绝大多数官员丁父母忧,立即自动去职返乡居丧三年,而"夺情"则必须皇上诏命,只有极个别高官、重臣才"夺情",战时的高级将领则"金革夺情",他们是受皇帝高度信任,肩负重任,经办军国大事,"不可须臾离"的大臣。《隋书·高颎传》载"高祖受禅"拜高颎为相,"朝臣莫与为比"。"母忧去职,二旬起令视事,颎流涕辞让,优诏不许"。《旧唐书·房玄龄传》:贞观十六年"玄龄抗表陈让,太宗遣使谓之曰:……国家久相任,使一朝忽无良相,如失两手,公若筋力不衰,无烦此让。""其年玄龄丁继母忧,去职。特敕赐以昭陵葬地,未几,起复本官。太宗亲征辽东,命玄龄京城留守,手诏曰:公当萧何之任,朕无西顾之忧矣。"《隋书·韦冲传》:"以母忧去职。俄而起为南宁州总管,持节抚慰。""冲上表固让。诏曰'西南夷裔,屡有生梗,每相残贼,朕甚愍之,已命戎徒,清抚边服。以开府器干堪济,识略英远,军旅事重,故以相任。知在艰疚,日月未多,金革夺情,盖有通式。宜自抑割,即膺往旨。'"像卢思道这样的留用文职人员,级别不高,不是"非他不可"的高官重臣武将,岂需"夺情"?他必须居乡守孝二十七个月,也不至于丧期一满,立即赶赴长安。因此他在京师获得新职,后又应邀赴陆府燕集,就只能在开皇六年了。丁忧守孝需要两年多,这么长的时段!所以持长安论韵开皇二年说者,就不得不以典籍不载的"夺情"以圆其说。而卢思道不可能"夺情",他不配!他必须待在家乡守丧,自然谈不上参与陆府聚饮。欲获长安论韵具体年份的正解,就必须破"夺情"说。

关于入隋后的卢思道的行踪,尚有为董作宾、罗常培、李荣、王显、吕朋林、张雨等所不知者。宋初官修《文苑英华》载卢思道两文:卷六四五《为隋檄陈文》,卷六八三《为高仆射与司马消难书》,又唐徐坚《初学记》卷七载《祭澡湖文》。《祭澡湖文》尤为重要,开篇有"维开皇元年十二月朔甲子"。这三篇文章皆为祝尚书辑入《卢思道集校注》,显然这是卢思道参与首次隋陈之役的明证。祝尚书(2001:154)在《祭澡湖文》首句后注曰:"据所署时间,当亦是代高颎等伐陈之军作。"这一次隋陈交战,《隋书·高祖纪》有记载:"(开皇元年九月)庚午,陈将周罗睺攻陷胡墅,萧摩诃寇江北。""壬申,以上柱国薛国公长孙览、上柱国宋安公元景山,并为行军元帅,以伐陈,仍命左仆射高颎节度诸军。""(二年正月戊辰)陈遣使请和,归我胡墅。""二月己丑,诏高颎等班师。"《高颎传》亦叙此役,较简略。然而张雨文云开皇二年正月陈使求和,卢思道奉命接待。按,二月己丑高颎等班师,卢思道当随军返回,不可能在正月郊劳陈使。关于首次隋陈之战,《隋书》及其后的宋司马光《资治通鉴》、明王祎《大事记续编》皆载,但皆未提及典军书的卢思道。笔者以为,卢思道从军当与高颎有关。高颎本为北齐渤海郡蓨人,《隋书》本传载其父高宾"背齐归周"。按,蓨在今河北省景县南,与卢思道的家乡涿县(今涿州市)距离甚近,范阳卢氏是北方豪族,高颎岂能不晓?故高颎受文帝之命节度诸军,即征卢思道典军书。因此,可作如下推测:卢思道可能在开皇元年九月或其前"以母老"辞去武阳太守职返乡,而后为高颎征聘。二年二月班师后,卢思道未获重用,因著《劳生论》发牢骚。然而,"岁余,被征,奉诏郊劳陈使",天生我才必有用,他及其他北齐时的同僚们在开皇三四五年陆续被召用任官。

开皇五年九月李若使于陈。长安论韵的其他几人,未发现在开皇六年以前离开长安的史料。

六、"知世论人说"之甲:隋开皇元年、二年的严峻局势下的北齐旧臣

卅年前的拙文云:"我们的办法是考察主人父子及八位客人什么时候都能聚集在长安,而且有可能燕集论韵。反过来说,只要某一段时间内有一人不在长安或不可能参与论韵,则陆府论韵绝不会在此时发生。"这一命题有两层意思:长安燕集,首先是必须十位参与者同时皆在长安;其次是,即使皆在长安,还必须有可能燕集。笔者上一节运用"齐一律"爬梳、排比史书提供的信息,证明十人只有在开皇六年才都在长安。这一节我们要讲的是,开皇元年、二年时即使参与者都在长安,也不可能燕集。

在此我们提出"知世论人说"。所谓"知世",就是了解、知晓燕集参与者的历史背景、所处的时代、当时的政局形势。"论人"意为考察在那样的背景、条件下,他们能或不能有什么行动。这也是考证长安论韵的学者如陈寅恪、董作宾、罗常培、李荣等大家所疏于考据者。

在这一节里,我们的研究对象主要是陆爽、颜之推、卢思道、魏澹、李若、辛德源、薛道衡等七人,陆爽是燕集的主人,所以将他置顶。他们主要生存在北朝末期,入隋后的时间并不长,短者六年即逝(卢思道),最长者二十三年(薛道衡)。这就促使我们去了解北朝末至隋初的历史,我们特别截取577—582年这一时段,因为这六年的政治形势非常动荡,可以十六字概括:两朝兴亡,一场内战,开国伊始,血雨腥风。凡事总有头,我们先考察更广阔的历史背景:316年西晋覆亡,从此中国南北分裂,南方为东晋宋齐梁陈五王朝相继;北方先是五胡十六国时期,386年统一于鲜卑族的北魏。534年起北魏分裂为二:东魏—北齐,西魏—北周,东西争战不已。总体上说,北齐在地域、人口、经济、文化都强于北周。但是577年,北周却灭了北齐,唐人李商隐诗:"小怜玉体横陈夜,已报周师入晋阳。"这是英主与昏君的对决。577年周武帝灭齐,齐旧臣十八人"同征,令随驾后赴长安"(《北齐书·阳休之传》),其中有后来参与长安论韵的李若、卢思道、颜之推、薛道衡、辛德源、陆爽六人。这十八人入周后除个别人外并未受到重用,不似齐桓公待管仲,唐太宗待魏徵。他们实际上是被俘而降周。平齐一年后即578年六月周武帝病死,闰六月立即在原齐地范阳发生反周叛乱,卢思道参与。《隋书·卢思道传》:"未几,(思道)以母疾还乡。遇同郡祖英伯及从兄昌期、宋护等举兵作乱,思道预焉。"周廷派兵镇压,卢思道列处死名单中,因统兵将领怜惜其才而免。周武帝死后,其子继位,是为周宣帝。《隋书·刑法志》云,"宣帝性残忍暴戾","内外不安,俱怀危惧"。宣帝580年5月死,子周静帝时年八岁,外戚杨坚为丞相,总揽朝政,一场大规模的内战立即发生。《隋书·高祖志》:"周室旧臣,咸怀愤惋。""相州总管尉迟迥自以重臣宿将,志不能平,遂举兵东夏。赵魏之士,从者若流,旬日之间,众至十余万。"其他尚有司马消难、王谦等在所统管地区起兵响应。应该特别注意的是,尉迟迥部的"赵魏之士",何许人也?《周书·尉迟迥传》:"(尉迟迥)以开府小御正崔达拏为长史,余委任亦多用齐人。"按,崔达拏是周武帝平齐与陆爽、颜之推等一同带回长安的北齐十八朝士之一。齐人踊跃涌入尉迟迥部,旬日之间,众至十余万。于此可见齐人不服,企图借北周内战之机复国。580年的大内战中,杨坚获胜,失败的一方(齐人为多)受到严厉的惩罚,其家口被没为奴婢①。次年即581年二月杨坚发动政变,自立为帝,

---

① 见《隋书·刑法志》载开皇六年"诏免尉迥、王谦、司马消难三道逆人家口之配没者,悉官酬赎,使为编户"。

血腥屠杀。开皇元年五月杀介公(即被废的周静帝,时年九岁),"及践阼,诛宇文氏"(《隋书·宇文恺传》)。王鸣盛(2008:450)《十七史商榷》卷六十八《周宗室诸王名》云,隋文帝屠杀宇文泰后裔达五十九人。赵翼(2008:225-226)《廿二史札记》卷十五《隋文帝杀宇文氏子孙》,列举其名,笔者统计为六十一人,宇文氏宗族无有存者,"残忍惨毒,岂复稍有人心"。《隋书·辛德源传》载德源被尉迟迥任为中郎,后逃出,杨坚称帝后,被迫隐于林虑山。"德源素与武阳太守卢思道友善,时相往来。魏州刺史崔彦武奏德源潜为交结,恐其有奸计,由是谪令从军讨南宁。"于此可见北齐旧臣们处于被监视中。杨坚称帝的头两年全力镇压反对派,血雨腥风,形势严峻,四年前"留用"的北齐旧臣们必然惶惶不安,心怀危惧,敢在这非常敏感的时刻拉帮结派?敢成规模地深夜宴饮,酒酣耳热,高谈阔论?不畏地方长官崔彦武们侦知?

治史有著史、考史、评史三途。笔者认为,考史应避免局限于史书字面作考据,宜视野开阔高远,了解政治形势。人有生物之人与社会之人的区分。社会之人属性纷繁复杂,譬如有工人、农人、军人、文化人,自然还有"政治人"。凡官员都是"政治人",欲考其史,必须考他们所处的政治之史,无论古今,概莫能外。

那么,"长安论韵"的燕集发生在何时? 这次燕集的性质为何?

七、"知世论人说"之乙:宽松环境下的文酒之会

研究隋代初年的历史,就可发现,约在开皇三年起,政治局势趋于平缓,逐渐出现了宽松的气氛,兹举几条史料于下。《隋书·高祖纪》:三年正月庚子,"将入新都,大赦天下";三月丁巳,"诏购求遗书于天下"[①];四月丙戌,"诏天下劝学行礼";十一月己酉,"发使巡省风俗"。《隋书·李谔传》更记载了一场全国性的整顿文风运动:"开皇四年,普诏天下,公私文翰,并宜实录。其年九月,泗州刺史司马幼之表华艳,付所司治罪。自是公卿大臣咸知正路,莫不钻仰坟集,弃绝华绮,择先王之令典,行大道于兹世。"一个地方长官因为"文表华艳"而遭治罪,大概古今中外仅此一例! 如是,堪称"中华一绝"。笔者认为,中国历史上多次改朝换代,有这么一个规律:开国"宣武",治国"崇文"。大凡到了重视文化建设之时,便是政局稳定,环境宽松之际,今古皆然。经过了五六年,隋王朝政局安稳,

---

① 《隋书·经籍志一》:"隋开皇三年,秘书监牛弘表请分遣使人,搜访异本,每书一卷,赏绢一匹。"

经济繁荣。《隋书·食货志》："由是内外率职,府帑充实,百官禄赐及赏功臣,皆出于丰厚焉。"这也表现在放松严刑峻法。《隋书·刑法纪》:开皇六年,"诏免尉迥、王谦、司马消难三道逆人家口之配没者,悉官酬赎,使为编户,因除孥戮相坐之法"。按,尉迥即尉迟迥。请注意,其时为开皇六年! 宽松还表现在,作为"留用人员"的北齐旧臣纷纷被起用,据《隋书·高祖纪》,开皇三年闰十二月乙卯魏澹使陈,四年十一月壬戌薛道衡使陈,五年九月丙子李若使陈。《隋书·卢思道传》:"被征,奉诏郊劳陈使。顷之遭母忧。未几,起为散骑侍郎奏内史侍郎事。"他们四人都陆续被任命做外事工作,这叫作"因才施用"。

严峻期以后,政治环境宽松,臣下燕集聚饮,便成了常态,此亦当为国史通则。

不少学者认为,长安论韵是一次专门为音韵问题而召开的专题学术讨论会,犹如 1980 年创立的中国音韵学研究会的历届学术讨论会。我的观点则异于是,我认为,刘臻、颜之推等八人与陆爽父子的晚宴是一些文士官员们的"文酒之会"或"诗酒之会"。这在那个时代是习见之事,可举三条书证。《隋书·庾季才传》:"季才局量宽弘,术业优博,笃于信义,志好宾游。常吉日良辰,与琅邪王褒、彭城刘毂、河东裴政及宗人信等为文酒之会。次有刘臻、明克让、柳䛒之徒虽为后进,亦申游款。"(按,请注意,名单中有刘臻,可见他是乐于参加会饮者)《陈书·阮卓传》:"以目疾不之官,退居里舍,改构亭宇,修山池卉木,招致宾友,以文酒自娱。"《旧唐书·吴筠传》:"开元中,南游金陵,访道茅山,久之,东游天台。筠尤善著述,在剡与越中文士为诗酒之会。"

隋王朝到了开皇六年,政治环境宽松,昔日不得意的"留用人员"都被"用"了,有了官职,自然就有不菲的俸禄,也有了愉悦的心情,这都是聚集宴饮的必备条件,于是就发生了中国语言学史上大书特书的长安陆府论韵。宴饮十人中,有八人为旧齐人,其中七位是曾仕于北齐二十年的旧臣,577 年齐亡入周成了"留用人员",仅仅四年,即 581 年再次改朝换代,"自动转为"隋臣,他们是颜之推、卢思道、李若、魏澹、辛德源、薛道衡、陆爽,另一人陆法言,当周武帝平齐时尚为未成年的齐民。八人中卢思道,辛德源二人有叛周反杨的重大历史污点,薛道衡"坐事除名"不知是因政治问题还是他事犯有过错。这些原齐人在血雨腥风的开皇元年、二年悚惧不宁,甚或被监视,但是开皇三年以后形势好转,或任官,或出使。开皇六年时他们都官运亨通,心情舒畅,于是置酒高会,畅谈阔论,"物以类聚,人以群分",这八人可以称作北齐帮。

至于刘臻、萧该,本为南方的梁元帝旧属,554 年江陵为西魏军所破,其后萧、刘被掳入长安。颜之推是他们的同僚,也被掳,但伺机逃往北齐。577年齐为周所灭,隔了22年,颜之推又与刘、萧同朝,但不在江陵,而在长安。卢思道等七人也与颜之推一同到了长安。历史这个冥冥之手将这班历尽艰辛的十人聚拢在一地,历史又在开皇六年安排他们坐在长安的一张酒桌边,使他们随兴畅叙。开皇六年陆府燕集实际上是隋初一群中层官员的聚饮。这些官员宴饮聚餐主要谈论的话题是什么?大凡"文酒之会",其话题必然多元,现实感强,随机性明,偶发性多,转移度高。以今例古,在这样的"酒会"里,他们的话题因与会者的身份、素养、爱好而决定,焦大们大碗喝酒跟林妹妹们的吟诗雅集,那话题必然大不一样。爆发新的话题、变换话题更是司空见惯。现实中最令与会者关心的问题更可能是主要话题。可以想象,刘臻、颜之推他们,作为官员,能不谈论他们最关心的政治问题、国际形势?他们都是文士,诗歌创作、文章评骘自然也是少不了的内容,等等。对于这次开皇六年陆府文酒之会,我们应该细细咀嚼陆法言《切韵序》的"夜永酒阑,论及音韵"八字:1. 从前四字可见此次宴饮时间之长,与会者兴致之高,他们的话题必很多,议论必热烈,因与《切韵》无关,便被陆法言"隐身"。2. 只是到了快收场,来宾该打道回府歇息的时候了,(按,此与序文"宿"义理解有关,本文从吴葆勤《"同诣法言宿"校议》之说)"及"这是第二个关键词,表示此时话题忽然一转,方论"及"音韵。从《切韵序》的叙述,十人议论的音韵话题可以略分为二:1. 评论南北东西的各地方言的歧异及优劣;2. 评骘前此众多韵书的得失。无论方音与辞书,宗旨在削疏缓而定精切。音韵是这场晚宴的最后一个话题,压轴!多亏这次宴饮到最后冒出了这么一个话题,天幸!

中国人自古迄今的宴饮活动,该有恒河沙数,然而给文化史留下印记的并不多,而值得大书特书的更少。当首推东晋永和九年(353)的山阴兰亭雅集,留下了书法史上的第一名帖和一篇一流散文,隋初开皇六年(586)的长安雅集孕育了音韵学的经典《切韵》和语言学史上一篇一流序文。我们后人应该感谢魏澹,他指令陆法言:"向来论难,疑处悉尽,何不随口记之?我辈数人,定则定矣。"要不是有这位准"策划者",这场热烈的"论韵"必风流云散,湮没在历史长流中。颜外史、萧国子两位"学术带头人"作结论,自是功不可没。当然更应该感谢的是陆法言,他记下纲纪,十余年后据之成一代伟著。我们还不可忘记的有隋文帝,他废太子迁怒陆爽,一声金口玉言,陆法言"除名为民",于是"屏居山野",不得不专心撰作。清人赵翼《题遗山诗》名句:"国家不幸诗家幸,赋到沧桑句便工。"后人点化为"诗人不幸诗家幸",我们后世的音韵学者不妨作如是言:"陆家不幸韵家幸,经典千年孰竞工?"

八、结语

甲、卅年前为文,卅年后旧题新做,若有寸进,皆受启沃于先贤程颢:"须是大其心使开阔,譬如为九层之台,须大做脚始得。"①

乙、本文是一篇考据语史学的论文。多年前我提倡"文史语言学",如今我拟改名为"考据语史学",即充分占有史料使用考据方法以研究语言的历史和语言学的历史。陈寅恪先生的《从史实论切韵》、周祖谟先生的《切韵的性质和它的音系基础》,都是考据语史学的经典之作。笔者不揣谫陋,踵继前贤,曾撰《长安论韵开皇六年说》《颜之推谜题及其半解》,今以十余月之功著《三十而立,再证长安论韵开皇六年说》。

丙、我认为,治学撰作既需要充分占有可靠的材料以作严谨的逻辑推理,也需要具有思想、理论,故本文提出"以今例古法""知世论人说""齐一律"等。唐人张说《邺都引》诗如此形容魏武帝:"昼携壮士破坚阵,夜接词人赋华屋。"今人曰"两手硬",是谓得之,于我心有戚戚焉。

丁、忆1962年在中国科学院语言研究所,吕叔湘先生谆谆教诲:"你们写一篇论文应该花一两年时间,不要急于求成。"敢不书绅践行?

戊、此文过长,笔者不得不将另半内容割出,拟撰《长安论韵群体剖析与〈切韵〉思想归因探研》,欲知后事如何,且听下篇分解。

参考文献

曹道衡,1992.从《切韵序》推论隋代文人的几个问题[J].文史,第35辑.北京:中华书局.
陈寅恪,2015.从史实论切韵[M]//金明馆丛稿初编.上海:三联书店.
董作宾,1977.切韵年表[M]//董作宾先生全集:甲编第三册.台北:艺文印书馆.
吉常宏,王佩增编.1992.中国古代语言学家评传[M].济南:山东教育出版社.
洪诚,2000.洪诚文集[M].南京:江苏古籍出版社.

---

① 程颢、程颐《二程遗书》卷二上。胡适1925年作《读书》,认为此条作者是程颢。

胡裕树主编,1992.中国学术名著提要(语言文字卷)[M].上海：复旦大学出版社.
黄典诚,1994.切韵综合研究[M].厦门：厦门大学出版社.
李荣(李于平),1957/1984.陆法言的《切韵》[J].中国语文1月号.音韵存稿[M].北京：商务印书馆.
鲁国尧,2003.鲁国尧语言学论文集[M].南京：江苏教育出版社.
鲁国尧,2013.鲁国尧语言学文集：衰年变法丛稿[M].上海：上海古籍出版社.
鲁迅,1981.鲁迅全集[M].北京：人民文学出版社.
罗常培,2008.罗常培文集[M].第七卷.济南：山东教育出版社.
吕朋林,1996.《切韵》议纲年份考辩[J].语言研究,增刊.
缪钺,2017.读史存稿[M].增订本.北京：北京大学出版社.
倪其心,1981.关于卢思道及其诗歌[J].文学遗产,(2).
濮之珍,2017.中国语言学史[M].上海：上海古籍出版社.
王鸣盛,2008.十七史商榷[M].南京：凤凰出版社.
王启涛,2005.《切韵·序》之"隋开皇初"蠡测[J].汉语史研究集刊,第七辑.成都：巴蜀书社.
王显,1984.《切韵》纲纪讨论制订的年份[M]//中国社会科学院语言研究所古代汉语研究室编.古汉语研究论文集(二).北京：北京出版社.
王显,1997.陆序"开皇初"为九年四月十七日前后说的补充[J].古汉语研究,(3).
张雨,2018.《切韵》成书缘起与长安论韵时间再探[J].唐史论丛,第26辑.
赵少咸,2010.广韵疏证[M].成都：巴蜀书社.
赵翼,2008.廿二史札记[M].南京：凤凰出版社.
中国大百科全书总编辑委员会,《中国历史》编辑委员会,1997.中国大百科全书·中国历史[M].缩印本.北京：中国大百科全书出版社.
周祖谟,1966.切韵的性质和它的音系基础[M]//问学集.北京：中华书局.
祝尚书,2001.卢思道集校注[M].成都：巴蜀书社.

本文写作过程中承张涌泉、武秀成、王启涛、汪启明、王松木、李子君和吴葆勤等教授提供资料，谨致谢忱。

附：长安论韵开皇六年说

鲁国尧

每读文史，辄感汉文学史家有优于汉语史家之处，前者于研究对象之里贯交游、出处行藏多能深入探讨，如李白之经济来源，曹霑之耽心风筝，皆有专论，而汉语史家不免逊色。然关于《切韵序》所涉史实，若干语言学家与历史学家均曾致力于考订，成绩斐然。笔者不揣谫陋，两年前也曾阅读有关史籍，今春受平山久雄先生《切韵序和陆爽》一文的激发，再度研读史籍，觉诸师、诸贤之说尚有可补可正之处，于五月初基本完成这项研究。但香港声韵学术研讨会在即，而教学、教务缠身，只得就长安论韵的时间问题草成此文，祈方家指正。

中國聲韻學國際學術研討會

一九九零年六月十一日至十二日
地點：香港浸會學院鄭翼之講堂

長安論韻開皇六年說
南京大學
魯國堯

主辦
香港浸會學院

一

《切韵》是汉语音韵学的最重要的经典，《切韵序》开头就说："昔开皇初，有刘仪同臻、颜外史之推、卢武阳思道、魏著作彦渊、李常侍若、萧国子该、辛咨议德源、薛吏部道衡等八人，同诣法言门宿。夜永酒阑，论及音韵。"这就是著名的长安论韵。主人陆爽之子陆法言"烛下握笔，略记纲纪"，十余年后，于仁寿元年（601）撰成《切韵》一书。

陆法言只说了句"昔开皇初"，那么长安论韵究是何年？审慎的说法是，"我们不能确指开皇初是开皇哪一年，现在姑且假定为开皇元年（581）"（李荣《陆法言的〈切韵〉》），"大约在公元五百八十几年"（陈振寰《音韵学》）。确指年份的有开皇二年说(董作宾《切韵年表》);"不过总在开皇五年九月以前。开皇五年九月,李若使于陈。开皇六年,卢思道卒于长安"(李荣);"《切韵》纲纪的论定是在开皇九年(589)四月十七日前后"(王显《〈切韵〉纲纪讨论制订的年份》)。

元年说不予讨论。二年说之理由为卢思道卒于三年,陈寅恪1948年发表之《从史实论切韵》引用张说之《卢思道碑》云:"隋开皇六年,春秋五十有二,终于长安。"故二年说也毋庸讨论。

那么可以讨论的是开皇五年九月李若使陈以前说和开皇九年说,先讨论后者。

二

《隋书·卢思道传》末云:"是岁,卒于京师,时年五十二。"张碑确指五十二岁卒时为开皇六年。王显云:"所谓'时年五十二','二'字是误衍,'五'字则是'六'的讹误。"未免改动过多,虽然典籍数字因传刻讹误乃常事。

定为九年四月十七日前后,似已不是开皇初,而近乎开皇中了,开皇二十年整,法言于仁寿元年作序,于开皇之初中应有较清晰的印象。

据张碑,卢卒于六年,年五十二,则为535年生;依王说,卢十年卒,年六十,那是531年生。哪种说法较合于史籍?

卢思道《孤鸿赋》:"余志学之岁,自乡里游京师。"如真是十五岁(文人用辞,往往大致如此),即549年至邺。《隋书》本传云:"年十六,遇中山刘松。"则是550年。后师事邢邵,"就魏收借异书,数年之间,才学兼著。……齐天保中,《魏史》未出,思道先已诵之,由是大被答辱。"据《北齐书·魏收传》,收天保二年(551)受诏撰魏史,天保五年(554)成。《史通·古今正史篇》:"敕秘书监魏收博采旧闻,勒成一史……于是大征百家谱状,斟酌以成《魏书》。"此时异书必多,卢与魏交密,故得泄其未公开的著作,遂涉谤史案。若是531年生,较之535年生,与上段史实距离颇远。

《孤鸿赋》:"年登弱冠,甫就朝列","通人杨令君、邢特进以下,皆分庭致礼,倒屣相接。"《隋书》本传:"左仆射杨遵彦荐之于朝,解褐司空行参军,长兼员外散骑侍郎,直中书省。"《北齐书·文宣帝纪》:"天保八年尚书右仆射杨愔为尚书左仆射。"《北史·樊逊传》:"(天保)八年,……杨愔言于众曰:'后生清俊,莫过卢思道。……'遂以思道长兼员外郎。"《北齐书·崔瞻传》述卢思道直中书省向杨愔推荐崔瞻事。天保八年(557)解褐,如是535年生,那"年登弱冠,甫就朝列",就较合;若531年生,就较远。

《孤鸿赋》云"笼绊朝市且三十载",此赋作于杨坚为北周丞相时,即580年。《史记·张仪传》:"争名者于朝,争利者于市。"后以朝市泛指名利之场。如以卢思道卷入谤史案计,554年《魏书》成,553年思道"先诵之",至作赋时恰近三十年,且,将也。

《孤鸿赋》:"余五十之年,忽焉已至。"王显先生指出,这是套用孔融成话,其时实四十六岁。文人偏老时,易夸张其老(如欧阳修作《醉翁亭记》时四十岁,自称翁)。约在582年著《劳生论》:"余年五十,羸老云至。"举成数也。又云:"年在秋方,已迫知命。"接近五十也,迫,近也。

根据以上理由,我认为还是承认张碑与史传,卢思道卒于开皇六年,五十二岁。不过,我们也佩服王文对史传的若干处的解释很有道理,笔者还无法提出另说。

三

如果卢思道卒于开皇六年,那么长安陆府论韵绝不会在七年及其后。因为卢死的具体月份不知道,但最迟在六年底。长安论韵只可能在开皇元年二月甲子至六年底之间,无论发生在哪一年,"昔开皇初"都是贴切的。

我们的办法是考察主人父子及八位客人什么时候都能聚集在长安,而且有可能燕集论韵。反过来说,只要某一段时间内有一人不在长安或不可能参与论韵,则陆府论韵绝不会在此时发生。

据《隋书·高祖本纪》,开皇三年闰十二月乙卯魏澹使陈,四年十一月壬戌薛道衡使陈,五年九月丙子李若使陈。假定每次出使往返为六个月,这可从下两事推出:据《隋书·高祖纪》,元年四月辛丑,陈使"来聘于周,至而上已受禅",二月甲子杨坚即帝位,陈使当是二月甲子前由建康出发;又,四年秋七月丙寅,陈使来聘,八月壬子享陈使,陈使在长安前后呆了四十七天。

特别要考虑到三个人。

一是薛道衡。《隋书》本传:"高祖受禅,坐事除名。河间王弘北征突厥,召典军书,还除内史舍人。其年,兼散骑常侍,聘陈主使。"据《隋书》杨弘传、燕荣传、赵仲卿传(文繁不录),杨弘三年初击突厥,六月胜利。那么薛道衡三年初最早二年底从军,三年下半年回长安。而开皇元年、二年坐事除名,这期间似不太可能赴陆府宴集。

二是辛德源。《隋书》本传:"因取急诣相州,会尉迥作乱,以为中郎。德源辞不获免,遂亡去。高祖受禅,不得调者久之,隐于林虑山,郁郁不得志,著《幽居赋》以自寄,文多不载。德源素与武阳太守卢思道友善,时相往来。魏州刺史崔彦武奏德源潜为交结,恐其有奸计。由是谪令从军讨南宁,岁余而归。秘书监牛弘以德源才学显著,奏与著作郎王劭同修国史。"

按,北周静帝大象二年(580)六月相州总管尉迟迥反对杨坚,"举兵东夏,赵魏之士,从者若流,旬日之间,众至十余万。"七月失败。辛德源涉嫌,故在杨坚取得帝位后,只得隐居林虑山。《隋书·地理志中》,魏郡有林虑县,内有林虑祺。魏郡太守自有监视德源行动之责。《地理志》上:"开皇三年,遂废诸郡。"《百官志》:开皇三年四月后,"罢郡,以州统县"。既传称魏州刺史,则是三年事。那么三年从军讨南宁,"岁余归",即四年归。

关于讨南宁一事,王显先生文认为"是在史万岁的统率下"(王文注二十六)。《隋书·史万岁传》未明言时间,但从苏沙罗传可知,史万岁征西爨当在开皇十年后。从梁睿传、韦冲传、王长述传知西爨三代酋领为爨瓒、爨震、爨翫(文繁不引),韦、王征抚的对象是爨震,史万岁的征讨对象是爨翫。王长述传:"后数岁,以行军总管至南宁,未至,道病死。"辛德源当是从王军南下,当为开皇三四年间事。

总之,辛德源从涉嫌反隋至从南宁归来前夕皆不可能在长安,在此期间内,不可能有论韵事。

但存在一难点:秘书监牛弘推荐辛德源与著作郎王劭同修国史。《牛弘传》:开皇初秘书监,三年拜礼部尚书。《王劭传》:"高祖受禅,授著作佐郎。……于是起为员外散骑侍郎。"在诣谀杨坚后,拜著作郎。而本纪载,王劭三年四月聘陈时,头衔为员外散骑侍郎。这段史文似可这样解释:王劭十月返,上表请改史,诣谀,然后晋升为著作郎,牛弘荐辛德源与王劭共事,不久牛弘由秘书监改任礼部尚书。这都发生在三年最后两月。但是细玩史文,王劭升为著作郎似乎不那么快,此其一。如辛三年底与王劭共事,则二年征南宁,不可能,王长述传只说"后数岁",又,隋初边患主要在北方突厥,韦冲、王长述也是恩威并用,文帝开皇二年即征南宁于理难绎,此其二。《音乐志》:开皇"十四年三月,乐定。秘书监奇章县公牛弘……等奏曰"。其时牛弘早不任秘书监了,因此辛德源传的"秘书监牛弘"可能也是用的旧头衔,而实是开皇三年后的事,此其三。

最后要讨论的是卢思道。本传云:"开皇初,以母老,表请解职,优诏许之。思道自恃才地,多所陵轹,由是官涂沦滞。既而又著《劳生论》,指切当时。……岁余,被征,奉诏郊劳陈使。顷之,遭母忧。未几,起为散骑侍郎,奏内史侍郎事。于时议置六卿,将除大理。思道上奏曰,……又陈殿庭非杖罚之所,……是岁,卒于京师,时年五十二。"

读这段史文,我们可以作如下推测:开皇元年二月开国,卢辞职与皇上优诏许之,最早也得在元年中。辞去武阳太守职后,官途沦滞,牢骚满腹,《劳生论》当著于二年。"岁余,被征,奉诏郊劳陈使",当是三年事。《隋书》记载,开国后,三年二月陈使首次来聘,三年十一月第二次来聘,不知卢是哪一次郊劳陈使。"顷之,遭母忧",卢思道乃孝子,577年周武帝平齐,以十八知名朝士之一被征入长安,"未几,以母疾还乡",因而参与乡人的反周之乱;开皇元年,又以母老辞职还乡奉养,此次遭母忧,当是母卒于父后。"顷之"何时?假定陈使来长安后,外事活动一个多月,设陈使来后第三月遭母忧。《仪礼·士虞礼·记》:"中月而禫。"郑玄注:"中犹间也。禫,祭名也。与大祥间一月。自丧至此凡二十七月。禫之言澹澹然平安也。"则是居母丧在乡二十七个月。王显先生说,史书未言夺情,当是居丧时期全然不在长安。"未几",当是丧毕后隔一个短时间再至京师任职。

那么卢思道开皇元年中至被征郊劳陈使前在乡奉母。如是三年二月劳陈使,则三年四月至五年五月(三年有闰十二月)丁忧,亦在乡;如是三年十一月劳陈使,则闰十二月至六年二月居乡丁母忧。

四

史书未言其他人在开皇初不在长安。

现在我们可以根据薛、辛、卢、魏、李在开皇元年至六年的行踪来考证陆府论韵的时间。

开皇元、二、三、四年皆无可能。薛一、二年坐事除名,三年从军。辛一、二年隐居林虑山,三年从军,四年归。卢元年中至二年(甚或三年中)无职居乡,三年四月(或闰十二月)起,丁忧回乡。三年十二月魏使陈,四年十一月薛使陈。

开皇五年六月卢思道居丧毕,未几复出任职,如果很短,那可赶在李若使陈(九月)前回长安。如果隔三四个月,就不可能了。卢乃范阳涿人(《北史》如是,《隋书》本传只言范阳人),朝廷征书至涿,由涿至长安皆需不少时间。《周书·武帝纪》载平齐后二月乙卯自邺启程,四月乙巳至长安,前后共四十九天,当然卢思道之返京速度要快些。

开皇六年二月李若由陈回长安,卢思道如是六年二月居丧毕,那么起复后回京任职,诸贤毕至,少长咸集。杨坚代周的政变已过去六年,隋的统治已很稳定,这些由北齐或南朝而来的诸文士都很安定,隐居、从军、泄愤都成为过去的事了。于是陆府开文酒之会,"夜永酒阑,论及音韵"就是恰如其时的了。

初年定纲纪,十余年后陆法言撰《切韵》,垂之千古。

(岁次庚午年四月二十辰时在极繁杂的事务之隙,断续写成此草稿,赶寄香港,故文理不通,繁简字混用在在皆是,请指正,容改错。)

复盘与导读

一、解题

古希腊大哲亚里士多德有一句名言:"吾爱吾师,吾更爱真理。"我很赞佩这中译文,所以我这篇导读可称"吾识吾文","吾文"是"遵命文字",是我对自己的一篇论文的撰写经过、撰写思想回顾。

二、回忆吕叔湘先生

忆往事。到了1976年,"文化大革命"结束,此后拨乱反正,咱们的语言学也缓慢复苏,终于迎来了"科学的春天"。话说1978年春某日,在南京大学,能容一千多人的礼堂坐满了听众。那天,中国社会科学院(1977年5月刚组建)语言研究所所长吕叔湘先生回到母校,做关于语言研究的报告,他神采奕奕,声音洪亮,严谨而生动地讲了一个半小时左右,赢得了一片赞誉之声。这是在这座1918年建成的老礼堂里,久违了12年的学术盛宴。那天我和法国访问学者沙加尔博士坐在一起聆听,光阴荏苒,已是四十多年了,但是此情此景历历如在目前。吕先生的报告涉及面很广,也讲到如何学习、如何研究的问题。

记得他说：前人的、他人的、优秀的著作和论文，我们都应该认真学习。如果这些论著的作者中有人写文章，讲述他的酝酿、写作的过程，甚至于谋篇布局、遣词造句也讲到，那么读者会受益多多，可惜这样的文章很少见。犹如餐馆里的特级厨师端上色香味俱全的一盘菜，同时也讲讲食材配搭、火候掌握等烹调经验，然而食客只吃不闻不问，因为他们从来没有想到自己要下厨的。对于我们做学问的人来说，读者应该有志于有朝一日也能成为一名优秀论著的作者，因此学习以往的名山之作，下功夫仔细揣摩，很有必要。

两个月前我怎么会忽然回忆起那老早的往事呢？因为那天上海大学的丁治民教授打来电话，说他要主编一本书，邀请多位作者各自提供一篇自己满意的或得意的论文，也要同时和盘托出自己研究、作文的经过。啊，他的这一设想竟然跟吕叔湘先生多年前的报告如出一辙！我听后，连呼："好创意！很有特色！"中国历史上唯一的女皇帝武则天的时代有一个"请君入瓮"的故事，不意千载之后，历史重复了一次。治民教授听我赞许他这一创见，马上说："那就请您带个头，提供一篇力作，同时讲讲您研究和写作时的想法。"就这样我被"入瓮"了。

特别要声明：我性识愚鲁，学术荒疏，如今年届八五，提交不出治民教授要求的"力作"。力作，精心完成的功力深厚的作品。我这篇《语学与史学的会通——三十而立，再证"长安论韵开皇六年说"》不敢说是"力作"，但是与"力"也有关系，确是用"力"费"力"尽"力"之作，竟写了一年多，持久战，历寒暑，搞得我筋疲力竭，确实是"力竭"，并非虚言。

三、从传统考据到具有理论特色的新型考据

治民教授吩咐，必须谈谈对自己文章的认识。现作自我评估：我 1990 年在中国声韵学国际学术研讨会上宣读的论文《长安论韵开皇六年说》是一篇传统考据学的文章。卅年后发表的《语学与史学的会通——三十而立，再证"长安论韵开皇六年说"》则是新型的具有理论特色的考据文章。后者不再仅仅是排比史料，作逻辑推理以求得结论，而具有了理论色彩。

我是 70 岁退休的，在退休前后，一度陷于彷徨。退休后我不想悠游度日，我仍旧要读书，要做学问，读什么？怎么做？经过一番思想斗争，我最后决定："衰年变法！"具体地说，坚持"不崇洋，不排外"的"双'不'方针"，不做"搬运工"，不随他人后，走自己的"坚实、会通、创新"之路，争取"更上层楼"。

我经常诵读恩格斯的经典著作《反杜林论》中的金句："一个民族想要站在科

学的最高峰,就一刻不能没有理论思维。"我东施效颦:一个学者想要攀上学术的巅峰,就必须具有理论思维。近二十年来,我发愤读了中外的哲学及其重要分支学科美学的若干论著,我力图在自己的学术实践中培养、锻炼理论思维的能力。新文比起旧文,自认为,有进步,很有进步。除了史料丰赡、论证严密之外,我提出了"齐一律""以今例古法""知世论人说",特别是"知世论人说"。这源于我国先哲孟子,成语作"知人论世",但我改作"知世论人"。探究"长安论韵"的具体时间,以往的语言学家、历史学家,都是搜集参与论韵人物的具体行迹,据以推论,我三十年前的旧文也是如此。可是这三十年我没有白吃干饭,我学习了哲学,在研究、撰作的实践中我的理论思维能力发挥了作用。我读史、研史,北周武帝平齐次年即病死,不久外戚杨坚先是任北周丞相,继而自立为帝。这几年政局极度动乱,我概括为十六字:"两朝兴亡,一场内战,开国伊始,血雨腥风。"我认为,知其"世"即当时的社会、政治的大的局面,方可了解、理解某人或某些人的具体行为。当隋朝刚开国之初,四年前被"留用"的一帮北齐旧臣(其中有人有反周反杨的"历史污点")惊恐不暇,岂敢置酒高会,高谈阔论?这是我否定董作宾及其众多信从者(多是学界大家或名家)的"长安论韵"开皇二年说的一个重要观点,这是研究这一问题的专家们从未道及的。待到开皇六年,隋王朝统治稳定,重视文化建设,赦免政敌,准备伐陈以结束近三百年的国家分裂局面,这是王侯将相们所追求的"大业"。"世"有变,也决定了人们的"行"有变,在这样的宽松氛围下,刘臻、颜之推、陆爽等十人方有可能成规模地开宴聚饮,"夜永酒阑,论及音韵"。"知世论人说"是我这新文的精粹所在,从政治史、政治心理学观照"长安论韵",是我从事学术研究征途上一块"里程砖"。近若干年来培养、锻炼、发展理论思维能力,使我能鼓起勇气提出理论,自己立说。段玉裁《与诸同志论校书之难》一文云:"何谓立说?著书者所言之义理是也。"人要珍惜、利用、发挥、提高自己的"思想"。

四、应该努力在语言学文章中注入文采

宋代刘羲仲《通鉴问疑》一书记载司马光修《通鉴》成,自云:"唯王胜之借一读,他人读未尽一编,已欠伸思睡矣。"其实,较之《通鉴》,语言学论著更甚。在人文科学领域中,语言学跟自然科学比较接近,与文学距离很远。语言学文章读来枯燥无味,尤其是繁琐的考据文章,连篇累牍,叠床架屋,令人生畏、令人生厌。我认为,要改变这一状况,作者须努力注入适当文采。对此,我一直提倡,自己也一直在实践。记得几年前,在成都的一次语言学会议上,我的论文集《衰年变法论丛》中的这一特点得到向熹先生(现高寿93)的肯定。我在撰写新文的过程中,对遣词造句,也作了努力。我的一个主张,在这里特别提出,引用或活用前贤的嘉言名句也可激起读者的兴味,如北朝末期强势之北齐反为弱势之北周所灭,读史至此,忆起李商隐《北齐》:"一笑相倾国便亡,何劳荆棘始堪伤。小怜玉体横陈夜,已报周师入晋阳。……"比较北周武帝和北齐后主,作断语如下:"此乃英主与昏君的对决。"随后引用《北齐》诗中的名句,如此仿佛在清汤中撒了点盐粒。又如拙文迻录了清人赵翼《题遗山诗》中脍炙人口的两句:"国家不幸诗家幸,赋到沧桑句便工。"我改窜为:"陆家不幸韵家幸,经典千年孰竞工?"读者见此,或许不至于再"欠伸思睡"吧!东坡云"腹有诗书气自华",此亦为文之道也。

尚有可议可论之处。不过,应该打住,因为这篇短文已经超过主编规定的字数。

以上所论,请允许我借用王渔洋的名句,"姑妄言之姑听之",敬请方家赐正。

《切韵》三等韵 ABC[*]

——三等韵分类及其声、介、韵分布和区别特征拟测

黄笑山[**]

摘要：根据声韵分布和演变方向，《切韵》三等韵通常分成 ABC 几类。各类的分布和发展有异，这说明它们语音上存在不同。不同性质的韵母对与之相拼的声母有所选择，这导致了分布的差异，分布的差异又导致不同的演变。所以三等韵的分类是汉语音韵学研究的 ABC（基础）。各类三等韵尤其是重纽的语音差别何在有过较大的争议，通过反切结构分析可以看出反切上字和被切字"类相关"是介音和谐的反映，重纽 AB 两类都用 C 类反切上字的现象可用"呼读假说"来解释。《切韵》系统是由反切下字表现重纽区别的。重纽韵反切下字的舌齿音声母分成两组并与 AB 类唇牙喉分别相应，可以拟测两类三等韵介音来表示这种区分。两类三等韵介音与声母辅音的分组拟测相关联。诸家对《切韵》声母、介音、韵腹、韵尾的结构关系的理解以及不同的拟测，可用区别特征作统一关照。介音是否具有[rhotacized]特征、主要元音是否具有[back]特征、韵尾是否受 DORSAL 部位特征辖制，都直接影响着三等韵的类别、分布和发展，也影响着对声组同各种韵类关系的认识。

关键词：中古音；三等韵；重纽；介音；呼读假说；区别特征

一、《切韵》三等韵的分类

学界通常按分布（声韵配合及韵图表现等）和发展（例如唇音的轻唇化和舌

---

[*] 原载《中文学术前沿》第五辑，2012 年。本书收录时略有修改。
[**] 黄笑山（1953—），浙江大学教授，博士生导师。

齿化)把《切韵》三等韵分成几类,各类有一些不同的名称,先列如下:

一、普三韵(普通三等韵),下分两个小类:

C1. 子类韵=纯三等韵(纯三韵)= C 类,这类三等韵只可以有唇牙喉 11 个声母,没有舌齿音,韵图全都置于三等,故得名"纯"。

C2. 丑类韵=混合三等韵(混三韵)= D 类,这类三等韵可以有所有 27 个声母,韵图把齿音(庄组、章组、精组)分别置于二三四等(喻母也分三四等),故曰"混"。

二、重纽韵(寅类三等韵),重纽两类也各有名称:

A. 寅 A 类韵=重纽四等韵,其唇牙喉声母韵图列在四等,其唇音后来没有轻唇化,在汉越语中舌齿化了。

B. 寅 B 类韵=重纽三等韵,其唇牙喉声母韵图列在三等,其唇音后来保留重唇音。

重纽韵不仅可以拼三等韵能拼的所有声母,同时其唇牙喉 10 个声母(帮滂并明、见溪群疑、晓影)可以同韵、同呼重出,故称"重纽"(详下)。重纽韵的舌齿声母在韵图分布如 C2 类。所以重纽韵 AB 两类放在一起,其分布颇似普三韵 C1 和 C2 两类的合并。

上述分类各家相对一致,但往往同类异名或者同名异类。本文采用 A、B、C1、C2 的分类名称,用"重纽韵"统称 A、B 两类,用"普三韵"或"C 类"统称 C1、C2 两类。

各类三等韵的分布和发展有异,这说明它们语音上有不同:不同性质的韵母对与之相拼的声母有所选择,导致了分布的差异,分布的差异作为不同的条件进一步导致不同的类在发展演变上的不同。所以三等韵的分类是汉语音韵学研究的 ABC(基础)。

二、重纽

根据《切韵》的体例,一个韵里面的小韵(小纽),如果声相同必定韵母不同。同声同韵而不同小韵其区别在于介音,介音可能造成等第、开合的不同。例如庚韵见纽下"庚-raŋ、觥-rwaŋ、惊-rian、憬-rwian"分别为开二、合二、开三、合三。不过庚韵里的二等韵跟重纽没有直接关系,下面我们以只有三等韵的支韵为例,来看其中反切反映的对立。

表1的a和b两组反切的反切上字分别相同,说明它们的声母相同,则韵母必不同,两组反切下字"知移宜支"和"垂为危"分组显了韵母的差异,各方面的材料证明a组为开口、b组为合口(表中列出了其声纽,暂用tr-、tsr-等表示知、庄组,拟测详下):

表1 声韵皆同开合对立例一

	澄	心	初	禅
a.	驰直知 drie	斯息移 sie	差楚宜 tsʰrie	提是支 dzie
b.	鬌直垂 drwie	眭息为 swie	衰楚危 tsʰrwie	垂是为 dzwie

有时候反切上字不同但可能是同类,在表2里a和b组相应反切的反切上字是不同的,但根据反切上字系联,"陟、竹""吕、力""即、觜""所、山""叱、昌""如、人"等上字分别同类:

表2 声韵皆同开合对立例二

	知	来	精	生	昌	日
a.	知陟移 trie	离吕移 lie	赀即移 tsie	釃所宜 srie	眵叱支 tɕʰie	儿如移 nie
b.	腄竹垂 trwie	羸力为 lwie	劑觜随 tswie	鞲山垂 srwie	吹昌为 tɕʰwie	痿人垂 nwie

声既同类,则其韵母必不同。根据上文,我们知道用"知移宜支"等反切下字的a组是开口字,用"为危垂随"等反切下字的b组是合口字。

有的开口小韵没有相应的合口,有的合口小韵没有相应的开口,判定开合时也可如上一样,根据反切下字归类,例如"知移宜支"、"为危垂随"等下字分作两类,下表3:

表3 据反切下字归开合例

	彻	清	从	邪	章	书
a.	摛丑知 tʰrie	雌七移 tsʰie	疵疾移 dzie		支章移 tɕie	絁式支 ɕie
b.				随旬为 zwie		

陈澧《切韵考》正是根据《切韵》一个同音字组（小韵）仅标注一个反切的通例，得出反切上字同类则韵必不同类，反切下字同类则声必不同类的结论。但是《切韵》有的同一个三等韵里，相同的唇牙喉声母字，开合也相同，却仍有对立。还是看支韵：

表4　牙喉小韵重出例

	见	溪	群	疑	晓	影
a.			祇巨支 gie		詑香支 xie	
a'.	羁居宜 kie	敧去奇 kʰie	奇渠羁 gie	宜鱼羁 ŋie	牺许羁 xie	漪於离 ʔie
b.	规居随 kwie	闚去随 kʰwie			隳许随 xwie	
b'.	妫居为 kwie	亏去为 kʰwie		危鱼为 ŋwie	麾许为 xwie	逶於为 ʔwie

系联反切下字可知，表4的a组和a'组都是开口，而b组和b'组都是合口。见、溪两组开口只有一类，但合口有成对的反切；群纽开口也有成对的反切；疑纽、影纽开合都只有一类反切，但晓纽则开合都有成对的反切，这样的两两对立区别何在？

中古唇音是不存在开合对立的，但是在这类三等韵里同韵的唇音却仍然有重出对立：

表5　唇音小韵重出例

	帮	滂	並	明
a.	卑府移 pie		脾符支 bie	弥武移 mie
b.	碑彼为 pie	铍敷羁 pʰie	皮符羁 bie	糜靡为 mie

虽然表5的a组用"移支"等为反切下字，看似开口；但b组用作反切下字的"为羁"等，并不都是合口。两组的对立显然不在于开合，其区别何在？

在不明区别何在的时候，这样一些三等韵的唇牙喉字同韵、同开合、同声母的"重出小纽（小韵）"被称作"重纽"。有些研究者一度认为这种重纽没有任何语音意义（或到中古已没有区别），所以人们就用相同的拟音来表示它们〔表4、表5中重出的拟音就是如此〕。但是，重纽只出现在钝音声母（唇牙喉）

里,有重纽的三等韵的元音都不具[back]特征(详下),如此整齐的分布说明了重纽具有很强的系统性;而且凡有重纽的三等韵其唇音在后来发展中都保留重唇(其 A 类在汉越语和晋闻喜方言里演变为舌音),没有重纽的三等韵的唇音则发生轻唇化,不同的演变说明了其语音的差异;中古其他字书、音义书的反切也表现出重纽现象,一直到近代文献中仍有它的痕迹,这说明重纽不是《切韵》系韵书、《切韵》时代独有的现象,不是偶然重出或"纸上谈兵"。重纽的区别一定有其语音内涵。

从日本有坂秀世(1937—1939①)和河野六郎(1939②)对重纽性质提出看法,我国周法高(1941③)、董同龢(1945④)、李荣(1956⑤)深入进行探讨以来,重纽的区别在于介音的认识已经较为明确。表 6 是诸家对重三、重四拟测的介音对立:

表 6　重纽的介音区别的构拟

重四(A类)	-j-	-j-	-i-	-i-	-i-	-i-	-i-	-i-	-i-
重三(B类)	-i-	-rj-	-rj-	-ri-	-ru-	-ɯ-	-ï-	-I-	-ɪ-

总结各家的看法,可以说重纽的两类介音有类似锐钝(acute vs grave)的区别,重三韵(B类)介音比重四韵(A类)的介音后一点,或者少一点腭化、多一点 r 音色彩⑥。

重纽的区别在于介音,那么,重四韵(A)、重三韵(B)、纯三韵(C1)、混三韵(C2)该有几种介音?在重纽韵里的舌齿音该用哪种介音?这两个问题学界都有不同的看法。

---

① 有坂秀世:《评高本汉的拗音说》,载《国语音韵史的研究》,东京明世堂,1944 年版,三省堂,1957 增补新版。
② 河野六郎:《朝鲜汉字音の一特质》,载《言语研究》1939(3);载《河野六郎著作集 2:中国音韵学论文集》,第 155—180 页,东京:平凡社,1979 年版。
③ 周法高:《广韵重纽的研究》,载《六同别录(上)》,见《历史语言研究所集刊外编》第三种,1945 年版;《历史语言研究所集刊》,1948 年版,13:49—117 页。
④ 董同龢:《广韵重纽试释》,见《历史语言研究所集刊》,1948 年版,13:13—32 页。
⑤ 李荣:《切韵音系》,北京:科学出版社,1956 年版。
⑥ 早期研究似乎有所不同,例如李荣先生 A 类写 i 介音,B 类写 j,但他"只作类的区别"。有的学者认为这就是音的区别,但是需要注意的是,在早期研究中这种 j 和 i 的区别,很大程度上是认为辅音性的 j 比元音性的 i 更弱一些,多半不是强调 j 的腭化程度更高。

三、反切上字和被切字的类相关

（一）类相关

从反切入手研究，辻本春彦(1954)指出过，切上字属重纽字时，由上字定归属(上字是"匹"时例外)；切上字属普三(C)时，由下字定归属。上田正(1957)又用7项公式作概括①。上田的公式分"第一式"和"第二式"，我们简写成表7（"A-CA"的意思是，被切字是A类，反切上字是C类、下字是A类，余类推）：

表7 重纽反切类型及类相关

	第一式	（下字定归属）	第二式	（上字定归属）
a.		② A-CA	④ A-AA	⑤ A-AB
b.		③ B-CB	⑥ B-BB	⑦ B-BA
c.	① C-CC			

从第一式可以得出辻本的第二个结论：普三(C)上字组是下字定归属；从第二式可以得出辻本的第一个结论：重纽(AB)上字组是上字定归属。平山久雄把这种现象命名为"反切上字跟被切字的类相关"②。这些观察角度打破了切上字只管声母的局限，让人们认识到，切语上字也能够反映韵母的部分信息，即反映有关介音的信息。

（二）一项推论及其疑问

反切上字和被切字的类相关概括了众所周知的重纽反切现象：

1. A类、B类不互作反切上字，2. A类、B类都可用C类作反切上字。

既然反切上字跟被切字的类相关，重纽的区别又在于介音，上述概括就可能导致如下推论：

2. A和B不互作反切上字，因此B的介音跟A必不相同；2. A和B都用C作反切上字，C必定介于A、B之间；因此，A、C、B必定有三类介音③。

丁邦新先生就主张A、B、C三类三等韵有三类介音。

---

① 辻本春彦(1954)和上田正(1957)所论三等重纽问题，皆转引自平山久雄《重纽问题在日本》，1995年版，载《平山久雄语言学论文集》，第25—50页，商务印书馆，2005年版。
② 平山久雄：《切韵における蒸职韵与之韵的音似》，《东洋学报》，1966年版，49(1)；42—68页。
③ 丁邦新：《重纽的介音差异》，载《声韵论丛》，台北：学生书局，1997年版，第37—62页。

问题是,设若反切上字真的被用来兼表被切字的介音,那么用中间状态的普三(C)作上字的反切如何能够拼出重四(A)和重三(B)的不同读音?为什么明明A、B不同,却大量选用一个中间的C去模糊它们的不同呢?

"捃选精切,除削疏缓"而来的反切大概不会故意去模糊重纽的界限,所以一个可能的解释是,反切在选择韵类表示介音时本来就不太精确。反切的原则是上声下韵拼合成音,声韵界限在当时并不像现在的拼音和音标那么清楚(其实现在音系学介音属 onset 还是属 rhyme 也有不同观点),只要上下字能够和谐地切合出读音并表现出重纽的差别就行了。所以如果 C 类韵具有能够跟重纽两类都和谐的介音,就可以用来作这两类音的反切上字。

这个想法似乎是有道理的。但是它的基础是反切上字能够表示介音,而这个观点来自"反切上字定重纽归属"的观察。

(三)被忽略的事实

我们注意到上田的 7 个公式虽然正确地概括了与重纽相关的一些反切类型,但各个类型在重纽反切中的数量及所占的比重却被许多研究者忽略了。

表8 重纽反切的类型与数据

	第 一 式		第 二 式	
	跟重纽韵无关	下字定归属	上下字皆可定归属	上字定归属
a.		② A-CA,15/17	④ A-AA,14/15	⑤ A-AB,3/3 (B-AB,3/3)
b.		③ B-CB,98/112	⑥ B-BB,27/18	⑦ B-BA,0/1
c.	① C-CC,409/xxx①			

我们把各类反切在《王三》/《广韵》中出现次数统计附在上田的 7 个公式(仍用①~⑦表示)之后,做成表8,表中 c 行跟重纽无关,所以上田第一式的①可不计。现在重新审视表中的其他类型和数据:

表中 a 行被切字都是 A 类,反切上字也是 A 类的计 17/18 个小韵,而反切下字是 A 类的计 29/32 个小韵。

表中 b 行被切字都是 B 类,反切上字也是 B 类的计 27/19 个小韵,而反切下

---

① 数字是从《王三》如下韵中数出:歌三3,鱼20,虞34,废5,之21,微43,尤29,盐14,凡14,元60,殷22,文31,阳54,东三26,钟33。《广韵》暂未统计。

字是 B 类的 125/130 个小韵。

从总体数量角度观察,用反切下字能确定重纽归属的量要超过反切上字的三四倍,这对"反切上字定归属"的结论是很不利的。

上田上字定归属的第二式中④和⑥是同类自切,这是标准的"上下字(与被切字)和谐",说成上字定归属抑或说成下字定归属都没有问题,上面的计算就是两属的。

除了同类自切,剩下的⑤⑦是第二式上字定归属,②③是第一式下字定归属,两式各占两个类型,看起来旗鼓相当。但是实际上,下字定归属的②和③有百余个小韵,数量和比例上都显示了下字定归属是主要的表现方式;而上字定归属的关键性证据⑤只有 3 个小韵①,同时又有 3 个反例(表中用括号列出)②,至于⑦只是《广韵》的孤例,《王三》里原是用属于⑥的反切类型③。所以综合起来看,我们知道虽然反切上字可以一定程度反映重纽介音信息,但那不是实质性的,而是介音和谐的结果;《切韵》重纽的区别主要是由反切下字表现的。也就是说,至少在《切韵》反切系统里,重纽的介音是被看成属韵的。

既然重纽的介音不由上字表现,那么 A、B 两类都用 C 类作上字的实质,就不在于介音的选择,而仅是因为相同的声母出现在 A、B、C 类中,并没有实质的区别。下面我们将谈到,AB 类和 C 类的主要区别在于元音,A、B 类的区别才关乎介音,所以没有必要给 C 类韵拟测第三种三等韵介音。

(四)呼读假说

可是还需要回答,为什么《切韵》A、B 两类不相关却都大量用 C 类作上字?究竟是什么吸引 A、B 类反切选用 C 类甚至超过选用本类呢?

我认为这跟反切实质上是拼音有关。为了把声母读得清晰响亮,在创造反切的时候可能采用的是"呼读"的方法。

许多学者都讨论过,反切的大量出现应该跟外来拼音文字影响有一定关系。我们知道,梵文辅音字母的读法总是带着元音的,《切韵》反切上字大量运用 C 类字可能就是一个跟这种传统相关的普遍现象。

根据陆志韦先生(1963④)的统计,《切韵》喜欢用模$_{910}$⑤、鱼$_{702}$、职$_{316}$、之$_{274}$、

---

① 上田正公式⑤只有"臂,卑义反""譬,匹义反""避,婢义反"3 个例子。
② "皱,匹靡反""譏,匹鄙反""濞,匹备反"3 个反例正好抵消上田正的公式⑤。
③ 《广韵》此例是"密,美毕切",跟"蜜,弥毕切"对立,确是上字区别重纽的。但《王三》原作"密,美笔反",跟"蜜,无必反"对立,区别在于下字。
④ 陆志韦:《古反切是怎样构造的》,《中国语文》1963 年第 5 期。
⑤ 韵后的数字表示出现次数,下同。

铎₁₉₂、虞₁₆₈、阳₁₄₉、支₉₃、尤₈₉、歌₈₈、脂₇₀、唐₆₃等韵系的字作反切上字。其实如果用早于《切韵》时代的读音来衡量,反切用字的这种倾向,似乎用鱼(铎)阳、之职(蒸)部字概括来的更合适。我们看到的这种反切用字倾向,不是隋朝或者南北朝才有的,而是在反切创制时期就已经开始形成了。徐邈(344—397)是西晋人,比陆法言(562—?)早大约二百年,其反切构造已经如此,用更早的分部标准概括,可以说反切上字是喜欢用鱼(铎)阳、之职(蒸)部字。吕忱《字林》成书早于徐邈音注一百年,其上字除了用笔画简单的字外,也集中用鱼(铎)阳、之职(蒸)部字。假如用后汉三国的分部,情况可能会更集中①。我怀疑在创制反切的汉代,这种倾向已经形成了。鱼(铎)阳部(还有歌部)是开口度很大的元音,反切多用它们来做唇牙喉的上字;之职(蒸)部(还有脂部)大概是比较高的元音,反切多用来做舌齿音的上字。这情形就有点像呼读梵文辅音字母,现在有一派读不送气音辅音无论清浊都加 a 元音发音,读送气音无论清浊都加 ə 元音发音(短 ɐ),这都是一种传统。

当然,"呼读假说"还有待进一步证实,但是我们从这里可以看到 A、B 两类都用 C 类反切上字可能并不是因为 C 类具有不同于 A、B 两类而又居于 A、B 两类之间的介音。

四、结合反切下字看重纽

上文说《切韵》主要是通过反切下字区分重纽的,反切下字除了 A、B 类唇牙喉声母字外,还有舌齿音声母字和喻母字,在区分重纽时这些反切下字的声母类型发挥了重要作用。为了看清这一点,我们统计了《王三》和《广韵》所有的重纽切语,得出表 9 的数据(表中 A、B、C 分别为重四、重三、普三外,反切下字的声纽用 J、S、Sj、R、T、L 表示以母、精组、章组、云母、知组、来母;数字是该类型的小韵数②,"/"左边是《王三》的,右边是《广韵》的):

---

① 据张冬磊博士统计,三国时韦昭存世的音切最多(辑录 207 条),其上字的选择倾向是 C 类字最多,其次是一等字,A,B 类上字最少。其中被切字为重纽韵的反切共 31 个,没有 A‑AB 和 B‑BA 的上字决定式,绝大部分是 B‑CB 以及 A‑CA 式。反切上字倾向用之职部和鱼部字,这两类元音的切上字几乎占了 90%。

② 表中数字与后来李秀芹博士的统计有出入,参见李秀芹《中古重纽类型分析》(博士学位论文,浙江大学,2006 年)的有关统计。黄笑山《于以两母和重纽问题》,《语言研究》1996 年增刊,第 241—252 页)有不同角度的统计。这几个统计材料的差异有的源于我们先后对某几个小韵的认识不同,有的可能是点算误差,有待核查,但不影响结论。

表 9 重纽切下字类型与数据

上字	被切字为 A			被切字为 B				合 计
	上字为 A	上字为 C	上字四等	上字为 A	上字为 B	上字为 C	上字一等	
A–AA	14/15	A–CA 15/17			B–BA 0/1	B–CA 0/0		29/33
A–AJ	2/5	A–CJ 26/21	A–4J 0/1		B–BJ 1/1	B–CJ 2/3		31/31
A–AS	4/5	A–CS 12/14			B–BS 1/0	B–CS 1/0		18/19
A–ASj	10/10	A–CSj 17/17			B–BSj 0/2	B–CSj 6/3		33/33
		A–C4 0/1						0/1
A–AB	3/2	A–CB 0/0		B–AB 3/3	B–BB 27/28	B–CB 98/112	B–1B 1/1	132/146
A–AR	0/0	A–CR 0/0			B–BR 5/3	B–CR 15/15		20/18
A–AT	1/1	A–CT 3/4			B–BT 1/1	B–CT 9/9		14/15
A–AL	6/6	A–CL 8/7			B–BL 6/2	B–CL 26/24		46/38
合计	40/44	81/81	0/1	3/3	41/38	157/166	1/1	323/334

《王三》和《广韵》的情况基本一致,可以看出,以母(J)、精组(S)、章组(Sj)常作 A 类被切字的切下字,而云母(R)、知组(T)、来母(L)常做 B 类反切下字,很少例外。表 10 是例外表,其中的数字和比例是《王三》里的例外数据(表中第一列两个数据的意思是,反切下字为重四时被切字为重四,没有例外;反切下字为重三时被切字为重三有 3 个例外,占这类反切的 2.27%,余类推):

表 10　例外切下字分布数据

反切下字						被切字
重四(A)	以母(J)	精组(S)	章组(Sj)			重四
0	3(9.68%)	2(11.11%)	6(18.18%)			
重三(B)	云母(R)			知组(T)	来母(L)	重三
3(2.27%)	0			4(28.57%)	14(30.43%)	

可见舌齿音和喻母是被分成两组并对应重纽 A、B 类的,知组、来母、云母联 B 类,精章组、以母联 A 类,按这个分类统计《王三》的重纽,结果如表 11:

表 11　下字可定重纽类占比

	可确定重纽类的	不可定重纽类的	合　　计
上字	81 小韵(25.08%)	242 小韵(74.92%)	323 个重纽小韵(100%)
下字	291 小韵(90.09%)	32 小韵(9.91%)	323 个重纽小韵(100%)

从中可以看出,上字能够确定重纽类别的比例只占全部重纽小韵的 1/4,而由下字显示重纽区别的占了 90% 强(不到 10% 的例外,我们另有分析,有的可看作是慧琳式反切产生的发端,即"前移"发生了①)。

以上分析说明,切上字并不能全息地反映重纽介音的情况,"类相关"对于《切韵》来说,只是一种相关性,即上字的分组可能只是反切和谐的表现,不是重纽区别的实质性反映。

五、两类三等韵介音

如上所说,重纽的归属由下字的声母类型决定,这说明不同类型的声母后面

---

① 这里所说的"前移"包括介音的颚化,见黄笑山:《中古三等韵 i 介音的前移和保留》,《郑州大学学报》(哲学社会科学版),1995 年第 1 期,第 111—118 页。

可能跟着不同的介音。云母(喻三)总是作 B 类的反切下字，知组也倾向于作 B 类的切下字，说明这些声母所带的介音跟 B 类的介音相同；以母(喻四)总是作 A 类的反切下字，精章组也作 A 类的反切下字，它们也可能带有跟 A 类一样的介音。

按照上文表 6 各家的拟测，可以假设重纽韵里 B 类有一个比 A 类后的介音，而知组云母比精章组以母腭化的程度也弱一些，这个假设说明了重纽反切下字的分组及不同表现，也回答了重纽韵舌齿音属于重纽的哪一类的问题——精章组以母用重四(A)的介音、知组云母用重三(B)的介音。

那么对于 C 类三等韵该怎么处理呢？

上文说过，既然重纽大量用 C 类上字并不是为了用上字表现介音，也就没有必要为 C 类拟构第三类介音，可以把重纽韵的两类介音引入到 C 类中来。C 类的唇牙喉声母字的介音同 B 类，其舌齿音跟重纽韵的舌齿音一样分作两组。这样，两类三等韵介音就出现在所有的三等韵中[①]。

现在的问题是，"重纽"只是重纽韵的现象，现在把重纽的两类介音扩大到没有重纽的 C 类三等韵中，这是否合理？

在我们看来，"重纽"之"重"只是人们受"字母"或"声纽"的限制，并把语音的对立视为"重出"的一种错误认识。例如支韵唇音"陂，彼为反"和"卑，府移反"在帮母下"重出"，开口的"奇，渠羁反"和"衹，巨支反"在群母下"重出"，等等。如果认识到《切韵》音系的重纽实质上是声韵开合相同、介音有别的两类唇牙喉字，那么可以说舌齿音里也存在着同样性质的现象。把两类介音和声母结合起来看，我们就能清楚地看到《切韵》里的一个整齐的配列：

表 12　重纽与声介配应关系

介音	唇音 p pʰ b m	舌音 t tʰ d n l	齿音(腭) tɕ tɕʰ dʑ ȵ ɕ	齿音 ts tsʰ dz s z	牙音 k kʰ g ŋ	喉音 ʔ h ɦ
-r(u)i-	帮$_B$滂$_B$並$_B$明$_B$	知彻澄娘来		庄初崇生俟	见$_B$溪$_B$群$_B$疑$_B$	影$_B$晓$_B$云
-(u)i-	帮$_A$滂$_A$並$_A$明$_A$	→	章昌禅日船书	精清从心邪	见$_A$溪$_A$群$_A$疑$_A$	影$_A$晓$_A$以

传统研究中唇牙喉十组 A、B 两类只用一套声纽表示，又不知道对立的缘由，

[①]　有关拟测的证据见黄笑山：《切韵和中唐五代音位系统》，台北：文津出版社 1995 年版。

所以就"重纽"了;与之不同的是,舌齿音里同样性质的两类则有两套不同的声纽分别表示,故而声纽上就没有"重纽"问题了。表 12 中显示知章组的分布跟唇牙喉 B 和 A 类、喉音里的云和以母、齿音里的精和庄组有些不同(未能整齐配对),这是由于与知组配对的声母在中古以前就发生了腭化,由舌变成了齿音章组,如果不考虑章组的阻塞性质以及其他来源(例如上古牙喉音来源等)的话,用内部分析法把知彻澄娘和章昌禅(船)日配应起来是没有问题的。这样,上表中《切韵》全部 27 个辅音声母就形成了一个整齐的局面,从表中的音位拟测我们可以看出,"重纽"并不是唇牙喉十纽下的特殊分布,其语音实质也并不是什么"重",也可以明白《韵镜》齿音三套的实质以及"来日"叫作"舌音齿"或"半舌半齿"的缘由。这整个声母系统的整齐配应,在上面说到的反切下字声组选择的反切结构分析中也可以看得很清楚。

需要说明的是,章组的形成使得知组在《切韵》系统的相关声母中失去 A、B 那样的对立,因此反切上知组来母多少有点摇摆在 A、B 之间[①],但知组来母总的倾向是作 B 类的反切下字的,如果考虑知组来自带 r 的端组,来母上古可能读 *r-,这种倾向性就暗示了《切韵》时代知组来母和重纽 B 类关系的来源。

六、《切韵》韵母分类特征

上文说到诸家对重纽的两类三等韵介音拟测有不同,但各种拟测的共同点是,重三(B)的介音比重四(A)的介音靠后或少一些腭化而多一点 r 色彩,这反映了对两类介音有不同区别特征的认识。其实诸家拟测的中古音或《切韵》音不仅仅在介音上存在争议,声韵拟测的许多细节也很不相同。但是如果用区别特征来看诸家的拟测,就可能找到相当多的共同点,这是因为大家都是从现代方言与《切韵》系统的比较入手拟测其音值或音位的。认识到这一点很重要,这不仅可以避免在具体音值写法上的无休止的争论,更可能在一些重要问题上取得共识,在一个共同的层面上讨论历史的事实和演变。

现在我们就从区别特征的角度来看看《切韵》韵母系统的情形:

---

① 关于知组来母摇摆在两类之间,对其归属我也曾摇摆不定过一段时间,可参见《于以两母和重纽问题》,载《语言研究》1996 年增刊,第 241—252 页。对其既作 B 类下字又作 A 类下字的摇摆现象,曾蒙平山久雄先生当面教诲,他说,这是因为知组来母没有对立的缘故。一语中的,在此鸣谢。

表 13 切韵韵母的区别性特征

韵尾		LABIAL	CORONAL		DORSAL		
元音	[back]	-m/p	-n/t	-j	-w	-ŋ/k	-Ø
i		侵	真		幽	蒸	脂
e		咸盐添	山仙先	皆祭齐	宵萧	耕清青	佳支
a		衔	删	夬	肴	庚	麻
u	●					东	侯尤
ə	●	覃	臻殷文	微		登	之
o	●	凡严	痕魂元	咍灰废		江冬锺	鱼虞模
ɑ	●	谈	寒	泰	豪	唐阳	歌

表 13 中我们用区别特征标识了我们以前所拟测的《切韵》韵母系统(举平以赅上去入),相关的拟测证据我们在以前讨论中做过分析,诸家的系统也可以纳入这个特征系统中加以讨论,此不赘[①]。

按照我们的理解,现代特征系统中的三个部位特征 LABIAL、CORONAL、DORSAL 正对应传统的唇、舌齿、牙喉,但可用于所有的辅音、元音的分析。

对中古韵和韵母来说,介音、主要元音和韵尾各有一个特征对各韵的分类尤为重要。我们先来观察元音和韵尾的特征和韵类的关系。

表中用部位特征 DORSAL 划分了韵尾的大类,《切韵》凡二三等韵同韵、一三等韵同韵的都出现在这个大类中;一等韵开合分韵的都不在此类。

主要元音的[back]是 DORSAL 的终端特征之一,表中用它划分了韵腹的大类,前元音韵和非前元音韵。

这样 DORSAL 和[back]组成了区分韵类的纵横坐标,横坐标是主要元音是否赋有[back]特征值,纵坐标是韵尾是否受部位特征 DORSAL 辖制。两条线纵横形

[①] 黄笑山:《切韵和中唐五代音位系统》,台北:文津出版社 1995 年版;《中古三等韵 i 介音的前移和保留》,《郑州大学学报》(哲学社会科学版)1995 年第 1 期,第 111—118 页;《〈切韵〉三等韵的分类问题》,《郑州大学学报》(哲学社会科学版),1996 年第 4 期,第 79—88 页;《于以两母和重纽问题》,《语言研究》,1996 年增刊,第 241—252 页;《中古二等韵介音和〈切韵〉元音数量》,《浙江大学学报》(人文社会科学版)2002 年第 1 期,第 30—38 页。

成一个十字线,把各韵分成四个区域。这四个区中的韵在声韵开合以及历史演变方面都有不同的特点,我们结合前面的分类再来看看它对三等韵是如何区分的:

根据元音是否具有[back]特征,三等韵分成两类:[back]元音都是普三韵(C类),元音若无[back]特征的都是重纽韵(我们认为"幽、蒸、庚三、麻三"都具有重纽性质,参黄笑山《〈切韵〉三等韵的分类问题》)。

根据韵尾是否受DORSAL特征辖制,普三韵分成两类:C1类(纯三韵)是韵尾不受DORSAL特征辖制的韵,这类三等韵缺少受CORONAL特征辖制的舌齿音声母;C2类(混三韵)是韵尾受DORSAL特征辖制的韵,这类三等韵有舌齿音声母。

表13中没有列出前面讨论过的三等韵介音的特征,考虑到声介一致以及上古来源等因素,我认为可以拟测[rhotacized]特征来区分A、B两类,这样,三等韵的所有类别就清楚地区分开来了:

表14　各类三等韵的几个特征

特征 \ 韵类	A	B	C1	C2
[back]元音			●	●
DORSAL韵尾				●
[rhotacized]介音		●		

上述特征在表述各类不同声韵情况时也有清晰的作用,例如,元音的[back]特征还区分了一、四等韵,介音的[rhotacized]特征与声母结合不仅区分了重纽的A、B两类,也区分了端知两组(或知章两组)、区分了精庄两组,还区分了云以两纽。

三等韵分类是音韵学的ABC,是基本问题,但是由这个问题引发的讨论却是相当深入而影响重大的。错误之处,还请专家学者批评指正。

复盘与导读

《切韵》音系的分析和构拟一直是音韵学和汉语史研究中的一个坐标性内

容,也是一直存在争议的论题。在门户师承、学术背景、名家成说、创新见解诸多冲突中,争论焦点也是多方面的,从具体音类分析或语音阐释、音类关系、音系构成,到《切韵》性质,都有各种意见发表。

学界有种观点认为,《切韵》系统繁复程度超过现代汉语所有方言,不能反映中古真实的语音面貌,其重韵、重纽极可能是综合古今方国之音、从分不从合的结果,其三等韵中 A 类 B 类小组相重不合《切韵》体例,而且反切都用 C 类韵字,无法区分,实际是同音而未定于一的表现。尽管学界对此早已有了不同的分析和阐述,但在当时综合说的观点一直有相当大的影响。即便是把《切韵》构拟为一个音系的学者中,争议也同样存在。

学界共识总是在充分论证之后才逐渐达成的。

本文是作者关于《切韵》韵母系统的总结性文章之一,其观点在此前一系列文章和述评中有过阐述(可参看黄笑山如下文章:1995《中古三等韵 i 介音的前移和保留》,1996 年《〈切韵〉三等韵的分类问题》,1999 年《汉语中古音研究述评》,2002 年《中古二等韵介音和〈切韵〉元音数量》,2006 年《中古介音 r 消失所引起的连锁反应》,2007 年《〈经典释文〉重纽反切统计及结构特点》),这次是重点针对《切韵》音系中三等韵包括"重纽"的声介韵排列及其反切表现,以及与此相关的音系结构和语音构拟等问题展开讨论。

为使讨论尽可能建立在共同的基础上,也为使关心该问题的相关学科学者对问题的实质有所了解,本文从《切韵》体例和三等韵分类的最基本问题谈起。

第一节首先澄清三等韵的常用术语和分类标准。指出三等韵的分类实际是基于其语音性质,"各类三等韵的分布和发展有异,这说明它们语音上有不同:不同性质的韵母对与之相拼的声母有所选择,导致了分布的差异,分布的差异作为不同的条件进一步导致不同的类在发展演变上的不同。所以三等韵的分类是汉语音韵学研究的 ABC(基础)"。

音类差别是语音差别的反映,这可以说是本文的基本思想。

第二节谈重纽。重纽问题常被视为难题,所以文章从《切韵》体例开始讲,其大致意思是,《切韵》体例是把同音字放到一起用同一个反切注音,称为一个小韵或小组,因此不同小韵就必不同音。同韵的情况下,"不同音"可能反映在声母、等第、开合上。文章以支韵为例,列表 1、表 2 来说明,同等、同韵里,同声母的小韵可能有开合的对立,其反切下字系联为开合两组,表 3 进一步说明在这种有开合的韵里,可以根据系联出的下字组来判定其开合归属。在此背景下,文章才用

表4、表5展示了在同等、同韵、同声、同开合情况下的成对并存小韵的例子,这批用传统反切系联法区别不了的、看起来声韵调呼都"相重"的三等韵"小纽",被称为"重纽"。但是按《切韵》不同小韵必不同音的体例看,重纽显然不能像表4、表5的拟音那样完全同音。

在讲清什么是重纽之后,文章有所针对地指出,重纽成系地出现在元音不具[back]特征的三等韵唇牙喉音里,而且在《切韵》之外,其他中古材料及其后的系统里同样有反映,其演变还呈现规律性(后来B类韵跟纯三韵合并,A类韵跟纯四等韵合并,现代方言中A类韵有舌齿化的演变),这说明重纽一定有语音差别。

重纽的语音区别何在?当时学界有过声母区别、主要元音区别、韵尾区别和介音区别诸多说法,作者在其他地方作过述评,因此文章直接认同重纽区别在于介音的观点,并罗列比较了这一观点下诸家拟音的同异。把重纽的介音区别跟三等韵分类联系起来,引出下文三等韵有几类介音、重纽介音跟舌齿音的关系讨论。

第三节从辻本春彦关于反切区分重纽归属的结论以及上田正关于反切结构类型的概括入手讨论,是因为反切结构分析法才能看清反切是如何区别重纽的。表7列出上田归纳的7种反切结构类型(X-YZ格式分别代表"被切字—上字下字"的类别),从中引出学界另一种表达:重纽A、B类不互作反切上字,但A、B类都可用C类作反切上字。而由此而来的一个推论是:A、B、C类韵介音各不相同,而C类具有跟A、B类都和谐拼切的介音特质。作者指出,上述推论的基础是假设反切上字能够表示介音,而辻本结论中"上字定归属"的却不是C类上字。

从表8列出统计数字看各反切类型的数量和比例(注意此表中的斜杠是隔开《王三》《广韵》的),除去"上下字皆可定归属"的情况,"上字定归属"的证据只有3例,《切韵》系韵书的重纽基本是下字定归属,就是说,重纽的介音是由下字表现的,因此不能据上字推断三等韵的介音。

三等韵字大量用C类上字应该另有原因,对此作者根据陆志韦所分析的反切用字倾向,提出"呼读假说"来作解释:假设反切创制的时候,受类似梵文加a、ə(或ɐ)元音呼读辅音的传统影响,反切也集中选择a、ə元音的上字,而这些原属鱼铎阳、之职(蒸)部等的三等韵字到中古多是C类,所以中古反切倾向于使用C类上字。文章提供了吕忱、徐邈以及三国时期的相关证据,作者明言这一假说还有待证实,不过目前看来,一二四等韵的反切上字也具有同一呼读倾向。

第四节继续讨论反切下字是如何区分重纽的。在指出下字的声母类型在区分重纽中发挥了重要作用之后,文章就用表9集中反映反切下字的声母类型跟重组的关系,用表10反映例外数量和占比,从而看出云母和知组来母下字切B类、精章组以母下字切A类的反切倾向,然后再按此分类用表11重新考察反切上下字能和不能确定重纽的数量和比例(表中显示上字能确定25%,下字能确定90%,两数之和大于1,这是因为有反切上下字都能确定重纽类别的情况)。这些数据和分析标明,上字跟重纽类的相关性可能只是反切和谐的表现,下字不同声母后所接的不同介音才是区分重纽的实质性要素。

文中提及的"慧琳式反切",是中古后期以慧琳《一切经音义》为代表的反切类型,作者在其他文章中指出,这时三等韵介音"前移"导致的重纽A类声母腭化,重纽就有了声母腭化与否的区别,所以这时上字能区别重纽。而本文所说《切韵》下字定归属里近10%的例外,有的可能正是"前移"发端的表现。

第五节根据上述讨论,坚持两类三等韵介音的结论,不仅重纽韵里精章组以母跟A类同介音、知组庄云母跟B类同介音,C类三等韵的舌齿音也这样分作两组(从反切和谐来说,这也是AB类都能用C类上字的原因),表12展示了分作两组的声母跟两种三等韵介音所构成的均衡的配列关系,从中可以看出反切下字定归属的机理,也可看出AB类被称为"重纽"的原因。

文章第六节将讨论作了进一步延伸,作者用表13、表14列出了自己对《切韵》各韵韵腹、韵尾、介音的构拟,简单阐述了各韵类所具有的区别特征,例如元音的[后 back]特征对三等韵来说是C类韵跟A、B类韵的分界,也是二、四等韵跟一等韵的分界;韵尾的舌后 DORSAL 特征对三等韵来说是混三韵和纯三韵的分界,也是有无"异等同韵"的分界,而[back]元音、非 DORSAL 韵尾的韵才是《切韵》"开合分韵"的范围。这些特征也显示了历史演变的条件,例如 rhotaciaed 概括了知组云母跟B类韵的共同来源,[back]特征决定了后来轻重唇、内外转的不同走向,等等。作者显然认为,特征的概括可能比细微音值更适合阐述构拟的历史,也更容易取得共识。

至于像《切韵》性质这类重大的学术分歧,作者并未展开。但是如果把《切韵》音类划分、成分配列的系统性跟音位特征、发展演变的规律性联系起来,再联系诸如字书、经典、史籍、文选、佛教等文献的中古音注,联系汉语现代方言、域外汉字音或外汉对音系统,其间所呈现的一致性和普遍性,似乎都在支持着《切韵》系统的历史真实性,至少在重纽问题上是如此。

因此文章认为,三等韵分类及其声介韵配列问题是音韵学的ABC(基础),同时也是关系到中古音系认识的重大问题。

词汇扩散与文献传本异文[*]

徐时仪[**]

摘要：语言是一个代代口耳相传的交际工具，语言的变化是语言传递过程中的误差和创新，而语言不能脱离词汇而存在，同一文献的不同年代的版本异文反映的语言变化也就代表了不同时间上的语言状况，或多或少地反映了前后相近的几个时间点上相同语言现象变或未变的状况，提供了时间上的连续性。因而运用词汇扩散理论，也可依靠同一文献不同年代的版本异文考察语言的演变。词汇扩散作为一种语言演变的形式不仅可据以考察音变的连续过程，而且还可据以考察词汇的兴替和语法的演变。

关键词：词汇扩散理论；文献传本异文；语言演变

引言

王士元先生《词汇扩散的动态描写》一文指出"音变向来是历史语言学研究的焦点"。在有关音变机制研究领域中首先作出解释的是"词汇扩散理论"。这个理论明确提出，音变对于词汇的影响是逐渐的。当一个音变在发生时，所有符合音变条件的词是在时间推移中逐个变化的。整个音变是一个在时间上以变化词汇的多寡为标志的连续过程。即所有应该变化的词中，有变的，也有未变的。王士元先生认为"历史材料不过是某一个时间点上的记录。我们难以根据历史材料来重构音变的整个过程，也难以对整个音变的过程作出连续的动态描写。

---

[*] 原载《中国语言学报》2008年第13期，商务印书馆。本书收录时略有修改。
[**] 徐时仪（1953—），上海师范大学教授，博士生导师。

尽管我们在理论上有了词汇扩散这样一个假设。音变的具体详细的过程还有待于进一步研究。要对音变的全过程有个连续的观察,我们就不能依靠历史材料。理由很简单,因为历史材料不可能提供时间上的连续性。从另一个方面讲,语言学家也极少有机会对一个音变连续不断地观察上几十年或几百年。因而,我们面临的关键问题是如何克服这个困难,从而获得连续性的音变的材料。"王士元先生发现"不同年龄的人在某种程度上代表了不同的时间,不同年龄人的语言状况也就代表了不同时间上的语言状况",进而对不同年龄人的语言音变状况所反映的词汇扩散过程作了连续的考察[①]。受王士元先生对不同年龄的人的语言音变状况所反映的词汇扩散过程所作考察的启发,我们认为语言是一个代代口耳相传的交际工具,语言的变化是语言传递过程中的误差和创新,而语音不能脱离词汇而存在,因而语音的变化随着时间的流逝而完成,同一文献的不同年代的版本异文反映的词汇变化也就代表了不同时间上的语言状况,并不似王士元先生所说"要对音变的全过程有个连续的观察,我们就不能依靠历史材料。"理由很简单,因为历史材料也有可能提供时间上的连续性。如《玄应音义》版本繁杂[②],各本的年代有先后的不同,由于各个时代的语音已经发生了变化,为了反映语音的实际变化,各本的传抄者可能对原传本的反切作了不同程度的修订,形成的异切可以说或多或少地反映了前后相近的几个时间点上相同词语的语音变或未变的现象,提供了时间上的连续性,从中也可"听"到传抄者所说一些有"声"语言的变化。因而依靠同一文献不同年代的版本异文也可考察音变的连续过程。

由于语言从一种质过渡到另一种质不是经过爆发,不是经过一下子消灭旧的和建立新的那种方法,而是经过逐渐的长期的语言新质和新结构的要素的积累,经过旧质要素的逐渐衰亡来实现的。词义的发展变化也不是一朝一夕突然形成的。汉语词语的发展反映了社会的变化,其演变是与社会生活的变化相适应的。这种适应的具体表现就是在传承已有词语的基础上为新出现的事物创造新词和赋予旧词以新义。正如王士元先生《竞争变化是造成剩余的一个原因》一

---

① 王士元:《词汇扩散的动态描写》,《语言研究》第 20 期,1991 年。又《王士元语言学论文集》,北京:商务印书馆 2002 年版。
② 《玄应音义》今传本主要为碛砂藏、赵城藏、丽藏本等释藏本和庄炘、钱坫等校刻本,各本及慧琳所转录部分皆略有不同,本文据丽藏本,参以赵城藏、碛砂藏、永乐南藏、宛委别藏、海山仙馆丛书本、敦煌残卷和日本石山寺藏本及慧琳《一切经音义》(简称慧琳音义,本文所据为上海古籍出版社 1986 年影印狮谷白莲社藏版《正续一切经音义》本、频伽精舍本和日本大正新修《大藏经》本)所转录部分校补。

文提出的著名的词汇扩散理论所说,语音的变化是突变的,在词汇上的扩散是逐渐的①。词汇扩散虽然最初是用在语音变化的研究之中,但从本质来看,词汇扩散则是一种以变异和选择为基础的语言进化理论。因而,词汇扩散作为一种变化形式不仅仅在语音上出现,而且也在语言的其他方面出现。在词义和语法范畴的演变中也有词汇扩散的现象。语言中的任何变化都是首先在口语和个人言语活动中发生的,词义也不例外。词义的演变都是一种逐渐的变化。因此根据词汇扩散理论,我们认为依靠同一文献不同年代的版本异文不仅可据以考察音变的连续过程,而且还可据以考察词汇的兴替和语法的演变。下文拟运用词汇扩散理论,试就同一文献不同年代的版本异文所反映的语言演变现象略作探讨。

一、文献传本异文反映的语音演变

同一文献不同年代的版本异文往往透露了语音演变的信息,可据以考察音变的连续过程。如据我们统计,《玄应音义》各本异切中有二百多个异切不仅是音切用字之异,而且其反切的音韵地位也不同。这些异切与语音的演变有关,根据词汇扩散理论,在音变的过程中,每一个在变化的词都会产生双重读音,已变的和未变的读音。一个音变可以认为是一个新的发音的传播。这种传播并不是一蹴而成的,而是逐步的②。《玄应音义》各本对同一词所释反切的异同有时正好反映了其时词汇扩散过程中未变至已变的动态发展状况③。如表1:

表1　舌头与舌上声母异切

词	广韵	声韵	丽藏	碛砂	云公	慧琳	出　　处	声韵异同比较④
惕	他历	透锡 d	敕历	敕历		体历	卷十二释《杂宝藏经》第一卷惕惕	彻锡 d;透锡 d
			敕历	敕历		汀历	卷十三释《佛大僧大经》惕惕	彻锡 d;透锡 d

---

① 参王士元 Competing Changes as a Cause of Residue,Language 45,1969,pp.9－25.
② 参王士元:《词汇扩散的动态描写》,《语言研究》第20期,1991年。又《王士元语言学论文集》,北京:商务印书馆2002年版,第131—132页。
③ 参徐时仪:《玄应众经音义研究》,北京:中华书局2005年版。
④ 表中所注声韵据《广韵》,以平声韵赅上、去声韵,a、b、c、d 分别表示平、上、去、入。下同。

续表

词	广韵	声韵	丽藏	碛砂	云公	慧琳	出　　处	声韵异同比较
惕	他历	透锡 d	耻击	他击		耻击	卷十二释《贤愚经》第十一卷灼惕	彻锡 d;透锡 d
谪	陟革	知麦 d	都革	都革		陟革	卷十一释《增一阿含经》第二十二卷谪罚	端麦 d;知麦 d
谪	陟革	知麦 d	都革	都革		猪革	卷二十五释《阿毗达磨顺正理论》第十一卷谪罚	端麦 d;知麦 d
擢	直角	澄觉 d	徒卓	徒卓		幢卓	卷三释《放光般若经》第九卷拔擢	定觉 d;澄觉 d
瘵	竹例	知祭 c	竹世	竹世	当赖	竹世	卷二释《大般涅槃经》第九卷瘵下	知祭 c;端泰
咤	陟驾	知麻	竹格	丁各		丁格	卷二十二释《瑜伽师地论》第一卷咤迦	知陌 d;端铎 d
渧	他计	透齐 c	敕计	敕计		他计	卷十七释《阿毗昙毗婆沙论》第二十一卷渧唾	彻齐 c;透齐 c

上古舌头与舌上不分,在《切韵》时代,三等与二等在介音的影响下,舌头音开始分化出舌上音。这种音变当时正在词汇的扩散过程中,有些词还停留在舌头音的阶段,一直到现代,像"地、打"这些字还保留着舌头音不变。从表 1 可看到《玄应音义》的反切知组与端组混用①,处在舌上音正从舌头音分化的动态状况,而《慧琳音义》的改切则表明其时知组与端组的区别已由同一音位的变体逐渐演变为两个不同的音位②,故慧琳转录时多将其由类隔切改为音和切,如表 2。

哈、灰两韵来自上古的之部与微部。上古时二者主元音一致,开合相配,后由合口介音导致二者在《切韵》中的分立。灰哈的异切反映了其以词汇扩散的方式正在变化的过程,《经典释文》的音切中哈泰韵字也已混切,反映了其时两韵已合流,如表 3。

---

① 《玄应音义》所载一些词的两读也反映了这一现象。如卷四释《密迹金刚力士经》第一卷淳湩:"上音纯,下竹用、都洞二反。乳汁曰湩。今江南亦呼乳为湩也。"湩,竹用反,知母用韵;都洞反,端母送韵。

② 潘悟云指出:"知组就像来母一样,舌位在卷舌音和舌尖音之间。"见《汉语历史音韵学》,上海:上海教育出版社 2000 年版,第 58 页。

表 2 蟹摄祭齐、灰咍异切

词	广韵	声韵	丽藏	碛砂	慧琳	出　　处	声韵异同比较
稌	子例	精祭 c	子裔	子裔	子齐	卷十七释《出曜论》第九卷稌粟	精祭 c；精齐 c
禖	莫杯	明灰 a	莫来	莫来	母杯	卷四释《大灌顶经》第九卷多禖	明咍 a；明灰 a
媒	莫杯	明灰 a	莫来	谟杯	谟杯	卷二十二释《瑜伽师地论》第三十九卷媒媾	明咍 a；明灰 a
每	莫佩	明灰 c	莫载	母最	莫佩	卷二十五释《阿毗达磨顺正理论》第二十七卷每言	明咍 c；明泰 c；明灰 c

表 3 上去异切

词	广韵	声韵	丽藏	金藏	碛砂	云公	慧琳	出　　处	调类异同比较
把	博下	帮麻 b	百雅		百稼		百雅	卷十九释《佛本行集经》第九卷弓把	帮麻 b；帮麻 c
			百讶		百雅		百讶	卷十九释《佛本行集经》第五十三卷璃把	帮麻 c；帮麻 b
乳	而主	日虞 b	而注	而注	而主	儒主	而主	卷二释《大般涅槃经》第四卷乳养	日虞 c；日虞 b
			而注		人主		而主	卷十八释《杂阿毗昙心论》第四卷乳婴	日虞 c；日虞 b
梯	他礼	透齐 b	他计		他兮		他兮	卷八释《大云请雨经》梯淡	透齐 c；透齐 a
矩	俱雨	见虞 b	俱禹		俱禹		俱遇	卷五释《菩萨本行经》上卷上旋	见虞 b；见虞 c
怙	侯古	匣模 b	胡古		胡古		胡故	卷二十四释《阿毗达磨俱舍论》第二十九卷依怙	匣模 b；匣模 c
诞	徒旱	定寒 b	达坦		达坦		达旦	卷二十二释《瑜伽师地论》第六十七卷傲诞	定寒 b；定寒 c

以上表中玄应释诞、怙为上声,慧琳转录改为去声,反映了全浊上声归去声的趋势。又如《慧琳音义》卷六十三释《根本说一切有部律摄》第一卷中百钅干之钅干:"下寒旦反,读与旱同。"钅干,《广韵》侯旰切,与"寒旦反"同,属去声翰韵。旱,《广韵》胡笴切,属上声旱韵。慧琳的反切下字用去声字"旦",但是读若却用上声字"旱",这说明全浊字"旱"已经读作去声。由于其时这一音变正在进行中,有些全浊上声字还没有变为去声,所以《慧琳音义》很注重上声字的注音,常特意注明。如:

消殄:"下田演反。俗字也。上声呼。"(卷二十九释《金光明最胜王经》第七卷)

当绍:"韶绕反。上声字。"(同上释《金光明经》第五卷)

牙颔:"下含感反。上声字。"(卷三十五释《一字顶轮王经》第一卷)

噉蒜:"上谈敢反。上声字也。"(卷六十三释《根本说一切有部苾刍尼戒经》)

这些上声字共同特点在于都是全浊上声字,唐代开始演变为去声。《慧琳音义》还对全浊去声字加以注释,如:

藻缋:"下回罪反。《韵英》云:画也,彩色明也。上声字,亦去声也。"(卷三十六释《大毗卢遮那经》第一卷)

蕴芸:"上蕴粉反。蕴亦去声。"(卷五十一释《唯识二十论》)

上举二例说明,缋、蕴正处在词汇扩散的过程中,因而形成上去两调异读①。这一现象说明慧琳时代,全浊上声已在向去声过渡。一方面,实际语音很难区分浊上与去声;另一方面,读书音的师承传统又力图保持原有读音,造成慧琳注音时

---

① 黄淬伯指出:"慧琳反切,有上去两调异读的又音,但一字数切,上、去两调下字混用的现象则常见,浊上变去,是汉语北方话音系发展的趋势,慧琳反切表明了这一变化的动向。"(见《唐代关中方言音系》,江苏古籍出版社,1998年版,第139页)王士元《语言演变的双向扩散》一文在论述互竞声调系统的文献证据时,所作注释据沼本克明《平安鎌仓时代的汉字音研究》(武藏野书房,1982年版)的统计资料指出:"从慧琳的所注的反切也可以看出浊上变去的开端。309个全浊上声字中有239个字仍读上声,9个字读平声,61个字上去声两读,表示上去两声的合流已经开始。"见《语言的探索》,北京:北京语言文化大学出版社2000年版,第114页。

既不厌其烦地加以区别,又难免多次出现混淆的情况。有些字在《广韵》隶全浊上声,而慧琳的切语里,反切下字有时用上声,有时用去声;有些字在《广韵》隶全浊去声,而慧琳用全浊上声作反切下字;有些字在《广韵》和慧琳书中都隶全浊上声,但慧琳特别注明"上声"以示区别。根据这三种异读情况,显然我们可以认为全浊上声与去声相混的现象在唐代已发生①。

二、文献传本异文反映的词汇兴替

同一文献不同年代的版本异文往往会揭示词与词之间的语义联系,为考释语义变迁和探讨词汇的兴替提供信息。下略举数例以窥其一斑。

南朝宋慧严等译《大般涅槃经》卷五:"譬如女人唯有一子,从役远行,卒得凶问,闻之愁苦。后复闻活,便生欢喜。"(12/632c)②经中"唯",S.5384、北6316、北6539《大般涅槃经》作"正",敦博041作"止"。"唯""正""止"在文中都表"只"义,大正藏本改作"只",校记中注明宫本作"正",宋本作"唯",元、明本作"止"。"正"表"只"义是中古常用的一个口语词。如《世说新语·自新》:"乃自吴寻二陆,平原不在,正见清河。"又如《齐民要术·种瓜》:"若无芟而种瓜者,地虽美好,正得长苗直引,无多盘歧,故瓜少子。"大正藏校记提到的宫本为宫内省图书寮藏毗卢藏本,宋本为资福藏本,元本为普宁藏本,明本为嘉兴藏本,各本所载《大般涅槃经》的异文揭示了前后相近的几个时间点上"正、唯、止、只"这一组表"只"义的同义语义场中词汇兴替的演变过程,提供了时间上的连续性,从中透露出表"只"义的"唯"在唐、宋可用承古的"唯",又可用中古常用的口语词"正",元明时渐为"止"替代,至1922年高楠顺次郎、渡边海旭等编纂大正藏时则已为"只"替代。

东汉昙果和康孟祥译《中本起经》卷上:"无上正觉,不可以生死意待也,何得对吾面称父字?"(4/148a)例中"称",宋刻本改为"说"。"若是日耶,吾目得逮;谓是天人,其目复眴。"(4/150a)例中"目",宋、元、明的刻本已改为"眼"。"汝观吾身,何如树下?"(4/148a)例中"吾",宋、元、明的刻本已改为"我"。"比丘尼虽有

---

① 参周法高:《玄应反切考》,载《史语所集刊》第20本上,1948年6月。
② 本文引用佛经据日本大正一切经刊行会编《大正新修大藏经》(1924年刊行,新文丰出版公司1996年重印),括号内斜线前、后的数字分别为所引佛经在《大正藏》中的册数和页码,a、b、c分别表示上、中、下栏。

百岁持大戒,当处新受大戒幼稚比丘僧下坐。"(4/159a)例中"幼稚",宋、元、明的刻本已改为"幼小"。各本所载《中本起经》的异文揭示了东汉时的"称、目、吾、幼稚"发展至宋代已为"说、眼、我、幼小"替代。

河北定县出土的竹简《文子》:"始于弱而成于强,始于短而成于长,始于寡而成于众。"今本《文子》为:"始于柔弱,成于刚强;始于短寡,成于众长。"竹简本中的"弱、强",今本改为"柔弱、刚强",从中透露出单音词演变为复音词过程中的词汇扩散现象。

《朱子语类》是朱熹与其门人讲学问答的实录,不仅反映了朱熹的思想演变脉络和当时的社会生活状况,而且也反映了当时语言的使用状况和古今汉语演变的概貌[①]。据明成化九年江西藩司复刊宋咸淳六年导江黎氏本卷一百一《程子门人·谢显道》载:"上蔡以知觉言仁。只知觉得那应事接物底,如何便唤作仁!……须是分作三截看:那不闻痛痒底,是不仁;只觉得痛痒,不觉得理底,虽会于那一等,也不便是仁;须是觉这理,方是。"[②]例中"那不闻痛痒底",清康熙年间吕留良刊刻本在此句的"闻"字旁用红笔加注有"知"字[③],中华书局出版的理学丛书本则为"那不关痛痒底"[④]。考宋代徐铉校订的许慎《说文解字》释"闻"为:"知闻也。"徐锴《说文系传》则释为:"知声也。""闻"的初义似为奏报上达,如《韩非子·五蠹》:"故令尹诛而楚奸不上闻";由"奏报上达"的通达义进而产生"听见"义,如《礼记·大学》:"听而不闻";由"听见"的通达义引申而有"知道"和"接受"义,如《论语·里仁》:"朝闻道,夕死可矣"和《史记·绛侯周勃世家》:"军中闻将军令,不闻天子之诏";由"知道"的通达义引申出"嗅到"和"知识;见闻;消息"等义。"闻"的初义首先是上报奏达,然后是努力听清楚,即听见,其次才是知,进而由具体的感知引申出抽象的感知,又由感知义引申而有嗅觉义[⑤]。心理学上把由一种感觉引起另一种感觉的心理过程叫作"联觉",生理学上叫"伴生感觉",或"共感觉"(synesthesia),也叫"通感",表示"感觉挪移"之意[⑥]。据明成化

---

① 参徐时仪:《〈朱子语类〉词语考释》和《略论〈朱子语类〉在近代汉语研究上的价值》,《上海师范大学学报》(哲学社会科学版),1991年第2期和2002年第4期。
② 《朱子语类》台北正中书局1962年影印明成化九年江西藩司复刊宋咸淳六年导江黎氏本,后又据日本内阁所藏明版各本雠校修补重版,第4073页。
③ 清康熙年间吕留良刊刻本《朱子语类》,现藏上海师范大学图书馆。
④ 中华书局出版的理学丛书《朱子语类》为王星贤以清光绪庚辰贺瑞麟校刻本为底本,参校明、清其他一些刻本的点校本,1986年版,第2563页。
⑤ 参徐时仪:《"闻"的词义衍变递嬗考探》,香港《中国语文通讯》总第52期,1999年。
⑥ 参钱锺书:《通感》,《文学评论》1962年第1期。

本和清康熙本《朱子语类》可知"闻"在宋代又由感知义引申有感知痛痒的触觉义①。"闻"的触觉义相较听觉和嗅觉义而言不是其常用义,故康熙本《朱子语类》加注"知"字,疑其为"知"之误,中华书局出版的理学丛书本可能认为"闻"是"关"的形近误字而改为"关"。据各本异文,可知"闻""知""关"义近,"闻"在宋代似由感知义引申有触觉义,此义在清代已消失。

《老乞大》和《朴通事》是元末明初朝鲜人学习汉语的两部会话书,据朝鲜《李朝实录》成宗十一年(1480)十月乙丑条载:"御昼讲。侍读李昌臣启曰:'前者承命质正汉语于头目戴敬。敬见《老乞大》《朴通事》,曰:"此乃元朝政时语也,与今华语顿异,多有未解处。"即以时语改数节,皆可解读。请令能汉语者尽改之。曩者领中枢李边与高灵府院君申叔舟以华语作为一书,名曰《训世评话》,其元本在承文院。'上曰:'其速刊行,且选能汉语者删改《老乞大》《朴通事》。'"由此可知,《老乞大》《朴通事》这些教科书的原本和修改本的不同鲜明地反映了口语的演变。1973年日本学者入矢义高在为陶山信男编纂的《〈朴通事谚解〉〈老乞大谚解〉语汇索引》所作的序说,当他在1944年读到影印出版的奎章阁本《朴通事谚解》时,好像亲耳听到了元代人说的话,感到十分惊喜。蒋绍愚先生为汪维辉编纂点校的《朝鲜时代汉语教科书丛刊》所作的序进一步指出:"现在我们看到了《原本老乞大》,就可以听到真正是元代后期的白话,闻到那种'泥土味',也能通过《原本老乞大》和《老乞大谚解》的逐字逐句的比较,了解到从元代后期到明代初年汉语发生了什么变化。"②

《老乞大》有《原本老乞大》(约1346前,简称原本)、《老乞大谚解》(约1483,简称谚解)、《老乞大新释》(1761,简称《新释》)和《重刊老乞大》(1795,简称《重刊》)等传本,大致反映了从14世纪中叶至18世纪末这四百多年间汉语的演变,透露了现代汉语普通话的形成信息。如:

《原本》:"知他,那话怎敢道?"
《谚解》:"知他,那话怎敢说?"

---

① 今尚存有李道传编辑的宋刻本《晦庵先生朱文公语录》七卷六册,原书藏台北"故宫博物院",北京图书馆有复印本。据江蓝生以清正谊堂本为底本参校宋刻本和明钞本的校录记(见刘坚和蒋绍愚主编《近代汉语语法数据汇编》宋代卷,商务印书馆1992年版,第260—339页),可知明、清刊本与宋刻本的语句大致相仿。安徽教育出版社与上海古籍出版社2002年出版的《朱熹全集》中所收《朱子语类》在明成化本的基础上参校了朝鲜古写徽州本,亦作"那不闻痛痒底"。

② 汪维辉编纂点校《朝鲜时代汉语教科书丛刊》,北京:中华书局2005年版。

《原本》:"俺则是这般道。"
《谚解》:"俺则是这般说。"

《原本》中表说话的"道"在《谚解》中已基本上更换为"说"。

《原本》:"问客,先将一碗温水来,俺洗面皮。"又"清早晨起来,梳头洗面了。"

《新释》和《重刊》中"洗面"更换为"洗脸"

《原本》:"偏俺出外呵,顶着房子行那?"
《谚解》:"偏我出外时,顶着房子走?"

《谚解》中"行"更换为"走"。

《原本》:"俺这马每不曾饮水里,等一会控到时饮去。"
《谚解》:"我这马们不曾饮水里,等一会控到时饮去。"
《新释》:"我这马还不曾喝水,等一会要拉他喝去。"
《重刊》:"我这马不曾喝水,等一会要拉他喝去。"

《新释》和《重刊》中"饮"更换为"喝"。

《原本》和《谚解》:"那般者,肚里好生饥也,咱每去来。"
《新释》和《重刊》:"那么很好,肚里也饿了,咱们去。"
《原本》和《谚解》:"这早晚黑夜,俺其实饥也。"
《新释》和《重刊》:"如今已是黑夜了,我们实在肚里饿了。"

古汉语中"饥"是一般的饿,"饿"则是指因为没有食物吃而快要死了。《原本》和《谚解》中的"饥"到《新释》和《重刊》中改为"饿",反映了"饿"与"饥"在表示一般的饿时趋于同义的演变状态。

《原本》中表示"用手或用其他方式抓住或搬动"义的63例"将",到《新释》中有一半以上被"拿"替换,到《红楼梦》中"将"已不再用作动词。据《新释》对《原

本》的改动,可看到汉语中表示"用手或用其他方式抓住或搬动"义由"将"到"拿"的渐变状态①。

据《老乞大》诸版本的记载,可看到"道"到"说"、"行"到"走"和"饮"到"喝"的更替已处在词汇扩散已变的完成阶段,"面"到"脸"、"将"到"拿"和"饥"到"饿"的更替则反映了词汇扩散由始变到正在变化中再到已变的全过程②。

三、文献传本异文反映的语法演变

同一文献不同年代的版本异文还可据以考察语法的演变。如《水浒传》较早的天都外臣本第四十回载:"房里好床好铺睡着,无得寻思。"例中"无"字在后出的全传本及芥子园本中皆已改为"没",可证否定副词"没"在明代已完成了取代"无"的替换过程,处于词汇扩散的已变状态③。又如《老乞大》各传本的异文提供的时间上的连续性也可考察汉语语法的演变。如:

《原本》:"二两半钞,与恁多少呵是?由你,但与的是。"
《谚解》:"一百个钱,与你多少的是?由你,随你与的是。"
《重刊》:"这一百钱,与你多少的是?随你多少就是了。"

《原本》中的"呵"是语气助词,《谚解》《重刊》中则用"的"表示。

《原本》:"不争你这般胡索价钱,怎生还呵是?"
《谚解》:"不要你这般胡讨价钱,怎么还你的是?"
《重刊》:"不要这样胡讨虚价,教我怎么还你是?"

《原本》中的"呵"与《谚解》中的"的"相当,《重刊》则省略不用。《原本》中的

---

① 汪维辉:《〈老乞大〉诸版本所反映的基本词历时更替》,《中国语文》2005年第6期。
② 汪维辉:《〈老乞大〉诸版本所反映的基本词历时更替》一文还记载有尚处在词汇扩散初始阶段的"天明"到"天亮"的更替。
③ 据《朱子语类》卷一百十六载:"如此讲书,如此听人说话,全不是自做工夫,全无巴鼻。"又卷十三:"人生都是他理,人欲却是后来没巴鼻生病。"《朱子语类》中"无"与"没"往往并用,反映了宋代"没"替代"无"尚处在词汇扩散的正变状态。参徐时仪《否定词"没""没有"的来源和语法化过程》,《湖州师范学院学报》2003年第1期。

"怎生"在《谚解》和《重刊》中已为"怎么"替换。

  《原本》:"背过的,师傅与免帖一个;若背不过时,教当直学生背起,打三下。"
  《谚解》:"背过的,师傅与免帖一个;若背不过时,教当直的学生背起,打三下。"
  《新释》:"背的熟的,师傅给免帖一张;若背不过来的,教当直的学生背起来,打三下了。"
  《重刊》:"背得熟的,师傅给免帖一张;若背不过的,教当直的学生背起来,打三下了。"

《原本》和《谚解》中的语气助词"时"在《新释》和《重刊》中已为"的"替换,《原本》和《谚解》中的量词"个"在《新释》和《重刊》中已为"张"替换。

  《原本》:"你道的是呵,两三句话,便成了交易。"
  《谚解》:"你说的是时,两三句话,交易便成了。"
  《重刊》:"你说的是么,两三句话,交易就成了。"

《原本》中的语气助词"呵"在《谚解》中变为"时",《重刊》中又变为"么"。《原本》和《谚解》中的"便"在《重刊》中已为"就"替换。

  《原本》:"茶饭呵,俺店里小主人家新近出去了,委实无人打火。"
  《重刊》:"茶饭么,因我店小儿新近出去了,委实没人料理。"

《原本》中的语气助词"呵"在《重刊》中变为"么","无"则为"没"替换。

李泰洙《〈老乞大〉四种版本从句句尾助词研究》一文利用《老乞大》不同时代的四种版本对其中的从句句尾助词进行了动态的比较研究,指出《原本》用"呵"和"时",以"呵"为主,《谚解》本用"时"并用了三例"的",《新释》和《重刊》本用"的"外,还用"么""呢",已不再用"呵"和"时"[①]。由《原本》和《重刊》本的异文记

[①] 李泰洙:《〈老乞大〉四种版本从句句尾助词研究》,《中国语文》2000年第1期。

载,大致透露出《谚解》本的时代"的"已出现,处在词汇扩散初始阶段的渐变状态,发展至《重刊》本时代则已处于已变状态。

四、余论

　　语言是人类交流情意的工具,人们用彼此约定俗成的符号表达意义。什么符号表达什么意义,不能任意变,否则就会造成交流中的不理解。然而就客观而言,社会在发展,时代变了,新的事物出现了,就不得不增加新的词语和句式来表达。就主观而言,人们在交流中可能会无意识地略微偏离约定俗成的表达,也可能会有意地标新立异,二者都是用原来没有甚至不容许的说法来表意。这类偏离的表达大多由于不为约定俗成的说法所接受而消失,但也总会有一些出于交际时可以包涵和容忍的迁就和让步而生存下来,逐渐为大家接受,成为新的约定俗成的表达。因此语言在人们交际使用中会不断地变化。这种变化首先表现在口语中,然后才会为文献所记载。由于口语旋生旋灭,古代又没有录音设备,因而同一文献不同年代的版本异文作为历史材料就或多或少地提供了反映前后相近的几个时间点上语言变或未变的现象,具有时间上的连续性,可据以考察语言的演变。

　　除此以外,不同年代的文献记载同一事件的异文往往也可据以考察语言的演变。如春秋时晋公子重耳出亡,齐桓公以女妻之,重耳沉溺安乐之中而不思返国,从亡大臣遂商量能促使其离开齐国之策,《左传·僖公二十三年》载此事云:"将行,谋于桑下。"《史记·晋世家》则为:"赵衰、咎犯乃于桑下谋行。"介词短语"于桑下"由《左传》中处于动词后到《史记》中处于动词前,反映了汉语语法结构由先秦到汉代"动词短语+介词短语"到"介词短语+动词短语"的词汇扩散①。又如《左传·昭公十九年》载:"谚曰:无过乱门。"记载了民间流传的谚语,然而在《左传·昭公二十二年》中又为:"人有言曰:唯乱门之无过。"考《国语·周语》亦载此谚语为:"人有言曰:无过乱人之门。"《左传》和《国语》的记载反映了当时口语中否定句已有代词宾语不前置的句式,否定句中代词宾语已处于由前置到不前置的词汇扩散状态。《史记·高祖本纪》:"萧相国即死,令谁代之?"又《留侯世家》:"陛下与谁取天下乎?"例中疑问代词宾语不前置。《汉书·高帝纪》:"萧

---

① 又如《左传·僖公二十三年》:"乞食于野人。"《史记·晋世家》则为:"从野人乞食。"介词短语"于野人"由《左传》中处于动词后到《史记》中处于动词前且变换为"从野人"。详参何乐士《〈左传〉〈史记〉介宾短语位置的比较》,《语言研究》1985 年第 1 期。

相国既死,谁令代之?"又《张良传》:"陛下谁与取天下乎?"例中疑问代词宾语前置。司马迁和班固记载的不同反映了当时口语中虽已有疑问代词宾语不前置的句式,但还仅仅处于词汇扩散的始变状态。再如宋张君房《云笈七签》卷一百六《马明生真人传》载齐国临淄人马明生得道后白日升天,临去著诗云:"太和何久长,人命将不永。譬如朝露晞,奄忽睡觉顷。"①例中"睡觉顷"意谓"一觉睡醒的顷刻之间"。元赵道一编《历世真仙体道通鉴》卷十三《马明生》载此诗把"睡觉顷"改为"睡觉醒"②,说明其时"睡觉"已凝固成词,"觉"的"醒"义已完全虚化,处于词汇扩散的已变状态。"睡觉"用作名词,指从睡着到睡醒的过程,故改为"睡觉醒","睡觉"和"醒"组成主谓结构,表示从睡眠中醒来。

这一类的异文还包括佛经的同经异译,同一佛经不同年代译本的异文同样可供考察几个时间点上语言变或未变的现象,尤其是一些音译词的不同音译,往往透露出语音变或未变的线索。如佛经的翻译始于东汉,至唐而颇具规模,因而汉译佛经大致反映了汉语词汇由上古发展至近古的概貌。如"去"在上古指"离开",后来演变为"往"义。从佛经文献的记载中,可以看到"去"由指"离开"义到指"往"义经历了一个逐渐演变的过程。如东汉支娄迦谶译《道行般若经》卷九:"汝从是去到犍陀越国羼无竭菩萨所。"(8/472a)三国吴康僧会译《旧杂譬喻经》上:"昔有二人从师学道,俱去到他国。"(4/514a)西晋白法祖译《佛般泥洹经》上:"佛从罗致聚,呼阿难,去至巴邻聚。"(1/162b)西晋法炬和法立译《法句譬喻经》卷四:"于是梵志嗔恚,便去到优填王所。"(4/604a)诸例中"去到"和"去至"的"去"仍是"离开"义,"到"和"至"则是"往"义。"去"和"到"或"至"并列的这种语法位置使"去"逐渐产生了"到"和"至"所具有的"往"义,随着"到"或"至"逐渐脱落,"去"最终与宾语发生了语法上的联系,从而有了"往"义。如《百喻经·二鸽喻》:"汝何处去?"(4/557b)

《说文解字》和《切韵》《广韵》等辞书文献对同一词语所作解释的异文也是可供考察语言变或未变现象的历史材料。如《说文解字》:"恃,赖也。"《广韵》:"恃,依也。"赖、依同义,反映了东汉与北宋表达"恃"这一词义的不同用词。又如《说文解字》:"谑,戏也。"《广韵》:"谑,戏谑。"《说文解字》:"娱,乐也。"《广韵》:"娱,娱乐。"反映了东汉至北宋汉语词汇由单音向双音发展的趋势。

---

① 《云笈七签》,《四部丛刊》初编子部。又载明冯惟讷《古诗纪》卷一百四十一《外集》一。
② 《历世真仙体道通鉴》,《道藏·洞真部记传类》。文物出版社、上海书店、天津古籍出版社1988年版,第5册177页下栏。

同一文献不同年代的版本异文和不同年代的文献记载同一事件的异文都是不同时间点上对某一语言现象的不同记录,在考察语言的演变时往往可以互为佐证。如马王堆帛书《周易·师》:"大君有命,启国承家。"文中"启"①,阜阳汉简和战国楚简所载同②,今本《周易》为"开"。考《左传·闵公元年》:"天启之矣。"文中"启",《史记·晋世家》为"开"。《周易》的各本异文和《左传》及《史记》记载同一事件的异文反映了先秦时的"启"发展至汉代渐为"开"替代。又如江蓝生以台北影印文渊阁四库全书本为底本校录的许衡《直说大学要略》:"孔子却来鲁国教三千徒弟。于内有个徒弟唤作曾子,那个记述孔子的言语,做成《大学》,的确是根脚起处。"③例中"的确",正德本、嘉靖本和万历本皆作"阿的"。"阿的"为方俗词,犹"兀的",即"这,这个",四库全书本似改俗为雅。再如《红楼梦》程甲、程乙本第三十七回载探春发起诗社的帖中"若蒙造雪而来",其中"造"庚辰本、列藏本作"掉",舒序本作"棹",掉、棹同源,造、棹音相近④,庚辰本、列藏本等似改雅为俗。

后人的注释也是不同时间点上对某一语言现象的不同记录。如《汉书·郊祀志上》:"已祠尽瘞,而从祠衣上黄。"颜师古注:"侍祠之人皆著黄衣也。"又《郦陆朱刘叔孙传》:"臣衣帛,衣帛见,衣褐,衣褐见,终不敢易衣。"颜师古注:"衣,著也。"又《王贡两龚鲍传》:"唐尊衣敝履空,以瓦器饮食,又以历遗公卿,被虚伪名。"颜师古注:"著敝衣蹑空履也。空,穿也。"颜师古注反映了唐代"著"已替代了"衣"。又如《汉书·武帝纪》载,元封五年"因朝诸侯王列侯,受郡国计"。颜师古注:"计,若今之诸州记账也。"又据《周礼·地官·遗人》载,"乡里之委积,以恤民之艰厄;门关之委积,以养老孤;郊里之委积,以待宾客;野鄙之委积,以待羁旅;县都之委积,以待凶荒"。贾公彦疏云:"乡里之委积,以恤民之艰厄者,此下数者皆谓当年所税多少总送帐于上。在上商量计一年足国用外,则随便留之以为恤民之艰厄之等也。"颜师古和贾公彦的注反映了至迟在唐代已用"帐"替代"计"来表示"登记人户、赋税等的记录和记账的书册"义⑤。

---

① 据《马王堆汉墓文物》,长沙:湖南出版社1992年版。
② 韩自强:《阜阳汉简周易研究》,上海:上海古籍出版社2004年版;马承源主编:《上海博物馆藏战国楚竹书(三)》,上海:上海古籍出版社2003年版。
③ 刘坚、蒋绍愚主编:《近代汉语语法数据汇编·元明卷》,北京:商务印书馆1995年版,第11页。
④ 参徐时仪:"掉"的词义衍变递嬗探微,《语言研究》2007年第4期。
⑤ 从广义上说,不同文献(包括一些少数民族或域外的文献)对同一事物或词语的不同记载也可据以考察语言的演变。如"帐"在契丹、蒙古等北方民族语言记载的史料中有"户数"义,这就使"帐"在词义上与先秦两汉时表示统计户口多少等情况的"计"有了联系。详参徐时仪《汉语白话史》(第二版),北京:北京大学出版社2015年版,第310—317页。

综上所述,可见历史材料虽然不如口语材料,但在考察语言的演变上自有其不可忽视的重要价值。由于词汇扩散作为一种语言演变的形式不仅仅出现在语音的变化上,而且也可以出现在词汇和语法等语言的其他方面,因而只要是不同时间点上对某一语言现象的不同记录都是我们考察语言演变时可供利用的历史材料。理由很简单,因为这样的历史材料也有可能提供时间上的连续性。

 复盘与导读

在学术发展史上,每一次重大的进步都是不落前人窠臼而有所突破。任何一个看似天经地义的命题或结论都可能不是那么无懈可击的,尤其是在人文社科领域中。从事学术研究要在已有基础上继续进行研究,善于提出问题进而挑战难题,进行新的探索,有所创获,补充、修正或否定已有成说,得出更接近真理的新的结论。学术研究就是在这样的过程中得以不断向前推进。

汉语在由古至今的发展中有变,有不变,有变化大的,有变化小的,而为什么变,怎样变,为什么这样变而不那样变,诸如此类吸引众多学者孜孜不懈求索其所以然。研究汉语的语音、词汇和语法系统怎样从殷商时期发展到现代,就要依据随着时代而不断发展的活的语言。口语是随着时代不断发展的人们实际使用的活语言,反映了各个历史时期汉语的语音、词汇和语法。由于口语旋生旋灭,古人无法利用录音设备录下自己说的话,而历时的同一文本异文相当于共时的不同年龄的人说的话,从这些无声的异文中可"听"到不同时代所说有"声"语言的不同,在某种程度上提供了前后相近的几个时间点上语言变或未变的珍贵线索。汉语史的研究主要依据各时期接近口语的文献资料来描写汉语历史发展的状况并寻找其演变规律,尤其要注重同一文献不同时代传抄刊刻的异文。

王士元先生提出的"词汇扩散理论"享誉学界,改变了过往人们对语言如何随时代变化的理解。王先生认为"历史材料不过是某一个时间点上的记录。……要对音变的全过程有个连续的观察,我们就不能依靠历史材料。理由很简单,因为历史材料不可能提供时间上的连续性"[①]。我们在考察了经史子集

[①] 王士元:《词汇扩散的动态描写》,《语言研究》第 20 期,1991 年。又《王士元语言学论文集》,北京:商务印书馆 2002 年版。

数百种文献的基础上，辨析了同一文献不同年代的版本异文反映的词汇变化所代表的不同时间上的语言状况，指出词汇扩散是一种以变异和选择为基础的语言进化过程，它不仅在语音的历时变化方面出现，而且也体现在语言的其他方面如词义和语法范畴的演变中。因此，根据词汇扩散理论，提供时间上的连续性的文献语料也可以考察语言变化的连续过程。"汉语史研究的是汉语发展的历史，而研究汉语史所用的资料主要是书面文献"。"近年来有不少学者运用汉语方言的活材料来研究汉语史，这是值得提倡的，但这改变不了汉语史主要依靠书面文献来进行研究这个大格局"①。类似不同年龄的人说的话，把上古时期的文言、中古近代的古白话和现代的白话连接贯通，从中当可略窥汉语古今的发展演变。

本文为提交中国语言学会第十三届学术年会的论文，原载《中国语言学报》第13期，商务印书馆2008年出版，为学界同仁征引且多有开拓。如张美兰的国家社科基金重大项目"近代汉语常用词词库与常用词历史演变研究"阶段性成果《汉语常用词历时演变的新视角——以版本异文为视角》一文从版本异文角度出发，分析了文言与白话语体异文、注疏体注文、原本与改写本或引征异文、同一文献不同时代不同文本异文、同一文献同一时期不同文本异文等多种形式，借文献传本异文以厘清汉语常用词历时替换的演变线索②。

王士元先生在《语言的变异及语言的关系》一文中说："众所周知，直到现代，中国传统学问的精髓还是'小学'，而对语言方面的研究正是总称为'小学'的各门学科的主要内容。"③诚如王先生所说，无论是研究古代汉语还是现代汉语，都离不开对中国传统学问精髓的把握。④ 写作论文首要是立足于第一手语料，辨章学术，考镜源流，而掌握运用第一手语料的基本看家本领主要包括四个方面。一是小学的功底，即音韵、文字、训诂等方面的知识。小学的功底越扎实，学问也就能做得越好。二是文献的功底，即目录、版本、校勘等方面的知识。语料的熟悉积累是学术研究的基础，凡从最能发现问题的比勘某一文献不同版本的异文入手做起，一定会有很多实实在在的收获，而浮光掠影就只看到些皮毛了。三是文献的积累，即宽广的阅读面。阅读面的宽广有裨于拓宽知识，而广涉经史子

---

① 蒋绍愚：《汉语史的研究和汉语史的语料》，《语文研究》2019年第3期。
② 张美兰：《汉语常用词历时演变的新视角——以版本异文为视角》，《合肥师范学院学报》2013年第2期。
③ 参徐时仪：《略论中国语文学与语言学的传承及发展》，《上海师范大学学报》2011年第3期。
④ 王士元：《语言的变异及语言的关系》，见《语言的探索——语言学论文选译》，北京语言文化大学出版社2000年版，第125—126页。

集,熟读经典,古今中外的名著读得越多知识面越广,在研究中就能思路开阔,触类旁通,文思泉涌,由此及彼,左右逢源。四是分析和综合的能力,尤其是微观分析问题的能力和宏观综合把握的能力。即读书要活读,要有自己的思考,善于分析和综合,不仅要有书本知识,还得有动手的实践能力,不仅读万卷书,还要行万里路。

研究语言务必站在学术的前沿,不仅把传统的文献考证和现代语言学理论结合起来,从穷尽性地掌握第一手语料着手,以中土文献、出土文献和域外文献等多重论据进行论证,而且贯通古今,融会中外,以小见大,尤其是不论治语言还是治文或治史,深层次的学术研究必然会上升到哲理的层面,只有文史哲会通,才能扩得开,收得拢,既有广泛的阅读面,视野开阔,又能始终扣住自己研究的重心,围绕自己的研究重心进行不断深化的探索。如朱熹融儒、释、道于一体,集理学之大成。我们研究《朱子语类》的词语则既要了解朱熹思想演变的脉络和当时社会生活状况的方方面面,又要紧扣《朱子语类》反映当时语言使用状况和雅俗共存的特点,发掘各本异文蕴涵的语言演变信息,宏观上从词汇史的角度和汉语文白的演变趋势着眼,微观上从古今词义的演变过程着手,考察《朱子语类》传承的雅言旧词和新产生的白话口语词概貌,探讨《朱子语类》中新词的产生和旧词的衰亡,勾勒《朱子语类》文白新旧质素杂糅共融的词汇系统,辨析新旧形式的使用状况和演变趋势及其兴替原因,进而揭示汉语词义系统古今兴替和文白演变的内在规律。

汉字构形方式:一个历时态演进的系统[*]

黄德宽[**]

分析汉字的构成,实际上涉及两个有着密切联系又有一定区别的概念:构形方式与结构类型。构形方式是汉字形体符号的生成方式,结构类型则是对用不同构形方式构成的汉字进行共时的、静态的分析归纳的结果。

长期以来,文字学研究偏重汉字个体结构的分析,将不同历史阶段产生的汉字置于同一历史平面作类型性概括,而较少重视对构形方式及其历时发展的探讨,故而在汉字构形理论的研究方面,得出许多似是而非的结论。这些结论不仅关系到文字学理论建设,而且也直接影响对汉字发展的估价、语文政策的制定和汉字的教学。本文通过汉字基本结构类型及其消长变化的研究,试揭示汉字构形方式系统的历时态演进的实际面貌。

一

汉字构形方式是一个随着汉字体系的发展而发展的动态演进的系统。在汉字发展的不同历史层面,构形方式系统也有着相应的发展和调整。这种发展反映在汉字体系中,即是不同结构类型的汉字分布情况的消长变化。

我们采用统计方法考察和揭示汉字结构类型的分布情况。对汉字按结构类型予以统计是一件十分复杂的工作。首先,用作统计分析的材料要有代表性,能反映汉字构形的实际发展;其次,对同一时期所有的汉字进行结构分析,需要做大量细致的工作,而且,由于汉字形体的长期发展,产生了大量的省简、讹混现象,加之有些汉字的构形原理还无法找到有力的证据予以说明,所以对

---

[*] 原载《安徽大学学报》(哲学社会科学版)1994年第3期。本书收录时略有修改。
[**] 黄德宽(1954—),清华大学人文讲席教授,中国文字学会会长。

不同时期的汉字作穷尽性结构分析难免有不精确之处;再次,对同一结构的汉字,往往众说纷纭,不同学者对其分析标准未必一样。因此,这种统计分析只能反映构形方式发展的基本趋势,所得数值也并非绝对精确无误。鉴于此,我们以代表汉字形成体系后的殷商时期的甲骨文(下限时间为公元前1027年)[①]、《说文解字》记载的古文字终结时期的小篆(下限时间为公元100年)[②]和郑樵《六书略》为代表的定型楷书(下限时间为公元1160年左右)作为统计对象。这三个时期代表了汉字发展的不同阶段,具有一定的典型性,而且李孝定、朱骏声、郑樵作过的结构分析可资借鉴[③]。不过他们都是按传统"六书"来分类的,在具体字的归类上也存在不少分歧。为了反映不同结构类型汉字的分布的变化,按照我们对汉字基本结构类型的认识,在三位学者分类的基础上,我们对具体字用统一的标准重新调整归类,剔去重出字形,这样统计的结果就大不相同了[④]。统计情况见表1。

表1 不同结构类型汉字变化一

字体	类型 分布情况	指事	象形	会意	形声	总计
甲骨文	字量	47	310	411	319	1 087
	比例	4.32	28.52	37.81	29.35	100(%)
小篆	字量	117	347	819	8 070	9 353
	比例	1.25	3.71	8.75	86.29	100(%)
楷书	字量	123	481	821	21 841	23 266
	比例	0.53	2.07	3.53	93.87	100(%)

---

① 陈梦家:《殷虚卜辞综述》,北京:中华书局1988年版,第35页。
② 黄德宽等:《汉语文字学史》,合肥:安徽教育出版社1990年版,第24—25页。
③ 李孝定:《从六书的观点看甲骨文字》,载《南洋大学学报》,1968第2期;朱骏声:《说文解字六书爻列》,收入《说文解字诂林》第一册;郑樵《通志》卷三十一《六书略》。
④ 如李氏统计中129个假借字已归于四种基本结构,不应重出;70个"未详"字中有61个可以重新归类,实际归字总数应为1 087字,这是就已识字统计的,与甲骨文单字总数相差甚远。《六书爻列》中转注、假借不应计入总数,会意兼声大部分应并入形声类,这样有单字9 353,与《说文》所载相合。《六书略》收字原载24 235,但转注、假借实为重出字形,加之部分重出的其他字,删除后实际字为23 266个。

从表1反映的结果看,在以甲骨文为代表的早期汉字中,指事、象形、会意结构类型的汉字所占比例为70%多,形声结构汉字所占比例不足30%;实际上未识字中的大部分属指事、象形、会意结构,形声结构的比例还要打一个较大的折扣。此外,由于对具体材料的处理和统计方法的不同,结果也会很不一样。我们曾将已识形声字与甲骨文单字总字数相比,得出甲骨文中的形声字约占10%;将古文字中全部的形声字进行分期统计,甲骨文时期的形声字约占18%①。尽管如此,表1的统计数字仍足以说明,甲骨文时期形声结构不是主要的构形方式,指事、象形和会意等构形方式还占有绝对优势。殷商甲骨文是原始汉字长期积累和发展的结果,这种优势,反映出汉字形成过程中表意类的构形方式所占有的地位。如果对二百余年甲骨文的发展作进一步的考察,可知道"武丁以后到帝乙、帝辛,主要的发展是形声字的逐渐加多起来。"②形声结构在甲骨文时期虽然不是最主要的构形方式,但已经呈现出发展趋势。《说文解字》反映的小篆文字系统,是古文字千余年来发展的自然结果。小篆终结于秦,隶书的出现和小篆的终结在时间上存在着一个交叉阶段。到许慎撰《说文解字》之时(约83—100),小篆早已退出了日常使用领域,但在某些场合仍有一定的使用价值。因此,就分析汉字构形而言,《说文》所载小篆也基本上反映了当时汉字体系的情况。《说文》中的指事、象形、会意结构类型的汉字不足14%,形声结构的汉字超过86%,这反映不同类型构形方式的构字功能发生了根本性的变化,象形、指事、会意等表意类的构形方式构字功能衰退,形声构形方式蓬勃发展,占据了绝对优势。到楷书早已定型的宋代,指事、象形、会意结构的汉字比例降至6%,而形声结构类型的汉字高达94%。这一事实表明,表意类型的构形方式实际上已不再具备构形能力,形声已成为唯一的构形方式。

如果我们进一步统计各种构形方式生成新字的情况及不同类型汉字在汉字体系中所占比例的消长,问题表现得就更加明显(见表2)。

指事字在小篆和楷书中分别增到117和123个,而在汉字体系中的占比从4.32%降至1.25%,再降至0.53%;象形字分别增长到347和481个,所占比例却由28.51%降到3.71%,再降到2.07%;会意字分别增到819和821个,所占比例却从37.81%降到8.75%,再降到3.53%。因此,在表2中一方面它们的绝

---

① 参见黄德宽《汉字理论丛稿》所收《古汉字形声结构的动态分析》《古汉字形声结构声符初探》二文。北京:商务印书馆2006年版。

② 陈梦家:《殷虚卜辞综述》,北京:中华书局1988年版,第80页。

表 2　不同结构类型汉字变化二

类型 字体	分布情况	指事	象形	会意	形声
甲骨文	字数	47	310	411	319
	比例	4.32	28.52	37.81	29.35
小篆	字数	+70	+37	+408	+7 751
	比例	−3.07	−24.81	−29.06	+56.94
楷书	字数	+6	+134	+2	+13 771
	比例	−0.72	−1.64	−5.22	+7.58

对数量有缓慢增加,另一方面在汉字体系中的比例却大幅度降低,一正一负对比鲜明,只有形声一类,绝对数字大幅度增加(分别超过 24 倍和 2.7 倍多),所占比例也快速上升。表 2 统计的每一类型的字数显然不是十分准确的,但是,四种结构类型汉字分布的消长变化,基本是合乎实际的,这种变化的实质,即反映了汉字构形的基本方式发生了重大调整,指事、象形、会意等早期形成的构形方式逐步丧失构字能力,汉字构形方式趋于单一化。

上述统计,时间跨度大,涉及整个汉字体系,其统计结果的可靠性程度自然会令人质疑。下面我们再随机抽取"口、日、鱼"三个部首的汉字,以《甲骨文编》(中华书局,1965)、《金文编》(中华书局,1985)、《说文解字》(大徐本)、《玉篇》(宋本)等收录不同时期汉字的字书为据作穷尽性统计分析予以验证。在统计时不计古文重复者,《说文》他部字,在《玉篇》中有列入以上三部者予以剔除;为保证分析的精确性,凡结构类型不明或有疑义的另列"未详"一栏。(统计结果见表 3)

表 3 反映的数据与前两表相比,似乎更能说明问题。以《甲骨文编》收字为基础统计甲骨文中这三部字的情况,因增加占比达 57.75% 的"未详"字一栏,指事、象形、会意等结构类型的汉字只占 29.57%,形声结构的字占 12.68%,整个比例较表 1 的统计明显下降。但是如果用表 1 的统计办法将"未详"字从总数中减去,计算的结果,指事、象形、会意字的比例达 70%,形声字占 30%,两表的结果

表 3　不同结构类型汉字变化三

类型 字体	分布情况	指事	象形	会意	形声	未详	总计
甲骨文编	字数	1	5	15	9	41	71
	比例	1.41	7.04	21.12	12.68	57.75	100(%)
金文编	字数	1	3	18	27	10	59
	比例	1.69	5.09	30.51	45.76	16.95	100(%)
说文解字	字数	1	3	32	320	0	356
	比例	0.28	0.84	8.99	89.89	0	100(%)
玉篇	字数	1	3	39	999	14	1 056
	比例	0.10	0.28	3.69	94.60	1.33	100(%)

就极为一致了。在《说文》代表的小篆之前,增加了《金文编》所反映的两周文字,其分布情况表明,两周时期指事、象形、会意字所占的比例已下降到37.29%,形声字的比例上升到45.76%,表意类型的汉字由占绝对优势转为劣势,形声类型的汉字则开始占据优势。这一环节的加入,使我们对以《说文》为代表的小篆进行统计分析所得到的结果更易理解。表3反映的《说文》《玉篇》中形声、会意字的比例与表1的情况基本一致,指事、象形所占的比例则下降得更多,因此,表3的统计完全可以验证表1、表2统计结果的可靠性。

通过考察"口、日、鱼"三部具体字的增长情况,我们发现,指事字自甲骨文以后未增加一个新字。甲骨文时期的"晕""周"本为象形结构,其后发展为形声结构,这样三部中象形字反而减少两个,会意字的增长也是十分有限的,与《甲骨文编》的收字相比,《金文编》收新增的会意字7个,《说文》收新增的会意字12个,《玉篇》收新增的会意字10个,共计不足30个新字。与此相比,形声字则以几倍、十几倍的速度激增。这一事实,与上文得到的结论也完全吻合。

综上所述,汉字构形方式系统自殷商时期已开始发生内部的调整,指事、象形两种基本构形方式殷商以后构字功能逐步丧失,会意构形方式只有微弱的构字能力,自西周以后形声这一构形方式迅速发展成为最重要的构形方式。运用共时的、静态的方法归纳汉字基本结构类型,只是汉字体系经数千年积累下来的汉字结构类型的分布情况,并不能反映汉字构形方式系统的实际面貌。汉字构形方式是一个动态的系统,不同构形方式在一定历史层面的共存和交叉关系只是短暂而表面的现象,在汉字发展的不同时期,不同构形方式之间存在着一种发展演进的更替关系。

二

构形方式系统的发展,与各个构形方式内部的深刻变化紧密相关,上文统计结果反映的各种结构类型汉字量的变化及由此得出的不同构形方式构字功能的变化和构形方式系统的调整,应从不同构形方式的内在发展中寻求到有力的佐证。情况是否如此?通过对四种基本构形方式发展的粗略考察,即可得到明确的回答。

指事构形方式生成文字符号的能力,在汉字构形系统中是比较微弱的。用记号(或抽象符号)的组合构成的所谓指事字,就其来源看,更多地是继承了原始的刻画记事符号。在汉字发展到殷商时期以后,已不再出现利用抽象符号构成的新的指事字,而在象形字的基础上附加标指性符号构成的指事字的能力依然较强,如"白"与"百"、"舌"与"言"、"又"与"尤、厷、肘"、"口"与"曰、甘"、"矢"与"寅、黄"、"夕"与"月"、"弓"与"弘"、"止"与"之"、"矢"与"至",等等。在原象形字(前者)基础上附加标指符号生成指事字(后者)的关系历历可见,早已为甲骨学者揭明。殷商以后,汉字符号化程度增强,对指事构形方式发生了两方面的重要影响:一方面象形字的形体逐步失却象形特征,使指事构形失去依托;另一方面汉字体系的高度符号化淹没了指事附加符号,利用符号作为标志构形的独特性不复存在。因此,西周以后,指事构形方式快速趋于萎缩,只是在象形形体变化较小和形体对应区分明确的情况下,才产生极少数分化字,如"木"与"本、末"、"衣"与"卒"、"言"与"音"、"不"与"丕"、"止"与"世"等。可以初步判断,两周以后指事构形方式基本不具备构字功能。

象形构形方式是汉字最基础的构形方式。没有象形字,就不会组成独具特色的汉字符号系统。许慎《说文解字·序》给象形下的定义是"画成其物,随体诘诎",这个定义比较精炼准确。作为一种构形方式,象形来源于原始绘画和图画记事是比较一致的看法。从原始图画记事和原始绘画的图形中不自觉地继承的象形字,与通过描摹词语概括的对象的轮廓构成象形字,代表象形构形方式发展的不同阶段。到殷商时期,象形构形方式显然早已经过长时间的发展而进入到自觉的阶段。虽然某些象形字形象生动逼真,可是大多数象形字构形符号简练,只是仿佛其意;有些符号则根本无法看出所描摹对象的任何特征,字形书写普遍线条化;一些像动物之形的形体适应行款要求取纵势;更重要的是,绝大多数象形字可以充当字符或成为假借字。这表明殷商甲骨文中出现的象形字大部分来源较早,象形构形方式在殷商之前早已获得较充分的发展。如果对比一下《说文》所收的象形字,几乎所有的象形字都以独体或字符形式出现在甲骨文中。这意味着,甲骨文时期以后,象形构形方式已基本不再构成新的象形字(像"伞、凸、凹"之类的象形字极罕见)。作为一种构形方式,殷商时期它就可能已经历过了黄金时代并丧失构字功能。

会意构形方式与象形的来源一样悠久,在山东大汶口文化遗址发现的反映原始文字面貌的陶文符号中,我们就看到象形文字符号与以象形文字符号组成的会意式图形文字的共存并处。在铜器铭文中,那些保存较原始形态的图形文字大多也是会意式结构。早期会意字,以象形符号的组合关系直观地体现所要表达的意义,与图形记事的因袭关系十分明显。殷商时期,会意字的构成依然保存着以形相会的原始性。例如利用字符方向、位置的差别构成不同的会意字("出"与"各"、"竝"与"替"、"伐"与"戍"、"陟"与"降",等等);利用代表人体不同形态的字符与相关字符的配合,直观、形象地体现构形内涵("望、监、既、飨",等等)。这类以形相会的会意字,在甲骨文中占有相当大的比例,西周以后直到古文字的终结时期,会意构形方式仍具有一定的生成新字的能力。由于以形相会构形模式生成的字形较为繁复,过于依赖字符形体的形象特征及其组合关系,具有很大的局限性。因此,在汉字体系的发展过程中,逐步发生由以形相会向以意相会的蜕变,产生了"止戈(制止战争)为武"、"人言为信"这样的构形模式①。这种蜕变发生的确切时间一时尚不能下定论,从殷商到两周的会意字看,基本都是以形相会式的。利用字符意义之间关系构成的以意相会式新字,如按《说文》的解释,甲骨文中有"美""武",春秋金文中有"昶"字。"美"字构形,于省吾先生

---

① "武"字见甲骨文,也应为以形相会式的会意字;"信"或以为是形声字。这里仅引成说以说明问题,不代表我们对这两个字构形的看法。

已有论定①。至于"昶",按《说文》新附的解释"日长也",则是典型的以意相会了。我们估计以意相会的表意构形模式大约于春秋战国以后才真正出现。然而,当会意构形方式发生这种变化的同时,形声构形方式已经发展到比较完善的阶段,显示出了巨大优势。人们当然不会避易就难,违背构形方式发展的主流,而将以意相会作为构字的主要方式。观察一下新增会意字的情况,我们会清楚地看到利用这种方式构成的像"劣、昊、尘、嵩、岩、凭"等一类字,为数是极少的。魏晋南北朝时期,曾用这种方式新造了一些俗体字,但最终大都未真正进入汉字系统。因此,从构形实际看,由于古汉字发展阶段的终结,会意构形方式即使发生了内部的调整,但构字功能依然极其微弱,只是作为一种不具活力的构形方式存在而已。

三

形声构形方式的发展代表了汉字构形方式系统发展的主流。对形声结构这一重要的结构类型,我们曾进行过比较充分的讨论②,这里我们着重观察形声构形方式的发展。殷商时期,形声结构已发展到自觉的阶段,出现注形形声字("祝、祖、唯")、注声形声字("凤、星、卢")和形声同取形声字("洹、狈、杞")三种类型,但从字形组合形式(形符、声符的配合)、形声字的分布比例看,殷商时期形声构形方式尚处于发展的初期阶段。殷商以后,形声字大量出现并逐步成为唯一能产的构形方式,是与形声构形方式内部的优化、调整密切相关的。

形声结构的声符始终相对稳定和单一,在形声结构中起着主导和核心作用③。作为记录语音的符号,声符的选用相对集中,加之新的形声字的孳乳往往以声符为核心,逐步形成了一个基本声符系统。

基本声符系统包括一定数量的声符,清人以《说文》为对象统计,得出的数量很不一致,多的达1543个,少的只有651个④;沈兼士统计《广韵》所收字归纳声

---

① 于省吾:《释羌、苟、敬、美》,《吉林大学社会科学学报》1963年第1期。
② 参黄德宽:《汉字理论丛稿》所收《形声起源之探索》《古汉字形声结构声符初探》《论形符》《古汉字形声结构的动态分析》等文。
③ 参黄德宽:《汉字理论丛稿》所收《古汉字形声结构声符初探》《古汉字形声结构的动态分析》等文。
④ 对声符系统的整理始于清人。戴东原在《答段若膺论韵》中提出形声谱系的概念。段玉裁《古十七部谐声表》统计《说文》形声字声符1543;江沅《说文解字音韵表》统计为1291;张惠言《说文谐声谱》统计为1263;陈立《说文谐声孳生述》统计为1211;江有诰《谐声表》统计为1172;朱骏声《说文通训定声》统计为1137;龙启瑞《古韵通说》统计为1121;姚文田《说文声谱》统计为1112;严可均《说文声类》统计为938;苗夔《说文声读表》统计为651,等等。由于各人对形声字切分方法不一,故相差较大。

符947个①。我们采取离析最基本的声符的办法,得知古文字阶段大约有声符500个,全部汉字的声符,大约不超过1 000个。声符作为形声构形的二要素之一,之所以能形成系统,表明构造形声字时对声符的选择有一定的范围,受某种定势的制约,声符系统的形成,使基本字符控制在一定数量之内,并形成部分字符的职能分工,有利于形声构形方式进一步走向规范。

形符的优化和调整,是形声构形方式内部发展的主要方面。殷商时期及两周期间,形声构形方式处于急剧发展阶段,形符是形声结构中一个十分活跃的构形要素,呈现出明显的特色,一是变动不居,表现为形符可增可减,位置游移不定;二是同一形声字多种形符变换不定,异形纷出;三是义近形符通用无别②。这些都是形声结构发展阶段特有的现象。

形符的优化,经过了以下几个环节:

(一)形符表义泛化,区分和标指成为形符最主要的职能。早期出现的形声字,无论是注形、注声还是形声同取类型的,形符表义相对明确,在发展过程中,一些早期表义较为具体的形符,表义逐步变得抽象。如"邑"西周时期主要用于表示都邑,在"邦""都"等字中表义都很具体,西周晚期至春秋以后表义范围扩大,凡诸侯封地都可加"邑",再进一步发展为表示一切乡镇县邑和地名,这当然是一个比较典型的例子。但是像"水、心、止、又、示、金"等常用形符的表义范围无不程度不同地扩大,这种扩大我们称之为"泛化"。形符表义的泛化,表明其表义程度强弱与否已无关紧要。表义的泛化,促使一些表义具体但构形复杂的形符的调整,如"城、坏、垣、堵、堨"等字的形符,原并不是"土"而是城垣的象形字"墉"。随着形符表义的泛化,这些字都相应改换"土"为形符,尽管古城以土夯成,与"土"有关,但在表义程度上,却远不如原来形符。表义的泛化,还导致不同形符出现类化现象,如一些器物名称的形声字,形符分别由从"匚""皿""缶"等类化为从"金"、从"木"、从"竹";动物类名称大都类化从"犬";昆虫、爬行类动物形体大都从"虫",等等。形符表义泛化,增加形符选择的自由度,是形符性质由表义向标指区分变化的重要表现,这一变化大大加强了形声构形方式的构字功能。

(二)形符系统逐步形成。殷商时期形声字较少,形符不很完备。随着形声字结构的发展,两周以后出现了一批新的形符,这些形符在构形过程中,职能分

---

① 沈兼士:《广韵声系》,北平辅仁大学1945年印行。
② 参黄德宽:《汉字理论丛稿》所收《古汉字形声结构的动态分析》《论形符》等文。

工逐步明确。如"水、木、心、人、大、女、又、手、口、目、耳、页、示、力、牛、羊、马、犬、虫、鱼、糸、衣、巾、食、米、禾、木、竹、缶、皿、车、舟、刀、戈、弓、矢、斤、广、土、雨、山、日、月、石、火、金"等最为常用的形符,在构形时一般不充当声符,除单独使用外,它们的主要职能就是充当意符(形符)。由于这种分工的逐步形成,我们似乎也可以说与声符系统相对应,也存在着一个形符系统。许慎《说文解字》540部首的归纳,已在一定程度上揭示了这种系统的存在。郑樵作《象类书》定"三百三十母为形之主,八百七十子为声之主,合千二百文而成无穷之字。"①因原书不存,我们无法肯定地认为这是将基本形符和声符分作两个相互因依的系统,但无疑已包含了这一方面的认识。将《说文》部首当作文字系统的基本构形要素并进行专题研究的"偏旁字原"学,始于唐宋,盛于清代②。日本学者岛邦男的《殷墟卜辞综类》、姚孝遂先生主编的《殷墟甲骨刻辞类纂》等利用古文字资料对《说文》部首进行大胆的调整,分别将部首合并为 164 和 149 个,也是比较注重汉字构造的基本形体单位的③。由于上述研究着眼点主要是汉字构形基本形体和部首,因此均未能就形声结构而提出"形符系统"这一概念,我们曾将古汉字形声字的形符作过归纳,得到常用形符 110 多个。一般情况下,汉字构形的基本形体,大都可以充当形符。这样岛邦男、姚孝遂先生等归纳的用作部首的基本形体,也大体与形声结构的形符系统相当。尽管目前这方面的研究还很不够,但是,形符系统在长期发展中已经形成并在构形上呈现出职能分工,却是一个客观存在的事实。形符系统的形成与声符系统相对应,标志形声构形方式的发展日趋完善。

(三)形符的定型定位。形声结构发展过程中,形符变动不居的现象逐步减少。经过长期的选择,形声结构的形符一般都淘汰了异形,结构定型,而且形符的位置由上下左右任意变动发展到居左为主,有些形符则根据其来源和构形需要确定自己的结构位置,如"艹、罒、竹、雨"等居上,"血、皿"等居下。形符的定型定位也是增强形声构形方式构字能力,使字形符号的构成进一步走向规整化的重要条件。总之,形符经过以上三个主要环节的发展,形声构形方式大大优化,构字能力大为增强。

基本构形方式内部的发展表明:指事、象形两种构形方式到西周以后已开始

---

① 郑樵:《六书略·论子母》,见《通志》,清文渊阁四库全书本。
② 《汉语文字学史》,合肥:安徽教育出版社 1990 年版,第 159 页。
③ 姚孝遂:《许慎与〈说文解字〉》,北京:中华书局 1983 年版;姚孝遂:《殷墟甲骨刻辞类纂》,北京:中华书局 1989 年版。

萎缩和衰退;会意构形方式春秋以后发生了蜕变;与此同时,形声构形方式经过内部的优化和调整,构字功能不断增强,逐步成为一种比较完善的构形方式。由此看来,作为一个动态演进的系统,不同构形方式的兴衰变化构成了这一系统发展变化的基本格局,构形方式系统的发展正是各构形方式自身发展变化的综合反映。

汉字构形方式的发展演进,实际上是汉字体系发展演进的本质反映。下面我们对汉字体系发展的有关因素作进一步的分析,以便阐明上文揭示的汉字构形方式发展的必然性趋势。

(一)汉字形体符号化的进程,动摇了以象形表意为基本方式的早期汉字构形的基础,长期以来形成的构形思想和构形模式因之而相应改革。文字本就是符号,所谓"符号化",指的是汉字摆脱原始形态的进程和程度。汉字发展到殷商时期,形体符号化程度已经比较高。甲骨文作为目前能看到的代表殷商文字形态主要面貌的形体,由于书写工具的特殊,使之符号化程度较同期铜器铭文上铸就的文字形体大大地超前。字形以匀称的单线线条组成,一些常用字出现了高度简化的写法。西周以后汉字形体进一步沿着简化的道路发展,曲线线条逐步发展到点画组合,字体形态规整划一,成为纯粹的抽象点画组成的符号。早期形成的象形构形方式,以描摹客观物象的轮廓而构形,一旦文字脱离毕肖物象的畛域而踏上线条化的道路,象形构形的基础即已不复存在。早期的附加符号类的指事和会意构形,是建立在象形基础上的,一旦象形构形失去基础,象形字自身的形象特征逐步消失,标指符号就无所加施,形体组合也失去凭依。因而,随着汉字体系字体形态的符号化程度的提高,早期产生的象形表意式的构形方式就必然要退出舞台。尽管汉字形体的符号化是汉字体系的表层发展,但这种表层发展却成为影响汉字体系构形方式深层发展的一个重要的因素。

(二)同音借用现象的普遍发生,有力地冲击了早期构形方式,加速了文字符号的构成由形义关系向音义关系的跃进。汉字作为记录汉语的符号系统,同音借用是早期汉字完善记录汉语职能的重要手段。用以形表意的方式造不出一个完整记录汉语的文字体系,这是最浅显明白的事实。利用同音借用的手段,则是早期汉字用以弥补自身缺陷的唯一有效的方式。不同民族的原始文字资料中,几乎都无一例外地大量采用同音借用的方法。据抽样分析,甲骨刻辞中同音假借的数量高达 70% 多①。这说明同音假借是汉字发展过程中出现的很重要的

---

① 姚孝遂:《古文字的形体结构及其发展阶段》,《古文字研究》第四辑,北京:中华书局1980年版。

现象。有的学者对甲骨文中形成比较固定关系的120多个假借字进行分析,发现这些假借字本来都是象形、指事和会意字①。表明同音借用是济早期象形表意构字方式之穷的重要手段。同音借用开拓了汉字构形的思路,使汉字形体与它所代表的字义之间发生了人为的分离,形体仅仅作为一个纯粹的记音符号出现。这就沟通了字符与词语音节之间的直接联系,这种联系是促成汉字构形模式由以形表意向记音表意转变的枢纽。另一方面,同音借用的大量出现,对以形表意的早期汉字是一个巨大冲击,造成了书面上同音异义的分歧,给习惯于由形及义来辨识文字的人们带来困难。于是,继承以形表意之长、扬弃同音借用之短的形声构形方式就自然成为一种比较理想的选择了。甲骨刻辞大量使用假借字,有力地推动了形声构形方式的发展,而在假借字基础上加注形符生成的大量形声字,对形声构形方式摆脱原始状态,强化声符的语音功能方面的意义同样是不可低估的。因而,同音借用现象的普遍发生,也是促成汉字构形方式由早期的以形表意模式向记音表意模式发展的重要因素。

(三)汉语系统的发展对汉字体系的要求,是汉字构形方式发展的重要动力。出现较早的指事、象形、会意等构形方式自身存在着严重缺陷,难以适应语言发展对文字符号系统发展的要求。这些早期出现的构形方式,方法原始,"近取诸身,远取诸物",依客观物象为参照,通过形义关系构成记录语言的符号。这种构形方式只适合文字形成的早期阶段。一旦文字从原始状态脱离,真正成为记录语言的工具,这类构形方式的缺陷就暴露无遗。而语言的高度发展,新词的大量增加,更加速这类构形方式的衰落。文字体系要适应语言需要,必须另辟蹊径。形声构形方式通过记录语音来构形,沟通了汉字和汉语的深层关系,使文字符号系统与语言符号系统和谐发展,以适应语言发展对文字系统的要求。因而,在象形表意式的构形方式走向衰落的时候,它能起而代之,并获得经久不衰的生命力。

(四)文字体系作为符号系统,遵循符号构成的优化原则。象形表意式构形方式构成符号的规律性不强,潜藏着形的有限性和义的无限性之间的深刻矛盾,利用这种方式很难构成一个便于操作而有序的符号系统,有悖符号学的"简易法则"。而形声构形方式在符号生成上有着极大的便利,这种便利表现在如下几个

---

① 李孝定:《中国文字的原始与演变》,载台北"中研院"《历史语言研究所集刊》第45本第2、3分册,1974年版。

方面：一是形声组合的结构，类型明确，组合方式有限，不外乎左右、上下、内外、半包围等几种模式，符号构成容易做到规整。二是形符、声符系统的形成，基本字符数量有限。有限的结构组合类型和有限的基本字符，使构形和运用更为便利。三是具有巨大的生成有规律的符号的能力。象形、指事、会意等构形方式生成符号的能力都比较有限而且规律性不强。形声构形方式利用一个形符和一个声符构形，符号组合规律性强，并且具有较强的生成能力。以基本形符系统（Xn）和基本声符系统（Sn）相配合，在理论上可以构成数字巨大的不同形的形声字系统。如果再加上组合方式的变化，同一形符和声符并不止生成一个形声字，如"忠"和"忡"、"吟"和"含"等，这样形声系统生成新字的数量，可以用如下数学公式来表示：

$$N > N_1 = Xn \cdot Sn$$

用这个公式计算，150个基本形符和1 000个基本声符的组合，在理论上可以产生大于150 000这一庞大数字的不同形的形声类符号。事实上，汉字体系中的形声字永远不会发展到这个极限数字。但由此可见形声构形方式在符号构成方面的巨大优越性，它具备其他构形方式无可比拟的发展成为最主要的构形方式的基础，故最终能取代其他构形方式而独占鳌头。

以上四个方面，反映了汉字体系发展与构形方式发展的紧密关系，各构形方式的发展变化，也是汉字体系发展变化影响的必然结果。

通过统计分析不同结构类型汉字的分布，考察不同构形方式内部的发展，揭示汉字体系发展对构形方式发展的决定性影响，我们认为，汉字构形方式是一个历时态演进的系统，这一事实是无可怀疑的，文字学研究不应忽视这一隐藏于结构类型背后的重要理论问题。我们希望本文的探讨和结论对当前的汉字理论研究、汉字教学及应用研究能有所裨益。

复盘与导读

20世纪80年代，在文字学研究领域，本人主要开展了两方面的工作：一是对学术史的梳理，完成了《汉语文字学史》的撰写；二是研究古汉字的构形问题，撰写了古汉字形声结构研究的系列论文。在进行上述工作的过程中，前贤的学术成果与古文字新材料,不仅逐步加深了我对汉字相关问题的认识,也引发了对汉字发展有关问题的一些思考。

汉字研究历史久远,汉字分析涉及的许多基本问题汉代小学家既已触及,如传统文字学的核心理论——"六书"学说,在汉代已经形成并对传统文字学产生了深远影响。但是,关于汉字构形理论,自东汉许慎《说文解字》问世以来,总体上没能取得实质性突破。古文字新材料,使我们有机会对传统文字学结构分析的理论和方法进行必要的检验和反思,从而寻求汉字构形分析理论和方法的突破。关于汉字构形方式发展的问题,就是在这样的背景下开展的一项专题研究。

首先,本文提出结构类型与构形方式是汉字构成分析涉及的两个密切联系又有一定区别的概念,结构类型是根据汉字结构特征进行共时、静态分析归纳的结果,而与不同结构类型相对应的则是构形方式,即汉字形体符号的生成方式(或称造字方法)。长期以来,文字学研究将汉字结构分析局限于静态的类型性概括,对构形方式及其历时发展缺乏明确认识和探讨,从而影响了汉字构形理论的发展和构形分析方法的进步。这些认识为本文研究确定了基本的理论基础。

其次,本文采用了不同结构类型汉字分布统计的方法,揭示了构形方式系统的历史发展。前人对汉字构形方式系统的发展变化早已察觉,如《说文序》提到汉字"形声相益""孳乳而浸多"的现象,宋人郑樵关于"六书"次第发展的论述,清人戴震对"六书"四体的区分等,都在一定程度上认识到汉字不同构形方式的产生有历史层次性,且在构形功能上具有互补性,但这些认识未能得到应有的重视,更未能沿着这种认识推进汉字构形理论和分析方法研究的深入。20世纪60年代,李孝定对甲骨文字进行过"六书"分类统计,在比较分析之后也认识到"各种书体的百分比有了显著的消长",但同样仅止步于此。我们提出:汉字构形方式是一个动态演进的系统,在汉字发展的不同历史层面,构形方式系统的相应发展和调整,表现为不同结构类型的汉字分布情况的消长变化。采用统计方法考察和揭示不同结构类型汉字分布情况的变化,就能揭示与结构类型相对应的不同构形方式的发展变化,这是分析构形方式系统历史演进的可靠路径。本文以殷商时期的甲骨文、东汉《说文解字》记载的小篆和宋代《六书略》为代表的定型楷书作为统计对象,对三个阶段的汉字按照象形、指事、会意、形声四种基本结构类型进行构形分析,并统计各类型汉字的分布,通过纵向比较清晰展现出四种基本结构类型汉字分布数量的变化,分析其相对应的构形方式的此消彼长,揭示出汉字构形方式系统的历史发展演变。对不同时期汉字不同结构类型整体分布所进行的统计分析，数据未必精确，但这种分析可反映构形方式系统的总体发展趋势则是毫无疑义的。其实，最能反映不同时期各类构形方式发展的，应该是不同时期新增字的构成情况。为此，我们进一步统计了各种构形方式生成新字的情况及其分布比例的消长变化，这种统计结果不仅与总体统计分析相一致，而且各构形方式的发展情况更加凸显出来。

第三，统计结果让我们获得了汉字构形方式系统历时发展的结论，但是为何会有这种发展？如何解释这种发展现象？构形方式系统的发展与汉字体系发展有何关系？这都是本文需要进一步回答的问题。本文在上述统计基础上，一方面，逐一分析了各构形方式的构形特点和功能变化，揭示了不同构形方式内在发展演变的历史必然性；另一方面，通过对汉字体系的总体发展来考察构形方式系统的发展，从汉字体系形体符号化进程、同音借用现象普遍发生、汉语发展对汉字体系制约以及文字符号优化原则等方面，阐明汉字构形方式的发展演进实际上是汉字体系发展演进的本质反映。

以上是本文的写作背景、选题缘由以及解决这一问题的大体思路。对汉字构形方式系统发展的研究，是本人开展汉字发展研究课题的一个方面。这篇文章提出的观点和方法，在另一篇相关文章《汉字构形方式的动态分析》(《安徽大学学报》2003年第4期）中有进一步的深化和推进。这两篇文章连同《古汉字形声结构的动态分析》(《淮北煤炭师范学院学报》1987年第1期）一文，比较集中地体现了笔者对汉字研究应坚持动态分析的理论追求和方法探索。在三十多年的汉字研究历程中，汉字动态分析理论和方法也一直得到应用，如《古文字谱系疏证》《古汉字发展论》以及待出版的《汉字发展通史》等书的撰写，都运用了这种理论和方法。本人指导的研究生，在学位论文撰写中不仅使用了这一理论和方法，同时也为这一理论和方法的深化和发展做出了贡献。本文发表以来，文字学界多有称引，有的学者还对本文的价值和意义作过专门评介。（见李万福《汉文字学新论》第三章第一节，重庆出版社，1998年版）

丁治民教授主编《汉语言文字学研究论文写作：案例与方法》研究生教材，旨在为研究生学术论文写作训练提供参考，这是一个很好的设想。承蒙相邀，故选录此文并按要求撰写这则导读，希望能对读者有所裨益，而不至于误导了大家。

《经典释文》几组喉音的异读与语音纠缠*

杨 军**

摘要:《经典释文》的喉音有一些彼此纠缠的读音。实际上,有些是古代经师对多音字的取舍不同导致的异读,无关语音演变,只反映不同经师在音系上的细小差别;有些是不同时代注音材料的羼入,不属同一语音系统;还有一些反切用字的讹误与某类音变比较相似,极易使人误把错字理解为音变现象。这些问题在考订古代注音材料时具有一定的普遍性。本文按照语音演变的规则、条件及趋势对《经典释文》中晓匣、影云、匣以等声母的异读、重音等纠缠进行了考察,发现《经典释文》并不存在晓匣互切、影云互切、匣以互切的现象,相应的音变尚未发生。

关键词: 晓匣;影云;匣以;喉音;异读;经典释文

1. 问题的提出

从材料看,《经典释文》(以下简称《释文》,其余字书、韵书一般用通行简称,不一一注明)的喉音声母出现了一些纠缠,清儒在校勘中曾零星涉及,法伟堂(2010)、黄焯(1980)、赵少咸(2016)也有分散讨论,最早集中提出的是邵荣芬先生。邵荣芬(1995:116-117)认为"晓匣两母之间以及它们与影组声母之间各有少数混切",然后列出一个跟《广韵》反切对照的表格①。

---

* 原载《中国语文》2022年第1期。本书收录时略有修改。
** 杨军(1955—),苏州大学教授,博士生导师,国家社科基金评委。
① "表1"的序号是根据行文需要所加的;为便阅读,本文将邵表稍作调整,改用简化字。表中括弧内的数字是邵表中原标的通志堂本《经典释文》的卷次和页码。

表 1 《释文》喉音混切表

		释文	广韵
1	晓-匣	㷊 火笃(29,32 上)	胡觉
2	匣-晓	阈 于逼(10,33 下)音域(10,1 下)[况逼(18,14 上)]	况逼
3	影-匣	陨 音蕴(6,23 下)[于敏(3,13 上)]	于敏
4	匣-以	唯 于癸(11,3 上;4 上;12,14 下;18 下;22 下;14,12 下)[维癸(5,28 下)]	以追
5		遗 于季(11,6 上;7 上;14 下;16 下 13,11 上;25 下;14,5 下;9 下;15,21 上;24 下)[唯季(3,11 下)]	以醉
6		䣩 侯䎡[又音胤](8,25 上)	羊晋
7		聿 于必(7,1 下)户橘(19,31 上)允橘(5,30 下)	馀律
8		遹 于橘(7,15 下)[尹橘(7,7 上)]	馀律
9		驈 于必(30,8 下)户橘[王余橘(7,30 上)]	馀律
10		鴥 户橘(30,21 下)	馀律

邵先生认为《释文》的匣云不分,云 ɣi-是匣母 ɣ-的三等,所以把这些现象分别归结为匣与晓 X-、影 ʔ-、以 ∅-的混切。他说：

> 前三例是个别字的异读,例 4 以下都是匣和以相切的例子,共 7 字,23 字次,不大可能完全没有意义。不过例子只局限于两个韵系,即例 4、5 属于脂韵系合口,例 6 以下属于谆韵系入声。这表明它们大概只是小范围的音变,并不是以母和匣母都合并了。**从例子的情况看,显然是以母变读为匣母,而不是匣母变读为以母。**这有四方面的理由,第一,混切的例子都是匣母切以母,而不是以母切匣母。第二,7、9 两例的切上字既有匣母三等,又有匣母一等,说明匣母三等,并没有向以母靠拢,仍然读 ɣ。第三,例 10 只用匣母一等字作切更是以母变同匣母的证据。因为匣母一等字变为以母,也就是变为零声母在当时是不可能的。第四,大多数例子在用匣母字作切的同时,还都用以母字作切,说明这些例子匣母的读法只不过是与以母字读

法并存的又读,并不是它们的声母都变同了以母。总之,在陆德明的音系里,匣以两母并没有混淆,只不过在脂、谭两个韵系的合口里有几个以母字具有匣母又读罢了。(邵荣芬,1995:117)

对表中以母字用云母、匣母作切上字的现象,邵先生判断是**"以母变读为匣母"**,也就是部分以母字发生了浊擦化音变。

今本《释文》的匣云有两个不同的层次(参看杨军、黄笑山、储泰松,2017),陆德明原本的层次是匣云不分的,后人改造的层次则匣云分为两类(参看罗毅、杨军,2018)。即陆氏旧系统匣(云)、以两分,唐人的新系统匣、云、以三分。邵表中以母字用云母作切上字的,都只用"于"字,因此,我们有必要把匣-以跟云-以分开讨论。

唐代的云母已经失去摩擦(参看黄笑山,1995),如果在此前后真如邵先生所说,有部分**"以母变读为匣母"**,就成了汉语语音史上的大问题,因为这不合中古声母演变,尤其是匣云分立、云以合流的演变大势,所以这是本文试图解决的主要问题。邵先生例子中晓-匣和云-影的异读问题,也需要解决。为使主要问题的讨论更集中,我们先解决枝节问题。

汉语语音史上还发生过云以合流的音变,那么,《释文》里的云以异读与此有无关系,可否据此找到云以合流的早期痕迹,这是语音史上另一个重要问题,如表1的例4、例5和例8等,但把所有问题放在一起难免枝蔓冗杂,所以我们将另文讨论云以的纠缠。

2. 晓-匣和匣-晓的异读

邵表的例1"栄"、例2"阒"都是不同注音者对多音字的择取问题,不涉及语音之间的纠葛。

2.1 "栄"字异读辨析

晓-匣异读的"栄",原文:"栄,《字林》火笃反,郭同。又徂学反。"①(1655.17)。按"栄"字凡有4音,见下表2。

---

① 通志堂本同,黄无校。法伟堂云:"徂学反非。"军按"又徂学反"不误,"栄"小徐、《广韵》《集韵》皆有"士角"(崇觉)一音,"徂学"音同,而上字以从切崇,类隔。又括号里的是宋元递修本的页码和条次。

表 2　字书、韵书"栄"字读音

音韵地位	玉篇	曹宪	名义	大徐	小徐	切三	王三	广韵	集韵	释文	
										吕、郭	又
匣觉开二入	胡角	乎角	胡角	胡角			户角	胡觉	辖觉		
晓沃合一入	呼笃	呼笃							呼酷	火笃	
崇觉开二入						士角		士角	士角		徂学
匣巧开二去						下巧	下巧	下巧	下巧		

值得注意的是,《切三》(S.2071)沃韵"熇火酷反"二字,觉韵"学户角反"四字、"浞士角反"二字,皆不收"栄",说明陆法言《切韵》最初只选择了"下巧"一音,《广韵》选择了匣母觉韵、匣母巧韵和崇母觉韵三个音,而《释文》则选择了同于《字林》与郭璞的晓母沃韵一读和从(崇)母觉韵的又读,《玉篇》和《博雅音》也收了晓母沃韵一读,与吕忱、郭璞同,而此音跟匣母觉韵一音没有对应关系,因而"火笃反"不是以晓切匣。

2.2　"阈"字异读辨析

匣-晓异读的"阈",原文:"阈,于逼反,又况逼反。"

"阈"字《释文》首音皆读云纽职韵:"音域"7、"于逼反"3。次音或又音读晓纽职韵:"徐况逼反""刘况逼反""刘呼逼反"各1;"又况域反"2、"又况逼反"1;"一音况域反"3、"一音况逼反"1。另注"域、洫二音"1。按"阈"义皆为"门限",此二音不别义,但《说文》:"阈,门榍也。从门或声。《论语》曰'行不履阈'。閾,古文阈从洫。"显然,"阈"的云母职韵来自其声符"或",晓母职韵出自徐、刘,当是因其古文"閾"的声符"洫"。参考唐代慧琳《一切经音义》,凡注出"古文閾①同"者一律读晓母"呼域反"(T54: 537b、654a、737c、778c)②、"吁域反"(665c、800b),或同时注出又音"许域反又音域"(700c),而不注古文者一律读云母:"阈,韦逼反"(390c)"阈,宇逼反③"(821a)"阈: 于洫反"(430a),也证实"阈"字晓匣的异读,是因异文谐声"或""洫"不同而产生的。中古时期的注音有取匣(云)母一读的,有取晓母一读的,也有两音兼取的。

---

① 或省作"閾"。
② 括号里是《大正藏》册数、页码和栏次。
③ "字"大正藏讹为"字"。

表 3　字书、韵书、音义"阈"音表

	颜注	名义	大徐	小徐	王三	广韵	释文	玉篇	何超
匣(云)职合	音域	胡洫	于逼	于抑	—	于逼	于逼	雨逼	荣逼
晓职合	—	—	—	—	况逼	况逼	况逼	况域	况逼

因此,《释文》"阈"字兼取匣(云)、晓两读跟《晋书音义》《玉篇》一致,不是晓匣互切的问题。

3. 云-影的异读

《释文》"陨"的於母异读,原文:"陨云軫合,音蕴影吻合"(毛诗音义 316.20),而"陨"的全部注音如下表 4 所示。

表 4　"陨"字分布及反切分析

陨	反切分析		释文所在音义							小计
云軫合上	上字	下字	尚书	毛诗	周礼	礼记	左传	穀梁传	尔雅	
于敏反	云虞合平	明軫唇上	5	2	1	1	16		2	27
于闵反	云虞合平	明軫唇上					1		1	2
云敏反	云文合平	明軫唇上						1		1
韵谨反	云吻合去	见隐开上		2						2
音蕴	影吻合上			1						1
			5	5	1	1	17	1	3	33

"陨"的"于敏反"与"于闵反"完全相同,而"云敏反"换了反切上字,这个替换用意何在? 往往被忽略了。先看"韵谨反",《切韵》的"谨"是开口隐韵字,用来作合口准韵"陨"的下字,韵与开合都不同类,而上字"韵"是合口吻韵字,显然在该

切语里主要反映被切字读音信息的是上字,这个新的准直音切上字,跟被切字只有声调不同,切下字只起标记声调的作用。同时还反映另一个语言事实,准韵与吻韵合流。然后再看"陨,云敏反",就可意识到,"云敏"不仅仅是换了一个切上字的问题,实际上反切的结构也变了,也是用准直音切上字标注声母和韵母,同时反映了准吻合流的音变。需要特别注意的是,"韵谨反"是刻意改作的。在《毛诗音义》里,除一次破读改字外,"陨"字的分布情况是:"韵谨反、于敏反、于敏反、音蕴、韵谨反",第1、5例是"韵谨反",2、3例是"于敏反",第4例是全书唯一的直音"陨音蕴"。"陨音蕴"不仅声母云影不分,韵也是准吻(谆文)相混了。

中古韵书、字书反映准吻合流的材料很少,我们先看下表5所示。

表5 各类音注一览表

	切三	王三	玄应	广韵	大徐	小徐	名义	玉篇	集韵、类篇	
殒①	于闵	于闵	为憨	于敏			为闵	为闵	羽敏	羽粉 云吻上
陨	于闵	于闵	于憨	于敏	于敏	雨牝	为闵	为憨	羽敏	王问 云问去
蕴	於粉	於粉	於粉	於粉	於粉	迂吻	於粉	於粉	委陨	②

只有《集韵》《类篇》的注音可以确认准吻合流。一是《集韵》"殒"字准韵、吻韵两收,"陨"字准、问两收,再就是原先吻韵的"蕴"字,《集韵》只有准韵的读音。那么,谆准稕跟文吻问的合并发生在什么时候?慧琳《一切经音义》有这些例子,如表6所示。

表6 慧琳谆文混切例

	音 注	被切字	上字	下字	页 码
1	戒蕴:下威殒反	影吻上	影微平	于准上	T54:322a
2	福蕴:絉殒反	影吻上	影虞上	于准上	T54:563a
3	蕴其:上氲殒反	影吻上	影文平	于准上	T54:825a

---

① "殒"在韵书里还有平声的读音,但跟我们讨论的问题关系不大,可以忽略。
② "蕴"字《说文》《玉篇》作"薀",段注《说文》云:"俗作蕴。"

续表

	音　注	被切字	上　字	下　字	页　码
4	蕰芜：上盩粉反	影吻上	影文平	非吻上	T54；644b
5	赟：委云反	影谆平	影支B上	云文平	T54；912b
6	煴：委云反	影文平	影支B上	云文平	T54；545b

第1、2、3例以准切吻跟第4例吻韵自切等值，无疑可以证明谆文两韵系合流，第5例以文切谆与第6例文韵自切等值，也反映相同的音变。值得注意的是，第1、2、3、5、6例的反切是**上字影母，下字云母**，这是慧琳影云尚未合流的铁证，否则悖逆反切上下字声母不得相同的规则而不能成切。由此还可以发现一条音变事实：**影、云合流的音变发生在真(谆)文合流之后，真(谆)文合流完成前，影云不会合流。**

《释文》的影、云是否合流，同样可以通过反切上下字来判定。以下是《释文》影云相配作反切上下字的情况。

1) 切上字影/切下字云的共 7 字 10 次：

伛於禹(1461.26) 妪於禹(1534.18) 胯於于(1649.03) 纡於于(551.30) 汙忧于(994.15) 缊(蕰)紆云(130.09、1657.23) 缊於云(875.09、1524.30) 煴纡运(105.19、672.12)

2) 切上字云/切下字影的有 5 字 18 次：

为于威(185.12) 寫于委(881.23) 鄢于委(1247.17) 蔫于委 7 (930.22、942.36、955.08、963.20、970.23、1002.03、1022.07) 䓛于委 8 (885.25、1027.42、1080.35、1102.17、1125.17、1189.38、1252.35、1319.21)

另有"迂直：音于，一音於"(1098.02)，直接排斥"于云母""於影母"同音。再从整个汉语语音发展与演变历史看，影云合流发生在平声分化为阴阳两调之后，而《释文》里没有阴阳分调的任何迹象，显然，《释文》的影和云是不同的声母。

在同一语音系统的反切里，如果有"影/云"或"云/影"的结构，"陨音蕴"就是不能成立的荒谬注音；如果"陨音蕴"是合理的注音，影云两母的字就不能作同一个反切的上下字。由此可以判断，今本《释文》"陨"字的 32 个反切跟"陨音蕴"不属于同一语音系统，因而不是同时的注音。基于"陨音蕴"是一个孤例，我们倾向认为这是很晚才被改造或添加的，否则不仅不能解释同一部书为何有不同音系的音注，而且不能解释《释文》"陨"字的 33 次注音中何以只有一个直音。至于这条音注是怎么来的,目前尚无线索①。根据《玉海》卷二十二"校定《释文》"条引《集贤注记》所载敕,由时任中书令的张九龄奏请,郑钦说依《开元文字音义》改撰《毛诗音义》,事在唐玄宗开元二十三年(735)之后②。

通过以上讨论,我们证明了《释文》谆文合流是唐代改造反切的结果,同时也论证了影母与云母合流不是《释文》本身的问题。同样是这个字,《集韵》因为要保持旧韵书的基本格局,所以并没有按照实际语音情况对声母和韵进行归并。而《切韵指掌图》则是根据实际语音变化把谆文、准吻、稕问合并了。也许《切韵指掌图》保持影、云、以三分,跟《集韵》一样有"沿古"的成分,所以并不能完全反映真实的时音。

4. 匣-以的异读

4.1 "酳"字与"侯吝反"

邵例6"酳"涉及文字讹误和追加注音的问题。今本《释文》为"酳"字出音15次,见下表7:

表7 《释文》"酳"字音注

	酳：首音	刘　音	又　音	出　　处
1	士靳	刘侯吝	又音胤	周礼音义 440.18
2		侯吝	又音胤	周礼音义 469.32
3	以刃	刘侯吝		仪礼音义 622.01
4	以刃	刘士吝		仪礼音义 566.08
5	以刃		又士刃	仪礼音义 626.28

---

① 《毛诗·小雅·小弁》:"心之忧矣,涕既陨矣。"朱熹《诗集传》:"陨音蕴。"承董婧宸女士见告,宋元递修本《毛诗音义》卷中第二十三叶(315)有刻工"陈锡"姓名,此人见于宋高宗绍兴年间《战国策》、绍兴年间两浙东路《唐书》《事类赋注》,南宋前期两浙东路八行本《周易注疏》《尚书正义》《周礼疏》等。据此递修本《毛诗音义》是南宋早期所刻,早于朱熹《诗集传》,因此,递修本《毛诗音义》的这条注音没有据《诗集传》改动或增添的可能性。

② 《唐会要》卷三十六"修撰":"开元二十三年……其年三月二十七日上注《老子》并修《疏义》八卷,并制《开元文字音义》三十卷,颁示公卿。"是改撰当在此后。

	酳：首音	刘　音	又　音	出　处
6	以刃		又士刃	仪礼音义 633.43
7	以刃		又士刃	公羊传音义 1207.32
8	音胤		又士刃	仪礼音义 631.13
9	音胤		又士觐	礼记音义 643.15
10	音胤		又仕觐	礼记音义 707.07
11	音胤		又仕觐	礼记音义 775.15
12	音胤		又仕觐	礼记音义 777.22
13	音胤		又仕觐	礼记音义 802.38
14	音胤		又仕觐	礼记音义 805.17
15	徐音胤		又仕觐	礼记音义 856.07
	以震	崇焮	匣震	崇(俟)震	以震	

表中前3例是需要特别讨论的。

1)"酳：士靳反,刘侯吝反,又音胤。"

通志堂本"士"作"七"。黄校："惟侯俟二字形体相似,必有一误耳。"(91页)法伟堂云："又案侯吝当作俟吝,见《士虞礼》,阮校宋本作俟吝。伟案作俟吝则与士靳同矣,作侯似误。又案或陆以酳、吝不同类,故改俟吝为士靳也。"①

法伟堂谓"侯吝当作俟吝",是也,然又以"俟吝"似音同"士靳"而犹豫不决。今谓"侯"字误,当作"俟"。此为刘音,本条既有宋本作"俟",又有《仪礼音义》之刘音"俟吝",足证"侯"为误字。则《释文》刘音,原当皆作"俟吝反",以"俟"易与"侯"相淆,且后人俟崇不分,故遂改为"士",此刘音"士吝反"之所从来。又"吝"在震韵,"靳"在焮韵,本不同韵,本条原当无"士靳反",此首音乃后人所加,遂与"俟吝"似重。

---

① 因法伟堂《校记残稿》是附于宋元递修本上的,所以不再另标页码。

2)"王酳：侯杏反，又音胤。"

法伟堂云："侯乃俟之讹，见《士虞礼》，又详《天官·内宰》。"按法说是。

3)"酳尸：以刃反，刘侯杏反。"

"俟杏"通志堂本作"侯杏"，黄焯认为当作侯杏，即《集韵》之士刃(118页)。法伟堂意见同。赵少咸认为《释文》匣喻不别，谓"以刃"为酳之本读，"侯杏"读同"以刃"(605页)。然"酳"是喻四(以纽)字，而《释文》旧层次跟匣母不别的是喻三，而非喻四，赵氏混喻四与喻三为一，而因喻三与匣相混的历史，论喻四用匣母为切上字的现实，其说不可取。

"酳"字徐音"胤"，震韵以纽；刘音"俟杏反"，震韵俟(崇)纽①。"酳"字原当仅此二音，当是徐、刘读"酳"声纽不同，《周礼音义》首取刘音而以徐为又音，其他《音义》则用徐音胤为首②而以刘为又音。因刘音"俟"字易与"侯"淆，遂因"崇""俟"不分而以"士/仕"替"俟"，再以笔画较少的"刃"换"杏"。而《礼记音义》又音以"靷"为下字者，《王三》《广韵》"靷"在仞小韵，而"靷"更常用③。

第1例的首音"士靳反"，"靳"在焮韵，真欣合流是在唐代④，此音必震焮合流后追加。综此，"酳"本无匣纽震韵音，且无崇纽焮韵音。在徐音系统里，震韵有以无俟(崇)，在刘音系统里，有俟(后被改为崇)无以，从这一点论，徐邈音系统比刘昌宗音系统更接近《切韵》，《切韵》真韵系阳声同样有以无崇(俟)，《韵镜》震韵也有以无崇，或许这是《释文》首音更倾向于选择徐音的原因⑤。

4.2 匣以混切的清理

上文已证"侯"是"俟"的误字，剩下三次用匣切以的都是"户"字，而被切字全是三等震韵系字，邵先生认为是读以为匣，但这非常可疑。历史上曾经出现过匣母细音再次与喻四合流的变化，较典型的是南唐时期朱翱的反切系统(表8)。

---

① 刘昌宗从崇不分。
② 或用"以刃反"替换直音。
③ 十三经经注出现频率为："仞"字12次，"靷"字116次。
④ 慧琳《一切经音义》欣韵系变入真韵系B类，见计丽(2018:82页、87页)。
⑤ 从我们现在掌握的情况看，陆德明的系统原先跟《切韵》相似度是很高的，这反映在两个方面：一、《切韵》音跟徐邈音可以建立直接的继承关系。二、陆氏直接采用东晋经师最多的就是徐邈音，即便在今本中把徐邈音作为首音的占比也是最高的。至于徐邈在中古语音史上的地位，以及东晋经师读音与《切韵》音异同的关系，是中古音研究的另一个大问题，我们拟另文讨论。

表 8　朱翱反切匣-以互切例

等	摄	开口			合口		
		韵调	被切字	反切	韵调	被切字	反切
三	遇	鱼去	虞	玄恕	虞去	谕齲㤕	玄遇
新三	山	先平	贤	由坚	先平		
		铣上	唲睍	易显	铣上	泫炫铉瓚	豫显
		屑入	襭襭㬎頁	羊截	屑入		
	蟹	齐平	郎	移鸡	齐平	鄌	匀低
		荠上	謑徯傒仁	亦启	荠上		
		霁去	盻系	异契	霁去	巂觿僡携罊眭鼜	匀迷
	梗	青平			青平	謍䓗謍莖	玄经
						营	俆并
		锡入	鷔覝	羊狄	锡入		
	咸	帖入	侠挟刕勰	羊帖	帖入		

上表遇摄是匣切三等以母，山、蟹、梗、咸诸摄则是以切四等匣母。而中古音三等不拼匣母[①]，四等不拼以母。王力（1982：253—254 页）、张慧美（2012：23—24 页）都认为这是喻三喻四变为匣母，理由是朱翱有喻三切匣的用例。如张慧美（2012：19）[②]所举：

械（于咸），滒（矣抱），或（于抑），圜（雨专），雄（员聪），鸿（员聪），洪（员聪）

以上 7 例实际是 5 个音切，前 2 例切上字是误字，而"或""圜"也不是云切匣母。

1）械于咸，朱翱如果云匣不分，则"于"绝不能作匣母"咸"的上字，反切必误；如果"于咸"成切，匣云必为两类。因此，视"械于咸"为用云切匣，逻辑上就不能成立。按"械"，大徐古咸切。《名义》《博雅音》《字镜》音同，《玉篇》古咸、胡缄二切，

[①] 匣母在三等前变云母，"熊雄"是例外（参看杨军、计丽，2020）。
[②] 张慧美所举涵盖了王力先生的例字。为便讨论，本文调整了例字的顺序。

《王一》《王三》古咸、胡谗二反。而朱翱又有"齾""龄""谦"音"干咸反",此三字大徐、《王一》《王三》《广韵》《名义》《字镜》凡收咸韵者皆有见母一读,是可证此"械"之上字"于"为"干"之讹,朱翱"械"字读见母而非匣母,更非云母。

2) 滈矣抱,《切三》(S.2071)晧韵"晧胡老反昦(昇)①暭浩镐鰝颢滈"小韵 8 字,朱翱音"晧昇暭浩鰝颢"皆音"候抱",朱翱这组同音字的反切当本于同一部韵书,则"镐"音"侯抱"或亦当作"候抱","滈矣抱"属该组同音字,上字"矣"为"侯"或"候"之讹无疑,然则此是匣母自切而非以云切匣。

3) 或于抑,大徐于逼切。《说文》:"或,邦也。从口从戈以守一。一,地也。_{臣铉等曰:今俗作胡国切,以为疑或不定之意。}域,或又从土。_{臣铉等曰:今无复或音。}"因此《说文》的"或"不是义为代词、选择连词而音"胡国切"的"或",而是"或又从土"作"域"而音"于抑""于逼"的"或"。

4) 圜雨专,《说文》:"圜,天体也。从囗睘声。"大徐王权切。《名义》禹拳反,《玉篇》于拳切。《广韵》一音王权切,义同《说文》"天体";一音户关切,义为"围"。朱翱为《说文》"天体"之"圜"注音,作云纽仙韵的"雨专"毫无问题。

至此,云纽作匣母上字的只剩三个同切字:"洪鸿雄员聪",而朱翱东冬韵有"仜贺聪"②和"讧贡聪"③,"讧"有见母音,《毛诗音义》:"内讧户工反,溃也;徐云郑音工。争讼相陷入之言。"(391.18)《集韵》沽红切:"讧讼言相陷也。《诗》蟊贼内讧。郑康成读。"故不排除"员"是"贺"或"贡"的误字,如《字镜》:"洪,古公反。平:大也、降水也。"也读见母。因此,这个"员"是大有疑问的。如果用疑点重重的一个音切判定朱翱音匣云不分,既不能证明朱翱反切仍保持中古早期的匣云不分,更不能说明朱翱音产生了云→匣这种罕见的回头变。所以,即便作匣母上字的"员"不讹,最多也只是个别旧类隔切的残留,既不能反映时音特点,也不具揭示语音演变真实信息的价值。

由此可见,朱翱的反切里,匣以的合流只限于原匣母四等韵,这个音变显然是以四等变入同摄重纽 A 类为条件的。四等变入 A 类完成于慧琳时期,朱翱韵母系统在这方面跟慧琳相当一致,而在朱翱音系里,三等韵不拼匣母的规则再次产生作用,使原来的匣母细音(切韵的四等,慧琳、朱翱的新三等)失去舌根浊擦成分而跟喻母合流,其音系结构变为一二等有匣,三等有喻。张世禄(1944:

---

① 昦《广韵》:"《说文》作昇。"
② 大徐户工切,《名义》胡东反。
③ 大徐户工切,《名义》胡东反。

124-125)根据系联把云、以和匣母四等的上字归并为于类,虽未展开讨论,但这样处理更能客观地反映反切事实,也更符合语音演变的规律和趋势,无疑是最合理的。

中古匣三 ɣj 独立为云母 wj,是匣母在三等条件下第一次失去浊擦,而朱翱音匣四 ɣ(增生-j-)→以 ji 的演变,则是匣母在四等→三等 A 类条件下的"**二次去浊擦化**"。在《释文》里,一方面看不到四等变入重纽 A 类的迹象,不具备匣母四等变为以母的条件;另一方面,《释文》用"户"作以母切上字的只有一个音节,而系统性音变绝不可能有如此的限制。因此,《释文》匣-以的纠缠,应该别求解释。

4.3 "鴥""遹""聿"的切上字"户"分析

邵例 10 见《尔雅音义》,原作"鴥,户橘反。《字林》云鹬飞貌。"(1702.41)法伟堂云:"户当作尹。"赵少咸不同意,他说:"户属匣纽,尹属为纽,为纽从喻纽分出,《诗》作尹《雅》作户者,乃匣喻互用,等韵家所谓'匣阙三四喻中觅'也。互详《晨风》。法伟堂谓当作尹,似未考全书之例。"(赵少咸,2016:1944)但赵氏所举《切韵指掌图》后附"辨匣喻二字母切字歌"下有"户归切帷,于古切户"之例,前者用匣切云,是说古反切中上字匣母如"户",下字三等如"归",被切字"帷"要读云母(喻三);后者以云切匣,是说上字云母如"于",下字一等如"古",被切字"户"要读匣母。这是辨读古反切匣与喻三类隔的方法,跟以纽(喻四)毫无关系。本例的"鴥"在《毛诗音义》作"鴥",凡 2 例:"鴥彼,唯必反。"(299.17)"鴥彼,惟必反。"(303.04)另外,"鴥"跟"遹"还有异文关系。《毛诗释文》:"回遹,音聿,僻也。《韩诗》作鴥,义同。"(313.25)而《释文》"遹"字除有 3 例"音聿"(182.12、313.25、391.24)外,还有 1 例"一音聿"①(1623.31),都读以母。而"尹""户"书写非常相似,稍微潦草即难辨识,由于反切无特定上下文可作提示,抄写互讹实属难免。所以,法伟堂认为"户当为尹"的意见是正确的。

用"户"作以纽上字的,还有"聿怀,户橘反"(1137.26)和"有駜,户橘反"(407.01),但"聿"又有"允橘反"(163.36、262.14)、"尹必反"(262.14)和"尹吉反"(1334.22)等,都是以纽自切者,"允"是"尹"的同音字,跟被切字也是"术准"的准直音的关系。从反切的位置看,这 3 例用"户"作上字的反切都在首音位置,而《释文》首音除少数漏改之外,重纽韵的切上字大多与被切字等第及开合一致,或用准直音切

---

① 递修本"聿"误"聿",此依通志堂本。另有 1 例"于橘反"(376.34),涉及云、以的纠缠问题,另文讨论。

上字;从音系来看,中古前期匣母三等在入唐以后独立为云纽,尤其是合口三等绝对不跟匣母拼。因此3例"户"是"尹"的误字可成定谳。"尹橘反"是准直音式的反切,这种结构的反切在韵图上是这样的,如图1所示。

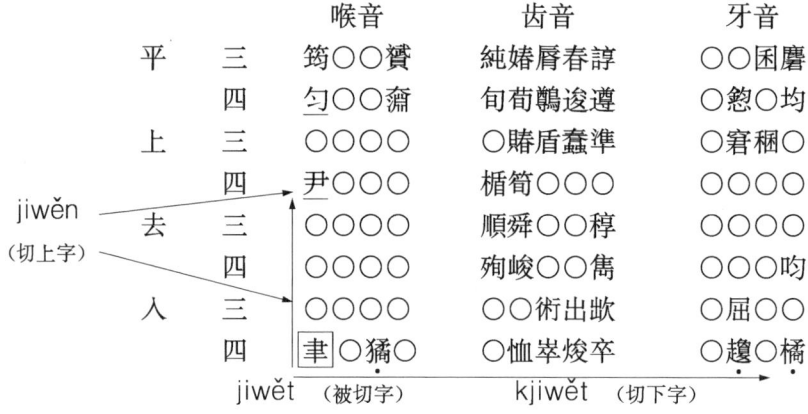

图1 "尹橘反"在韵图上的位置

如果参照《韵镜》型韵图为"聿"及同音字"鴥""遹""驈"等造准直音式的反切,找上字从"聿"字纵推,用下画线的都可以,选"尹"或"匀"是随机的。下字要用A类的牙喉音,"聿"字横移,用下加点的都可以,但因"獝""趫"太过冷僻,故"橘"字以外,别无选择。

"尹橘"用准直音反切,使上下字配合达到高度和谐,反映唐代改造反切的一种取向,而"户"既是"尹"的误字,那么《释文》的匣母和以母并没有真正发生语音纠葛,所以,中古阶段没有出现过以→匣全浊擦化的逆向音变。

5. 结语

首先,音义研究应以扎实的文献整理和校勘为基础,排除假性"语料"以确保语料的真实性、可靠性,这是不可忽略的重要环节。从校理、分析《释文》喉音材料的过程中,我们可以看到导致晓、影、以与匣母"相混"的原因可归纳为如下三种:一是不同的注音者对多音字读音的选取不同,而非《释文》晓匣互切,如"荣""阒";二是不同语音系统的注音材料羼入《释文》,而非《释文》云影相混,如"陨音蕴";三是字形相近产生的讹误,而非《释文》匣以互切,如"酗"的切上字"侯"是"倭"的误字、"欥""遹""聿"的切上字"户"是"尹"的讹误等。以上涉及多音字、语音层次、字形讹误等问题,均不属于音类混同或语音演变的问题。

其次,重视中古反切构造的特点,并选用适合材料的整理方法是至关重要的。今本《释文》具有三类反切,新反切包括"等第及开合"一致的反切和"准直音"式的反切,反映了中古时期独特的音韵性质和较高的审音水平。利用新反切的结构规则进行考释,如利用上下字必不同声纽的规则来验证疑似相混的反切材料,这是简单、有效、可重复的研究方法,不仅适用于《释文》,也适用于其他音注材料。此外,还可以利用其他字书、韵书进行多方面的比较,根据形体讹变进行文字校理等。

再次,应重新审视音义研究的相关理念,将材料置于语音演变或语音史的大格局下加以考察。今人对匣类材料的误读误解,反映了反切比较法对不同材料的适应性问题。对于与《切韵》不同的音注材料,各家的观念和做法存在参差。凭借《切韵》定其异同,还是寻求其他的内部、外部证据加以核验,这是决定结论走向的关键因素。音义研究不能仅仅局限于音义系统的内部,还需注重语音演变发展的纵向联系,应对违背语音演变规律和趋势的材料予以重点关注,依靠多重证据做出审慎的判断和分析,从而接近语言事实的真相。

参考文献

法伟堂,2010.法伟堂《经典释文》校记遗稿[M].上海:华东师范大学出版社.

黄笑山,1995.《切韵》和中唐五代音位系统[M].台北:文津出版社.

黄焯,1980.《经典释文》汇校[M].北京:中华书局.

计丽,2018.慧琳《一切经音义》反切结构类型整理研究[D].安徽大学硕士学位论文.

罗毅,杨军,2018.《经典释文》中匣于二组混切再论[J].古汉语研究,(2).

邵荣芬,1995.《经典释文》音系[M].台北:学生书局.

王力,1982.龙虫并雕斋文集[M].第三册.北京:中华书局.

杨军,黄笑山,储泰松,2017.《经典释文》反切结构的类型、层次及音韵性质[J].历史语言学研究,第10辑.

杨军,计丽,2020.从中古语音变化论慧琳"熊"字的注音[J].中国语文,(3).

张慧美,2012.朱翱反切新考[M].

张世禄,1944.朱翱反切考[J].说文月刊,第4卷(合订本).

赵少咸,2016.《经典释文》集说附笺残卷[M].北京:中华书局.

复盘与导读

《经典释文》(以下简称《释文》)的喉音有一些彼此纠缠的读音,前贤对此意见不一。本文是在对文献校勘的基础上,严格按照语音演变的规则、条件及趋势对《释文》中晓匣、影云、匣以等声母的异读、重音等喉音的纠缠进行了考察。

一、问题的提出

对《经典释文》喉音声母的异读,清儒在校勘中曾零星涉及,法伟堂(2010)、黄焯(1980)、赵少咸(2016)也有分散讨论。最早系统论述这一问题的是邵荣芬先生,他说:"晓匣两母之间以及它们与影组声母之间各有少数混切"(邵荣芬1995:116-117),并根据《释文》匣云不分的特点,把这些现象分别归结为匣 ɣ-(ɣi-)与晓 x-、影 ʔ-、以 ∅- 的混切,并认为匣以的混切"**显然是以母变读为匣母**"。

在《释文》里,是否真有部分"以母变读为匣母",这是汉语语音史上的大问题,因为这种音变不合于中古声母演变的趋势,尤其不合匣云分立、云以合流的演变大势,故当重新审视并重点考察。

二、《释文》"荥""阒"的晓-匣和匣-晓异读

论文证明了《释文》"荥"读晓母、"阒"有晓、匣两读,与《切韵》"荥"读匣母、"阒"读晓母不同,实际上这两个字都是多音字,《释文》等与《切韵》等的差异,只是不同注音者对多音字读音的择取问题,并不涉及语音之间的纠葛,因而排除了《释文》晓-匣和匣-晓的异读是喉音的混切。

三、《释文》"陨音蕴"的影母异读

我们通过考察反切中"影/云"和"云/影"的结构关系,注意到晚至慧琳时期,真(谆)系与文韵系完成了合流而影云合流尚未开始,从而发现一条重要的音变事实:**影、云合流的音变发生在真(谆)文合流之后,真(谆)文合流完成前,影云不会合流**。同样通过《释文》反切的上下字关系,以及"迂直:音于,一音於"直接排除影云相同的例证,确定"陨:音蕴"是另一系统的注音羼入,《释文》的影云并未合流。

四、对匣-以异读的清理

"酳"字与"侯吝反",涉及文字讹误和追加注音。我们证明了"侯"是"俟"的讹误,《释文》"酳"字的以纽读音来自徐邈,俟(崇)纽读音来自刘昌宗,《周礼音义》2例主刘音,《仪礼音义》《礼记音义》和《公羊传音义》13例主徐音,反映《周礼音义》改撰者对原书次序的颠倒。在徐音系统里震韵有以无俟(崇),在刘音系统里震韵有俟(崇)无以,就此而论,徐邈音系统比刘昌宗音系统更接近《切韵》,陆德明多用徐音为首音,可以反映陆氏音系与《切韵》的关系。

匣以是否合流的考察,我们注意到历史上曾经出现过匣母细音再次与喻四合流的语音演变,并对南唐时期朱翱的匣以合流进行了重点考察。在朱翱反切的械(于咸)、滴(矣抱)、聜(于抑)、圜(雨专)和㘃鸿洪(员聪)7字五音里,证明了"于"是"干"之误,"矣"是"侯"或"候"之误。"聜"和"圜"本来就有云纽的异读,而非匣云混切。而㘃鸿洪(员聪)的"员"也极有可能是"贡"或"贺"的讹误,那么真正混切的只是匣和以。王力(1982:253-254)、张慧美(2012:23-24)认为这是喻三喻四变为匣母。但中古音三等不拼匣母,四等不拼以母。而朱翱的匣以合流限于原匣母四等韵,这项音变显然是以四等变入同摄重纽A类为条件的。四等变入A类完成于慧琳时期,朱翱在这方面跟慧琳一致,而在朱翱音系里,三等韵不拼匣母的规则再次产生作用,使原来的匣母细音(《切韵》的四等,慧琳、朱翱的新三等)失去舌根浊擦成分而跟喻母合流,其音系结构变为一二等有匣,三等有喻。

中古匣三 ɣj 独立为云母 wj,是匣母在三等条件下**第一次失去浊擦**,而朱翱音匣四 ɣ(增生 -j-)→以 ji 的演变,则是匣母在四等→三等A类条件下的"**二次去浊擦化**"。在《释文》里,既看不到四等变入重纽A类的迹象,缺少匣母四等变为以母的条件;而《释文》用"户"作以母切上字的又只有一个音节,系统性音变绝不可能有如此的限制,因此,《释文》匣-以的纠缠,应别求解释。

"歇""遹""聿"的切上字"户"分析,通过材料的比勘,我们证明法伟堂"户当为尹"判断是正确的。《释文》用"户"作以纽上字的,还有"聿怀,户橘反"和"有驈,户橘反",但"聿"又有"允橘反"、"尹必反"和"尹吉反"等,都是以纽自切,"允"是"尹"的同音字,跟被切字也是"术准"的准直音的关系。从反切的位置看,这3例都是首音,而《释文》首音除少数漏改之外,重纽韵的切上字大多与被切字等第及开合一致,或用准直音切上字;从音系来看,中古前期匣母三等入唐以后独立为云纽,尤其是合口三等绝对不跟匣母拼。因此3例"户"是"尹"的误字可成定讌。论文以"尹橘反"为例,图解了这类反切在《韵镜》型韵图中的位置,提示这种反切有可能是比照韵图造的。如按《韵镜》型韵图为"聿"及同音字"鴥""遹""驈"等造准直音式反切,从"聿"字纵推,可选取"尹"或"匀"作上字。下字要用 A 类的牙喉音,"聿"字横移,因"獝""趉"太过冷僻,只能选择"橘"字。准直音反切使上下字配合达到高度和谐,反映唐代改造反切的一种取向,而"户"既是"尹"的误字,那么《释文》的匣母和以母并没有真正发生语音纠葛,最后的结论是,**中古阶段没有出现过以→匣全浊擦化的逆向音变**。

五、结语

音义研究应以扎实的文献整理和校勘为基础,排除假性"证据"以确保语料的真实性、可靠性。通过校理、分析《释文》喉音材料,可将导致晓、影、以与匣母"相混"的原因归纳如下:一是不同注音者对多音字读音的取舍不同,而非《释文》晓匣互切,如"㷀""阕";二是不同音系的注音材料羼入《释文》,而非《释文》云影相混,如"陨音蕴";三是字形相近产生的讹误,而非《释文》匣以互切,如"酳"的切上字"俟"误为"侯"、"歍""遹""聿"的切上字"尹"误为"户"等。这些多音字、语音层次、字形讹误等,都不是音类混同,不属于语音演变的问题。

重视中古反切的独特构造,并选用适合材料的整理方法是至关重要的。今本《释文》具有三类反切,新反切包括"等第及开合"一致的反切和"准直音"式的反切,反映了中古时期独特的音韵性质和较高的审音水平。利用新反切的结构和规则进行考释,如利用上下字必不同声纽的规则来验证疑似相混的材料,这是简单、有效、可重复的研究方法,不仅适用于《释文》,也适用于其他音注材料。

应重新审视音义研究的相关理念,将材料置于语音演变或语音史的大格局下加以考察。今人对匣类材料的误读误解,反映了反切比较法对不同材料的适应性问题。对于与《切韵》不同的音注,各家的观念和做法不尽相同。是凭借《切韵》定其异同,还是寻求其他的内部、外部证据加以核验,这决定了结论的走向。音义研究不能仅仅局限于音义系统的内部,还需注重语音演变发展的纵向联系,应对违背语音演变规律和趋势的材料予以重点关注,依靠多重证据做出审慎的判断和分析,才能作出最接近语言事实真相的判断。

说 "卜 煞"

张涌泉[**]

宋赵彦卫《云麓漫钞》卷三云:"古人书字有误,即墨涂之。今人多不涂,旁注云'卜',谚语谓之'卜煞',莫晓其义。近于范机宜华处,见司马温公与其祖议《通鉴》书,有误字,旁注云'卡',然后知乃'非'字之半耳,后人又省云。"宋末叶寘《爱日斋丛钞》引用之,又云:"《项氏家说》亦以温公为证,谓勘书之法……有当除者,则旁注'非'字而去其半,从省文也。今人……又于'卡'字去其二点,遂有读'非'为'卜'者,尤无理之甚也。今独司马文正公手稿,凡除去者,皆作'卡'字,犹可考云。余闻见古人书,或于误字旁注三点,此又省'卡'字之半。南渡前,旧抄文字亦有用'乙'、'卜'者,《交会谈丛》云:'知晋州焦敏谓国子监印《九经》不真,曰:只如《周易》各字为甚,却总卜杀。''卜杀'之语,未详所始,讹语相承,非必悉自近时。今考赵景安所引谚语,则亦有由来矣。"[①]其实,删字用"卜"形符号在宋代之前便已行用,这一知识产权自然不应该记到司马光等宋人的头上,而且"卡""卜"及旁注三点是否为"非"字之省实在也是一个疑问。但古书删去误字多用"卡"、"卜"号或三点一类的符号,却是实情。本文打算以敦煌写本为中心,就古代删字符号的类型、解读及其渊源流变试作探讨。其有误谬,达者正之。

一

敦煌写本的发现,为我们考察古人删字符号的来源与演变提供了大量鲜活的实例。本节拟列举敦煌写本中删字符号的各种类型,每类下酌举一至二例加以说明(引例中的着重号皆为笔者所加),必要时附列写卷图版于后,以求

---

[*] 原载《文献》2010 年第 4 期。本书收录时略有修改。
[**] 张涌泉(1956—),浙江大学文科资深教授。
[①] 《永乐大典》第 8 册,第 7593—7594 页,中华书局 1986 年影印本。

征信。

【三】P.3485号《目连变文》:"目连言讫,大王便唤上殿,及乃见地藏菩萨,便即礼拜。""及"为"乃"字形近而误书者(同卷下文"天堂地狱及非虚","及"也是"乃"字误书,可资参证),故原卷右旁注三点表示删除。

又Φ.176号《佛顶尊胜洗骨灵验别行法》:"(前缺)安坛中上,总呪乳橛等一百八遍,即以木橛钉泉水四边八处,又乳酪写于池中,橛等一百八遍即以木橛钉泉水四边八处又乳酪写于池中又以金薄叶书呪着荷叶上着泉水中。"(着重号为笔者所加,下同)后一"橛等一百八遍"以下24字涉上而衍,故原卷于衍字右侧各加三点(个别字四点,见图1)表示删除。

【、】P.2718号《茶酒论》:"單醪投河,三军皆醉。""罩"即"單"的俗字(P.3666号《燕子赋》"伊且罩身独手","罩"亦"單"的俗字),抄手改用正字"單",故原卷于"罩"右下部注二点表示删除。

【、】P.2153号《观世音菩萨如意轮陀罗尼章句咒并别行法》:"作此印者,复遣野叉童子为作给使,遣童子为作给使遣金童子、药叉童子、童女等常当卫护。"其中加着重号的"遣童子为作给使"七字涉前句而衍,原卷每字右上侧注一小点(图2),表示删除。

【三】S.556号《竺道生传》:"乃立善不受报及顿悟等义,而守文之徒,多生嫉妒多生妒。"后"多生"二字原卷右侧各标有四点(图3),表示删除。

【?】P.2718号《茶酒论》:"状上只言粗豪酒醉,不曾有茶醉相言,不免求手首杖子,本典索钱。""手"为"首"字音近而误书者,故原卷右旁注"?"形符号(三点手写之变,见图4),表示删除。

【卜】P.2193号《目连缘起》:"其地狱者,黑壁千重,乌门千刃(仞),铁城四面,铜狗喊呀,红焰黑烟,从口而入出。""入"为"出"字的反义而误书者,故原卷右旁注一"卜"号,表示删除。

【主】S.3491号《百行章·平行章弟十九》:"日月虽明,覆盆难照;时君至圣,微疊难知。人知(之)冥也,何能自说严 严行章弟廿"。原卷章题前后均留一格空间,此处第十九章末本亦应空一格再接抄"严行章弟廿"的"严"字,但抄手一时疏忽,"说"后紧接"严"字,随即发现不妥,便于此"严"字后标注一"主"形符号表示删去,空一格后再接写"严行章弟廿"章题(图5左)。

又同卷《义行章弟十六》:"一室三贤,持名何誉廉 廉行章弟十七"。前一

100

"廉"字右侧原卷似先作二点再作"卜"号,表示删去(图5中),缘由同上。

斯1438号背《书仪·进绣像等》:"或颜刻(刻)木成形,苞(包)含万像;方圆咫尺,备写百灵。""颜"为"刻"字俗讹(二字俗写左旁略同),故抄手于其右部注一"卜"形符号表示删去,接写"刻"字以正之。(图6)①

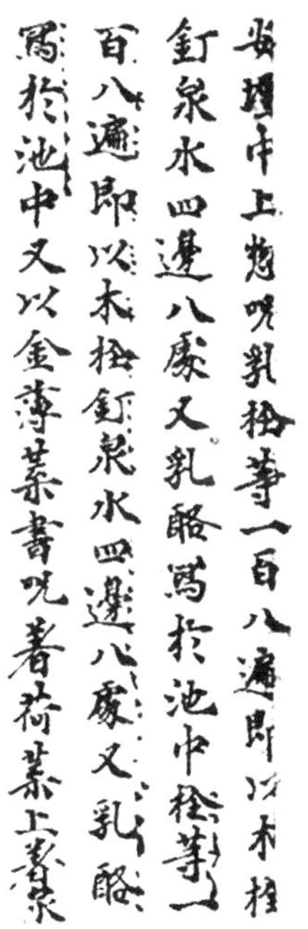

图1 　图2 　图3 　图4 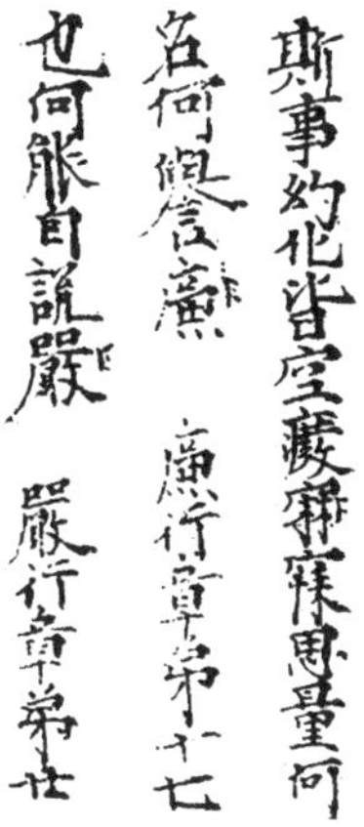　图5 　图6

【卜】S.3491号《百行章·割行章弟六十》:"细寻斯事,幻化皆空;废𡩋寐思量,何曾有实。""𡩋"为"寐"字误书,故原卷于右侧标注"卜"形符号删去,接写"寐"以正之(图5右,《龙龛·穴部》以"寐"为"寐"的俗字)。

【丁】S.3366号《大般涅槃经音》在第二卷末、第三卷首皆出"揣　踰　掠"三字,而又在第二卷末此三字右侧用"丁"形符号表示删去(图7)。因为该三字实见于《大般涅槃经》第三卷,而非见于《大般涅槃经》第二卷也。

又唐写本《唐韵·末韵》子括反:"撮错书撡手把。""撡"为"撮"字误书,其字右上角原卷标一"丁"号,亦为删字符号,复于小注中用"错书"二字强调之。

---

① 此例承张小艳提供,谨致谢意。

【]】Ф.171号《南宗赞》:"了五蕴,体皆亡,灭六识,不相当,行住坐卧常作应不及意,则知四大是佛堂。"其中的"应不及"三字盖涉同卷下行"世间造作应不及"句而衍,原卷于其右侧加"]"形的线条(图8),表示删除。

又Ф.230号玄应《一切经音义》卷二《大般涅槃经》第廿九卷音义"赋给"条下云:"《方言》:赋敛所以扰动也。谓赋敛所以扰动也。"前"敛所以扰"四字盖涉后句而误衍,故原卷于其右侧加"]"形的线条(图9),表示删除。原文当读作:"《方言》:赋,动也。谓赋敛所以扰动也。"今本《方言》卷一三:"赋,动也。"郭璞注:"赋敛所以扰动民也。"当即玄应音义所本,可证。

【○】Ф.230号玄应《一切经音义》卷二《大般涅槃经》第卅八卷音义"蚩笑"条下云:"《字林》:笑,喜也。字从竹、从夭声,竹为乐器,君子乐然後後笑。"末句当衍一"後"字(宋碛砂藏等刻本玄应《音义》正不重"後"字,又《九经字样·竹部》引《字统》云"笑"字"从竹从夭,竹为乐器,君子乐然後笑",后句亦不重"後"字可证),原卷于前一"後"字上加一圆圈,表示删除。

【厶】S.2053背《礼记音·祭仪第廿四》:"任房而鴗。"注文"房"字右下角原卷注一"厶"号(图10上),表示当删。"而鴗"为"任"字的反切,P.2833号《文选音·贤臣》"任"字正切"而鴗"。

图7 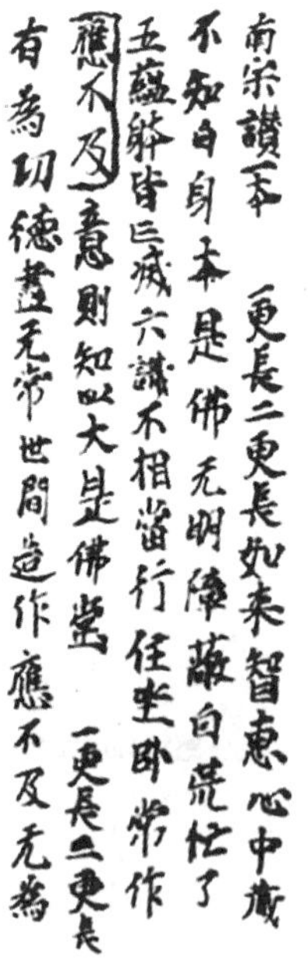　　图8 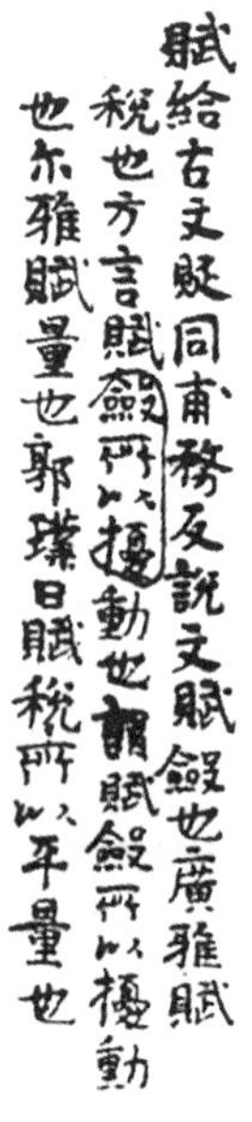　　图9 　　图10

又同卷《坊记》弟卅:"题醍射。""题"乃"醴"字误书,原卷"题"字右侧注一"厶"号(图10下),表示当删。"醍"为《坊记》"醴酒在室,醍酒在堂"句中文,《释文》"音醴",底卷"射"当是"醴"俗字"躰"之形误。

除了上述不同删字符号以外,还有一些由之产生的变体或交错的形式。如上博33号《出曜经》卷一〇:"如是经历反覆数过,自知意志,吾今於息,皆得自在,欲使气息从左耳出,如意不难。从志吾今於息皆得自在左耳入亦复如是。"末句"志吾今於息皆得自在"九字盖涉上文"自知意志,吾今於息,皆得自在"句而误抄者,原卷於该句"志""在"二字右侧各标三点,又在其间的"吾今於息皆得自"七字右侧各标一点(图11),表示这九字为衍文当删。

又S.543背《大乘布萨维那文》:"诸佛子等谛听:此菩萨戒藏,三世诸佛同说,三世菩萨同学。众中有未发菩提心,未受诸佛大乘戒者出。三说。鸣椎。诸佛子等谛听,众中有未发菩提心,未受诸佛大乘戒者已出。汝等佛子,从今身至佛身,尽未来际,于其中间,能舍邪归正,发菩提心不?"其中前一"众中有未发菩提心"至"未受诸佛大乘戒者已出"45字系误抄下文内容,故原文于每字右侧用点号点去,又用一曲线于"同学"下引至"汝等佛子"之"汝"字(图12),表示"三世菩萨同学"后应径接"汝等佛子"句。

又S.516号《历代法宝记》:"见相公坐定言笑。和上说法,相公合掌叩额。诸郎官侍御等憙,门外人闻已,便即无忧。""等"字右侧原卷有七点(图13),表示此字为误字当删。同卷上文有"诸郎官侍御观此禅师必应有道"句,"诸郎官侍御"后正无"等"字。

又P.2094号《持诵金刚经灵验功德记》"灵寂"条:其弟子二人平章:"我等拟煞和尚,各取绢一百匹、取驢一头,入京游纵,岂不是一生乐矣!""驢"字原卷始误书左部作"盧"形,字未成即发现其误,遂于误字右侧加十点(分二行,每行五点)表示删去,而于其下接书"驢"以正之(图14)。

又S.2071号《切韵笺注·蒸韵》:"烝,次一曰奉冬祭,又热气上。丞,次;一曰奉。""烝"字注文的"次一曰奉"四字涉下条而误抄,原卷右侧有一点和竖线状符号(图15,点形删字符号的草书连写),表示删去。

又S.3092号《归愿文》:"夫欲念佛修行,求生净国者,先于净处置此尊像,随分香花以为供养。每至尊前,冥心合掌,离诸散动,专注一缘,称名礼敬:……南无极乐世界大慈大悲诸尊菩萨、一切贤圣,一拜。然后专注正坐,一心专注,念阿弥陀佛,或万或千。"其中加着重号的"专注"二字盖涉下文而误(提前误抄"一心"后的"专注"二字),原卷此二字四周加点状符号(图16),表示删除。

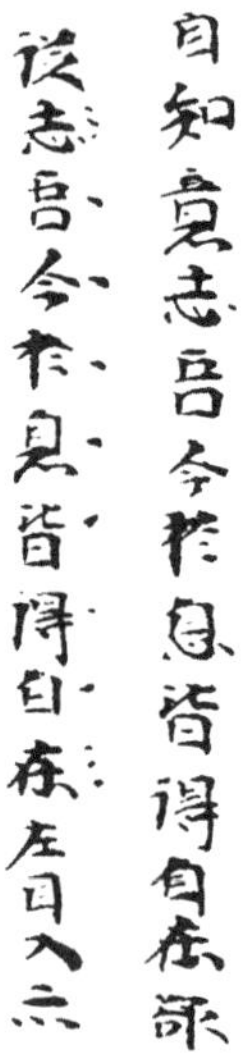

图11 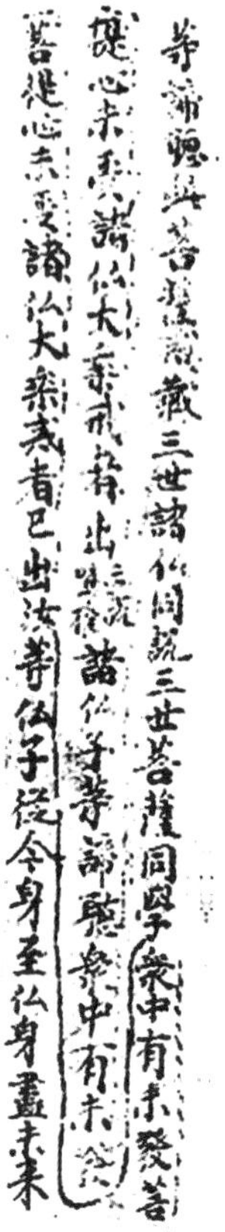　　图12 　　图13 　　图14 　　图15 　　图16

又S.6781号《丁丑年(917)正月十一日北梁户张贤君乙亥、丙子年贰年课应见纳及沿梁破除筭会抄》:"准契见纳油数:先乙亥年八月与后,于都师文进年内纳油壹斗肆胜。从丙子年正月一日与后至丁丑年正月一与前诸处杂领及库见纳都师愿惠于贤君手下领亥年秋季油伍斗,又从丙子年正月一日与后,至年末秋季,于库门见纳油贰斗陆胜。"其中加着重号的"年正月"至"见纳"24字除"年正月"三字系双行增补外,其余各字右侧皆有一"卜"形符号,又前一"从丙子"三字右上侧有一"冂"形符号,"及库见纳"四字右侧有一"」"形符号(图17),表示"从丙子"至"及库见纳"间的27字为衍文当删。

又P.3745号何晏《论语集解·季氏》:"乐宴乐,损矣。孔曰:宴乐,沈荒淫渎。此三说"卜煞"

者,自损之道。孔子曰君子有三或少之时孔子曰:侍于君子有三愆。"其中加着重号的"孔子曰君子有三或(戒)少之时"十一字盖提前误抄下文,原卷用点状符号圈住(图18),表示删除。

又 P.2646 号《新集吉凶书仪》:"承贤厶女或弟姪孙未有伉俪,顾存姻好,纸谨楷书紧卷于函用梓木黄愿托高援,谨因媒人厶氏,敢不敬从。厶白。右修前件婚书,切须好纸,谨楷书,紧卷于函,用梓木、黄阳(杨)木、南(楠)木等为之。"其中的"纸谨楷书紧卷于函用梓木黄"等 12 字原卷已圈去,此因原卷"好"字前后二见,抄者走眼,前一"好"字后误接后一"好"字后的内容,发现后遂将其圈去(图19)。

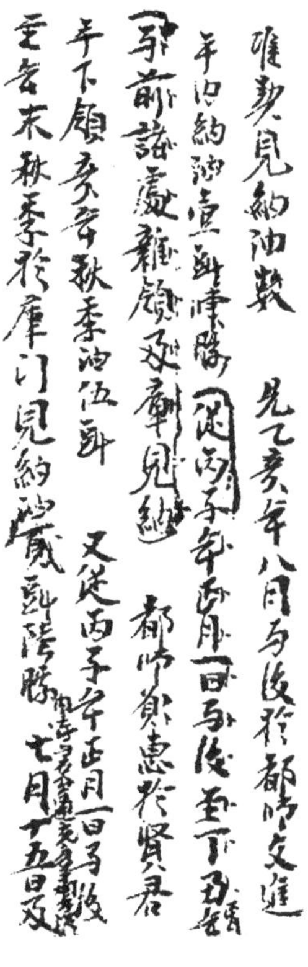

图 17 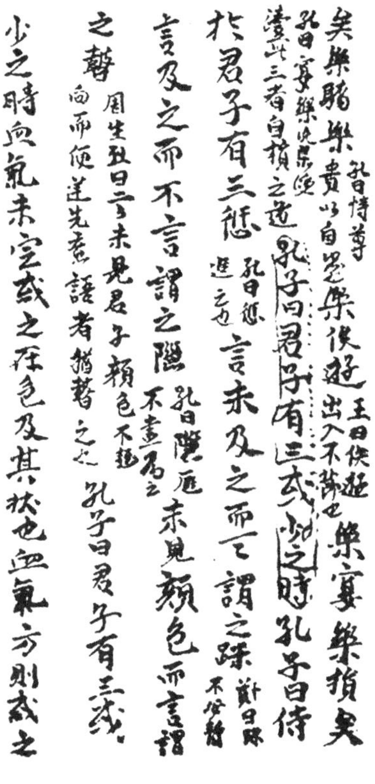　　　　　　　图 18 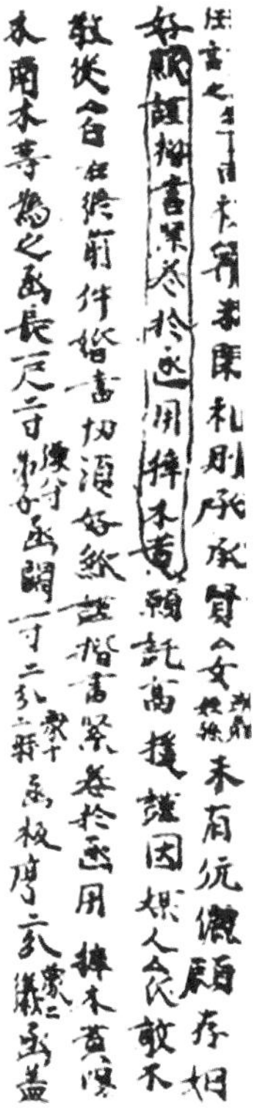　　　　　　　图 19

有时在同一写本中也会有各种不同的删字符号交错出现的情况。如上博 48 号《佛说北方大圣毗沙门天王经》:"一切留难障难⊗饥馑疫病恶病刀兵饥馑,天下一切众生一切苦恼、四百四病,一时消灭。"前一"疫"字上原卷加一圆圈,表示删除(S.5560 号同一写经正无此"疫"字)。同卷下文:"弟一大威德大功德天二十八部㦤诸善神王、護法善神,智昧增长。"前一"護"字右侧原卷有一"卜"形符号,表示删除(S.5560号同一写经正无此"護"字)。又下文:"灭恶趣真言:唵萨嚩缚播野,惹啥莎婆诃。"前一"婆"字上原卷加一圆圈,右侧又有二点,表示删除(S.5560号同一写经正无此"婆"字)。又下文:"文殊菩萨亲护身真言……"前一"真"字四周原卷有点状符号,表示删除(S.5560号同一写经正无此"真"字)。又如Φ.68号《维摩疏》卷三(唐仪凤三年令狐恩约勘定):"梵王因起邪见,谓是己造,馀梵亦違自谓从梵王生。虽有精粗,秋其邪想不异。"又云:"如云众魔外道皆吾侍者,文殊师身子以略问空室之意。"又云:"灭有二种,一伏灭,二断灭。摧灭烦恼贼,谓伏灭;降伏四种魔,即断灭也。外国破敌得胜,则竖胜幡;道场降魔,耴雛亦表其相。"又云:"复经七饥经七劫,还一疾病,如是经七七饥劫,一七疫病劫。"这些句子中扫描字右侧的"氵""卜""氵""卜"形符号亦皆为删除标识(《大正藏》本胡吉藏撰《维摩经义疏》卷五正无相应文字),其中"卜"为"卜"的繁化写法或"卜"的变体,"氵"为"氵"的草体。这两部各自出于同一抄手的写经,先后都使用了四种不同的删字符号,说明这些删字方法必定都是当时人们所习惯使用的。

另外,上引赵彦卫所说古人书字有误,"即墨涂之"或用朱笔点去的老办法在敦煌写本中也仍常可见到。如Φ.267号《无常经疏》:"经'法云法力'者,世尊悲智犹若大云,随缘说法如雨普润。"原卷朱笔点去"力"字,旁注"雨",表示"力"当改作"雨"(《佛说无常经》经本有"法云法雨润群生"句)。又云:"经'随其引道'者(泉按:所引经文《大正藏》本《佛说无常经》经本作"随机引导"),随彼他根性而引导之。"原卷朱笔点去"他"字。又:"言'真圣众'者,为简外道诸师,自宗谓胜圣,实非真圣。"原卷朱笔点去"胜"字,旁又加卜号表示此为衍文当删。

值得注意的是有时删字符号所指示的只是删去某字的一个局部。如Φ.344号《中本起经》卷下:"三者,比丘、比丘尼不得与普居同止。""普"字底卷作"普",右下部有三点,乃删字符号,但这并非指应删去"普"字,而只是指应删去"普"下部的"日"旁,原字当录作"並",《大正藏》所据经本正作"並"。《大正藏》所载《爱道比丘尼经》(附北凉录)卷上:"三者,比丘、比丘尼不得相与並居同止。设相与並居同止者,为不清净。"亦用"並居同止"语,可参①。

删除符号应该放置在误字旁边,从理论上说是不应有疑问的。但由于种种

---

① 此例承张小艳提供,谨致谢意。

原因(包括抄手识字水平低、当时俗字或通假字流行、承用底本或异本误字,等等),敦煌写本中删除符号的位置有错放的现象。如 P.3727 号《灵州龙兴寺白草院史和尚因缘记》:"昔先贤以悬頭投刺股,明载于典坟。"原卷"頭"字右侧有一"卜"形删除符号。其实当删去的应是其下的"投"字。P.2680、S.528、S.276 背载同一因缘记正作"悬頭刺股"。

又 P.3882 号《孔子项讬相问书》:"上知天闻(文),下知地理里。"原卷"理"字周边有点状符号,似表示此字当删。按《易·系辞》上:"仰以观于天文,俯以察于地理。"孔颖达正义:"地有山川原隰,各有条理,故称理也。"则当以作"地理"为是,S.5530 号《孔子项讬相问书》第二抄本正作"下知地理"。P.3882 号删"理"存"里"者,盖抄手从误本妄删耳(该篇凡见于敦煌写本十余种,其余各本多作音误字"里")。

又敦博 77 号《六祖坛经》:"惠能慈父,本官(贯)范杨(阳),左降迁流嶺南,[作]新州百姓。"原卷"嶺"字作"嶺",右侧有一"卜"形删字符号,斯 5475 号写本正无此字。而传世的宋乾德五年(967)惠昕改编本、宋至和三年(1291)契嵩改编本、元至元二十八年(1291)宗宝改编本皆有"嶺"字,邓文宽认为有"嶺"字是正确的①。但敦博本为何要删去此字呢?是根据没有此字的异本(如斯 5475 号)呢?还是别有所据(斯 5475 号也有可能是据敦博本误删此字的)?不管如何,都说明原卷的删字符号有些未必可信,需要审慎地加以鉴别。

二

如上所列,敦煌写本中的删字符号颇为纷繁。但在今天的版刻书籍中,却已是荡然无存。今人校理敦煌遗书,碰上这一类的符号便很容易疏忽,造成失误。且看以下六例:

例一,P.3729 号《春秋左氏经传集解(昭公五年)》:"晋侯谓汝叔齐曰:'鲁侯不亦善于礼乎?'对曰:'鲁侯焉知礼!'公曰:'何为?自郊劳及赠贿,礼无违者,何故知不知?'"陈铁凡《法京所藏敦煌左传两残卷缀合校字记》(《书目季刊》第五卷第一期)于"何故知不知"句下校云:"各本无上'知'字。按上'知'字当是动词。'何故知不知'者,盖谓'何由知其不知礼也',似亦可通。"王叔岷《左传考校》(中

---

① 邓文宽:《敦煌本〈六祖坛经〉书写形式和符号发微》,《出土文献研究》第 3 辑,北京:中华书局 1998 年版。

华书局,2007年)云:"敦煌本'故'下衍'知'字。"按:原卷"何故"后的"知"字右侧有一点(图20左),实指此字为衍字当删。中村138号敦煌写本正无此字。同卷下文"君子谓叔侯于是[乎]知礼"杜预集解:"时晋侯亦失政,叔齐以此讽谦谏也。"(原卷"谏"字字体较小,当是后加)又下文:"若吾以朝韩起为阍,以羊舌肸为司宫,足以辱晋,吾亦得志矣,可乎?"其中的"谦"字、"朝"字右侧原卷各有一点(图20中、右),亦皆为删字符,刊本正无此二字。可见误字右侧加一点表示废去乃本卷恒例,而校者不察,乃照录误字,而又指为衍文,可谓是枉费周折了。

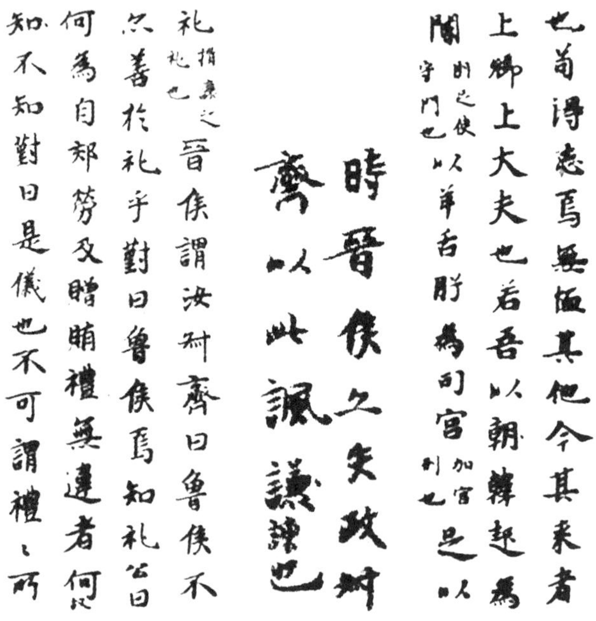

图 20 　　　　　　　　　　图 21

例二,S.1441号《励忠节钞·俊爽部》:"(顾悦曰)蒲柳之姿,望秋先落;松柏之质,凌霜不彫益翠。王道谓贺修云……"原卷"益"字右上角有一"┐"形符号(图21)。《敦煌类书》校:"'益翠'二字原卷校改属下条,今不从。《世说》此句作'经霜弥茂',则'益翠'恐是别本异文,编书者注于'不彫'下,后转钞混入本文。"(618页)《敦煌类书》谓"益翠"恐是别本异文转钞混入本文是对的①,但原卷

---

① 《旧五代史·世袭列传·钱镠》载钱元瓘上表:"凌霜益翠,始知松柏之心;异日成功,方显忠贞之节。"即有作"凌霜益翠"者,可参。

的"冂"形符号并非指"益翠"二字改属下条,而是指此二字为衍文当删。敦煌写本中"冂"既可用作条目之间的界隔号,又可用作删字符号,文中乃删字符号也。

例三,《敦煌变文集》卷四《难陀出家缘起》:"将身便即送如来,专怕家中□妻怪,不久之间便到寺,难陀辞佛却归来。"(397页)《敦煌变文校注》改录作"将身便却送寺,专怕家中妻怪。不久之间便到寺,难陀辞佛却归来。"(591页)并于第一句下出校记云:"寺,原录作'如来'二字。按:原卷实作'寺'一字,此据正。"又于次句下出校记云:"原录'妻怪'上有缺文号。按:原卷不缺,此为六字句,与上六字句相对称,兹据删。"查原卷P.2324号,原文本作"将身便即送寺,难陀辝(辞)佛却归。将身便即送如来,专怕家中妻怪。不久之间便到寺,难陀辞佛却归来。"但"将身便即送寺"、"难陀辝(辞)佛却归"二句右侧各标有"冂"形符号(图22),乃指此二句为衍文当删(抄手抄"将身便即送如来"句,抄至"送"字走眼误接"不久之间便到寺"句"寺"字以下内容,及误抄至"难陀辞佛却归来"句的"归"字,发现抄写有误,遂加"冂"号废去此二句)。《敦煌变文集》不录此二句,甚是,唯次句脱字是否在"妻"前或还可斟酌(也有可能是"妻"后脱一"子"字)。而《敦煌变文校注》作者不明原卷"冂"为删字号,录文及校记皆有疏误。

图22

例四,《敦煌变文集》卷七《齖䶗书》:"勤学不辞贫与贱,发愤长歌十二时。"(859页)王庆菽校记:P.2633号"十二时"下多一"辰"字。徐震堮校:"按前后韵脚,'时'当作'辰'。"按:"时""辰"义同(《尔雅·释训》:"不辰,不时也。"郭璞注:"辰亦时也。"),"十二时""十二辰"义均可通(魏杨衒之《洛阳伽蓝记》卷四"白马寺"条下有"造十二辰歌"之语),但上例前后文韵脚字为"臣"、"身"、"文"等,此联作"十二时"则失韵,而以作"十二辰"为宜。P.2633号作"十二时辰","时"字右侧原卷隐约可见二三小点(图23),乃表示"时"为误字当删。抄手改"时"为"辰",正是为叶韵计。校录者不察,乃谓该卷多一"辰"字,亦失于裁择。

例五,S.5961号《新合六字千文》:"□□(欣奏)尘累自遣,㦜忧戚谢去欢招。"㦜字右侧底卷旁注一"人"(图24左),邰惠莉《敦煌本〈六字千文〉初探》(《敦煌研究》1997年第1期)、张娜丽《〈敦煌本六字千文初探〉析疑》(《敦煌研究》2001年第3期、2002年第1期)、郑阿财、朱凤玉《敦煌蒙书研究》(甘肃教育出版社,2002年)皆把此"人"定作"人"字,而定作改字之例,邰文、郑书又漏录"招"字,因录此句作"人忧戚谢去欢";张娜丽"招"字不漏,但因原文多一字,遂又谓"去"字为"原卷误加",定作"人优戚谢欢招",皆非。原卷旁注的"人"实为"卜"手写之小变,乃删字符号(原卷忧字下部有误,故抄手删去此字重写正字忧)。同卷上文"白玉本出昆岗","岗"前原卷亦有一误书的"岗"字而用"人"形符号删去之例(图24右),可以比勘。故原文实当作"忧戚(感)谢去欢招"("戚"字从智永本校读),"感谢欢招"为四字《千字文》原文,"忧感谢去"即"感谢"的双音化。日本大阪上野淳一氏藏弘安十年(1287)写本《注千字文》注云:"感既去,欢乐招而至也。"可参。

例六,S.2055号《切韵笺注》卷端"切韵序　陆法言撰"后有"伯加千一字"五字一行,如图25所示,原卷"伯加千一"四字右侧及"字"字上部似皆有一点形符号,疑系指此五字为衍文当删。上田正《切韵残卷诸本补正》(东京大学东洋文化研究所1973年版)及周祖谟《唐五代韵书集存》等书都只注意到"千"字右下侧的一点,而定作乙字号,据以录作"伯加一千字";《敦煌经部文献合集》进而谓原文表示此卷为某某伯(原注:"伯"盖为人名之末字,然《广韵》及诸家所考知之韵书作者未见作此名者)所加字(2617—2618页),恐皆不确。

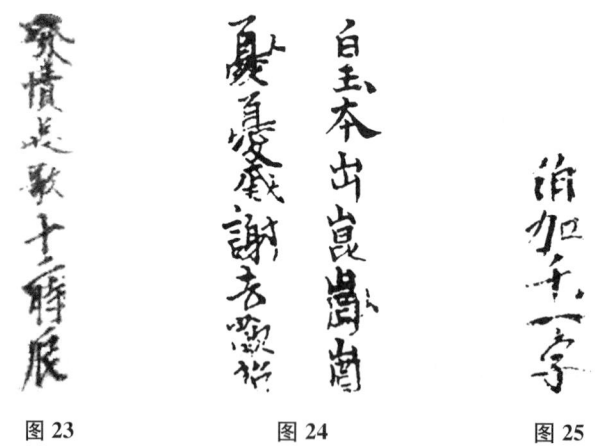

图23　　　　　　图24　　　　　　图25

因不明古代的删字符号,其他写本文献的校录中亦有因而造成疏误的。举四例如下:

例七，吐鲁番哈拉和卓 39 号墓文书《唐永徽二年(651)后某乡户口帐》有"口一十囗"、"口三百一十囗"("一十囗"原卷圈住，"百"与"一"间右侧注一"八"字)、"口卅囗一"、"口一百卅囗"("囗"内的字原卷仅见上部一横画，右上角注一"二"字)等残句(图 26)。《吐鲁番出土文书》〔叁〕校记中称这些句子中的圈形符号原有，至于其具体作用，则未作说明。

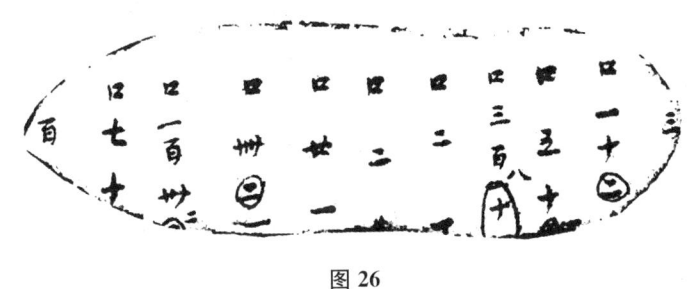

图 26

按：这些圈形符号亦为删字符号，其右部的旁注字或其下后补的文字则为应改正的数字，如"口三百一十囗"当改作"口三百八"，"口卅囗一"当改作"口卅一"("囗"下的"一"似属后来补入)、"口一百卅囗"当改作"口一百卅二"。户籍人口是变动不居的，需要不断加以更新，所以其具体数字也常在变化当中。

例八，吐鲁番阿斯塔那 105 号墓《唐马筠残文书》："▭值忽当雪西值▭"。其中的"当"字右侧有三点，当是删字符号(图 27)；《吐鲁番出土文书》〔肆〕照录此字而未作任何说明，盖不明原卷本已删去耳。

例九，《高丽藏》本吴支谦译《佛说维摩诘经》卷上："时维摩诘方入城，我即为作礼，而问言居士所从来。答我言：'吾从道场来。'""问"后的"言"字《大正藏》本同(《大正藏》以《高丽藏》本为底本)，校记云宋、元、明本无。按姚秦鸠摩罗什译本《维摩诘所说经》"而问言"句作"而问言：'居士从何所来？'"后者"居士从何所来"系直接引语，"问"后有"言"字是可以的；支谦译本"居士所从来"则是间接引语，"问"后的"言"字就完全是多余的了。查上博 1 号吴支谦译《佛说维摩诘经》后凉麟嘉五年(393)写本，"而问言"的"言"字作"言"，右下部有三小点，乃指此字为衍文当删。很可能《高丽藏》本所据底本与上博本略同，亦误衍"言"字而已用点式符号删去，传刻者不明删字符号，照录"言"字，从而造成衍文。宋《资福藏》等藏经无此"言"字，则是由于中土刻工对此类删字符号相对比较熟悉，把这个多余的"言"字删去了。

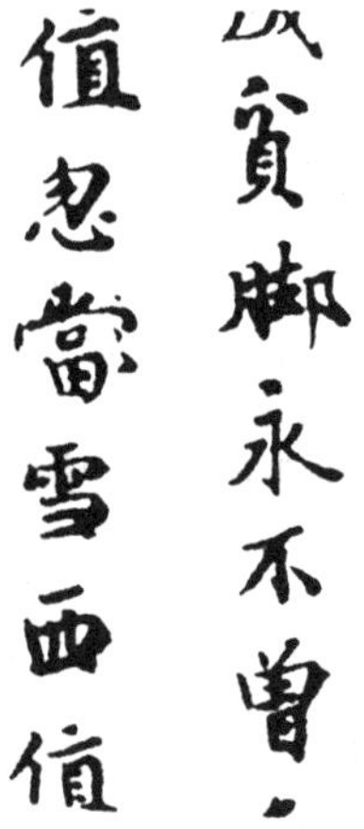

图27 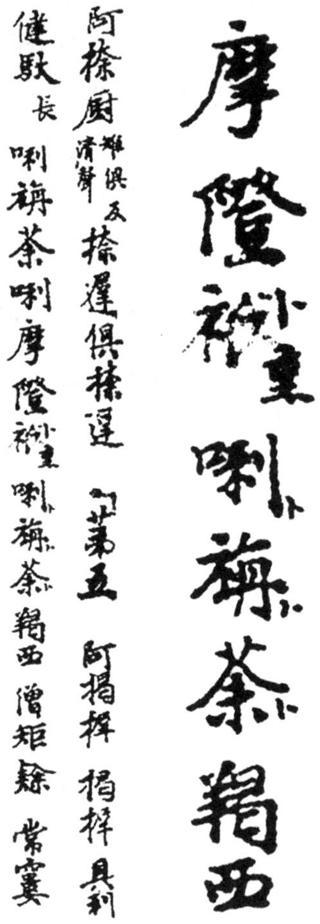　　　　　　　　　　　　图28

例十，俄弗367号《一切经音义》卷八《妙法莲华经》第八卷音义引经本咒语："㧾茶唎。摩隥祇。唎㧾茶。羯西。""唎㧾茶"三字右侧原卷皆有"卜"形符号，"祇"字字体笔迹有别，似系后加，其右侧有"卜重"二小字（图28），当是指下文加"卜"形符号的"唎㧾茶"三字为衍文重出，原文当录作"㧾茶唎。摩隥祇。羯西"，"摩隥祇"北5866号（光18）《妙法莲华经》经本在卷七，作"摩蹬者"，《添品妙法莲华经》卷六作"摩登祇"，其下皆无"唎㧾茶"三字，可证。《碛砂藏》《高丽藏》本玄应音义亦无"唎㧾茶"三字，但照录"卜重"二字（"重"作小字注文），《丛书集成初编》本录作"十重"二字，恐皆不确。

还应注意的是，那些用删字符号删去的字句，如果是误衍的文字，或者误书后已在其下直接补书正字的,那自然直接删去误字也就可以了。但也有一些是应写甲字误成乙字而正字为事后旁补的,校录时便须格外小心。试看下例:

例十一,S.1441号《励忠节钞·政教部》:"《史记》云:夫理人者,先诱进以仁义,束缚刑献,所以总一海之内,而整齐万人。""刑献"不辞,原卷于"献"字右侧旁加一卜号,而于该行天头有一"憲"字(图29),乃指行中"献"字当改作"憲"("憲"为"憲"的常见俗字)。《史记·礼书》太史公曰:"人道经纬万端,规矩无所不贯,诱进以仁义,束缚以刑罚……所以总一海内而整齐万民也。"应即上揭引文所本。"刑憲"犹"刑罚"也。王三庆《敦煌类书》照录"獻"字,失察①。

最后我们附带讨论一下S.3753号王羲之《瞻近帖》的一处删字符号。唐张彦远《法书要录》卷十《右军书记》收录王羲之《瞻近帖》录文:"瞻近无缘,省告,但有悲叹,足下小大悉平安也?云卿当来居此,喜迟不可言,想必果言,告有期耳。"其中的"喜迟不可言"句晦涩不畅。S.3753号有该帖临本的残字,其中"迟"字右侧有二点(图30),周笃文谓系指原字"为误书而被点掉"②,甚是。但周氏据以论定王羲之原文当作"喜不可言",则未必是。笔者一次给研究生上课时,指出S.3753号卷子上半残损,根据残损的情况推断,这个行末被点去的"迟"字也有可能在次行行首重写,而且只有"迟"字在次行重写,缺字才能占满次行所缺部分的空间。从词义上来看,"迟"字古有等待、期盼等义,故"喜迟"可理解为喜盼③,则"喜迟不可言"文意可通。王羲之《嘉与帖》:"得远嘉与书,计今日必度,喜迟可言。"亦"喜迟"连用,可证。根据我的提示,当时听课的硕士生蔡渊迪撰写《"迟"字不应被删》一文,从原卷缺字空间、原帖流传情况等作了进一步的论证,认为S.3753号所见的"迟"字应该是临写人临写此字时草形有误而特意加两点表示删除,并在次行起首接书一个草法正确的"迟"字,当是。同卷所载王羲之《龙保帖》临本亦有"迟"字(图31),又收刻于《十七帖》中的《瞻近帖》,其中的"迟"字上海博物馆藏本(列为第一批国家珍贵古籍名录第701号)作"遲",美国安思远藏本作"遲",都与上揭敦煌本《瞻近帖》"迟"字的字形有明显不同,可以比勘。

---

① 比照上句及《史记》原文,"束缚刑憲"似当校补作"后束缚以刑憲"。又"总一海之内"句的"之"字疑为衍文当删。"总一"为词,指统一。
② 《敦煌卷子中发现的王羲之二帖古临本》,《文物》1980年第3期。周文云:"从这里,我们也可以看出,敦煌本所据以临写的可能正是羲之的手稿,修改之迹,俨然在目,因而更令人感到亲切可贵了。"
③ 美国安思远藏本《十七帖》所载《瞻近帖》"迟"字写作"遲",于右旁释读作"慰",误。

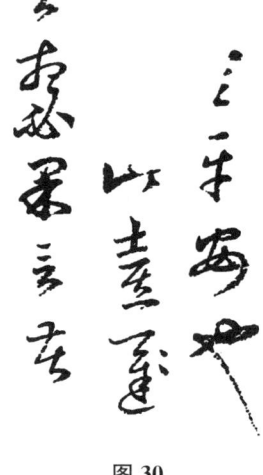

图29　　　　　　　　图30　　　　　　　图31

三

点式或"卜"形删字符号的起源,前引宋赵彦卫语以为出于"今人",那显然是不准确的。罗振玉《面城精舍杂文甲编·隋宁赞碑跋》:"文末'终传令名','令'字下衍'传'字,旁著三点,以表其误。今人作字有讹,辄墨注其旁,据此,知隋人已然。"则又把时间提前到了隋人。

考敦煌写本的主体抄写于唐五代时期,但小部分六朝乃至东晋时期的写本已见点式删字符号。如上博1号吴支谦译《佛说维摩诘经》卷上后凉麟嘉五年(393)写本:"言道场者,无生之心是,检一恶意故;……布施之心是,不望报故;

持戒之心是,得愿具故;忍辱之心是不心是,不乱人故;精进之心是,无退意故。"其中的"不心是"三字右侧原卷各有三点(图32),表示应当删除,今见传本《大藏经》正无此三字。浙敦28号《大智度论》卷七二(《浙藏敦煌文献》叙录定作东晋写本):"是甚深法,故不为受色故说,不为舍色故说。"前一"故"字右侧原卷注有三点,表示应当删除,今见传本《大藏经》正无此字。又整体抄写时间较敦煌写本略早的吐鲁番出土文书亦可见点形删字符号。如阿斯塔那524号墓《高昌章和五年(535)取牛羊供祀帐》:"次五月廿八日,取白姚羊一口,供祀清山神。"原卷"祀清"二字右侧旁注"溷浑堂"三字,其中"溷"字右侧又注有三点(图33),表示删去("溷"当是"浑"的音近误字);"浑堂"二字似当补入正文"祀"字之后。又同一墓出土的义熙写本《毛诗郑笺》残卷删字符号有用三点的,也有用二点、四点的,可见点式的删字符号当时已颇通行。

图32　　　　　　图33

又考《后汉书·文苑传·祢衡》:"衡揽笔而作,文无加点,辞采甚丽。"《三国志·魏书·武帝纪》:"他日,公又与遂书,多所点窜,如遂所改定者。"《南史·任昉传》:"(王俭)乃出自作文,令昉点正,昉因定数字。俭拊几叹曰:'后世谁知子定吾文!'其见知如此。"《南史·梁武帝诸子·昭明太子传》:"每游宴祖道,赋诗至十数韵,或作剧韵,皆属思便成,无所点易。"《颜氏家训·名实》:"治点子弟文章,以为声价,大弊事也。"其中所谓的"点",当皆指用点式符号删除文字而言。又《史通·点繁》:"昔陶隐居《本草》,药有冷热味者,朱墨点其名;阮孝绪《七录》,书有文德殿者,丹笔写其字;由是区分有别,品类可知。今辄拟其事,抄自古史传文有繁者,皆以笔点其上。(原注:'其点用朱粉、雌黄并得。')凡字经点者,尽宜去之。"《资治通鉴·陈宣帝太建十二年》:"时军书日以百数,(李)德林口授数人,文意百端,不加治点。"胡三省注:"治,修改也;点,涂点也;不加治点,不加涂改也。"可参。又《尔雅·释器》:"灭谓之点。"郭璞注:"以笔灭字为点。"《尔雅》所谓的"点"是否如同郭璞所释还可讨论①,但至迟东汉前后,"以笔灭字"的"点"确已成为当时删除误字的通例了。

陈槃《汉晋遗简偶述》之七《误字涂灭或旁著三点》:"本所所藏卜辞,有一事作:'于翌日,壬日,丗中毕'(六三八)。此'丗'字如此作,无疑为史官误书之标识,但与后来只旁著三点者又不同。盖自古有此法,后人嫌其太繁,故省作三点。"②据陈氏此说,抑或甲骨文中即已开误字点灭的先河了。

但写作"卜"或"丨·"形的删字符号的产生时间则似乎要晚得多,唐代之前未闻,早期的敦煌写本中也未见用例。这种形式的删字符号很可能是由点式演变而来的。作为删除符号的点可以点在误字之上③,也可以点在误字的右侧。当点在误字右侧时,由于点形不够醒目(《说文·黑部》:"点,小黑也。"),容易被读者所忽略(如第二节所举例一、二、五、六、七各例),而且有时由于点的位置的游移,被点去之字存在一定的不确定性,也容易造成误解,有必要加以显化和加强针对性,这时抄手就有可能先在误字右侧标注一短竖,以明确需要点去的对象,进而再加上一点或二点、三点,于是删字符号"卜"和"丨·""丨··"便产生了。上博 48 号《佛说北方大圣毗沙门天王经》:"九龙施雨真言:曩谟萨嚩怛他,孽他多缚路枳帝。"后一"他"字原卷作"_[图]",右旁是"卜"形删除符号(S.5560 号同一写经正无此"他"字),从这个"卜"号可以看出,这是由一竖加一点组成的一个符号,

---

① 郝懿行《尔雅义疏》:"古人书于简牍,误则用书刀灭除之,《说文》作'刮'为是。非如后世误书用笔加点也,郭氏习于今而忘于古耳。"
② 见陈槃《汉晋遗简识小七种》9—10 页,台北"中研院"历史语言研究所专刊之 63,1975 年版。
③ 《史记·梁孝王世家》"李太后亦私与食官长及郎中尹霸等士通乱"唐张守节正义:"张先生旧本有'士'字,先生疑是衍字,又不敢除,故以朱大点其字中心。"张先生(指唐崇文馆学士张嘉会)于"士"字用"朱大点其字中心",便是点在误字之上的实例。

本非所谓的"卜"字。但由于"⺊"与"卜"字形近,久而久之,不成字的"⺊"手写时便与成字的"卜"混而不分了。

这样看来,前引宋赵彦卫以"⺊"为"非"字之半、"卜"又"⺊"之省的话,恐怕只是他老人家想当然罢了。《爱日斋丛钞》进而以作三点者为"⺊"之省,那更是把本末搞颠倒了[①]。

讨论至此,我们再回过头来看赵彦卫所引宋人谚语"卜煞"一词,也就不难理解了。"卜"显然是指删字符号;而"煞"同"杀",古有灭、除去之义。《庄子·大宗师》:"杀生者不死,生生者不生。"成玄英疏:"杀,灭也。"(比较上引《尔雅》郭璞注:"以笔灭字为点。")可见所谓"卜煞"就是指用"卜"形符号删除不必要的字词。拙见如此,不知读者诸君以为然否?

参考文献

陈槃,1975.汉晋遗简识小七种[G]."中研院"历史语言研究所专刊之63.

曾荣汾,1979.敦煌写卷书写符号用例试析[J].木铎,(8).

李正宇,1988.敦煌遗书中的标点符号[J].文史知识,(8).

郭在贻,张涌泉,黄征,1990.敦煌写本书写特例发微[G]//敦煌吐鲁番学研究论文集.上海:汉语大词典出版社:314-316.又载,张涌泉,1999.旧学新知[M].杭州:浙江大学出版社:224-227.

林聪明,1991.敦煌文书学[M].台北:新文丰出版公司:156-260.

蒋宗福,2002.敦煌禅宗文献研究[D].四川大学博士学位论文.

张小艳,2003.删字符号"卜"与敦煌文献的解读[J].敦煌研究,(3):71-73.

复盘与导读

我国传世的古书,主要是以宋以后刻本的面貌呈现的。所以以前人们谈论

[①] 黄征《敦煌语言文字学研究要论》谓"'卜'其实不是一个字,只是一个符号:'丨'表示被选中的字符,'、'表示点去该字符。因此在'卜'的右旁可以是点一个点,也可以是点两个、三个或四个点,意思是一样的"(《敦煌语言文字学研究》,甘肃教育出版社,2002年版,第23页),甚是。但他认为"氵"等点形删字符号是在"卜"的基础上省略选中符号"丨"而形成的,同样是把本末搞颠倒了。

古籍,主要依靠刻本,而尤以宋版元版为珍贵。然而刻本以前的情况如何?则往往不甚了然。其实唐代以前的古籍流传到今天,必然要经过宋代以前一次又一次手抄相传的过程。从东汉到五代,继简帛之后,写本文献流行了一千多年,是这一时期中华文明传承的主要载体。但进入印刷时代后,写本书籍几乎全被废弃了。20世纪初,敦煌藏经洞被打开,人们从中发现了大批唐代前后的写本文献,震动了整个世界。民国以后,又有吐鲁番文书、黑水城文献、宋元以来契约文书、明清档案等众多写本文献陆续公之于世,辉耀世界,写本文献的数量一下充盈起来,写本文献才又重新回到世人的视域之中。于是,写本文献开始和刻本文献比肩而立,共同组成了中华民族宝贵文化遗产的两翼,互相补充。

"古来新学问起,大都由于新发见。"(王国维《最近二三十年中中国新发见之学问》)近一个多世纪以来写本文献的发现和刊布,同样催生了一批新的学问。诸如吐鲁番学、敦煌学、徽学、俗文字学、近代汉语研究、俗语词研究等等,都是在相关文献资料发现的基础上形成和发展起来的。

写本文献在形制、内容、字词、校读符号等许多方面都有着与刻本文献不同的特点,也很值得作为专门之学进行研究。其中刻本文献中罕见而写本文献中大量出现的种类繁多的删字符号,十分引人注目,就很值得作全面的普查和深入的研究。笔者在数十年摩挲研读敦煌文书的过程中注意到了这类符号,并时时留意收集相关的资料。后来发表于《文献》2010年第4期的拙作《说"卜煞"》一文,就是笔者这一学习探索过程的一个小结。

这篇文章分四部分:

第一部分是引子,提出问题。本文一开头就引用了宋赵彦卫《云麓漫钞》关于"卜煞"的一段话,指出宋代人称删改误字为"卜煞",但何以称"卜煞",却"莫晓其义",于是赵彦卫提出了他自己对此词的理解:他认为删字符号"卜"乃是"'非'字之半耳,后人又省云"。对赵氏的说法,千百年来几乎没有人提出异议。那么他的说法究竟对不对?论文一开始就提出了疑问。

第二部分是对古代删字符号的全部调查。论文以敦煌吐鲁番写本文献为中心,对古代写本文献中的删字符号的类型和使用情况作了系统归纳和总结,最后指出由于种种原因,有的删字符号与应删字的位置不匹配,并存在误标的情况。

第三部分是对因删字符号造成的错误的分析。论文列举了十二个例子,指出无论古人还是今人,都存在因删字符号而导致的疏误,其中包括点式的删字符号被忽略而导致衍文的现象。

第四部分探讨删字符号的起源和"卜"形符号的产生,回答什么叫"卜煞"。论文指出甲骨文中即已开误字点灭的先河。东汉前后,"以笔灭字"已成为当时删除误字的通例,古书中的"点易""点窜""文无加点"等词语中的"点"都是指用点式符号删除文字而言。早期敦煌吐鲁番写本误字多在右侧加三点或一点表示删除,是留存至今的最早的删字符号的用例。而本文引子部分提到的"卜"或"ㅏ"形的删字符号,产生时间则晚得多,很可能是由点式演变而来的。作为删除符号的点可以点在误字之上,也可以点在误字的右侧。当点在误字右侧时,由于点形不够醒目,容易被读者所忽略,而且有时由于点的位置的游移,被点去之字存在一定的不确定性,也容易造成误解,有必要加以显化和加强针对性,这时抄手就有可能先在误字右侧标注一短竖,以明确需要点去的对象,进而再加上一点或二点、三点,于是删字符号"卜"和"ㅏ""ㅏ"便产生了。而"煞"同"杀",古有灭、除去之义,所谓"卜煞"就是指用"卜"形符号删除不必要的字词。赵彦卫以为"ㅏ"为"非"字之半,"卜"又ㅏ"之省的话,是不可信的。

根据这篇论文的写作,笔者有以下几点体会:

1. 选题要有新意,题目要有吸引力。题目的优劣在很大程度可以决定论文本身的水准。一篇优秀的论文,必定是那些有开拓性的、有创见的或者是具有填补空白的学术意义的选题。本文讨论的古书的删字符号是前人没有深入讨论和系统归纳过的,选题有新意;论文以《说"卜煞"》为题,题目简洁而有吸引力。

2. 要讲究起承转合,避免平铺直叙。《红楼梦》第四十八回记香菱拜林黛玉为师学作诗之法:"黛玉道:'什么难事,也值得去学?不过是起、承、转、合。当中承转是两副对子,平声对仄声,虚的对实的,实的对虚的,若是果有了奇句,连平仄虚实不对都使得的。'"这里既强调"奇句",也强调"起承转合"。其实作诗如此,写论文也是如此,既要追求创新,也必须讲求起承转合。本文的话题,可以按时间线索顺序加以介绍,但会让人有平铺直叙的感觉,很难引人入胜。本文没有直接从二三部分写起,而是一开头就提出了问题:什么叫"卜煞"?首先给读者设置了悬念,让人有一探究竟的渴望;接着从正反两方面加以论证,对古书的删字符号及由之生发的错误列出大量例证作了系统的介绍和讨论,为"卜""ㅏ""ㅏ"形符号的出场做好了铺垫;最后讨论"卜""ㅏ""ㅏ"形符号的产生,回应开头提出的问题,解释什么叫"卜煞",论文前后呼应,一气呵成。

3. 读书要善于发疑,写论文要有问题意识。读书要尊重权威,但不可为权威所限,迷信权威。宋代理学家张载云:"所以观书者,释己之疑,明己之未达。

每见每知新益,则学进矣;于不疑处有疑,方是进矣。"又云:"在可疑而不疑者,不曾学,学则须疑。"(《张子全书》卷七)朱熹云:"读书无疑者须教有疑,有疑者却要无疑,到这里方是长进。"(《朱子语类》卷十一)又云:"读书始读未知有疑,其次则渐渐有疑,中则节节是疑。过了这一番,疑渐渐释,以至融贯会通,都无可疑,方始是学。"(《朱子读书法》卷一)明陈献章云:"前辈谓学贵知疑,小疑则小进,大疑则大进。疑者,觉悟之机也,一番觉悟,一番长进。"(《陈白沙集》卷二《与张廷实主事》)都讲到了发疑的重要性。可以说,发疑是创新的前提,没有发疑,就没有创新。

语言接触视域下晋方言语音的几点变化[*]

乔全生[**]

摘要：晋方言语音的变化除了内部结构要素的影响、自身引起的变化外，外部语言接触引起的语音变化也不容小觑。本文立足晋方言语音事实，从与历史上阿尔泰语系语言接触视域，对晋方言语音调类减少、舌尖塞擦音和擦音声母只有一套、咸山摄舒声字鼻音韵尾脱落三个方面进行了考察，从与普通话接触视域，对晋方言呼和浩特方言山摄一二等字音的变化、晋城方言知庄章精组声母读音的变化、晋方言上党片长治等方言日母字读音的变化三方面进行了考察。这六个方面的变化均是晋方言与历史上阿尔泰诸语系语言和普通话的深度接触所引起的语音变化。

关键词：晋方言；语音；语言接触

近年来，研究晋方言语音的变化多集中在以下两个方面：一是晋方言语音变化的滞后性、保守性，二是晋方言语音变化的超前性、创新性。这两方面的研究均着眼于晋方言语音的内部变化或自身的演变，这是由于晋方言长期处于地理上相对封闭的环境，历史上人口相对稳定，与中原官话长期隔离，因而与官话非同步发展。这种注重内部变化或自身演变的研究无疑对确立晋方言在全国汉语方言中的地位，揭示晋方言语音的突出特点有着十分重要的意义。然而，仅仅从语音的内部变化和自身演变的角度研究晋方言语音的变化尚不足以全面反映晋方言语音的变化，还必须密切关注晋方言语音所受到的外部语音的影响，即语言深度接触所引起的语音变化。

---

[*] 原载《汉语学报》2019年第4期。本书收录时略有修改。
[**] 乔全生(1956—)，陕西师范大学教授，博士生导师，教育部"长江学者"特聘教授。

正如萨丕尔(2002：173)所说："语言，像文化一样，很少是自给自足的。交际的需要使说一种语言的人和说邻近语言或文化上占优势的语言的人发生直接或间接的接触。"这段话实际上包含着四层意思，一是受临近语言影响，二是受优势语言影响，三是语言直接接触，四是语言间接接触。而这种语言接触可以是一个民族语言内部的方言与方言之间、通语与方言之间的接触，也可以是一种民族语言对另一种民族语言施以影响的接触。

本文从语言接触的视角对晋方言语音进行考察：一是晋方言语音与历史上阿尔泰语系语言深度接触所发生的变化，二是晋方言语音与普通话深度接触所发生的变化。

一、晋方言语音与阿尔泰语系语言深度接触所发生的变化

古晋国位于今中原大地曲沃、翼城一带，周边是小方国和赤狄。晋国带来秦国长安方言，同时不断向北扩张，直到魏晋南北朝、隋唐时期，晋北地区一直是匈奴、鲜卑等少数民族与汉族杂居融合的地区。同时，北魏、辽、金、元代又是少数民族政权占领。晋方言由南向北扩散，北部没有南部发达，保存着不同时期的语言特征。桥本万太郎(2008：149)指出"金、元、清三朝以来，中原地区处于阿尔泰民族的控制之下，被少数民族占领了六个多世纪"。薛才德(2007：15)提出"北方官话除了方言和方言之间的影响外，主要是与阿尔泰语之间的接触和影响"。乔全生(2008)指出山西是草原到中原的必经之地，山西境内的方言必然受到阿尔泰语系语言的影响。应当说历史上阿尔泰语系语言对晋方言的影响"皆有深弊，不可具论"。以下仅从调类减少、舌尖塞擦音和擦音声母只有一套、咸山摄舒声字鼻音韵尾脱落三方面进行考察。

1.1 调类减少

晋方言与汉语东南部方言相比，调类相对较少，大致有4—7个。其中，晋方言上党片多为7个调类，如长治、屯留、长子、黎城、潞城、平顺、壶关等地；晋方言吕梁片多为6个调类，如离石、兴县、静乐、临县、方山、柳林、交口、大宁及上党片个别点武乡和襄垣等地；晋方言并州片和大包片多为5个调类，如太原、娄烦、古交、清徐、榆次、寿阳、交城、大同、阳高、天镇、怀仁、左云、右玉、应县等地；晋方言五台片多为4个调类，如山阴、繁峙、忻州、定襄、原平、五台、代县、浑源、灵丘、平鲁、神池、宁武、五寨、岢岚、保德、偏关、河曲及并州片的盂县等地。山西省外的

晋方言邯新片、志延片多为5个调类，张呼片多为4个调类。考察晋方言区的调类数量可以看出其分布状况呈现出由东南向西北调类递减的态势，即东南（7个）——西（6个）——中（5个）——北（4个）。桥本万太郎（1986：115）提出的"北方汉语声调系统的阿尔泰化"是对晋方言中北部地区方言声调递减的最好的诠释。我们认为，晋方言中北部声调较少的特点应该与历史上长期与阿尔泰语系语言接触融合有关，孙宏开（2015）认为，汉语北方方言声调较少，大多仅有4个，有的地方只有3个，比吴、闽、粤、湘、赣等都少，这种现象的出现与阿尔泰语言的接触密不可分。因阿尔泰语没有声调，他们学会的汉语也就没有声调，晋方言中北部地区的汉语方言深受其影响，致使声调数量减少，调类合并现象加重。从语音结构上讲，声母和韵尾是影响声调的最主要的条件，声母和韵尾比较简化的语言必须借助声调来凸显语音的区别度，有复辅音声母或复杂韵尾的方言一般声调都不发达，而晋方言大包片、五台片及临近的周边地区普遍存在鼻韵尾部分韵摄合并、声母也不复杂的现象，即在声母、韵尾数量减少的同时，声调的数量也在减少。这种情况的出现除了解释为与历史上阿尔泰语系语言长期深度接触所受到的影响以外，没有更充分的理由。

1.2 舌尖塞擦音、擦音声母只有一套

今晋方言并州片和上党片方言中，舌尖塞擦音、擦音声母只有一套，或为舌尖前音[ts tsʰ s]，或为舌尖后音[tʂ tʂʰ ʂ]。这一点与周围官话方言相比形成鲜明的特点。晋、陕、蒙交界地区的左云、右玉、平鲁、保德、偏关、河曲、兴县、临县（以上属于山西省），榆林、神木、府谷、佳县（以上属于陕西省），托克托、清水河、和林格尔、准格尔旗、伊金霍洛旗、东胜、包头（以上属于内蒙古自治区），19个方言点中，左云、右玉、河曲、平鲁、托克托、和林格尔、包头7个点只有一套舌尖塞擦音、擦音声母，且均读为[ts tsʰ s]，其余12个点有两套舌尖塞擦音、擦音声母，分别读为[ts tsʰ s]和[tʂ tʂʰ ʂ]。其中，兴县方言点新派精组与知庄章组字合并，读为[ts tsʰ s]，老派虽能区分[tʂ tʂʰ ʂ]，但发音部位较前。清水河只有个别知庄章组字读为[tʂ tʂʰ ʂ]，如"主、车"等。这两个方言点舌尖后音的不完整恰好说明舌尖后塞擦音、擦音声母是后起的。值得关注的是，兴县新派精组与知庄章组字合并，又读为[ts tsʰ s]一套。从词汇扩散的角度看，有的方言已经形成两套，有的方言正处于形成两套的过程中，形成的过程中还有反复，如兴县；有的方言根本没变，还是一套。所以，早期的形态是只有一套舌尖前塞擦音、擦音声母。

蒙古语只有一套塞擦音声母。除此之外，整个阿尔泰语系诸语言均是如此。

这与晋、陕、蒙交界地区所处的特殊地理位置有关,尤其是北魏时期鲜卑族拓跋部落定都大同,加速了少数民族与汉族的融合,少数民族在逐渐汉化的过程中,汉族也或多或少受少数民族语言的影响。现在的东北官话也大多只有一套舌尖塞擦音、擦音声母,或为[ts tsʰ s],或为[tʂ tʂʰ ʂ],有的甚至是[ts tsʰ s]和[tʂ tʂʰ ʂ]混而不分。为什么这两处相隔甚远的地区会出现类似的方言特征?考察晋方言中北部地区和东北官话区的民族融合情况可知,以上两地的方言语音均与阿尔泰语系语言或者与阿尔泰诸少数民族学成的汉语的接触融合有关,因为无论是蒙古语还是满语,都只有一套塞擦音、擦音[tʃ tʃʰ ʃ]。

1.3 咸山摄舒声字鼻音韵尾脱落

侯精一(1993:32)指出:在山西方言里,"剑箭借"一类字的读音有三种类型,类型之一"剑=箭=借"见于山西晋方言的20个方言点,阳声韵均为鼻韵尾脱落,演变为口元音,与相应的阴声韵字合并。据《山西方言重点研究丛书》和调查所得资料①显示,今晋方言并州片太原、清徐、榆次、寿阳、阳曲,吕梁片临县和上党片晋城,五台片平鲁、代县、浑源、朔城,大包片大同、天镇、左云、右玉、山阴、繁峙,开口韵咸山摄二三四等舒声字与假摄三等精组、影组,蟹摄二等见组、晓组、影组及果摄三等戈韵归并,合口韵山摄三四等精组、见组、影组舒声字与果摄三等戈韵合并。如并州片:减[⁻tɕie]==姐[⁻tɕie]、陷[ɕie⁻]==谢[ɕie⁻]、钳[⁻tɕʰie]==茄[⁻tɕʰie],大包片:严[⁻iœ]==爷[⁻iœ]、尖[⁻tɕie]==街[⁻tɕie]、仙[⁻ɕiE]==些[⁻ɕiE],五台片:全[⁻tɕʰyE]==瘸[⁻tɕʰyE]、宣[⁻ɕyE]==靴[⁻ɕyE]。本文选取晋方言7个方言点比较如表1所示:

表1 晋方言7个代表点读音比较举例

		并州片		吕梁片	五台片		大包片	
		榆次	清徐	临县	平鲁	繁峙	大同	天镇
减	咸开二上赚见	⁻tɕie	⁻tɕie	⁻tɕiE	⁻tɕiE	⁻tɕie	⁻tɕie	⁻tɕiœ
咸	咸开二平咸匣	⁻ɕie	⁻ɕie	⁻xœ	⁻ɕiE	⁻ɕie	⁻ɕie	⁻ɕiœ
尖	咸开三平盐精	⁻tɕie	⁻tɕie	⁻tsiE	⁻tɕiE	⁻tɕie	⁻tɕie	⁻tɕiœ

---

① 咸山摄舒声字鼻音韵尾所用材料大多取自于乔全生主编《山西方言重点研究丛书》。

续表

		并州片		吕梁片		五台片		大包片
		榆次	清徐	临县	平鲁	繁峙	大同	天镇
签	咸开三平盐清	₋tɕʰie	₋tɕʰie	₋tsʰiE	₋tɕʰiE	₋tɕʰiɛ	₋tɕʰiɛ	₋tɕʰiœ
谦	咸开四平添溪	₋tɕʰie	₋tɕʰie	₋tɕʰiE	₋tɕʰiE	₋tɕʰiɛ	₋tɕʰiɛ	₋tɕʰiœ
艰	山开二平山见	₋tɕie	₋tɕie	₋tɕiE	₋tɕiE	₋tɕiɛ	₋tɕiɛ	₋tɕiœ
煎	山开三平仙精	₋tɕie	₋tɕie	₋tsiE	₋tɕiE	₋tɕiɛ	₋tɕiɛ	₋tɕiœ
笺	山开四平先精	₋tɕie	₋tɕie	₋tsiE	₋tɕiE	₋tɕiɛ	₋tɕiɛ	₋tɕiœ
姐	假开三上马精	₋tɕie	₋tɕie	₋tsiE	₋tɕiE	₋tɕiɛ	₋tɕiɛ	₋tɕiœ
借	假开三去禡精	tɕie₋	tɕie₋	tsʰiA₋	tɕiE₋	tɕiɛ₋	tɕiɛ₋	tɕiœ₋
阶	蟹开二平皆见	₋tɕie	₋tɕie	₋tɕiE	₋tɕiE	₋tɕiɛ	₋tɕiɛ	₋tɕiœ
茄	果开三平戈群	₋tɕʰie	₋tɕʰie	₋tɕʰiA	₋tɕʰiE	₋tɕʰiɛ	₋tɕʰiɛ	₋tɕʰiœ
全	山合三平仙从	₋tɕʰye	₋tɕʰye	₋tsʰyE	₋tɕʰyE	₋tɕʰyɛ	₋tɕʰyɛ	₋tɕʰyœ
犬	山合四上铣溪	₋tɕʰye	₋tɕʰye	₋tɕʰyE	₋tɕʰyE	₋tɕʰyɛ	₋tɕʰyɛ	₋tɕʰyœ
瘸	果合三平戈群	₋tɕʰye	₋tɕʰye	₋tɕʰyE	₋tɕʰyE	₋tɕʰyɛ	₋tɕʰyɛ	₋tɕʰyœ
靴	果合三平戈晓	₋ɕye	₋ɕye	₋ɕyAE	₋ɕyE	₋ɕyɛ	₋ɕyɛ	₋ɕyœ

据表1可知,今晋方言并州片、吕梁片、五台片和大包片的部分地区古咸山摄合流且鼻韵尾消失,演变为口元音,完成了古阳声韵向阴声韵的转变。其中,天镇方言咸山摄主要元音为æ,清徐、大同、繁峙方言主要元音为ɛ,平鲁、临县方言主要元音为E,榆次方言主要元音为e。与中古前低元音相比,今晋方言咸山摄主要元音舌位升高,开口度变小。大包片天镇方言演变最慢,并州片榆次方言演变最快。吕梁片临县方言虽主要元音发生高化,但声母尚未完全腭化。

中古咸深、山臻、宕江曾梗通等摄阳声韵尾的演变经历了合并、弱化乃至消失三个阶段。晋方言古咸山摄阳声韵尾脱落后与假摄、蟹摄及果摄合并的现象主要分布在山西北部雁门关以北及山西中部。为什么山西境内仅在以上地区存在这一合流现象？张琨(1983)指出在语言接触频繁的地区,鼻音韵尾的消变可能是由于操少数民族语言的人们在学习汉语的过程中,受自身母语的影响,学汉语学不好产生鼻化现象,或者是直接造成鼻韵尾脱落。我们认为,语言的变化是由于使用语言的主体变了,研究语言的消变最终要回归到研究使用语言的主体上。使用不同语言的主体接触频繁的地区,必然带来语言的接触,语言之间相互影响是很自然的事情。由此推测晋方言咸山摄阳声韵鼻音韵尾的消变可能跟该地区自古以来就与少数民族语言接触融合有关。

张吉焕(1999)提到原始阿尔泰语中均保留有词尾辅音*n,随着语言的演变,各民族语言中的词尾*n有的变得不稳定,有的则完全消失。此外,在汉藏语系、藏缅语族中的拉萨藏语、德格藏语、羌语、拉祜语、土家语中至今也没有鼻韵尾-n、-ŋ。8世纪唐朝发生"安史之乱",吐蕃趁机占领了陇右、河西的大片地区。这些母语为藏语的少数民族所说的汉语也应该没有鼻韵尾,他们曾在8—9世纪频繁活跃于西北地区,长期与西北地区方言接触,对西北地区的方言是有深度影响的,这种影响应该会波及陕北、晋北。

二、晋方言语音与普通话深度接触所发生的变化

百年前瑞典汉学家高本汉首开晋方言语音调查研究之先河,《中国音韵学研究》第四卷"方言字汇"中,包含22个点的汉语方音,其中,详细调查并记录了今晋方言区8个点的方言字音,分别为太原、大同、太谷、文水、兴县、凤台(今山西晋城)、归化(今内蒙古呼和浩特)和怀庆(今河南沁阳一带),成为记录晋方言百年前语音的重要文献。这里以呼和浩特方言山摄一二等字音的变化、晋城方言知庄章精组声母读音的变化、上党片长治等方言日母字读音的变化为例,看晋方言与普通话深度接触后的语音变化。

2.1 呼和浩特方言山摄一二等字音的变化

据表2可知,20世纪初呼和浩特方言山摄开口一二等合并,合口一二等分立,与《中原音韵》时期的"寒山"与"桓欢"分韵现象基本一致。根据邢向东(1998)、蒋文华(2014)调查,现代呼和浩特方言的这些特点已逐渐被普通话覆盖。21世纪初,除开口二等见晓组声母外,山摄开合口一二等主要元音完全相同,已经没有"寒山"与"桓欢"分韵的痕迹,这个特点已与汉语普通话的归属一致。比较高本汉记录的20世纪初期归化(今呼和浩特)方言韵母与现代呼和浩

特方言韵母,从中可以发现呼和浩特方言韵母百年来的变化,与内部结构要素的影响引起的变化相比,外部语言接触引起的语音变化更大、速度更快。21世纪以来,随着社会的发展,城市化进程加快,人口频繁的流动,加之普通话在全国范围内的大力推广普及以及网络媒介的传播,方言与普通话的接触越来越频繁、越来越深入,方言被逐渐同化,独特性日渐消失,受普通话的影响,呼和浩特方言语音逐渐被文读音或普通话覆盖,语音特点逐渐向普通话靠拢,以普通话为主流的语言导向逐渐被当地人民所接受。呼和浩特方言语音百年来发生如此巨大的变化归结于与普通话的深度接触,人们对普通话的认可心理是呼和浩特方言变化过程中的催化剂,呼和浩特方言在与普通话"竞争"的同时,又深受普通话的影响,除咸山摄的变化外,果、蟹、效、深、臻、曾、梗、通摄及部分入声韵的归并都受到普通话不同程度的影响,这里恕不一一赘述。

表 2　呼和浩特方言山摄一二等字记音比较①

	滩 山开一 平寒透	看 山开一 平寒溪	寒 山开一 平寒匣	山 山开二 平山生	艰 山开二 平山见	般 山合一 平桓帮	酸 山合一 平桓心	关 山合二 平删见	湾 山合二 平删影
20世纪初	tʰā	kʰā	xā	sā	tɕiā	puō	suō	kuā	vā
21世纪初	⊂tʰœ	⊂kʰœ	⊂xœ	⊂sœ	⊂tɕie	⊂pœ	⊂suœ	⊂kuœ	⊂vœ

2.2　晋城方言知庄章精组声母读音的变化

由表3可知,20世纪初晋城方言知庄章精组声母均读舌尖前音[ts tsʰ s],20世纪80年代已转变为舌尖后音[tʂ tʂʰ ʂ],张楚、王为民(2012)根据高本汉对晋城方言的调查材料,分析指出现代晋城方言知庄章精合一读舌尖后音声母是后来才转换而成的。乔全生(2016:14)提出"现代晋城方言古知庄章三组声母和精组洪音声母是合流的,这其间必定有某种非自然的演变过程"。与呼和浩特方言一样,晋城方言的变化也是在内在结构要素和外在语言接触双重作用下进行的,且外部因素不容小觑。20世纪末,随着矿产资源的开发和旅游业的发展,晋城地区人口流动较大,与外来人口接触频繁,因此晋城方言的语音必然受到普通话的影响。不仅知庄章声母字演变为舌尖后音,精组字也与知庄章组字合流读

---

① 现代呼和浩特的方言语料取自侯精一主编的《呼和浩特话音档》,上海:上海教育出版社1998年版。

为[tʂ tʂʰ ʂ]。今晋城方言中的"三"与"尸"的声母均读舌尖前音的现象，正是知庄章精声母由舌尖前音向舌尖后音过渡后留下的痕迹。

表3 晋城方言知庄章精组声母读音举例①

	致 止开三 去至知	迟 止开三 平脂澄	师 止开三 平脂生	池 止开三 平支澄	使 止开三 上止生	水 止合三 上旨书	柴 蟹开二 平佳崇	参 咸开一 平覃清	沈 深开三 上寑书
20世纪初	tʂʅ	tʂʰʅ	sʅ	tʂʰʅ	sʅ	suai	tʂʰɛi	tʂʰɛ	tʂʰā
20世纪 80年代	tʂʅ⊃	⊂tʂʰʅ	⊂sʅ	⊂tʂʰʅ	⊂sʅ	⊂suɛ	⊂tʂʰɛ	⊂tʂʰæ	⊂sẽ
	散 山开一 去翰心	山 山开二 平山生	战 山开三 去线章	善 山开三 上狝禅	专 山合三 平仙章	珍 臻开三 平真知	人 臻开三 平真日	争 梗开二 平耕庄	爽 宕开三 上养生
20世纪初	sɛ	sɛ	tsɛ	sɛ	tsuɛ	tsā	zā	tsā	suā
20世纪 80年代	ʂæ⊃	⊂ʂæ	tʂæ⊃	ʂæ⊃	⊂tʂuæ	⊂tʂẽ	⊂ʐẽ	⊂tʂẽ	⊂ʂuo

2.3 上党片长治等方言日母字读音的变化

根据侯精一(1985)年的调查，长治方言在20世纪80年代汉民老派还没有舌尖后浊擦音[ʐ]声母。汉民老派将"人润"二字读为[Ø]声母，将"乳扔"二字读为[l]声母。这说明，当时长治方言汉民老派的日母字只有[l]声母和[Ø]声母两种不同的读音。然而根据我们现在的调查，情况有所不同。除了市区新派基本读[ʐ]声母之外，其他城区、郊区不同年龄段的人群均在[l]声母和[Ø]声母的基础上增加了[ʐ]声母。这是与侯精一(1985)三十几年前调查的最大的不同。这显然是受普通话影响的结果。

目前，长治方言本地读音只有舌尖前塞擦音声母[ts tsʰ s]一套，没有舌尖后塞擦音声母[tʂ tʂʰ ʂ]，这点与太原话一样，当普通话对长治方言影响后出现[ʐ]声母时，没有像太原话那样，入乡随俗，将新出现的[ʐ]声母调整到已有的聚合群当中，读为与舌尖前塞擦音声母[ts tsʰ s]相匹配的[z]声母，而是依然读舌尖后擦音[ʐ]声母，形成与[ts tsʰ s]不相匹配、不在一个聚合群中而离群索居、单向对

---

① 现代晋城的方言语料来自沈慧云《晋城方言志》，《语文研究》1983年增刊。

立的一个读音。如果要继续保持这个读音,就必须找到与自己平行对立的音位系统。徐通锵(1996)指出平行、对称是音位系统的重要的特点。晋方言中的[ʐ]声母由普通话介入后一般会朝着两个方向变化,要么归入[tʂ tʂʰ ʂ],读[ʐ]声母;要么保持读[ʐ]声母,找到与自己相匹配的[ʂ]类声母。长治城区的方言走的是第二条道路,因为口语中已出现了个别读[ʂ]声母的字,与[ʐ]声母相匹配。如：城区60岁以下的人说"勺子"的"勺",单念时为[s]声母,儿化后的"勺儿"读[ʂɔr],为[ʂ]声母。上党片襄垣方言,五台片神池、五寨方言,这三个点均是只有一套舌尖前塞擦音、擦音声母[ts tsʰ s],没有舌尖后塞擦音、擦音声母[tʂ tʂʰ ʂ],但是已出现舌尖后浊擦音声母[ʐ],这三个点的[ʐ]声母是朝着[tʂ tʂʰ ʂ]发展,读为[ʐ]声母？还是找到同类的[ʂ]声母后,继续保持读[ʐ]？值得进一步观察。

晋方言五台片繁峙县繁城镇方言也出现日母字只读[ʐ]、不读[z]的现象,该方言的情况与上述各方言点又有所不同。繁城镇方言的知、庄、章、精现在无论新派、老派一律读舌尖前塞擦音、擦音声母[ts tsʰ s],老派的有些字偶然也混读为舌尖后塞擦音、擦音声母[tʂ tʂʰ ʂ],而新派只能混读为介于舌尖前与舌尖后之间的读音。为什么会出现这种情况？原因是三十几年前该方言知章组字读[tʂ tʂʰ ʂ]声母,庄精组字读[ts tsʰ s]声母,与普通话接触后,如何将庄组字读为[tʂ tʂʰ ʂ]声母,将精组字依然保持读[ts tsʰ s]声母,就成为一个大的难点,区分不开时就只能混读。不像太原话区分不开时一律读舌尖前音,也不像晋城话区分不开时一律读舌尖后音。繁城镇混读的结果使得[ʐ]声母继续保持下来,依然读[ʐ]声母。这样[ʐ]声母就与不太稳定的[tʂ tʂʰ ʂ]声母成为一套清浊对立的、相匹配的声母,达到语音系统新的平衡。

晋方言中的日母字读[ʐ]声母,肯定是普通话推广普及影响引起的变化,只是这种变化在晋方言中显得尤为特殊。

三、余论

一般来讲,方言作为一种交际工具,在实际使用过程中若与优势语言、优势方言或通语发生不同程度的接触,可能会导致某一地区的人在不同的语言环境中使用两种或两种以上的语言变体。即正式场合使用的"标准变体"和日常生活等非正式场合使用的"粗俗变体"。晋方言一方面受到历史上阿尔泰语系语言的影响,另一方面又受到普通话的影响。可以设想,历史上曾受到某个掌握政权的少数民族语言影响的读音当时应该是正式场合使用的"标准变体",原来的方言只能使用在"粗俗变体"之中。今天看来,历史上曾受到某个掌握政权的少数民族语言影响的"标准变体"现今已成为"粗俗变体"。今天受到普通话影响的成分应该总是表现在正式场合的"标准变体"之中,但从当今使用晋方言的人来看,即使受到普通话影响的变化了的语音成分也多融入"粗俗变体"之中,晋方言区的人在正式场合,可以临时使用普通话词汇,但不一定使用普通话的读音,一定要把普通话的词折合成方言的读音。这种现象还是与人们的心理抵触有关。所以在民间很难形成语音上的"标准变体"和"粗俗变体"。这种现象深刻地说明一种语言或方言与别的语言或方言发生语音上的深度接触之后,原来的读音会悄无声息地被外来的读音所替代,当地人在交际过程中根本觉察不到哪个是原有的,哪个是外来的。方言中的文白异读是贴上了标签的语言接触后的读音,白读是原有的,文读是外来的。文白异读是浅层次的语言接触,语音替换是深层次的语言接触。

参考文献

爱德华·萨丕尔,2002.语言论:言语研究导论[M].陆卓元译.北京:商务印书馆.

高本汉,1940.中国音韵学研究[M].赵元任,罗常培,李方桂,译.上海:商务印书馆.

侯精一,温端政,主编.1993.山西方言调查研究报告[M].太原:山西高校联合出版社.

侯精一,1985.长治方言志[M].北京:语文出版社.

蒋文华,2014.呼和浩特方言韵母百年来的变化[J].方言,(2).

桥本万太郎,1986.汉语声调系统的阿尔泰化[J].王希哲,译.晋中师范高等专科学校学报,(2).

桥本万太郎,2008.语言地理类型学[M].北京:世界图书出版公司.

乔全生,2008.晋方言语音史研究[M].北京:商务印书馆.

乔全生,王晓婷,2016.高本汉《中国音韵学研究·方言字汇》在晋语史研究中的价值[J].语文研究,(2).

沈慧云,1983.晋城方言志[J].语文研究,增刊.

孙宏开,2015.论语言接触的各种形式[R].2015年第十一届中国语言学学术会议特邀报告.豆丁网.

薛才德,2007.语言接触与语言比较[M].上海：学林出版社.

徐通锵,1996.历史语言学[M].北京：商务印书馆.

张楚,王为民,2012.知庄章三组声母在山西方言中的演变——兼谈音变的逻辑过程与历史过程[J].吉林大学社会科学学报,(2).

张吉焕,1999.阿尔泰语系诸语言及其某些语音特点[J].解放军外国语学院学报,(1).

张琨,1983.汉语方言中鼻音韵尾的消失[G]."中研院"历史语言研究所集刊第54本.

 复盘与导读

晋方言长期处于地理相对封闭、人口相对稳定的环境,故形成与官话非同步发展的格局。近年来,研究晋方言语音的变化也多集中在两个方面：一是晋方言语音变化的滞后性、保守型,二是晋方言语音变化的超前性、创新性。这两方面的研究均着眼于晋方言语音的内部变化或自身演变,对晋方言语音所受到的外部语音的影响关注度不够。然而,《颜氏家训·音辞篇》记载："南染吴越,北杂夷虏,皆有深弊,不可具论。"2002—2003年,鲁国尧先生《"颜之推谜题"及其半解》在《中国语文》2002年第6期、2003年第2期连载,该文运用"历史文献考证法"和"历史比较法"相结合的"新二重证据法"证明了南朝通语受当时吴越方言感染的语言事实,令人折服地解释了"南染吴越"之半解。而"北杂夷虏"之半解却作为一个未解之谜和崭新的课题,留待学人去探究。

2019年,笔者于《汉语学报》第4期发表《语言接触视域下晋方言语音的几点变化》。选择这个题目,有两个原因：一是晋方言区域处于北方游牧民族与汉族的过渡区域,具备破解"北杂夷虏"的区域优势；二是晋方言语音的有些变化并不全是由语言自然演变导致的,而是由语言接触导致的,究竟有哪几方面的语言接触,可以作为进一步研究的课题、形成系列论文？该论文立足于晋方言语音事实,从晋方言语音调类减少、舌尖塞擦音和擦音声母只有一套、咸山摄舒声字鼻音韵尾脱落探讨了历史上阿尔泰语系语言对晋方言的三点影响；从晋方言呼和浩特方言山摄一二等字音的变化、晋城方言知庄章精组声母读音的变化、晋方言上党片长治等方言日母字读音的变化探讨了普通话对晋方言的三点影响。论文指出"方言作为一种交际工具，在实际使用过程中若与优势语言、优势方言或通语发生不同程度的接触，可能会导致某一地区的人在不同的语言环境中使用两种或两种以上的语言变体，即正式场合使用的'标准变体'和日常生活等非正式场合使用的'粗俗变体'"，并进一步指出"文白异读是浅层次的语言接触，语音替换是深层次的语言接触"。历史上的阿尔泰语系语言作为晋方言区域的权威方言和通语处于"标准变体"和"粗俗变体"的不断变换之中。不同于学界以往只是认为"文白异读"的"文读"来源于权威方言的影响，而是结合了历史现象将"文白异读"置于"标准变体"与"粗俗变体"的变换中，这些均是新的发现。

2022年，笔者又在《汉语学报》第1期发表《再论语言接触视域下晋方言语音的几点变化》。作为《语言接触视域下晋方言语音的几点变化》的续篇，该文通过继续考察晋方言与历史上山西境内少数民族语言的关系，认为晋方言中端组细音送气声母塞擦化、晋方言明泥疑母中出现的鼻冠音、晋方言入声喉塞韵尾的形成与历史上少数民族语言深度接触密切相关；考察晋方言与普通话的关系，认为五台片声调"阴平上"分流、卫辉城郊等地知庄章组声母擦音/塞擦音的非同步发展、太原城区方言蟹摄一二等语音的变化都是在与普通话深度接触中音类重新分化的结果。并进一步指出："无论是诸少数民族语及少数民族自治区的中介语，还是历史上不同时期的通语，它们在与晋方言接触融合过程中，一些趋同特征可能会较容易进一步地接触融合，作为晋方言的存古特征而保留。一些差异较大的特征便会进行折中转换，作为一个新的变异特征。"至此，"语言接触视域下的晋方言语音变化"系列已提出了诸多融入晋方言中的少数民族语言的现象，并在语言接触事实的基础上进一步提出了一些语言接触理论。这些理论不仅考虑到历史上北方游牧民族语言对晋方言的影响，而且考虑到游牧民族语言与晋方言接触之后产生的折中转换，是基于晋方言语言事实提出的理论，对进一步从语言接触视域探讨晋方言语音的变化，并对进一步解读"北杂夷虏"具有重要价值。

这一系列论文的撰写工作，得到了我的博士研究生们的帮助。他们在我论文撰写过程中做了很多具体工作。从确定题目、搜集材料、整合材料、到分析材料，每一次返工的过程都是师生成长历练的过程。这一过程看似折磨，然而确定下题目，搜集到适合的材料，连贯地整合起来并进行透彻的分析与精心的打磨，这是撰写论文的必经环节。选好题目,文章就成功了一半,而好的题目需要有新颖的材料作支撑;新颖的材料不仅可以作为论文论证的证据,也可以成为学界进一步探讨的基本材料。有了新颖的材料,如何将材料连贯地整合起来并进行透彻地分析,这同搜集材料一样,是科研人员的基本技能。论文逻辑清楚、条分缕析、吸引读者、赏心悦目,让读者有一种眼前一亮、为之一振的感觉,这需要在论文撰写过程中多花功夫。论文撰写必不可少的一步是修改,鲁迅曾说过"好文章不是写出来的,而是改出来的",曹雪芹也说过在撰写《红楼梦》的过程中"批阅十载,增删五次",经过删改,很有可能与初稿面目全非,然而相比初稿,面目全非的终稿必然会得到一个质的提升。精品是一个锻造的过程,不是一蹴而就的,是需要下大力气不断打磨的。从论文撰写,到论文发表,可以说论文的精心打磨贯穿整个论文的始终。

论意域项的赘举、偏举与复举*

李运富**

引言

在传统语言学中,有所谓"兼言""并言""并称""并及""连类而及""复语""复文""复用""连文""连言"和"连语"等说法。现代人一般不提"兼言""并言""并称""并及",而将其辞例归入"连类而及",同时又将"连类而及"看成"偏义复词",有的还跟"连文""连言""连语""连绵词"等混同,也有跟"复语""复文""复用""同义复合词"等同的。于是这些相关术语就笼而统之地变成了一个概念,似乎反映的都是同一种语言现象。例如河北教育出版社 1990 年出版的《传统语言学辞典》解释:

> **连类而及** 训诂学术语。亦称"连文""连言""连语"。指古人行文中为凑音节而增加与前(或后)词义同类的词的表达习惯。如阎若璩《尚书古文疏证》6:"古人之文,多连类而及之,因其一并及其一,《禹贡》亦然。'江汉朝宗于海',汉入江,江方入海,因江入海,汉亦同之。……皆连类之文。"连类而及的词虽然在文中只有增加音节的作用,但它总是与前(后)词在意义上相关。如《礼记·玉藻》:"大夫不得造车马。"车可造,马不能说"造",这里的"马"是连类而及,因为马和车都是人借以代步之物,是一类事物。这种连文,有的到后代发展成为固定的"同义复合词"。(引者按,引文中的标点有所更正,下同)
>
> **连文** 训诂学术语。即"连类而及"的表达方式。又称"连言""连语"。如王引之《经义述闻》卷六:"不敢戏谈。……戏而嘲之谓之调,亦谓之谈。故以戏谈连文。"清王言《连文释义》曾辑古书中连文 273 条,分为 10

---

* 原载《中国语文》1998 年第 2 期,本书收录时略有修改。
** 李运富(1957—),郑州大学教授,博士生导师,教育部"长江学者"特聘教授。

类,各加解释。参见"连类而及"条。

连言 训诂学术语。指古人行文"连类而及"的表达方式。又称"连文""连语"。如王引之《经义述闻》卷八:"使定物价,防诳豫也。……今按,豫亦诳也。……连言之则曰诳豫矣。"

连语 训诂学术语。① 指连绵词。……② 同"连文"。如王引之《经义述闻》卷二十一:"是先主覆露子也。……不知露即训覆。覆露为古人之连语,上下不殊义也。"

又江西教育出版社1991年出版的《中国语言学大辞典》解释有关条目说:

连类而及 相当于"偏义复词"。阎若璩《尚书古文疏证》指出:"古人之文,多连类而及之,因其一并及其一。《禹贡》亦然,'江汉朝宗于海',汉入江,江方入海。因江入海,汉亦同之。"俞樾《古书疑义举例》卷二将连类而及列为"古人行文不嫌疏略"条例。(引者按:俞樾列举的相关辞例为因袭孔颖达曾论及的"以索马牛皆百匹""润之以风雨""沽酒市脯不食""大夫不得造车马"等,这种现象孔颖达和王褀称为"并言")

复文 古书异例之一。某些词句并列复用。主要包括:① 同义词复用。有两词复用者,三词复用者。如《左传·襄公三十一年》:"缮完葺墙以待宾客。"缮、完、葺三词一义。② 两字义类相同牵连之而复。如《史记·仓公列传》:"生子不生男,缓急无可使者。""缓"字乃牵于"急"而言之。

其实,上述各家涉及的言语现象并非同一性质的东西。我们可以将有关的辞例分为三组,经过比较,它们之间的区别就很容易显示出来:第一组属于异意域相关信息项的赘举,第二组属于同意域相关信息项的偏举,其表达特点和理解机制是完全相反的。至于第三组,则属于相同信息项的复举,与第一组和第二组也不是一回事。下面我们分别加以归纳说明。

一、异意域相关信息项的赘举

所谓"意域"是指言语交际中特定语句所表现的实际语意范畴。所谓"信息项"是指具有一定意义的语言单位,其载体可以是词,也可以是词组或短语。"异意域相关信息项"即指虽然与语句中的某个词义相关但与整个语句的实际语意范畴不相符合的信息项。由于某种修辞目的而使语句中出现了这样的信息项即属于赘举。前人对赘举现象已有初步的认识,如顾炎武《日知录》卷二十七"通鉴注"条:

"虞翻作表示吕岱,为爱憎所白。"【原注】语出《吴书》。注曰:"谗佞之人有爱有憎,而无公是非,故谓之爱憎。"愚谓爱憎,憎也。言憎而**并及**爱,古人之辞宽缓不迫故也。又如得失,失也。《史记·刺客传》:"多人不能无生得失。"利害,害也。《史记·吴王濞传》:"擅兵而别,多他利害。"缓急,急也。《史记·仓公传》:"缓急无可使者。"《游侠传》:"缓急,人之所时有也。"成败,败也。《后汉书·何进传》:"先帝尝与太后不快,几至成败。"同异,异也。《吴志·孙皓传》注:"荡异同如反掌。"《晋书·王彬传》:"江州当人强盛时,能立异同。"盈缩,缩也。《吴志·诸葛恪传》:"一朝盈缩,人情万端。"祸福,祸也。晋欧阳建《临终诗》:"潜图密已构,成此祸福端。"皆此类。

又卷二十五"名以同事而章"条:

《孟子》:"禹、稷当平世,三过其门而不入。"考之《书》曰:"启呱呱而泣,予弗子。"此禹事也,而稷亦**因之以受名**。"华周、杞梁之妻,善哭其夫而变国俗。"考之《烈女传》曰:"哭于城下七日,而城为之崩。"此杞梁妻事也,而华周妻亦**因之以受名**。

又王国维《观堂集林》卷二《与友人论〈诗〉〈书〉中成语书》:

古人言"陟降",不必兼陟与降二义。《周颂》"念慈皇祖,陟降庭止","陟降厥土,日监在兹",以"降"为主而**兼言**"陟"者也。《大雅》"文王陟降,在帝左右",以"陟"为主而**兼言**"降"者也。

我们把这种赘举现象编为第一组,分作两类:

一组一类　1. **尧舜**伪以天下让许由。(《列子·杨朱》)

　　　　　2. **华周杞梁**之妻,善哭其夫而变国俗。(《孟子·告子下》)

3. **孔丘墨翟**昼日讽诵习业,夜亲见文王、周公旦而问焉。(《吕氏春秋·不苟论》)
4. **禹稷**当平世,三过其门而不入。(《孟子·离娄下》)
5. **禹稷**躬稼而有天下。(《论语·宪问》)
6. 昔**文襄**之霸也,其务不烦诸侯。(《左传·襄公三年》)
7. 郑,**伯男**也,而使从公侯之贡,惧弗给也。(《左传·昭公十三年》)
8. 便可白**公姥**,及时相遣归。(《古诗为焦仲卿妻作》)
9. 天灾流行,**国家**代有。(《左传·僖公十三年》)
10. 处商必就**市井**。(《管子·小匡》)
11. 宋人有酤酒者,**升概**既平,……(《韩非子·外储说右上》)
12. 盘中**果木**,小道可留。(《水浒传》第八十五回)
13. **鱼鸟**聱耴。(左思《吴都赋》)
14. 举事而候**星月**,月盛壮则攻战,月亏则退兵。(《史记·匈奴列传》)
15. **江汉**朝宗于海。(《尚书·禹贡》)
16. [吉驭吏]尝从吉出,醉欧丞相车上。西曹主吏白欲斥之,吉曰:"以**醉饱**之失去士,使此人将复何所容?……"(《汉书·魏相丙吉传》)

一组二类
17. 荡**异**同如反掌。(《三国志·吴志·孙皓传》注)
18. 多人不能无生**得失**。(《史记·刺客列传》)
19. 擅兵而别,多它**利害**。(《史记·吴王濞传》)
20. **缓急**无可使者。(《史记·仓公列传》)
21. 先帝尝与太后不快,几至**成败**。(《后汉书·何进传》)
22. 虞翻作表示吕岱,为**爱憎**所白。(《吴书》)
23. 一朝**赢缩**,人情万端。(《三国志·吴志·诸葛恪传》)
24. 潜图密已构,成此**祸福**端。(欧阳建《临终诗》)
25. 念兹皇祖,**陟降**庭止。(《诗·周颂·闵予小子》)
26. 君子知至学之**难易**。(《礼记·学记》)
27. 苟利社稷,**生死**以之。(《左传·昭公四年》)
28. 无羽毛以御**寒暑**。(《列子·杨朱》)
29. 昼夜勤**作息**,伶俜萦苦辛。(《古诗为焦仲卿妻作》)

30. 故国**兴亡**已十年。(吴伟业《送王玄照还山》)
31. 当此之时,专威定功,**安危**之本,在于此矣。(贾谊《过秦论》)
32. 苟合取容,无所**短长**之效。(《汉书·司马迁传》)
33. **多少**残生事,飘零任转蓬。(杜甫《客亭诗》)
34. 世幽昧以炫曜兮,孰云察余之**善恶**。(屈原《离骚》)
35. 怀怒未发,**休祲**降于天。(《战国策·魏策》)
36. 中年伤于**哀乐**,与亲友别。(《世说新语·言语篇》)
37. 廉公失权势,门馆有**虚盈**。(沈休文《冬节后至丞相第诣世子车中作》)
38. 百姓小民何足与议。若有**前却**,我以大兵驱之,岂得自在!(《三国志·魏志·董卓传》)
39. 坦公亮于幽显,流子爱于百姓,然后可以经**夷险**而不忧。(《晋书·范汪传》)

两类之间的内部区别大致在于:第一类所并列的各项大都是相关相类的事物,基本上由名词充当(醉、饱虽为形容词,但醉指酒言,饱指饭菜言,实质上仍相当于事物名词并举),名词与名词之间的语义结构比较松散,很少能发展成为复合词;第二类所并列的各项则全都是反义或对义的动词或形容词,其间语义关系密切,往往容易凝固为复合词。但这种区别是权宜的、非本质的,其共同的本质特点是,句子中由于某种缘故将与表达项相关相类或相反相对的其他信息项连带了出来,也就是字面上出现了多余的词(含词组)项;之所以说它们多余,是因为这些词或词组所带含的信息不能为句子所表达的意域所容纳,理解时必须将多余的词项排除才能与表达者的实际意图沟通。例如"尧舜伪以天下让许由"虽然语义搭配上分别可通,但舜让给许由天下不符合历史事实,难以进入交际意域,可见"舜"是因相关而连及的多余信息,理解时应该排除;又如"荡异同如反掌",虽然没有历史事实问题,但荡异可行,而荡同则非情理所在,可见"同"也是相连而及应该排除的多余信息。他如(字面信息/实际信息):

华周杞梁/华周	孔丘墨翟/孔丘	禹稷/禹	禹稷/稷	
文襄/文	伯男/伯	公姥/姥	国家/国	市井/市	升概/升
果木/果	鱼鸟/鸟	星月/月	江汉/江	醉饱/醉	
得失/失	利害/害	缓急/急	成败/败	爱憎/憎	盈缩/缩

祸福/祸	陟降/降	难易/难	生死/死	寒暑/寒	作息/作
兴亡/亡	安危/安	短长/长	多少/多	善恶/善	休浸/浸
哀乐/哀	虚盈/虚	前却/却	夷险/险		

可见字面信息不等于实际信息，字面上有赘举的多余信息项，这些多余信息项无法被实际表达的语意域所容纳，也就是属于别的语意域，所以我们把这种现象称为"异意域相关信息项的赘举"，简称为"意域项赘举"。传统上多叫作"连类而及"，但其中所连者并不一定全都同类；现代通常叫作"复词偏义"或"偏义复词"，但其中所复者也并非全都成词。"连类而及"或"偏义复词"都只适用于这种现象的部分辞例，无法涵盖全部内容，所以我们不取现成的名称。

二、同意域相关信息项的偏举

"同意域相关信息项"是指能为特定语句的实际语意范畴所容纳的信息单位，如果几个相关的信息项本来都应该在语句中出现，而由于协调音节或简便省事等原因只出现一个或部分信息项的话，那就是偏举。我们把偏举现象编为第二组。请看辞例：

二组一类　40. **润**之以风雨。（《周易·系辞上》）

44. 吉凶与民同**患**。（《周易·系辞上》）
42. 沽酒市脯不**食**。（《论语·乡党》）
43. 大夫不得**造**车马。（《礼记·玉藻》）
44. 夫戎王……未尝**见**中国之声色也。（《韩诗外传》卷九）
45. 则祠蚩尤，**衅**鼓旗。（《史记·封禅书》）
46. 是以先王务修德音，以**享**神人。（《左传·昭公四年》）
47. 又尝同席读书，有**乘**轩冕过门者，宁读如故，歆废书出看。（《世说新语·德行》）

二组二类　48. 惟孝友于**兄弟**。（《尚书·周书·君陈》）

49. 文车同**轨**。（《太玄经·昆》）
50. 郊社之礼，所以事**上帝**也。（《礼记·中庸》）
51. 今有一人，入人园圃，窃人**桃李**。（《墨子·非攻上》）
52. 岂能与之料天地之**高**哉。（宋玉《对楚王问》）

二组三类　53. 耳目不**明**。(《后汉书·杨厚传》)

二组四类　54. 以索马牛皆百**匹**。(《左传·襄公二年》)

如果将第一组的表达现象称为"异意域相关信息项的赘举"可以成立的话，那么这第二组的表达现象就应该称为"同意域相关信息项的偏举"，简称"意域项偏举"。其特点是该有的信息没有说全，即某个意域的特定句位上只出现部分信息项而省去了相关或相类的另一些信息项(这些信息项的字面形式是可变的，以能适当搭配为宜)，因而对该意域的理解实际上可以补出相关信息项从而转换成几个类似的语言结构单位。其中例40至例47为一类，可以在偏举位置补出相关的动词项；例48至例52为第二类，偏举位置可以补出相关的名词项；例53为第三类，可以补出相关的形容词项；例54为第四类，可以补出相关的量词项。如例40据《说卦》"风以散之，雨以润之"，则"润之以风雨"实可看作"润之以雨而散之以风"的省并，也就是偏举"润"项而省略了相关的"散"项，或者说"润"项实包含有"散"的信息。他例亦然：

患(享)——凶与民同患，吉与民同享

食(饮)——市脯不食，沽酒不饮

造(畜)——不得造车，不得畜马

见(听)——见中国之色，听中国之声

衅(祭)——衅鼓、祭旗

享(怀)——享神、怀人

乘(戴)——乘轩、戴冕

兄弟(父母)——惟孝于父母，惟友于兄弟

轨(形)——车同轨，文同形

上帝(后土)——郊所以事上帝也，社所以事后土也

桃李(瓜菜)——入人圃窃人桃李，入人园窃人瓜菜

高(厚)——岂料天之高，岂料地之厚(所谓不知天高地厚)

明(聪)——目不明，耳不聪

匹(头)——以索马百匹，以索牛百头

可见"同意域相关信息项的偏举"和"异意域相关信息项的赘举"两者的表达机制和理解方式正好相反。赘举往往是为了某种特殊的表达需要，譬如连及相反相对的好字眼以缓解坏字眼带给别人的刺激和不快，旁牵相关相类的事物以营造气氛、协调音节从而引起听读者的注意等，因而不嫌繁复。但生活中的事物

本来琐细繁杂,表述时要一一列举的话,将不胜累赘。实际上,在某些特定的语意场中,这些事物或相类相近可多可少,或相关相连可合可分。因而言语表达时为求简洁方便,或为了醒目中听,选择其中某个具有代表性的语意项列出,实在也是一个好办法。没有列出的语意项,由于具体意域或语意场的提示,以及人们生活经验的预设,是很容易类推旁及而被理解接受的。这种同一语意域相关信息的多项偏举现象,无论古今都很常见,语义搭配可以多种多样,相关项别可以有两个以上,"偏举"时也不一定只限一项,可以在多项中举出两项或几项。关于这些问题,我们已在另文论述(《中国语文通讯》(香港)1997 年 3 月第 41 期),此不赘。本文所列举讨论的偏举现象具有自身的特点:首先,意域中特定句位的相关类项比较少,大都只有两项;其次,在语义搭配的组合中,往往是单向偏举,而搭配的另一头则全项列举,如"风雨"全项列举,与之搭配的"散润"则偏举"润"而略去"散"。但无论是哪种偏举形式,都应当符合两个方面的要求:第一,可补充的信息项所表示的意义或事物必须是与偏举项相关联或相类似的,毫无关联或同义近义的信息项不能构成偏举;第二,偏举所包含的相关各项与另一句位的相关各项进行语义搭配时必须具有指向的同一性或互补性,不允许出现相互矛盾或不一致、不协调的语义。

这些辞例通常被看作"风雨"等词语的"偏义"(即"风雨"偏指"雨",余类推)或"连及"(即言"雨"而连及"风",余类推),从而等同于第一组,很明显是找错了句子的疑义所在,将省并的词项漏过,反以搭配的类项为多余,势必丢掉原本该有或可能有的信息,恐怕并不符合表达者的交际意图。

其实古人凭语感颇能体会表达者的真意,对上举某些辞例曾作过正确的分析,如例 50,郑玄《礼记注》云:"社,祭地神。不言后土者,省文也。"可见"社"字有意,不是要偏弃的连及,所偏者在"上帝"与"后土"也。又如例 41,全文作:"是故蓍之德圆而神,卦之德方以智,六爻之义易以贡。圣人以此洗心,退藏于密,吉凶与民同患。"朱熹《周易本义》:"圆神,谓变化无方;方智,谓事有定理;易以贡,谓变易以告人。圣人体具三者之德,而无一尘之累。无事,则其心寂然,人莫能窥。有事,则神智之用,随感而应,所谓无卜筮而知吉凶也。"可见这段话的意思是说圣人能凭借神智德义而感知天下的一切,与民共同体验吉凶祸福。显然"吉凶"包括"吉"与"凶"两个方面,决不是偏指"凶";因而相应地"患"也必然具有忧(患)与喜之类两方面的信息。

古人在分析上述辞例时,有的还对这种偏举现象作了理论性的归纳概括,例如唐代孔颖达为例54所举《左传》襄公二年"以索马牛皆百匹"作《正义》时说：

> 《司马法》："丘出马一匹，牛三头。"则牛当称"头"，而亦云"匹"者，因马而名牛曰"匹"，**并**言之耳。经传之文，此类多矣。《易·系辞》云"润之以风雨"，《论语》云"沽酒市脯不食"，《玉藻》云"大夫不得造车马"，皆从一而**省文**也。

俞樾《古书疑义举例》卷二第十五条曾引《正义》之说而按云："此亦古人行文不嫌疏略之证。使后人为之，必一一为之辞：曰'以索马百匹，索牛百头'，曰'沽酒不饮，市脯不食'。此文之所以日繁也。"宋代王楙《野客丛书》亦承孔说：

> 《论语》："沽酒市脯不食。"此言食酒，乃因脯而**并**言。古人下字，率多借用，初不似今之拘，如此等字甚多。且沽酒市脯不食，此言如《系辞》"润之以风雨"，《左传》"马牛皆百匹"，《玉藻》"大夫不得造车马"。是皆因其一而**并言其一**，此古人**省言**之体，不可不知也。

又王引之《经义述闻》卷七：

> 《左传》："是以先王务修德音，以亨神人。"杜注曰："亨，通也。"陆粲附注曰："刘向《新序》援此文，亨作享，古字亨享通。"引之按：亨当从《新序》读为享，杜不读为享者，盖以神可言享，人不可言享耳。不知古人之文，多有**从一而省**者，人固不可言享，亦得因神而**并**称之。《襄二年传》："莱人使正舆子赂夙沙卫以索马牛皆百匹。"……因马而名牛曰匹，**并**言之耳。经传之文，此类多矣。《易系辞》云："润之以风雨。"《论语》云："沽酒市脯不食。"《玉藻》云："大夫不得造车马。"皆**从一而省文**也。然则"以享神人"，亦是**从一而省文**耳。

以上孔、王等人所举的例子全都属于第二组，没有夹杂第一组的辞例。他们论述的着眼点也在"匹（头）"等词语的省并偏举，而不是什么"马牛"之类的连及或偏义。所谓"并言""并称"者，兼并合而言之也，即将"匹""头"两个词项合并到"匹"一个词项来说，从"头"的角度看，就是"从一而省"，即"牛"随从"马"也可临时称"匹",因而省去另一个相关的词项"头"。省去的只是形式,内容已得到合并,所以兼并而言的"匹"项实际上包含着省去的"头"项的信息。

联系上述第一组中顾炎武、王国维所举辞例及其分析来看,古人对我们所说的"异意域相关信息项赘举"和"同意域相关信息项偏举"两种现象应该还是分得清楚的,只不过论述时所用的术语字面上近同,意义上含糊,所以容易混淆。如顾炎武所谓"并及"实非孔颖达、王楙所谓"并言",前者乃并连、连及之意,后者实兼并、并合之义;而王国维所谓"兼言"者,实乃兼及而言也,亦与孔颖达等所谓"并言"指合并而言不同义。然则"兼"、"并"虽可同义,而在上举各家的言论中,或指兼合并一,或指兼及并连,是同名而异实也。

由于种种原因,过去也有将这两种并不同质的现象及材料混淆起来的。请看清代大学问家阎若璩《尚书古文疏证》卷八中的一段:

酒不可言食,而《论语》"沽酒市脯不食";风不可言润,而《系辞》"润之以风雨";马不可言造,而《玉藻》"大夫不得造车马"。他若躬稼本稷而亦称禹,三过不入本禹而亦称稷,以至以纣为兄之子,本指王子比干而亦及微子启,善哭其夫而变国俗本指杞梁之妻而亦及华周之妻,皆**因其一而并言**其一,宋王楙所谓古人**省言**之体盖如此,初不似今之拘也。此又穷经之士之所宜触类而长之者也。

由于他的"触类而长","食酒脯"之类的偏举现象("省言")与"禹稷躬稼"之类的赘举现象("并言")就被搅和到了一块儿。钱锺书先生在《管锥编》第一册47页《系辞(五)》条专设所谓"修辞兼言之例",引述了孔颖达、邢昺、孔平仲、王楙、徐燉、顾炎武、王国维等人的有关论述并加以发挥,也认为顾炎武的"'并及'即《正义》之'兼言'耳"(引者按,《正义》原作"并言"),又说王国维"实亦不外孔、顾之意",这就把偏举与赘举两种有本质区别的现象彻底混同了起来。他认为同一句话既可以按孔说理解,也可以按顾、王说理解,请看他的分析:

孔说**从此而省彼**,顾、王说**因此而及彼**,两者每为一事,直所从言之异路耳。譬如不曰"不可造车畜马",而曰"不可造车马"(引者按,《礼记》原文是"不得造车马"),谓"造"字为从"车"而省"畜"之文,固可,而谓"马"字乃因"车"而牵引之文,亦未尝不可;不曰"散润之以风雨",而曰"润之以风雨",倘着眼"风"字,则"润"自为兼"散"之省文,而苟着眼"润"字,则"风"为因"雨"而连及之文矣。

那么,"不得造车马"和"润之以风雨"究竟传达什么信息呢?对同一句话同时作出"省文"偏举和"连及"赘举两种截然相反的分析理解,是不符合言语交际单义性要求的。有些辞例虽然如钱先生所分析的那样,无论当成偏举还是看作赘举,在游离语境的本句似乎都讲得通,但联系上下文和当时的交际背景来看,就会发现仍然是偏举说比较符合表达原意。如"大夫不得造车马"的全文是:"至于八月不雨,君不举。年不顺成,君衣布缙本,关梁不租,山泽列而不赋,土功不兴,大夫不得造车马。"可见这是讲灾害年成的变通措施,连国君都要吃素饭,穿粗衣,关梁山泽不交租税,基本建设也不搞了,在这种情况下,大夫既不可造新车,也不准畜群马,当是合情合理的。如果偏指造车,就不如连畜马一起说更能体现与民同甘苦的旨意。有人认为不准大夫畜马恐难相信,就是忽略了"八月不雨""年不顺成"这一特殊的背景。如果说"润风雨"之类的偏举现象反过来按赘举现象分析字面上还勉强可通的话,那"荡异同"之类的赘举现象却是不可能倒过来按偏举现象分析的,因为我们无法补出与"荡"相关相类的另一个项来,即使勉强补出,字面上也会明显地讲不通,难以为该意域所容纳。这就表现了偏举与赘举的本质性差异。例如:

尧、舜伪以天下让许由→尧伪以天下让许由,舜[?]×

鱼鸟聋轵→鸟聋轵,鱼[?]×

荡异同如反掌→荡异如反掌,[?]同如反掌×

多人不能无生得失→多人不能无生失,多人不能无[?]得×

故国兴亡已十年→故国灭亡已十年,[?]国兴起已十年×

中年伤于哀乐→中年伤于哀,中年[?]于乐×

余类推。可见赘举现象是决不能按偏举现象来分解的,因为它们本来是性质完全不同的两种现象,我们可以用如下形式来表现它们的异同:

	表达式		理解式
赘举	A—BC	或 AC—B	A—B
偏举	A1—B1B2	或 A1A2—B1	A1A2—B1B2

A、B表示同意域中具有语义搭配关系的项,1、2分别表示A或B的相关项,C也表示A或B的相关项,但与A或B不属同一意域。比较显示:赘举的表达多出

了信息项 C,理解时要去掉;偏举的表达则省略了信息项 A2 或 B2,理解时要补出。

三、同意域相同信息项的复举

"相同信息项"是指意义基本相同的语言单位,它们无疑属于同一意域。在特定语句的同一位置接连使用几个相同信息项的表达方式,我们称之为"复举",并将这类辞例编为第三组。古人所谓"连文""连语""连言""复词""复文""复用"等等,大都属于这一类。第三组举例如下:

第三组　55. 使定物价,防**诳豫**也。(王引之《经义述闻》引)

56. 是先主**覆露**子也。(王引之《经义述闻》引)

57. **仪式刑**文王之典,曰靖四方。(《诗·周颂·我将》)

58. 府帑虽未能充,**略颇稍**给。(《汉书·王莽传》)

59. 今与不善人处,则所闻者**欺诬诈伪**也。(《荀子·性恶》)

60. 木处则**惴栗恂惧**,猨猴然乎哉?(《庄子·齐物论》)

61. 其貌**魁梧奇伟**。(《史记·张陈王周传赞》)

第三组的共同特点是并列的各项信息相同或相近,理解时要作为一个整体来掌握,这就是通常所说的同义词连用(包括同义语素复合词)。其中例 55、例 56 属两项复举:诳与豫同义,覆与露同义,王引之论之甚详,此不赘。例 57、例 58 属三项复举:《诗集传》:"仪、式、刑皆法也。"姚维锐《古书疑义举例增补》析例 58 云:"略即颇也,颇即稍也,此以三字为复用矣。"周寿昌亦云:"略颇稍三字连文。"例 59、例 60 属四项复举:欺、诬、诈、伪同义,惴、栗、恂、惧同义,乃常识,毋需证明。四项复举者也可以看作两个两项复举,如例 61,王念孙《读书杂志·连语》云:"魁梧奇伟四字平列。"其实也可以分析为"魁梧"与"奇伟"两项同义复举,其中"魁梧"和"奇伟"本身也各是两项同义复举。王氏父子对同义复举现象深有研究,对其本质特点作了科学的概括:"凡连语之字,皆上下同义,不可分训。"(《读书杂志·汉书卷十六》)就是说,连语复举的几个项合起来表达一个完整的意义,分开来各自的意义也相同,不能将同义的信息项分别解释为不同的意义。通常将连语复举现象等同于复音单纯词固然不符合事实(参李运富 1990/1991),但将其与所谓"偏义复词""连类而及"等现象混为一谈,也是极为不妥的,因为无论是第一组还是第二组,它们所并连或兼合的各项都是具有不同内涵的独立信息,相互间并不同义或近义,只是具有某种联系罢了。特别是在理解机制上,同义复举既不像赘举那样要丢掉某些信息,也不像偏举那样要补充某些信息,而是按照复举项本身的信息来理解。同义复举的辞例极多,论之者亦众,所以我们这里从略。

参考文献

郑奠,等,1983.古汉语语法学资料汇编[M].北京:中华书局.

钱锺书,1986.管锥编[M].第一册.北京:中华书局,第2版.

俞樾,等,1983.古书疑义举例五种[M].北京:中华书局.

顾炎武,1996.日知录集释[M].长沙:岳麓书社.

许嘉璐,主编.1990.传统语言学辞典[M].石家庄:河北教育出版社.

陈海洋,主编.1992.中国语言学大辞典[M].南昌:江西教育出版社.

李运富,1990/1991.王念孙父子的连语观及其训诂实践(上/下)[J].古汉语研究,1990(4)/1991(2).

徐流,1996.论多音节同义并列复用[J].古汉语研究,(3).

徐朝华,1982.古代汉语中的偏义复词[J].天津师院学报,(4).

沈多瑞,1983.古代汉语偏义复词中的两个问题[J].天津师范大学学报(社会科学版),(2).

 复盘与导读

这篇文章的主要内容是辨析三类不同的古代汉语表达现象,纠正学术史上的某些错误认识。就学术史研究而言,本文可以给我们提供的启发和借鉴主要有两点。

一、学术史概念要验证材料,确保名实统一

学术史上的问题,许多都有名实纠葛,需要循名责实,以求名实统一。所以不能光看字面上怎么说,更重要的是看针对什么现象而言,实际分析的材料有哪些。现代人对古代学术史上的术语和概念有不少误解,往往就是光看字面意思而导致的。因为汉语的字词关系很复杂,多义词和异形词很普遍,歧义词组和句子也随处可见,于是一个字面上的词语可能有多种意思,一个意思也可以用多个不同的字面词语来表示,名与实常常存在多种可能的联系,如果不用实际材料加以验证,就很容易以今律古而违背古人的真实意图。

本文所引两部辞书把古人的"兼言""并言""并称""并及""连类而及""复语""复文""复用""连文""连言""连语""连(联)绵词"等都连通起来混为一谈,就是只看到名称上有"兼""并""连""及""复"等意义相近相通的字词,而忽略了它们所对应的实际材料的结果。其实,"兼""并"既有一体兼及并连他体的意思,也有两体合并或一体兼吞他体的意思,结合实例看,顾炎武的"并及"、王国维的"兼言"指的是并连、兼及,也就是今人所理解的连类而及(赘举)现象;可孔颖达、王楸、王引之的"并言"和"并称"用的却是合并、吞并义,针对的是省文(偏举)现象。这是"兼"和"并"的多义歧指现象,也可以算是同名(名称中部分词素相同)异实问题。

还要注意异名同实问题。本文提到顾炎武的"并及"与王国维的"兼言"同义,王引之的"并言"和"并称"同义,阎若璩的"并言""并及""连类而及"同义等,这些"异名"含义相同,指称的是同一对象。也有含义不同,指称对象不同,而反映的语言事实却是同一现象的,这是因为对同一事实可以有不同的观察角度。如孔颖达、王楸、王引之的"并言""并称"指的是同意域项的偏举现象,而这种偏举现象他们同时又叫"省文""省言",这是因为"并"是从合并后存现的一方说,"省"则是从合并后隐含不见的一方说,如"造车畜马"就合并后出现在句中的"造"而言是并合,就合并后不见了的"畜"而言就相当于省略了。这些视角不同的"名",针对的是同一语言现象的"实"。

可见名实的统一是学术史研究的重要问题,稍有不慎就会发生误解。解决的办法,就是通过伴随材料的分析把名和实结合起来、对应起来。抛开材料,忽视关联,光看字面的名,就容易游离本来的实而附会虚假的实。例如本文中提到的"连语",除了混同于"连类而及"外,更普遍的是误解为复音单纯词。王念孙说:"凡连语之字,皆上下同义,不可分训。"今人从字面上按照自己的想法理解为:连语就是上下两个字只表示一个意义,不能够分开解释,所以是单纯词。光看字面语意,好像没什么问题,就连名称"连语"也可以理解为连在一起不可分开的词语。但如果从古人对应的材料和实际分析出发,就会发现这样理解是错误的,因为王念孙对自己收录的23个"连语"逐一进行了分开解释,说明上字是某义,下字也是某义,所以合(并列)起来还是表示某义(更抽象概括),并多次批评有人把连语上下同义的两个字分别解释成不同的意义。很明显,用材料一验证,就知道王念孙的"连语"原来是同义并列复合词或同义词连用,并非复音单纯词。

二、学术史材料要还原语境,确保理解真意

把偏举现象混同于赘举现象,并非完全是现代人的以今律古。从本文辞书的引证看,问题首先出在清代阎若璩身上。阎若璩《尚书古文疏证》卷八把"大夫不得造车马"之类的偏举现象跟"禹稷躬稼而有天下"之类的赘举现象并列一块,认为它们"皆因其一而**并言**其一,宋王楙所谓古人**省言**之体盖如此",并且自豪地宣称"此又穷经之士之所宜触类而长之者也"。阎氏除了从字面上误解王楙等人的"并言""省言"外,也在于他迷惑句子形式而未对材料加以语境辨析。因为"车马"是相关的两个词,"禹稷"也是相关的两个词,就材料本身而言,"禹稷"拿掉"禹"句子能够讲通,"车马"拿掉"马"句子也能讲通,所以就统而合之了。这不能说阎若璩没有关注材料,他确实把材料和名称搁在一起互证了。那问题出在哪里?就出在材料没有还原到语境,结果把所有偏举类材料给误解误合了。在他之前,古人从具体语境的解读出发,联系同类语例帮助理解具体语境的例子,对偏举类语例的理解和归纳都是没有问题的,如孔颖达、王楙、王引之等,他们所分析的语例都是偏举类的,所以他们说的"并言""并称""省言""省文"意思是确定的。而顾炎武和王国维则是从赘举的具体语境出发,他们联系和列举的都是赘举类的语例,所以他们所说的"并及""兼言"意思指连及也是确定的。可见古人对这两类现象分得很清楚,尽管名称的区别度不强,甚至有歧义易混同,但由于有语境限制,所举材料没有导致混同。只是到了阎若璩的"触类而长之",就跳脱了偏举类用例的原语境,才导致两类现象的混同。

钱锺书《管锥编》专设"修辞兼言之例",引述孔颖达、王楙、顾炎武、王国维等人的有关论述,认为顾炎武的"'并及'即《正义》之'兼言'耳",又说王国维"实亦不外孔、顾之意",这也是只就语例材料而言,例如"谓'造'字为从'车'而省'畜'之文固可,而谓'马'字乃因'车'而牵引之文亦未尝不可",纯粹在做文字游戏,完全忽略了具体语境中的语句只能有一个意思的基本训诂要求,从而把偏举与赘举两种有本质区别的现象彻底混同。这种混同是以误解其中的某一类语例为前提的,而误解的根本原因在于无视原出语境。

到了现代,"连类而及"成为高校古汉语课普遍接受的一个知识点,但它没有正本清源,没有考证每个语例的出处原意,而是盲目接受阎若璩、钱锺书等人误解混同的说法。由于游离了具体语境,现代人更容易从字面上以今律古,所以本

文引的两部辞书进一步把"连语""连言""连文""复词""复文"等反映同义并列复合词或同义词连用现象的一些术语和概念也跟"连类而及"混同起来,更增加了这个问题的复杂性。所以对学术史上用到的材料要还原到具体语境中理解其真实含义是非常重要的一环。

本文发表后"中国知网"(2022年2月23日)显示只有22次引用,在我的论文中影响不算大的(单篇引用最高者175次),但我还是选择这一篇来推介,是希望研究生们对于学术史问题不能人云亦云,盲目信从,而要追根溯源,求真求实,不仅有质疑前人成说的勇气和态度,也要有拨乱反正的智慧和方法。

论朱熹诗骚叶音的语音根据及其价值*

刘晓南**

摘要： 历来认为宋儒朱熹的诗骚叶音是"乱改字音"，通盘考察朱子著述，证以其他文献，可知朱氏所叶之音都有根据。其根据可归为三：一据实际语音，二据音理推阐，三据文献旧读。由此可以解释诸如"家"叶音姑叶谷又叶各空反之类的特异叶音。因此有必要重新评价朱熹的叶音。

关键词： 朱熹；叶音；语音根据；价值

一

1.1 纵观汉语语音史的发展，我们几乎可以说，系统的汉语上古音研究是从对朱熹诗骚叶音批判开始的。明末焦竑、陈第首发其难。焦竑《焦氏笔乘·卷三·古诗无叶音》云："古韵久不传，学者于毛诗、离骚皆以今音读之，其有不合，则强为之音，曰此叶也。予意不然。"陈第在《毛诗古音考·序》中说："以今之音读古之作，不免乖剌而不合，于是悉委之叶。"在《屈宋古音义·跋》中云："夫古声今声必有异也……自唐以来，皆以今声读古之辞赋，一有不谐，则一曰叶；百有不谐，则百曰叶。借叶一字而尽该千百字之变，岂不至易而至简，然而古音亡矣。"在《读诗拙言》中云："且叶或一二用、三四用多矣，五六用至多矣。蔓衍数十更无一不叶，又胡为者也？"这些批评可隐括为两条：一是"强为之音"，叶音之音与字之本音相差太远；二是"一字而尽该千百字之变"，一字多叶。

---

* 原载《古汉语研究》2003 年第 4 期，又载《语音史考论》，上海：上海教育出版社 2021 年版。本书收录时略有修改。

** 刘晓南(1957—)，复旦大学教授，博士生导师，国家社科基金评委。

焦、陈之说影响深远,后之学人凡批评叶音大致从此两条引申。如王力说:"《诗经》三百篇是研究古韵的最好的根据,可惜前人并不是从一开始就正确地利用了《诗经》来研究古韵的。原因是他们并不懂得语言是发展的,缺乏历史观点,以为古音和今音是一致的,不过在做诗时为了押韵的需要,临时改读某些字音罢了。宋人把这种虚构的情况叫作'叶音'。朱熹在他所著的《诗集传》中大量地应用了叶音。"① 学者许世瑛这样说:"朱子诗集传里有很多'叶韵',这叶韵的意义是朱子用自己口音去读《诗经》里的韵脚字,发现有很多韵脚字是不能押韵的;于是照自己口音中可以押韵的音读去读它们,这就叫作叶韵。"②

1.2 假如要问,究竟乱叶音读的字都是哪些呢? 上述诸家提出了如下的例证:

焦竑《焦氏笔乘·卷三·古诗无叶音》:如《驺虞》一虞也,既音牙而叶葭与豝,又音五红反而叶蓬与豵;好仇一仇也,既音求而叶鸠与洲,又音渠之反而叶逑。如此则东亦可音西,南亦可音北,上亦可音下,前亦可音后,凡字皆无正呼,凡诗皆无正字矣,岂理也哉。

王力《汉语音韵》:同是一个"家"字,他在《豳风·鸱鸮》《小雅·常棣》《我行其野》《雨无正》《大雅·绵》都注云叶古胡反(《小雅·采薇》注云叶古乎反),在《召南·行露》注云叶音谷,又云叶各空反,只有《周南·桃夭》《桧风·隰有苌楚》两个地方未注叶音,大约就是照宋代的读音。这样临时改读是没有理论根据的,特别是叶音谷,叶音各空反,更是荒唐。

同类的例子还可举出一些,如"来"字叶两个读音,一叶陵之反,读阴声止摄开口三等细音;一叶六直反,读入声职韵三等细音等等。其中尤其是"家"字几乎被近些年讲古音的著作或教材辗转引用,成为叶音的反面典型。

二

笔者自 1995 年以来,为了考察宋代闽音,需要了解闽中文士的文献而泛览《朱子大全》,偶尔发现作为经学家、理学家的朱子居然在著作中记述了宋代的闽音,由此推想叶音中极可能包含闽音。于是决定尽可能全面阅读朱子留下来的

---

① 王力:《汉语音韵》,北京:中华书局1980年第2版,第119页。
② 许世瑛:《朱熹口中已有舌尖前高元音说》,载《许世瑛先生论文集》,台北:弘道文化事业有限公司1974年版,第287页。

所有著述,并泛览相关文献,如吴棫《韵补》、王质《诗总闻》、杨简《慈湖诗传》、王观国《学林》、袁文《瓮牖闲评》、项安世《项氏家说》、熊忠《古今韵会举要》等等数十种,搜寻朱子叶音中之闽音,同时掌握了大量的能说明其叶音语音依据的材料。从所掌握的材料来看,朱熹评说吴棫叶音"他皆有据"的话同样适用于他自己。也就是说,朱熹的诗骚叶音都是有语音上或音理上、文献上的根据的。找到这些根据就能顺利地回答朱熹为什么要给家字叶平、入声两读而又给虞字叶阴、阳声两读了。试述之于后。

2.1 实际语音的根据。尽管朱熹自己并没有作出过说明,但现代研究者几乎都认为朱熹叶音反映了宋代实际语音。如王力先生说:"叶音说是错误的,陈第已经批判了它。但是朱熹所用的反切反映了南宋时代的语音系统,是我们研究语音史的重要资料。他的反切并没有依照《切韵》《唐韵》或《广韵》;正是由于这个缘故,朱熹反切才真正准确地反映了当时的语音。"①许世瑛也说:"用叶韵的方法去读《诗经》固然是一件很可笑的事;但是我们却也可以从这些叶韵中,推测出朱子口中的实际语音现象。"②这反映了当汉语语音史把研究的触角伸向近代汉语语音领域的时候,朱熹叶音所反映的宋代实际语音的学术价值得到了肯定这一事实。

实际语音,当指宋代通语与方言。已有研究表明,宋代实际语音大致可以区分为两个层面,即以十八部韵部系统为标志的通语及全国各地的方言。所以朱子根据宋代实际语音叶韵就有通语与方言两个层次。

2.1.1 根据通语叶音。朱熹在《诗》《骚》韵读中根据通语来加注叶音是主流。这也是可以利用叶音考察宋代实际语音的韵部系统的基本前提。王力先生《朱熹反切考》,许世瑛先生《朱熹口中已有舌尖前高元音说》的系列论文以及赖江基(1986)、陈鸿儒(1992)和黎新第(1999、2001)等一系列从朱熹叶音考宋代实际语音的论著,都旨在考求宋代通语语音。尽管我们都相信朱熹曾依据通语音作过叶音,但是穷尽考察朱子叶音后,我们认为问题并非想象的那么简明。请看下面的例子:

《郑风·大叔于田》第一章:组舞薮叶素口反 举虎所狙叶女九反女古反

《小雅·小弁》第二章:道叶徒苟反 草叶此苟反 搗丁老反叶丁口反 老叶鲁口反首

---

① 《朱熹反切考》载王力:《龙虫并雕斋文集》第三册,北京:中华书局1982年版,第257页。
② 许世瑛:《朱熹口中已有舌尖前高元音说》。

《鄘风·相鼠》第一章：皮$^{叶蒲}_{何反}$仪$^{叶牛}_{何反}$仪为$^{叶吾}_{禾反}$

《大叔于田》是改少数韵字来叶多数字，而《小弁》是改多数字叶少数字。诸例中朱熹把一个字改读为另一个音，是不是全都依据通语呢？也就是说该字在通语中是否可以如此读音呢？如《广韵》有韵的"狃"改读语韵的"女古反"、皓韵的"道"改读厚韵"徒苟反"、支韵的"皮"改读戈韵的"蒲何反"等等是否有通语音的根据呢？换言之，宋代通语里有韵"狃"字有读若姥韵"女古切"[①]之类的音吗？显然不是，因为韵书韵图等都不能提供证明。可以肯定地说，朱熹在这里把一个字改读为另一个音，并不等于这个字在通语中实际读为此音。那么改读对于通语的意义就只有一条，就是按照改的音去读的话，整个韵段的押韵用通语音来衡量是相当和谐的。如《大叔于田》将两个"有"韵字改读为语韵后，整个韵段全押上声语韵，换言之，在宋代通语音中上声语韵仍是内部和谐的韵。而《小弁》中，"首"属于《广韵》有韵，"道草擣老"改读后都读入《广韵》厚韵。这也可说明在宋代通语音系中，上声"有厚"两韵完全可以通用。

《相鼠》是另一情况，韵字按通语读来是谐叶的，本不必注叶音，但他却仍改注叶音，且字字加注。朱熹这样做并不是认为五支内部不协，而是认为要按另一种方式押韵才符合古音。可知朱熹判断一个韵段是否需要作出语音调整，并不以通语语音读来是否谐叶为唯一标准。亦即说在朱熹心中，还有一条比"口音读来是否和谐"更高的标准，那就是他心目中的"古音"。

从上述两种情况来看，我们认为朱熹据通语音作叶，主要反映在叶音的结果上。也就是说，朱熹叶音的这个输出结果是始终如一、贯通全书的，这也就是为什么根据叶音可以归纳宋代通语音系的韵部系统的原因所在。

2.1.2 根据方言叶音。在改变具体韵字使之谐协之时，朱熹有时根据实际语音中的方音加注叶音，他自己作过说明。看他的自述，可以知道他有一个重要的思想，就是方音可以与古音相通。请看：

(1)《朱子语类》卷八十（铅印本，2081页）："诗音韵有不可晓处。因说：如今所在方言，亦自有音韵与古合处。"

(2)《朱子大全·别集》卷六《与程沙随可久书》（同治十二年六安涂氏求我斋刻本）：近因推考见吴才老工夫尽多，但亦有未尽处。泛考古书及方言，此类盖不胜举也。

[①] "女古反"是以三等上字切一等下字，不符合《切韵》音系的音节结构。

(3)《朱子大全》卷七十一《杂著·偶读漫记》：大抵方言多有自来，亦有暗合古语者。

笔者从朱子自述得到启发，遵循他的"方言证古"思路，仔细比较互勘《诗集传》的叶音，得出如下看法：

通盘考察朱熹《诗集传》叶音以及他自己所作的说明，对照宋代福建文士用韵下及现代闽音，笔者认为朱熹叶音有很大一部分是以闽音为根据的。什么叫以闽音为根据？就是当他注叶时，是"从他的家乡话的角度"①确定古韵的。大约朱熹认为某韵段字按通语读不协，但在闽音中读（按土音或白读等）是可以押韵的，那末在这里闽音就达到与古音暗合（古之遗声），恢复该韵段的古音谐协，就需要按闽音的提示改其读音。

笔者认为朱熹按方言叶音，主要表现为依据方音对个别字改读。也就是说，当一个韵字有必要作出语音调整方可使押韵和谐的话，该调整为一个什么读音呢？朱熹自然地想到他所熟悉的闽方言语音。如：

《小雅·正月》第二章：瘉後^{叶下五反}口^{叶孔五反}下同口悔

《小雅·巧言》第五章：树^{叶上主反}数口^{叶孔五反}厚^{叶胡五反}

《大雅·绵》第九章第二韵段：附^{叶上声}後^{胡豆反}下^{叶五反}奏^{与走通叶宗}^{五反}悔

《小雅·宾之初筵》第二章第一韵段：鼓奏^{叶宗五反}祖

《周颂·有瞽》第一韵段：瞽虡羽鼓圉奏^{叶音祖}举

在《诗集传》中，"口"叶孔五反三次，"奏"叶宗五反（或叶音祖）三次。请注意《大雅·绵》第九章的"奏"后朱注"奏与走通（详下文四声互用），叶宗五反"，由此可以推定"口叶孔五反、奏叶宗五反"就是他自己所述闽北建州音的"口读同苦、走读同祖"。朱熹明确地说，宋代闽音"口走"读为"苦祖"的音，可以用来解释《诗经》中"口走"等侯韵字押虞韵的古读。笔者从现代闽方言中找到了若干侯韵字读同虞韵的例子，证明朱熹所说的宋代闽语实际语音至今犹有迹可查。笔者归纳《诗集传》中利用闽音改叶字音有十二条，前所引例属于尤—鱼

---

① 邵荣芬：《明代末年福州话的韵母和声调系统》，云：陈第"有时也引证其他文献资料来确定具体的注音字。但这个注音字的韵母必须和他心目中的古韵，也就是他根据古代的押韵从他的家乡话的角度所确定的古韵相一致。"这话也大致适合朱熹。邵荣芬：《邵荣芬音韵学论集》，北京：首都师范大学出版社1997年版，第604页。

通叶,此外还有尤—萧通叶、不同的阳声韵尾通叶等等(刘晓南:《〈诗集传〉支思部独立献疑》,见《纪念王力先生诞辰百年学术论文集》,北京:商务印书馆,2002年版)。

2.2 音理上的根据。叶音根据音理,这可从两个方面来说,其一是根据韵与纽的通转,其二是根据谐声偏旁类推。

2.2.1 根据韵和纽通转叶音。韵和纽可以通转,这也不是朱熹的创造。他在许多场合都说过,他叶音的通转说取自宋代一位音韵学家程迥。如在《原本韩集考异·卷五·郓州溪堂诗》针对方崧卿所说:"此诗十一章以令叶强,以骇叶水,皆古音也。"朱子云:"今按,古音之说甚善。吴才老《补音》《补韵》二书其说甚详。骇、水叶韵,如《管子》:宫如牛鸣盎中,徵如负豕,觉而骇。亦一证也,沙随程可久曰:吴说虽多,其例不过四声互用、切响通用两条而已。此说得之,如通其说,则古书虽不尽见,今可以例推也。"

程迥字可久,著《古韵通式》,已佚。王力先生根据四库《韵补》提要说:"我们只知道他以三声通用,双声互转为说,其详不可考。"①从朱子留下的材料来看,应当是四声互用。《朱子大全·别集》卷六《与程沙随可久书》云:"示及《古韵通式》,简约通贯,警发为多。"朱熹在这封给程氏的信里说:"四声互用,无可疑者。但'切响'二字,不审义例如何? 幸望详赐指谕。"

朱熹充分肯定"四声互用","四声互用"是什么意思呢? 先看几个实例。

例一,朱熹在《与程沙随可久书》中提出"麒之为极,十之为谌,似亦是四声例也"。这是说"麒"与"极"、"十"与"谌"之间是"四声",查《切韵指掌图》第六图侵韵禅母下:谌甚甚十,原来"四声"是指同纽之下四声相配。麒和极都是群纽,宋人当然也会认为他们四声相配,《切韵指掌图》以入声职陌昔配阳声蒸庚清,故极字配擎,但在稍后的《蒙古字韵·四支》群纽下:平麒、上技、去忌、入极,亦以麒与极四声相配。其内容类似清儒戴震的以入声为纽的四声相配,戴氏云:"凡五方之音不同,古犹今也,故有合韵。必转其读,彼此不同,乃为合韵。如《载驰》之济閟,《抑》之疾戾,此不必改读而自谐者也。閟属六至,济属十二霁,在去声本一韵;即读入声,如五质之毖,脂旨至质、真轸震质相配,共入亦无不谐。"②可表之如下:

---

① 王力:《汉语音韵学》,第271页。
② 戴震:《声类表·卷首·答段若膺论韵》,民国十二年(1923)渭南严氏成都刊音韵学丛书本。

阴—————入————阳
脂—旨—至—质—震—轸—真

阴阳相承声转的音理，后人如此述说："盖入声者，介于阴阳之间；因其音本出于阳声，当收鼻音，惟至为短促不能收鼻，只收暴发音；则又类似阴声者矣。故入声得兼承阴阳，与之通转；而阴阳二声，亦以入声为之介，得相对转。"①

宋人还没有阴声入声阳声的名词，但"四声"之说已具有阴入阳声相配的内容。仿照这种配合，综合上述两条朱熹的实例可得出下列四声相配：

阴声—————入声————阳声
麒—技—忌—极—兢—檠—擎
　　十—甚—甚—谌

这种四声相配的韵之间如何互用？陆游《老学庵笔记·卷五》："故都里巷间，人言利之小者：八文十二，谓十为谌。盖语急，故以平声呼之。白傅诗云：绿浪东西南北路，红栏三百九十桥。宋文公《宫词》曰：三十六所春宫馆，二月香风送管弦。晁以道诗亦云：烦君一日殷勤意，示我十年感遇诗。则诗家亦以十为谌矣。"这是说入声"十"字，可以转读其相配的阳声韵音。袁文《甕牖闲评·卷五》说白居易此诗"以十字为平声"是"不用俗语而改平仄者"，跟陆游说的不同，但袁氏也承认："白乐天好以俗语作诗，改易字之平仄。"可见这种阳入或阴入转读，是有实际语音（即"俗音"）的依据的。原来"四声互用"就是说四声相配的同声纽字之间声音可以通转。"麒"字读作"极"音，这是阴声转读入声，"十"字读作"谌"声，这是入声转读阳声。

例二，《诗集传·商颂·烈祖》"鬷假无言"。

"鬷"字下注："《中庸》作奏，今从之。"在后文接着又注云："鬷，《中庸》作奏，正与上篇义同（晓南按，上篇指《那》）。盖古声奏族相近，族声转平而为鬷耳。"朱子认为《烈祖》的"鬷格"就是《那》"汤孙奏假"里的"奏假"，阴声奏转为入声族，然后转为阳声鬷。朱子所说的这个声转可以表示如下：

阴声奏—入声族—阳声鬷

查《切韵指掌图》第二图精母下：蕞熝椶鎍。族属从母，与奏不同纽，而《蒙古字韵》族配鱼韵"徂"。朱熹把从母字错配精母，鱼韵错配侯韵，正反映了他口中"全浊声母清化不送气"和"走读同祖"的闽音。

---

① 张世禄：《广韵研究》第三章，北京：商务印书馆1933年版。

四声互用还可以平上去声之间相通，前文引《大雅·绵》第九章朱注"奏与走通，叶宗五反"，就是四声相配的音之间去声与上声相通。关于"奏与走通"清人史荣《风雅遗音》非之，纪昀加按语驳曰："古人用韵，横有五音之分，而纵无四声之别，平上去皆得相通。颜师古注《汉书》谓之合韵，陆德明《经典释文》谓之协韵，惟以相近取声。奏古音走，盖即此例。"① 古音是客观的，而押韵有个技巧问题，纪氏似未辨明用韵中的异调通押与不同声调的字音之间通用的差别，但纪氏此说大致说到了宋人四声互用例除了类似清儒阴入、阳入通转的内容，还有平上去声之间通用。相似的例子有黄公绍、熊忠《古今韵会举要》卷三《七虞与模通》中关于"不"字的古音说明："按：不字古有二音，读如缶者，芳浮切之转声也；读如俯者，方于切之转声。以俯切不，则平声当是夫音。"也就是说，"不"字的上声有韵古读是从平声尤韵读转来，而上声麌韵的古读从平声虞韵转来，都是平声转读上声。

再论切响通用。首先"切响"的切是指什么？王力先生据四库提要定为"双声互转"则认"切"字指声母。唐宋以来，切韵学大兴，学者解释"切韵"一名，常以"上字为切，下字为韵"说之。那末，"切响"指声母是符合程氏原意的（详下文）。从前引朱熹致程沙随的信看，他对"切响通用"并不确信无疑，所以在叶音中少见运用，因而留传下来的材料很少，但也不是毫无蛛丝马迹的。先看下面例子。

《大雅·常武》第一章第一韵段：士$^{叶音}_{所}$祖父戎$^{叶音}_{汝}$

《小雅·常棣》第四章：务戎$^{叶而}_{主反}$

《小雅·小旻》第三章：犹$^{叶于}_{救反}$集$^{韩诗作就}_{叶疾救反}$咎$^{叶巨}_{又反}$道$^{叶徒}_{候反}$

《小雅·常棣》第四章吴棫原注"务"叶音"蒙"，朱熹不同意吴说，改"戎"叶音"汝"。他列举了一个理由："吴氏复疑'务'当作'蒙'，以叶'戎'字，某却疑古人训'戎'为'汝'。""'汝、戎'二字，古人通用，是协音'汝'也。"② 笔者据此认定这是朱子采用同训同义异读的形式，给"戎"字注叶音的。

但朱熹还有一段非常关键的说明，他说："字之反切，其字母同者，便可互用。如'戎''汝'是也。"③ 这段话提供了对"切响互用"解密的钥匙。"戎、汝"二字《广韵》"如融切、人渚切"，《集韵》"而融切、忍与切"都是日母、声母相同。"字母同者便可互用"八个字，意思非常明了，就是说双声字之间可以通假。即"戎"和"汝"

---

① 见史荣著，纪昀审定：《审定风雅遗音》卷上，丛书集成初编本。
② 《朱子语类》卷八十，第 6 册，第 2080 页。
③ 《朱子语类》卷一四〇，第 3336 页。

双声,那么"戎"就可以用作"汝",读成"汝"音叶韵。

同理,"集"叶音"就",也是"集"可以训"就",朱子引有韩诗异文作旁证,但集与就二字,《广韵》分别"秦入切"与"疾僦切",《集韵》"籍入切""疾僦切"都是从母。显然也有切响互用的音理根据在其中。

四声互用和切响互用合理与否是另一回事,但朱熹在做叶音时利用这个学说来给《诗经》注叶,仍然反映了他重视证据的严谨态度。

2.2.2 根据谐声偏旁类推叶音。宋代文字学非常发达,朱子对于谐声偏旁之学是很熟悉的,并把它们和叶音结合起来。下面一段话是他在讲叶韵时说的:

因说叶韵,先生曰:"此谓有文有字。文是形,字是声。文如从'水'从'金'从'木'从'日'从'月'之类;字是'皮、可、工、奚'之类。故郑渔仲云:'文,眼学也,字,耳学也。'盖以形声别也。"

把文字与声韵结合起来,宋人多有此说。如郑樵《通志·七音略序》云:"及乎研究制字,考证谐声,然后知皇颉史籀之书已具七音之作。先儒不得其传耳。"又云:"谐声者,六书之一书也。凡谐声之道,有同声者,则取同声而谐。无同声者,则取协声而谐。协声者则取正音而谐,无正音者,则取旁音而谐。所谓声者,四声也。音者,七音也。"

宋人知道形声字形成过程存在着声符的重要作用,并用来解释文字的衍生。如魏了翁在写给李遂宁的信中讨论墅字的产生说:"因是魏晋以来,有此墅字,此元是今人所书野字。盖诗中野字皆合韵二麌,汉有韵之文至然。魏晋间方有序音,土下又添一土字。"①从他所说来看,他是认为墅字本为野字,是野字先有序音,后方增土造墅字,所说的正是文字学上声符加形傍的衍生途径。照鹤山先生看来,野字与墅字同声符,墅出于野,野亦音序,故自《诗经》以来古文野可韵麌。这无疑是说同声符的字古音相通。

吴棫在《补音》和《补韵》中大量地运用了声符来类推古音。徐蒇《韵补序》:"殊不知音韵之正,本诸字之谐声,有不可易者。如霾为亡皆切,而当为陵之切者,由其以貍得声;浼为每罪切,而当为美辨切者,由其以免得声;有为云九切,而贿痏洧鲔皆以有得声,则当为羽轨切矣;皮为蒲糜切,而波坡颇皆以皮得声,则当

---

① 《重校鹤山先生大全文集》卷三十五《答李遂宁》,四部丛刊初编本。

为蒲禾切矣。"这也是"古书虽不尽见,今可以例推也"之一例。朱熹下面一条叶韵,就是用声符例推而来:

《邶风·二子乘舟》第二章:逝 ^(此字本与害叶,今读误。)害

在逝字下朱子注云:"此字本与害叶,今读误。"但没注音,也没其他的说明。那么这样叶韵该读哪个音,为什么要读这个音,都不明白。好在《朱子语类》卷一四〇记了朱子一段话,恰是对这个叶音的说明,语云:"'逝'字从'折',故可与'害'字叶韵。"[①]原来朱子认为逝从声符可推出读"折"的音,而这个"折"音就可以与害字叶韵。但"折"是入声韵,"害"是去声韵,怎么可以同韵?原来朱子认为"害"字古音读入声,音与"曷"同。害字在《蓼莪》第五章和《四月》三章中与"发"叶,《生民》二章中与"达"叶,《荡》八章中与"揭、拨"叶。在这些诗中,朱子都注害"叶音曷",故"害"古读入声与"折"可叶。

朱子根据偏旁例推古音的方法,当承自吴棫。他在给《诗经》注叶时经常用到,如福菖富叶笔力反读作逼音,这是因为它们与逼声符相同,故据声符类推可以读同逼。迈叶音厉也属于这一类。《唐风·蟋蟀》下杨简引吴棫:"迈,力制切^(四库按:原本脱三字),《说文》以蠆得声,许慎读蠆如厉。"《韵补·去声五寘》迈字下"以蠆得声"的"蠆"作"蠹"。查大徐本《说文》无蠹字,迈从蠆得声,此处当从《韵补》。《说文·虫部》蠆字下云:"从虫,萬声。读若赖。"这就是吴棫迈叶音厉的根据。

在诗骚叶音中,朱熹经常是综合运用这些语音依据。如下面的例子是综合运用四声互用和声符例推条例。

《朱子大全》卷八二《书楚辞协韵后》说明楚辞《大招》"遽"字与"昭"字押韵云:"盖字之从豦声者噱醵醵,平读音皆为彊,然则《大招》之遽当自彊而为乔,乃得其读。""遽"之可读"乔"与昭叶韵,按朱熹的说明,其衍转关系可如下表示:(括号表示音转条件,箭头表"读作"。)

2.3 文献上的根据。朱熹叶音第三个根据是文献记载的语音资料。文献记载的语音大致可以分为两部分,一是古注疏家所录之音以及韵书所记之异读,二是可以说明某字古音与今不同的古诗特殊押韵。前者可名之曰"从古读或异

[①] 《朱子语类》卷一四〇,第3336页。

读",后者可名之为"从古韵"。

2.3.1 根据古读或异读叶音。关于从古读,如毛、郑之于《诗》《礼》,陆德明《经典释文》之类,都有许多音注材料。朱熹博览群书,通晓古注,在讲字的古音时经意不经意之间引用这些语料,有的他自己作出了说明,如:

(1)《朱子语类》卷一二五:"烈风,庄子音作'厉风'。如此之类甚多。"朱子据《庄子》音认为烈可音厉,则厉亦可音烈。故在《原本韩集考异》卷八《殿中少监马君》中,对方崧卿"此铭以彻、揭、割、折、厉、夺、呾为韵……厉音烈"之说表示同意,说"今按方说得之"。

(2)《楚辞集注·怀沙》第三韵段：替鄙改^{叶音}己

这段将"改"字叶音"己"。他在《楚辞辨证·下》说出他的根据:"《怀沙》改叶音己。按郑注《仪礼》释'用己日'为'自变改',则二字音义固相近也。"说明是根据郑玄所说。

(3)《楚辞集注·离骚》第八段：索^{所格反,一}_{叶苏故反} 妒^{若索音素,即妒如字。若索}_{从所格反,则妒音跖。}

这段朱熹认为索可以叶音"苏故反",在《楚辞辨证·上》云:"索与妒叶,则索音素。洪氏曰:书序八索,徐氏有素音。"这个叶音采自洪兴祖。朱氏对洪兴祖是肯定的,他说:"近世考订训释之学,唯吴才老、洪庆善为善。"(《朱子语类》卷一三八《杂类》)

然大多数他并没有作出说明,但可以稽考相关古籍查出。

如《齐风·敝笱》"鳏",朱注:"古顽反,叶古伦反"。宋人严粲《诗辑》"鳏"下云:"毛音关,郑音昆。"据严粲则此叶从郑读。

又如"羹叶音郎",该叶音分别见于《诗集传》中《商颂·烈祖》、《大雅·荡》、《鲁颂·閟宫》三处,而羹《广韵》只有"古行切"一读,朱子改见母读来母、改庚韵读唐韵。从《经典释文》可知,根据的是羹字在地名中的一个古读。《左传·昭公十一年》:"楚子城陈、蔡、不羹"。《经典释文》羹"旧音郎",而在《左传·昭十二年》"不羹"下释文注"音郎"。《汉书·地理志》颍川郡"有东不羹"。师古曰:"羹音郎。其后亦同。"此音《广韵》不收,但《集韵》唐韵卢当切小韵下收之,云:"鲁颂、楚辞、急就篇与房浆穅为韵"。吴棫《韵补》引左氏正义云:"古者羹䭃之字亦为郎。"羹读为郎,陆德明就认定为"旧读"了,不认为是当时犹存的实际语音。

但也有的古读或许在宋代仍是方音或实际语音。如福叶音逼:

《大雅·旱麓》四章：载^{叶节}_{力反}俌^{叶蒲}_{北反}祀^{叶逸}_{织反}福^{叶笔}_{力反}

这段将福读作逼与俌(读蒲北反)叶,《朱子语类》卷一四〇"五方之民,言语不通,却有暗合处。盖是风气之中有自然之理,便有自然之字,非人力所能安排。如'福'与'備'通。"这是说当时还有福读与備同的方言。宋人王质《诗总闻·天保》也可以提供旁证,其闻音曰:"福,笔力切。礼:福者,备也。备旁纽作逼。古文福字多叶直极等字,至唐犹然。古者不独以福作逼字音,亦以福作逼字用。贾氏疏者或制大权以福天子。颜氏福,古逼字。自后福作祐意,不作逼意,然逼音犹在也。"这是说"福"作逼音读,后代"犹在"。

《诗集传》的"华叶芳无反"没说是据方言,但应当也与此相似,朱子在《诗集传》中"华"字"叶芳无反"有六处,此仅举一例,如:

《郑风·有女同车》第一章:车华_{叶芳无反}琚都

另外还有不注"叶"字,直接给华注"芳无反"的音,如:

《周南·桃夭》第一章:华_{芬无、呼瓜二反}家_{古胡、古牙二反}

朱熹在《朱子语类》卷八十页2079说:"叶韵,恐当以头一韵为准。且如'华'字叶音'敷'。如'有女同车'是第一句,则第二句'颜如舜华'当读作'敷',然后与下文'佩玉琼琚'、'洵美且都'皆叶。至如'何彼秾矣,唐棣之华'是第一韵,则当依本音读,而下文'王姬之车'当作尺奢反,如此方是。今只从吴才老旧说,不能又创得此例。"然而华叶读芳无反,是采诸吴棫,而吴氏根据《经典释文》所录的东晋以来江东旧读。吴氏《毛诗补音》在《桃夭》下作了说明。吴氏原书已佚,但杨简《慈湖诗传》有转引:"《补音》云:其华,芳无切。郭璞云:江东谓华为敷。陆德明亦云:古读华如敷。《易》曰:枯杨生敷(晓南按,此当作华),老妇得其士夫。《记》曰:不当华而华。楚大夫屈原《九歌》'瑶华'与'离居'叶。汉《齐房》乐章'华'与'都'叶。扬子《反离骚》'华'与'仓梧'叶。光武曰:仕宦当作执金吾,取妻当得阴丽华。《急就章》:'芫华'与'藜芦'叶。《易林》云:桃夭少华,季女宜家。君子乐湑,长利止居。"可见华读芳无反是东晋以来的江东旧读,朱氏沿用吴说,简直就把它看作了本身具有的一个异读。用现代闽音来看,中古轻唇音文读读同晓母,则现代闽音华与芳字文读声母仍然大致相同:

	厦门	福州	建瓯①
华	hua	xua	ua
芳	hɔŋ	xuɔŋ	xɔŋ

---

① 本文闽音材料取自《汉语方音字汇》。

可见华叶音敷既是江东旧读,两者声母文读相同则又是宋代闽音中的实际读音。朱熹偶尔也据声母相同给韵字叶音,(详上文"切响通用"条)。

从异读例,如讼《广韵》"祥容""似用"平去二读,但宋人常用去声一读。在《召南·行露》第三章"何以速我讼"下朱注"叶详容反"。即据平声异读作叶。又咍韵一等"来"字在《邶风·雄雉》第三章叶"陵之反",读止摄开口三等细音,也是一个见诸《集韵》的异读,该音在现代吴、闽音中仍存。

2.3.2 根据古韵类推叶音。朱熹的基本思路是某字在古人的诗歌中常用来与诗韵不同的一批字通押,则可认定该字即有一个古读。他自己有许多说明:

(1)《朱子语类》卷一四〇《论文》下:"晋人诗惟谢灵运用古韵,如'祐'字协'烛'字之类。唐人惟韩退之、柳子厚、白居易用古韵。如《毛颖传》'牙'字、'资'字'毛'字皆协鱼字韵是也。"

(2)《朱子语类》卷八十页2081:"因言古之谣谚皆押韵,如夏谚之类。散文亦有押韵者,如《曲礼》'安民哉'叶音'兹',则与上面'思、辞'二字叶矣。又如'将上堂,声必扬;将入户,视必下。'下叶音护。《礼运》《孔子闲居》亦多押韵。《庄子》中尤多。至于《易·象辞》皆韵语也。'又云:'《礼记》五至、三无处皆协'。"

(3)《朱子语类》卷一三八《杂类》:"吴才老《叶韵》一部,每字下注某处使作某音,亦只载得有证据底,只是一例子。泉州有板本。"

(4)《朱子语类·诗二》页2129:"下武,'昭兹来许'汉碑作'昭哉'。洪氏《隶释》'兹''哉'叶韵。《栢梁台》末句韵亦同。"

(5)《楚辞集注·离骚》第45韵段:待^{叶徒}_{奇反}期

《楚辞辨证·上》云:"待与期叶。《易》小象待有与之叶者,即其例也。"这是拿《周易》例《楚辞》。

这种根据古人用韵来推古音的作法,并不仅朱子一人。自南朝沈重《毛诗音》注"南"字"协句宜乃林反"以来,实在是唐宋学者广泛使用的。如宋人袁文《瓮牖闲评》:"'一薰一莸,十年尚犹有臭。'此二句莸可作又音,而不音则非也。莸字本是平声,而可音又者,如《太玄·聚首》'鼎血之莸,九宗之好',好有许候切,则莸字当音又字矣。臭字本是去声,而可音抽者,以《诗》'上天之载,无声无臭。仪刑文王,万邦作孚',孚有房尤切,则臭字当音抽字矣。"①袁氏利用古韵文考《左传》一条繇辞中的"莸"字可音又,据《诗经》定"臭"字可音抽等等。宋代权

---

① 袁文:《瓮牖闲评》卷一,宋元笔记丛书,上海:上海古籍出版社1985年版,第7页。

威韵书《集韵》还拿来作收字定音的根据,吴棫《韵补》、毛氏《增韵》、黄公绍熊忠《古今韵会举要》等均踵事其后。以致"经传韵语协音,不可胜纪"①。其消极一面古今杂糅致使一字又音大增,积极的一面是宋人由此看到纷繁的古诗用韵中叶韵自有条理,遂逐渐形成古诗用韵中的古音一定的观点。如沈括《梦溪笔谈》卷十四说"音韵之学,自沈约为四声,及天竺梵学入中国,其术渐密。观古人谐声,有不可解者,如玖字有字多与李字协韵,庆字正字多与章字、平字协用。……恐别有理也。"提出了疑问。王楙《野客丛书》卷六进一步指出,古诗如野羽协、家居协之类,"盖当时自有此音"。项安世《项氏家说》卷四诗音条直说凡诗中某字皆协某韵,"其所通韵,皆有定音"。(文多不录)这简直就是在说古本音了。

我们可以从吴棫和朱熹注叶中看到对古韵字叶音的频率统计。徐蒇《韵补序》云:"如服之为房六切,其见于诗者凡十有六,皆当作蒲北切,而无与房六叶者。友之为云九切,其见于诗者凡有十一,皆当作羽轨切,而无与云九叶者。以是推之,虽毋以它书为证可也。"朱熹"母"字"叶满彼反"、"仪"字叶"牛何反"等就是这样来的。

三

3.1 对典型例子的解释。从上可见,朱熹叶音是有根据的,说他不要根据,乱改字音,显然有失偏颇。他的叶音有三大根据,就是实际语音、音理推阐和文献语音。了解他的叶音根据,就可以很好地解释他为什么要把家、虞、仇等字改读为后人难于理解的叶音。

3.1.1 《诗集传》"家"叶音"姑",又叶入声谷、又叶阳声古红反,这个叶音综合运用了"从古韵""从古读""四声互用"几条条例。这可以写成公式:

```
    从古韵      四声互用
   ┌──┴──┐ ┌─────┴─────┐
家────→姑、古、固、谷、公、拱、贡
```

家在《诗经》及先秦韵文中多次与鱼韵字通押,故可叶读姑。顾炎武曰:"《后汉书·虞美人传》'冲帝母虞大家'。《曹世叔妻传》'帝数召入宫,令皇后诸贵人师事焉。号曰大家'。本书无音,胡三省《通鉴注》曰:'曹大家,今人相传读曰姑'。"可见宋元以来家读姑已是相传之古读。朱子据古韵和相传之音把家叶音

---

① 参见《古今韵会举要·凡例》。

姑,然后运用四声互用原理将姑音由平声转入声叶读谷,谷由入声转阳声叶读古红反。

3.1.2　虞字叶音牙,又叶五红反,见于《召南·行露》,这是同一个字叶阴声、又叶阳声韵。其叶音根据可从两个方面述之。

其一,虞字叶麻韵牙是据声符类推。虞字从吴得声,《诗·鲁颂·泮水》"不吴不扬"。在"不吴"下陆德明《释文》云:"郑如字,讙也。又王音误作吴①,音话,同。"杨简《慈湖诗传》"吴如字,又音话"将"音话"看作异读。朱熹在"不吴"下干脆注"音话"②,当作该语词之本音。

吴可音话,又可音华,故铧又作鋘。宋庞元英《谈薮》:"王中行字知复,国子司业述之子。学问文章皆有家法。在广西幕时,李公大异为帅,常诵老杜'天吴紫凤'之句,问坐客曰:'天吴,水神也。吴当音华,见《山海经》。未知复何书?'客皆莫对。王独曰:'按《后汉》,戴就被收,狱吏烧鋘斧,使就挟之。注引何承天《纂文》、张揖《字诂》,鋘音华。又不吴不敖、不吴不扬,亦皆华音。'李公称善。"③这段笔记涉及《山海经》、《后汉书》两种古籍。查今本《山海经》之《大荒东经》和《海外东经》,"天吴"名下均不注音。李公读"天吴"为"天华",亦必有据,可能就是宋人相传之音吧。作为幕僚的王中行引《后汉书·戴就传》为李帅佐证。《戴就传》见于《后汉书》卷八十一,原文:"又烧鋘斧,使就挟於肘腋。"李贤注:"鋘从吴。毛诗云'不吴不敖',何承天《纂文》曰:'䥝,今之鋘也。'张揖《字诂》云:'䥝,刃也。'鋘音华。按《说文》《字林》《三苍》并无'鋘'字"。按照李贤注,那么"鋘"字当写作"鋘",王先谦《后汉书集注》引洪颐煊云:"鋘本从吴。"《集注》又云"官本……二吴字并作吴",那么李贤注文中的"吴"也应当写作"吴"。《集注》转引《一切经音义》卷十六:"鋘,此古文奇字铧。"原来"吴""华"两声符相通。可见宋以前"吴"字可读麻韵,则据声符类推的原则,与"吴、鋘"同声符的"虞"亦可类推读麻韵。所以朱子据此给"虞"字叶音牙。

其二虞字叶五红反,是据四声互用。查《切韵指掌图》第三图阴入相配牙音疑母一等"吾五误𨿸"、三等"鱼语御玉",第二图阳入相配疑母一等"峳○○𨿸"、三等"颙○○玉"。可以排成下列配合:

---

①　此处"吴"字《经典释文》宋本、通志堂本误。黄焯据阮校改作"吴",见《经典释文汇校》,北京:中华书局1980年版,第87页。

②　《诗经·周颂·丝衣》"不吴不敖",朱熹亦注"吴音话"。

③　《说郛》卷三十一,《说郛三种本》,第546页。

　　　　阴——入——阳
　一等：吾五误耀○○峞
　三等：鱼语御玉○○颙

按《切韵指掌图》的四声相配，"虞、鱼"同音，当属三等，其阳声当为颙，颙《广韵》钟韵鱼容切。朱熹虞叶五红反，读作一等，与峞（《广韵》五东切）同音。很可能是把虞字读作了吴字，也可能是朱子错配了洪细音。

3.1.3　仇音求又叶渠之反，此叶音出于《兔罝》第二章"逵仇"相押。陈第《毛诗古音考》不考"仇"字的古读，把"逵"字处理为幽韵字。可能是因为焦竑提到朱熹乱叶仇字为渠之切而有所顾忌。陈氏逵字的本证旁证亦仅此一例，可见这种用韵出现很少。清代古音学家对这个韵段的处理态度不同，顾、江从朱熹，段、孔从陈第。如顾炎武《唐韵正》卷六："仇"定为与"逑"古同音，渠之反，引《诗经》《史记》《易》等五个韵例证之。但又说："按仇字诗有二音。"一读入之，一读入幽。江永《古韵标准·平声第二部》逵字下注云："今按脂韵字古无入尤韵者。逵韵仇，仇读渠之切。"顾、江的毛病是脂之不分，故段氏脂之分立后，大致以为《切韵》尤韵字上古入之部而无入脂者，又逵之声符谐"陆"为幽部入声，方定"逵"入幽，而"仇"读本韵。

我们不必纠缠清人的分韵归字。只看宋人的叶音，吴棫和朱熹均将"仇"字叶读渠之切。吴氏在《韵补》引《汉赵王之歌》叶"死理仇"为证，而在《毛诗补音》中补《龟策传》一段。朱熹采吴氏说，可能是看到"他皆有据"，引有两条西汉以前的韵文为据。但笔者认为还可能有宋代闽音的根据。笔者在宋代闽北人李纲诗作中发现两首从九得声的"究"字与支微部字押韵。两首诗一首叫《次志宏戏兴宗耳疾之作》另一首叫《再次其韵》，故两诗韵字全同："洗礼耳此里究已止水子"[①]。笔者在《宋代闽音考》第二章说："这是次韵诗，志宏即邓肃，系南剑州沙县人，与李纲同为福建人。但邓氏文集中不见《戏兴宗耳疾》诗，原作无考。李诗宥韵'究'字2次押入支微部。'究'字两句：一是'铿然助发机，妙响非外究'，二是'闻性含虚空，物蔽乃为究'。四库本'究'作'宄'。《广韵》：'究，穷也，深也，谋也，尽也。''宄，内盗也。'细绎语意，以作'究'为妥。……然究字押支微部，仅见于此，押韵奇特，录以待考。"由于没有更多的材料可以说明这条押韵，故当时录以存疑。但联系朱熹和吴棫的叶音来看，"究"押支微犹之乎"仇"叶渠之切，两下

---

① 刘晓南：《宋代闽音考》，长沙：岳麓书社1999年版，第133页。

恰可互证,李纲的用韵和朱、吴的叶音可能都是根据宋代闽音的,只是这个方音今已罕见或失传了。

3.2 重新认识及评价朱熹的叶音。在学术研究中,由于受不同时代学科发展所达到的水平和人的主观因素等的影响,研究者有时可能会援引不适当的根据或虚假证据来证明自己的学说。所以虽有证据不一定可靠,或所援引的证据不能证明想要证明的学说,但可能证明另外一种观点,这样的现象在科学发展史上是存在的。正因为如此,我们应当看到,在叶音的问题上,有无语音根据和这个根据能否证明叶音的合理性或者是否具有价值等问题,应当是互相关联但又不同的两个问题。据前所论,朱熹的叶音是有根据的。我们还可以看到他给一些不能解释的韵段注上"无韵未详",并不是一律"强为之音"(陈鸿儒,2001),他肯定是有一分根据就说一分话,不是像人们所想象的那样"乱改字音"的。但是正如前论,朱熹叶音语料由于其语音根据颇为复杂,使得其所反映的音读处于不同的层次或系列。其中既含有宋代通语与方音(主要是闽音)等实际语音,也含有古书旧读异读和据音理推阐之音等等。这诸多层次的叶音对于古音学和语音史是否具有价值还是有必要略作审定。这可以从语音史、语音学史两个方面来谈。

3.2.1 从语音史的角度来看,叶音语料尽管是朱熹心目中的古音,却由于不成系统且有许多叶音不符合古音,而对古音学价值不大。但正如学者指出,叶音由于反映了宋代实际语音,而对近代汉语语音的研究却有很高的学术价值。可以借助它来考证通语和方言的实际语音。在考证通语语音方面,成果很多前文已提及,此不赘。通过叶音材料考察宋代闽方言的有刘晓南《朱熹与闽方言》等系列论文。

3.2.2 语音学史主要是反映了宋代古音学的研究概况。宋代是古音学的启蒙时期,但由于年代久远,文献残缺,今人已不甚了解。人们彻底否定了朱熹叶音后,仅根据吴棫《韵补》以及见于称引的郑庠学说来讨论宋代的古音学,难免失之偏颇。据前所述,反映在朱熹著作中的宋代古音学,有三大特色。

一是据音理推阐古音,有两大表现,其一表现为类似清儒阴入阳音转及旁纽的四声互用、切响通用;其二,据声符类推古音,似可目为"凡同声必同部的"的前导。

"据声符类推"古音,在后人发展为"凡同声必同部"的理论,其积极意义可见。当然,"四声互用"这种古音通转的学说,同纽之音通用无碍,颇失之于滥;但在某种程度上揭示了古音之中阴阳入声之间的配合及音转关系,对清儒为说明特殊的古音用韵及通假现象的"阴阳对转"说来说,难道没有导夫前路之功吗?至于"切响通用"以同声母来定字的古音,确实有悖音理,就是朱子也不笃信。但我们注意到朱熹两例切响通用的例子都引据有古文献的旁证,这又看出朱子的谨慎。同声母的字(即古音双声)音理相关,我们也不可完全忽视。钱大昕用来说明《诗经》中"调、同"二字的押韵,见于《十驾斋养新录》,段玉裁用来说明一些特别的谐声,如茸从耳得声等。

二是据方音考定古音。

三是据古人用韵统计类推古读。二、三两条方法,都是清儒以至现代学者乐于使用的。

三条中任一条都是很有学术价值的,在学术发展史上应当有其地位。过去显然对此认识不够而有所忽略。现在我们通过考究朱熹叶音的语音依据,比较广泛地发掘出一批资料,从而使得我们对宋代古音学的原貌,有可能比前人认识得更为全面而准确。这也可以看出朱熹叶音的语音根据在汉语研究史中同样具有很高的学术价值。

参考文献

北京大学中国语言文学系语言学教研室,1989.汉语方音字汇[M].第2版.北京:文字改革出版社.

陈广忠,1999a.朱熹《诗集传》叶音考辩[J].安徽大学学报,(2):69-77.

陈广忠,1999b.朱熹《诗集传》叶音考辩(续)[J].安徽大学学报,(3):26-35.

赖江基,1986.从《诗集传》的叶音看朱熹音的韵系[M].音韵学研究:2.北京:中华书局.

刘晓南,2001a.朱熹与闽方言[J].方言,(1).

刘晓南,2001b.宋代文士诗文用韵与宋代的通语以及方言[J].古汉语研究,(1).

刘晓南,2000.《诗集传》支思部独立献疑[G]//王力先生百年诞辰纪念论文集.北京:商务印书馆.

陈鸿儒,1992.朱熹用韵考[J].龙岩师专学报,10(1).

陈鸿儒,2001.朱熹叶音辨[J].古汉语研究,(2).

黎新第,1999.从量变看朱熹反切中的全浊清化[J].语言研究,(1).
黎新第,2001.对朱熹反切中的全浊清化例证的再探讨[J].古汉语研究,(1).
王力,1982.朱熹反切考[M]//龙虫并雕斋文集:第三册:212.
许世瑛,1974.许世瑛先生语言学论文集[G].台北:弘道文化事业有限公司.

 复盘与导读

一、主要内容

此文是二十多年前的旧作,运用朱熹传世文献中的本证以及宋代其他语音文献的语料,论述朱熹所作的叶音都有语音根据,并非像陈第、焦竑以来诸批评者所说的为了说明古诗的押韵;不要根据地"漫从改读",随便给韵脚字安个一个原本没有的音,只要能押韵即可的观点。

文章根据朱熹叶音语料,对照朱子的自述,考察所叶之音的语音根据,并辅以宋代其他材料,论述朱熹叶音的语音根据,论证分三大类若干小类。第一大类为据实际语音叶音,其下又分据通语音叶音、据方音叶音两个小类。第二大类为据音韵学的学理叶音,其下又分据四声互用叶音、据切响通用叶音、据谐声关系叶音三个小类。第三大类为据文献古音语料叶音,其下又分据古读或异读叶音、据古韵类推叶音两个小类。实际上共论述了六种叶音的语音根据。在后来的相关论文中,已经将叶音的语音根据调整为六大根据。

在论述了六种叶音语音根据之后,再对那些比较难以理解的、被指责的最多的叶音条目做出其所依据的语音根据的说明。以充足的证据,说明这些不易理解的叶音都是有根据的,不是乱改字音。目的不是辩其叶音如何符合古音,只是为了说明他所作的叶音虽然难以理解,但都是有语音根据的。这些语音根据其实包含了比较丰富的历史语音信息,是我们研究音韵学和语音史的重要语料。

文章最后对朱熹叶音的学术行为和古音理念等进行了评价。认为应当重新认识并评价朱熹叶音,一是确认朱熹叶音是注重其语音根据的,不要根据的"乱改字音"的批评不符合朱熹叶音的实际。二是要充分认识朱熹叶音中的古音学价值,他的据方音证古音等研究,反映了宋代古音学的学术成就。三是要充分肯定朱熹叶音中的宋代实际语音,包含方音的历史价值,这些材料是先贤留给我们的宝贵历史语音资料,应当充分利用,来构建中国特色的语言学理论。

二、本文缘起

文章提及为什么要考察朱熹叶音的语音根据问题,但限于篇幅语焉不详,现略为补充。笔者二十多年前,写作博士学位论文《宋代福建诗人用韵研究》时,需要尽可能全面地了解宋代福建籍文士的文献,所以在图书馆泛览文集,在泛读朱熹文集中,偶然看到一条关于宋代方音的笔记,其中包含有一条很有意思的闽音语料。原文如下:

> 打字,今浙西呼如嫡耿切之声,亦有用去声处。大抵方言多有自来,亦有暗合古语者,如浙人谓不为弗,又或转而为否呼若甫云。闽人有谓口为苦,走为祖者,皆合古韵。此类尚多,不能尽举也。(《晦庵先生朱文公文集》卷七十一,《朱子全书》第 24 册,第 3420 页)

这条材料引起了我的注意。其中不但有当时方音的实际记录,而且谈及了"古语"和"古韵"。因而想到,有没有可能在其真正要解决古音问题的《诗集传》叶音中使用这种闽音呢?于是核查叶音,果然发现了六条"走读为祖""口读为苦"类似的叶音,详见本文用方音叶音的例证。证明朱熹确实利用当时的闽音来解决古音问题。

既然朱熹的叶音有方音的根据,那么还有没有其他的根据呢?这就成了我在作宋代福建诗人用韵时的一个时常关注的问题。只要出现相关语料,立即收集。随着宋代福建诗人用韵研究的逐渐完成,接触的文献越来越多,对宋代福建文献的了解逐渐深入,相关的材料积累增多。又扩大朱熹文献的阅读范围,几乎将朱熹传世的著作,能找到的全部拿来浏览了一遍,发现了很多朱熹有关叶音的材料,其中最为珍贵的是朱熹自己也在不同的场合讲到过一些叶音的语音根据。

朱熹叶音是否有语音根据,通过这些有针对性的扩充阅读,逐渐明朗。很多难以理解的本以为是乱改字音的叶音,都发现了它的根据。而且,朱熹并非所有的疑难韵脚都注叶音,在《诗集传》中就注有"叶韵未详"多达 17 处。在另一本讲古音叶音的著作《楚辞集注》中,那些较难理解的叶音,多见推测性用语叶音,如用"当叶……音"这样的句式,这可见朱熹叶音的慎重态度。《楚辞集注》是他晚年的未定稿之作,文中出现这样的句式,正说明了他对某些叶音还没有考虑成熟,留待将来修订的意思,只可惜天不假年,他的修订没有完成。这些都看出,朱熹绝不是看到一个疑难韵脚就胡乱给一个能押韵的音,他一定是有根据才给其注叶音,没有根据的时候就注"未详"。"叶韵未详"也可以从反面说明叶音之有据。我在掌握了大量的原始资料之后,整理思路,写下了此篇论文。

三、后续发展

文章刊发后,我开始将全部朱熹叶音(即《诗集传》《楚辞集注》两书中的所有叶音条目)一一作来源考察,将它们与陆德明《经典释文》、宋代韵书《广韵》《集韵》,还有吴棫的《诗补音》(按,笔者辑录)《韵补》以及其他韵书如《古今韵会举要》《五音集韵》等进行比对,更是有很多重大发现。叶音不但有方音、有通语等根据,其实还有很多来自传统的音义书和韵书来作根据,据此,叶音是否有语音根据的问题得以基本解决,可以确认,所有叶音基本都是有语音根据的。

朱熹叶音的语音根据发现之后,实际上由此发现了一个重大研究课题,即朱熹文献中的语音研究。如叶音的研究,宋代通语的研究,宋代闽音的研究,宋代古音学的研究等等。这些新的论题,后来笔者陆续写成论文,已经刊发系列论文 20 余篇,对朱熹的语音学思想和朱熹语音研究基本上已形成体系。

浅议异文、通假与经典化

——以毛诗《关雎》"芼"安大简作"教"为例*

华学诚**

摘要：《诗·周南·关雎》毛诗第三章："参差荇菜,左右芼之。"安大简《诗》作："参差荇菜,左右教之。"整理者认为"教"通"芼"。文章认为,故训资料、文献语言、语音关系均不能支持"教"与"芼"通假。安大简《诗》与毛诗之间的异文,情况非常复杂,其中有一些异文当是《诗》在经典化的不同时期留下的客观记录,不宜让安大简《诗》强就毛诗。"教"可用"教化"本义解,与释为乐教的"乐"构成对应关系。"教"作"教化"解可以贯通安大简《诗》意,也能得到《韩诗外传》和四家诗异文等旁证的支持。

关键词：《关雎》;芼;教;异文;通假;经典化;安大简

《诗·周南·关雎》毛诗第三章①："参差荇菜,左右芼之。"安大简《诗》"芼"作"教"。(黄德宽,2019：6)整理者注释云："上古音'教'属见纽宵部,'芼'属明纽宵部。二字韵部相同,声纽有关,当为通假关系。毛传：'芼,择也。'"(黄德宽,2019：71)对于安大简《诗》的"教",是应当作通假解还是应当依本字解,是一个值得深究的问题。本文就这一具体例子展开讨论,主要是基于如下思考,即出土文献的整理注释中如何对待异文、怎么使用"通假",以及如何正确认识古书的经典化。关于这一例子的一些旁证材料,本文将作为辅助证明放在文章的第四部分。上述思考,既是本文讨论的出发点,也是本文撰写的目的。笔者认为,这

---

* 原载《语文研究》2020年第3期,又为中国人民大学报刊复印资料《语言文字学》2021年第6期全文转载。本书收录时略有修改。

** 华学诚(1957—),北京语言大学教授,博士生导师,教育部"长江学者"特聘教授。

① 据阮元校刻《十三经注疏》本。其他古书凡见于《十三经注疏》本的,皆用此本。

并不仅仅是安大简的问题,更重要的是,它涉及如何看待出土文献和传世文献、出土文献整理与研究方法以及文献的二次研究与利用等一系列重要问题,不可不论。笔者的意见未必正确,请大方之家批评指正。

一、"教"通"芼"说恐难成立

(一)"教"通"芼"的说法,在训诂上缺乏根据

《说文·支部》:"教,上所施下所效也。"《释名·释言语》:"教,效也,下所法效也。"《广韵》平声《肴韵》"古肴切",释曰"效也";去声《效韵》"古孝切",释曰"教训也,又法也、语也。《元命包》云:'天垂文象人行其事谓之教,教之为言傚也。'"《集韵》平声《爻韵》"居肴切",释曰"令也";去声《效韵》"居效切",引《说文》为释,异体字有"学"等。从这些古代辞书提供的训释材料可见,教化、效法、教育、传授、使令等是"教"的本义和主要引申义。

"芼",《说文·艸部》:"芼,艸覆蔓。"即"芼"的本义是草铺地蔓延。毛传:"芼,择也。"其底本应该是很早的,成书于战国末年的《尔雅·释言》就已经有了"芼,搴也"这一训释,郭注明确解释说:"谓拔取菜。"《尔雅》和郭注都是以《诗》"左右芼之"这一句为依据的,毛传"芼,择也"则对"搴"这一动作义作了进一步概括,使之更切合自己所理解的《诗》意。

可见,"教"和"芼"在意义上没有任何关联,既没有发现"教"可训"择"的任何故训资料,也没有见到"教"与"芼"相通的古注辞书依据。

(二)"教"通"芼"的说法,在先秦找不到用例

先秦文献中,"教"字的用例非常多,但并没有一例是作为"芼"的通假字来使用的。比如《左传》,书中"教"的用例不是动词就是名词,其意义基本上是在前文所引故训范围内。杨伯峻、徐提编《春秋左传词典》中,"教训""教诲"作为双音词单列词条,"教"作为单音词列了两个义项,一是"教育,教训",二是"指教,教导",没有其他解释。下引《左传》所见"教"之前10例可见一斑:

(1)称郑伯,讥失教也。(《左传·隐公元年》)

(2)臣闻爱子,教之以义方也。(《左传·隐公三年》)

(3)故务其三时,修其五教,亲其九族。(《左传·桓公六年》)

(4)赦其不闲于教训,而免于罪戾,弛于负担,君之惠也。(《左传·庄

公二十二年》)

(5) 告知以临民,教之以军旅。(《左传·闵公二年》)
(6) (卫文公)……敬教、劝学、授方、任能。(《左传·闵公二年》)
(7) 古者大事……而知其人心,安其教训。(《左传·僖公十五年》)
(8) 子金教之言曰……(《左传·僖公十五年》)
(9) 军三旬而不降,退修教而复伐之。(《左传·僖公十九年》)
(10) 虽及胡耇,获则取之,何有于二毛,明耻教战,求杀敌也。(《左传·僖公二十二年》)

毛诗中"教"的全部用例如下,其中没有一例通"芼":

(1) 教诲尔子,式穀似之。(《小雅·小宛》)
(2) 辰彼硕女,令德来教。(《小雅·车舝》)
(3) 尔之教矣,民胥效矣。……毋教猱升木,如涂涂附。(《小雅·角弓》)
(4) 饮之食之,教之诲之。(《小雅·绵蛮》)
(5) 匪用为教,覆用为虐。(《大雅·抑》)
(6) 匪教匪诲,时维妇寺。(《大雅·瞻卬》)
(7) 载色载笑,匪怒伊教。(《鲁颂·泮水》)

(三)"教"通"芼"的说法,在语音上也有窒碍

一般来说,通假关系的确定并不能单纯依据语音相同或相近这一条,换句话说,语音相同或相近是必要条件,不是充分条件,所以通假关系的确定还需要故训资料、文献用例等方面的证据。如上所说,在故训资料和文献用例方面,都没有材料为"教"通"芼"的说法提供佐证。

即使单纯从语音上来看,整理者认为"教"通"芼"的观点也是有问题的。"教"和"芼"的上古韵部虽有一二等之别,但同属宵部,与下文的"乐"属于宵、药合韵[①],也就是说,两字构成叠韵是没有问题的。但声纽则颇为相隔:"教"是见纽,属牙音清音;"芼"是明纽,属唇音鼻音。两个声纽的发音部位、发音方法,差

---

① 安大简《韵读对读表》注"宵觉"合韵,"觉"误。

别很大。王力先生曾经指出:"同源字中,双声最多,其次是旁纽。其他各种类型都比较少见。"(王力,1982:20)王先生说的虽然是"同源字",其实用此语判定通假字的语音关系同样适用。所谓其他类型,包括准旁纽(如透神、定喻等)和邻纽(如喉牙音、舌齿音、鼻音边音之间的关系)。而"教"和"芼"连邻纽也算不上,整理者说二者"声纽有关",既无论据,又无论证,让读者很难理解如何"有关"①。

整理者把差别如此大的两个声纽看成"有关",也许是因为他们注意到以往的研究中已经有人指出中古晓母字与明母字在上古有联系。其实这个研究结论目前只在特定的范围内得到了认可,并不能简单类推,比如中古晓母字与帮滂并诸母就不存在与明母字同样的联系。反之,也不能据此作如下推理:既然中古晓母字与明母字在上古有联系,那么中古见溪群疑诸母与明母字在上古也应该有联系;更不能不加论证就理所当然地认定他们"有关"。

二、《诗》的经典化与安大简《诗》、毛诗异文的关系

众所周知,《诗》很早就广泛流传,上古文献中用《诗》是很常见的现象,单是一部《左传》,用《诗》就有277条,其中赋诗68条,引诗181条。《诗》曾经是孔子所用的教材,并经过孔子的整理,这种整理是《诗》的学者经典化。

安大简的时间被测定为战国早中期,那个时期《诗》在实际流传中的抄写本应该不少,孔子的众多门人和再传弟子都应该有经过孔子整理的抄写本,安大简《诗》是不是属于孔子整理本的传本目前不清楚,当然也不能排除这种可能。包括孔子整理本在内的《诗》的各种抄写本,在战国时期流布地区很广,传抄代代不辍,比如齐鲁一带就定然有不少抄写本,说不定在今后的某一天我们又能发现一个新的简本。既然古书那个时期在时间与空间两个维度上的传播方式主要是传抄②,而且战国时期言语异声、文字异形,那么传抄过程中就既可能有抄错的情况,也可能有凭意改动的情况。传抄出现的错讹是不自觉的,而凭意改动则可以视为《诗》的民间俗本化。

无论是传抄错讹,还是凭意改动,结果就是,先秦古书包括汉代来源不同的

---

① 古音研究者根据出土文献研究者提供的材料论证"有关",出土文献研究者根据古音研究者提供的"有关"确认通假,结果陷入循环论证,这种现象值得警惕。
② 民间口口传播、传承应该不绝如缕,但无法具体考证;口头传承与书面传抄,也会互有影响,可惜无法具体讨论这种影响。

古书,文句歧异、异文较多,《帛书老子》甲乙本与传世《老子》之间的歧异就是显著的例子,阜阳汉简《诗》不属于齐鲁韩毛四家诗的任何一家也是明证。秦始皇帝焚书坑儒之后,《诗》《书》等禁书的传播方式被迫改变为口耳相传,后来据此记录的书又增加了更多歧异。汉武帝接受董仲舒的建议,"罢黜百家,表章六经","除挟书之律,开献书之路",《诗》则有齐鲁韩三家立于学官,稍微晚出的古文诗学毛诗则私学相授,并于东汉盛行。四家诗和其他"经"学一样,在汉武帝之后经历了一个"官""学"经典化的过程,《诗》的传本经典化定型于毛、郑之手,此后就是版本经典化了。

正因为先秦古书,包括《诗》,都有上述复杂的流传过程和经典化过程,所以今天看到的战国出土文献与传世文献之间存在大量的文句歧异和异文。毫无疑问,这些文句歧异和异文,有些是正误性质,有些就未必如此了。譬如"教",这是安大简《诗》的用字,而"芼"则是毛诗所据古本的用字。如果这两个字都是代表该字所记录的词,也就是说,这两个字的不同,并不是一个词的用字不同,而是不同古本的用词不同,那么我们千方百计用"通假"来沟通,就会距离本来面貌越来越远。那整理者为什么会坚持用通假来沟通安大简《诗》与毛诗呢?笔者猜测,没有顾及如上所说的经典化过程可能是一方面,更主要的可能还是整理者有一个预设:毛诗的用字、用词是正确的,与毛诗不同的安大简《诗》中出现的异文应该是通假,因为简帛中存在的通假现象比传世文献要多得多。

现在再回到《关雎》这首诗本身。这首诗不管是分三章还是分五章,其内容都可以分为四层。第一层起兴之后说"君子好逑"就是"窈窕淑女",接下来三层抒写了"君子"思慕追求"淑女"的过程和结果。如果我们把安大简《诗》和毛诗的文字不同,首先看成是本字本词,也就是说,不把"教"与"芼"视为通假,那么,呈现的诗意会有所不同。这首诗后面三层所表达的基本意思是:"参差荇菜,左右流之"以下,是说"君子"求之而不得所经历的思念折磨;"参差荇菜,左右采之"以下,是说"君子"将如何"有/友"之;"参差荇菜,左右教/芼之"以下,是说"君子"将如何"乐"之。

"流"和"芼"的本义都不训"采",但《毛传》曰"流,求也""芼,择也",这是把"流""芼"视为"采"的同义词,这当然是毛诗所理解的诗意。朱熹《诗集传》说:"顺水之流而取之也。"陈奂《毛诗传疏》说:"流本不训求,而训诂云耳者,流读与求同,其字作流,其意为求,此古人假借之法也。"朱熹、陈奂对毛诗的理解是准确的,毛诗把"流""采""芼"的意义训为求取、采择、选择,那么这三层的意思就形成了一个同义平面,达到循环往复、一唱三叹的效果。

安大简《诗》与毛诗"流、采、芼"相同位置上出现的三个字是"流、采、教",按照毛诗的诗意,"教"当然无法理解了,所以整理者就用通假解释。如果不把安大简《诗》与汉代经典化之后的毛诗理解成同一个传本,那么具体字词就可以不受毛诗的束缚。荇菜属于浅水性植物,叶子漂浮于水面而根生于水底淤泥中。参差不齐的荇菜,叶子会随流左右飘荡,以此设喻,所以《关雎》说"左右 X 之"。这个"X",安大简《诗》分别为"流""采""教",结合下面对应位置的"求""有""乐"并以其自身的意义来解读,是可以讲通的,这样去解读安大简《诗》也许才能真正接近这个本子所要表达的《诗》意,即与毛诗不尽一致的《诗》意。

三、"教"解作"教化"可以贯通安大简《诗》意

教,《说文》所云"上所施下所效也",即"教化"之意,例多不赘。"教"上古常常特指乐教。《礼记·乐记》:"天地之道,寒暑不时则疾,风雨不节则饥。教者,民之寒暑也,教不时则伤世;事者,民之风雨也,事不节则无功。"郑玄注:"教,谓乐也。"这是以狭义的乐教来解释广义的教化,也就是说,在这一句里"教"特指"乐教"①。《礼记·乐记》:"是以君子反情以和其志,广乐以成其教。乐行而民乡方,可以观德矣。"孔颖达疏:"谓宽广乐之义理,以成就其政教之事也。""广乐以成其教"说的也是"乐教"。

"乐教"有很古老而悠久的历史,古圣贤都非常重视。下面这些都是关于乐教的重要记载。《尚书·舜典》:"帝曰:'夔,命汝典乐,教胄子。'"《礼记·文王世子》:"凡三王教世子,必以礼乐。乐所以修内也,礼所以修外也。"《孔子家语·问玉》:"其为人也,温柔敦厚,诗教也;疏通知远,书教也;广博易良,乐教也;洁净精微,易教也;恭俭庄敬,礼教也;属辞比事,春秋教也。"郭店楚简《语丛一》:"乐,或生或教者也。"又《尊德义》:"教以礼,则民果以劲;教以乐,则民弗得争将。"又《性自命出上》:"凡古乐动心,益乐动指,皆教其人者也。"孔子看待"乐教"的作用和意义所站的高度更是无以复加。《论语·泰伯》:"子曰:'兴于诗,立于礼,成于乐。'"

---

① 《史记·乐书》:"教者,民之寒暑也,教不时则伤世。"张守节《正义》曰:"寒暑不时,既为民疾苦;乐教不时,则伤世俗之化也。"

浅议异文、通假与经典化

今天一般把《关雎》看成普通的抒情诗,认为这首诗描写了一名男子对一名女子的思慕与追求。这一解读还原了原生民歌本来的面目,但未必符合先秦两汉文献经典化过程中对这首诗的理解。换句话说,对先秦两汉《诗》的各种传本做文献整理和解读,应该将其置于诗教、乐教等语境之下,应该充分重视这种语境对《诗》经典化的深刻影响。只有这样,才能正确理解先秦两汉上层人物眼中的《诗》,才能解释《左传》《国语》等古史记载诸侯、卿大夫朝聘会盟、应对酬酢每每用《诗》的现象,才能理解战国诸子在论著中喜欢引《诗》的现象。

"诗言志"应该是中国最古老的诗论,而《毛诗序》无疑是中国最早的系统诗论,所以理解先秦两汉《诗》的经典化,《毛诗序》自然是最重要、最关键的参考文献。《毛诗序》曰:"《关雎》,后妃之德也。风之始也,所以风天下而正夫妇也。故用之乡人焉,用之邦国焉。风,风也,教也。风以动之,教以化之。"这句的主要意思是说,《关雎》这首诗表彰的是后妃美德,目的是教化天下而正夫妇之道。又曰:"《关雎》乐得淑女,以配君子,忧[①]在进贤,不淫其色;哀窈窕,思贤才,而无伤善之心焉。是《关雎》之义也。"。这句话的大意是:《关雎》赞美得到贤淑的女子来匹配给君子,忧虑如何进举贤良之人而非贪恋女色;怜爱静美娴雅的美女,思念贤德良善的人才,却没有伤风败俗的邪念。这就是《关雎》的要义。《毛诗序》这段话是在揭示《关雎》的主题,而这一观点显然本自孔子。《论语·八佾》:"子曰:'《关雎》乐而不淫,哀而不伤。'"既然孔子与毛诗对《关雎》主题的认识是一脉相承的,那么对于春秋以来《诗》的各种传本进行解读时就不能不重视这一观点。

安大简《诗》与上述毛诗有关的几句摘录如下:"参差荇菜,左右流之;窈窕淑女,寤寐求之。……参差荇菜,左右采之;窈窕淑女,琴瑟有之。参差荇菜,左右教之;窈窕淑女,钟鼓乐之。"结合上文的论述,我们可以这样来理解安大简《诗》这几句诗的意思:长短不齐的荇菜(如同美女)啊,忽左忽右漂流之;美丽善良的女子啊,(君子)眼睁眼闭都想着她。长短不齐的荇菜(如同美女)啊,从左从右采摘之;美丽善良的女子啊,(君子)弹琴鼓瑟拥有她。长短不齐的荇菜(如同美女)啊,在左在右教化之;美丽善良的女子啊,(君子)敲钟击鼓乐教她。上述理解,是基于如下认识:"参差荇菜"是比喻,故可以括注"如同美女"来理解。第一层表示美丽贤淑的女子像荇菜一样漂流不定,故而要"求";"流"用本字解,不用毛传之"求"训。第二层表示美丽贤淑的女子像荇菜一样可以采摘,故而说"有";"有"用

[①] 原作"爱",据阮元校改作"忧"。

177

本字解,不视为"友"的通假,毛诗作"友"是后来经典化的结果。第三层表示美丽贤淑的女子可以教化,故而能够进行乐教;"教"用本字解,"乐"应是"乐教"之"乐"而非"快乐"之"乐"。这三层从"流之"而"求之",到"采之"而"有之",再到"教之"而"乐之",层层递进,尤其是最后一层,画龙点睛,直白地表达了"后妃之德"说。

荇菜有"左右流之"的特点,荇菜也能"左右采之",说荇菜可以"左右教之"并不合事理。笔者充分注意到了这一点,几位与我有交流的专家也重点提到了这一疑虑。笔者所以作如此解,是基于如下两点考虑:第一,"教"与下文乐教之"乐"是完全对应的,这是诗旨的体现,直言乐教、不假修辞是安大简《诗》作为早期民间俗本的特征;第二,表达了诗旨而没有顾及"教"与荇菜的特点,这种顾此失彼的瑕疵正是战国早中期民间俗本所以为俗本的原因之一,不必为之"完善"。毛诗用"芼"并训为"择",既有对荇菜择取所长、舍弃所短之意,又有比喻教化使人去俗就雅之功,在表达上比安大简《诗》胜出一筹,由此也能让今人看到毛诗经典化过程的一斑①。

总之,依照"教"本字作解,能客观反映出安大简《诗》和毛诗的不同,从而反映出处于经典化早期的《诗》与完成经典化的毛诗之间的不同。安大简整理如能够全面客观地呈现并解释这些不同,而不是一味地将简本往经典化之后的毛诗上附会,不仅可供研究历时条件下文献用字的不同、语言修辞的推敲,而且可供研究先秦至汉代经典化的具体过程及其规律。如果说汉代之前的经典化是文献的经典化,那么汉代之后四家诗的不同则属于版本的经典化。文献的经典化与版本的经典化,既有联系,也有区别,这是另外一个论题,本文不赘。

四、安大简《诗》"乐教"解及战国古本与毛诗不同的旁证

(一)《韩诗外传》的两则材料,对"乐"解为"乐教"有佐证意义

"钟鼓乐之"之"乐",《毛传》《郑笺》都解释为快乐之"乐";后人沿用之,以为

---

① 《大戴礼记·保傅》:"天下之命悬于天子,天子之善在于早谕教与选左右;心未疑而先教谕,则化易成也。夫开于道术,知义理之指则教之功也。若夫服习积贯,则左右已;胡越之人,生而同声,嗜欲不异,及其长而成俗也,参数译而不能相通,行虽有死不能相为者,教习然也。故曰选左右早谕教最急。夫教得而左右正,左右正则天子正矣,天子正则天下定矣。"门生游帅博士据此认为,"左右流之""左右采之""左右教之"似乎可以理解为流于左右、采于左右、教于左右,从而反映天子选妃并教谕之的过程;这样解释可以疏通"教"依据本字作解所遇到的问题。他的解释新颖而有意义,但也会出现一些新的问题。我没有采纳他的意见,但愿意录以备考,以彰显他的思考。

使动用法,意谓使快乐。这样解释符合毛诗的上下文语境,但并不适合安大简《诗》。安大简《诗》的"乐"与上文"教"对应,我们认为应理解为"乐教"之"乐"。陆德明《释文》说"音洛又音岳",陆氏又音就是"乐教"之"乐"的音。《韩诗外传》有两则材料,能够为我们的理解提供佐证。

《韩诗外传》卷一第十六章:

> 古者天子左五钟,右五钟。将出,则撞黄钟,而右五钟皆应之。马鸣中律,驾者有文,御者有数。立则磬折,拱则抱鼓,行步中规,折则中矩。然后太师奏升车之乐,告出也。入则撞蕤宾,而左五钟皆应之,以治容貌。容貌得则颜色齐,颜色齐则肌肤安。蕤宾有声,鹄震马鸣,及保介之虫,无不延颈以听。在内者皆玉色,在外者皆金声,然后少师奏升堂之乐,即席告入也。此言音乐相和,物类相感,同声相应之义也。《诗》云:"钟鼓乐之。"此之谓也。

《韩诗外传》卷五第一章:

> 子夏问曰:"《关雎》何以为《国风》始也?"孔子曰:"《关雎》至矣乎!夫《关雎》之人,仰则天,俯则地,幽幽冥冥,德之所藏,纷纷沸沸,道之所行,虽神龙化,斐斐文章。大哉《关雎》之道也,万物之所系,群生之所悬命也,河洛出《书》《图》,麟凤翔乎郊。不由《关雎》之道,则《关雎》之事将奚由至矣哉?夫六经之策,皆归论汲汲,盖取之乎《关雎》。《关雎》之事大矣哉!冯冯翊翊,自东自西,自南自北,无思不服。子其勉强之,思服之。天地之间,生民之属,王道之原,不外此矣。"子夏喟然叹曰:"大哉《关雎》,乃天地之基地。"《诗》曰:"钟鼓乐之。"

(二)《关雎》四家诗的异文,可以旁证安大简《诗》所属古本系统与其不同

《关雎》四家诗依次有如下异文:

关关**雎**鸠—关关**鶋**鸠　　在河之**洲**—在河之**州**
君子好**逑**—君子好**仇**　　**参**差**荇**菜—**槮**差**荞**菜
辗转反侧—**展**转反侧　　左右**芼**之—左右**覒**之
钟鼓乐之—**鼓钟**乐之

179

下面将上述异文作简单说明("钟鼓"与"鼓钟",词序不同,没有文字、词汇的差异,不予讨论)。

鴡:《说文·鸟部》:"鴡,王鴡也。从鸟,且声。"毛氏《关雎》题下陆德明《释文》云:"依字,且旁隹……旁或作鸟。"《尔雅·释鸟》:"鴡鸠,王鴡。"陆德明《释文》:"鴡,本又作雎。"《玉篇·鸟部》:"鴡,亦作雎。"王筠《句读》:"鴡,毛诗作雎。雎鸠,王雎也。"据此,"鴡""雎"为异体字,《说文》无"雎"字,"雎"盖俗字。

洲:《说文》无"洲"字。《说文·川部》:"州,水中可居者曰州。""州"字下引《诗》即作"州"。陈乔枞《诗经四家异文考》:"此毛氏古文也。加水旁作洲,乃今文俗体也。"李富孙《诗经异文释》:"州从重川,本州岛渚字,又为九州岛,已取水周绕其旁意,俗复加水旁以别于九州岛字,失其义矣。张氏弨曰:自唐天宝间以隶写六经,遂杂用俗改字,如州复加水……之类。"

逑:陆德明《释文》:"逑音求,毛云'匹也'。本亦作仇,音同,郑云'怨耦曰仇'。"陈乔枞《诗经四家异文考》:"孔颖达正义云:'《诗》本作逑,《尔雅》多作仇,字异音义同。'今据郑君以'怨耦'释'仇'字,则《诗笺》本不作'好逑'也。"李富孙《诗经异文释》:"据许氏,逑为正字;其作仇,或三家本相传如此。"

参:《说文·木部》"槮"字下引《诗》作"槮差荇菜"。参差,连绵词,或写作槮差(《说文·木部》),或写作篸差(《说文·竹部》),许氏所见《诗》作"槮",毛诗作"参"。

荇:陆德明《释文》:"荇,本亦作莕。"陈乔枞《诗经四家异文考》:"《尔雅·释草》:'莕,接余。其叶苻。'《尔雅》是鲁诗之学,则作莕者,鲁诗异文也。"

辗:陆德明《释文》:"辗,本亦作展。"李富孙《诗经异文释》:"吕忱《字林》从车、展。《后汉书》注、《淮南□□》注、《楚辞·九叹》王逸注、《文选》注并引作'展转'。按,古本皆当作展,《说文》云'展转也',今从车旁,则《字林》所加也。"

芼:陈乔枞《诗经四家诗异文考》:"顾野王《玉篇·见部》:'诗曰左右覒之。覒,择也。覒,本亦作芼。'按,覒,毛诗作芼。"《说文·见部》:"覒,择也。从见,毛声。读若苗。"李富孙《诗经异文释》:"毛诗多假借,此当为'覒'之借字,三家多从本字。"

从上面简单的梳理中可以清楚地看到,上述异文有些是四家诗所据传本的区别,也有些是毛诗经典化之后形成的异文,前者可以说是文献经典化过程中的异文,后者则是版本经典化过程中的异文。这些异文的形成虽然有阶段的不同,但有一个根本性质并无区别,即这些异文都是同一词的用字不同。那么,我们能否据此作出如下推论：四家诗虽然各有师承，用字容有不同，但都源自一脉，而安大简《诗》与四家诗则不属于同一个传本系统。

五、结语

相对于传世文献的浩如烟海，出土文献虽源源不断地涌现，但在古代文献总量中的占比并不是很大，加之出土文献常常是断简残篇、语义不属，因而很长时间并没有得到应有的重视。现在的情况完全改观了，对出土文献的研究热度早已超过了传世文献，对出土文献的重视程度也有超逸传世文献的趋势。出土文献埋入地下时代明确、未经后人改动，又多是先秦两汉的材料，无疑它们对中国历史、文化和汉语言文字源头的研究极其珍贵。但是即便如此，我们也应该正确看待出土文献和传世文献，既不能动辄用出土文献去订正传世文献，也不能把传世文献视为天经地义的经典，两种文献既可以互勘，也可能各有传承。表面上看《关雎》"教"与"芼"的不同是安大简《诗》与毛诗的异文，其实异文的背后是《诗》的经典化过程中语境和传承的差异。

出土文献埋入地下的时代并不代表实际抄写的时代，更不代表文献产生的时代，至于文献产生与抄写的地区就更难以确定了。因此，同一个文献埋入地下之前如何流传，埋入地下之后口传、抄本情形如何；传世文献与出土文献是什么关系，与出土文献之前或之后的文献是什么关系等等，问题非常复杂，而且因条件限制还常常无解。即便是同一时代的文献，也可能形成异文，比如秦始皇焚书坑儒之后依靠口耳传授的文献，就因为传承者的听力与理解的不同出现了很多异文，汉代经师早就指出了这种现象。所以，把《关雎》"教"与"芼"的不同看成是"通假"就把复杂问题简单化了，而且认为安大简本文字是毛诗文字通假的说法也很危险。出土文献的整理过程中，遇到一时难以解释的语言文字现象很正常，可行的做法应该是，不强作解人、客观记录、存而不论，留待读者继续研究。

异文、通假等语言文字现象，既是历史现象，也是系统现象。历史性的特点决定了它们都是有发展而且是有规律发展的，不能静止地去解释。系统性的特点决定了它们都是相互关联又是互相制约的，不能孤立地去解释。《关雎》"教"如果通假为"芼"，训诂资料上应该有痕迹，文献语言上应该可考证，语音关系也应该符合上古音系。语言文字的历史性、系统性特点在出土文献的整理与研究中应该得到重视和加强。考释古文字，绝不能够不深入研究语言而只"辨点画之

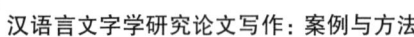

正俗,察篆隶之繁省"①。研究语言文字,则更要追求"三者互相求,举一可得其二","六者互相求,举一可得其五"②。科学而理想的研究状态应该是,"知一字之义,当贯群经、本六书,然后为定"③。

(本文为国家社科基金重大项目"中国古代方言学文献集成"[项目编号:16ZDA202]和北京语言大学一流学科团队支持计划的阶段性成果之一。写作过程中与张猛、孙玉文两位先生讨论过多次,文中吸收了他们不少意见和建议。就字形问题曾请教过陈伟武先生,获益良多。初稿曾在北京大学举办的"汉语历史词汇语法研究国际学术研讨会"[2019年10月]上报告过,方一新、沈培、赵平安诸先生多有指教。谨记于此,深致谢忱。)

参考文献

陈乔枞,2002.诗经四家异文考[M]//续修四库全书.上海:上海古籍出版社.

黄德宽,徐在国,2019.安徽大学藏战国竹简(一)[M].上海:中西书局.

李富孙,2002.诗经异文释[M]//续修四库全书.上海:上海古籍出版社.

阮元,1980.十三经注疏[M].北京:中华书局.

王力,1982.同源字典[M].北京:商务印书馆.

许维遹,1980.韩诗外传集释[M].北京:中华书局.

杨伯峻,徐提,1985.春秋左传词典[M].北京:中华书局.

复盘与导读

学术论文既可以从问题研究的角度谈,也可以从文章写作的角度谈。以下结合拙文谈谈为什么这么写,希望能给研究生同学一点儿启示。

一

众所周知,学术论文写作,无论是单篇论文,还是学位论文,首先要选好题

---

① 王念孙《说文解字注序》。
② 段玉裁《广雅疏证序》。
③ 戴震《与是仲明论学书》。

目。那么怎样才能算是把论题选好了呢,这就有很多说道了,这里不能展开来谈。

论题要有价值、要有意义,并且要在单篇论文的导语中简要阐明——我认为,这是单篇论文能够成功发表的首要条件。安徽大学的战国竹简发布的当天我就看到了,并且发现整理者在"异文"解释上存在不少可商榷之处。发现了问题,就有研究价值,研究出来的结论就有学术价值,这是毫无疑问的。

那么这篇文章怎么写,我思考了很久。如果把《安徽大学藏战国竹简(一)》中解释上存在问题的"异文"全拿出来,一条条讨论,并予以订正,这对安大简以及利用安大简进行研究来说很有学术价值,当然,这个价值主要体现在安大简及其整理方面。近百年来出土文献不断发现,新时代以来出土文献的发现,尤其是简帛文献的发现,呈现出井喷式态势,为了及时把这些材料提供给学术界进行研究,工作时间紧、任务重、难度大,因此也出现了不少问题,其中关于"异文"是不是通假形成的,就成为一个非常值得重视的问题。如果能够利用安大简的材料,把讨论的问题推及整个出土文献整理与研究的层面,毫无疑问,学术价值更大,学术意义也更重要。

文章的立意找到了,文章写作的思路就明朗了:不求对安大简《诗》中"异文"材料的全面梳理、细致分析,而利用安大简中的典型材料论及出土文献中"异文"形成与经典化的问题,从而针砭整理注释中滥用通假的现象。

拙文一开头就把需要讨论的材料和问题摆了出来:

《诗·周南·关雎》毛诗第三章:"参差荇菜,左右芼之。"安大简《诗》"芼"作"教"。整理者注释云:"上古音'教'属见纽宵部,'芼'属明纽宵部。二字韵部相同,声纽有关,当为通假关系。毛传:'芼,择也。'"对于安大简《诗》的"教",是应当作通假解还是应当依本字解,这是一个值得深究的问题。

接下来就简明扼要地指出,这一论题涉及的问题更多、更大,从而把这篇文章用小题目做大文章的立意呈现了出来:

本文就这一具体例子展开讨论,主要是基于如下思考,即出土文献的整理注释中如何对待异文、怎么使用"通假",以及如何正确认识古书的经典化。关于这一例子的一些旁证材料,本文将作为辅助证明放在文章的第四部分。上述思考,既是本文讨论的出发点,也是本文撰写的目的。笔者认为,这并不仅仅是安大简的问题,更重要的是,它涉及如何看待出土文献和传世文献、出土文献整理与研究方法以及文献的二次研究与利用等一系列重要问题,不可不论。

二

准备讨论的问题明确了,立意也确立了,如何论证也需要认真思考。我们知道,论证方式主要有两种,一是立论,一是驳论。学术论文单纯驳论,或者单纯立论,都是常见的论证方式。由于本文的立意是要利用安大简一条典型的材料,讨论更为重大的问题,因此我选择了驳论与立论相结合的方式,因为只有这样,才能从正反两个方面有效地体现出我的立意。

安大简《诗》整理注释的一条典型材料作为问题提出来了,需要通过严谨的驳论予以推翻,这样才能使自己后面的立论建立在可靠的基础之上。安大简的整理者说"教"通"芼",我认为这个说法不能成立。那么如何进行驳论就需要思考。语言学常识告诉我们,一条通假解释如果能够成立,必须有三个方面的证据:一个是故训资料,一个是文献语言,一个是古音系统。因此本文就从这三个方面穷尽收集材料,结果证明"教"通"芼"在训诂上缺乏根据、在先秦找不到用例、在语音上也有窒碍,这样就使文章的驳论在逻辑上形成了周延。

为什么出土文献与传世文献形成的"异文",动辄就被视为"通假",我认为这是因为整理者没有充分注意文献流传过程中的经典化现象,把复杂问题简单化了。所以,立论首先结合《诗》流传的历史来观察安大简《诗》和毛诗的异文关系,从而提出安大简《诗》应该作为早期文献按照它自身的文字来解读,"这样解读安大简《诗》也许才能真正接近这个本子所要表达的《诗》意,即与毛诗不尽一致的《诗》意"。循着这一思路,从"教"的本义、引申义、特指义中,确认安大简《诗》中的"教"应该是特指"乐教",并验之先秦和汉代诗论,细绎文本,贯通《诗》意。

为了让结论更为坚实,文章把与《关雎》有关的材料和四家诗的异文全部拿了出来,作为旁证,一一予以分析。陆德明《释文》音和《韩诗外传》的材料都证明,安大简《关雎》中的"教"解读为"乐教"是有根据的;齐鲁毛韩四家诗的"异文"都是同一词的文字异写,证明安大简《诗》与四家诗"不属于同一个传本系统"。

三

小题目写大文章,是单篇论文写作的一种好思路。研究生同学刚刚学习写作学术论文，我认为从这样的写作训练开始是一条不错的途径。

所谓小题目，就是切入的角度要小，抓住的问题要小。比如拙文，拿出来说事儿的材料就是安大简《诗》第一篇《关雎》中的一个"教"字；切入的问题也很小，这个"教"到底是不是通假为"芼"。正因为题目如此小，所以就很容易把控，材料也容易穷尽，做深做透就不难。一万字左右的单篇论文，如果问题较大，就很难掌握，学问大家可以收放自如、左右逢源，看上去得心应手、游刃有余，而研究生大多还不具备这种学力，题目大了常常无法写到位，正确的"废话"一大堆，应该讨论的问题不得要领，即使自我感觉良好的文章也很难发表。

所谓大文章，就是小题目反映的问题要大，文章立意要高。前面说过，文章导语就说明了文章立意，通过讨论一个具体问题，去探讨"出土文献的整理注释中如何对待异文、怎么使用'通假'，以及如何正确认识古书的经典化"问题，这是大问题，是很有学术意义的问题。拙文在完成驳论、立论之后，在"结语"中对导语中提出的立意作了全面回应，把这一题目的学术意义作了更清晰的阐述，从而实现了"小题目大文章"的目标。文章发表之后，人民大学报刊复印资料《语言文字学》全文转载了，自然也是因为看重这篇文章的学术意义。

2021年11月出版的浙江大学汉语史研究中心编辑的《汉语史学报》，第二十五辑发表了贾海生、张懋学合作的一篇文章，题目是《岐周方音在安大简〈关雎〉中的遗存——关于教通芼或覎的解释》，可以参考。"教"之古文有一个从爻从攴的字，这个字在《集韵·觉韵》有"北角切"一音，而且是作为另外一个字的或体。该文根据宋代韵书的这一孤例推论，在先秦时期的岐周方音中"教"属明纽字或带鼻冠音，"故可与毛诗韩诗中从毛声的芼或覎通假"。该文没有针对拙文的内容进行任何讨论，而是按照他们自己的思路撰写的，所以我不认为该文已经推翻了我的结论。

中古汉语词义求证法论略*

方一新**

摘要：探讨词义训释的方法，应是中古汉语词汇研究的内容之一。求证中古汉语的词义，大致上要先辨字、明词，再进行释义。"辨字"是指在研究过程中辨识文字正误，考释六朝词语，尤应注意辨识写本俗字。"明词"，就是进行词的切分，区别词与非词，明确考释对象。"释义"包括查考、汇证、推阐、审例、比较、探源、求验等步骤。具体释义时往往是多种方法交错贯通、综合运用的，不能机械理解。

关键词：中古汉语；词汇；方法

要准确考定词义，需要掌握正确的方法。尽管近些年来，中古汉语词汇研究取得了令人瞩目的成绩，但总结经验、探讨方法的论著还不多见[①]。本文试图在前人时贤研究的基础上，结合实例，讨论中古词义求证的基本方法，以就正于博雅。

求证中古汉语词义，大致要经过辨字、明词和释义这样几个步骤。姑举述如次。

一、辨字

求证考释词义，首先必须依据可靠的版本和文字。人们常说，校书如扫落

---

* 原载《浙江大学学报》（人文社会科学版）2002年第5期。本书收录时略有修改。
** 方一新（1957—），浙江大学教授，博士生导师，国家社科基金评委。
[①] 关于中古、近代汉语词义求证的方法，郭在贻《训诂学》（第79—104、165—170页）、蒋绍愚《近代汉语研究概况》、蔡镜浩《魏晋南北朝词语例释·前言》都有介绍；江蓝生《演绎法与汉语词语考释》一文对词义考释的方法作了补充。此外，朱城有《古书词义求证法》专著出版。笔者孤陋，所了解的情况大致如此。

叶,随扫随生。故光有好的版本还不够,在研究过程中仍需要进行必要的校勘。因此,辨识文字正误就成为释词的第一步工作。这里试举两例:

(1) 伧淳。《晋书·文苑传·王沈》:"伧淳怯畏于谦让,阘茸勇敢于饕净。"(1974:2383)《汉语大词典》已收"伧淳"条,释为"愚怯貌",并加按语说:"伧淳,《集韵·平庚》作'伧噋'"。按:应从《集韵》作"伧噋"为是。"伧噋"和"阘茸"对文,当是联绵词。从声音上看,《集韵》"伧"锄庚切,"噋"虚庚切,"伧噋"是叠韵联绵词。"淳",《集韵》有他昆切、朱伦切等音,声、韵都和"噋"字较远。《集韵·庚韵》:"膨,膨脝,腹满貌。""悙,澎悙,自矜健貌。""噋,伧噋,愚怯貌。"又:"伧,伧噋,愚怯。"都可以证明作"伧噋"是对的。

(2) 解白。《全晋文》卷二三王羲之《杂帖》:"仆日弊,而得此热,勿勿解白耳。"(1958:1591)此据中华书局影印清严可均《全上古三代秦汉三国六朝文》辑本。"解白"费解,疑文字有误。二王书帖中多见"解日"一词,义为混日子、度日,如"忽忽解日尔""劣劣解日""忧悴解日"等,"白"应当是"日"的形近之误。

考释汉魏以降的中古语词,还应注意因为写本俗字而造成的错误和问题。在汉字的发展演变过程中,魏晋南北朝是一个重要的阶段。这一阶段的汉字特别是碑铭、写卷中的异形别构变化繁多,产生了大量俗字。识别俗字是考释词义的关键。六朝古籍中因俗字造成的讹误十分常见,至少有以下几类:

1. 因俗写加点而误

(3) 斤——斥。《高僧传》卷四《支遁》:"昔匠石废斤于郢人,牙生辍弦于钟子。"(1992:163)中华本校注:"原本'斤'作'斥',据《弘教》本、《世说》改正。"按:写本俗字中,在一个字上加点是通例,如"床"作"床"、"数"作"数"、"氏"作"氏"、"社"作"社"、"吐"作"吐"、"民"作"民"、"弄"作"弄"、"友"作"友"等,"斤"加点成"斥"也是其例。梓民不察,遂误作"斥"了。

2. 因俗写加横而误

(4) 印——卬。《异苑》卷九:"永康有骑石山,山上有石人骑石马,(赵)侯以印指之,人马一时落首,今犹在山下。"(1996:90)中华本《校勘记》:"《太平御览》卷七百三十七引'印'作'仰',此句当作'侯仰以指之'。"按:校"印"为"仰",出发点大体不错,但没有找到错误的根源。其实,"印"是"卬"的俗字("卬"俗写加一横线成"印")之误,而"卬"是"仰"的古字;《异苑》作"卬",《太平广记》作"仰",二者是古今字关系。"印"原系"卬"之俗写,手民不知,误作"印"耳。《世说新语·排调》二八:"支道林因人就深公买印山,深公答曰:'未闻巢、由买山而隐。'"

(1984：430)"㧢山"就是"卬山",其致误原因和《异苑》本例相同。王利器、徐震堮等先生径校为"岬山",同样未得其源。进一步看,从"卬"之字在写本或早期的刻本中常添一横线作"卭",如:"迎"作"迎",或作"迎";"抑"作"抑";"仰"作"仰",等等。

3. 因俗写偏旁相混而误

(5) 析——折。《世说新语·豪爽》十一:"陈林道在西岸,都下诸人共要至牛渚会。陈理既佳,人欲共言折,陈以如意拄颊,望鸡笼山叹曰:'孙伯符志业不遂。'于是竟坐不得谈。"(1984：330)"折",残写本《世说新书》作"枂"。王利器、徐震堮等先生校"折"为枂","枂"即"析"字。《经律异相》卷三九引《六师誓经》:"彼所道说,达古知今,前知无极,却睹无穷,判义枂理,事不烦重。"(1988：208c)也用俗字。按:"言析"犹言言谈剖析,也就是下文"不得谈"的"谈",指清谈玄理;"言折"不可解,诸家所校是。写本从手从木之字往往相混,"析"之误作"折",就是一例。《高僧传》卷六《释道恒》:"至于敷折妙典,研究幽微,足以启童稚,助化功德。"(1992：247)宋元明三本、金陵本"折"作"析"。也是"折""析"相混的例子。

4. 因俗写形讹而误

(6) 鲨——鲛。《世说新语·纰漏》七:"虞啸父为孝武侍中,帝从容问曰:'卿在门下,初不闻有所献替。'虞家富春,近海,谓帝望其意气,对曰:'天时尚暖,蟹鱼虾鲛未可致,寻当有所上献。'"(1984：488)"鲛"字字书不载,莫详其义。影宋本作"鲨",《晋书·虞啸父传》作"鲊"。"鲨"同"鲊",《集韵·马韵》:"鲨,《说文》:'藏鱼也。'南方谓之魿,北方谓之䰽。或作鲊。"指腌鱼。则"鲛"当为"鲨"字之误。李慈铭《世说新语简端记》有校,可从。实则此字的谬误也和俗字有关。盖俗书"差"作"羌"形,"鲨"俗写作"鲛"。浅人不识,遂误"鲛"为"鲛",赖宋本得以存其真。

5. 因俗写二字合为一字或一字析为二字而误

(7) 上下——弄。《世说新语·规箴》二十六:"王绪、王国宝相为唇齿,并上下权要。"(1984：315)"上下"二字,残写本作"弄",余嘉锡《笺疏》、徐震堮《校笺》并校从写本。按:古书有一字误为二字者,参俞樾《古书疑义举例》卷五。"卡"为"弄"字俗体,《龙龛手鉴·入声·杂部》:"卡,古文,灵贡反。"(1992：552)《字汇补·卜部》:"卡,与弄同。"后人少见"卡"字,遂误"卡"为"上下"二字,以致文意扞格不通。

除了以上几种情况外,还有因俗写加偏旁构成俗字的,像"习"和"慴"。《生经》卷二《佛说舅甥经》:"王诏之曰:'勿广宣之,令外人知。舅甥盗者,谓王多事,不能觉察;至于后日,遂当慴忕,必复重来。'"(1985:3/78c)"慴忕"即"习忕",意思是习惯、习以为常。"慴"是"習"(习)的增旁俗字,"忕"是"忕"的加点俗字。"習"之所以写作"慴",大概是受"忕"的影响偏旁类化而然。与此相反,也有因俗写省偏旁而成俗字的,像"俘"和"孚"。敦煌写卷第 2965 页《佛说生经》:"饮酒过多,皆共醉寐。孚困酒瓶,受骨而去,守者不觉。""孚困"二字,现今的刻本如《大正藏》等均作"俘囚"。写卷"困"当为"囚"字之误,而"孚"则为"俘"之俗省。写本中既有增旁俗字,也有省旁俗字,"俘"之省作"孚",就是一例。"俘囚酒瓶"意即俘获酒瓶、缴得酒瓶,是较为风趣的说法。类似之处也应细加辨察,避免出错。

二、明词

所谓"明词",就是进行词的切分,区别词与非词,明确考释对象。求证词义,首先必须作词的切分,确定词与非词。由于汉文没有分词书写的传统,词与非词的界限是比较模糊的,要正确切分并不容易。尤其是古语词,有时不能套用现代汉语中区分词与词组的方法。中古语词中这类例子并不鲜见。谨参考张永言先生主编《世说新语辞典》(下简称《辞典》)和张万起先生《世说新语词典》(下简称《词典》),举《世说新语》的例子:

1.《辞典》立条而《词典》未收释的,如:

游肆——谢车骑道谢公:"游肆复无乃高唱,但恭坐捻鼻顾睐,便自有寝处山泽间仪。"(《容止》三六)(1984:342)

刑辟——"岂有盛德感人若斯之甚,而不自卫,反招刑辟,殆不然乎?"(《言语》六刘注)(1984:33)

2.《词典》收释而《辞典》未收的,如:

遊集——"是时胤十余岁,(王)胡之每出,尝于篱中见而异焉。谓胤父曰:'此儿当致高名。'后遊集,恒命之。"(《识鉴》二十七)(1984:225)

行来——"每与周旋行来,往名胜许,辄与俱。"(《赏誉》一一四)(1984:263)

两部词典互有得失。如"游肆",又见本书《识鉴》二十一、《任诞》三十六两条注;"刑辟",《宋书·百官志上》:"廷尉一人,丞一人。掌刑辟。"(1974:1230)犹言"刑法"、"惩罚";"遊集",又见《识鉴》二七刘注、《宋书·武帝纪上》等,都是晋宋习语。"行来",始见于《诗经毛传》,中土典籍及佛典多见。这几个词似都可考虑收释。

3. 两部词典都没收的词,例如:

善能——"(杨)朗有器识才量,善能当世。"(《识鉴》一三刘注)(1984:218)"刘琨善能招延,而拙于抚御。"(《尤悔》四)(1984:480)"能"也有善于、擅长义,故"善能"当属同义复合词,多见于汉魏六朝载籍。

4. 一些词语的内部结构也值得注意,如:

严惮。《德行》三一刘注引《晋阳秋》:"侍从父琛避地会稽,端拱嶷然,郡人严惮之,觌接之者,数人而已。"(1984:19)《词典·副编》在"严"的"形容程度高。犹'极'义项下举《晋阳秋》例,则是把它当作偏正结构。"严"有畏惧义,《孟子·公孙丑上》:"无严诸侯,恶声至,必反之。"朱熹集注:"严,畏惮也。""严惮"连言,也已见于《史记》。由于"严"在六朝时又有程度副词的用法,犹言极、甚,故在"严惮"一类的"严~"结构中,其语义构成关系就值得推敲。

挺生。《方正》五六刘注引《罗府君别传》:"及致仕还家,阶庭忽兰菊挺生。"(1984:189)《吕氏春秋·仲冬》:"芸始生,荔挺出。"高诱注:"挺,生出也。"(1984:574)《抱朴子内篇·塞难》:"圣人之死,非天所杀,则圣人之生,非天所挺也。"(1985:138)这样看来,"挺生"当为同义连文,"挺"也是"生"的意思。《词典·副编》未收此词。《汉语大词典》释"挺生"为"挺拔生长,亦谓杰出",疑误解了"挺生"一词的内部结构。

三、释义

辨正了文字、确定了考释对象后,就进入释义阶段。释义的步骤大致有以下几个:查考、汇证、推阐、审例、比较、探源、求验。

(一)查考

所谓"查考",是指调查了解前人对所释词语的研究情况,除了今人的著作外,就是通常所说的"古训",包括历代的注释、字典辞书和笔记等三个方面。如:

吴康僧会译《六度集经》中数见"遁迈"一词,时贤有解释。检碛砂藏本《经律异相》卷三一后附音义:"遁迈,逃往也。"(1988:171)可知此词是逃跑的意思。"叛"有逃跑义,学者多有抉发,碛砂藏本《经律异相》卷一九后附音义:"叛,音畔,逃叛。"(1988:110)都已释其义。

有时候,根据文意,已经可以作出解释,但如果有旧训佐证,就会更有说服力。

《搜神记》卷一〇"张车子"条:"吾昔梦从天换钱,外白以张车子钱贷我,必是子也。财当归之矣。"(1979:123)《南史·曹武传》:"时帝在戎多乏,就武换借,未尝不得,遂至十七万。"(1975:1154)从两例的上下文来看,已经可以推知"换"有和借贷大致相当的义位。检《玉篇·手部》:"换,贷也。"说明"换"确实有借贷的意思。

有时候,某个词语在古训中已有载录,但须作一些辨识的工作。

东汉以来,有一个口语词"呜"频频出现在佛典中,又作"呜噈""呜哝";中土文献中,比较口语化的小说《世说新语》《异苑》等也有用例。此词字书早就有记载:《说文·欠部》:"歔……一曰口相就也。"《广韵·屋韵》:"歔噈,口相就也。""歔"就是"呜","歔噈"就是"呜噈"。

上例说明,即便像《说文》这样的经典字书,在解释中古词义方面的作用也不可小看。又如:

《三国志·魏志·梁习传》裴注引《魏略·苛吏传》:"白日常自於墙壁间窥闪,夜使干廉察诸曹。"(1982:471)这里的"闪"也是窥视的意思,"窥闪"当属同义连文。《说文·门部》:"闪,窥头门中也。"《三国志》此例正是用其本义(1985:209)。

(二)汇证

如果查考的结果是没有旧训可以依据,那就必须自己考释。考释一个词语,归纳法是首选的研究方法。王引之认为训释的结论要能够"揆之本文而协,验之他卷而通",要做到这一点,首先必须把有关的"他卷"给找出来;在综合归纳了较多的例证后得出的结论,自然比较可靠。东晋王羲之、王献之父子的书帖中,习见"匆匆"一语,《颜氏家训·勉学》注意到了这个词,但引《说文》"匆"字的训释,用"匆遽"来解释它,殊非确诂。郭在贻师汇集"匆匆"的数十个例子细加推敲,发现它们都用在作者表示自己身体状况或心情欠佳的场合,"乃疲顿、困乏、心绪恶劣之意",纠正了颜说(1985:64—66)。试再举两例:

肉薄。《汉语大词典》释为"两军迫近,以徒手或短兵器搏斗"。从此词的实际用例来看,这个解释值得商榷。检其用例有:"(托跋)嗣又遣南平公托跋嵩三万骑至,遂肉薄攻营。"(《宋书·朱超石传》)(1974:1425)"虏乃肉薄登城,分番相代,坠而复升,莫有退者。"(又《臧质传》)(1974:1913)"虏众由西道集堰南,分军东路,肉薄攻小城。"(《南齐书·垣崇祖传》)(1972:462)"(侯)景军肉薄苦攻,城内同时鼓谍,矢石雨下,贼乃引退。"(《南史·王僧辩传》)(1975:1537)综合各例来看,"肉薄"攻打的对象都是"城"或"营",用来形容进攻一方兵力多,攻势猛,"肉薄"犹言成群结队,蜂拥而上,或搭人梯(强攻),这是此词的语义重点,而不是"以徒手或短兵器搏斗"(虽然也可能出现这种情况)。辞书之误,在于没有区分它和"肉搏"一词的差别。

蓐食。始见于《左传》,《史记·淮阴侯列传》也有"晨炊蓐食"的话。杜预在《文公七年》"秣马蓐食"下注:"蓐食,早食于寝蓐也。"张晏注《史记》(裴骃《集解》引)云:"未起而床蓐中食。"王引之不同意杜、张二注,据《方言》《广雅》"蓐,厚也"之训,释为"食之丰厚于常"(厚食),说见《经义述闻》卷一七。

笔者对从《三国志》《后汉书》到《南史》《北史》《隋书》等13种六朝及唐人撰写的史书作了调查,一共收集到"蓐食"的14个后代用例(有几例重出),例如:"于是严行蓐食,须明,便带摄弓上马,将两骑自随。"(《三国志·吴志·太史慈传》)(1982:1187)"蓝闻之,晨夜儆守。至期夜半,弇敕诸将皆蓐食,会明至临淄城。"(《后汉书·耿弇传》)(1965:710)"时慧景等蓐食轻行,皆有饥惧之色。"(《南齐书·崔慧景传》)(1972:873)"遂夜令三军蓐食待命,鸡鸣而驾,后出者斩。"(《晋书·王如传》)(1974:2618)"会文帝遣送米三千石,鸭千头,帝即炊米煮鸭,誓申一战。士及防身,计粮数脔,人人裹饭,媲以鸭肉。帝令众军蓐食,攻之,齐军大溃。"(《南史·陈高祖武皇帝纪》)(1975:263)"候骑言,贼去洛州四十里,蓐食干饭,神武曰:'自应渴死,何待我杀!'"(《北史·彭乐传》)(1974:1923)

综观上述两例,发现两个特点:其一,这些"蓐食"用例,除了最后一例时间不明外,其余六例都是在正常的食时前(夜里或凌晨)提前开饭。其二,是匆忙进食,或以干粮充饥,这都是行军打仗的特点造成的。在作战前夕,为了节省时间、避免暴露或限于条件,将士可能会将就着吃一些饭或干粮,而未必能好饭好菜,饱餐一顿。因此,至少从六朝的例证来看,"蓐食"不是饱食,而是早食、提前开饭。

(三)推阐

对出现次数较多的词语,可以采用"汇证"的方法,排比用例来加以考释。但如果出现次数甚少或为仅见之词,则有必要运用"推阐"的方法来解释了。换句话说,是在本例之外,搜集相通、相关的例证,通过推理演绎或综合分析的办法,加以疏通证明①。例如：

（7）婢。《文选·任昉〈奏弹刘整〉》是一篇弹劾文章，除了首尾部分外，记述了诉讼当事人的陈诉和证词，都是当时口语的直接记录，是研究南朝口语面貌的宝贵材料。其中有一些难解之处，如："（刘整）又以钱婢姊妹、弟温，仍留奴自使。"(1999：724a)"寅亡后，第二弟整仍夺教子，云应入众。整便留自使。婢姊及弟各准钱五千文，不分逡。"(1999：724b)

这两例"婢"和本篇中其他"婢"（如婢绿草、婢采音）的用法不同，显然不是"婢女"之义。按：一批从"卑"得声的字都有增加、补益的意思，"婢"从"卑"得声，这是考释该词的一条线索。疑两例"婢"为"裨"字之借。中古音"裨"隶并母支韵，"婢"并母纸韵，声音很近，具备通假条件。在这篇实录的原始文书中，不知是说话者还是记录者的原因，把"裨"写成了"婢"。"裨"有补益、补偿义，也有给予义，《广雅·释诂三》："裨，予也。"《南史·蔡兴宗传》："起二宅，先成东宅以与兄轨。轨罢长沙郡还，送钱五十万以裨宅直。"(1975：765)"婢"读为"裨"，上面两例都说得通了。第一例是说，刘整用钱补偿给他的姐姐和名温的弟弟后，就把原来供全家使唤的奴隶教子、当伯当作自己的私奴来使唤。第二句是说，刘整付给姐、弟各五千文，用作独自使唤教子一奴的补偿金。

破除通假、因声求义是传统训诂学在词义考释过程中的重要的法则和锐利武器，前辈学者已经作出了很好的示范。在求证中古、近代汉语词义时，仍然应该遵循这一原则。但在使用推阐特别是破假借的方法时要谨慎，要有足够的证据，避免滥用。如汉魏以来习以"极"表示疲劳，或以为是"剞"字之借②。"极"本指房屋的正梁，由此引申则有极点、尽头义。人的体力到了极点就会疲倦，由此产生出疲劳、疲倦义，其引申途径是一清二楚的，似不必别求本字。

（四）审例

所谓"审例"，"审"就是审度考察，"例"就是古书惯用的文例。"审例"是指考察古人行文的规律，包括连文、对文、异文，此外还有通览全书用词惯例、考察上下文等。通过审度文例的方法来求证词义，也是古已有之的研究方法，兹分述之。

---

① 江蓝生曾举实例作了很好的论述。参看《演绎法与近代汉语词语考释》，《语言学论丛》第20辑，北京：商务印书馆1998年版。
② 徐震堮《世说新语校笺》第52页注"小极"说："谓体中不适也，乃尔时常语。'极'盖'剞'之借字。"北京：中华书局1984年版。

1. 连文例

汉魏六朝是汉语词汇复音化的重要阶段,产生了大量的复音词。这当中多数是由词义相同或相近的两个语素构成的并列式复音词。不了解这类复音词的语义结构,就容易误解词义。举两例:

(8) 称叫。《生经》卷二《佛说舅甥经》:"甥素殃黠,预持死人臂,以用授女。女便放衣,转捉死臂,而大称叫。"(1985:3/78c)"称"也有叫义,"称叫"就是叫喊,应该属于同义复合词。"称"此义在六朝典籍中并不鲜见,如《三国志·魏志·吕布传》裴注引《先贤行状》:"城上称庆,若大军到。"(1982:230)"称庆"谓欢呼庆贺。又可以和同义词连用,构成"称叫""称唤"等并列式复音词。

(9) 忧惨。三国吴支谦译《撰集百缘经》卷一《长者七日作王缘》:"时有长者,多饶财宝,不可称计,闻王愁恼,来白王言:'……今者何故,忧惨如是?'"(1985:4/207b)"惨"有忧义,"忧惨"同义并列,就是忧愁,多见于东汉六朝典籍。

2. 对文例

处在相对应位置的两个词,可能构成同义、近义或反义的关系,这就是"对文"。运用对文求证词义,是一条行之有效的方法。例如:

(10) 能——善。"(殷)浩善《老》《易》,能清言。"(《世说新语·文学》二七注引《浩别传》(1984:118)"(羊)忱性能草书,亦善行隶。"(又《巧艺》五注引《文字志》)(1984:386)"能"和"善"相对,可知"能"就是善,指擅长某种才能技艺,而非能够义。

(11) 分——恩、情。"平生结交,情厚分深。"(《人物志·八观》"爱惠分笃,虽傲狎不离"下刘昞注)(1990:22)"仆小人也,本因行役,寇窃大州,恩深分厚。"(《三国志·魏志·臧洪传》)(1982:233)两例"分"分别和"恩""情"相对,那么,"分"就有恩情、情谊义。

(12) 譬——犹、若。"窃见玉书,称美玉白若截肪,黑譬纯漆。"(《三国志·魏志·钟繇传》裴注引《魏略》)(1982:396),"譬"和"若"对文,说明"譬"有好像、如同义。

运用对文求义法要科学合理,注意从词义出发,兼顾词性、句法,不能扩大无边,凡是对文者必定同义。如杜甫诗:"内蕊繁於缬,宫莎软胜绵。"徐仁甫先生《广释词》认为"於""胜"相对,"於"犹"胜",谓内蕊繁胜缬也(1981:29)。其实"於"仍然是介词,用来引进比较的对象,"繁於缬"犹言比缬繁,"於"本身并无

"胜"义。

3. 异文例

所谓"异文",是指同一书的不同版本,或同一件事的不同记载,文字上有差异。从词义的角度看,同义、近义或反义词都可以形成异文。不明异文有可能误校。

(13) 形——身。《异苑》卷八:"须臾,见一人形长七尺,毛而不衣。"(1996:82)"形",《太平广记》卷三九七引作"身"。按:"形"谓身、身体,"形长七尺"就是身高七尺。《高僧传》卷五《竺法汰》:"汰形长八尺,风姿可观。"(1992:192)"形"的用法都和《异苑》相同。在身高这一义位上,"形"和"身"相同。《广记》是用其同义词。中华本《异苑校勘记》认为"身"是"形"非,误。

有些异文是因后人不明词义而擅改。如:

(14) 剩——利。《周书·寇儁传》:"家人曾卖物与人,而剩得绢五匹。"(1971:657)"剩",《北史》作"利"。"剩"有多义,习见于六朝及唐宋以来作品,"剩得绢五匹"就是多得了五匹绢,切合文义。作"利"可能出于误改。

也有因易俗为雅而改。像《世说新语·惑溺》"充就乳母手中呜之"的"呜",《晋书·贾充传》改为"拊"。又《雅量》:"下官家故有两娑千万。""娑"犹言三,是一个方言词。《太平御览》卷六八七引作"两千万",删去"娑"字。总起来看,《晋书》采写《世说》的内容,唐宋类书引六朝典籍,往往存在着"以雅代俗"的倾向。

运用异文求证法同样要注意科学性,因为造成异文的原因很复杂,有形讹、音讹,有同音假借,有同义互换,有同词异写,有后人妄改,有来源、版本的不同等等,不可一概而论。

(五) 比较

所谓"比较",就是对所释作品本身以及相关文献作比较考察,发现规律,考定词义。就中土文献而言,像《三国志》《世说新语》,既有正文、又有注文,正文、注文可以参照对比,进行研究。相关文献如《三国志》和《后汉书》、《世说》和《晋书》等也有比较研究的价值。佛典如同时代的译者或同经异译之间也可作对比研究。姑以《世说》为例,条陈如下:

1. 正文、注文互证法之一——正文印证注文

(15) 讚述——赞。《赏誉》六十二刘注:"言非圣人,不能无过,意讥讚述之徒。"(1984:251)"讚述"何义?本条正文云:"常集聚,王公每发言,众人竞赞

之;(王)述于末坐曰:'主非尧、舜,何得事事皆是!'"刘孝标用"讚述"来代替正文的"赞",可见,"讚述"和"赞"同义,就是称赞。

2. 正文、注文互证法之二——注文印证正文

(16) 可儿——可人。《赏誉》七九:"桓温行经王敦墓边过,望之云:'可儿!可儿!'"刘注引孙绰《与庾亮笺》:"王敦可人之目,数十年间也。"(1984:256)魏晋时"儿"有"人"义,故"可儿"犹言"可人",注文正好为正文作注脚①。

3. 上下文相互印证

不少词语可根据上下文来印证。如果能找出规律,举一反三的话,定能起到事半功倍的作用。

(17) 信受——信。《方正》九刘注引干宝《晋纪》:"皇太子有醇古之风,美于信受。"(1984:160)"信受"是什么意思? 本条下文云:"侍中和峤数言于上曰:'季世多伪,而太子尚信,非四海之主。'""信"相当于"信受"的"文中自注",那么"信受"就是"信",也就是相信、取信的意思。太子指司马衷,后来的晋惠帝,资质愚钝,容易受人欺骗,故说"尚信",也就是上文所说的"美于信受",译成白话,就是容易相信别人。

(六) 探源

诠释词义后,如果能进一步对其来源、理据作出解释或推测,那就属于"探源"工作了。这项工作的目的是"知其然而且知其所以然",难度很大,当然也很有意义。

例如,前述二王法帖中的"匆匆"一词,《训诂丛稿》已经作出了正确的解释。那么,"匆匆"是如何有"疲顿、困乏、心绪恶劣之意"的呢,其构词理据是什么? 笔者以为,"匆匆"实际上就是"忽忽"的省写。"忽忽"有闷闷不乐义,也有身体不佳义,《全晋文》卷二二王羲之《杂帖》:"仆日弊,而得此热,忽忽解日耳。"(1958:1584a)在卷二四《杂帖》中有相似的文句,而"忽忽"作"匆匆",是其证。《诸病源候论》中多见"忽忽"一词,形容身体状况不好。书札就是昔日的便条,写时龙飞凤舞,只求便捷,故把"忽忽"省写作"匆匆"了。与此相似的是句尾疑问语气词"耶"在法帖中有时被省写作"耳"。这是书法家的一种临时创造或即兴书写,未必符合汉字简化的规律。

"探源"是不容易做好却又是不可缺少的一步,推测不妨大胆,但求证必须小

---

① 有关内容可参看《郭在贻语言文学论稿》第 3 页,杭州:浙江古籍出版社 1992 年版。

心,做到"实事求是,无征不信",避免穿凿附会。

（七）验证

中古新产生的词义有些只在六朝通行,有些沿用到唐宋、元明清,有些直到现在仍然活跃在普通话或某些方言中。所谓"验证",就是检核现代汉语特别是方言的材料,对中古词义的考释进行检验证实,用来证明释义的准确性和可信度,加强古今汉语的沟通。例如：

（18）"椅",用筷子夹取。《世说新语·黜免》四："桓公坐有参军椅烝薤,不时解,共食者又不助,而椅终不放。"（1984：462）"椅",本字是"敧",《广韵·支韵》："敧,居宜切。箸取物也。"今吴方言仍有此语。

（19）"捺",义为用手摁压。《兴起行经》卷上《佛说背痛宿缘经》："便右手捺项,左手捉裤腰,两手蹙之,挫折其脊,如折甘蔗。"（1985：4/167c）《百喻经·老母捉熊喻》："老母得急,即时合树,捺熊两手,熊不得动。"（1985：4/557a）今吴方言仍把用手摁住叫作"捺"。

用现代方言来证古语是求证词义的辅助手段,而不是主要证据。此外,由于时代悬隔,语言（包括语音、词汇、语法等）变迁,运用这一方法应该谨慎从事,注意科学性。

释义的主要步骤有上述七种。而具体的词义求证考释过程错综复杂,并无一定之规,往往是多种方法参互贯通,综合运用。因此,对方法的运用不应机械呆板,流于教条。

参考文献

房玄龄,1974.晋书：卷九二[M].点校本.北京：中华书局.

严可均,1958.全上古三代秦汉三国六朝文·全晋文：卷二二,卷二三[Z].影印本.北京：中华书局.

刘敬叔,1996.异苑：卷八,卷九[M].点校本.北京：中华书局.

徐震堮,1984.世说新语校笺：卷上,卷中,卷下[M].点校本.北京：中华书局.

宝唱,1988.经律异相：卷三九[M].影印本.上海：上海古籍出版社.

释慧皎,1992.高僧传：卷四,卷五,卷六[M].点校本.北京：中华书局.

释行均,1992.龙龛手鉴[M].影印本.北京：中华书局.

竺法护,1985.生经:卷二[M].影印大正藏本.台北:新文丰出版公司.

陈奇猷,1984.吕氏春秋校释:卷一一[M].校释本.上海:学林出版社.

王明,1985.抱朴子内篇校释:卷七[M].校释本.北京:中华书局.

宝唱.经律异相:卷一九,卷三一[M].影印本.上海:上海古籍出版社.

干宝,1979.搜神记:卷一〇[M].点校本.北京:中华书局.

陈寿,1982.三国志:卷七,卷一三,卷一五,卷四九[M].点校本.北京:中华书局.

郭在贻,1985.训诂丛稿[M].上海:上海古籍出版社.

沈约,1974.宋书:卷三九,卷四八,卷七四[M].点校本.北京:中华书局.

李延寿,1975.南史:卷五三,卷六三[M].点校本.北京:中华书局.

范晔,1965.后汉书:卷一九[M].点校本.北京:中华书局.

萧子显,1972.南齐书:卷二五,卷五一[M].点校本.北京:中华书局.

房玄龄,1974.晋书:卷一〇〇[M].点校本.北京:中华书局.

李延寿,1975.南史:卷九,卷二九,卷四六[M].点校本.北京:中华书局.

李善,等,1999.六臣注文选:卷四〇[M].影印《四部丛刊》本.杭州:浙江古籍出版社.

支谦,1985.撰集百缘经:卷一[M].影印大正藏本.台北:新文丰出版公司.

刘邵,1990.人物志:卷中[M].影印本.上海:上海古籍出版社.

徐仁甫,1981.广释词[M].成都:四川人民出版社.

令狐德,1971.周书:卷三七[M].点校本.北京:中华书局.

失译,1985.兴起行经:卷上[M].影印大正藏本.台北:新文丰出版公司.

求那毗地,1985.百喻经:卷四[M].影印大正藏本.台北:新文丰出版公司.

 复盘与导读

一、选题缘起

方一新教授自20世纪80年代中后期起,一直致力于中古汉语和汉译佛经的研究,在长期的研究中,方教授发现了中古汉语词汇的显著特征,比如文白分歧明显,新兴口语词、俗语词大量增加,新词新义大量增加,词汇复音化趋势增强,出现了许多能产的构词语素,词的聚合、组合关系日益丰富,同义词大量增加,等等。(见《从中古词汇的特点看汉语史的分期》一文及《中古近代汉语词汇学》第八章)准确求证中古汉语词义,是对词汇循流溯源,疏通词汇发展史脉络的基础,扎实、科学的个案考察对提炼语言发展的线索和规律及准确勾勒中古汉语词汇的整体面貌和阶段性特征具有重要价值。中古汉语文献浩博,包括史书、小说、译经、注疏、杂著等,研究者不仅要对常用词和时代特色词语进行准确考释,更要掌握科学有效的词义求证方法。关于中古、近代汉语词义考证的方法,前贤时彦有一定的讨论,如郭在贻《训诂学》、蔡镜浩《魏晋南北朝词语例释·前言》、蒋绍愚《近代汉语研究概要》等,江蓝生《演绎法与近代汉语词语考释》对汉语词义考释方法作了补充,另外,朱城《古书词义求证法》是一部专门讨论古代汉语词义考证方法的著作。方教授有感于近年来中古汉语研究取得的瞩目成绩,但总结经验、探讨方法的论著还不多见,故结合多年的训诂实践和研究经验,利用训诂学、文献学、汉语史、语义学和词汇学等领域的理论,辅以个案研究,尝试提出一整套系统、科学的求证中古汉语词义的方法。

二、文章的价值和影响

文章为从事中古汉语词汇研究的学者提供了可资参考的操作步骤和科学的方法论。鉴于中古汉语的语言特色,考释词义要先辨字、明词,在进行释义。"辨字"指在研究过程在辨识文字的正误,考释六朝词语,尤其应该注意识别写本俗字。"明词"是进行词的切分,区别词与非词,明确考释对象。这两步工作是正确考释词义的前提。"释义"包括查考、汇证、推阐、审例、比较、探源、求验等步骤。在具体的词义考释实践中,往往是多种方法交互贯通,综合运用,不能机械呆板,流于教条。

文章汇聚了作者多年训诂学、词汇学和文献学研究的结晶,所举个案具有代表性。对于一些词语的考辨能够自出机杼,虽有他家珠玉在前,犹能更上一层。如"蓐食"一词魏晋注疏和乾嘉学者已有讨论,但古往今来聚讼纷纭,未得确诂。作者考察13部六朝和唐代成书的史书中的用例,指出"蓐食"义为早食、提前开饭,而非前人说的"饱食"。作者充分挖掘利用各类语料,将简帛石刻、敦煌写卷、日藏汉籍等与传世中土文献进行互证,总结出因俗写加点而误、加横而误、偏旁相混而误、形讹而误、二字合为一字或一字析为二字而误以及加、省偏旁而成俗字等几类六朝古籍中因俗字造成讹误的情况。

文章对词义的考释不仅体现了作者深厚的小学功底,还用多种方法和视角,对中古汉语词汇的面貌和形成机制进行全面、多元的考察,从而具备一定的理论高度。比如,在考察"严惮"时,指出"严"在六朝时已有程度副词的用法,犹言极、甚,从而进一步归纳"严～"结构,提示后学者关注词语的语义构成关系。作者还创造性地提出了对考释对象进行验证,即利用现代汉语尤其是方言材料对中古词义的考释进行检验证实,这不仅能够保证释义的准确性和可信度,还加强了古今汉语的沟通,体现了作者的语言历史观。在肯定传统训诂学中破除通假、因声求义的词义考释方法有效性的同时,提醒研究者要慎言假借;在探求语源、分析成词理据时,要大胆推测、小心求证,做到实事求是。

文章所举中古汉语词义求证方法为后学者提供了诸多启示,有引导中古汉语词汇研究先路之功。另外方一新、王云路教授主张将"中古汉语"视作汉语史的一个独立发展阶段,妥善而周全地确定了其上下限,得到学界的普遍认同,也不断为各方面的研究所证实。中古汉语研究日益得到汉语史学界的重视,研究群体逐渐扩大,产出了丰硕的成果。

三、对研究生论文写作的建议

在进行汉语史研究时,要注意语料的鉴别与发抉。语料的正确鉴别和使用是研究结论可靠的前提。有两个问题值得特别关注:一是作者、语料年代的真伪先后,二是不同性质的语料在口语性上存在的层次差异。就东汉时期的语料而言,汉译佛经、乐府诗歌、神怪小说和古书注解等是能够较集中地反映当时口语面貌的材料,在使用这一时期的语料时,需要鉴别其作者和写作年代。就东汉魏晋南北朝史书来说,其中的奏疏、信札、诏令等口语性较强,研究价值也较大,原则上可以作为当朝人的作品;原始资料以外的记事部分则属于其他资料,应看作是史书作者年代的语料;而记言部分则介于两者之间,虽有一定的口语性,但往往经过改写,究竟应该作为当朝人的语言还是史书作者年代的语言,须作具体分析。

要有方法论的意识。《淮南子·诠言》云:"有智而无术,虽钻之不通;有百技而无一道,虽得之弗能守。"无论是从事语言学哪一个领域的研究工作,都要有科学的方法论作为指导。以中古词语释义为例,查考是基础环节,前人的成果是进一步研究的线索或基石;汇证和推阐分别用于应对用例较多和较少的情况;审例则可有效利用古代汉语习见的连文、对文等体例,得出确诂。

将研究上升到理论的高度,把握语言现象的内在规律。研究古代汉语词汇,不仅要有扎实的文献功底,更要具备理论的视角,联系、借鉴词汇学、语义学等当代语言学理论,对语言现象进行解释。在词义考释的基础上,尽量总结归纳某一时代或地域词语的特色,逐步探索汉语词汇的历时演变及其内在机制。清儒王念孙将训诂的关键比作"振裘必提其领,举网必挈其纲",把握词汇演变的内在规律,上升到理论层面,方能拓宽研究的广度,提升研究的高度。

吴瑞东

浙江大学 2020 级博士研究生

论词的时代性和地域性[*]

汪维辉[**]

摘要：每一个词都有其时代性和地域性。揭示词的时代性和地域性是词汇史学科的基本任务之一，也是正确训释词义的一个重要因素。养成关注词的时代性和地域性的职业习惯会使研究工作得益匪浅。论证词的时代性和地域性都是难度很大的工作，地域性比时代性更难；但是能够大致确定其时代性和地域性的词还是数量众多的。对于这样的词，我们应该力求从使用时段和通行地域两个角度给它以一个定位。词的时代性和地域性表现在多个方面，本文举例论述了其中的一些主要类型。

关键词：词汇；时代性；地域性；汉语词汇史

每一个词[①]都有其时代性和地域性[②]。时代性是指词只在一定的时段内使

---

[*] 原载《语言研究》2006年第2期。本书收录时略有修改。本文为教育部"新世纪优秀人才支持计划"资助项目"汉语100基本词简史"（教育部"教技函〔2005〕35号"文件）成果之一。

[**] 汪维辉（1958— ），浙江大学教授，博士生导师。

[①] 本文所说的"词"实际上更多的是指词的"义位"，不过为了称述方便起见，仍然笼统地称为"词"。

[②] 中外学者对语言的时代性和地域性问题多有论及，如《雅柯布森文集》（钱军编辑，钱军、王力译注）中的"12. 语言中的时间因素（与泼沫斯卡合著，1980）"和"13. 语言中的空间因素（与泼沫斯卡合著，1980）"，张永言先生的《词汇学简论》"§4.3 地域方言词语"（华中工学院出版社，1982年版，第71—83页），周荐先生的《论词语的时代色彩》（载《汉语言文化研究》第五辑，天津人民出版社，1995年版；又收入其《词汇学词典学研究》，商务印书馆，2004年版）等。胡颂平编的《胡适之先生晚年谈话录》也有下面的对话：先生说："你还要知道时间和空间的不同。时间是指时代，时代不同了，活的语言有变化了。文法也有变化了。空间是指地区的不同，像你的浙江话（按，胡颂平是温州人），他的山东话，各地的方言不同。如《左传》这部书的文法就不整齐了。因为这部《左传》是用各种不同的材料集成的，包括好些不同的空间和不同的时间，所以就不整齐了。古文就是当时的活的语言，到了后来，时代不同了，语言不同了，还要写古代的语言，自然写不好了；又不通文法，所以写了许多不通的东西了。"（中国友谊出版公司，1993年版，第58—59页。承博士生真大成君抄示这段文字，谨志心感）中国古人对此也多有论述，如：《论衡·自纪》："经传之文，贤圣之语，古今言殊，四方谈异也。"参看吕叔湘《语文常谈》"6. 古今言殊"、"7. 四方谈异"。唐刘知幾《史通·外篇·杂说中·北齐诸史》："渠们（伊？）底个，江左彼此之辞；若乃君卿，中朝汝我（浦起龙：当作'尔汝'）之义；斯并因地而变，随时而改，布在方册，无假推寻。""古今言殊，四方谈异"和"因地而变，随时而改"，都是对语言的时代性和地域性的高度概括。明代的杨慎也说过："凡观一代书，须晓一代之语；观一方书，须通一方之言，不尔不得也。"（《丹铅续录》卷三"阿堵"条）但全面论述词的时代性和地域性的似尚未见到。

用,地域性是指词只在一定的地域内通行。揭示词的时代性和地域性是词汇史学科的基本任务之一,也是正确训释词义的一个重要因素。养成关注词的时代性和地域性的职业习惯会使研究工作得益匪浅。

论证词的时代性和地域性都是难度很大的工作,地域性比时代性更难。我们应该承认,由于文献有限,汉语史上有相当多的词的时代性和地域性已经无法阐明,但是这并不妨碍这一工作的开展。能够大致确定其时代性和地域性的词还是数量众多的。对于这样的词,我们应该力求从使用时段和通行地域两个角度给它以一个定位。

有的词从古到今一直使用,它们的时代性表现为"泛时性"。有的词没有地域限制,它们的地域性表现为"泛空性"。既具有"泛时性"又具有"泛空性"的词属于"泛时空性"词。汉语中有一批"泛时空性"词,它们属于基本词汇,比如天、人、手、山、牛、东、来、大、一,等等。如果从一种语言的"通史"着眼,具有"泛时空性"的词不会太多,词库中的绝大多数词是有时代性和地域性的。确定"泛时空性"词的范围和成员也是一项重要的基础性工作,而更难的是解释其为何不变。罗曼·雅柯布森曾经指出:"如果说共时是动态的,那么历时(即把语言一个漫长时期的不同阶段放在一起进行分析)就不能而且决不能仅仅局限为变化的动态性。我们也必须考虑静态的成分。法语在数千年的发展过程中,什么东西变化了,什么东西恒定未变;原始印欧语分裂成印欧语之后,印欧部落在数千年的迁徙过程中,他们语言中什么东西没有变化;这些问题都值得深入细致的研究。"(《雅柯布森文集》121页)此话值得深思。在以往的词汇史(包括语言史)研究中,人们关注的焦点是变化及其过程、动因、机制等,而对于亘古未变的基本词汇通常只是一笔带过,不予深究。这种偏向应该纠正。我们有必要经过深入的考证列出一个从甲骨文时代直到今天都没有变化的"汉语泛时空词表",并寻求其不变[①]的原因。

词的时代性和地域性表现在多个方面。

1. 有些词只在一定的时段内使用,有些词只在一定的地域内使用,也有些词只在一定时段的一定地域内使用。在汉语发展史上,这样的词非常多。下面举几个常用词为例。

[①] 当然,所谓"不变"只是相对而言,如果着眼于一个词的全部义位和组合关系,真正不变的词是极少的。详见下文。

《诗·豳风·七月》:"女执懿筐,遵彼微行。"毛传:"微行,墙下径也。"孔颖达疏:"行,训为道也。步道谓之径,微行为墙下径。"这个"行(háng)"是"道路"的意思。在上古时期,不管大路小路都可以叫"行",《七月》的"微行"是小路,《诗·周南·卷耳》"嗟我怀人,寘彼周行"的"周行"则是大道。据现代学者研究,"行"的本义就是"道路"①。这个义项在上古早期曾经是通行义,仅在《诗经》中就有约10例,《左传》《国语》等均有用例,所以《尔雅·释宫》说:"行,道也。"大概战国以后就逐渐少见了,如《吕氏春秋·下贤》:"桃李之垂于行者莫之援也,锥刀之遗于道者莫之举也。"②到了汉代,这个词(义位)可能已经从口语中消失,所以毛亨对《诗经》中的这个"行"字常常用"道"字来作释,说明对当时人解释《诗经》已经有这样的必要③。

"困"字在汉魏六朝唐宋时期有一个常用义位——"(病)重;(病)危"④。书证极多,这里酌举一部分:"卜占病者祝曰:'今某病困。死,首上开,内外交骇,身节折;不死,首仰足肣。'"(《史记·龟策列传》"褚先生曰")"初疾畏惊,见鬼之来;疾困恐死,见鬼之怒。"(论衡·订鬼)"东阳陈叔山小男二岁得疾,下利常先啼,日以羸困。"(三国志·魏书·方技传·华佗)"裴令公有俊容姿,一旦有疾,至困,惠帝使王夷甫往看。"(世说新语·容止)"至六日,病者稍困,注痢如泉。"(《法苑珠林》卷九十五引南朝齐王琰《冥祥记》)"病困/疾困"是这一时期表示"病重/病危"义的通用说法,在东汉至唐的各类文献中出现频率都很高。除单用外,困又常跟剧、笃、危、重等字构成同义复词困剧、困笃、危困、困重等⑤。此义的最早例子见于《管子·内业》:"思索生知,慢易生忧,暴傲生怨,忧郁生疾,疾困乃死。"⑥但西汉以前罕见,见于《管子》的这个孤例只能看作是它的露头。东汉开始才多见起来,在《论衡》《汉书》《东观汉记》《风俗通义》《伤寒论》等东汉典籍中都很常见。

---

① 《说文解字·行部》:"行,人之步趋也。从彳,从亍。"按,甲骨文、金文"行"作 等形,罗振玉《殷虚书契考释》云:" 像四达之衢,人之所行也。"动词义应是后起的。

② 张双棣等著《吕氏春秋词典》(山东教育出版社1993年版)失收此义。

③ 《汉语大词典》(以下简称《大词典》)此义下所引的最后一条书证是唐韩愈《感二鸟赋》序:"贞元十一年,五月戊辰,愈东归……见行有笼白乌、白鹞鹆而西者。"这应该看作是一种仿古的用法。在考定一个词(或义位)的使用下限时,如何区分口语用法和书面语中的仿古用法是一个复杂而困难的问题。

④ 《广韵·慁韵》:"困,病之甚也。"释义甚当。《大词典》释作"指生命垂危",尚欠准确。《汉语大字典》(以下简称《大字典》)则失收此义。

⑤ 《论衡·订鬼》:"病者困剧,身体痛。"北京大学《论衡》注释小组《论衡注释》注:"困剧,被病折磨得非常厉害。"高中《语文》第四册注:"困剧,意思是因病而受到很大的困扰。剧,甚,厉害。"按,这都是因不明"困"的古义而误释。

⑥ 唐房玄龄注:"既疾而困,可谓弥留而死。"

《史记》称病重/病危一律说"病甚",没有一例用"困"字的(上引褚少孙所补的一例除外)。而汉末的服虔、郑玄等人注经时就常常称病重病危为"疾困",如《左传·襄公十九年》"疾病而立之"服虔注:"病,疾困也。"《礼记·檀弓上》"曾子寝疾病"郑玄注:"病谓疾困。"《论语·子罕》"子疾病"郑玄注:"病谓疾益困也。"我们有理由认为这是服、郑用当时通用熟知的口语词来释"病"字的古义①。大约到了宋代以后,这种"困"字就比较少见了。尽管明人笔记《谷山笔麈》《万历野获编》等偶或还见用例,但大概已经是仿古的用法了。

"勾当(gòudàng)"②是近代汉语的一个常用词,开始是动词,指"料理,处理,办理;做(事情)",后引申为名词,指"事情"。现代汉语只保留了"事情"义,而且多指坏事情。据笔者初步调查,此词始见于唐代,其动词用法主要通行于唐宋时期,如唐玄宗李隆基《遣御史分巡诸道诏》:"并可摄监察御史,勾当租庸地税,兼覆囚。"张文成《游仙窟》:"新妇向来专心为勾当,已后之事,不敢预知。"白居易《与回鹘可汗书》:"其东都太原置寺,此令人勾当。事缘功德,理合精严。"唐[日]圆仁《入唐求法巡礼行记》卷三:"头陀自从台山为同行,一路已来,勾当粥饭茶,无所阙少。"敦煌变文《舜子变》:"自从夫去辽阳,遣妾勾当家事。"《五灯会元》卷十四"芙蓉道楷禅师":"后作典座,子曰:'厨务勾当不易。'师曰:'不敢。'子曰:'煮粥邪?蒸饭邪?'师曰:'人工淘米著火,行者煮粥蒸饭。'"司马光《涑水记闻》卷三:"彬克江南,入见,诣阁门进榜子云:'奉敕差往江南勾当公事回。'时人美其不伐。"《朱子语类》卷五九:"某尝见一种人汲汲营利求官职,不知是勾当甚事。"金佚名《大金吊伐录》卷一:"见谕中山、河间府差官分画疆界,今差官两员付张邦昌下,可令分遣勾当三府,诏书图本。"元代以后,名词用法占据上风,动词用法就明显少见了,虽然《水浒传》中尚有一些例子③,最晚的用例在清末小说《二十年目睹之怪现状》中还可见到④,但可以断言,明代以后动词用法就渐趋消亡了。因此我们大体可以确定动词"勾当"的主要使用时段是唐宋。

有的词可能只在一个很短的时期通行于某个地域,在历史的长河中可算是"昙花一现"。比如"戴屋"的"戴"。南朝梁周子良、陶弘景所撰的《周氏冥通记》

---

① 参看拙文《释"困"》,浙江省语言学会编《'94语言论丛》,杭州:杭州大学出版社1994年版。
② 宋人避高宗赵构讳,又改作"干当"。参看《大词典》"干当"条。
③ 如第二二回:"柴进道:'不敢动问,闻知兄长在郓城县勾当,如何得暇,来到荒村敝处?'"
④ 如第五五回:"安息了一天,便出去勾当我的正事,一面写信给继之。"

多次用到这个词:"其正月欲戴屋,而所顾(雇)师永不来。"(卷四)"明是戊寅上玄治建,可戴屋。"(卷四)"其本欲取此日戴屋,而师不来,又小雨,遂不果。此丁亥日方得戴耳。"(卷四)清代黄生《义府》卷下"冥通记"条解释说:"戴屋,盖屋也。"释义正确。"戴屋"这一说法很特别,未见于其他文献资料①,很可能就是南朝时期通行于金陵一带的一个方言口语词。"戴屋"的得名途径应当和"盖屋"相同,都是就建造房屋时铺上屋顶这道工序而言,"戴上屋顶"和"盖上屋顶"是一回事②。

在汉语中,有些词在使用一段时间后退出了词汇系统,作为词它们不再单独使用,但常常可以降格为构词语素而长期存在。这是汉语词汇的特点之一。现代汉语中一批很活跃的构词语素,在历史上都曾经是可以独立运用的词。比如"视"字,在现代口语中已不能单用,但可以构成视觉、视力、视线、视听、视点、视野、视事、注视、凝视、俯视、仰视、平视、回视、环视、扫视、巡视、审视、熟视、探视、珍视、正视、重视、轻视、忽视、无视、斜视、歧视、敌视、仇视、傲视、蔑视、藐视、漠视、鄙视、小视、窥视、觇视、虎视、雄视、自视、远视、近视、短视、透视、电视、收视率、可视电话等复音词。但是构词语素和词的性质是不一样的,因此这样的词同样具有时代性。

2. 有些词在不同的时代或地域有不同的义位或组合关系。一些看似"泛时空性"的词,如果深入观察,就会发现其实也是有时代性和地域性的,这主要就表现在义位和组合关系等方面。

比如"肉"这个词,从古到今各地方言一直通用,在表示"人或动物体内接近皮的部分的柔韧的物质"这一义位上可以说是一个"泛时空词"③。但是古代它还可以用作动词,表示"使其长肉"、"吃肉"、"吞噬,欺凌"三个意思,作名词时可以指"从口中发出的歌声,对乐器之声而言"、"指泥土"、"当中有孔的圆形物之边

---

① 《大字典》《大词典》"戴"字下都未列这一义项,《大词典》也没有"戴屋"这一词条,均可补。
② 参看拙文《〈周氏冥通记〉词汇研究》,载浙江大学汉语史研究中心编《中古近代汉语研究》第一辑,上海:上海教育出版社 2000 年版。
③ "肉"最初是指"供食用的动物肉",见于甲骨文和早期典籍《周易》,从字形也可以看出这一点。《论语》中的"肉"还都是此义。人的肉古称"肌",古代特指人的皮肉时总是"肌肤"连用。大约从春秋战国之际,"肉"可指人肉,如《左传》和《仪礼》中都已见到"肉袒"一词,《墨子·节用中》:"衣三领,足以朽肉;棺三寸,足以朽骨。"《孟子》有"人肉",《荀子》有"肉刑"。同时,大概从很早的时候起,"肉"就是个可泛指人和动物的肉的上位词——"肉"是动物肉的统称,"肌"则是人肉的特称,所以《说文·肉部》说:"肌,肉也。"人肉可以称"肉",动物肉则一般不能称"肌"。正因为如此,除非在需要特别强调的场合或习惯搭配中,先秦典籍中对人肉称"肉"并无严格的限制。汉代以后,"肌"和"肉"的分别逐渐消泯,"肌肉"连用在汉代典籍中很常见,而先秦未见。到了现代汉语,"肌"已不能独立成词,它原有的使用域完全被"肉"所占有了。

体"三个意思,作形容词可以"形容声音丰满洪美",这些意思在现代汉语里都已经不用。而在现代方言中,"肉"可以用作形容词"不脆;不酥"和"性子缓慢,动作迟钝"两个意思,这也是古代所没有的①。可见外表看似"不变"的"泛时空性"词,其内涵实际上往往是有变化的。

又比如"少(shǎo)"字,在"数量小;不多"这个义位上古今词义差别不大,但是组合关系却有所不同。在现代汉语里,"少"一般不能直接修饰名词(作定语),如*少人、*少书、*少技术员——这些都是动宾结构,而非偏正结构;但在古代却是可以的,少师、少饭、少肉、少饼、少火、少水、少人、少粪、少泥、少物、少酒食……一类的组合从西汉的《史记》到明代的《训世评话》均可见到,虽然使用频率不是太高,但一直有用例,在先唐翻译佛经、《齐民要术》和宋代神宗语录等著作中尤为多见,大约到元代以后,才逐步从口语中消失②。

3. 同一个义位在不同时代或不同地域用不同的词来表示。王力先生在《汉语史稿》下册"概念是怎样变了名称的"一节中首次集中讨论了词的历时更替问题——即同一个义位在不同的时代用不同的词来表示,举例分析了腿、走、跑、错、怕、偷、硬、吃、喝等一批常用词。拙著《东汉—隋常用词演变研究》则详细描述了41组常用词在中古(东汉—隋)时期的历时替换过程。读者均可参看。这里试举一例。

"寻找"是一个基本概念,上古汉语主要用"求""索"来表示,大约从两汉之交起开始用"寻",东汉开始用"觅",到南北朝时期,"寻"和"觅"在口语中大概已经取代了"求"和"索"。"寻"是通语词,"觅"则可能带有南方方言色彩。唐以后的近代汉语阶段,"寻"一直是表示这一概念的主导词,同时也用"觅",不过使用频率大大低于"寻",而且可能存在地域和风格差异。大约到元代,出现了"找"。开始写作"爪",见于元杂剧,如:"调动我这莽拳头,搧动我这长梢靶,我向那前街后巷便去爪寻他。"(李文蔚《燕青博鱼》第一折)也作"抓"③,见于元杂剧、明清小说等,如:"那魏齐手下心腹人极多,只怕也有似俺院公的,私下放他溜了,教俺主人

---

① 详见汪维辉《撰写〈汉语100基本词简史〉的若干问题》"肉"字条(待刊)。
② 详细的讨论及造成这种差别的原因可参看拙文《从汉语史看"多""少"直接修饰名词问题》,《语言学论丛》第二十八辑,北京:商务印书馆2003年。
③ "抓(zhǎo)"显然是"爪"的增旁字,与"抓住"的"抓(zhuā)"是同形字。"爪"增旁写作"抓",敦煌文献中已见,如斯4869号《大般涅槃经》卷一二:"观察是身,从头至足,其中唯有发毛抓齿不净垢秽。"其中的"抓"字,斯693号经本同,斯478号经本及《中华大藏经》影印金藏广胜寺本作"爪"。参看张涌泉《〈敦煌文献语言辞典〉编纂刍议》,商务印书馆语言出版基金第二次中青年语言学者论坛提交论文,2004年5月,杭州。

哪里去抓他？"（元高文秀《谇范叔》第四折）"李万道：'且不要埋怨，和你去问他老婆，或者晓得他的路数，再来抓寻便了。'"（《喻世明言》卷四〇）"只见内传三鼓，炮声三响，辕门呐喊如雷，海都督坐出堂来，要捆拿池苑花，四处抓寻，人都不见了。"（清潇湘迷津渡者《都是幻》第五回）①后来才定型于"找"②。这个词也许是从鸡用爪子抓寻食物引申而来③。《红楼梦》前八十回中"找""寻""觅"出现的比例大概是 262∶189∶24，表明"找"在取代"寻"的过程中已经占据优势。不过"找"在通语中完全取代"寻"可能已是很晚近的事，一直到编成于 19 世纪中期的《语言自迩集》（第一版出版于 1867 年），才几乎只用"找"，"寻"则"只能看到跟'要'同义的'寻'"，如"不是寻这个就要那个"（《谈论篇》）④。《语言自迩集》是一部准确记录了 19 世纪中期北京口语的汉语教科书，具有极高的语言史价值，它所记载的语言事实是精确可信的⑤。此外，编成于 19 世纪末期的朝鲜人学习汉语口语的会话书《华音启蒙》中也是只用"找"（共 9 例）而不用"寻"，不过此书并非纯粹的通语，而是带有明显的东北方言色彩。直到现代汉语，老派北京话里还有"寻"的残留，说作"寻摸"（xún me），如曹禺《北京人》第一幕："原来是一对的，我特意为我的清少爷寻摸来的。"综上所述，表示"寻找"这个概念，汉语历史上大致经历了这么一个更替过程：求、索（先秦两汉）——寻、觅（魏晋至晚清）——找（晚清至今）。这是通语的情形。至于方言，应该自古就有差别⑥。

说到词的地域差异，我们自然会想到西汉扬雄的《方言》。的确，这部书为我们提供了大量西汉时期方言词汇的实例——同一个义位在不同的方言区常常用不同的词来称说。比如《方言》卷一第一条："党、晓、哲，知也。楚谓之党，或曰晓，齐宋之间谓之哲。"知是通语词，党、晓、哲则是方言词，党、晓的通行地域是楚地，哲则通行于齐宋之间。现代方言中这样的例子也比比皆是，无烦举证。但要确切地指明一个词的通行地域，却是极不容易的事，有时几乎就是不可能的。词

---

① 这类"抓"字，《大字典》和《大词典》释作"仓皇寻取""谓匆忙寻找"，读音都是 zhuā。恐不确。
② 明沈榜《宛署杂记·民风二·方言》："寻取曰找。""找"本是划船的"划"的异体字，《集韵·麻韵》："划、找，舟进竿谓之划。或从手。"后用作寻找的找，又成了同形字。
③ 章炳麟《新方言·释言》："今人谓寻觅为爪，盖取掊（wò）抉之意。"
④ 参看[日]香坂顺一《白话语汇研究》"(155)寻找与给"，中译本 263—264 页，江蓝生、白维国译，北京：中华书局 1997 年版。
⑤ 参看《语言自迩集》张卫东"译序"。[英]威妥玛著，张卫东译，《语言自迩集——19 世纪中期的北京话》，北京：北京大学出版社 2002 年版。
⑥ 详参汪维辉：《纵横结合研究汉语词汇》，商务印书馆语言学出版基金第二次中青年语言学者论坛提交论文，2004 年 5 月，杭州。收入《21 世纪的中国语言学》（二），北京：商务印书馆 2006 年版。

的地域性之所以比时代性更难以论证,是因为词的通行地域随时在变。有些词,前代是通语词,后代降格为方言词,或者相反;有些词,前代和后代都是方言词,但是通行地域有大小,或是从甲方言词变成了乙方言词①。这些情况在汉语史上都可以找到众多的例证。下面试举一例。

表示"菜肴"的名词属于汉语中的基本词,人们的日常生活中从古到今都离不开这样的词。吴语明州片(也叫甬江片)管菜肴叫"下饭",不论生熟、荤素,都统称"下饭",如下饭好、鲜下饭_{指海鲜}、咸下饭_{腌制品,尤指咸鱼之类}等,宁波话有"下饭呒告_{没什么}饭吃饱"、"三十年夜下饭多,还差一碗割蛳螺_{去尾的螺蛳}"等俗谚。据笔者的初步调查,名词"下饭"在今天的通行地域主要是宁波市(包括下属各县区)②和舟山市,此外还有浙江的萧山、上虞、新昌等地。《现代汉语方言大词典》所收的42个方言点,"菜肴"叫"下饭"的只有宁波一个点。《浙江吴语分区》把"'小菜'叫'下饭'"作为吴语明州片的词汇特点之一③。名词"下饭"在近代汉语阶段通行的地域比今天要广得多。"下饭"最初是一个动宾词组,意为"把饭送下去",现在见到的早期用例出现于宋代,如:"[王子野]正食,罗列珍品甚盛。水生适至,子野指谓公曰:'试观之,何物可下饭乎?'生遍视良久,曰:'此皆未可,唯饥可下饭尔。'"(宋范公偁《过庭录》)此义的"下饭"今天很多方言里仍说,又引申为形容词,意为"能把饭送下去",如"这个菜很下饭"。推测"下饭"连用的产生时代当更早④,因为由此凝缩成一个名词、意为"菜肴"的"下饭"在宋代文献中也已经见到,如:"[刘岑]未达时,贫甚,用选官图为下饭,饥时以水沃饭,一掷举一匙。"(宋张端义《贵耳集》卷中)"早泛索:皇后:下饭七件、菜蔬五件、茶果十合、小碟儿五件。"(宋周密《武林旧事》卷八《皇后归谒家庙(用咸淳全后例)》)⑤"下酒:水饭、簇钉下饭。"(宋孟元老《东京梦华录》卷九《宰执亲王宗室百官入内上寿》)由动宾词组凝固成一个名词是需要时间的。宋代以后,

---

① 参看王国维:《书郭注方言后(二)》,《观堂集林》卷五,北京:中华书局1959年版。
② 宁海县只限于城关以北的部分地区。
③ 傅国通、方松熹等:《浙江吴语分区》,浙江省语言学会《语言学年刊》第三期(杭州大学学报增刊),1985年,17页。
④ 《齐民要术·种李第三十五》:"饮酒时,以汤洗之,漉著酒中,可下酒矣。"又《脯腊第七十五》:"白如珂雪,味又绝伦,过饭下酒,极是珍美也。"这是目前所见的"下酒/饭"之"下"的最早用例。饭曰"过",酒曰"下",两者是同义词。从理论上说,既然"酒"可以说"下",那么"饭"也应该可以说"下",只是目前尚未找到实际用例。
⑤ 周志锋先生说:文献中"下饭"与"果子"、"菜蔬"等对举时,往往指荤腥的菜肴。明周祈《名义考》卷十一:"今谓折俎曰案酒,谓腥曰下饭。"(参看顾之川:《明代汉语词汇研究》119页、314页,郑州:河南大学出版社2000年版。)

名词"下饭"①在文献中时见记载和用例,如元杂剧《小尉迟》《襄阳会》《白兔记》《幽闺记》、《原本老乞大》《老乞大谚解》《六十种曲·杀狗记》、明哈铭《正统临戎录》《水浒传》《三遂平妖传》《西游记》《金瓶梅词话》《古今小说》《醒世恒言》《初刻拍案惊奇》《型世言》《醒世姻缘传》《续金瓶梅》《后西游记》《浪史奇观》《杏花天》等,都见使用。在明清以来的方志类书籍中也多有记载,如明万历中谭城余云坡刊本[明]陆啸云编《世事通考》"荤食类"云:"……肋条、坐臀、前甲、腈肉、肥肠、肉羹、汤汁、下饭、软䐑、添豢、酱醋……"②咸丰六年(1856)《鄞县志》、光绪十年(1884)《畿辅通志》、民国二十四年(1935)《萧山县志稿》、民国七年(1918)《新昌县志》、民国四年(1915)《象山县志》等都记录了此词。③ 从上举文献资料来看,名词"下(嗄)饭"曾经是一个通行南北的"通语词",《汉语方言大词典》"下饭"条释作"佐餐的菜肴",列了北京官话、徽语、吴语三项(第一卷,212页),"嗄饭"条注明为"吴语",却引了《金瓶梅》和《醒世恒言》(第五卷,6513页),"嗄飰"条注明"官话",引《醒世恒言》(第五卷,6514页)。《红楼梦》《儿女英雄传》《蒲松龄集》等清代北方作品中均未发现名词"下饭"。但清初的《醒世姻缘传》(用山东方言写成)还偶见用例,这自然让我们联想到《金瓶梅》多见"下(嗄)饭"这一事实,两者应该是有传承关系的。光绪十年(1884)刊本《畿辅通志》云:"北人称肴馔为下饭,饭借此而下也。(乔钵《弈心》)谨按:畿南人有'下饭'之语,保定以北无之。"④可见此词在19世纪末尚存于某些北方话中,它在这些地区的最后消亡当是20世纪的事⑤。

一个词的通行地域随时代的不同而不同,这是汉语词汇史需要研究的一个重要问题。比如对作品的断代或者推定其作者,就牵涉到这样的问题。以《金瓶梅》为例。对此书中方言成分的考察是近二十多年来的一个研究热点,根据现有研究结果,几乎现今所有的方言区都可以在《金瓶梅》中找到自己方言的影子,特

---

① 字又写作"嗄饭"。"嗄"显然是一个所谓的"后出专字",从口,夏声,这样可以避免因写作"下饭"而误解为动宾词组。
② 见[日]长泽规矩也编《明清俗语辞书集成》第一册,119页。
③ 值得注意的是,各种辞书往往把上述"下饭"解释为"下(佐、过)饭的菜肴",如《大词典》、《汉语方言大词典》、龙潜庵《宋元语言词典》、高文达主编《近代汉语词典》、许少峰主编《近代汉语词典》等。这个释义有欠准确。"下饭"就是菜肴,既可下饭,也可下酒,甚至什么都不下,清吃。释义的不确恐怕是泥于字面所致。
④ 见[日]波多野太郎编《中国方志所录方言汇编》第三编。
⑤ 石汝杰、[日]宫田一郎主编的《明清吴语词典》(上海:上海辞书出版社2005年版)收"下饭(嗄饭)",看作吴语词,恐欠妥。

别是词汇。实际情形果真如此吗？恐怕不然。有些词,在明代的通行地域跟今天可能是不同的,比如"下饭",如果我们以今天此词的分布地域为依据,就很容易得出《金瓶梅》中有吴方言成分的结论,而根据上述的调查,这个看法显然是不能成立的。所以在作此类研究时,一个不容忽视的问题是,必须把古方言和今方言区别开来,不宜将古书中的词语和今天的方言词语作机械的对应[①]。蒋绍愚先生曾指出:"即使考定了某个语言现象只在今天的某方言中存在,那也只是考定了它的'今籍',而'今籍'未必就等于'祖籍'。"[②]这是完全正确的。

了解一个词的时代性和地域性对准确理解词义也具有十分重要的意义,这是一种全局性、根本性的把握。比如《诗·豳风·七月》"蚕月条桑",有多位《诗经》研究专家根据《韩诗》和《玉篇》引《诗》作"挑桑",就认为"条"是"挑"的假借字,解释为"挑选"[③]。从词的时代性来看,这一说法根本站不住脚,因为"挑"有"挑选"义应该是唐以后的事[④],《诗经》时代表示"挑选"义用"选、择、简、拣"等词而不用"挑"。《郑笺》:"条桑,枝落之,采其叶也。"所释正确。《搜神记》卷九:"(魏)舒后十五载诣主人,问所生儿何在,曰:'因条桑,为斧伤而死。'"条桑为以斧截取桑树枝条甚明。今蚕区取桑饲蚕,犹连枝取之,其法古今一也。

词汇史的研究成果可以有两种表达形式:一是专著,对一种语言的词汇的历史演变作详尽的描述和分析;二是词档,除了对每一个词的词义、词性、组合关系、感情色彩和用法等提供详细而准确的信息之外,还应该对词的通行时代和地域——也就是词的时代性和地域性——作出尽可能确切的说明。这样的词典比现有的《汉语大词典》《汉语大字典》还要详尽细致得多,在目前还只是一种美好的设想,付诸实施绝非易事,但也并非不可能。我们可以先从一部分词做起。

参考文献

罗曼·雅柯布森,2001.雅柯布森文集[M].钱军,编辑.钱军,王力,译注.长

[①] 参看汪维辉:《宁波方言词语札记三则·壹 "下饭"古今谈》,载《吴语研究:第二届国际吴方言学术研讨会论文集》,上海市语文学会、香港中国语文学会合编,上海:上海教育出版社2003年版。

[②] 《近代汉语研究概要》,334页。

[③] 如陈子展《诗经直解》译作"要挑一枝枝的桑叶",华钟彦《"七月"诗中的历法问题》译作"挑选桑叶",高亨《诗经今注》云:"条,借为挑(《玉篇》引作挑),选取,挑选。"

[④] 目前见到的较早用例如五代后蜀何光远《鉴诫录》卷一:"十年对垒,万阵交锋。虑久困于生灵,乃选挑其死士。才过汶水,缚王彦章于马前;旋及夷门,斩朱友贞于楼上。"《大字典》和《大词典》"挑"字"挑选"义下所引的始见书证都嫌晚。

沙：湖南教育出版社.

蒋绍愚,2005.近代汉语研究概要[M].北京：北京大学出版社.

复盘与导读

学术研究并不神秘,说白了就是两句话：发现问题,解决问题。做学问就是找一些问题来琢磨,把答案弄清楚。

作为一名研究生,要培养自己的研究能力,首先就得从发现问题入手。在一个学术领域,会存在各种各样的问题,有的大,有的小,有的难,有的易,初学者要善于选择适合自己的问题来研究。

本文之所以选择这个论题,是因为在汉语词汇史研究中有一些基本的理论问题当时还没有得到清楚地阐明,而这些问题事关全局,会影响到具体的研究。词的时代性和地域性就是这样一个基本问题。笔者在研究实践中常常感到这个问题有必要进行专门的论述,以便大家在从事汉语词汇史研究时能确立"时代性"和"地域性"这样一纵一横两个坐标轴,把每个词置于这个大背景下去观察。所以,这篇文章的题目来自平时研究的积累,其中的例子都是作者的研究心得。其实也可以举别人的例子,但是那样会降低文章的原创性。

本文发表后在学界产生了持续的反响。中国知网(CNKI)显示,截至2022年2月26日,引用本文的论文至少有78篇(不含作者自引),包括32篇期刊(含集刊)论文、11篇博士论文和35篇硕士论文。每一年都能见到引证文献,15年来从未间断。著作尚未统计。自从本文明确提出词的时代性和地域性后,相关研究成果明显增多,不少学者为时代性和地域性补充例证,有的则进一步探究造成时代性的原因。如今,关注词的时代性和地域性已经成为汉语词汇史乃至整个汉语史学界的通识,学者们从语料甄选、论证方法、形成原因、应用价值等方面所作的探讨也不断深化着对词的时代性和地域性的认知,拓宽着词汇研究的畛域。词的地域性问题尤其受到重视,蒋绍愚《近代汉语研究的新进展》(《陕西师范大学学报》2018年第3期)视之为近代汉语研究视野的拓展,说："汪维辉《论词的时代性和地域性》明确提出了词汇的地域性。""汪维辉、秋谷裕幸《汉语'站立'义词的现状与历史》很细致地讨论了汉语'站立'义词的时代性和地域性。"最近王挺斌、赵平安《试论近代汉字与古文字的关系》一文(将刊于《汉语史学报》)

在引用了本文的观点后指出:"文字是记录语言的符号,自然也会有时代性与地域性,亦即时空属性。揭示字的时代性与地域性,这是汉字史的基本任务。"说明文章对文字学界也产生了一定的影响。

能撰写高质量的学术论文是每个研究生都在努力追求的目标。那么怎样才能写出一篇好论文呢?这是一个复杂的问题,涉及面很广。下面根据本人的体会,提出五个问题来略作申论,供大家参考。(可参看汪维辉《常用词历时更替研究的工作程序》,《历史语言学研究》2021年第一辑。又见汪维辉《汉语词汇史》,中西书局2021年版)

一、什么样的论文算是好论文?

我认为一篇好论文至少应该具备五个要素:

1. 选题前沿

学术研究要在前人的基础上"接着说",这就需要追踪学科最前沿的动态,选题要有新意,参考文献要尽量齐全,特别是重要的成果不能有缺漏。

2. 确有创见

创见是一篇学术论文的灵魂。季羡林《朗润琐言·没有创见,不要写文章》讲述了他撰写博士论文绪论的经历,给我们提供了"没有创见,不要写文章"的生动例证。

3. 观点正确

观点不对,文章自然就没有价值。评价一个人在学术上的贡献,不是看他说了多少,而是看他说对了多少,而且是别人没有说过的。所以,没有创见,没有正确的观点,就没有必要写文章。

4. 论证扎实

正确的创见需要通过扎实的论证才能成为科学的结论。扎实的论证就是摆事实,讲道理,证据充分,逻辑严密。

5. 行文妥帖

行文要准确妥帖,脉络清楚,结构合理,引人入胜。

二、题目从哪里来?

题目来自平时的学习、观察和思考,主要是阅读原始语料和研究论著,还有听课、听讲座,参加研讨会、论文开题和答辩等学术活动,甚至日常看电影电视、听广播和听人说话等等。只要勤学善思,到处都可以发现有意思的语言学题目。要带着好奇心,用敏锐的目光去发现各种语料(广义)中的问题。要有大胆质疑的精神,用怀疑的眼光去看别人的论著,凡不合逻辑和情理之处,往往都是有问题的。比如这篇文章中举到的例子,"行""戴屋""勾当"等来自阅读语料,"困""少""挑"来自阅读相关论文和今人的古籍注释,"肉""寻找"来自对基本词汇的关注,"下饭"来自对家乡话的好奇。当然,发现问题需要学术积累,对一个领域了解越多越深,就越容易发现问题。研究生要独立发现有价值的学术问题往往比较难,不过可以培养。

三、如何找材料?

充分掌握材料是保证研究结论可靠的必要前提,广泛搜集语料是写出一篇好论文的基础。可以利用各大语料库进行检索,但检索到的材料要注意鉴别和分析,确保材料准确可靠,具有论证效力。可参考汪维辉、胡波《汉语史研究中的语料使用问题——兼论系词"是"发展成熟的时代》(《中国语文》2013年第4期)。

四、如何论证?

论证必须严谨周密,符合逻辑。没有严谨就没有学问。用于论证的材料需要取舍剪裁,并非越多越好。

五、如何结撰成文?

有了好的研究结果,还要善于表达。文无定法,写文章其实就两个要点:一是把问题研究透,二是把话说明白。要向前辈大师们学习,多读好论文,仔细揣摩,日久自会精。还要讲究一点写作技巧:一是善于谋篇布局,二是行文简洁明快,三是要反复修改——好文章是改出来的。

俗话说:熟能生巧。写文章也是这个道理,多读多写多琢磨,日子长了,自然就能写出好文章来。

"集"字的形音义

刘 钊

摘要：本文全面讨论"集"字的形、音、义：首先对"集"的古文字字形进行排比分析，揭示出一种以往未被重视的特殊写法；其次讨论"集"的上古音，指出"集"有读为"幽觉""宵药"一类韵部的音；最后分析"集"字早期的三个不同义位，揭示出"集"有"降落""栖止""聚集"三个本义。其中"降落"义对理解早期典籍中"集"字的义训大有帮助。在古文字和上古汉语研究中，"集"字的字词关系很特殊，具有揭示规律的意义。

关键词：集；特殊写法；幽部；本义；降落（下落）

"集"字的古文字字形有一种以往未被重视的特殊写法，对于探讨"集"字的本义能起到关键的提示作用。这一字形提示的本义，又对理解早期典籍中"集"字的义训大有帮助。"集"字的不同异体表现出"集"字早期的三个不同义位，这三个义位是以"鸟"为行为主体发出的三个关联动作。这样的字词关系很特殊，具有揭示规律的意义，值得探讨。同时，在上古汉语中，"集"字的读音也是个有些纠缠的问题。1997年，我曾在一篇名为《金文考释零拾》的小文中，对"集"字的形义有过一些探讨，见刘钊（1997：449—463），但受文章结构限制，语焉不详，没有充分展开。近来旧题重温，对"集"字的形音义重新进行了一些思考和追索，自认为稍有心得，现在写出来呈上学界，以期得到大家的批评和指正。

---

* 原载《中国语文》2018年第1期。本书收录时略有修改。
** 刘钊（1959—），复旦大学教授，博士生导师，教育部"长江学者"特聘教授。

一、形

A 	B 	C 	D 	E 	F 	G 	H 
《合集》① 18333	《合集》 9438	《合集》 17455	《合集》 17455	《合集》 17867正	《合集》 22441	《合集》 15664	《合集》 15664

图1 "集"字形体

孙海波(1965：186)卷四"集"字下收有图1 A、B、C、D、E、F等6个形体。

徐中舒(1990：426)卷四"集"字下收有图1 D和E两个形体，但字形摹写均有些失真。奇怪的是该书字形部分没有收图1 A这种最标准的形体，却在释义部分中引用了有图1 A形的卜辞。

唐兰(1999：32)"集"字下列有图1 A、D、E三个形体，同时又列有图1 G形。该形见于《合集》15664，又见于胡厚宣(1996：2·45·1)和李钟淑、葛英会(2008)1061号。从李钟淑、葛英会(2008)1061号的拓片看，该字左下部应该是泐痕，所以这个字其实是作图1 H形的，也应该释为"集"。李宗焜(2012：654-655)既收了胡厚宣(1996：2·45·1)，去掉泐痕后摹作H，又收了《合集》15664，但将泐痕当成笔画摹作G形，属于重复收录。正确的做法是删去G形。

刘钊(2014：248)卷四"集"字下收了图1 A、D、E、H四个形体，这四个形体应该是确切无疑的"集"字。

孙海波(1965：186)"集"字下所收的图1 C、D两形本为同一个字形而重出者，这从拓本可以看得很清楚，正确的做法应该是剔除一个。《甲骨文编》对这两个形体的摹写都不够准确，尤其图1 D形像鸟爪的部分被摹成类似一个"十"字两旁各加一点的形状，更是不妥。

孙海波(1965：186)所收"集"字中还有图1的B和F，这两个形体下部并不从"木"，形体最下部其实是象鸟的腿和爪之形，因此这两个字应该就是鸟字或与鸟字词义近似或有关的一个字，不应该释为"集"。

---

① 郭沫若主编：《甲骨文合集》，北京：中华书局，1982年版。本文遵循学界惯例，统一简称为《合集》。

高明(1980：227)和高明、涂白奎(2008：1276)"集"字下收有图1的A、B、E三个形体，其中的B形也应剔除。

通过以上的分析比较，可知图1的8个形体中，只有A、D、E、H四个形体是真正的"集"字。《汉语大字典》"集"下只收图1的A、E两形，还是很有见地的。

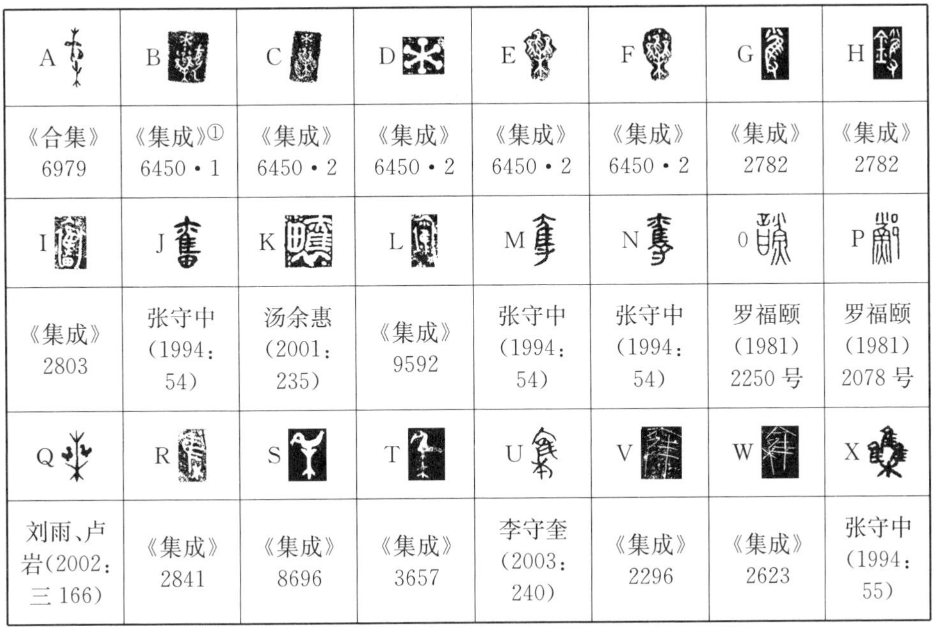

A	B	C	D	E	F	G	H
《合集》6979	《集成》①6450·1	《集成》6450·2	《集成》6450·2	《集成》6450·2	《集成》6450·2	《集成》2782	《集成》2782
I	J	K	L	M	N	O	P
《集成》2803	张守中(1994：54)	汤余惠(2001：235)	《集成》9592	张守中(1994：54)	张守中(1994：54)	罗福颐(1981)2250号	罗福颐(1981)2078号
Q	R	S	T	U	V	W	X
刘雨、卢岩(2002：三166)	《集成》2841	《集成》8696	《集成》3657	李守奎(2003：240)	《集成》2296	《集成》2623	张守中(1994：55)

图2　古文字中"集"形体

图2 A字上部是一个展翼飞翔的鸟，下部从"木"，写法与图1 E形很接近，只是中间偏右部似乎有一个类似"夕"或"月"字形的形体，不知是泐痕还是字的笔画。刘钊(2014：248)暂将其隶定作"夠"。这个形体所从的类似"夕"或"月"字形的部分如果是泐痕的话，则该字也应该释为"集"。

图1 D、E和图2 A所从的"集"字其字形所表现的形象，鸟都没有直接落在树上，即鸟的脚爪部分和"木"并没有完全相接，尤其是图1 E和图2 A所从的"集"字，表现的更是鸟在天上飞翔或是鸟在飞行并下落的形状，与图1 A表示鸟落在树上的形象是有一定差别的。这一字形形象所反映出的特点，将是探讨"集"字本义的重要线索。

---

① 中国社会科学院考古研究所编：《殷周金文集成》，北京：中华书局1984年版。本文遵循学界惯例，简称为《集成》。

图2B和C出自1962年出土于安阳大司空村的器盖同铭的商代晚期的觯，见中国科学院考古研究所安阳发掘队(1964：380-384)，铭文中的图2D是一个族氏徽号文字。发掘报告将铭文首字保留原形，其他文字隶释为"小雧母乙"，之后的学术界在引用时一般也都如此处理，或将"雧"字写成"集"字①。各种文字编类的著作也都将图2E形视为"集"字，如高明(1980：227)和高明、涂白奎(2008：1276)及容庚(1985：264)即将该形释为"集"并列在"集"字下。因《说文》"集"字篆文即作"雧"，与图2E形结构相同，所以这一隶释得到绝大多数人的认可。刘钊(1997：449-463)曾指出从上揭商代晚期觯的铭文中分析出图2E这一字形是错误的，该字上边的"小"字与图2E形紧贴，布局也与图2E形随体诘屈，应该归属于该字，所以该字字形其实应该作图2F。这一意见已被严志斌(2001：42)和董莲池(2011：450)所采纳。

按照古文字的构形规律和隶定习惯，图2F形这一结构可以用三种隶定形式来表示：一是可隶定为"雧"，即将其结构理解为从"小"从"雧"；二是可隶定为"雧"，即将上部的"小"字归属于最上部的"隹"字，"小"和"隹"两者构成"雀"；三是可隶定为"雧"，即将上部所从之"小"理解为归属于三个鸟形，也就是采用了"借偏旁"的方式，表示的是每个鸟形上都有一个"小"，只是因为笔画太多难以书写，才"以一代三"，写成这个样子。

按照上边的三种隶定，图2F形结构可以构拟出"雧""雧""雧"三种形式，字或从"小"作，或从"雀"作，其结构可以分别从字形和字音两个方面进行解释。

从字形方面看，"隹""鸟""雀"三字在用为表意偏旁时可以相通，字书中大量从"隹"的字同时又存在从"鸟"的异体就是证明。马王堆帛书《胎产书》中曾提到女子怀孕三个月内可以吞食"爵(雀)瓮"，在同一段文字中"爵(雀)瓮"又写作"鸟瓮"，这是古文字中"雀"与"鸟"通用的例子。

在古文字中也有很多"隹""雀"相通的例子，如古文字"隻"(获字初文)本从"隹"从"又"，像用手捕获鸟形，金文或从"雀"作图2G形；从金从隻的"鐉"字或从"雀"作图2H形；《说文》认为"奞(奮)"字从"隹"作，金文"奞(奮)"字既从"隹"作图2I形，秦简和秦印又可以从"雀"作图2J形和K形；《说文》认为"夺(奪)"字从"隹"作，金文则从"雀"作图2L形，秦简的"夺(奪)"字既可从"隹"

---

① 徐中舒(1984)正文部分该器的释文作"□小集母乙"，但目录中的器名，除了用图2D原形替换"□"之外，其他释文却写作"雧母乙觯"。器名中对该字的隶释是正确的，但与正文中的释文不一致，不知是误写还是另有原因。

作图2M形，又可以从"雀"作图2N形。

在战国文字中，从"焦"旁的一些字，其所从的"焦"旁既可以写成从"隹"从"火"，又可以写成在"焦"字上累加"小"声作"䉵"。"䉵"当然也可以理解成是从"雀"从"火"，即将"焦"所从的"隹"旁替换成义近的"雀"旁所致。如图2O形之譙、图2P形之鄽（"焦"姓之"焦"的专字）二字即是。

刘雨、卢岩（2002）700号收有一件"集觚"，其"集"字写作图2Q形，字从木从二鸟。"木"字与一般的"木"字相比，多出了一重两叉的笔画，"鸟"字写成实心的图案形。这是族氏铭文的特点，即富于装饰性。

容庚（1985）卷四"集"字下除了收有毛公鼎作图2R形正常的"集"字外，还收有图2S形和T形，字从"鸟"从"木"。图2S鸟的腿爪形与树形（木）融在一起，似乎有"借笔"的成分。这两个形体学者或释为"枭"，如何琳仪（1998：297）。虽然从结构构成上看释"枭"也能成立，但是如果我们承认"枭"的本义是鸱枭一类的鸟的话，则这一字形从形象上看，并没有反映出"枭"的特点，其所从之"鸟"形就是一般的鸟，并不像"枭"。商代考古发掘出土的玉枭和枭形铜器，表现出的枭的形象都是身体粗胖且伴有突出的枭耳。这两个特点在上引两形上都没有反映。因此将该字释为"枭"，字形和字义明显有些不符。图2T"鸟"形与"木"形没有完全相接，与前引甲骨文中的图1D、E、H三形接近。既然已知"隹""鸟"在用为表意偏旁时可以相通，将图2S、T二形释为"集"就比释为"枭"更为合适。

在楚文字中，"集"字除了写成从"隹"从"木"的结构外，还常常有一种较为特殊的写法，作图2U、V、W之形。这三个"集"字都加有"宀"旁。有的研究者将其直接视为从"亼"作，这是不妥的。楚文字中有不少字都可以加"宀"旁，是一种似乎与字音字义都无关的增繁现象。在图2U、V、W三个"集"字中，W形的"集"字上部的"宀"旁已经被加上一横，演变得类似"亼"字了。《说文》："亼，三合也。从入、一，象三合之形。凡亼之属皆从亼。读若集。"我们很怀疑《说文》的这个"亼"旁就是楚文字集字上边所从"宀"旁的讹变，后来被《说文》单列出来并保留了"集"的读音。

睡虎地秦简中的"集"字作图2X形，结构与《说文》雧字相同。《说文》："雧，群鸟在木上也。（小徐本无'群'字）从雥、从木。集，雧或省。（小徐本作'雥或省。'）"看来《说文》雧字这种从三"隹"的构形，直接来源于上释商代金文中图2F形中的图2E形，并一直延续到秦文字而被《说文》吸收。

从上引古文字中的"集"字形体看，"集"和"雧"两种结构都存在，而且时代也基本同时。甲骨文中只有"集",未见"雧",可能与甲骨文属于"俗体",因不便刻写从而构形惯于"趋简"有关①。《说文》认为"集"为"雧"之省,很可能是正确的。

《说文》中的"雥"字应该是从"雧"字上割裂出来作为部首的,这与"虍"字是从"虎"字上割裂出来作为部首的情况相同,其产生应该晚于"雧"字。

二、音

"集"字的上古音并不单纯,需要结合古文字资料综合考察。

从目前构拟的上古音系统看,"集""雥"以及从"集"得声的"杂"皆归在缉部。可是有很多迹象表明,"集"字在上古与一些读为"幽觉""宵药"部一类音的字存在着关系。

从形体上看,前文说过,"雧"字又作"雧"、"雧"或"雧",字或从"小"作,或从"雀"作。从形的角度,可以用表意偏旁互换来加以说明,而如果从音的角度,又可以认定其所从的"小"或"雀"是表音的。

"集"从"隹",作"隹""鸟""雀"三字应该是同源词,在上古应该音义皆近,即语源皆有关系。孙玉文(1995:174-175)从"幽微旁转"的角度论证"隹""鸟"同源,其说颇有理致。既然"隹""鸟"音义皆近,如果"集"字在上古有读为"幽觉""宵药"部一类的音,则"集"字从"隹",就既可以看作意符,也不妨可以看作是意符兼声符的。因此图 2 F 形,就既可以看作是"集"字累加"小"声,也可以看作是"集"字从"雀"得声。

《说文》"爤,火所伤也。从火、雥声。焦,或省。"如果"爤"确实是以"雥"为声,则说明"雥"、"焦"音近。不过"焦"字据周忠兵(2014:255—262)研究,最早应该是从"小"声的,后来才由从"小"讹变为从"火"。前引图 2 O 和 P 战国玺印文字中从"焦"的谯、鄡二字又可以加"小"为声,正是这一声音关系的反映。与"集"字可能从"雥"作"雧"演变为从"隹"作"集"不同(也可能"雧""集"同时存在,只是繁简体的不同),"爤"字既有可能是从"爤"简省为"焦",也有可能是由"焦"增繁作"爤",即所从之"隹"繁化为"雥",而并非如《说文》所说从"爤"省成"焦"。"焦"可以繁化作"爤",大概是根据"集"又可作"雧"类推而来。既然"焦"字最初就可以从"隹"作,而"隹"又与"鸟""雀"音近,当然我们就有理由推测"焦"字所从

---

① 此点蒙陈剑提示。

的"隹",也是用为意符兼声符的。从这个角度说,《说文》说"雧"从"雥"声也是不错的。章太炎很早就有"雧字从'雥',乃取其声"的推论(章太炎说见下),和我们的分析结果正可对应。

张政烺(1981:346—350)曾对"集"字的读音进行过很有启发的推阐。云梦睡虎地秦简《法律答问》有一句说:"可(何)谓雧人?古主取薪者殹(也)。"张政烺在《秦律"集人"音义》一文中指出"集人"应该读为"樵人","集""樵"二字应该存在音上的联系,这是非常正确的。《说文》:"噍,嚼也。从口、集声,读若集。"张政烺指出"噍"训为"嚼"是声训,这也是"集""焦"音近的例子。他还指出《说文》训为"早取谷"的"穛"字在金文中既写作"糙"(弥仲簋),又可写作"䅹"(伯公父簠),"䅹"所从之"隹"应该是"雥"字之省,这也说明"雥""焦"音近。按张政烺认为"䅹"所从之"隹"乃"雥"之省似可不必,因为正如前边所论,"焦"字所从之"隹"既有可能是"雥"之省,也有可能"雥"是"隹"的增繁,又"隹""焦"本来就音近。不过张政烺举"糙"又作"䅹"来论证两者声音上的关系,确实是眼光异常敏锐。

《大戴礼记·保傅》有"忿怒说喜不以义,赋与集让不以节"一句,方向东(2007:126-139)说:

> 孔广森曰:"集,当为'谯'字形之误。古读集或亦如谯。《小雅》:'是用不集',与咎、道字为韵。"王聘珍曰:"集,聚也。"卢校《新书》作"噍",云"当作谯"。

> 向东按:噍、谯字通,从口从言之字多相通。《史记·万石张叔列传》:"岁余不噍呵绾",司马贞《史记索隐》:"噍呵,一作谯呵。"《汉书·高帝纪》:"樊哙谯让项羽。"颜师古曰:"谯让,以辞相责也。"王聘珍依集释义,非是。

孔广森既说"集"字乃"谯"字之误,又说"集"可读"谯",说法未免有些游移不定。王聘珍用"集"字的"聚"义来解释文中的"集"字,正如方向东所评非是。按我们现在的认识,既然知道《说文》"噍"可声训为"嚼",又知道秦简中"集"可读"樵",则上引《大戴礼记·保傅》中的"集让"读为"谯让",就是顺理成章的事了。

从清代开始,古韵学家就注意到了上古音幽宵两部与侵缉谈盍四部的关系。孔广森以幽部配冬部,以宵部配侵部;章太炎以幽部与冬侵缉部为对转,以宵部与谈盍部为对转;当代学者李新魁认为幽部就是侵缉部的阴声韵,而宵部就是谈盍部的阳声韵,见施向东(2000:212—229)。其中幽部与缉部的对转,章太炎(1917—1919)曾举出如下之例：

> 幽辑对转,若叔之与拾,匋之与帀,匃之与合,鸠之与鸽,勠之与劦(勠训并力,劦训同力),绿之与急,既同训矣。夔字从夒,乃取其声,事用不集,以之韵咎,则用诸乐章也。

施向东(2000：212—229)也举了一些幽缉通转的例子,除去与章太炎所举相同之例外,还有如下诸例：鰌与鰡；狃与习；糅(粗)与杂；朩与荅；雔与答；浮与泛；桴与枊；欻与歙；鸠与合；疛、舳、救与急；韬与揸；蹈与踏(蹋)。鱻,《说文》鱻大徐本甫虬切、《广韵》甫遥、甫烋二切,《集韵》又音仕戢切。浩,《说文》浩大徐本胡老切、《广韵》又音古沓切。

我们还可以补充如下几例：

(1) 鸠与集。《左传·隐公八年》:"君释三国之图,以鸠其民,君之惠也。"注:"鸠,集也。"

(2) 湫与集。《左传·昭公元年》:"勿使有所壅闭湫底,以露其体。"注:"湫,集也。"

(3) 讨与杂。《诗经·小戎》:"俴驷孔群,厹矛鋈錞。蒙伐有苑,虎韔镂膺。"传:"俴驷,四介马也；孔,甚也；厹,三隅矛也；錞,鐏也；蒙,讨羽也。"笺:"讨,杂也。"

(4) 就与帀。《周礼·春官·典瑞》:"王晋大圭,执镇圭,缫藉五采五就,以朝日。"注:"五就,五帀也。一帀为一就。"

(5) 呦(怮)与戢。《说文》:"㗊,众口也。从四口。凡㗊之属皆从㗊。读若戢,又读若呦。"①

(6) 㒒、缪与杂。马王堆汉墓帛书《老子》乙本卷前古佚书《十六经·姓争》:"居则无法,动作爽名。【其事乃不成】,是以㒒受其刑。"(34下/111下—35上/112上)相类之语又见于《管子·势》:"其事乃不成,缪受其刑。"《国语·越语下》:"其事是以不成,杂受其刑。"②邬可晶认为"㒒""缪""杂"当表一词或音义极

---

① 此例蒙孟蓬生提示。

② 参看唐兰《马王堆出土〈老子〉乙本卷前古佚书的研究：附〈老子〉乙本卷前古佚书与其他古籍引文对照表》,马王堆汉墓帛书整理小组《马王堆汉墓帛书〈经法〉》,北京：文物出版社 1976 年版,第 177 页。

近之词①。

上古汉语中有"集糅""鸠集""杂糅""杂扰""獲杂"诸词,也应该是音义皆近的并列复合词,体现出的是"幽""缉"两部的对转关系。

"集"字《说文》大徐本据《唐韵》定为"秦入切",《诗经·大雅·大明》"集""合"相叶,《楚辞·九辩》"入""集""洽""合"相叶,说明"集"字缉部的读音很早就有,见张政烺(1981:346—350),可是在《诗经·小雅·小旻》中"犹""集""咎""道"相叶,"集"字《韩诗》作"就"。这说明"集"又有读"幽"部的音。对"集"和"就"的关系,清代学者有过一些相关讨论。俞樾(1956:55)卷三·三十四条"以双声叠韵字代本字例"说:

"集"与"就"双声,而《诗·小旻》篇"集"与"犹""咎""道"为韵,是即以"集"为"就"也。

又俞樾(1871)卷七《周书》"就,会也"下说:

樾谨按:就与集一声之转,《诗·小旻》篇"是用不集",《韩诗》作"是用不就",毛传亦曰:"集,就也。"是就与集音近义通。《尔雅·释言》:"集,会也。"此云"就,会也",盖旧读就为集,故训会耳。

俞樾以为"集""就"双声,或谓"一声之转",不知"集""就"韵部也有关系,是只知其一,不知其二。

钱大昕(1983:21—22)卷一"毛传多转音"条说:

古人音随意转,故字或数音。《小旻》"谋夫孔多,是用不集",与"犹""咎"为韵。《韩诗》"集"作"就",于音为协。毛公虽不破字,而训"集"为"就",即是读如"就"音。《书·顾命》"克达殷集大命",汉石经"集"作"就"。《吴越春秋》:"子不闻河上之歌乎?'同病相怜,同忧相救。惊翔之鸟,相随而集。濑下之水,回复俱留。'"是"集"有"就"音也。

---

① 此例蒙邬可晶提供。

关于"幽""缉"对转的音理,古音学界也有一些解释。孟蓬生(2001:252)曾比喻侵谈跟幽宵的关系,就像侵谈跟鱼类的关系一样,是韵部集团对韵部集团的关系。缉部与侵部为一系,自然也可以作如是观。施向东(2000:212—229)曾指出:

> 幽宵部与侵缉谈盍部之间的通转是一个无可怀疑的事实。文献中的资料非常丰富,以上所列不过是聊举一隅而已。汉藏比较的结果也告诉我们,幽宵部与侵缉谈盍部之间的通转其实就是韵尾的双唇作用的强弱变化而已。

这可以视作"集"有"就"音在音理上的合理解释。

"集"可读"就",到底是纯粹的通假关系,还是属于"同义换读"呢?我们认为都不单纯是。"集"可读"就"是因为"集""就"音义皆近,是一种同源关系的通转通用。

无论如何,综合以上论证来看,"集"在上古有读为"幽觉""宵药"一类韵部的音这一点,是完全可以确定下来了。

三、义

从"集"字的甲骨文字形看,图1A形像鸟栖止于树上之形,但是图1D、E、H三形表现的却是鸟正在下落于树之形。这两类字形所表现的含义是有差别的。图1A形表现的是鸟栖止于树上的静态,图1D、E、H三形则强调的是鸟下落于树的动态。从"集"字作图1D、E、H三形又作图1A形,又作图2E("龘"省去"小"声的"集"字)形等诸形来看,"集"的本义应该有"降落(下落)""栖止(停留)""聚集(集合)"等三个意思,这三个意思正好对应"集"字一词的三个早期义位。图1D、E、H像鸟降落于树,故"集"有"降落、下落"的意思;图1A形像鸟降落于树并停留,故"集"有"栖止、停留"的意思;图2E像众鸟降落于树,从"雥"作"龘",义为众鸟,故"集"又有"聚集、集合"的意思。

"集"字字形与字义的关系,在古文字和古汉语中是个很特殊的例子。"集"字字形可以体现出以"鸟"为主体的三个相关的动作或动态。图1D、E、H三形像鸟降落于树,故"集"有"降落、下落"的意思,这是字形提示字义的典型例子,是以往未被注意的新解读。而以"鸟"为主体的三个相关的动作或动态,又正是

"集"字早期的三个义位。这三个义位都是本义,不存在引申或假借的关系。如果把"集"字字形所表现出的以"鸟"为主体发出的三个动作或动态描绘成一幅动画,即像一群鸟从空中落下,栖止、聚集于树上。那么"降落""停留""聚集"就是以这幅动画为对象,从不同角度记录下的三个不同的画面。也可以将动作主体"鸟"的"降落""停留""聚集"这三个不同的画面,当成"鸟"的动作的三个阶段,即这三个义位体现的是"鸟"的三个连贯动作的时序。这是个饶有兴趣的事例,值得加以深入探讨。

《合集》17455 说:"□□[卜],□贞□梦(?)集鸟(此字不一定是鸟字,也有可能为乌、枭一类的字)☒告于丁,四月。"古代常见将"凤""乌"等飞禽降落于某处视为祥瑞或灾异的记载,此条卜辞的文意或许与此有关。

马承源(2003:124)所载上博楚简《彭祖》简四说:"既只(跻)于天,或(又)椎于渊,夫子之悥(德)登矣。可(何)丌(其)宗(崇)!"文中"椎"字学界有多种释法,其中史杰鹏(2005:180)释为"集"的意见最为可取。不过他将"集"读为"就"似可不必。文中的"集"与"跻"对文,"跻"训为"登","集"正好训为"降"。"跻于天""集于渊"的主语是"龙",此处是用"龙"的升降来比喻夫子之德。《抱朴子·吴失》篇有"飞龙翔而不集"的话,说明描写"龙"可用"集"。《说苑》卷九有"昔白龙下清冷之渊"句,《论衡·道虚》有"龙起云雨,因乘而行;云散雨止,降复入渊"句,"下清冷之渊"之"下"和"降复入渊"的"降",正相当于《彭祖》"又集于渊"之"集"。

《说文》:"雧,群鸟在木上也(小徐本无'群'字)"。一些大型的字典词典在"集"字下常常把《说文》对"集"字的训释当成"集"字的第一释义或义项,如《汉语大字典》"集"字下的第一个释义是"群鸟栖止在树上",《汉语大词典》"集"字下的第一个义项是"鸟栖止于树"。我们认为这样的处理是不合适的。因为《说文》对"集"字的训释是把对字形的描写和对词义的训释糅合在一起了。古人造"集"字,不光是用"鸟降落于树"之形来表示鸟的"降落(下落)"、"栖止(停留)"和"聚集(集合)",还用来记录和表示语言中一般意义上的"降落(下落)"、"栖止(停留)"和"聚集(集合)"。即在"栖止"这一点上,"集"字并非只表示"鸟栖止于树"的意思,还记录和表示语言中一般意义上的"栖止(停留)"的意思。我们不能把字本义当成词本义。就像我们不能因为"生"字的字形是像草从地下生长出来,就不顾古人只是用"草生长"之形来记录和表示语言中的一切"生长",从而说"生"字的词本义就是"草生长"一样。所以很显然,应该从《说文》的"鸟栖止于树"这样的解释中抽绎出"栖止(停留)"一类释义,来作为该义项的概括。

将"集"字的"降落(下落)"、"栖止(停留)"和"聚集(集合)"三个释义放到早期典籍中有"集"字的具体文句中,有时三者是可以通用的。即当"降落(下落)""栖止(停留)"和"聚集(集合)"这三个动作的发出主体是飞禽时,对一个具体文句中的"集"字,是既可以解释成"降落(下落)",也可以解释成"栖止(停留)",又可以解释成"聚集(集合)"的。可当动作的发出主体不是飞禽时,有时"降落(下落)""栖止(停留)"和"聚集(集合)"三者就不能通用。尤其是"降落(下落)"这一本义,与"栖止(停留)"和"聚集(集合)"两个本义有时完全不能通用。在这三个早期本义中,"栖止(停留)"和"聚集(集合)"的用法比较常见,也不易被误解,但是"降落(下落)"这一本义却常常被忽视,一些大型字典词典对此的处理也颇有问题。如《汉语大字典》在第一个释义"群鸟栖止在树上"下,引《诗·周南·葛覃》"黄鸟于飞,集于灌木"和唐李白《古风五十九首》之五十九"众鸟集荣河,穷鱼守枯池"的书证;下边又列出"依就"之义,引《诗·大雅·大明》"天监在下,有命既集。"毛传:"集,就也。"孔颖达疏:"鸟止谓之集,是集有依就之义,故以集为就也。"就很不合适。因为"群鸟栖止在树上"这个释义是无法涵盖"依就"之义和下边所引的所有例句的。《诗·周南·葛覃》"集于灌木"和唐李白《古风五十九首》之五十九"众鸟集荣河"中的"集"字,就是属于既可以解释成"降落(下落)",也可以解释成"栖止(停留)",又可以解释成"聚集(集合)"的,而《诗·大雅·大明》"有命既集"中的"集"却只能解释成"降落(下落)"。因为这里"集"字的动作发出主体是"天",不是"飞禽"。

《汉语大字典》"集"字下的第二个解释为"至",下边又列出"又下"之释义,引《淮南子·说山训》:"雨之集无能沾,待其止而能有濡。"高诱注:"集,下也。"这样的处理也不合适。因为"至"和"下"两个意思实在不能兼容。正确的做法将是《诗·大雅·大明》"有命既集"中的"集"与"至"字下"又下"释义中的《淮南子·说山训》"雨之集无能沾"句中的"集"归并,归纳出"降落(降下)"的释义并放到最前边。

《汉语大词典》第三个义项为"降、堕落",引《韩非子·解老》:"时雨降集,旷野闲静。"《淮南子·说山训》:"雨之集无能沾,待其止而能有濡。"高诱注:"集,下也。"唐柳宗元《天对》:"天集厥命,惟德受之。"

《汉语大词典》单列出"降、堕落"义,比《汉语大字典》的处理要好,但没有将"降、堕落"这一本义列在前边,是美中不足。

《故训汇纂》"集"字下第 8 个例句引《楚辞·九章·惜诵》:"欲高飞而远集兮。"朱熹注:"集,鸟飞而下止也。"朱注强调了"鸟飞而下止",涵盖了"下"和"止"

两个本义,尤其是突出了"下"这一点,可以说是典籍中对"集"字比较好的解释。因此《故训汇纂》这个例子引得非常合适。

毛公鼎铭文说:"唯天将集氒命。"此"集"字也是"降落(下落)"的意思。动作发出主体是"天","集"的宾语是"命"。"天"在上,颁赐给下界的"命"自然是"从天而降"。《郭店楚简·性自命出》:"性自命出,命自天降。"《尚书·西伯戡黎》:"天曷不降威,大命不挚。"《诗经·商颂·殷武》:"天命降监。"比较可知,毛公鼎铭文中"唯天将集氒命"中的"集",就相当于上引典籍中的"降"。这是古文字资料中"集"字用为"降落(下落)"之义最早、最明确的例子。

早期典籍中的"集"字多见,如下所列:

(1)《尚书·顾命》:"肄不违,用克达殷,集大命。"孔传:"文武定命陈教,虽劳而不违道,故能通殷为周,成其大命。"

(2)《尚书·君奭》:"公曰:'君奭,在昔上帝,割申劝宁王之德,其集大命于厥躬。'"孔传:"在昔上天,割制其义,重劝文王之德,故能成其大命于其身。谓勤德以受命。"

(3)《尚书·文侯之命》:"昭升于上,敷闻在下,惟时上帝集厥命于文王。"孔传:"更述文王所以王也。言文王圣德明升于天,而布闻在下居。惟以是,故上天集成其王命,德流子孙。"

(4)《诗经·大雅·大明》:"天监在下,有命既集。文王初载,天作之合。在洽之阳,在渭之涘。"毛传:"集,就。载,识。合,配也。洽,水也。渭,水也。涘,厓也。"郑笺:"天监视善恶于下,其命将有所依就,则豫福助之。于文王生适有所识,则为之生配于气势之处,使必有贤才。谓生大姒。"

(5)《诗经·小雅·頍弁》:"如彼雨雪,先集维霰。"毛传:"霰,暴雪也。"笺云:"将大雨雪,始必微温。雪自上下,遇温气而抟,谓之霰,久而寒胜,则大雪矣。喻幽王之不亲九族,亦有渐,自微至甚,如先霰后大雪。"孔颖达《正义》曰:"先集者,谓雪集聚也。解雪当霰下,而言集,意天将大雨雪,其始必微温暖。雪自上下,逢遇温气消释,集聚而抟,谓之霰。"

上引《尚书》中的"集"字孔传训为"成"或"集成",可以说是错误的。这三处"集"字的宾语都是"大命"和"命",即"天命"。天命乃上帝所赐,从天而降,所以这里的"集"字必须训为"降"才符合文意。《诗经·大雅·大明》的"有命既集"的

"集"字用法和上引《尚书》中的三个"集"字用法相同,其对象也是"命",无疑也应该训为"降"。《毛传》训为"就",《郑笺》训为"依就",可谓未达一间。"就"和"集"都可以表示一种趋向,即从某处去就某处,但"就"的趋向是不定向的,而"集"所表示的趋向是定向的,即一定是从上至下的趋向才能称"集"。《诗经·小雅·頍弁》的"如彼雨雪,先集维霰"的"集"字《正义》训为"集聚"也是错误的,这个"集"字在此也应该是"降"的意思。

《韩非子·解老》:"时雨降集,旷野闲静,而以昏晨犯山川,则风露之爪角害之。"《汉书·郊祀志下》:"凤皇神爵甘露降集京师,赦天下。"唐韩愈《谴疟鬼》诗:"降集随《九歌》,饮芳而食菲。"《汉语大词典》列有【降集】一词,解释为"降落而聚集"。

《楚辞·刘向〈九叹·远逝〉》:"雪雰雰而薄木兮,云霏霏而陨集。"王逸注:"陨,下也。集,会也。"《汉语大词典》列有【陨集】一词,解释为"下落聚集"。

按《汉语大词典》对上引典籍中"降集"和"陨集"的解释都是不合适的。"降集"和"陨集"中的"集"字也是"降"的意思,并非"聚集"的意思,所以"降集"和"陨集"其实是两个同义并列复合词。

早期典籍中的"集"字用法还可以举出如下例子:

(1)《诗经·大雅·卷阿》:"凤皇于飞,翙翙其羽,亦集爰止。"郑笺:"亦与众鸟集于所止。"

(2)《诗经·周南·葛覃》:"黄鸟于飞,集于灌木。"郑笺:"飞集丛木,兴女有嫁于君子之道。"正义:"当此葛延蔓之时,有黄鸟往飞,集于丛木之上,其鸣之声喈喈然远闻。"

(3)《诗经·唐风·鸨羽》:"肃肃鸨羽,集于苞栩。"毛传:"集,止。"郑笺:"兴者,喻君子当居安平之处,今下从征役,其为危苦,如鸨之树止然。"

(4)《诗经·鲁颂·泮水》:"翩彼飞鸮,集于泮林。"郑笺:"言鸮恒恶鸣,今来止于泮水之木上。"

(5)《诗·小雅·四牡》:"翩翩者鵻,载飞载下,集于苞栩"。郑笺:"夫不,鸟之悫谨者。人皆爱之,可以不劳,犹则飞则下,止于栩木。"

(6)《诗经·小雅·采芑》:"鴥彼飞隼,其飞戾天,亦集爰止。"郑笺:"爰,于也。亦集于其所止,喻士卒须命乃行也。"

(7)《诗经·小雅·鸿雁》:"鸿雁于飞,集于中泽。"郑笺:"鸿雁之性,安居泽中,今飞又集于泽中,犹民去其居而离散,今见还定安集。"

(8)《诗·小雅·黄鸟》:"黄鸟黄鸟,无集于谷,无啄我粟。"毛传:"兴也。黄鸟,宜集木啄粟者。"

(9)《诗经·小雅·车舝》:"依彼平林,有集为鷮。辰彼硕女,令德来教。"郑笺:"平林之木茂,则耿介之鸟往集焉。"

(10)刘向《楚辞·九叹·忧苦》:"葛藟蔓于桂树兮,鸱鸮集于木兰。"

(11)王逸《楚辞·九思·悯上》:"鹊窜兮枳棘,鹈集兮帷幄。"

(12)《左传·哀公二十六年》:"得梦启北首而寝于庐门之外。已为乌而集于其上。咮加于南门,尾加于桐门。"

(13)《诗经·小雅·小宛》:"温温恭人,如集于木。"

以上所引典籍中的"集"字除最后的第13例动作主体为"人"之外,其余诸例的动作主体都是飞禽。这些"集"字传统注疏大都无注或训为"止"或"安集"。其实这些"集"字正属于既可以训为"下落",也可以训为"停留",又可以训为"聚集"的。其中个别例子如《诗经·大雅·卷阿》和《诗经·小雅·采芑》中的"亦集爰止"一句,"集"和"止"对文,正说明"集"和"止"可能在意蕴上有差别。如果将"集"训为"下降",则"亦集爰止"描绘的是正是鸟从天而降并停留在树木上的两个连续动作的动态过程,显得更为形象生动。

魏晋典籍中"集"字用为"降落""下落"意思的例子还非常多,尤其用为指飞禽降于某处的用法更是常见,如下所列:

(1)《抱朴子内篇·对俗》:"千岁之鹤,随时而鸣,能登于木,其未千载者,终不集于树上也。"

(2)《抱朴子内篇·登涉》:"故南人或名通天犀为骇鸡犀。以此犀角著谷积上,百鸟不敢集。"

(3)《晋书·五行志》:"魏文帝黄初四年五月,有鹈鹕鸟集灵芝池。""汉献帝建安二十三年,秃鹙鸟集邺宫文昌殿后池。明年,魏武王薨。魏文帝黄初三年,又集洛阳芳林园池。七年,又集。其夏,文帝崩。景初末,又集芳林园池。"

(4)《三国志·魏书十三》:"时有二鱼长尺,集于武库之屋,有司以为吉祥。"

(5)《三国志·蜀志一》:"方今朝士山积,髦俊成群,犹鳞介之潜乎巨海,毛羽之集乎邓林,游禽逝不为之勘,浮鲂臻不为之殷。"

(6)《搜神记》卷六:"石立后,有白乌数千集其旁。"

(7)《搜神记》卷十八:"言讫,有鲤鱼数十头,飞集堂下,坐者莫不惊悚。"

(8)《搜神后记》卷一:"后化鹤归辽,集城门华表柱。"

以上所引魏晋典籍中的"集"字,除了第 4 例、第 7 例的动作主体是"鱼"之外,其他诸例中的动作主体都是飞禽。这些典籍中的"集"字也是属于既可以训为"下落",也可以训为"停留",又可以训为"聚集"的。但从语感上看,直接翻译成现代汉语的"落"最为合适。一些白话翻译的著作大都将上引这些典籍中的"集"字译为"聚集",或译为"停留",似乎都没有译为"落"更为妥帖。

参考文献

董莲池,2011.新金文编[M].北京:作家出版社.

方向东,2007.《大戴礼记》历代校释辨误[M]//赵生群,方向东,主编.古文献研究集刊:第 1 辑.南京:凤凰出版社.

高明,1980.古文字类编[M].北京:中华书局.

高明,涂白奎,2008.古文字类编[M].增订本.上海古籍出版社.

郭沫若,1982.甲骨文合集[M].北京:中华书局.

何琳仪,1998.战国古文字典[M].北京:中华书局.

胡厚宣,1996.甲骨续存补编[M].天津:天津古籍出版社.

李守奎,2003.楚文字编[M].上海:华东师范大学出版社.

李钟淑,葛英会,2008.北京大学珍藏甲骨文字[M].上海:上海古籍出版社.

李宗焜,2012.甲骨文字编[M].北京:中华书局.

刘钊,1997.金文考释零拾[C]//香港中文大学中国文化研究所,中国语言文学系,第三届国际中国古文字学研讨会论文集.香港:问学社.

刘钊,2014.新甲骨文编[M].增订本.福州:福建人民出版社.

刘雨,卢岩,2002.近出殷周金文集录[M].北京:中华书局.

罗福颐,1981.古玺汇编[M].北京:文物出版社.

马承源,2003.上海博物馆藏战国楚竹书:三[M].上海:上海古籍出版社.

孟蓬生,2001.上古汉语同源词语音关系研究[M].北京:北京师范大学出版社.

钱大昕,1983.十驾斋养新录[M].上海:上海书店.

容庚,1985.金文编[M].张振林,马国权,摹补.北京:中华书局.

史杰鹏,2005.上博竹书(三)注释补正[J].考古与文物,增刊.古文字论集:3.

施向东,2000.试论上古音幽宵两部与侵缉谈盍四部的通转[M]//汉语和藏语同源体系的比较研究.北京:华语教学出版社.

孙海波,1965.甲骨文编[M].北京:中华书局.

孙玉文,1995."鸟""隹"同源释证[J].语言研究,(1).

唐兰,1999.甲骨文自然分类简编[M].太原:山西教育出版社.

汤余惠,2001.战国文字编[M].福州:福建人民出版社.

徐中舒,1984.殷周金文集录[M].成都:四川人民出版社.

徐中舒,1990.甲骨文字典[M].成都:四川辞书出版社.

严志斌,2001.四版金文编校补[M].长春:吉林大学出版社.

俞樾,1871.群经平议:卷七[M]//春在堂全书,清同治十年本.

俞樾,1956.古书疑义举例五种[M].北京:中华书局.

张守中,1994.睡虎地秦墓竹简文字编[M].北京:文物出版社.

章太炎,1917/1919.文始[M]//章氏丛书.杭州:浙江图书馆藏本.

张政烺,1981.秦律"集人"音义[M]//中华书局编辑部,云梦秦简研究.北京:中华书局.

中国科学院考古研究所安阳发掘队,1964.1962年安阳大司空村发掘简报[J].考古,(8).

中国社会科学院考古研究所编,1984.殷周金文集成[M].北京:中华书局.

周忠兵,2014.释甲骨文中的"焦"[J].文史,第3辑.

 复盘与导读

文章全面讨论了"集"字的形音义。先是对"集"字的古文字字形进行排比,揭示出一种以往未被重视的特殊写法;其次讨论了"集"的上古音,指出"集"有读为"幽觉""宵药"一类韵部的音;最后分析了"集"字早期的三个不同义位,揭示出

"集"有"降落""栖止""聚集"三个义位。其中"降落"义对早期典籍中"集"字的训释大有帮助。在古文字和上古汉语研究中，"集"字的字词关系很特殊，具有揭示规律的意义。

这篇文章的主要创新点，一是考释出"集"字的一种特殊字形，二是勾稽出"集"字已不被后世知悉的一个义位，三是揭示出一种特殊的字词关系，而这一字词关系对于探索汉语早期词汇的产生和构成具有一定启发意义。

产生写这篇文章的念头由来已久，酝酿思索过程时间也不短，收集资料更是经历了很长的时段。最初是因为读中古文献，感觉大量专指飞禽"集"在某处的"集"字，以往多训为"聚集"，似乎不够恰切，而理解为"降落"则文意更为稳帖，并由此上溯，觉得先秦典籍中的很多原训为"就"的"集"字似乎也应该训为"降落"。再以此为触发点，通过考察"集"字的古文字形体和字词关系，让我更坚定了这一想法。从此围绕这一想法逐渐积累资料，最后加以综合比较，就写成了这篇文章。

"集"字的不同形体，体现出"集"字词义的"降落""栖止""聚集"三个义位，这三个义位是并列的，并不存在引申关系，都可以称之为"本义"。更有趣的是，这三个义位其实描写出一个动态的变化，即从鸟由空中降落在树上，然后在树上栖止，到多只鸟在树上聚集这一顺序变化的过程。类似的例子如"临"字，像一个人来到在水边，然后俯身视水，字形正好体现出"临"字词义"来临"之"临"和"居高临下"之"临"两个义位。先"来临"，再"俯身视水"，也反映出一个动态的顺序变化过程。像"集"和"临"这样特殊的字词关系，揭示出汉语中有些词的不同义位，实际是由一件事物的不同部分或过程构成的，其间并不存在早晚的引申关系。学术界以往认为，汉语词义的产生演化大都是由一个本义逐渐发展出各种引申义，或由一个核心义不断分化出新义的过程。通过"集"和"临"这一类字词关系的揭示，相信会对我们有新的启发，从而对汉语词义的产生演化过程产生新的认识。关于这一点，笔者将有文章专论。

我们今天读先秦秦汉典籍，有时必须借助于汉唐古注，尤其汉代人对典籍的训释对于我们理解典籍的文意可以提供极大的帮助。但是汉代人读早期典籍一样会有误读和误解，这方面的例子俯拾即是，加之汉代人看到的出土文献远没有我们今天看到的多，因此我们通过对众多出土文献中字词用法的体悟和总结归纳，在理解先秦秦汉典籍的文意时，完全可以得出一些超过汉代人的认识，20世纪以来利用出土文献校读先秦秦汉典籍的很多成功案例，都充分说明了这一点。

所以我们读先秦秦汉典籍既要充分依赖借鉴汉唐古注,同时也要批判地看待这些古注,利用出土文献加以检验和比勘,从而得出更为准确的结论。无论如何,事实已经证明,如果研究上古汉语的人不看重出土文献,不能利用这个最大宗的语料,那就如车掉一轮,鸟缺一翼,一定是走不快也飞不高的。

本文一定还存在着各种问题和待修正之处,欢迎各位读者及专家学者不吝指正。

汉字发展史的几个核心问题[*]

王贵元[**]

摘要: 从形体特征看,整个汉字发展史经历了象形、亚象形、隶体和楷体四个阶段。商代、西周汉字形体为象形形体,春秋至战国中期为亚象形形体,战国后期至东汉为隶体,三国以后为楷体。象形、亚象形阶段构形依据是物象,隶体、楷体阶段构形依据是词的音义。在隶变后汉字新体系建立过程中,始终存在着两种力量的互动,一种是打破旧形体建立新形体的创新动能,表现为多途探索;另一种是结构平衡,从字形系统完善的角度来调整、确定种种异形成分的生存状态。在前期,多途探索处于主导地位,后期则结构平衡处于主导地位。共生式发展与替代式发展是汉字字形体系建立过程中两种发展模式,其中,共生式发展是常态。

关键词: 汉字发展史;隶变;象形

一、汉字发展阶段与形体特征

整个汉字发展史可分为古文字阶段和今文字阶段两个阶段,这一点前人已有过大致说明,启功说:"我们看从大汶口瓦器上一些类似文字的符号,到后世还沿用来仿写的古文、小篆,都是笔画以线为主,笔画轨迹以圆势为主。而自秦代粗刻的诏版渐有直笔画、方转折的刻法。秦律更是点画不避方扁,笔画轨迹以方为主。这种写法,沿习直到今天,因此我们不妨以'篆类'来称秦隶以

---

[*] 原载《中国语文》2013年第1期。本书收录时略有修改。
[**] 王贵元(1959—),中国人民大学教授,博士生导师。

前的字体,以'隶类'来称秦隶以后的字体。即至今天所用的楷书以至宋体字,仍是隶类演变出来的。"(启功,1999)唐兰说:"但是一般说起来,古文字跟近代文字有很大的不同,古文字是'篆',近代文字是'隶'跟'草'。"(唐兰,1979)陈梦家说:"篆书为古代文字的结束,隶书为近代文字的开始。"(陈梦家,2006)吴世昌说:"隶书之兴,实为中国文字变迁史上一大事,上承籀篆,下启正楷。"(吴世昌,1998)古文字阶段字形构造的依据是物象,今文字阶段字形构造的依据是词的音义。古今字形的转变其核心动力就是构形依据由物象到词的音义的转换(王贵元,2010)。

1. 象形、亚象形及其阶段

从字形形体特征看,古文字阶段字形经历了由象形到亚象形的过渡,今文字阶段字形经历了由隶体到楷体的过渡,见表1。

表1　汉字发展阶段与形体特征

发展阶段	古文字阶段		今文字阶段	
构形依据	物象		词的音义	
形体特征	象形	亚象形	隶体	楷体

象形是形体完全依据物象构造,是物象的真实反映。如:"女"字,商代金文作、西周早期金文作,像女子端坐形,与出土古代女子端坐相相同,见图1。

图1　"女"字物象

又如"王"字,商代金文作、西周早期金文作 ,像锋刃向下的斧头形,与出土古代斧钺相同,见图 2。

图 2 "王"字物象

又如"光"字,商代金文作 、西周早期金文作 ,像坐人举灯形,与出土古代人形座灯相同。古代贵族宴会,应有专人掌灯,见图 3。

图 3 "光"字物象

亚象形是形体表面上象形,即仍是篆体样式,实质上已不能完全反映物象,是表物象形体向表音义形体过渡时期的形体(见表 2)。象形与亚象形字形比较如下:

表 2 "女""王""光"象形、亚象形字形

楷 体	象 形	亚 象 形
女		
王		
光		

以上亚象形形体虽然仍是篆体,仍是象形的体态,但"女"形已看不出端坐女子的形象,"王"形已看不出斧钺形象,"光"形已看不出人形灯的形象。

章太炎曾将象形形体比拟为工笔画和写意画两种,说:"象形之字,虽云'画成其物',然古文、小篆,又有不同。古文象形,如今工笔画;小篆象形,如今写意画。考之仪器,龟字作🐢、鸡字作🐓、环字作⊙,宛然象其物色。小篆马字作馬、牛字作半、犬字作犬、鸟字作鳥、鱼字作魚,虽大致略似,惟能得其梗概。"(章太炎,1906)古文在小篆前,章太炎先生所引金文为西周以前字形,小篆是典型的亚象形形体,是象形形体前后有差异的认识实肇始于章太炎先生。

到亚象形字体阶段,字形表示物象的观念已经动摇,已在向字形表示词的音义的认识过渡,但是字形是人们日常使用之物,截然变化会对交流产生阻隔,所以字形变化以渐进的方式进行。

那么,汉字形体系统从什么时期开始由象形进入亚象形呢?今以"王""女""光"三字形体发展为例加以了解。需要说明的是,字形抽查容易片面,所以我们是以相关阶段现有的所有字形为依据分析的,字形材料依据中国人民大学陶曲勇博士论文《西周金文构形研究》所附《西周金文分期字形全表》、杨秀恩博士论文《春秋金文文字研究》所附《春秋金文字形全编》及樊俊利博士论文《战国金文字形全编及相关问题研究》。以上字形表收录了2010年(含2010年)以前现存所有西周、春秋、战国金文字形。受篇幅影响,本文字表略有删节,全部字形及出处详见上述各论文。

表3 "王"字西周—春秋字形

西周早期	
西周中期	
西周晚期	
春秋时期	

"王"字形体西周晚期发生了明显变化，主要是字形下部的重要象形标志斧刃变为一横，使整个字形已不能反映斧钺形象。

表4 "女"字西周—春秋字形

西周早期	
西周中期	
西周晚期	
春秋时期	

"女"字形体到西周晚期表示坐形女子的腿部变短变直，使整个字形已失去了坐女形象。

表5 "光"字西周—春秋字形

西周早期	
西周中期	
西周晚期	
春秋时期	

"光"字上部本是灯盏形象，由于灯盏盘内要放点燃物，所以下沿呈上弯之势，但到西周晚期，已全部变为下倾，完全失去了本形特征。

受字形传承中书写传统和识字习惯的强大世袭力量影响，字形的变化应晚于字形认知观念的变化，早期认知观念的变化首先表现在象形性强且字形复杂的形体上，透过这些字形可以发现字形观念变化的迹象，从而确定其他字形已是不含实质内容的徒有虚名的象形,即亚象形。

从整体看,汉字形体在西周晚期开始进入亚象形,但有些字形如"正""屯""终"等在西周晚期仍有很多字形作▨、▨、▨,春秋时期圆点才变为一横,所以,亚象形形体的形成定在春秋时期比较妥当。

从象形到亚象形最重要的标志之一是字形中圆点和实体块的消失,圆点和实体块是象物性的重要表现,到春秋时期这一形态大多被线条取代。如表6:

表6　象形到亚象形字形变化——圆点、实体块被线条取代举例

楷体	西周	春秋
天		
祜		
士		
屯		
单		
正		
终		
戎		

增添义符和声符派生新字是汉字构形依据转向词的音义的重要表现,与西周文字相比,春秋时期出现了很多增加义符表示相同词义的形体,这也从另一方面说明春秋时期文字形体已进入亚象形阶段。如表7所示:

表 7　春秋时期文字形体亚象形——增加义符举例

楷体	西周	春秋	说明
璋			增玉旁
宪			增心旁
姓			增女、亻旁
诺			增言旁
郑			增邑旁
邓			增邑旁
粱			增米旁
銮			增金旁

部首的形成也是字形音义化的重要标志,春秋时期字形与西周相比,许多字形偏旁位置已经单一化、固定化。如表 8 所示:

表 8　春秋时期字形变化——部首形成举例

楷体	西周	春秋
锺		
祀		
谏		

续表

楷体	西周	春秋
璜		
妫		
妘		

当然，上述分析只是就现有材料做出的，由于材料限制，不一定完全符合实际状况。

由于整个汉字发展史形似一条长河，处于自然渐进的发展过程中，所以阶段性的演变没有截然的界线。因此对汉字发展史的阶段性划分只能是大致结论。也不能只据个别个体来判断，要依据大多数情况断定。前期会出现个别先行者，后期则可能有仿古行为。

2. 隶体、楷体及其阶段

隶体是打破篆体，建立以词的音义为依据的新的字形体系时期的字体。其标志是对篆体的改造，方式有弯笔拉直、圆形变方、逆笔顺写等。隶体初期篆貌犹存，到后期篆体成分已基本不存，彻底完成了对篆体的改造并同时建立了新的基础体系。西汉初期的马王堆帛书字形是典型的隶体初期字形，学术界称其为"古隶"，到东汉碑刻字形，篆体成分已基本消失，如表9所示：

表9 篆体到隶体字形变化举例

楷书	西周金文	马王堆帛书	东汉碑刻
神			
福			
逆			

续表

楷书	西周金文	马王堆帛书	东汉碑刻
莫			
番			
告			
丧			
述			

隶体的形成时期也就是"隶变"的开始时期,对于"隶变"的产生时期,学术界有战国中晚期和战国中期两说,从我们对战国全部金文字形分析看,当在战国晚期,如表10所示:

表10 "君""里""五"三字的战国中期和晚期字形对比

君	战国中期	
	战国晚期	
里	战国中期	
	战国晚期	
五	战国中期	
	战国晚期	

可以看出，战国晚期和战国中期形体有明显差异，战国晚期形体出现了普遍的圆形变方形、连笔分拆重组、弯笔拉直等现象。所以，隶体的形成时期定在战国晚期是符合实际的。战国中期还有大量铸铭存在，如平夜君成戈和戟、噩君启车节等，战国晚期铜器铭辞则全面改用刻写，这也是促使隶体形成的重要外因。但同是刻铭，中期为篆体，如中山王器，晚期则少见。

楷体是以词的音义为依据的新字形体系建立后逐渐调整完善时期的字体。调整完善既包括笔画的抉择和完善，也包括部件形体、结构的抉择和完善，但主要是笔画的固定和完善，其中笔画和结构的美观也是衡量因素。唐开成石经是典型的楷体，其与东汉碑刻字形对比如表11所示：

表 11 唐开成石经字形与东汉曹全碑字形对比

字 头	隶体（东汉曹全碑）	楷体（唐开成石经）
諸		
子		
離		
風		

隶体时期汉字构形系统的主要任务是以新的书写形式打破篆体，楷体时期汉字构形系统的任务则是完善新的形体系统。东汉时期的字形篆体成分已基本消失，所以隶体与楷体的分界定在东汉末年比较妥当（王贵元，2011）。整体上看，商代、西周汉字形体为象形形体，春秋至战国中期为亚象形形体，战国后期至东汉为隶体，三国以后为楷体（表12）。

表 12 汉字形体特征与时代界定

形体特征	象形	亚象形	隶体	楷体
历史时代	商至西周	春秋至战国中期	战国后期至东汉	三国以后

二、多途探索与结构平衡

1. 多途探索

多途探索指字形在打破篆体建立新的形体系统的过程中,同一原件采用多种方式进行改造,处于寻求最佳新形式的探索过程中。在多途探索中起主导作用的是书写便捷。多途探索贯穿于战国晚期隶变开始到现代汉字形成整个过程中,但其主导时期是隶变开始到字形中篆体成分彻底消失时期。篆体成分的完全消失表明新的字形体系已初步形成。

多途探索的理论形成于大量出土文献文字形体的分析过程中,对汉字发展史的研究至关重要。以前学术界对隶变后汉字形体的分析多是以《说文》篆体或后代定型楷体为标准,凡不符合标准者便视为俗字或讹字,结果是正好相反,把正规形变现象当成了不符合正常形变的现象。这实际上是没有认识到隶变既是对前有篆体字系的整体改造过程,也是新的汉字体系的建立过程。把正常的甚至是处于主流地位的汉字形体变化归于俗字讹字,会致使汉字体系性调整及相应个体变化的机制、动因、规律等被掩盖、被割裂。在方向性、主导性偏误的前提下,有关汉字发展史的具体研究及汉字形体的分析自然难以准确、全面。

多途探索可细分为笔画、构件和结构三个方面。

1) 笔画

隶变后的字形由于表示的是抽象的词的音义,篆体时期字形一点一画皆是物象反映的性质已经改变。隶变后的字形趋于符号化,是以单字形体整体(独体)、或以直接构件(组成单字形体的一级构件)组合体(合体)来表示功能,因此,单字形体内部或直接构件形体内部的构成不再重要,这就导致了笔画的无指向性改造,只以便捷为原则。小篆字系中同一构件无论出现在字形的什么位置形体都一样,而在隶体、楷体中同一构件在字形的不同位置可能会以不同的形体显现,如表13、14所示:

表13 隶体对篆体冂的多途改造

篆体形体	例 字	改造形体	例字(马王堆帛书)
冂	天	一	天
	津		津

续表

篆体形体	例 字	改造形体	例字(马王堆帛书)
⏝	帝	八	東
	木		本
	業	丷	業
	囲		田
	帝	八	帝
	析		析

表 14 隶体对篆体 ⏜ 的多途改造

篆体形体	例 字	改造形体	例字(马王堆帛书)
⏜	天	人	天
	美		美
	吉	十	吉
	朱		朱
	宔	十	主
	壹		壹

2) 构件

在多途探索中,有些是以独立构件整体改造形式进行的。其中有的是构件形体本身的改写,有的则是依据形体相近的特点换用常见构件。这种现象反映了隶体、楷体字系中直接构件成为主要形体区别标志的特征,如表 15、16 所示:

表 15　对篆体构件𠬞的改造形式

篆体形体	改造形体	例字（马王堆帛书）	小　　篆
𠬞	六	興	興
		兵	兵
		芫	芫
	卄	芹	芹
		奉	奉
		弄	弄
	大	昊	昊
		昊	昊
	大	矣	矣
		僕	僕
	八	水	酉

表 16　对"畏""老"二字形体的构件改造

楷　书	小　　篆	马王堆帛书
畏	畏	畏 畏 畏
老	老	老 老 老

马王堆帛书中，"畏"字第1个形体改造成了从鬼从止，战国晚期楚简即有此形。第2形下部为"止"的草写，第3形的变化则走的是另外一条路子，即形体类化，与"良"等字下部趋同，如表17所示：

表 17 "食""良""長"篆体隶变类化

楷书	西周	春秋	战国	小篆	西汉
食					
良					
長					

以上"畏""食""良""長"等字篆体下部皆不同,隶变后有了相同的写法,是类化的结果。其中"良"字属正常笔画化,其他几字属类化。"老"字隶变后也有"匕"与"止"的不同形变途径。

3) 结构

结构的多途探索包括独体构件化和合体粘合、构件位置方向变化等。如表 18 所示"更"字:

表 18 "更"字形体变化

战国金文、陶文	小篆	西汉马王堆帛书

"更"本从丙从攴,是合体字,马王堆帛书出现了粘合形体。

下面表 19 是字形构件位置的多途探索:

表 19 字形构件位置多途探索举例

楷书	小篆	西汉马王堆帛书
葆		
然		

续表

楷 书	小 篆	西汉马王堆帛书
圣		
制		

2. 结构平衡

结构平衡指字形系统进行的新标准下的自我调整和完善,是新体系内部的调整。结构平衡贯穿于整个汉字新体系建立过程中,但主导时期是在改造篆体的过程基本完成后。调整的主导者是结构,包括单字形体结构、词汇结构和字系结构。结构平衡中充分利用了多途,哪途合适用哪途。

1)单字结构平衡

单字形体结构在完善过程中有构件功能及构意、形体整体尺寸、形体美观、形体稳定感等要求,如表20"数"字:

表20 "数"单字结构平衡举例

楷 体	小 篆	西汉马王堆帛书	敦煌遗书
数			

马王堆帛书"数"字"女"旁在字形正中下部或右下部,处于探索中。《敦煌俗字典》收"数"17个字形,"女"位置皆同例字,应为结构平衡结果,再如表21"巍"字。

表21 "巍"单字结构平衡举例

楷 体	小 篆	西汉马王堆帛书	敦煌遗书
巍			

马王堆帛书"巍"字的构件"山"在字形正中下部或右下部,处于探索中。敦煌遗书字形结构单一化,同小篆。

2) 词汇结构平衡

汉语词汇系统的完善和发展,前期主要通过字形的发展来实现,后期主要通过双音化组合的方式来实现。通过字形的发展来实现词汇系统的完善和发展有三种途径:一是在原字形基础上增加新的表义或表音构件,产生新的字形,分担原字的功能,产生新词;二是新造字形表示新词;三是把原本属于异写或异构的形体固定为不同的形体,分担原本由一个字形承担的词义,产生新词,如表22所示"陳""陣"。

表22 "陳""陣"词汇结构平衡举例

楷 体	战 国	小 篆	西汉马王堆帛书
陳 陣			

"陳"字形体的右旁"東"篆体下部弯笔隶变时或改造成一撇一捺,或改造成一横,如马王堆帛书字形,本是同一字形的异写形体,功能没有区别。后受词汇结构的驱动,使"陣"独立成字,分担"陳"的部分职能,产生了新的词。

3) 字系结构(单字形体之间)平衡

单字形体在多途探索的框架下依据一定的原则发展,有时会形成与其他字形偶然同形的现象,不同的词使用相同的书写符号,这是字形系统不能允许的,必然要做出调整,如表23所示"弋"字。

表23 "弋"字字系结构平衡调整举例

楷 体	西 周	战 国
弋		

早期"弋"字形体下部有一圆点,如前面所说,随着汉字系统对字形中圆点的改造,圆点改为一横,结果是与"戈"字形体偶同,字系结构只好再次调整"弋"字形体为"弋",以与"戈"区别。

三、共生式发展与替代式发展

共生式发展与替代式发展是字形体系建立过程中两种重要发展模式。共生式发展指源于同一形体的不同变体同时流传与发展,也包括旧形与新形的同时流传。替代式发展指旧形发展出新形后不再流传,新形替代旧形使用。隶变后汉字新体系的建立过程中,共生式发展是常态,而替代式发展并不多见。

下面表 24 是马王堆帛书中含有构件"止"的部分形体:

表 24　西汉马王堆帛书中字形含构件"止"举例

楷　体	小　篆	西汉马王堆帛书
趕		
發		
前		
逆		
走		
起		
提		
齒		

分析这些字形中"止"的不同写法,可以发现他们有明显的先后传承关系,大致可分为两个序列,如下表 25:

表 25　西汉马王堆帛书所见"止"字变化举例

楷体	小篆	西汉马王堆帛书						
止								

所以，共时呈现的变体群蕴含着历时性的先后承继序列，可以通过共时变体群的分析总结其形体演变的脉络和规律。疑难字的考释关键是构件的确认，是否是俗讹形体当以是否符合形体演变序列为标准，形体共生式发展规律对上述两类研究都具有重要价值。

异写、异构形体的生命力往往超出我们的想象，从后代共时系统的视角被认为是后世的俗体、讹体的许多字形，实际上是前代字形正常演变形体的传承，属形体共生式发展现象，并非俗讹，可以依据其产生时期的形变特征发现形变的脉络。例如敦煌遗书中以"彳"为偏旁的字，"彳"常写作三点，如"得"写作 𢔶，这一写法并非新创，在汉代已比较普遍，武威汉简的"復""徐""後"等都有这种写法。它并不是"彳"与"氵"的混用，而是"彳"的变体，比较表26中同一字形的异写形体，就可以发现其形成脉络，它实际是"彳"的正常写法 𢒈 后两笔进一步断开产生的。

表26 "彳"字形异写形体举例

楷　体	武　威　汉　简	小　　篆
復	復復復	復
徐	徐徐徐	徐
得	得得得	得
後	後後後	後

"学"字敦煌遗书中有上从"文"下从"子"的写法，敦煌写本《正名要录》"學"下注 孛，曰："右正行者正体，脚注讹俗。"这一写法实际上是将"爻"改为"文"，"爻"变"文"汉代即已出现，如表27所示：

表27 "学"字形体演变举例

楷　体	敦煌遗书	汉代简帛碑刻	小　篆
學	孛	学 马王堆帛书　學 學 东汉碑刻	學

"爻"变"文"虽有形体上的依据,但当是一种顺应形体演变的有意作为,"文"表示学习的内容和对象。所以从"文"从"子"这一形体是"学"字省体,而非讹俗体,再如表28所示"德""復"等字。

表28 "德""復""生""老""美"字形承继举例

楷 体	敦煌遗书	汉代简帛	小 篆
德		马王堆帛书	
復		马王堆帛书	
生		居延汉简	
老		马王堆帛书	
美		马王堆帛书	

上表28中敦煌遗书字体皆是汉代形体的承继,其中"德""復""老"属于构件换用,"生""美"如前所述,是篆体上弯形体的拉直和下弯形体分为一撇一捺。

传统的文字研究往往立足于断代系统分析字形现象,汉字形体演变以共生式发展为主的规律提醒我们,即使是断代研究,历时的追索也必不可少。同时,字形差异现象只有在发生时期,其动因、机制才容易看清。

参考文献

启功,1999.古代字体论稿[M].北京:文物出版社.
唐兰,1979.中国文字学[M].上海:上海古籍出版社.
陈梦家,2006.中国文字学[M].北京:中华书局.
吴世昌,1998.罗音室学术论著[M].北京:社会科学文献出版社.
王贵元,2010.汉字形体演化的动因与机制[J].语文研究,(3).
章太炎,1906.论语言文字之学[J].国粹学报,1906(24)(25).

王贵元,2011.隶变问题新探[J].暨南学报,2011(3).

 复盘与导读

学术研究目的 学术研究的目的是揭示研究对象的本有系统和规律,从本文可以看出,语言文字具有很强的系统性和规律性,语言文字的研究就是要发现、揭示这种内在的平面系统及其发展轨迹。理论是终点,不是起点;理论是目标,不是手段。语言事实是语言研究的唯一起点,理论是我们对语言文字事实进行描写、分析、解释之后总结出来的反映语言文字系统和规律的东西,所以要避免从理论出发来研究问题。

创新是学术研究的生命 创新包括理论创新、材料创新和揭示新的现象,一篇学术论文至少要包含其中的一项。所以学术研究首要的是破除固化思维,摆脱固有框架,这样的研究才能不断发现新问题,才可持续进行。本文研究材料全部取自出土文献文字,属于新材料。理论上也与传统的研究框架不同,如汉字发展的阶段,已有的研究一般是依据历史朝代划分,如商周、秦汉等,这是有问题的,因为历史朝代的改换其性质是政权更迭,与汉字发展不一定对等,汉字发展有其独立的演进脉络,应以字形发展的本质性变化作为分段标准。

三个方面 从理论上讲,任何问题的研究都应包括三个方面:一是现象的分类描写和总结,即"是什么";二是形成原因的探讨,即"为什么",这是解释;三是规律总结,这属于解释加描写。只有具备这三个方面,才是一个完整的、深入的、全面的研究。

宏观目标指导 具体问题的研究要在宏观目标指导下进行,只有在宏观目标指导下才能知道具体研究什么不研究什么及怎么进行研究。比如"娶"字是在"取"的基础上增加"女"旁分化出的一个字,目的是分担"取"的"娶亲"义,这属于有形体承继关系的"汉字分化",也有新造字分担了原有字的字义而形体上没有承继关系的,这种现象有的学者也算"汉字分化",有的学者则不算,到底哪种好?这和宏观目的有关,汉字分化的研究目的是了解汉字及汉语词汇的滋生发展的,如果把这一部分现象排除掉,那么就总体目标汉字发展及汉语词汇发展而言,就成了部分现象的研究,不能达到总的研究目的。

共时研究与历时研究 从本文第三节可以看出,共时研究与历时研究往往需要结合进行。共时研究是平面系统的描写和分析,是静态现象的研究;历时研究是发展脉络、发展规律的研究,是动态现象研究,二者具体目的本不相同。但我们宏观地看,二者只不过是对同一现象的纵横切分而已。历时发展中,现象的消长转化主要是不同平面共时系统制约和抉择的结果,而所谓共时平面也只能是历时长河的人为剪取。所以,离开历时追索和解释,很难准确地进行共时描写;脱离共时关照,也难恰当地理解历时演化。

阶段性 汉语言文字的发展历史具有很强的阶段性,整个发展史可以看成是不同的阶段性系统的延续序列,所以在学术研究中必须具备阶段性思想和阶段性意识。传统学术史上有"六经注我"和"我注六经"的不同文献解读模式。"六经注我"是有意识地宣扬自我政治思想的作为,自可不必多论,即使是"我注六经",也有以"六经"释"六经"还是以"我"释"六经"的差别,也就是解读者是站在解读对象的立场还是站在解读者的立场的问题。立场的无意识混同是学术研究中比较常见的问题,这种混同主要的表现就是以解读者自己的知识结构、自己时代的用语习惯,过滤古代语言文字,把不同的阶段性系统合而为一,比如本文第二节论述的汉字隶变形体问题,如果以后代定型时期的楷书系统看,多为俗讹字,但就隶变时期的系统而言,是多途探索的结果,无所谓正俗,更不是讹变。

例外 例外要特别重视,要探究例外存在的原因,例外往往反映了另外的规律,能够使研究进一步深入和拓展。如"賣"是在"買"的基础上增加新构件"出",分担离析出的词义卖方行为,《说文·出部》:"賣,出货物也。从出,从買。"从现有材料看,秦统一前买、卖皆用"買",如:

其乘服公马牛亡马者而死县,县诊而杂買(賣)其肉,即入其筋、革、角,及索入其贾钱。(《睡虎地秦墓竹简·秦律十八种》)

畜鸡离仓。用犬者,畜犬期足。猪、鸡之息子不用者,買(賣)之,别计其钱。(《睡虎地秦墓竹简·秦律十八种》)

人臣甲谋遣人妾乙盗主牛,買(賣),把钱偕邦亡,出徼,得,论各可(何)殹(也)?当城旦黥之,各畀主。(《睡虎地秦墓竹简·法律答问》)

甲盗钱以買丝,寄乙,乙受,弗智(知)盗,乙论可(何)殹(也)?毋论。(《睡虎地秦墓竹简·法律答问》)

秦统一后的里耶秦简和岳麓秦简中首次出现了"賣"字,且与"買"分工明确:

賣二斗取美钱卅,賣三斗⬚(《里耶秦简(壹)》8-771)

徒隶牧畜死负、剥賣课。(《里耶秦简(壹)》8-490+8-501)

卅五年六月戊午朔己巳,库建、佐般出賣祠 余彻酒二斗八升于囗(《里耶秦简(壹)》8-907+8-923+8-1422)

敢言之:前日言当为徒隶買衣及予吏益仆。(《里耶秦简(壹)》6-7)

涪陵来以買盐急,却即道下,以券与却,靡千钱。(《里耶秦简(壹)》8-650+8-1462)

卅三年二月壬寅朔朔日,迁陵守丞都敢言之:令曰恒以朔日上所買徒隶数。(《里耶秦简(壹)》8-154)

金布律曰:有買及賣殹(也),各嬰其贾(價),小物不能各一钱者,勿嬰。(《岳麓书院藏秦简(肆)》117正)

抄写于西汉初年的马王堆帛书和张家山汉简中"賣""買"区别使用:

齐先鬻勺(赵)以取秦,后賣秦以取勺(赵)而功(攻)宋,今有(又)鬻天下以取秦,如是而薛公、徐为不能以天下为其所欲,则天下故(固)不能谋齐矣。(《马王堆汉墓帛书·战国纵横家书》)

智(知)人略賣人而为買,与同罪。不当賣而私为人賣,賣者皆黥为城旦舂,買者智(知)其请(情),与同罪。(《张家山汉墓竹简·二年律令》)

诸诈绐人以有取,及有贩賣贸買而诈绐人,皆坐臧(赃)与盗同法,罪耐以下有(又)罨(迁)之。(《张家山汉墓竹简·二年律令》)

其诈贸易马及伪诊,皆以诈伪出马令论。其不得囗及马老病不可用,自言郎中,郎中案视,为致告关中县道官,賣更買。(《张家山汉墓竹简·二年律令》)

石率之朮(术)曰:以所賣買为法,以得钱乘一石数以为实,其下有半者倍之,少半者三之,有斗、升、斤、两、朱(铢)者亦皆破其上,令下从之以为法,钱所乘亦破如此。(《张家山汉墓竹简·算术书》)

由此可以得出结论,"賣"字是秦统一全国后产生的,而且一经出现即分工严格,一直到西汉都是如此,所以很可能是秦"书同文"整理文字时造的一个字。

但是在张家山汉简中有三例例外,即用"買"表示賣:

元年十二月癸亥,亭庆以书言雍廷,曰:毛買(賣)牛一,质,疑盗,谒论。(《张家山汉墓竹简·奏谳书》)

到十一月复谋,即识捕而纵,讲且践更,讲谓毛勉独捕牛,買(賣),分讲钱。到十二月巳嘉平,毛独捕,牵買(賣)雍而得,它如前。(《张家山汉墓竹简·奏谳书》)

但此用法仅出现在《奏谳书》中,且上述两例皆为秦王政二年案例,可能是秦王政二年抄本,即秦统一前的文献,或是受底本影响而遗留,由此可以知道,同一墓葬、同一批次的文献,其语言文字的时代不一定相同,这就引出了出土文献语言文字时代的判定问题的研究。

上古音构拟的检验标准问题*

孙玉文**

摘要：本文提出了检验上古音构拟优劣的三条标准，对潘悟云先生《汉语历史音韵学·上古篇》及《上古汉语元音系统构拟述评》中提出的检验上古音构拟优劣的五条标准和所采用的古音构拟进行了剖析，指陈其得失；明确指出：今后的上古音研究应该把历史文献的考证和语言学理论结合起来，从规律的探讨中揭示古音系统。

关键词：上古音；汉藏语系；古音构拟；《汉语历史音韵学·上古篇》

一、导言

上古音，指周秦至两汉时期的汉语语音系统，主要指《诗经》时代的音系。在我国，关于上古音的构拟，目前影响较大的有高本汉、董同龢、陆志韦、王力、李方桂几家的系统。也有其他学者提出自己的一套系统。远程构拟来自国外，主要是美国。在21世纪的世纪之初，如何推进上古音研究向纵深发展，这是中外学术界普遍关注的问题。我们必须在原有的基础上提高，这就需要我们认真总结中外既往古音构拟的成败得失，鉴往知来；同时，如何历史地科学地评价各种构拟的优劣，既关系到正确地对待传统的问题，又关系到学风建设和今后的学术方向问题，不可不认真对待。《韩非子·显学》说："无参验而必之者，愚也；弗能必而据之者，诬也。"检验一种学科体系是否揭示真理，唯一的标准就是实践。具体到上古音构拟中，重要的标准可以概括为：（一）构拟的音系能否系统地、历史地

---

* 原载《语言学论丛》第三十一辑，北京：商务印书馆2005年版。后收入《音韵学方法论讨论集》（2009）和《上古音丛论》（2015）。本书收录时略有修改。

** 孙玉文（1962—），北京大学教授，博士生导师。

解释各种反映上古音的直接材料;(二)能否系统地、历史地解释上古音到中古音的发展演变;(三)是否自成一个音系,是否合理。从语言类型学的角度检验上古音构拟是一个很好的尝试,但只能作为旁证。古音构拟的标准和检验古音构拟优劣的标准只是角度不同,实质一样,我们既可以拿这些标准去检验已有古音构拟的优劣,又可以拿它们从事古音构拟。上面提到的三条标准及另一条补充标准对于从事古音构拟,同样适用。

笔者在《〈汉语历史音韵学·上古篇〉指误》一文中,从"误读典籍""误注古音""误析汉字""误定汉藏语系同源词"四个方面,列举了潘悟云先生《汉语历史音韵学·上古篇》(以下简称潘书)中的一些错误,主要是材料分析中的错误,批评潘书上古音构拟。这样做有两个理由:一是潘氏《自序》说得很明确:"坚实可靠的事实依据和严密的逻辑推导是汉语音韵学走向精密化的重要标志。这也是本书追求的目标。"既然潘书追求的目标是"坚实可靠的事实依据和严密的逻辑推导",那么我们有充足的理由从材料分析方面检验潘书,看它是否达到目标。二是笔者认为:上古音的构拟必须以反映上古音的材料为基础。如果利用不可靠的材料或对可靠的材料作出不可靠的分析,怎能建立起古音构拟的恢宏大厦?古今中外,无论是自然科学,还是社会科学,任何科学结论的得出都必须以坚实的材料为基础。这是毫无疑问的。如果以为潘书仅仅是材料方面有问题,他的构拟可信,那么这一定是很荒唐的看法。道理很清楚:不管使用什么构拟方法,上古音构拟必须以对反映上古音的材料作准确分析为基础。理论来自对事实的分析,并且要接受事实的检验,这是颠扑不破的真理。事实上,潘书的材料分析靠不住,他的古音构拟必然难以站住脚。本文除了讨论上古音构拟的检验标准,还将依据这些标准来剖析潘书的古音构拟。

潘书的第十六章"上古汉语的元音系统"提出了检验上古元音构拟体系优劣的五条标准;潘先生发表过《上古汉语元音系统构拟述评》[①]一文,也阐述了这五条标准。二者大同小异,并且都据此评价了高本汉、李方桂、王力等学者元音构拟的优劣,可见潘书及潘文所理解的上古音跟高本汉、李方桂、王力诸家并没有什么不同。以潘书为准,这五条标准是:(一)"构拟的音系是否符合语言的普遍现象"(251 页);(二)"构拟的音系与亲属语言的实际音系是否接近"(252

---

① 原载江蓝生、侯精一主编:《汉语现状与历史的研究:首届汉语语言学国际研讨会文集》,北京:中国社会科学出版社 1999 年版。

页);(三)"构拟的元音在整个韵母系统中的配置是否匀称"(262页);(四)"拟音对谐声、通假、异读和音类的演变是否能够作出满意的解释"(264页);(五)"与亲属语同源词的语音比较是否贴切"(265页)。

这五条标准当然不仅仅适用于元音构拟。其中标准(一)(二)(四)(五)显然也可指辅音系统,标准(三)只需改为"构拟的辅音在整个声母系统或部分韵尾系统中的配置是否匀称",就可以成为检验辅音构拟体系优劣的标准了。语言是一个系统,潘书可以拿这五条标准去检验元音构拟,自然应该可以拿它们去检验辅音的构拟。他的确也是这样做的。例如,关于第一条标准,该书272页(下面引用潘悟云《汉语历史音韵学》,除非有必要,均只注页码)批评郑张尚芳流音构拟时说:"语音的构拟最好能符合普遍性原则,一个语言有 r、l、r'、l'-,再加上清的 l̥、r̥,共有六种流音,很难找到这样的语音类型。"再如第三条标准,307页说:"不过既然精组有 *sk-、*st-等来源,庄组也应该有 *skr-、*str-的来源。"所以我们说,按潘书的做法,这五条标准既可以用来检验各家元音构拟的优劣,又可以类推到用来检验各家辅音构拟的优劣;既可以作为检验各家古音构拟的标准,又可以作为古音构拟的标准。

很显然,第四条标准应该是首要标准,因为谐声、通假、异读都是直接反映上古音的材料,潘书把这一条标准放在第四位,而把"是否符合语言的普遍现象"这一只能作为旁证的标准放在首位,不免主次颠倒;检验上古元音构拟,韵文、叠韵联绵词等重要材料不提及,很不应该。就具体研究说,潘书古音构拟并没有对直接反映上古音的材料和上古到中古音类的演变作出满意的解释。第三条标准,也只能是拟音或检验构拟优劣的辅佐证据,空档能不能填,要看是不是有坚实的证据。至于第二、第五两条标准,没有语言学上的依据,跟历史语言学理论相抵触,也违背了事实,根本上不能成立。

二、上古音构拟必须解释清楚各种反映上古音的内证材料及上古音到中古音的发展演变

上古音构拟,必须历史地、系统地解释各种反映上古音的内证材料,历史地、系统地解释上古音到中古音的发展演变。这是毫无疑问的。但是潘书把检验上古音构拟优劣的最重要的标准摆在第四位,而且他在这里是谈上古元音构拟,却只字不提上古韵文,其论述也多有未当。

潘书"拟音对谐声、通假、异读和音类的演变是否能够作出满意的解释"下的三段文字都有不少可议之处。首先必须指出,把"短∶豆""瞳∶重""濡"的"人朱""奴官"二切"工"异文作"官"等都看成互谐字,是不妥的;"短"是否谐声,有不同看法;"濡"的两读由字形讹变造成,根本不是互谐字;"工"和"官"的关系最多是异文,不是互谐字。"短∶豆""瞳∶重""濡"这几个字何九盈先生《上古元音构拟问题》已有讨论,可参。《尚书·尧典》的"工",《史记》作"官",也不能作"工""官"音近异文的确证。这个"工"作"官"讲,与"官"可以是同义异文。《王力古汉语字典》"工"字下"备考"栏:"官。《书·尧典》:'允厘百～,庶绩咸熙。'"可见"工""官"异文不能作为"官"上古音拟作 *-on 的确证。潘书说,照王力拟音,"贽、挚、鸷"主元音和韵尾是 *-ei,属脂部。这里理解有误,这三个字从"执"得声,本属缉部,很早由缉部转为质部长入(参《古韵脂微质物月五部的分野》,载《王力语言学论文集》196页),拟音是 *-iəp > *-iet。按潘书的谐声原则, *-n 尾和 *-m 尾可以交替, *-s 和 *-ʔ(也可以是紧喉)可以交替, *-p 和 *-t 的交替当然更不在话下; *-ɯ 和 *-a 可以交替,为什么偏偏不允许 ə 和 e 交替?从韵母整体上说,潘书允许"腕 *mŭns ~ 免 *mŏn·"(按,"腕"潘书误作 *mŭms)交替;允许 *ums 和 *ŏn 交替,不允许 *əp 和 *et 交替,那是说不过去的。这些例子显然不能证明缉部和质部部分字主元音要拟作-i。根据《左传》作"阎职",《史记》作"庸职",断定"阎""庸"是通假关系,不妥。《史记·齐太公世家》"庸职"司马贞《索隐》:"《左传》作'阎职',此言'庸职'。不同者,《传》所云'阎',姓;'职',名也。此言'庸职',庸非姓,盖谓受顾织之妻,史意不同,字则异耳。"可见"阎""庸"根本不是通假字和本字的关系;如果是通假,请问哪一个是通假字,哪一个是本字?通过这种"通假"来证明谈部部分字要拟作 *-om,那是靠不住的。潘书说依王力系统,"阎"拟作 *ʎam,"庸"拟作 *ʎoŋ。这是误解,依王力系统,"阎"为 *ʎĭam,"庸"为 *ʎĭoŋ,三等韵有 *-ĭ-介音。

潘书:"汉语的内部证据是上古音研究的立足点。当比较的材料与内部证据有冲突的时候,首先服从内部证据。"(139页)这是对的,可惜潘书对内部证据很不重视。韵文是研究上古韵部系统的极其重要的材料,可以说古音学史,是从古韵分部才走上科学化、系统化的道路的。韵文的时代比较明确,材料较多。经过三百多年的研究,古韵分部基本已成定局。古音构拟如果不能解释《诗经》押韵,那么这种构拟是不成功的。潘书论述检验古音构拟的优劣,只字不提韵文材料,大约是看到了他采用的古韵分部不合《诗经》等韵文"音韵至谐"的道理。这不能不说是一个失误。潘书："清儒的上古韵部主要是根据先秦韵文的韵脚归纳出来的,所以它实际上是韵辙(rhyme),而不是韵母(final)。高本汉认为同一个韵辙中应该包含有不同的韵母,不同的韵母可以有不同的主元音。后期的音韵学家则认为,互相押韵的字介音可以不同,但是主元音应该相同。"(249 页)实际上是接受了高本汉的做法,是一个大倒退。我们应该区分韵脚字和韵部。韵脚字是韵文句末互相押韵的字,互相押韵的字,绝大多数主元音和韵尾相同(如果有韵尾的话);少数是主元音和韵尾相近,例如之鱼合韵、耕真合韵(都是收鼻音尾)、脂微合韵。如果把主元音相近的韵脚字都归纳在一起,得出的押韵字的集合就相当于后人的"韵辙";但是古音学家在归纳韵部时把合韵的字除开,把主元音和韵尾相同的字归纳在一起,得出押韵字的集合,这就是韵部,同一韵部的字主元音和韵尾相同。有人认为,汉语诗歌中至今也有主元音相近的字一起押韵的现象,以此批评一部只拟一个主元音的学者,说他们矫枉过正。这是把韵脚等同于韵部,主张一部只拟一个主元音的学者都承认上古韵文中有少量主元音相近的韵脚字可以相押,归入合韵之中,并不因为偶尔有几个字主元音相近就泯灭两部的界线。

韵文材料有力地表明潘书的韵部构拟极不合理。按一部一主元音的学者的构拟,有些韵脚字本来主元音和韵尾(如果有韵尾的话)相同,而潘书采用的系统处理为几个不同的主元音,这一点何九盈先生《上古元音构拟问题》、郭锡良先生《音韵问题答梅祖麟》二文,早已用具体事实加以批评。笔者想指出的是,潘书严重地忽视了合韵问题。王力先生《诗经韵读》明确指出:"有一点必须肯定:合韵必须是读音相近的韵,并不是所有的韵都可以随便使用。"按潘书的构拟,合韵的韵脚字谈不上音近,例如《诗经·鄘风·蝃蝀》二章按潘书的构拟是:雨(-ǎ·)、母(-ɯ·)。-ǎ是前低不圆唇短元音,-ɯ是后高不圆唇长元音,这还有合韵的可能吗?再例如《商颂·玄鸟》:祁(-ĭl)、河(-al)、宜(-ăl)、何(-al·)。① 这里有长短之别,主元音-ĭ和-a-的分别,古人-il 能和-al、ăl 合韵吗?潘书的古韵系统为什么不能经受韵文材料的检验呢?我们知道,古韵三十部纯然是据汉语的材料(特别是《诗》韵)得出的先秦韵部系统,潘书采用的系统要贯彻"语言越古老,就越呈现出这种匀称性"和"藏文所反映的古藏语与上古汉语最为接近"一类不

---

① 按,潘书的拟音比较乱,有时前后不一致。许多字依书中所述,无法构拟出上古确定的音值来。潘书自己所定构拟原则,也有很多自相矛盾的地方。这里有些是笔者根据书中的某些原则拟定的音值。下文同。这是需要声明的。

切实际的猜想,来改造三百多年来古韵分部的成果,把韵文材料撇在一边,得出的结论势必跟韵文材料反映出的上古音系相冲突。

上古韵文反映了上古主元音和韵尾系统的客观实际情况,潘书的韵部系统跟上古韵文的押韵情况冲突,也必然与上古谐声字、联绵词、异文、声训、异读等材料反映的韵部系统相冲突,因为这些材料同样客观地反映出上古音系。韵脚字能拿主元音相近的字可以互相押韵来搪塞,但是韵文之外的材料就不能以此为理由来搪塞了;上面这些材料有些也反映了上古声母现象,拿它们来检验潘书的声母构拟,可以看出潘书的声母构拟不能满意地解释这些材料。

按照传统的古韵分部及王力、李方桂等人的构拟,谐声字的主元音和韵尾基本相同,但是按潘书拟音,大量谐声字主元音可以不同。例如"旱:睍"潘书分别拟作 *gan·、*gron·,主元音不同。为了解释这种谐声现象,潘书说是形态相关。所谓"语音形态相关"一说,根本不能成立,详细的批评可参耿振生先生《论谐声原则——兼评潘悟云教授的"形态相关"说》①。"旱"是寒韵上声旱韵字,"睍"是删韵上声潸韵字。段玉裁提出"同谐声者必同部",这话原则上是对的。谐声字和韵文基本上反映了相同的韵部系统,二者可以互相印证补充。潘书把这两种材料割裂开来,以服从自己的分部需要,同一谐声系统的字可以分属不同韵部。关于韵文,如果寒韵拟作 *an,删韵拟作 *on,他就把不同主元音可以互押归因于上古韵部是一种韵辙系统这一假说;关于谐声,又把这种不同主元音的互谐归因于"形态相关"这一假说。同样的语言现象作两种完全不同的解释,既不合事实,又割裂材料,自相矛盾。主要原因是韵部的再分部缺乏事实根据,从而引发出一系列错误主张,完全不考虑"一个韵部只有一个主元音"和"同谐声者必同部"的理论的合理性。不尊重语言事实,从要填满空档和拟音要与藏文贴近的主观愿望出发从事上古音构拟,凭猜想来弥缝理论与事实的矛盾,这样的解释自然难以接受事实的检验。

谐声字是研究上古声母的重要材料。可惜的是,潘书为了填满空档的要求,对谐声材料作了不合事实的分析。例如中古以母字只拼三等韵,潘书一方面接受以母上古音拟作 *l- 的观点,另一方面设想上古 *l- 除了拼三等,还拼一二四等,具体到中古的发展如下所述(273 页):

---

① 《语言科学》2003 年第 5 期。

长元音音节   短元音音节

*l->*r̥->d-(一二四等定母)   *l->*ll->j-(三等以母)

*l̥->*r̥->th-(一二四等透母)   *l̥->*ll̥->ɕ-(三等书母)

*rl->*ʈ->ɖ-(二等澄母)   *rl->*ʈ->ɖ-(三等澄母)

*rl̥->*ʈ̥->th-(二等彻母)   *rl̥->*ʈ̥->th-(三等彻母)

为了填满空档,给这些拟音找出谐声字的根据,潘书对定透二母做了一番分拆:"中古的定母和透母在谐声关系上可以分两大类,一类与端、知母谐声,一类不与端、知母谐声,但是大量地与以母谐声。前一类 d-与 t-谐声是常见的谐声类型"(272 页),也就是端透定上古也拟成 t-、th-、d-;后一种谐声中,透母拟成 l̥-,定母拟成 l-,彻母拟成 rl̥-,澄母拟成 rl-,书母拟成 l̥-。

其实,把定母和透母分成两类并不构成一条谐声规律。就定母、透母跟端知章三组和以母的关系来说,至少有下列三种情况:一是不跟以母发生关系,只跟端知章三组发生关系;二是只跟以母及透彻、定澄等声母发生关系;三是既跟以母又跟端知章三组发生关系。第三种情况即使只考察谐声字,也可以找出二十例以上,例如"折"的谐声系列可读知章透彻禅以等声母,"多"的谐声系列可读端透彻澄章昌禅以等声母,"詹"的谐声系列可读端定章昌以等声母,"占"的谐声系列可读端透知彻章昌审以等声母,"尤"的谐声系列可读端透定知澄章禅以等声母,"兑"的谐声系列可读章书定透以等声母,"刀"的谐声系列可读端透定知彻澄章昌禅以等声母。由此看来,透定二母的谐声关系显然不能分成潘书所说的两类,潘书的构拟失去了客观材料的支持。就一般情况说,人们在造谐声字的时候本来不需要考虑后人要用它来研究当时的语音系统。某一个主谐字,假定其声母为 A,A 在造字时与 BCDE 等声母相近,但 A 的谐声系列可能 BCDE 等声母的字都有,也可能都没有,还可能只有其中一部分,这其中有偶然性。从谐声系列研究古音,还必须看到,"声旁不宜用生僻的或字形繁复的字充当。在选择声符时,为了照顾这方面的条件,有时就不得不在语音条件上放松一点","在古代,形声字的创造者大概也不会全是讲一种方言的人。古代流传下来的形声字,它们和声旁的读音之间的关系所以如此复杂,恐怕多少跟方言的影响有些关系"[①]。正因为谐声字造字时的复杂性,所以在利用这项材料研究古音时,一定

---

① 裘锡圭:《文字学概要》,北京:商务印书馆 1988 年版,第 171—173 页。

要注意通例和例外,真正揭示谐声字反映出的上古声母的规律。这就需要我们全面深入地研究谐声字,不能犯割裂的毛病,不能拿偶然当必然。以母跟端透定关系很近,跟定母同为浊声母,更近一点,但是绝对得不出部分以母跟端知章三母不发生谐声关系的结论。

我们说,互相谐声的字语音相近,声母当然也相近。但是潘书的拟音,不但韵母可以相差甚远,而且声母也可以相差甚远。例如:靠*khuks～糙*skhuks①,录*rōk～剥*prok,立*rɯp～位*Grɯps,多*k·lal～移*lɑˑl。试想:kh-和skh-,r-和pr-,r-和Gr-,k·l-和l-这些声母能算音近吗?以往的单辅音构拟固然没有解释清楚这些谐声系列声母相近的道理,难道这些复辅音的构拟就解释清楚了声母相近的道理吗②?我们认为,上古汉语有无复辅音是一个需要讨论的问题,潘书构拟的大量复辅音和"次要音节",并没有解决谐声字音近谐声的问题,不但许多材料不可靠,而且理论上也缺乏说服力。

联绵词也是研究上古音的一项重要材料,这项材料也有力地证明潘书采用的韵部系统极不合理。例如,以下先秦双声兼叠韵的联绵词,潘书的拟音主元音都不同:

	王力拟音		潘书拟音	
绵蛮	miǎn	moan③	měn	mron
间关	kean	koan	kren	kron
辗转	tǐan	tǐwan	těn·	tǒn·
缱绻	kʻian	kʻiwan	khěn·	khǒn·
燕婉	ian	iwan	qen·	qǒn·
睍睆	ɣian	ɣoan	Gen·	Gon·
蔽芾	piǎt	piwāt	pěts	pǔts(?)
契阔	kʻiat	kʻuat	khet	khot(?)

按王力拟音,这八个联绵词都是叠韵的,每个词两个音节主元音和韵尾都相同。按潘书拟音,这八个联绵词,每个词的两个音节没有一个是叠韵的。显然,潘书采用的古韵系统不能说明双声兼叠韵联绵词叠韵的规律。也许有人会辩驳

---

① 按,"糙"是后代才产生的一个字,始见于《玉篇》,潘书误以为上古已出现。这是另外一个问题。
② 关于谐声字的复杂性,王力先生深有体会,参看唐作藩先生《王力先生的"谐声说"》,载《语言学论丛》第二十八辑,2003年。
③ "蛮"的拟音依《上古韵母系统研究》(载《龙虫并雕斋文集》第一册,中华书局1980年版)处理为合口。

说，据潘书系统，唇音可以不分开合，"蛮"可以拟为 *mren，可以认为叠韵。但是双声兼叠韵联绵词前一音节开口、后一音节合口这一规律就破坏了。从双声兼叠韵联绵词看：（一）必须坚持一个韵部只有一个主元音的构拟原则，否则有叠韵关系的联绵词在拟音上难以体现出叠韵的一面。（二）不能给上古音构拟长短元音，否则就会形成长短元音构成有叠韵关系的联绵词的局面，既不合类型学的事实，又在韵律上不和谐。（三）不能给上古汉语构拟非圆唇和圆唇两套舌根音，也不能构拟非圆唇和圆唇两套喉音，否则"间关、缱绻、睍睆、契阔"这些有双声关系的联绵词就不双声了。（四）必须承认上古有复合元音，承认上古有合口介音。把合口算作声母的一部分，双声兼叠韵联绵词就不双声；把合口算作主元音的一部分，双声兼叠韵联绵词就不叠韵。（五）必须承认上古唇音分开合，这样既能说明双声兼叠韵联绵词的规律，又能解释其他上古材料，例如与"蛮"同声的字，鸾、峦、脔、弯、挛、娈等都是合口，跟明母谐声的晓母字的分化条件，侵部合口（包括唇音字的合口）发展出冬部的语音条件。（六）不能给上古的二等韵构拟一个-r 介音，否则"绵蛮""侘傺""邂逅"这些有双声关系的联绵词就不双声了，最多只是准双声。

通过双声联绵词我们可以知道潘书的声母构拟极不合理。最明显的事实是，按照潘书所定的拟音条例，许多双声联绵词就不双声了。例如：恍（怳）惚 qhaŋ·hmut①，唐棣 g·laŋ lits，鹡鹞 g·laŋ da，螗蜩 g·laŋ diw，缤纷 mphin phŭn，儒儿 njŏ njĕ，惆怅 thrŭ khrlaŋs，町疃 then·k·thon②。这样的例子还可以举出一些。可见潘书给上古汉语构拟的声母，尤其是复辅音声母和次要音节，经不起上古双声联绵词的检验。

研究上古音的直接材料还有上古的通假、异文、同源词、汉代的注音以及早期的异读等等。用这些材料来检验，同样可以得出结论：潘书的古音构拟，不符合语言事实，难以接受事实的检验。限于篇幅，这里略去不论。下面谈谈潘书在方言证古和利用译音材料方面存在的问题。

现代汉语方言是古代汉语的发展，某些方言可能保留着上古音的某些语音现象。如果确知这些语音现象是上古音的遗迹，我们当然可以利用它们来构拟上古音。王力先生《汉语史稿》第二章《语音的发展》，论述上古云匣同母、舌上归

---

① 按，以上两音节本来都是合口，按潘书拟音，成了一开一合。
② 按，此当为后起音变，原当归耕部。这是按潘书拟音。后起读音变成了双声兼叠韵联绵词。按潘书拟音，既不双声，又不叠韵。

舌头、章组的古读、日母念 n,都利用了现代方音资料。王力说:"现代活生生的口语就是汉语史的最好的根据……我们不但由现代方言中证实了古音的系统,我们甚至能利用方言的事实来'重建'古代的音值。"①

利用现代方言来构拟上古音,必须能确认某种方音现象是上古音的遗存,不能把后起读音当作上古音的遗存。潘书在这方面常犯以今律古的错误。例如潘书说:"'况',中古晓母 h-,但是在北京话中读 kh-,对应为中古的溪母 kh-。这就是上古 *qh-在两种不同方言中的不同变化形式。"(338 页)按,"况"读 kh-,本来是由晓母例外音变而来,绝不是由溪母变来。直到《中原音韵》时代,它还跟"贶"同读 x-,跟读 kh-的"旷""矿""纩"等字对立;明清时代,才逐步由 x→kh-,徐孝《合并字学篇韵便览》"况"兼收于溪母和晓母,《语言自迩集》有 kh-和 x-两读,后来才只读 kh-。利用现代方言来构拟上古音,必须区分训读和一个字的古今音变,不能把训读当成一个字的古今音变。潘书在这方面也常出错。例如 247 页:"'帆',长沙、温州、厦门、潮州、福州、建瓯方言白读都读入东韵,古汉越语 buôm²。"查《汉语方音字汇》(第二版重排本)226 页,长沙话"帆"只收⊂fan,未注明文白异读。温州白读为⊂boŋ,厦门、潮州白读为⊂p'aŋ,福州为⊂p'uŋ,建瓯为 p'ɔŋ⊃,下面的注释说得很清楚,这些白读音"为'篷'训读,蒲红切",可见这些白读是一种训读,跟"帆"本身的音变无关;利用这样的材料来论证"帆"的古音,没有说服力。

确定一个方言的某一语音现象是否上古音的遗存,是一件繁难的工作,决不能草率从事。有时候,现代某方言的某一现象,看起来跟古代音近似,但实际上跟上古没有直接的关系。例如"盘""伴",湖北蒲圻话分别读⊂ben,ben⊃,这是不是保留了古代全浊声母的浊音读法? 不是的。王福堂先生《汉语方言语音的演变和层次》令人信服地作了论证:"蒲圻、崇阳、通城、修水等方言的浊声母应该是古浊声母清化后又浊化的结果。"(23 页)我们认为,利用方言证古,必须注意方言音系结构的历史和现状,弄清现代方言的某一现象是否保留了上古的语音特点。潘书在这方面做得不成功。例如潘书 147 页赞同广州话、临川赣语四等为长元音、三等为短元音的说法。其实这种说法是很不可靠的。首先,广州话四等-i-、三等-ɐ-,临川话四等-iɛ-、三等-i-是否长短元音的分别还值得商讨,潘书没有提供可靠的依据。其次,即使广州话、临川话四等读长元音、三等读短元音,但

---

① 见王力:《汉语史稿》(修订本),北京:中华书局 1980 年版,第 20 页。

是否一定保留上古语音现象,潘书没有作任何论证。再次,广州话读-it 者不限于四等韵,像"设热别撇灭孽列烈揭捷杰竭歇泄薛"等一大批三等字都读-it(以上例子并见《汉语方音字汇》(第二版重排本))。临川话读-iet 者三等不比四等字少,罗常培先生《临川音系》第四章《比较的音韵》所列《临川音类比较表》,-iet 韵母来自山摄三等者18字,来自四等者14字。事实告诉我们,广州话-it、临川话-iet 只来自古代四等的说法是荒唐的。最后应该提到,一般人认为广州话 aː 和 a 长短对立,但通过这种长短对立,也得不出一二四等古代读长元音、三等读短元音的结论。

潘书在构拟上古音时,用到了译音(包括借词)材料。在证明"中古的三等介音原来是没有的"、上古上去二声的读法、上古的韵尾、上古主元音、上古声母的构拟时,都用到了这项材料,有时候译音材料上升为最主要的证据。例如为了证明中古来母上古读 *r-、中古以母上古读 *l-,潘书认为"由于汉藏同源词的语音对应关系并不那么严格,所以对音材料就更有说服力"(268页);为了证明有些来母在上古不是简单的 *r-,而是 *Cr-,潘书指出:"目前阶段的汉藏语音比较还没有那么严密,所以我们难以根据藏缅语中的同源词为 Cr 就能断定相对应的汉语来母字不是简单的 r-。借词的材料则要可靠多了。"(276页)

我们认为,反映上古音的译音材料对于上古音的构拟有重要作用,但是只能作为旁证。王力先生《汉语史稿》第一章《绪论》第四节《汉语史的根据》中说"外语中的汉语借词是重建汉语古代语音的重要材料……汉字读音在外语借词中是比较稳定的,但是,由于每一种语言都有它自己的语音体系,汉字作为借词不能不受它的语音体系所制约,以致日本、朝鲜、越南三国之间的汉字读音有很大程度上的不同。我们必须拿它们和汉语方言结合着来比较,然后于汉语语音史所下的结论才是可靠的","另一方面,汉语中的外语借词('音译')作为汉语史的材料来看,也是非常珍贵的"。王力先生晚年著作《汉语语音史》卷上《历代的音系》第一章《先秦音系》中说:"有人引用外语译文(主要是佛经译文)来证明上古声母。这只能是次要证据,不能是主要证据。因为翻译常常不可能译出原音来。正如我们今天把英语的[r]译成汉语的[l],英语的[ʃ]译成汉语的[ʂ],英语的[h]译成汉语的[x]一样,我们不能要求古人把梵文的原音完全准确地译成中文。单靠译文来证明上古声母,看来不是很妥当的办法。"

潘书在构拟上古音时,过分倚重译音材料,忽视了译音材料的复杂性,因此得出的结论至少是令人怀疑的。例如为了证明中古有些来母字来自上古塞音加-r的复辅音,用到译音材料:"西域地名 krorayina 汉代译作'楼兰','楼'对复辅音 kro。"(276 页)事实上,丁邦新先生《论上古音中带 l 的复声母》一文早已对这个例子的论证力量提出怀疑:"Pulleyblank(1962)用域外译音证明上古音中复辅音声母的存在。但是译音本身的问题很难说定,一方面对于其他语言语音演变的历史不清楚;另一方面对于译音的时代和对译的严格性不能肯定。例如,汉代西域的'楼兰',指 Kroraimna(即 Krorayina),这个名称究竟原来是什么语言?是 Tokharian 还是 Iranian? 原来怎么念法? Pulleyblank 认为字首辅音是 *q(1962:123),只是一种推测,根本无法说定。张骞通西域时提到'楼兰',是当时的音译还是早已有之的旧名?译音之时是严格的对译还是仿佛相似?这些问题都不容易解决……从对音上实在只能得到间接的旁证,不能用为直接的主证。"

在没有任何可靠的内证的情况下,仅凭汉藏语同源词和译音材料,并且把译音材料作为"更有说服力"的证据,来论证上古汉语来母读 r-,以母读 l-,这样得出的结论没有说服力。而且潘书用到的译音材料本身就跟他的结论矛盾。例如 156 页"都赖"译自 Talas,159 页汉语"礼",古汉越语 lay^6(敬礼),汉越语 lê^4;汉语"冷",古汉越语 lanh^6(冷),汉越语 lanh^4;202 页汉语用"卢"对译梵语 la,203 页汉语用"罗"对译梵语 lya;206 页汉语用"柳中"对译梵语 Luckchun;208 页汉语"喻",古汉越语为 ro^4(明白,了解),汉语"录",古汉越语为 loc^6(选择,甄选)。此外,来以二母在潘书中还有其他辅音的音译形式。这都是就潘书提供的译音的例证来立论的,事实上,它们是否译音形式,尚需验证。单就译音材料本身来说,它们能成为来母上古读 r-、以母上古读 l-的例证吗?反例是否太多了?潘书接受了上古去声为-s 尾,上声为-ʔ或紧喉特征的观点,支持这种观点的证据就有译音方面的。这些译音方面的证据很不可靠,李方桂、张琨等学者早已对此观点表示不同意,丁邦新先生《汉语声调源于韵尾说之检讨》更作了深入细致地分析,言之凿凿,可为定论。我们想指出,潘书接受的这种观点和他书中的一些音译材料也是严重抵牾的。就去声来说,其音译材料不一定带-s 尾:"箸、畅"日本吴音不带辅音尾;梵文的 dha,汉语用"度"来译①;汉语"大秦",外语为 Dakshina。这样的例子还很多。总起来说,潘书对译音材料缺乏甄别的功夫,夸大了这类材料

---

① 有些材料的运用很成问题,最近李香《关于"去声源于-s 尾"的若干证据的商榷》一文也对去声来自-s 尾说的材料运用不当作了批评。

在古音构拟中的作用,具体运用时缺乏时空观念,前后不一,据此得出的结论值得怀疑。

我们在"导言"中提出,检验上古音构拟优劣的一个重要标准是"能否系统地、历史地解释上古音到中古音的发展演变"。潘书强调上古音的构拟要对音类的演变作出满意的解释。这是不错的。王力先生早在《上古韵母系统研究》中指出:"我虽然极端注意语音演变的条件,同时也留些余地给方言的影响,以及种种不规则的变迁(由于特殊原因,而不是我们所能考知者)。"王力《汉语史稿》69页说:"关于古音的重建,有一个重要的原则,值得提出来谈一谈。语音的一切变化都是制约性的变化。这就是说,必须在完全相同的条件下,才能有同样的发展。反过来说,在完全相同的条件下,不可能有不同的发展,也就是不可能有分化……这是历史比较法的一个最重要的原则,我们不应该违反这一个原则。这一个原则并不排斥一些个别的不规则的变化。由于某种外因,某一个字变了另一个读法,而没有牵连到整个体系,那种情况也是有的。不过,那只是一些例外,我们并不能因此怀疑上述的原则。"王力《先秦古韵拟测问题》中也说:"如果拟测得比较合理,我们就能看清古今语音的对应关系以及上古语音和中古语音的对应关系,同时又能更好地了解古音的系统性。"王力《汉语语音史》的"导论"部分,讲到了研究汉语语音史的方法,其中"要掌握唯物辩证法"和"要讲究比较语言学的理论"就非常明确地含有要讲清语音发展变化的线索的意思。

潘书的构拟能否满意地解释汉语语音从上古到中古的变化? 不能。首先,潘书设想汉语从原始汉藏语分化出来到上古变化慢,上古到中古变化快;藏语从原始汉藏语分化出来到7至9世纪变化慢,7至9世纪到现代藏语变化快,缺乏事实根据,也违反了历史主义的原则。关于前者,郭锡良先生《音韵问题答梅祖麟》一文已提出批评。潘书比照公元7至9世纪的藏文来给上古汉语拟音,必然不能解释清楚汉语从原始汉藏语分化出来到上古变化慢、上古到中古变化快的原因,从而也就不能对上古音系到中古音系的变化作出科学的解释。

要想解释清楚上古音到中古音的发展线索,有一个重要前提:必须弄清楚韵基[①]系统,每一个韵基系统有多少韵母,不同的韵母有哪些韵字。但是潘书采用的古音系统却没有做到这一点。甲A类和甲B类中幽觉二部分不清楚,甲A

[①] 这里是采用薛凤生先生的术语,见薛凤生《汉语音韵史十讲》第一讲"也谈几个汉语音韵史的理论问题",北京:华语教学出版社1999年版,第5页。

类和乙类中脂质真三部分不清楚。每一类韵部中,哪些字归哪一部,潘书缺乏明确的交代。例如传统宵部,豪肴宵哪些字归宵₁,哪些字归宵₂;肴宵哪些字归宵₁,哪些字归宵₂,哪些字归宵₃?这些问题,实际上潘书也没有弄清楚。分部不清、不合上古音的事实,大量的字的归部都没有弄清楚,怎能讲清上古音到中古音的发展变化线索!

在声母方面,潘书上古声母的拟音也是凌乱的,例如135页和294页给"睪"拟音 *lăk,给"澤"拟音 *grlak,339页给"睪"和"澤"的拟音都是 *grlak,哪里谈得上分化条件!潘书324页给"念"拟音 mql-或 mGl-,133页和322页给"貉"拟音 *mGr-,l 和 r 发音部位同,发音方法不同,可是"念"中古变为泥母,"貉"中古变为明母。潘书有的辅音后面带-l-,有的不带,缺乏明确交代,"九"或拟为 *kŭ·(分别见146页、230页、259页),或拟为 *klŭ·(见307页),312页"俟"拟为 *g(l)ɯ·。潘书249页说:"对于从上古到中古的语音变化有不同的看法……后期的音韵学家则认为,上古同一个韵部都只有一个主元音,它到中古所以演变为不同的韵类,是因为它们在上古带有不同的介音或韵尾。"这个叙述不全面。王力、李方桂是重视声母对韵母的影响的,王力《先秦古韵拟测问题》专门讨论了"声母系统和拟测的关系",指出:"汉语发展有一个特点,就是声母对韵母的影响。"潘书采用的上古韵母系统,忽视了声母对韵母的影响,这是很不自然的,韵母的发展常常游离于声母之外。至于声调方面,潘书采用上声为喉塞音或紧喉特征、去声为-s尾的构拟,不能解释清楚上古音到后来的语音发展,这一点张雁同志已有批评①。

这一节的讨论,涉及检验古音构拟优劣的两条标准:一个是构拟的音系能否系统地、历史地解释各种反映上古音的直接材料,一个是构拟的音系能否系统地、历史地解释上古音到中古音的发展演变。潘书的古音构拟难以经受这两条标准的检验。顾炎武开创的科学的古韵分部,经过许多学者艰苦卓绝的努力,经过各种内证材料的检验,事实证明是大体可靠的。潘书在没有任何过硬证据的情况下大幅度改动,事实证明是极其错误的。

三、运用内部拟测法构拟上古音必须以语言事实为基础

上古音构拟,是为了更有效地揭示上古的语音系统。纯粹利用文献证据,只

---

① 参看张雁:《上、去二声源于韵尾说不可信》,载《语言学论丛》第二十八辑,2003年。

能得到上古音系统的轮廓,运用内部拟测法得到的结果,有助于比较清晰地认识上古音系。运用内部拟测法构拟上古音,必须以反映上古音的材料为主。郭锡良先生《音韵问题答梅祖麟》(第11页)谈道:"如果是构拟史料丰富的先秦的《诗经》音系,当然应该以文献资料为主,适当参考其他资料,采取以历史文献考证为基础的内部构拟法。"

潘书第三条评价各家构拟优劣的标准是"构拟的元音在整个韵母系统中的配置是否匀称"。潘书中第262页说:"这个条件也并不是必要的,随着语言的变化,这种匀称性会不断地受到破坏。一般说来,语言越古老,就越呈现出这种匀称性。"第264页又说:"诚然,语音的变化会破坏音系配合的齐整性,但是我们总是能够追溯到音系结构比较整齐的年代。"并以此理论来支持书中配置十分整齐、没有一个空档的六元音系统。这种六元音系统只是一个假设,依此理论,要使这个假设成立,必须满足以下两个必要条件:(一)最古老的语言一定是最匀称的;(二)上古汉语是最古老的语言。常识告诉我们,这两个条件不能成立。

关于(一),我的疑问是,人类最古老的语言到底是什么样的,我们根本无法知道。潘书说"语言越古老,就越呈现出这种匀称性",越往后,"语音的变化会破坏音系配合的齐整性",这种说法对潘书的古音构拟十分关键,然而作者未作任何科学论证。关于(二),谁都知道,上古汉语不是最古老的语言。我们要问:语言越古老就越匀称,根据是什么?这是潘书没有回答、也无法回答的问题。何九盈先生《上古元音构拟问题》中正确地指出:"有人批评王力、李方桂的元音系统留下了若干'空格',说是不匀称,不整齐,于是——为之填满。这也使我大惑不解。所谓语言越古就越匀称,我根本就不相信这个理论具有科学性。……难道《诗经》时代的汉语就是最古老的汉语了吗?我们把《诗经》的元音系统填得满满的,殷商时代的元音系统又该如何处置?夏代的元音系统又该如何处理?事物的对称与不对称总是相对而言的,填空格必须将历时系统与共时系统的关系搞清楚,必须有足够的材料为证。"①按潘书的说法,古老的语言音系整齐对称,后代遭到语音变化的不断破坏,请问:再过几千年、上万年,那音系是不是七零八落呢?这使我们想起《礼记·礼运》的说法,人类社会本是大同,后来礼崩乐坏,成了小康,再后是乱世。潘书这类观点是极其错误的。

利用结构中的空档和异常的分布、不规则的形态变化"去探索语音的发展及

---

① 载《纪念王力先生百年诞辰学术论文集》,北京:商务印书馆2002年版,第23页。

其所从出的始原结构",正是内部拟测法比较关注的内容,"空格、互补等异常的分布只能提供诱人的线索,上古音系的基本间架还要根据文献资料、主要是汉字的谐声系列和《诗经》的用韵去建立","如果没有充分而可靠的材料作根据,填补空格,处理互补等,就可能会犯形式主义的错误"①。填空档必须基于语言事实,先假定有空档要填上,再由理论来剪裁事实,不是通过事实寻求解释,这种做法我国学者早已作出批评。董同龢先生《上古音韵表稿》说:"我们拟测古音,并不需要把所有的空档都去填满。一个空档能不能填,事实上还要看另外是不是有可靠的证据。"(19页)王力先生《汉语史稿》曾经批评高本汉:"他把庄初崇山各分两类,以为一类在上古是 ts,ts',dz',s(并入精清从心),另一类是 tṣ,tṣ',dẓ',ṣ。他的分类标准是按《广韵》的韵目:凡属江臻删山咸衔庚耕(及其入声)佳皆肴等韵的字,都归入精清从心去。实际上他是因为这些韵部没有精系一等字,所以把照系二等的庄初崇山拟成 ts,ts',dz',s,也不会发生冲突。这种取巧的办法是缺乏科学性的。"又说:"他把余母一部分字的上古音拟成 d 之后,这 d 是不送气的浊音,他就虚拟几个不送气的浊音来相搭配。他把云母的上古音拟成 g,禅母的上古音拟成 d,邪母的上古音拟成 dz,来造成整齐的局面。这种推论完全是主观的。"(68页)王力的意见很清楚,填空档不能主观猜想,要有客观材料作依据。

潘书为什么采用六元音系统?从类型学和汉藏语的角度得不出上古汉语有六个主元音。关于上古元音的数目,李方桂拟有四个,包拟古拟有六个。事实上,如果不从汉语的内证材料出发,不全面分析汉语的内证材料,六元音也好,四元音也好,恐怕谁也说服不了谁。依笔者看,潘书采用的六元音系统的立论根据主要有两个:一是古韵三十部中,甲类韵部有六小类,以阴声韵为例,即之幽宵侯鱼支;二是藏文中没有复合元音,所以上古汉语也没有复合元音。于是甲类韵部六小类的不同,只能是主要元音的不同,即甲类韵部有六个主元音。藏文没有复合元音,不能证明上古汉语也没有,所以第二条根据不能成立。

甲类韵部有六小类,乙类只有三小类,丙类只有两小类。按潘书说法,是配置不匀称。为了配置匀称,潘书在以下两方面提出猜想:一是甲类韵部分流为两类,一类我们称为甲 A 类,另一类我们称为甲 B 类;二是乙丙两类韵部再分部。所以潘书实有甲 A 类、甲 B 类、乙类、丙类四大类,每一大类都有 a、e、ɯ、i、

---

① 以上均引自徐通锵《历史语言学》,北京:商务印书馆 1996 年版,第 200—207 页。

u、o六个主元音，形成整齐的局面，空档填得一个不剩。

先说甲类韵部分流为甲 A 和甲 B 两类。美国学者白一平（William H. Baxter）发表《汉语上古音 *-u 和 *-iw 在〈诗经〉中的反映》，认为"上古音韵的结构在许多方面可以从汉语中古音的语音分布中推断出来"，推断出来的音系可以比《诗经》音系早，"并不要求""所提出的构拟系统与上古押韵的传统分析完全吻合"。可见，白一平研究的 Old Chinese 跟我们从《诗经》押韵归纳出的二十九部、《楚辞》押韵归纳出的三十部不是一回事。白氏把幽部分成-u 和-iw 两部，在《诗经》中有很多例外，据他统计，*-u 韵段自押 105 处，*-iw 韵段自押 10 处，*-u 和*-iw 合韵 10 处。不难看出，《诗经》中*-u、*-iw 两部分不开①。*-w 尾是一类新的韵尾，可以称为甲 B 类。按照潘书所说对称性的原则，这-w 尾不能只出现于-i 元音之后，还必须跟另外的五个元音配置成-aw、-ew、-ɯw、-uw、-ow；-awk、-ewk、-ɯwk、-uwk、-iwk、-owk。上古的语言材料不能证明这种假设怎么办？潘书说得很清楚，可以"依据甲、乙、丙三类韵的情况，用类推的办法提出"这样的假设（185 页）。这样一来，潘书"音系对称"的要求是否达到了？没有。甲 B 类有-w 尾、-wk 尾，没有-wŋ 尾，宵药二部不配阳声，如果弄出-wŋ 尾，就无法把所有的空档填满，除非再假设宵药有相配的阳声韵。这个-wk 没有-k 以外的对立，不符合潘书"音系对称"的要求。再说乙丙两类再分部。依传统分部，乙类韵部只有三个主元音，得拆成六个主元音。丙类韵部只有两个主元音，得拆成六个主元音，也就是把原来缉侵盍谈四部拆成十二部才能把空档填满。

传统的古韵分部，由顾炎武的十部到王力的二十九部、三十部，是三百多年以来许多学者的共同努力，反复研究韵文和谐声字等材料得出的科学结论，举世公认，也揭示了上古主元音和韵尾（如果有韵尾的话）的系统性。然而潘书采用的古韵系统却与传统分部大相径庭：一方面，传统的古韵分部和离析《唐韵》的成果被填满空档的揣测加以检验，不同的韵部作不同的对待，甲 A 类韵部一般一个韵部一个主元音，甲 B、乙、丙几类全是一个韵部有几个主元音。何九盈先生《上古元音构拟问题》批评这种处理说："构拟的原则是双重标准：既以介音分等，又以元音分等。""这样的元音系统破坏了几百年来多少代人建立的古韵部组织结构，也破坏了相邻韵部的区别性特征，韵部的划分全然失去了意义。"

---

① 参看白一平：《汉语上古音的 *-u 和 *-iw 在〈诗经〉中的反映》，冯蒸译，原文附于冯蒸《汉语音韵学论文集》，北京：首都师范大学出版社 1997 年版。

(24页)同样属上古韵部,有的一个韵部只有一个主元音,有的有两个以上的主元音,处理是矛盾的。尽管我们反对一个韵部构拟成不同的主元音,但是我们认为,如果把所有的韵部一律拟成两个以上的主元音,还不失为自成体系的学说。不同的韵部作不同的对待,连自成体系也谈不上了。另一方面,由于填满空档的需要,原来的三十部至少分成了六十部;如果祭部独立,分部就更多。由于分部增多,一个韵部包括的中古韵就不多了,于是衍生出"从上古同一个韵部演变出来的中古一等韵只有一个","同一个韵部只包括一个中古二等韵。同一个韵部只包括一个中古一等韵或纯四等韵。一等韵与纯四等韵互补"之类的说法来。

潘书采用的古韵分部从要把空档都填满这个错误的前提出发,削足适履地对材料进行不正确的分析,是一个空中楼阁式的韵部系统框架。这个古韵系统最大的问题是不符合上古音的事实,分部是主观猜想的产物,导致不能自圆其说。由于从上古音的材料分不出上古韵部,只好简单地从中古音往上推。郭锡良先生《简评潘悟云〈谐声分析与异读〉》指出:"《切韵》系统只能用作古韵分部的参照系,而不能作为分部的根据,这应该是搞音韵的人的基本常识。所谓'拿《切韵》上推古音',一般是在古韵分布确定后,再拿《切韵》系统作为出发点,跟先秦的韵部比较,来观察上古音到中古音的演变痕迹。"(《古汉语研究》,2003年第3期17页)首先,潘书甲A、甲B类分不开;把脂质真各一部分字从乙类韵部移到甲A类韵部,乙类韵部和甲A类韵部各包括脂质真的哪些字,缺乏明确的交代。其次,甲A、甲B、乙、丙类韵部内部,传统的一个韵部拆成多个韵部,这不同的韵部都可以包括中古同一个韵的字,但是中古某韵哪些字该归甲A韵部,哪些字该归甲B韵部,作者缺乏科学论证,也缺乏明确交代。例如歌$_1$、歌$_2$都有支韵字,但是哪些支韵字归歌$_1$,哪些支韵字归歌$_2$,作者自己都不清楚;再例如丙类-am、-em和-om都有盐韵字,但是哪些盐韵字归-am,哪些归-em,哪些归-om,也没有明确交代。不但如此,丙类韵部据重韵一分为二,造成无法同谐声同部,无法依上古音的材料分部。再次,潘书主观认定一个韵部只有一个二等韵,要么只有一个一等韵,要么只有一个四等韵,一个韵部不能既有一个一等韵又有一个四等韵,不合其条件者则视而不见,或硬拉一个韵来凑数。例如耕部本有庚二和耕韵的字,潘书只收庚二;之部一等本有侯韵,由于有了灰咍,就不收侯韵;真部本来没有山韵字,潘书在真$_1$、真$_2$部都弄进一个山韵字。这样的例子太多了。

表面上看,潘书把空档填得满满的,似乎"很系统",其实完全不是这样。例如潘书把真部一分为二,分别为真$_1$-in、真$_2$-iŋ,举了先秦的韵文材料作证,似乎有理。但是《诗经》中冬部、蒸部跟侵部相押的比例远在真耕相押的比例之上。冬侵二部合韵甚多,严可均始,许多学者都认为《诗经》中冬侵合为一部,王力先生就采用了这一说法。依潘书对真部的划分,冬部更有资格分为冬$_1$、冬$_2$。这且不谈,就谈侵(包括冬部)蒸二部吧。根据王力先生《诗经韵读》,侵蒸二部和真耕二部入韵情况是:真耕二部入韵共 149 次。其中,真部自押 79 次,耕部自押 54 次,真耕合韵 3 次,真文耕合韵 1 次,真文合韵 2 次,文真合韵 1 次,真支合韵 1 次,阳真合韵 1 次,侵真合韵 1 次,真元合韵 1 次,质真合韵 1 次。真耕交涉占真耕二部入韵总次数的 2.7% 以上。侵蒸二部入韵共 82 次。其中,侵部自押 53 次,蒸部自押 20 次,侵蒸合韵 3 次,蒸侵合韵 3 次,谈侵合韵 1 次,幽侵合韵 1 次,之蒸合韵 1 次。侵蒸交涉占侵蒸二部入韵总次数的 7.3% 以上。潘书冬侵分部,如果把冬部从侵部分出去,侵蒸交涉的比例会更高。由于不合填空档的要求,不把冬、蒸或侵一分为二,这种不同的处理充分证明潘书脂质真再分部的随意性。甲 A 类本来缺一个 -i- 元音,依填空档的需求,得补上这个空档,于是脂质真就被人为地拆出 -i、-ig、-iŋ 三部来。再如潘书说,他对乙类韵部的再分部,"一个重要的依据就是中古音的重纽两类"(220 页)。我们认为,根据重纽来分部只是主观分部找的理由,试想:乙类韵部要把主元音的空档填满,歌祭月元各一分为三,微物文各一分为二,在上古材料中找不到可靠的根据,要想分部,不引进重纽怎么行呢?总不能硬性规定某些字归 A 部、某些字归 B 部吧。其实,潘书据重纽分部有很大随意性,合三的重纽三等和四等不用来分部,这是因为六元音系统中合口韵已无空档可填。可见据重纽分部是为填空档服务的,也不讲对称、不"系统"了。

我们认为,运用内部拟测法构拟上古音无可非议,古音构拟中可以填空档;但是必须以可靠的语言事实为基础。如果主观上认为必须把上古声母、韵母的空档填得一个不剩,再去剪裁事实,则必然歪曲事实。

四、类型学的证据只能作为检验上古音构拟优劣的一项旁证

所谓符合语言的普遍现象,其实是从语言类型学的角度来帮助古音构拟和检验古音构拟的优劣。各种语言的音系之间既有共同现象,又有其独特的现象。正因为有共同的现象,所以我们可以借助这些现象从事古音构拟,检验已有古音构拟的成果;正因为有其独特的现象,所以我们不能以共同的现象代替独特的现

象。借助共同的现象从事古音构拟或检验已有构拟的成果,只能是一项旁证。古今中外实际存在的所有语言,我们没法详知。即以世界上现存语言来说,《语言文字百科全书》指出:"世界上共有多少种语言,现在还没有调查清楚。一个人更无法精通这么多的语言,因此谁也不能断定什么是人类所有语言都具备的普遍现象。"①凭借有限材料得出"普遍现象"的若干结论,难免带有一定的片面性和随意性。分析各语言之间普遍存在的语音现象,应该以对各语言作出的比较精确并且思路一贯的音位归纳为基础。但是,正如赵元任先生所揭示,音位标音法"不是单答案性的,乃是有多种可能方式的答案"②;从事类型学研究的学者,不能不借助他人的音位归纳成果,难保各人的归纳思路完全一致。这就给类型学研究带来困难,甚至会出错。再说,正如江荻所说:"普遍性是一个历史的、可变的概念"③,所以利用类型学研究得出的若干"语言的普遍现象"构拟上古音或检验已有上古音研究成果,不能不谨慎小心。

王力、李方桂等学者从事古音构拟早就注意利用语言类型学这项旁证帮助古音构拟和检验已有构拟成果。例如王力上古音构拟,给二等韵拟上介音、构拟复元音、把阴声韵的塞音尾巴砍掉,入声分长短等等,都注意从类型学的角度观察问题④。再如李方桂《上古音研究》,有十几处用到了汉藏语和非汉藏语的材料,有的是从类型学角度使用的,有的是从借词或对音材料角度使用的,都没有从汉藏同源词的角度去构拟上古音。他给上古构拟 m̥- 等清鼻音,就注意到苗语、水语中有这个 m̥-。董同龢《上古音韵表稿》也有从类型学角度帮助构拟上古音的例证。这三位先生使用类型学的证据都非常谨慎,都是以直接反映古音的材料作为基本证据,以类型学的证据作为旁证。罗常培、王均两位先生说得好:"每个民族甚至各民族的各个地方方言都有它自己的语音特征。各民族以及它们的各个地方方言的语音特征是一定地区的人类社会集团中历史地形成的结果。这样的现象只有用语音的社会性质来解释,同时在研究各个具体语言的语音时,也必须特别注意它的这一方面。"⑤

我们必须区分语言的普遍规律和语言的普遍现象这两个概念。语言的普遍

---

① 见《语言文字百科全书》,北京:中国大百科全书出版社 1997 年版,第 205 页。
② 参赵元任:《音位标音法的多能性》,载《赵元任语言学论文集》,北京:商务印书馆 2007 年版。
③ 参江荻:《语言材料与语音表达方式的演变》,《语言科学》2003 年第 3 期。
④ 参王力:《汉语史稿》《上古汉语入声和阴声的分野及其收音》《先秦古韵拟测问题》《汉越语研究》等论著。
⑤ 见罗常培、王均:《普通语音学纲要》(修订本),北京:商务印书馆 2002 年版,第 59 页。

规律,是指一切语言都共同遵循的规律;语言的普遍现象,是指两种以上的语言都普遍存在的语言现象。任何古音构拟都必须符合语言的普遍规律,而语言的普遍现象则只能作为古音构拟或检验古音构拟的旁证。潘书所采用的古音构拟,有的不符合语言的普遍规律,有的不符合语言的普遍现象。

从语言的普遍规律来说,世界上没有完全对称的、能把所有空档都填满的音系,各种语言的音系都处在对称与不对称的对立统一之中,借用孟子的话说,就是"夫物之不齐,物之情也"。潘书所采用的韵部系统是怎样的呢?请看表1:

表1 潘书所用韵部系统

	-0	-k	-ŋ	-l	-t	-n	-p	-m	-w	-wk
a	鱼	铎	阳	歌$_1$	月$_1$	元$_1$	盍$_1$	谈$_1$	宵$_1$	药$_1$
e	支	锡	耕	歌$_2$	月$_2$	元$_2$	盍$_2$	谈$_2$	宵$_2$	药$_2$
ɯ	之	职	蒸	微$_1$	物$_1$	文$_1$	缉$_1$	侵$_1$	幽$_1$	觉$_1$
i	脂$_2$	质$_2$	真$_2$	脂$_1$	质$_1$	真$_1$	缉$_2$	侵$_2$	幽$_2$	觉$_2$
u	幽$_1$	觉$_1$	冬$_1$	微$_2$	物$_2$	文$_2$	缉$_3$	侵$_3$	幽$_3$	觉$_3$
o	侯	屋	东	歌$_3$	月$_3$	元$_3$	盍$_3$	谈$_3$	宵$_3$	药$_3$

空档填得满满的,这是一种人为的韵部系统,实际语言中不可能存在。

语音是发展的,世界上任何语言的语音都必然发生变化,这也是语言发展的普遍规律。由于分化已久,同一语系的不同语言,其音系差别会越来越大,甚至很不相同。但是潘书不管汉藏语系这一假说是否真正得到证实,提出上古音的构拟要跟亲属语言的后代音系相近,上古汉语和亲属语言的同源词的后代读音形式要相近。这是不符合世界语言都是发展的这一普遍规律的。退一万步讲,即使汉藏同源这一假说得到证实,上古汉语跟亲属语言的后代音系相近,同源词跟亲属语言的后代读音形式相近,这也要经过对上古汉语的内证材料作出科学研究后才能知道,怎么能够先入为主地要求上古汉语跟亲属语言的后代音系相近、上古汉语跟亲属语言同源词的后代读音形式相近呢?

潘书的构拟难以通过类型学这项旁证的检验。下面举例说明。潘书把甲类韵部(收*-ŋ、*-k 的韵部及其对应的阴声韵)析为两类,一类是元音之后收

-ŋ、-k 及其对应的阴声韵,一类是收-w 及其对应的-wk 入声韵。汉藏诸语言还没有-k 前收辅音韵尾的韵,也就是说,汉藏诸语言只有"元音＋k"、没有"元音＋w＋k"的格式,潘书给上古构拟的"元音＋w＋k"韵部,不合汉藏语的类型特征。这个-w 不能改成-u,因为他采用的上古韵部系统没有复元音,第 140 页说,"藏文没有复合元音"这一音韵特点,要"在汉语上古音的构拟中得到反映"。

潘书采用的上古音构拟有长短元音的对立,第 146 页说,中古的"三等介音产生于上古短元音",这也得不到语言类型学的支持。我们许多民族语言都有类似于汉语叠韵联绵词的单纯词,都有这样一种规律：当这些语言有长短元音对立时,长元音往往跟长元音、短元音往往跟短元音构成叠韵联绵词。例如下面这些有长短元音对立的语言①：

壮语 tiŋ³ liŋ² 恰巧,ɣaːi⁴ ɕaːi⁴ 很,十分,布依语 saʔ⁷ daʔ⁷ 呛,傣语 pha² sa¹ 民族(西傣),a⁶ la⁵ 疾病(德宏),侗语 laːi³ taːi³ 滑稽,kəm⁶ ljəm 滚圆,仫佬语 joŋ⁶ tsoŋ⁵ 强健,水语 keː³ leː³ 纺织娘,faːŋ³ ljaŋ² 宽阔的,毛南语 moŋ² toŋ¹ 惊慌,黎语 hu³ tu³ 猫头鹰,thaːk⁸ naːk⁸ 跳跃貌,南亚语克木语 tlampam 蝴蝶

这些语言长元音和短元音一般不构成叠韵联绵词。我们曾经注意到,先秦叠韵跟双声兼叠韵联绵词大约分别为 299 个和 10 个。叠韵联绵词从中古的等来分析,同等者约 261 个,占 86％弱；不同等的联绵词中,三等和其他各等构成叠韵联绵词的约 42 个。双声兼叠韵联绵词中,三等和其他各等叠韵的共 2 个。二者相加共 38 个。中古的等对上古汉语是有继承关系的。依潘书的构拟,大量有叠韵关系的联绵词例如"绵蛮、无姑、商庚"等都可以由长短元音构成叠韵,不合语言类型学的通例。

潘悟云《上古汉语元音系统构拟述评》说"John Crother's 对 Standford Phonlogy Archiving Project 所收集的 209 种语言材料作过统计,其中最多的是五元音系统：i,ɛ,a,u,o,共 55 种。郑张尚芳和 Bodman 所拟的六元音系统占第二位,共 29 种。李方桂所拟的四元音系统占第七位,共 9 种。而没有一种是王力所拟的那种元音系统","在自然语言中元音 i 普遍存在,它与 a、u 构成最稳固

---

① 以下壮侗语材料选自王均等编著《壮侗语族语言简志》,北京：民族出版社 1984 年版；克木语材料选自陈国庆《克木语研究》,北京：民族出版社 2002 年版,第 34 页。

的元音三角形。但是王力的系统中没有 i,高本汉系统中 i 仅出现于介音,都不符合普遍现象"。这是希望从类型学角度证明 a、e、ɯ、i、u、o 的构拟符合语言的普遍现象。Crother's 根据现存 209 种语言得出的结论中,这个六元音系统才占第二位。有人估计,现存世界语言约有五六千种,因此 Crother's 的研究具有很大的或然性。汉语现代方言就有很多反例,《汉语方音字汇》(第二版重排本)列入 20 个现代汉语方言,没有一种属 Crother's 所列六元音系统。潘书把这个六元音系统作为检验各家元音构拟优劣的具体标准,毫无说服力。潘书说"高本汉系统中 i 仅出现于介音",主元音中没有 i,这是对的;但说"王力的系统中没有 i",意思是说王力不但主元音没有 i,介音也没有 i,这是严重的误解,王力主元音中的确没有 i,但介音中无疑是有 i 的。上古汉语主元音是否要拟一个 i,值得研究;但说王力系统中没有 i,则是常识性错误。王力《上古韵母系统研究》中,曾假定"衣、颀"主元音是 i,为什么后来构拟的古韵中没有 i 这个主元音? 主要是因为上古歌脂、真元、质月之类的合韵太多了。

雅柯布森注意到,区分清浊、送气和不送气的语言中都有音位 h。[①] 潘书构拟的上古声母,有清浊、送气和不送气的对立,但又把晓母拟成 qh,是送气清塞音,这样他的拟音中没有单辅音声母 h。有的学者把晓母拟为 x,跟 h 相近,比潘书拟音合理得多。潘说"一般说来,复辅音声母中的辅音也都出现于简单声母"(280 页),拟有 k^w、k^wl、k^wr、G^w、sqh^w、SG^w、qh^w 等带 w 的复辅音声母。这个 w 只见于复辅音声母,不见于单辅音声母,跟上面所说的类型学原则不是自相矛盾吗? 潘书从类型学角度试图证明 a、e、ɯ、i、u、o 符合语言的普遍现象,这一理论跟他的实践本身也自相矛盾。例如,潘书认为《切韵》音系是一个单一音系,一个构拟出来的音系,但是他给《切韵》拟音却不是上面的六元音系统。这不正说明 a、e、ɯ、i、u、o 六元音系统符合语言的普遍现象是一条杜撰的规律吗? 以上只是举例性的,潘书的上古音构拟不合语言类型学结论及从类型学角度看是自相矛盾的地方还有不少。

总之,从语言类型学的角度构拟古音、检验古音构拟的优劣是一条比较有效的标准,但只能作旁证,语言内部的证据才是最主要的。如果一种构拟只合乎语言类型学的标准,不合乎语言内部的证据,我们宁可牺牲类型学的旁证而毅然遵

[①] 见《类型学研究及其对历史比较语言学的贡献》,载《雅柯布森文集》,北京:商务印书馆 2012 年版,第 73 页。

从语言内部的证据。

五、上古音的构拟不能主观要求和亲属语言的语音音系相接近

　　前面我们已经指出，潘书提出检验古音构拟的五条标准的第二条（"构拟的音系与亲属语言的实际音系是否接近"）和第五条（"与亲属语同源词的语音比较是否贴切"）根本不能成立。这里作些分析。两条标准的实质是认定汉语上古音的语音系统应当与汉藏语系其他语言（主要是7至9世纪的藏语）的语音系统接近，上古元音和辅音都要比照"古老的"原始汉藏语来拟音，实际上主要比照7至9世纪藏文的音系来拟音；上古汉语一个词的语音形式，要跟亲属语言同源词的后代或未确定时代的语音形式相同或相近。潘说："藏语与汉语的同源关系最为清楚，而且藏文创制在一千年前，藏族处于最封闭的青藏高原，在唐以前与外界接触比较少，语言相对来说也比较古老，在能够与汉语进行历史比较的语言中，藏文所反映的古藏语与上古汉语最为接近，所以大多数的汉藏比较语言学家总是以藏文作为汉语上古音构拟的最重要参照。"（139—140页）并列举了一些藏文的"音韵特点"，指出，"当然，上古汉语的构拟不能满足于以藏文作依据，还要参照更古老的原始藏缅语的特征"，这些特征包括，流音仅出现在舌根塞音和唇塞音之后，原始藏缅语有小舌塞音，藏文有次要音节。潘最后归纳说："藏文的这些音韵特点，都在汉语上古音的构拟中得到反映。"①

　　潘书的这种观点不能成立。首先，汉藏语系还只是一个假说。我们知道，要证实两个或两个以上的语言同源，最可靠的办法是要找出严整的成系统的对应关系，排除偶合，排除借词，排除世界上语言的一些普遍现象，不能拘泥于不同语言语音上的表面相似，不能想当然地把不是音近说成音近，不是义通说成义通。不同语言的历史比较研究，是语言学中极其复杂的一门学问，差之毫厘，谬以千里。汉藏语的历史比较研究是否找出了严整的成系统的对应关系？没有。包拟古、梅祖麟等人采取改写上古拟音以求跟其他汉藏语音同或音近，进而宣称已找到汉语与其他汉藏语严整的成系统的对应关系。这是不科学的，除了缺乏历史观，先入为主，还犯了循环论证的逻辑错误。李方桂先生提倡的做法是：构拟上

---

① 有些是形态方面的内容，潘书误归"音韵特点"；有些属潘书所谓原始藏缅语的特点，不是藏文的特点。

古音时,以汉语材料为主,避免受所谓汉藏语同源词的影响,然后再看构拟的汉语上古音跟其他汉藏语是否严格地成系统地对应。他在《汉语研究的方向——音韵学的发展》中说:

"蚓"(螾)这个字按照我们推测上古音的方法,至少在我上古的拟音为 *rin,这种音值好像跟现在的念法不大相像,但是却完全根据汉语的材料来定的音,并没有受到别的影响,也就是说,并不是在别的语言里有这个字而影响它拟成这个样子。

后来,我们发现在西藏文里也有蚯蚓这个字,叫作 srin。大凡藏文在名词前头有 s-,我们并不知道它有什么用处,但是乍看起来,至少觉得这两种读音是有点相近的情形。对不对,我们并不知道,也许是一种偶合或误会的现象。那么成系统的研究,就要看诸位将来远大的前途了。①

李先生还接着着重声明:"我们在这里的拟测并不靠西藏语的比较,而是单纯就汉语的本身来拟测,然后再跟藏语作比较。"我们可以体会到:汉语上古音的构拟不能受别的语言影响,这样的构拟才更客观,更可靠;寻找汉藏语严密系统的对应关系,证明汉藏语系的同源关系,必须以"单纯就汉语的本身拟测"得出的上古音为基础进行。笔者认为李先生的这种见解是避免主观猜测和循环论证、先入为主的有效措施。如果比照汉藏语去构拟汉语上古音,再证明汉藏同源,则必然陷入循环论证的泥潭,这一点郭锡良先生《音韵问题答梅祖麟》已指出②。潘书多次谈到汉藏语比较还没有找到严格的对应关系(210 页,268 页,276 页,313 页等),这是对的。依我们看,这也就是没能证明汉语和藏语确实同源。在汉藏语还停留在假说的情况下,据"与亲属语言的实际音系是否接近""与亲属语同源词的语音比较是否贴切"来检验已构拟出的上古音有什么依据呢?

其次,即使我们承认了汉藏语系这一假说,那么汉藏刚分化时的语音和音系可以相同或相近,但是周秦至两汉时代(主要指《诗经》时代)的上古音是否要构拟得跟亲属语言的后代实际音系或所构拟的未定时代的音系相接近、和亲属语

---

① 见李方桂:《汉语研究的方向——音韵学的发展》,载《李方桂全集(第一集):汉藏语论文集》,北京:清华大学出版社 2012 年版,第 184—185 页。
② 见郭锡良:《音韵问题答梅祖麟》,《古汉语研究》2003 年第 3 期,第 11 页。

同源词的语音相同或相近呢?不能。只有满足下列三种条件中的任何一种,才能达到这样的要求:(一)上古汉语和亲属语言分化不久,并且已知分化不久的亲属语言的音系;(二)上古汉语和亲属语言分化已久,但二者语音基本不变;(三)上古汉语和亲属语言分化已久,但二者的语音变化基本相同。潘书正是对这三种条件成立的可能性缺乏深入的分析,又忽视了分化后的语言各自不同的接触情况,从而错误地认定上古音系跟 7 至 9 世纪藏文所反映的音系最为接近,同源词的语音相同或相近,忽视汉语的内部证据,按藏文的语音特点构拟上古音,得出难以接受汉语内部证据检验的上古音构拟。

第一种可能性不可能存在。藏缅语族,藏文出现于 7 至 9 世纪,缅文真正形成大约在公元 11 世纪。这两种文字,是潘书汉、藏比较中用到的汉语以外最早的语言材料。汉语上古音跟最早的藏文所记录的藏语,最早真正形成缅文所记录的缅语都分化已久。郭锡良先生《历史音韵学研究中的几个问题》《音韵问题答梅祖麟》二文都指出了这一点。可见第一种可能性是不存在的。在这个意义上,我们不能要求上古音跟藏文和缅文的音系相近;要求上古音跟藏文和缅文音系相近,那是反历史主义的。

汉语和藏缅语即使同源,也分化已久,这是毫无疑问的。从语言上说,上古汉语到中古汉语、到现代汉语,语音、词汇、语法上发展线索清晰可辨;而藏缅语跟上古汉语的关系即使撇开语音这一层,也可以发现,词汇系统、语法系统差别明显,分属孤立语和黏着语两种不同的语言类型。上古音包括周秦两汉的音系,东汉时用汉字记录的《白狼歌》记载的是属于古代藏缅语的一种语言所作的诗,当时的汉族人已经不能看懂;春秋时古越族船夫唱的《越人歌》是用当时的壮侗语族的语言作的诗,跟越人邻近的楚国人听不懂。这都证明上古汉语跟当时的藏缅语、壮侗语差别巨大。文字是人类走向文明的标志,据研究,汉字体系的雏形夏代已经出现,而汉藏其他语言,中古以后才开始造字,正说明汉藏分家早在夏代以前。汉族人很早就有姓氏,有人以为汉族的先民在母系社会就有了姓,顾炎武《日知录》卷二十二说:"言姓本于五帝,见于春秋者,得二十有二。"上古还有氏。汉藏其他民族,如果有姓氏的话,都产生得很晚。这也说明,即使汉藏同源,分家也是很早的。潘说:"诚然,语言的变化会使两个亲属语之间的语音差距变大,但是汉语与藏语的分化时间并不太久,上古汉语的构拟往往以藏文的语音形式作为主要参考依据就是这个原因。可以这样认为,上古汉语的拟音与古藏文的语音形式越接近,其可靠性就越大。"(266 页)所谓"汉语与藏语的分化时间并不太久",这种说法潘书未作任何论证,也不合事实。

让我们举一个平行的例子。假定要构拟《中原音韵》音系,这是公元 14 世纪的中原音系。又假定闽语跟中原音系分家在《中原音韵》音系前几个世纪,吴语跟中原音系分家比闽语晚,但也在《中原音韵》时代以前。又假定我们拿《戚林八音》音系作早期闽语的代表,拿《现代吴语的研究》作为 20 世纪初吴语的代表。《戚林八音》和《现代吴语的研究》跟《中原音韵》音系差别很大。据研究,《戚林八音》有十五个声母,三十六韵(实三十三韵),八个声调(实有七个),不但音系跟《中原音韵》不同,就是具体字的音值也跟《中原音韵》相差甚远,而与今福州音相近。《现代吴语的研究》无论音系包括声母、韵母、声调,还是具体字的音值,同样都跟《中原音韵》有很大差别,例如闭塞音声母分全清、次清、全浊三套,声调有七个或八个,保留入声,等等。试想:我们能要求《中原音韵》的拟音跟《戚林八音》和《现代吴语的研究》语音、音系接近吗？汉语方言的分化时间总比汉藏语的分化时间短吧,我们不能要求闽语和吴语的语音、音系跟《中原音韵》语音音系相接近,怎么能要求 7 至 9 世纪藏文的音系跟上古汉语的语音、音系接近？

拿汉语上古音跟汉藏语其他民族的古代或后代语音进行比较是可以的,这种比较首先应是探讨汉藏语是否有严整而系统的对应关系,是否同源,进而构拟原始汉藏语。如果要求汉语的上古音跟民族语言的古代(最早也是 7 世纪)或后代音相近,并依据这些音来构拟上古音,则是本末倒置。

第二种可能性也不可能存在。也就是说,汉藏分化到上古汉语,到 7 至 9 世纪的藏语音系基本不变这一假说不能成立。这种假说忽视了语音是发展变化的这一语言规律,而潘书正是设想汉藏分化到上古汉语,7 至 9 世纪的藏语,其音系基本不变。潘书多次用到"古老"一词,例如:"上古汉语比藏文时代至少要早上一千多年,自然更加古老。"(139 页)这种比较没有意义,跟说"上古汉语比唐代汉语至少早上一千年"不一样。又说:"如果假定中古汉语的形式是直接从上古汉语来的话,我们实在没有任何理由认为藏缅语的形式一定比两三千年前的上古汉语更加古老。"(142 页)这种比较仍然没有意义。潘书肯定藏缅语中藏文反映的藏语很古老,认定上古汉语最古老,其他一些语言也有更古老的特征,所以上古音构拟要把其他汉藏语甚至"华澳语"的古老特征都反映进来。但是这一基本前提潘书并未作科学论证。

所谓某种语言古老,并不是严格的科学命题。潘书的"古老"到底指什么？我们从"古老"的具体内容谈起。索绪尔《普通语言学教程》对"古老"这一概念的具体内容作了分析①,受索绪尔的启发,我们来看看潘书所谓上古汉语最古老到底是什么意思。理论上有三种可能的解释:(一)上古汉语是其他汉藏语的来源,其他汉藏语是上古汉语分化来的。(二)上古汉语古老是相对于中古汉语来说的,即上古汉语比中古汉语古老。(三)上古汉语比其他汉藏语保留更多的古老特征。潘书显然不是在(一)(二)两种意义上使用"古老"一词。要使上古汉语比其他汉藏语古老这个说法成立,那只能是在第三种意义上使用"古老"一词。潘说:"形式的古老与否跟这个形式存在的实际年代之间并没有必然的联系。现代汉语虽然比古代汉语的时代晚,但是我们在某些现代汉语方言中可以找出许多比中古汉语更加古老的特点来。"(142页)从这两句话可以看出,潘书所说的"古老"有时指"古老的特征",也就是索绪尔所谓"带古风的语言状态",符合索绪尔提出的第三种解释。但后一句话欠妥:现代汉语既是由上古汉语历经中古、近古、近代而来,难道可以跳过中古、近古、近代,直接显示出"比中古汉语更加古老的特征来"吗?这不合逻辑,而且把中古汉语的部分书面语当成中古汉语,受了传统语文学的消极影响,忽视了口语和书面语的区分。比如现代闽语还保持着上古"舌上归舌头"的特点,显然在中古的闽语中这一特点仍保留着,不能说中古的闽语舌上和舌头已分家了。

现在假设潘书是采用第三种解释,即上古汉语比其他汉藏语(主要指7至9世纪的藏语)保留更多的古老特征。但是这样一来,"上古汉语和亲属语言分化已久,但二者语音不变"这一假定就不能成立了。因为第三种解释,只是肯定一种或几种语言的某些语音成分还保留其原始状态,不可能整个语音、音系都保留未分化前的状态。退一万步讲,即使某一种或几种语言的某些语音成分还保留其原始状态,那也要研究清楚这些语言的内部材料以后加以比较才能看出来。先假定上古汉语和某民族语还保留某语音成分的原始状态,再据某民族语给上古汉语拟音,则必然不合逻辑,也必然曲解反映上古音的内证材料。

我们再看第三种可能性——即"上古汉语和亲属语言分化已久,但二者发生了基本相同的语音演变"——是否可能存在。答曰:不能。我们承认,同一原始语分化出来的不同语言,甚至没有亲属关系的语言某些语音可以发生相同的变化;但是如果整个语音、音系或整个音系大部分音位都发生相同或基本相同的演变,那是不可能的。更何况,即使这一前提成立,那也应该对上古汉语和汉藏语

---

① 索绪尔:《普通语言学教程》(中译本),北京:商务印书馆1999年版,第300—301页。

其他语言不同时代的内证材料加以研究,加以比较后才能看出二者是否符合这一前提。怎么能先假定上古汉语和汉藏其他语言分化已久,发生了基本相同的语音演变,再据汉藏语其他语言的后代读音形式或已构拟出的未定时代的语音、音系去给上古汉语拟定音值呢?

既然上面提到的三种可能性都不可能存在,那么就不能要求构拟的上古音系与亲属语言的后代音系接近,不能要求构拟的古音与亲属语同源词的语音相同或相近。我们说,汉语不同时代的材料不能堆积到一个层次上去研究上古的音值,同一语系不同后代语言的材料更不能堆积到上古汉语里面去研究上古汉语的音值。如果是那样做的话,就忽视了历史观和系统观,这是历史语言学的大忌。古代汉语分化为现代汉语的不同方言,比原始汉藏语分化为不同的语言,时间要短得多,我们能要求现代汉语不同方言音系都接近吗?能要求闽语的音系跟《中原音韵》的音系相接近吗?以荒谬的假定为前提,比照7至9世纪的藏语给上古汉语拟音,这种做法理论上站不住,构拟的音值必然不能接受事实的检验。

潘书的许多构拟在上古文献中找不到证据,那是因为他的上古音构拟是比照亲属语得出的。我们要问:潘书这样的说法有什么根据?通观全书,他并没有对这一说法的科学性加以论证。汉语和其他汉藏诸语言的亲属关系并没有证实;即使将来证实了这一假说,在构拟原始汉藏语时,必须考虑各语言分化后跟别的语言的接触情况。我们暂时假定汉藏语系这一假说已得证实,各语言分化后各自发展,相互间没有影响;在此前提下谈上古音构拟:上古音的构拟能否要求跟亲属语的语音音系相同或相近?上古一个词的语音形式能否要求跟亲属语同源词的语音形式相同或相近?从历史比较语言学的观点来说,这种要求是极不合理的。一种语言跟另一种语言同源,是因为它们的差异中"可以找出一些确定的对应规律"①。梅耶看到,同是表"二"这一概念,梵语、希腊语、拉丁语对应关系明显,而阿美尼亚语的 erku "二"和拉丁语 duo 等相比音值相差甚远,"但是,其他一些对应表明阿美尼亚语的 erk- 可以跟其他语言的 *dw- 相当",其间有"一个一般的对应规律,古印欧语的 *dw- 在阿美尼亚语变成了 erk-"。梅耶通过这个例子告诉我们,不同的语言成为亲属语,关键并不在于对应词语言形式相同

---

① 梅耶:《历史语言学中的比较方法》,载岑麟祥译:《国外语言学论文选译》,北京:语文出版社1992年版,第5页。

或相近,"可以利用的却只有那些语音的对应规律"(6页)。霍凯特说得更清楚:"在探寻真正的同源词时,算数的并不是严密的语音相似,而是对应的规则性。"①潘书要求上古汉语跟亲属语语音音系相同或相近,同源词的语音相同或相近,这违背了历史比较语言学的根本原则。

当然,亲属语之间完整的、成系统的对应关系,并不排斥不同语言音同音近,只要不同语言之间对应词有完整的、成系统的对应关系,不管其音值相同、相近或相远,都可以构成亲属语。论证汉语和其他汉藏语是否同源和构拟上古音尽管有联系,但毕竟是两回事。即使汉语跟其他汉藏语同源,也不能主观要求汉语上古的词跟其他汉藏语音同或音近。上古音的构拟主要应从反映上古音的内证材料出发得出上古具体词的语音构拟形式,拿来跟其他语言进行比较,如果有严整而成系统的对应关系,即使语音形式相同或相近也是可以的。但是,还没有开始构拟上古音,却要求上古的词跟亲属语的后代或所构拟的未定时代的语音音系相同或相近,以此来指导或检验上古音构拟,则既不合理论,又不合事实。

由于潘书主观上要求上古音构拟要"与亲属语同源词"的后代或所构拟的未定时代的语音形式"贴切",如果坚持上古汉语一个韵部只有一个主元音的构拟原则,那么就有大量的"同源词"语音对不上;如果一个韵部多拟几个主元音,"同源词"语音上能对上的可能性就大多了。因此,潘书采用的古音系统还考虑到多确定汉藏同源词的问题。例如把歌月祭元各分为三部,每一部主元音分别为 a、e、o,以便满足跟藏文主元音为 a、e、o 的"同源词"的语音"贴切";把侵部分为主元音 ɯ、u、i 这三部,以便满足跟藏文主元音为 ɯ、u、i 的"同源词"的语音"贴切",等等。前文已证,上古汉语跟7至9世纪藏语的同源词不可能那样语音"贴切",所以潘书按藏文同源词的语音来构拟上古主元音是不妥当的。韵尾方面也这样:潘书为了跟藏语同源词语音对得上,把脂质真各分为二部,第265页:"六元音系统把支、锡、耕拟作 *-e、*-ek、*-eŋ,而把脂$_2$、质$_2$、真$_2$拟作 *-i、*-ik、*-iŋ,与藏文的对应关系更加贴切。"从脂质真析出一类 *-i、*-ik、*-iŋ 韵部,就可以和藏文为 *-i、*-ig、*-iŋ 的"同源词"相"贴切"了,"涕"可以对 mtɕhi 泪,"窒"可以对 dig 口吃,"甸"可以对 gliŋ 大陆,地区,等等,完全是主观的东西。

潘书接受了去声上古为-s尾、上声上古为-ʔ尾(也可以是紧喉特征)的说法。一方面,潘书的处理是自相矛盾的。乙类韵部中,不同韵尾分属不同韵部,但甲

---

① 霍凯特:《现代语言学教程》,索振羽、叶蜚声译,北京:北京大学出版社1986年版,第214页。

类韵部却不这样做,前后不一。为了辅证去声上古为-s尾的观点,潘书举了汉语去声与藏语-s尾对应的例子,但有的例子不当,"纪"对 sgrigs 秩序,法律,但"纪"是上声字,今读去声是读音例外;"亟"对 mgjogs 迅速,但"亟"读去声义为"屡次",读入声义为"急速"。有的前后不一,第 156 页"雾"对 rmugs,但第 209 页对 rmu;第 156 页"候"对 sgugs,但第 209 页对 sgug。据潘书提供的例证,藏文-s尾实可以对汉语去声外的很多字,例如 pags 皮对"肤",rdugs 击对"捣",lugs 道理,规矩对"道",gshoŋs 深谷对"谷",fibroŋs 随从,服侍对"奉",gtugs 触对"触",等等,例外多得惊人。另一方面,大量的汉语去声字并不跟藏文的-s 对应,例如"统"对 gduŋ 血统,喻对 lo 解释,说明,"候"对 sgug 等候(第 156 页又作 sgugs),"寇"对 rku 盗窃,"痛"对 gduŋ 痛苦,"颂"对 sgruŋ 故事,传奇等,例外同样多得惊人。为了辅证上声上古为-q、-ʔ或紧喉特征的观点,潘书举了汉语上声与藏文-g对应的例子。在证明汉语上声字对应于藏文-g 时,"友"对 grog 朋友,但第 213 页"友"却对 grogs 友谊,朋友;"许"对 sŋag 赞扬,但第 328 页"许"却对 sŋags 赞美,赞扬,前后不一。据潘书提供的证据,藏文的-g尾可以对汉语上声之外的很多字,例如 ldug、lug 对"铸",dug 毒对"毒",drug 六对"六",fibrug 龙对"龙",gdeg 支持,支起对"支",klog 皮袄对"裘",smag 黑暗对"黑",rtsig 对砌,等等,例外比"例内"多得多。而且,大量的汉语上声字并不跟藏文-g 对应,例如"死"对 ɕi,"礼"对 sri 尊敬,顺从,"迩"对 njer 近,"遣"对 skjel 寄送,"产"对 skjed 生殖,产生,"苦"对 kha 味苦,"父"对 pha,"社"对 ja 土地神,"汝"对 naŋ 你,"五"对 lŋa 五,例外远远多于"例内"。薛才德先生《汉语藏语同源字研究——语义比较法的证明》一文论证,"藏语-s尾字可以跟汉语去声字对应,也可以跟汉语非去声字对应。汉语去声字可以跟藏语-s尾字对应,也可以跟藏语非-s尾字对应。由此可见,汉语去声来自-s尾的假说值得怀疑";"汉语上声字可以跟藏语-g尾字对应,也可以跟藏语-s尾字对应,还可以跟藏语其他韵尾字对应。藏语-g尾字可以跟汉语上声字对应,也可以跟汉语平声字、去声字、入声字对应。可见,汉语上声字源于韵尾的假说同样值得怀疑"[①]。

声母方面,潘书仿照汉藏语其他语言的材料给上古汉语"同源词"拟音的情况也很多。大量的字,潘书不是据汉语的内证构拟出声母,而是据藏文给上古汉语定声母。例如,潘书把中古的定母和透母根据谐声关系分为两大类,"一类与

[①] 薛才德:《汉语藏语同源字研究——语义比较法的证明》,上海:上海大学出版社 2001 年版,第 146、149 页。

端、知母谐声,一类不与端、知母谐声,但是大量地与以母谐声",后一类谐声现象,定母要拟为 l-,"一二四等的 l-变作了定母 d-,三等的 l-变作了以母 j-"(272页)。我们前文已证,把中古定透二母分成两类缺乏可靠依据,不成立。现在假定它是成立的,那么这部分谐声字潘书上古音是否拟成 l-呢? 不一定,因为潘书还要依藏语来拟音。从"易"得声的以母、定母依潘书所定原则,当拟为 l-,透母当拟为 l-,澄母当拟为 rl-,"俞、由、余、攸、台、也、卖"也是这样。但是这个原则跟潘书所定的跟亲属语同源词语音相贴切的原则打架,得根据亲属语同源词的语音形式来拟上古音,"读"拟作 *g·lok,藏文 klog 读;"肠"拟作 *grlaŋ,全州瑶语 klaŋ² 肠,藏文 gzaŋ 肛门,百叶肚,标敏瑶语 klaŋ² 肠子。

有时候,光藏语还不行,得结合其他汉藏语来拟音。例如"田",藏语作"田猎"讲读 liŋs,没有次要音节,作"田,地"讲读 ziŋ,可解释为来自 *ljiŋ,也没有次要音节;但是览金瑶语读 giːŋ² 田,三江瑶语读 liaŋ 田。上古汉语应是最古老的,这些语言或方言的"田"应该跟汉语的"田"同源,于是上古汉语的"田"拟作 *g·liŋ。"担",光从汉语得不出上古音 *k·lam,但是克木语 klam 肩负,景颇语 khap⁵⁵ 担子;"鼎",光从上古汉语材料得不出 *k·leŋ,但是原始台语为 *glianŋ。我们要问,即使汉语和其他汉藏语同源,难道汉语上古音也要比照其他汉藏语同源词的语音形式来拟吗? 我们认为,先入为主地要求汉语上古音的构拟跟亲属语同源词的语音形式相贴切,这是错误的主张,是缺乏历史观和系统观的。更何况那些"同源词"是否同源词还缺乏科学论证呢?

郭锡良先生《音韵问题答梅祖麟》一文批评这些年来某些研究汉藏语同源词的文章存在着"三隔":音隔、义隔、类隔,是很有道理的。潘书采用的一些同源词也明显存在着"三隔",郭先生文章中有所批评。汉语音节由声母、韵母和声调构成,韵母由介音、主元音和韵尾构成。这里只就韵母的主元音来说,潘书确定上古各韵部跟藏文主元音有如下一些对应:鱼铎阳:a(190—191 页);幽觉冬:u(206—207 页);侯屋东:o,u(208—209 页);支锡耕:e,(i)(211 页);之职蒸:o,a,i,e(213—214 页);歌月元:a,e,o(223 页,224—225 页,231 页);微物文:u(231—232 页);脂质真:i(217 页)。

首先,为什么藏文 a 既对汉语的鱼铎阳,又对之职蒸;藏文的 u 既对幽觉冬,又对侯屋东;藏文的 e 既对支锡耕,又对之职蒸;藏文的 o 既对侯屋东,又对之职蒸;藏文的 i 既对支锡耕,又对之职蒸和脂质真? 从汉语这方面来说,侯屋东对藏文 o、u,支锡耕对 e、i,之职蒸对 o、a、i、e,歌月元对藏文 a、e、o,这些犬牙交错的对应关系,有什么语音条件,潘书没有做任何交代。我们要问:潘书所列同源词有严整、成系统的语音对应吗?事实上,潘书自己都承认汉藏同源词语音对应并不那么严格(210页,268页,276页)。其次,即使是上述对应,潘书就已有相当多的"同源词"逸出其对应的范围。丙类韵部不必说了,甲类韵部:鱼部,像"于芌羽"对o;幽觉冬,像"首韭造综觉"对o;之部,像"子"对u;乙类韵部:微物文,像"胃"对o,等等。再联系声母和韵母来分析,潘书在确定汉藏同源词时未免随心所欲,因此这些语音对应谈不上什么规律。例如第320页说,藏文作"首领,最初,第一,源头"讲的figo跟汉语"元""源"同源,第208页又说这个figo跟汉语"后"同源,难道汉语"后、源、元"同源吗?第231页说藏语作"猫头鹰"讲的fiol跟汉语"萑"同源,第320页又说汉语"萑"跟藏文作"鹰,雕"讲的go-bo同源,这些都没有说服力。

潘书试图从汉藏语的角度证明上古汉语由a、e、ɯ、i、u、o这六个元音组成元音系统。潘书把原始侗台语、苗瑶语、藏缅语都解释为基本上都是上述六元音系统,由此推论上古汉语也是这个六元音系统。潘说:"在比较古老的语言中,往往是元音系统比较简单,辅音系统比较复杂。"(250页)元音系统实指元音音位系统;本来,说"元音系统比较简单",是相对辅音系统来说的,而不是就古今元音数目的多寡来说的。其实,就我们接触到的语言材料看,不同的语言,无论古今,都是元音系统比较简单,辅音系统比较复杂①,不知潘书何以列为"比较古老的语言"的特点?从这一虚假前提出发,潘书把从由元音和辅音对立得出的元音数目少这一结论偷换到上古元音系统简单后代元音系统复杂这一结论上去。另外,早期古音学家拟出元音数目那么多,最关键的问题是不能科学地解释反映上古音的材料;为了解决这一问题,王力、李方桂简化元音数目。这跟古老的语言元音数目比不古老的语言少这一虚假规律不相干;严格地说,"在比较古老的语言中,往往是元音系统比较简单"这个命题是无稽之谈。潘说:"拉萨话的口元音有10个……但是在藏文中只有5个元音,如果加上'反i'ɿ也不过6个。"(250页)我们上面已经论证,构拟上古汉语音系不能要求和亲属语言的后代音系相接近,所以据其他汉藏语中比较"古老"的语言有a、e、ɯ、i、u、o这六个元音,就推论上古汉语也有这六个元音,不合逻辑。

---

① 傅爱兰《再论怒语(怒苏)的中介语性质》:"从语音上看,在声韵母的比例上,怒语声韵比例相当,是50:52,而彝语支、缅语支语言中,绝大多数比例差别较大,彝语支语言一般声多韵少,缅语支语言一般声少韵多。"载《语言研究》1993年第2期第164页。但傅爱兰的韵指韵母,不指元音音位。

潘书是怎样知道比较"古老"的语言是这个六元音系统呢？那也是凭主观猜想。从理论上说，即使汉藏同源，从原始汉藏语分化不久的原始侗台语、苗瑶语、藏缅语，其古音构拟很难得到一个基本可信的结论。由于史料匮乏，各种构拟不免"死无对证"。用这三语族的构拟形式去证明上古汉语也有六个元音，一是缺乏历史观，违背历史语言学的原则；二是以未知求未知，不合科学研究的原则。更何况这三个语族都有人作过构拟，他们构拟的元音系统跟潘书猜想的六元音系统还相差甚远呢！一般认为，古藏语只有 a、i、u、e、o 五个单元音，比潘书少一个 ɯ。潘书在没有任何过硬证据的情况下不惜把古藏语曲解为六元音系统。吐蕃文献中的"反 i"是否一个独立的音位？原先看法不一，但是后来学者已经论定它并非古藏语的固有音位①。潘书第 255 页叙述了反 i 音位研究的历史，把否定反 i 是一个固有音位的观点摆在前面作靶子，把持反 i 是一个独立音位的 Miller 的观点摆在后面，给人一种错觉，Miller 已驳倒前说，前说认为反 i 最初是为转写梵文设计的，并非藏文固有的元音，潘书改造的"常用来对译梵文中的舌尖元音，所以有人认为它只是专为梵文的转写而设计"；前说明明指出反 i 标写藏语固有词时十分混乱，"正、反 i"完全可以互相通用，潘书改造为"但是，在古藏文中它并不专用来转写梵文"。由此生发开去的反 i"可能的音就是 ɯ"的观点自然成了空中楼阁。缅文时代有七个主元音：a、i、u、e、ɛ、ɯ、ɔ，潘书为凑成六元音，认为 ɛ 由 aj 变来，"所以更早时期的缅甸语中元音是 a、e、i、ɯ、u、ɔ 6 个"。这跟龚煌城的结论很不相同，龚先生说："古藏语有五个元音，古缅甸语只有三个。"②

总之，潘书并没有真正从汉藏语的角度证明上古汉语为 a、e、ɯ、i、u、o 六元音，对材料的分析、论证方法的运用都有致命的弱点。汉藏语中很多语言不是潘书所说六元音系统，于是视为后起；如果符合潘书所说六元音系统，则视为存古，Crothers 所说 a、e、ɯ、i、u、o 占第二位是就现今部分语言来说的，汉藏语中例外比例内还多，潘书却认为 Crothers 的这个六元音系统合于古，不合于今，也就等于否定了 Crothers 的见解。

潘书说"藏文有次要音节"，这个音韵特点要"在汉语上古音的构拟中得到反映"(140 页)。这也不是什么新观点。例如包拟古在《原始汉语和汉藏语》中说"Pulleyblank(1961[2]：115-119)讨论过一种很不相同的带-l-形式，后来他拟

---

① 参看马学良主编：《汉藏语概论》，北京：民族出版社 2003 年版，第 153 页。
② 见龚煌城：《汉藏语研究论文集·自序》，载《语言暨语言学》专刊丙种之二(下)，台北"中研院"语言学研究所(筹备处)，2002 年。

作带ð的复辅音,即现在带-l-的复辅音。不过他在最近出版的著作中并没有提到这个问题,也许已经把这个假设放弃了"(129页)。包拟古设想有*k-l->t-、*g-l->d-、*g-r->l-、*b-r->l-、*d-r->l-之类的构拟形式,以便跟*kl-、*kr-等普通复辅音区别开(129—134页)。沙加尔1999年发表《上古汉语词根》(*The Roots of Old Chinese*)提出次要音节的观点。次要音节观点认为,上古汉语中一个字可以读成一个以上的音节,其中第一个音节是次要音节,第二个音节是主要音节。次要音节的观点是不能成立的。一个汉字基本上代表一个音节,这基本上成了共识。章炳麟《国故论衡》上卷《一字重音说》认为汉字一般一字代表一个音节:"中夏文字率一字一音,亦有一字二音者,此轶出常轨者也。"(20页)唐兰《中国文字学·文字的发生》说:"中国的文字,一个字只代表一个音节……'字'是书写一个字,但碰上双音节语或三音节语,就必须写两个或三个字。"(25页)赵元任、李方桂都指出汉字是单音节的,见丁邦新《上古汉语的构词问题——评Laurent Sagart:The Roots of Old Chinese》一文所引,丁先生在这篇论文中,通过上古汉语的内证材料,有力地批判了"次要"音节的荒谬处,非常值得重视(1—11页)。潘书比照汉藏语、汉语方言、汉语上古的一些语料,没有必然推出上古汉语有次要音节的结论。限于篇幅,这里不详细讨论。以上古汉语有次要音节为前提所构拟出的上古音,难以接受事实的检验。

总之,汉语上古音系的构拟不能要求和汉藏诸语言的后代实际音系或已构拟出的未定时代的音系相接近,不能要求和汉藏诸语言同源词的后代或已构拟出的未定时代的读音形式相同或相近,要求和亲属语言的后代实际音系或已构拟出的未定时代的音系相接近,要求和汉藏诸语言同源词的后代或已构拟出的未定时代的读音形式相同或相近,这在语言学上找不到根据,违背了科学的历史观和系统观。如果先主观要求它们接近,套用汉藏诸语言的语音音系去构拟与之相近或相同的汉语的上古音,那么这种上古音系是不可信的。

六、结语

上古音指周秦两汉时期的汉语语音系统,主要指《诗经》时代的音系。在我国,关于上古音的构拟,目前影响较大的有高本汉、董同龢、陆志韦、王力、李方桂几家的系统。笔者认为,检验上古音构拟优劣的标准可以概括为:(一)构拟的音系能否系统地、历史地解释各种反映上古音的直接材料;(二)能否系统地、历史地解释上古音到中古音的发展变化;(三)构拟的音系是否自成一个系统,是否合理。从语言类型学的角度检验上古音构拟,是一种可行的方法,但只能作为旁证。

潘悟云先生《汉语历史音韵学·上古篇》和《上古汉语元音系统构拟述评》中提出了检验上古元音构拟系统优劣的五条标准(见本文"导言")。对于这五条标准,笔者有同意的地方,也有不同意的地方。关于(四),笔者基本上同意,但笔者认为潘说有两点不足,一是这条标准应该是首要标准,潘书却摆在第四位;二是反映上古音的材料有韵文、联绵词、异文等,潘书不提及,很不应该。关于(一),笔者也基本上同意,但只能作为旁证,不能作为主要证据,潘书摆在首位,未免颠倒主次。关于(三),笔者认为空档能不能填,要看是否有其他坚实的证据;如果主观上要求把空档填得满满的,那么这种主张是错误的。关于(二)和(五),笔者认为根本上不能成立。

《汉语历史音韵学·上古篇》对各家的上古音系统作了一些述评,对一些学者利用汉藏语材料作出的上古音构拟作了过分的肯定,对利用汉语内证材料作出的古音构拟否定得较多,同时又加进了作者个人的一些看法,严格地说,"上古篇"部分还够不上一个系统。由于对直接反映上古音的文献材料注意得很不够,忽视了历史观和系统观,因此潘书所采用的某些构拟系统以及潘书自己提出的某些看法,很难通过汉语内证材料的检验。笔者认为,今后的上古音研究应该批判继承已有的研究成果,把历史文献的考证和语言学理论结合起来,致力于规律的探讨,从规律的探讨中揭示古音系统。

参考文献

白一平,1997.汉语上古音*-u 和*-iw 在《诗经》中的反映[G]//冯蒸,译.冯蒸,著.汉语音韵学论文集.北京:首都师范大学出版社.

包拟古,1995.原始汉语与汉藏语[M].潘悟云,冯蒸,译.北京:中华书局.

北京大学中国语言文学系语言学教研室,1995.汉语方音字汇[M].第二版.北京:语文出版社.

北京大学中国语言文学系语言学教研室,2003.汉语方音字汇[M].第二版重排本.北京:语文出版社.

丁邦新,1998.论上古中带l的复声母[G]//赵秉璇,竺家宁,编.古汉语复声母论文集.北京：北京语言大学出版社.

丁邦新,1998.汉语声调源于韵尾说之检讨[M]//丁邦新语言学论文集.北京：商务印书馆.

丁邦新,2002.上古汉语的构词问题——评 Laurent Sagart：The Roots of Old Chinese[J].语言学论丛,第 26 辑.北京：商务印书馆.

董同龢,1948.上古音韵表稿[G]."中研院"历史语言研究所集刊：第 18 本.北京：商务印书馆.

段玉裁,1981.六书音均表[M].上海：上海古籍出版社.

段玉裁,1981.说文解字注[M].上海：上海古籍出版社.

高本汉,1987.中上古汉语音韵纲要[M].聂鸿音,译.济南：齐鲁书社.

耿振生,2003.论谐声原则——兼评潘悟云教授的"形态相关"说[J].语言科学,(5).

顾炎武,1982.音学五书[M].影印观稼楼本.北京：中华书局.

郭锡良,1986.汉字古音手册[M].北京：北京大学出版社.

郭锡良,2002.历史音韵学研究中的几个问题[J].古汉语研究,(3).

郭锡良,2003.音韵问题答梅祖麟[J].古汉语研究,(3).

何九盈,2002.上古元音构拟问题[G]//纪念王力先生百年诞辰学术论文集.北京：商务印书馆.

李方桂,1980.上古音研究[M].北京：商务印书馆.

梁敏,张均如,1996.侗台语族概论[M].北京：中国社会科学出版社.

鲁国尧,2003.论"历史文献考证法"与"历史比较法"的结合——兼议汉语研究中的"犬马鬼魅法则"[J].古汉语研究,(1).

罗曼·雅柯布森,2001.类型学研究及其对历史比较语言学的贡献[G]//雅柯布森文集.长沙：湖南教育出版社.

梅耶,1992.历史语言学中的比较方法[M]//岑麟祥,译.国外语言学论文选译.北京：语文出版社.

潘悟云,2000.汉语历史音韵学[M].上海：上海教育出版社.

裘锡圭,1988.文字学概要[M].北京：商务印书馆.

孙玉文,2002.先秦联绵词的声调研究[M]//语言学论丛,第 26 辑.北京：商务印书馆.

孙玉文,2002.汉语历史音韵学·上古篇指误[J].古汉语研究,(4).

孙玉文,2003.先秦联绵词的语音研究[M]//刘丽文,赵雪,主编.古代语言现象探索.北京:北京广播学院出版社.

索绪尔,1985.普通语言学教程[M].高名凯,译.北京:商务印书馆.

唐兰,2001.中国文字学[M].上海:上海古籍出版社.

唐作藩,2003.王力先生的"谐声说"[M]//语言学论丛,第28辑.北京:商务印书馆.

王福堂,1999.汉语方言语音的演变和层次[M].北京:语文出版社.

王力,1980.汉语史稿[M].修订本.北京:中华书局.

王力,1982.同源字典[M].北京:商务印书馆.

王力,2000.古韵脂微质物月五部的分野,上古汉语入声和阴声的分野及其收音,上古韵母系统研究,先秦古韵拟测问题[G]//王力语言学论文集.北京:商务印书馆.

王力,2000.诗经韵读[M].上海:上海古籍出版社.

俞敏,1999.俞敏语言学论文集[M].北京:商务印书馆.

章炳麟,1996.国故论衡[M]//中国现代学术经典:章太炎卷.石家庄:河北教育出版社.

 复盘与导读

在20世纪后半叶和21世纪初的国际汉语语音史研究领域,关于上古音构拟的学术方向、学术道路和研究方法等方面出现了一些不正确的观点,影响波及整个中国语言学研究。孙玉文先生的《上古音构拟的检验标准问题》讨论上古音构拟的检验标准问题,对一些不可靠的构拟作了批驳,澄清了错误认识,产生了广泛的学术影响。本文2005年发表于《语言学论丛》第三十一辑,后收入《音韵学方法论讨论集》(2009)和《上古音丛论》(2015)。

文章共分六个小节。第一小节首先阐述了此文的写作背景和意义,指出"如何历史地科学地评价各种构拟的优劣,既关系到正确地对待传统的问题,又关系到学风建设和今后的学术方向问题,不可不认真对待"。文章论证,上古音构拟应以"(一)构拟的音系能否系统地、历史地解释各种反映上古音的直接材料;(二)能否系统地、历史地解释上古音到中古音的发展演变;(三)是否自成一个音系,是否合理"作为检验标准。"从语言类型学的角度检验上古音构拟是一个很好的尝试,但只能作为旁证"。潘悟云先生提出的五条标准,则有的需要修正,有的不能成立,存在比较多的问题。

第二小节是"上古音构拟必须解释清楚各种反映上古音的内证材料及上古音到中古音的发展演变",从理论和实践上进一步证明了韵文、谐声、联绵词等反映上古音的内证材料的重要性,并据此检验了潘悟云《汉语历史音韵学·上古篇》中的构拟,指出其构拟经不起内证材料的检验。此外,作者也指出了方言证古的复杂性和译音材料的局限性。

第三小节讨论内部拟测法的问题,论证"古音构拟中可以填空档,但是必须以可靠的语言事实为基础。如果主观上认为必须把上古声母、韵母的空档填得一个不剩,再去剪裁事实,则必然歪曲事实"。本节着重论述了某些学者采用的上古六元音系统的不合理性。作者多方面推论,"这个古韵系统最大的问题是不符合上古音的事实,分部是主观猜想的产物,导致不能自圆其说"。

第四小节讨论类型学证据的问题,证明可以从语言类型学的角度构拟古音或检验古音构拟的优劣,但这只能作旁证,语言内部的证据仍然是最重要的。

第五小节是"上古音的构拟不能主观要求和亲属语言的语音音系相接近"。本节首先论证汉藏同源还处在假说阶段,因为汉藏语比较还没有找到严格的对应关系。然后从历史语言学的理论出发,对构拟的上古音应该与亲属语言的实际音系接近、应该与亲属语同源词的语音贴切这样的错误认识作了批驳。作者在文中引用霍凯特的话说:"在探寻真正的同源词时,算数的并不是严密的语音相似,而是对应的规则性。"

第六小节是结语,总结了全文的内容。

本文在论文写作上可供借鉴的地方有以下几点。第一,对其他学者观点的批驳建立在细致可靠的材料分析的基础之上,有理有据。比如第二节在论述定透二母不能分拆时,对谐声关系进行了仔细的考察。第三节在论述真部不能分拆时,对真、耕、侵、蒸等部的押韵情况进行了分析。第二,行文逻辑严密。比如第五节在讨论上古音构拟是否要跟亲属语言的语音音系相近时,指出"满足下列三种条件中的任何一种,才能达到这样的要求:(一)上古汉语和亲属语言分化不久,并且已知分化不久的亲属语言的音系;(二)上古汉语和亲属语言分化已久,但二者语音基本不变;(三)上古汉语和亲属语言分化已久,但二者的语音变化基本相同。"这三条都不能成立,所以上古音构拟不应要求跟亲属语言的语音音系相近。第三,批驳对方观点时,注意扣住对方的不一致或自相矛盾之处。比如在第二节中作者指出,"潘书用到的译音材料本身就跟他的结论矛盾","潘书接受的这种观点和他书中的一些音译材料也是严重抵牾的"。在第五节中作者指出潘书"第 231 页说藏语作'猫头鹰'讲的 ɦol 跟汉语'雈'同源,第 320 页又说汉语'雈'跟藏文作'鹰,雕'讲的 go-bo 同源,这些都没有说服力"。第四,有破有立。文章论证用某些标准来检验上古音的构拟是有问题的,同时也论证了上古音构拟正确的检验标准是什么。

刘翔宇

北京大学 2017 级博士生

从观念出发与从材料出发的汉字阐释*
——以"也"及其所构成的文字为例

李守奎**

摘要：汉字阐释是对已释字的形音义、构形理据、历史演变、字际关系、文化内涵等不同层次的全面描写和解释。《说文解字》是汉字阐释的开山之作,一直到清末,积累了大量的研究成果,占据汉字研究的主流地位。随着现代学术范式的确立与古文字学等学科的兴起,汉字阐释逐渐远离学术研究,其重要原因之一是汉字阐释从一开始就存在着从材料出发的学术研究与从观念出发的思想表达两种阐释方法或道路的纠缠,直到今天也没有建立起可操作的研究方法与表达形式。本文通过"也"及其所构成的"它""地"等字,进行阐释学术史的梳理,解释文字学低级错误背后的深层文化背景,确定现有材料下"也"字阐释的路径与可能的深度。汉字文字学的阐释与文化学的阐释并不是对立的,是不同层次的深入探讨。汉字阐释的基本原则是:从材料出发甄别字料,全面占有,充分理解,准确应用;从文字记录的语言事实出发,背离文字记录语言事实的阐释与文字学无关;坚守历史性原则,在客观描写的基础上进行合理解释。

关键词：汉字阐释；观念；材料；"也"字的阐释

一、汉字阐释与阐释的两条路径

汉字是古典表意文字唯一传承至今的文字体系,它不仅是记录语言的符号,

---

* 原载《吉林大学社会科学学报》2021年第6期。中国人民大学复印报刊资料《语言文字学》2022年第2期全文转载；《高等学校文科学术文摘》摘编。国家语委"十三五"科研规划重点项目：汉字阐释的理论构建与汉字文化的普及(项目号：ZDI135-88)；国家社科基金重大项目：楚文字综合整理与楚文字学的构建(批准号：18ZDA304)。本书收录时略有改动。

** 李守奎(1962—),清华大学教授,博士生导师,教育部"长江学者"特聘教授(2017—2022年)。

还具有更多的功能，对于文化传承、民族形成、国家统一发挥着重大作用，是中华文化的核心质素之一。汉字构形复杂，文化内涵丰富，可以从构形、文化等多个方面进行阐释。汉字阐释是汉字研究的一个重要方面，与识字应用、疑难字考释有所不同。

文字是记录语言的符号，这是所有文字的共性，文字之所以是文字，就是因为它能够记录语言，汉字也不例外。准确把握字形结构与字形所记录语言的音义，准确理解、正确使用是识字教学的核心内容和首要目标。《新华字典》是为了识字编纂的工具书，对每个字的形、音、义都有明确、规范的表述。比如"流"字下注音之后，依次列出六个义项：液体流动；像水那样流动；流动的液体、气体等；趋向坏的方面；品类；旧时的一种刑罚，把人送到荒远的地方去，充军[①]。每个义项后有词例，这就为识字教学提供了依据。掌握了形、音、义等，就能够正确应用汉字。不识字或识错了字的前提下进一步阐释汉字、探讨汉字文化就是妄谈臆说。

汉字阐释是对已识字的构形理据、历史演变、字际关系、文化内涵等不同角度的全面描写和解释。汉字研究的开山之作《说文解字》就是系统阐释汉字的经典。比如对"流"字的阐释：

𣻣水行也。从㱙㐬。㐬，突忽也。流，篆文从水。[②]

对于文字应用来说，"𣻣"是早已废弃的古文字，篆文"流"才是当时的通用文字。构形中的"㱙""㐬"并不见于当时实际应用。用三个非常生僻的字解释一个十分常用的"流"字，对于文字的识读来说，得不偿失。创作《说文》的目的不在于识字教学，文字应用，而是学术研究，探讨字形与所记录的音义之间的关系——构形理据及其历史演变等，这正是汉字阐释的核心内容。

从构形的阐释来说，"从㱙㐬"为什么就是"水行也"的"𣻣"？许慎说不清，我们也很难懂。汉字阐释从一开始这样的问题就比比皆是，后人在此基础上进行了大量的研究，积累了大量的成果，例如《说文解字诂林》《说文解字研究文献集成》之类的皇皇巨著。

对于历史悠久的汉字来说，出土文献中还有未能释读的疑难字。疑难字的

[①] 中国社会科学院语言研究所编修：《新华字典》（第12版），北京：商务印书馆2020年版，第307页。

[②] 许慎：《说文解字》，北京：中华书局1963年版，第239页。下引大徐本《说文》都出自此书，不悉注。

识读直接关系到文本的解读,是历史文献学的基础。疑难字考释的核心是这些文字所记录的音义。例如有一方古玺(《古玺汇编》0212):

《古玺汇编》原释文为"□飤之玺",第一字是不识字①。随着楚简材料的发现和公布,刘钊等学者在李零把《古玺汇编》中" "(《古玺汇编》3200)" "(《古玺汇编》3201)等字释为"流"的基础上②,又进一步考定《古玺汇编》0212中的" "亦即"流"字,其右侧的" "当为"毓"字所从"充"的讹变③:

 (合37844"毓"字所从)——

倒过来的"子"的双臂躯体与头部分离,讹变成"虫"和" "两部分,为了结构上下匀称,像水等液体的点也类化成了"虫"。至此,楚玺中的"流"得以确认。其后上博简、清华简等材料进一步证实这个字释读正确。

楚玺中"流"字的结构及其演变过程虽然得到确认,但流字的构形理据与"流飤"中"流"所记录的语言的意义还没有彻底解决,还没有做到理想的"完全释字"。古文字学研究方法是强调实证,目标是解决文献识读中的具体问题,汉字的构形阐释只是其文字考释的一个方面。疑难字考释分为多个层次,粗略地可以分为四层:第一层,字形结构及其来源与演变的路径;第二层,文字所记录的音义;第三层,构形阐释;第四层,字际关系。一般来说解决了第一二层就算把疑难字变为可识字了,后面两层都解决了就是完全释字。汉字的文化阐释是在完全释字基础上的超越文字记录语言关系的跨学科研究。

汉字阐释从其萌芽开始,其目的就不在于单纯地研究文字,而是表达思

---

① 罗福颐:《古玺汇编》,北京:文物出版社1994年版,第36页。
② 李零:《古玺杂识(二则)》,第三届国际中国古文字学研讨会论文,1997年10月。
③ 刘钊:《读郭店楚简字词札记》,《郭店楚简国际学术研讨会论文汇编》第一册,1999年10月;又见于《郭店楚简国际学术研讨会论文集》,武汉:湖北人民出版社2000年版,第75—93页。

想。目前所知最早的汉字分析是《左传·宣公十二年》记载楚庄王所说的"止戈为武",就是通过文字阐释表达其军事思想。《说文解字》是第一部系统阐释汉字的文字学著作,奠定了汉字研究的基础,但其中很多文字的阐释受"传统"影响,有时为了通过汉字阐释表达经学思想,脱离了汉字构形与汉字应用的实际。

汉字阐释成为汉字研究的传统,从南唐《说文解字系传》、宋代《六书略》、元代《六书故》,到清代《说文》四大家为代表的汉字研究,使得汉字阐释达到了高峰。

汉字阐释昌盛了近两千年,今天为什么突然就衰落了?有外因也有内因。

汉字研究的实用主义排斥与汉字应用没有直接关系的汉字阐释。大众文化首先需要大众识字,识字应用成为时代的急需。汉字应用研究关注的焦点是表层结构的简单和书写便利,深层阐释被进一步忽略。

文字学内部发生了分化。商代甲骨文、西周金文、战国竹简等新材料的大量涌现刺激了古文字学的发展,古文字不再是《说文》之补,更多的是对《说文》阐释的否定。以六书为理论,以小篆为主要材料的汉字阐释存在诸多弊端。唐兰、马叙伦等学者对六书理论进行了抨击,对汉字阐释的传统予以否定。新的汉字理论逐渐产生,但还没能充分应用在汉字阐释上。

20世纪80年代开始,学者对汉字重新反思,"汉字文化热"兴起,开始建设汉字文化学,汉字阐释的焦点对准了汉字文化,产生了一批有一定影响的理论探讨。

从20世纪90年代开始,黄德宽等学者就开始倡导汉字阐释与汉字阐释学。他们发表、出版了一系列文章和论著,论及汉字阐释的一些基本原则、阐释模式等核心问题,建构阐释理论,强调《说文》的传统,强调汉字中的文化[①],是新时代汉字阐释的开创者。

我个人认为,汉字阐释是对每一个汉字全方位的研究,是沟通古今的枢纽,是应用研究与学术探索的桥梁,是汉字学赖以存在的基础。汉字阐释这块阵地目前固然算不得前沿,但终究会成为贯通古今的汉字学的主要内容,需要我们反

---

① 参看黄德宽、常森:《汉字阐释与文化传统》《学术界》,1995年第1期。黄德宽、常森:《历史性:汉字阐释的原则》,《人文杂志》1996年第2期。黄德宽:《回归传统与学术创新——"汉字阐释学"论略》,《古汉语研究》2011年第2期。黄德宽、常森:《汉字阐释与文化传统》,北京:北京师范大学出版社2014年版。

思,需要一步一个脚印地推进和建设。

汉字研究的开端就存在着从观念出发阐释文字以表达思想与从材料出发描写现象以阐释文字两条道路,这两条根本不同的道路纠缠在一起不断延伸,既取得了丰硕的成果,又遗患无穷。我们首先需要对从观念出发的汉字阐释有清醒的认识。

从观念出发的汉字阐释包含两层意思:

第一,通过汉字阐释表达自己的观念,是主观上的故意。《左传·宣公十二年》记载楚庄王的"止戈为武"、《韩非子》"自环者为厶,背厶为公"等都是这种阐释的滥觞。汉字学的开端就是从观念入手阐释汉字,对《说文》以来的汉字学的影响巨大。

第二,受时代和自己观念的制约,观念先入为主。例如《说文》说"示":

示,天垂象,见吉凶,所以示人也。从二。(二,古文上字)三垂,日月星也。观乎天文,以察时变。示,神事也。凡示之属皆从示。(神至切)丌丌古文示。

"天垂象,见吉凶"见于《周易·系辞》。许慎是五经无双的经师,阐释文字受其经学思想制约。《易传》思想先入为主,以此思想解读文字就有了上述的阐释。

《说文》中从观念出发的汉字阐释被发扬光大,导致汉字阐释面临尴尬。追溯错误的根源,建立起方法可行、结论可信的汉字阐释学,拿出更多的汉字阐释的实际成果是我们努力的方向。

传统学术进入现代学术系统都有一个学科化的过程。汉字是实在的存在,汉字阐释不是自我观念的演绎,主要用实证的方法去描写每一个环节,解释每一种现象。从材料出发,有可操作的研究方法,追求可验证的结论,根据新材料随时纠正。汉字阐释是传统汉字学的主体,我们要传承其精华,剔除其糟粕,让汉字阐释进入现代学术和学科体系。

二、千古聚讼的"也"字的阐释

《说文》卷十二乁部凡二字,部首之外另有一个"也"字。

大徐本：

🗚，女阴也。象形。（羊者切）🗚，秦刻石也字。

小徐本与大徐本不尽相同：

🗚，女阴也。象形，乁声。臣锴曰：语之余。凡言也则气出口下而尽。此象气出口而下，敛而尽也。（拽者切）。🗚，秦刻石文。①

南唐徐锴不信《说文》的女阴之说，以时代更早的秦刻石文和所记录的词义为据阐释构形。这是最早挑战许慎的"疑古"之论。自此之后，"也"字阐释分为两路。一路从材料出发，认为《说文》之阐释荒谬，这种认识逐渐成为主流。下面列举几位有代表性学者的观点：

宋末元初戴侗直批"女阴之说甚舛"。最早把金文中读为匜的"它"当作"也"字，认为"也"就是"匜"的象形字：

🗚（弜伯仲姞也。）以支切。沃盥器也，有流以注水，象形。亦作🗚，又作匜。《士丧礼》"匜实于盘中，南流"。《传》曰："奉匜沃盥。"借为词助。羊者切。词助之用多，故正义为所夺而加匚为匜。（篆文"也"与"它"文相近，故多差互。）②

戴侗把《说文》"也"与"匜"合并，对"也"字的形、音、义进行了彻底的改变。此说影响深远，后之学者多有承袭。朱骏声认为"许说此字必有所受，然是俗说，形意俱乖，知非经训。此字当即'匜'字，后人加'匚'耳。"③郭沫若也说也"字乃古文'匜'，象匜之平视形。"④林义光也是从金文"它"字出发，认为"也"是"施"字的本字："古作🗚（归夆敦），象兽尻后着尾形，🗚象尻。"⑤

---

① 徐锴：《说文解字系传》，北京：中华书局1987年版，第246页。
② 戴侗：《六书故》，党怀兴、刘斌点校，北京：中华书局2012年版，第660页。
③ 朱骏声：《说文通训定声》，武汉：武汉古籍书店影印，1983年版，第519页。
④ 郭沫若：《郭沫若全集·考古编·第八卷·两周金文辞大系图录考释（二）》，北京：科学出版社2002年版，第109页。
⑤ 林义光：《文源》(标点本)，上海：上海古籍出版社2017年版，第41页。

此类说法虽然否定了《说文》旧说,利用新材料提出新见,但其研究方法并不比许慎高明,陷入"看图说字"的泥沼。

容庚则认为:"它与也为一字,形状相似,误析为二,后人别构音读。"①"它""也"一字一度成为主流观点。

以上几位学者的共同点是否定了许慎对"也"字的阐释,但又都纠缠于"也"与"匜"、"它"形、义之间的关系,阐释各有不同。

由于古文字中的"也"字的确认,学者终于分辨清楚"也"与"它"之间的关系。黄德宽有专文讨论:

> 由地下出土古文字资料看,春秋到秦汉之际,"也"与"它"之字形分别明显,各成发展系列……"也"与"它"是两个字形来源完全不同,各有其发展线索的字,二者既非同源又非同字。考察以"也"或"它"为偏旁的字例,可以看出,二者相混大都是隶变之后才发生的。②

从材料出发的"也"字阐释,随着材料的丰富和研究方法的进步,否定之否定,终于拨云见日,日臻接近事实。

段玉裁是两条道路上徘徊的学者。他看出了《说文》对"也"字的解释存在问题,但由于其对许慎的崇敬和所见材料的限制,仍然回护许说。另一方面作为一个严谨的学者,又不能背离材料乱说,就把力量用在了文字资料的梳理与字际关系探讨上:

> ᛃ,女侌也。(此篆女阴是本义,假借为语词,本无可疑者,而浅人妄疑之。许在当时必有所受之,不容以少见多怪之心测之也。)从乁,象形,乁亦声。(按:小徐有乁声二字,无从乁二字。依例则当云从乁,故又补三字。从乁者,流也。乁亦声。故其字在十六十七部之间也。余者切。《玉篇》余尔切。)廿,秦刻石也字。(《秦始皇本纪》二世元年,"皇帝曰:金石刻尽始皇帝所为也。今袭号而金石刻辞不称始皇帝,其于久远也,如后嗣为之者,不称成功盛德。"《颜氏家训》载:开皇二年长安掘得秦铁称权,有镌铭,与《史

---

① 容庚编著,张振林、马国权摹补:《金文编》,北京:中华书局1985年版,第876页。
② 黄德宽:《说"也"》,《第三届国际中国古文字学研讨会论文集》,1997年版,第827—828页。

记》合。"其于久远也",也字正作𠃟,俗本讹作世。薛尚功《历代钟鼎款识》载秦权一,秦斤一。文与《家训》大同,而权作𠃟,斤作殹,又知也、殹通用。郑樵谓"秦以殹为也"之证也。殹盖与兮同。兮、也古通。故《毛诗》兮、也二字,他书所称或互易。《石鼓》"汧殹沔沔",汧殹即汧兮。)①

段玉裁虽然回护许慎之说,但他并没有沿着许慎的思路进一步延伸,而是将文献中相关的材料搜罗殆尽。这里主要有四点值得特别关注:
第一,维护《说文》女阴之说,斥责怀疑者徐锴等为"浅人"。
第二,重新分析构形:从乁,象形,乁亦声。认为是象形兼形声。
第三,引证文献与古文字材料证秦篆及其异写。
第四,讨论文献与出土文献中"也""殹""兮"等字之间的关系。
段玉裁没能补充字形与阐释的证据,只是整合大、小徐异说,相信许慎的唯一的理由是"在当时必有所受之"。其驳论有强词夺理之嫌,但在文献引证,字际关系梳理等方面,贡献巨大。

另外一路从观念出发,以许慎之说为起点,并进一步引申,列举数家:
章太炎精于《说文》,博通古书,《文始》论"也"字:

此合体象形也。秦刻石作𠃟,孳乳为地。重浊阴为地,古文地当只作也,犹天本训颠,即古文颠字,引申为苍苍之天。人体莫高于顶,莫下于阴。(足虽在下,然四支本可旁舒,故足不为最下,以阴为极。)故以题号乾坤。②

这是以《说文》为本,深得许慎之心的论断。
杨树达说:

也训女阴,宋元以来学者疑之,盖以其猥亵,此腐儒拘墟不达之见也。吾先民于男女之事,并不讳言。《易·系辞传》曰:"男女构精,万物化生。"又曰:"夫乾,其静也专,其动也直;夫坤,其静也翕,其动也辟。"此所谓乾坤者,非指男女生殖器官言之邪?《礼记·礼运篇》曰:"饮食男女,人之大欲存

---

① 段玉裁:《说文解字注》,北京:中华书局2016年版,第633页。
② 章太炎:《章太炎文集(七)·文始》,上海:上海人民出版社1999年版,第170页。

焉。"古人易子而教,孟子谓"恐其责善则离",而《白虎通·辟雍篇》则谓:"教者当极说阴阳夫妇变化之事,不可父子相教。"知古人于男女之事不惟不讳,且以为教育之一事也。许君记也字之训,其思想与《易·系》《礼运》《白虎通》固一贯也。自宋人喜为矫揉造作、不切实际、不近人情之说,寡妇改嫁,程伊川竟谓"饿死事小,失节事大"。疑许之说始于宋人,非无故也。然韩婴、戴德远在许慎以前,其谓御女为"施",恰是从也之字……也。①

此文博引旁征,深得许慎从观念出发阐释汉字的精髓,表达了反封建的新思想。

在已经分辨清楚"也""它"关系之后,语言学家杨琳撰写专文,讨论"也"有女阴义:

尽管《说文》把"也"字分析为像女阴之形是错误的,但进而否定"也"有女阴之义则未免矫枉过正了。……匜的平视图很像勺子(图1)。……所以古代文化中有用勺子隐喻女阴的现象。②

图1 宝鸡出土的西周叔五父匜(该图片引自杨琳《"也"有女阴义》)

此文专论"也"的女阴义,引证古今中外的材料相当丰富,但立论的基点是认同朱骏声、郭沫若等人的"也"是"匜"的古文说。

总的看来,反对《说文》所依据的材料是秦篆与古文字材料,维护许慎"女阴"说凭借的是对古籍的熟稔,大都闪转腾挪,想象力丰富。大部分的汉字阐释都是

---

① 杨树达:《积微居小学述林·卷一·释攸》,北京:中华书局1983年版,第33页。
② 杨琳:《"也"有女阴义》,《寻根》2012年第3期。

在连"也"字字形与所记录的音义还没有弄清楚的情况下就进入文化阐释。过度强调文化阐释,越位冒进是汉字阐释陷入困境的重要原因。

从古到今,对于"也"字的阐释目不暇接,在几个方面取得一些突破:第一,徐锴的构形分析;第二,段玉裁的文献与语言疏证补充;第三,黄德宽等的"也""它"字际关系的确定。

自春秋战国以来,汉字阐释众说纷纭,大都存在不同程度的问题,令学者无所适从。按照我们目前的认识来说,《说文》对"也"字的阐释肯定是有问题的,错在哪里?这种错误是如何发生的?找到病因才能根除。另一方面,在现今的学术条件下,汉字阐释如何不陷入旧说的纠缠徒耗精力,如何探索新的汉字阐释的方法和表达方式成为当务之急。

三、许慎《说文》对"也"的认识

(一)许慎能够见到的文字材料与《说文》的阐释

许慎能见到或可能见到的"也"字的材料在《说文·叙》中有比较明确的表述。有"秦书八体":大篆、小篆、刻符、虫书、摹印、署书、殳书、隶书。"汉兴有草书"。王莽时期有"六书":"一古文、二奇字、三篆书、四佐书、五缪篆、六鸟虫书。"

许慎生活的时代距离王莽不足百年,战国古文、秦人篆书都能得见,汉人所使用的篆书、隶书、草书等字体更是熟悉。下表1是现今所见出土文献中的"也"字:

表1　出土文献中的"也"字

战国	诅楚文	栾书缶	郭店·老甲16	郭店·六德17	郭店·语丛1·57	郭店·语丛3·37
秦	云梦·日甲·110反	睡简15·103	琅琊刻石	秦诏版	峄山刻石	秦印编243
汉	老子·甲1	春秋事语8	孙膑4	孙膑163	居延简·甲79	东安汉里禺石

这些"也"字大同小异,许慎所见应当不会相去很远。但《说文》中的字形与当时实用的字形相去很远。

《说文》的"也"字写作"㐧",不见于汉代所能见到的文字系统中。这个字形不是秦小篆,也不见于古文,是汉代俗体草写的"小篆化":

也——㐧

汉代草书"也"是在秦文字的基础上,把右出横画收成弧形。《说文》篆文在此基础上把左侧也写成对称的弧形。

"也"是一个常用字,使用频率极高,用法明确。《说文》"也"字的释义没有语言事实的依据,自古及今,"也"从来没有记录过女阴这个意义。"也"字的构形及其理据从文字学上看就是无中生有的杜撰。从部首"乁"到"也"字的释义,都缺少语言学、文字学的证据。

《说文》:乁,流也。从反厂。读若移。凡乁之属皆从乁。"乁"既不见于古文字,也不见于文献古籍,文字系统中是否存在,非常可疑。即使存在,女阴与"乁"的形体也没有什么关系,女阴与"流"的意义也没有关系。在此基础上的构形分析不论是"象形"还是"象形,乁声"都成了无稽之谈。

这似乎是一个十分低级的错误。段玉裁、朱骏声等学者,不论疑与不疑,都认为许慎"必有所受",大家无法接受许慎犯如此低级的错误。不论是从别人那里接受的还是独自创造的,错误就是错误。许慎为什么会犯如此低级的错误?

(二)许慎从观念出发的文化阐释

许慎是个经师,一方面释字的目的是明经,通过释字表达经学思想;另一方面其释字又受其思想观念的支配,有时候就会脱离文字记录语言的现实,迁就自己的思想观念,通过汉字来表述汉代的"文化"。

阴阳数术观念在汉代盛行。许慎以观念阐释汉字,以汉字阐释观念,构成一个自足的系统。当文字事实与观念相左时,选择与自己观念相合的字形,舍弃那些时代更早的小篆,甚至不惜改造"字形",把草书"小篆化"。许慎对"也"字形的取舍与阐释应当是受当时天地观念、阴阳术数思想的影响。

在《说文》中,《易》学的象数,也渗透到汉字的阐释中。"一"是阳,是始,是天。"一,惟初太始,道立于一,造分天地,化成万物"。"天,颠也。至高无上,从一、大"。

"二"则是阴,是地,是配合"一"的。"二,地之数也。从偶一。凡二之属皆从二"。"二"字就像天地相配,天在上,地在下。

"地"由"土"与"也"构成:"地,元气初分,轻清阳为天,重浊阴为地。万物所陈列也。从土也声。**隊**,籀文地从队"。

古代由天地构成的阴阳系统源自男女关系的隐喻。阴阳学盛行之后,阴阳观念几乎笼盖一切:男为阳,女为阴;天为阳,地为阴。《说文》天地相配,天在上,地在下。《易·系传》曰:"男女构精,万物化生。"《礼记》:"天地不合,万物不生。"

阴阳、上下、施化、生育构成的"夫妻——天地"的隐喻结构在人们的认识中根深蒂固。在这种观念的支配下,小学家对"天"与"地"两个字予以特别的关注,特别的解释,让文字阐释与经学思想一致。"地"字由"土"与"也"两部分构成,经师们或许不甘心"从土,也声"的简单,便赋予了"也"特别的意义。

天地隐喻男女,大地之母主生育。《说文》将"土"解释为大地生育之象:

土,地之吐生万物者也。二象地之下、地之中,丨,物出形也。(小徐本)

"也"如果是女阴之象,那"土"与"也"合起来的"地",就是万物从中出生之像。把"地"字阐释成"从土也,也亦声"或许更符合许慎的原意。许慎的天地观、阴阳观、男女观都会通过一、二、也、地等字直接表达或曲通其意。这种观念不仅制约着文字阐释的方向,而且对汉字字形也产生一定的影响。

许慎是经师与文字学家双重身份,作为经师,基于这样的天地宇宙的理解与观念,选择了汉代的"地""也"字形,杜撰了"也"字的意义,从这个角度讲就不是一个低级错误,而是"高级发明"。许慎用汉代的字形表达了他所理解的经学思想,这是典型的背离文字学的"文化阐释"。这种汉字阐释对于思想史有参考价值,对于文字学更多的是负面价值。不过,这种从观念出发的汉字阐释对后世影响深远,诱导很多学者在这条路上越走越远,终被学术界分离。另一方面,作为文字学家,从材料、事实出发,得出了"地"是"从土也声"的正确结论。

四、从材料出发的文字学阐释

从材料出发阐释汉字并不是说完全不受阐释主体自身观念的影响,而是从方法论的角度,尽量脱离自己的成见,从材料中发现规律,发现文字创造与使用过程中古人的观念。从材料出发的基本原则是依据可靠的证据,把能够说清楚的首先阐释清楚。找到旧说错误的根源,把不可信的尽量剔除,把说不清的阙疑待问。

徐锴是最早从材料与语言事实出发阐释"也"字的学者。下面就以"也"与"地"为例,谈谈我们对从材料出发的汉字阐释的一些新构想。

汉字阐释须在全面占有材料的基础上,把每一个字定位在历史演变的链条中,记录语言的字用——字际关系中,根据不同的目的,逐层探讨。对于现代汉字识字教学来说,"也"就是记号字,在"地""池""施""匜"等字中有区别功能[①]。掌握其形音义和用法即可,毋需阐释。学术阐释只会增加学习的负担。

作为学术研究的汉字阐释,是在全面占有材料的基础上,对汉字作出全面的描写与解释。最早的字形与所记录的音义,构形理据与构形功能,字形演变及其演变的动力,字际关系,文化内涵等等。汉字阐释应该为每一个汉字建立起一份翔实的档案,对每一种现象都能有力所能及的解释。

汉字阐释首先是文字学的准确把握与阐释。包括表层结构、所记录的语言、深层结构和字际关系。

(一)字形——表层结构

表层结构是由笔画、部件、字形和字体构成的形体层级结构系统。一个字形可以分解为若干区别特征。目前发现的最早的"也"字产生于战国时期,其演变轨迹清晰:

![]（[战国]栾书缶）→![]（[战国]郭店·老甲16）→![]（[战国]诅楚文）→![]（[秦]睡简15·103）→![]（[汉]老子·甲1）→![]（[汉]孙膑163）→![]（[汉]孙膑4）→![]（[汉]居延简·甲79）

从表层结构看,"也"由口与口下一笔构成。上面是口或口的变形。口变形为两边出头,早见于战国诅楚文,是秦汉文字通行写法[②]。这种写法在古文字中

[①] 地、池、施、匜等字从来源上说是形声字,但在现代汉字系统中"也"已经丧失了表音功能,成为一个区别符号。

[②] 参看王辉:《秦文字编》,北京:中华书局2015年版,第1798—1802页。

并不是偶见,例如"台(以)"字:

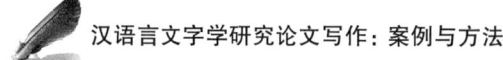(毛公鼎)→ (王孙钟)→ (鄂君启舟节)→ (畲腋鼎)→
(新甲1·24)

除"台(以)"之外,还有"黄""兄"等字中的"口"也都出现了类似的变形。口形上部的横画是否出头,并不构成相对立的区别特征。在俗体草写中,为了线条的流畅,笔画由直变曲是普遍现象。"口"下一斜笔或直或曲,因字体不同而任意曲直。因此,《说文》小篆之外"也"字的演变有文字学的证据。

(二)"也"所记录的语言

目前出土文献中的"也"字用法都是虚词,有人名后缀和句尾语气词两种情况。

先看人名后缀"也":

([战国]栾书缶)"正月季春,元日己丑。余畜孙书也择其吉金,以作铸缶。"

(清华简·系年77)"墨要也。"即《左传》中的黑要。

再看句尾语气词"也":

([战国]郭店老甲16)"懃(难)惕(易)之相成也,长端(短)之相型(形)也,高下之相浧(盈)也,音圣(声)之相和也,先后之相堕(随)也。"

([战国]诅楚文《湫渊》)"唯是秦邦之嬴众敝赋,鞿輶栈舆,礼使介老,将之以自救也。"

([秦]睡简15·103)"入叚(假)而毋(无)久及非其官之久也,皆没入公,以赀律责之。"

([汉]老子·甲1):"(上德无德,是以有德。下德不失德,是以无)德。上德无(为而)无以为也。"

㠯([汉]孙膑 4)"孙子曰:'请南攻平陵。平陵其城小而县大,人众甲兵盛,东阳战邑,难攻也。'"

㠯([汉]居延简·甲 79)"今可得出不(否)？今未可得出也。"

在曾国文字中还有一些加饰笔的变体,用法与古书中的"也"完全符合①。

(三)"也"字构形阐释

知道了"也"字最早的字形结构,又知道了其同时代的音义,深层结构的阐释就有了依据。

㠯——人名后缀和语气词。

语气词从口,符合汉字的构形规律。例如"只,语已词也。从口,象气下引之形。""也"与"只"形、音、义都很接近。

构形有争议的是下面一笔,学者多从表意的角度理解,前引徐锴有"象气出口而下,敛而尽也"之说,何琳仪、黄德宽等认为"从口从乙,(《史记·东方朔传》:"读之止,辄乙其处。")会言语停顿之意。"②

为语气词造专字的时代从战国开始,"也"始见于战国,形符表意已经基本消失,此时表意字的能产量极低。"口"下的一笔,意符、音符、记号性质不明,无论是"气出口下"还是"从乙",都没有充分的证据。在此情况下,不深究比深究好。不论古人造字时怎么想的,最重要的是与"口"相区别的功能,理解为口加区别符号最为简明。"也"与"曰""只"等字的构形大概都是在"口"的不同部位加上区别符号。

构形分析尽量避开证据不充分的推测。汉字的记号化是发展的方向,承认记号与记号化可以减少不必要的臆测成分。随着材料的不断丰富,其产生的过程和构形理据也可以不断深入、全面、渐近真相,我们可以拭目以待。

(四)"也"的构形功能

古文字中"也"作为字符构字能力很低,仅见于古玺"阳城訑"③。

---

① 裘锡圭、李家浩:《曾侯乙墓钟、磬铭文释文与考释》,《曾侯乙墓》,北京:文物出版社 1989 年版,第 555 页。黄德宽:《说"也"》,见上文注。

② 何琳仪著:《战国古文字典》,北京:中华书局 1998 年版,第 544 页。又见黄德宽主编:《古文字谱系疏证》,北京:商务印书馆 2007 年版,第 2304 页。

③ 罗福颐原释文为"阳城訑"。参看罗福颐:《古玺汇编》,北京:文物出版社 1994 年版,第 372 页。

（罗福颐《古玺汇编》4041）

（五）出土文献中记录“也”这个词的用字与“也”字产生的过程

“也”这个字产生之前，“也”这个词早已出现。秦系早期用“殹”，战国以后“殹”“也”并用，一直延续到秦二世时期：

（1）石鼓文《汧沔》：“汧殹沔沔，蒸皮（彼）淖源。”又《霝雨》：“汧殹洎洎。”

（2）诅楚文（中吴本）《巫咸》：“将之以自救殹。”《亚驼》同，《湫渊》：“殹”作“也”。异文。

（3）新郪虎符（秦王政时）：“燔燧之事，虽母（毋）会符，行殹。”

（4）睡虎地秦简《秦律十八种·内史杂》：“有事请殹，必以书，毋口请。”

（5）秦二世元年诏书：“今袭号而刻辞不称始皇帝，其于久远也。”

“也”或作“殹”，如平阳铜权：“今袭号而刻辞不称始皇帝，其于久远殹。”

楚系用“也”：（战国·栾书缶）：“正月季春，元日己丑。余畜孙书也择其吉金，以作铸缶。”①

晋、吴用“旃（沙）”和“也”。“旃”见于中山王誓鼎、方壶，字作：

中山王譬鼎（集成·05·2840）：“与其溺于人旃（也），宁溺于渊。”中山王譬方壶（集成·15·9735）：“事少如长，事愚如智，此易言而难行旃（也）。”

朱德熙、裘锡圭指出，这个字在句子中占据的是“也”字应该占据的位置，读“也”②。吴振武隶作“旃”，认为是盖从㫃沙之“沙”象形初文得声③。

三十二年平安君鼎（集成·05·2764）：“卅三年，单父上官嗣憙所受坪安君者也，上官……”

吴国文字用“旃”：“攻（攻）吾（吴）王光台（以）吉金自乍（作）用剑。”

① 参看李守奎：《楚文字编》，上海：华东师范大学出版社 2003 年版，第 691—694 页。

② 朱德熙、裘锡圭：《平山中山王墓铜器铭文的初步研究》，《文物》1979 年第 1 期。

③ 吴振武：《试说平山战国中山王墓铜器铭文中的“旃”字》，《中国文字学报》第一辑，北京：商务印书馆 2006 年版。关于此字的讨论，可参看吴振武：《“戠”字的形音义》，《纪念殷墟发现一百周年国际学术研讨会论文集》，北京：社会科学文献出版社 2003 年版，第 141—142 页。相关的讨论，又可参阅陈剑：《甲骨金文考释论集·甲骨金文戠字补释》，北京：线装书局 2007 年版，第 99—106 页。

这把吴王光剑人名之后的字,魏宜辉认为此字是中山王器上的"訑"①。

薛——訑

语气词出现很早,早期大都假借其他字记录,例如西周金文中的语气词"已",战国时期造了专字"矣"表达。语气词"也"出现应当很早,早期假借"殹""訑"等字表达,战国时期造出专字,逐渐在列国通行。

(六)"它"讹变为"也"的过程

"它"与"也"来源不同,最初字形、意义都没有关联。前引黄德宽文章论之甚详,这一点早在20世纪90年代学术界就已经达成共识。我记得早年间读博士期间向吴振武老师请教"也"与"它"是什么关系。吴老师回答了六个字:"也是也,它是它。"

另一方面,"它""也"相混,由来已久,自戴侗以来,学者多有指出。通过全面梳理材料,可以得知不是"相混"。第一,"它""也"单字从来不混。第二,讹混是单向的讹变,《说文》中从"也"得声的字都是"它"的讹变,从"也"构形的字晚出,没有逆转混讹为"它"的情况。

"它"古音透母歌部,是"蛇"的初文。来源古老,用法多样,构字能力很强。《说文》:

"虫也。从虫而长,象冤曲垂尾形。上古艸居患它,故相问无它乎。凡它之属皆从它。它或从虫。"

"它"字演变过程很明晰:

(《甲骨文字典》1430页)→ (《金文编》877页)→ (《金文编》878页)→ (包山164)→ (睡简24·21)→ (张·奏38)

---

① 李守奎《清华简〈系年〉"也"字用法与攻吾王光剑、盘书缶的释读》,《古文字研究(第三十辑)》,北京:中华书局2014年版。

"它"用法多样，主要有：

第一，名词，蛇。"蝟蚤虫它（蛇）"（郭店·老子甲 33）

第二，代词，其他。这种用法出现很早，例如甲骨文"它示（主）"

第三，人名用字。例如西周金文沈子它簋。

第四，读为"匜"。详见下文。

"它"构形中除了"蛇"字表意兼表音外，大都作音符。例如《说文》中的"佗""沱""拕"。󰀀，负何也。从人它声。󰀀，江别流也。出嶍山东，别为沱。从水它声。󰀀，曳也。从手它声。

这些"它"声字后来大部分变成"也"声的异体字：

佗-他——《广韵》："他，与佗它通。彼之称也，此之别也。"

沱-池——大徐本《说文》："臣铉等曰：沱沼之沱，通用此字。今别作池，非是。"

拕-拖——《集韵》："或作拖。又作拖。"

"也"是喻母歌部，产生于战国，用法单一，构形能力极弱。《说文》篆文中从"也"构形的文字，全部来自"它"的讹变或换置。容庚已经指出，"迆、攺、驰、阤、柂、施六字仍读它音"①，但这并不能反证这些"也"与"它"是同一个字。事实证明，"也"由"它"讹变而来。古文字中音义与《说文》"攺""施""驰""匜""弛""地""阤"相对应的文字皆从"它"声，"也"都是"它"的讹变。

1. 攺——攺

《说文》："攺，敷也。从攴，也声，读与施同。"

󰀀（郭店·尊德义 37＋38）："又（有）是攺（施）少（小）又（有）利。"

󰀀（清华·保训 05）："乎（厥）又（有）攺（施）于上下远埶（迩）……"

段玉裁认为"攺"是"施行"之"施"的本字，借字行而本字废②。古文字中"施"与"攺"皆从"它"声，与"也"无涉，与性行为更无涉。

2. 旋——施

《说文》："󰀀，旗貌。从㫃也声。齐栾施字子旗，知施者旗也。"出土文献中的

---

① 容庚：《金文编》，张振林、马国翰摹补，北京：中华书局 1985 年版。
② 段玉裁：《说文解字注》，北京：中华书局 2016 年版，第 124 页。

"施"从它声,东汉讹变为也声。

▦集粹503

▦(睡简·为吏之道·45):"富不施,贫毋(无)告也。"

▦(相马经40上):"亓(其)周施(弛)是也,而不良者何也?"

▦(五十二病方127):"足以涂施者。"

东汉变为从"也":

▦(华山庙碑):"云行雨施,既成万物。"

▦(袁博碑):"拜巨鹿太守。施舍废置,莫非厥宜。"

▦(张景碑):"审如景言,施行复除,传后子孙。"

3. 驼——驰

《说文》:"驰,大驱也。从马也声。"此"驰"古文字中作"驼"。

▦(上博五·競9):"公身为无道,拥华孟子以驰于倪。"

"驰"本作"驼"。《玉篇》骆驼之"驼"与《广韵》橐驼之"驼"都是晚出同形字。

4. 它、铊、鎣、鎣、匜、柁——匜

《说文》:"▦似羹魁,柄中有道,可以注水。从匚也声。"

"匜"是常用水器,出土实物非常多,铭文中多有自名,异体很多。西周时期最初假借"它":

▦(子仲匜):"鲁大司徒子仲白乍(作)其庶女厉(赖)孟姬媵也(匜)。"

礼器匜用金属制作,增加意符"金"成专用字"铊",自西周一直沿用到汉代[①]。西汉后起"铊"字所从之"它"讹变为"也",写作"鉈"。

▦(中友父匜):"中友父乍(作)铊(匜)。其万年,子子孙孙永宝用。"

▦(陈伯元匜):"陈白(伯)鸝之子白元乍(作)西孟妫婳母滕(媵)铊(匜)。"

▦(包山226):"一盘,一铊(匜)。"

▦(仰天24):"一铊(匜)。"

▦(长台关2·08):"一铊(匜)。"

---

① "铊"字见于《说文》,训为短矛。今天是一种金属元素,是来源不同的同形字。

⁂(望山2·46):"二盘,二铊(匜)。"

⁂(首都师范大学博物馆藏汉代铜匜):"铊(匜),容二斗,重三斤。"

鉈:⁂(武威·仪礼·特牲49):"奉般(盘)东面,执鉈(匜)者西面淳沃,执巾者在鉈(匜)北。"

"匜"还有增加不同意符的异体盉、籃、盨等。

⁂(伯木匜):"唯白(伯)木乍(作)宝盉(匜)。"

⁂(痀父匜):"塞公孙痀父自乍(作)盥盉(匜)。"

⁂(匽公匜):"匽公乍为姜乘般(盘)盉(匜)。万年永宝用。"

籃:⁂(陈子匜):"陈子子乍(作)庮孟为(妫)毂女(母)塍(媵)籃(匜)。"

⁂(庆叔匜):"庆弔(叔)乍朕(媵)子孟姜盥籃(匜)。"

盨:⁂(蔡侯申鉴):"蔡侯申之尊浣盨(匜)。"

汉代匜的材质发生变化,出现了从木的"柂"与从匚的"匜"。

柂:⁂(马王堆一号墓·遣册190):"膝(漆)画柂(匜)二。"

⁂(马王堆一号墓·遣册191):"右方膝(漆)画般(盘)小大廿一,柂(匜)二。"

匜:⁂(陈仓成山匜):"……成山……,容一斗,重五斤七两,名曰匜。"

这些从它声的字与"地""鉈"一样,西汉后期,开始出现从"也"的讹书:

⁂(武威·仪礼·特牲11):"尸浣(盥)匜水,实于般(盘)中。"

武威《仪礼》简中凡五例"匜"字,其中四例均写作"鉈",从金,也声。

"匜"字的意符多样,金、皿、水、木、匚等,但其音符自西周至秦,全部从它声,至西汉,个别与"也"混讹。

5. 佗——弛

《说文》:"⁂弓解也。从弓从也。⁂弛或从虒。"

古陶文"弛"字从"它"声:⁂(自12·498)、⁂(廷12·3)、⁂(铁云126·4)①。

汉简中"它"变为"也":⁂(西陲·57·9)⁂(西陲·48·4)

---

① 参看徐谷甫、王延林:《古陶字汇》,上海:上海书店出版社1994年版,第498页。

从观念出发与从材料出发的汉字阐释

6. 坨——地

《说文》："地，从土也声。▨籀文地从隊。""地"从"也"声，又有籀文"墬"。出土文献中的"地"有清晰的演变轨迹。籀文见于西周晚期的胡簋，晋系沿袭了籀文的写法。

▨（胡簋）——▨（侯马盟书）——▨（中山王器）

徐锴认为从彖声①。彖是豕的分化字，彖（透母元部）或豕（书母脂部）都可以是音符。

楚系与秦系皆从"它"声。

楚系：▨（包山简）、▨（包山简），它声，透母歌部。

秦系：▨（睡虎地）、▨（睡虎地），它声，透母歌部。

西汉沿袭秦文字，依旧从"它"声，其后逐渐与"也"相乱。

▨（杨鼎）▨（张家山·奏谳书）、▨（银雀山 104）

▨（伏地鼎盖）、▨（武威汉简 44）▨（居延简 10·25a）。

到了东汉，从"也"的"地"就成了规范通用字了：

▨（石门颂）、▨（乙瑛碑）、▨（华山庙碑）、▨（曹全碑）、▨（建安廿四年买地券）。

总之，西汉早期之前的"地"字或从"豕"（包括彖）声，或从"它"声，西汉晚期之后才出现从"也"的讹书，东汉时期讹书成了正体。"它"与"也"都是舌音歌部字，作音符功能相同。

7. 陀——陁

《说文》："▨，小崩也。从𨸏，也声。"《集韵》："陁，或从它。"小崩义的"陁"，郭店简写作"坨"，从它声：

▨（郭店·语丛四 22）："山无蓑（衰）则坨（陁）。"

古文字中"陀"字常见，从西周到秦文字，都没有从"也"的"陁"。

▨（胡簋）："用黎（令）保我邦、朕立（位）、猷（胡）身，陀陀（施施）降余多福。"②

---

① 徐锴：《说文解字系传》，北京：中华书局 1987 年版，第 261 页。
② 张政烺隶作"陁"，并谓"陁"当读作"施"。参看张政烺：《周厉王胡簋释文》，《古文字研究（第三辑）》，北京：中华书局 1980 年版，第 104—119 页。

⬛(中山王䁹壶):"是又(有)耗(纯)德遗愆(训),以陀(施)及子孙。"

⬛(峄山刻石):"攻战日作,流血于野,自泰古始。世无万数,陀(施)及五帝,莫能禁止。"

《说文》中没有"坨"字,只有不见于古文字的"阤"字。《集韵》说"坨本作阤"是本末倒置。《说文》从"也"构形的字,在汉代以前,全部从"它"。《说文》"阤"是"陀"的讹变。

至此,我们虽然还没有对汉字中从"它"与从"也"的字进行全面的清理,但是从已搜集的材料出发,对"也"字的形成过程与"它"讹混过程进行了比较全面的描写,所得结论可以归纳为:

第一,语气词"也"曾假借多字记录,战国时期造出专字。

第二,"也"字晚出,在古文字阶段几乎没有构字能力。

第三,"它"字来源古老,构字能力很强。

第四,"它"与"也"二者从甲骨文到西汉早期不存在通用的情况,一直区分严格。

第五,二者读音相近,隶变、草写使得二者字形也相近,"它"逐渐讹变成"也"。讹变的过程是:

也:⬛——⬛俗体字"篆变"。

它:⬛——⬛,隶变——⬛,隶变的文字再"篆变"。

它、也混讹:⬛——⬛——也。

"也""它"只有混讹同形的过程,没有同源分化的路径。其混讹与秦汉小篆没有直接关系,是在隶变过程中逐渐完成①,《说文》篆文"也"字最后定形,很可能是《说文》对其加以规范的结果。

这就出现了文字学上一个很有趣的现象,古文字中的"驼""陀""坨"等字,《说文》中变成了"驰""阤""地"等,后代又出现了与古文字"驼""陀""坨"等无关的同形字。不坚持历史性原则,就会得出相混的结论,其实只有单向讹变和异时同形。

---

① 段玉裁:《说文解字注》,北京:中华书局2016年版,第633页。

(七)讹变的动机

"它"讹变为"也",符合文字演变的规律。"也"与"它"音符功能相同,但"也"比"它"字形简单。文字演变遵从简易律。这种讹变遵循的是文字的简化规律。

"它"讹变为"也"是人为规范的结果。俗体字草写,字形讹变,这都是非常晚的事情。在《说文》中根据隶变草写的晚出字形对篆文进行了整齐划一的修改和替换,那么是谁做的这种修改替换?

秦汉时期有过几次不同程度的文字规范,秦始皇、汉宣帝、汉平帝、王莽都有所作为,这期间"它"与"也"区别分明,仅仅是西汉晚期有混讹的个例,不大可能出现系统的变更。许慎撰《说文》的目的就是为了祛除"是非无正,巧说邪辞,使天下学者疑"的现象,通过规范文字,表达"正确"的经学思想。出于这样的动机,他对"篆文"做了很多改动,以期达到规范文字的目的,所以就会出现汉代的隶书比《说文》篆文更近古,更符合文字演变规律的现象。

从材料出发,"也"与"地"构形并不复杂,并没有太多的思想文化可以阐释。汉字阐释首先是从文字学角度阐释清楚文字问题,能够上升到文化问题就进入文化阐释的层面,不一定每一个字都有丰富的思想文化内涵。对文字应用状况的真实描写远比脱离实际的理据阐释有价值。对每一个常用字能够尽量全面占有材料,充分阐释,是一项浩大的工程,是有意义的基础研究。

五、结语:汉字阐释的新构想

从材料出发对"也"字加以力所能及的描写与阐释之后,回头我们再看文章开头所列的诸家之说,徐锴之后,不论是怀疑、反对许慎之说,还是维护许慎之说,大部分学者没有全面地梳理材料,没有把文字放在历史的演变中全面观察。即使反对女阴说的诸家,大都没有全面梳理相关材料,处于瞎子摸象状态,摸到哪一块就是哪一块。只有占有的材料越充分,能得出的结论才越接近事实。

从观念出发的"也"字阐释以《说文》为出发点,对其说法深信不疑,对其得出结论的证据不加审核,在连字形结构与所记录的语言这些最基本的问题都没有理清的情况下,就进入到文化的阐释层面,等同于把文化阐释的大厦建立在沙漠之上。女阴说、匜字说、"也""它"一字说等等不一而足,并在此基础上不断引申。一旦材料证明"它"与"也"字形不同、来源不同、音义不同,只是后期在构形中的形近讹混或置换,在此基础上的性文化阐释都成了脱离事实的空论。这些脱离文字学的文化阐释的共同的特点是精通《说文》,熟悉典籍,学问很大,思路活跃,一旦走错了道路,优势就会变成劣势,距离本真越来越远,距离学术研究也越来越远。连学富五车的学者对汉字的阐释尚且如此,遑论"民科"臆说。汉字阐释又怎么能够为学术界重视!

汉字阐释是对已释字的全面描写与解释,首先区分为文字学的阐释与文化学的阐释。脱离文字学的文化阐释,其方法、目的与文字学无关,是一种思想的表达方式或远古情景的幻想,不要与汉字学的汉字阐释混为一谈。

汉字阐释是汉字学的一个分支,是对每一个汉字的全面描写与解释。本文以一个"也"字的阐释区分了从材料出发的文字学阐释与从观念出发的文化学阐释两条不同的汉字阐释道路,强调剔除从观念出发的汉字阐释的方法。

我们认为,汉字阐释的基本原则是:

第一,从材料出发,真实描写,通过材料发现文化,不能为了自己的思想表达肢解材料。尽量全面占有材料,理解材料,准确应用材料。

第二,从文字记录的语言事实出发,背离文字记录语言事实的阐释与文字学无关。

第三,坚守历史性原则,甄别字料,不能把晚出的文化穿越到早期的构形阐释。

对于历史演变链条上的每一个汉字的阐释,都可以从下面几个方面着手:

第一,汉字结构的区别特征与其所记录的音义。对于汉字教学、古文字考释来说,这就是目标。对于汉字阐释来说,这是基础和出发点。《说文》"也"字阐释的出发点就错了,后人沿着此路前行,南辕北辙,距离事实越来越远。

第二,文字构形主要是从文字记录语言的角度探讨汉字的深层结构,从文字记录语言的方式到古人造字时的思维。文字的演变不仅受记录语言需求的制约,也受形体符号自身发展规律的制约,汉字在每一个历史轴线上的一个定点呈现出的不同面貌都是多重合力导致的结果,对其构形与演变过程要尽量详细地描写和动态的观察才能为其定性。"也"在古文字阶段是个从口的表意字或半表意字,《说文》篆文已经是记号字,现代汉字更是记号字。记号字不经过溯源就强解理据一定不可信。

第三,汉字阐释有其层级性,须依次进行,未能从文字学阐释清楚就进行文化阐释就是越位。汉字的文化阐释处于汉字学与历史文化学之间,在有充分文字学证据的基础上,对其所蕴含的文化信息加以揭示或成为可能。上文所引章太炎论"天"就是有材料依据的推阐。

第四，每一个汉字都有自己独特的运行轨迹，都形成自己的个性。从个性中归纳出共性，建设符合实际、具有解释力的文字学理论。建设汉字阐释理论十分必要。汉字阐释的材料日渐丰富，我们比许慎见到了更早、更多的古文字材料。立足于汉字本体研究的详细描写和立足于汉字系统的解释理论都有了长足的进步。汉字阐释的目标日益明确，汉字阐释是汉字学的一部分，是古文字考释的一个环节，也是汉字文化探索与普及的重要内容。

阐释方法坚持从材料出发，坚持历史性原则，全面描写，在此基础上，结合历史文化揭示文字所表达的文化内涵。每一个汉字都有其个性，不可能用一种固定的阐释方法解决问题，但从宏观上看，与古文字学一样，每一个疑难字的破解都有其独特的路径，但都有其共同遵守的研究方法与模式。

古文字研究与传统的汉字阐释学进行了成功切割，从研究对象、研究方法与研究目的都开辟出一条与科学研究接近的道路，取得了巨大的成就。汉字阐释走过了两千年，精华与糟粕并存，现今的当务之急是让汉字阐释正本清源，剔除臆说，回归学术。如果我们把"汉字阐释"定位为学术研究，就要逐渐形成可遵循的研究与表达的范式。

本文从文字学的角度阐释了"也"字的构形及其演变，得出包括构形单纯、字形讹变的大部分文字只能做文字学的阐释，不能做过多的文化演绎的结论。通过对"也""地""它"等字的描写，剔除后人强加其上的"性文化"。这个结论只是就"也"字的阐释而言，并不表示汉字不能进行文化阐释，也不表示我对汉字文化阐释的排斥，也不是说汉字阐释可以脱离观念进行。事实上，任何阐释都脱离不开阐释主体自身知识、思想、文化的制约。这里强调的是作为一种方法论，应当尽力避免的是用自己的观念去创造汉字的文化和用文字阐释表达自己的思想观念。

汉字文字学的阐释与文化学的阐释并不是对立的，是不同层次的深入探讨。许慎也给开了好头，例如"尾"：尾，微也。从到毛在尸后。古人或饰系尾，西南夷亦然。凡尾之属皆从尾。（今隶变作尾。）"

《说文》结合西南夷的文化习俗正确解释了尾字的构形，为文化意义的解读提供了重要的线索。

汉字文化阐释同样需要从材料出发，需要结合文献、历史、考古等多种证据，从材料出发,寻找古代的社会生活、文化习俗、思想观念,通过证据与规律去发现古代的文化,我们也会继续努力探讨汉字的文化阐释的可行性。汉字阐释与汉字文化普及相辅相成,学有所用,用有所学,理论与实践相结合,相得益彰。

复盘与导读

这是一篇侧重文字理论建设的文章。在写作过程中注意到如下几个方面。

第一,写文章,首先要有明确的写作目的,知道自己想干什么。

两千多年来,中国的文字学传承、创新,不断取得突破。就汉字阐释而言,一方面,传统文字学萌芽于汉字阐释,成熟于汉字阐释的经典《说文解字》,近两千年几乎一统学坛,积累了大量的研究成果。另一方面,近现代以来文字学发生了分化,古文字学、应用文字学兴起,都各有其明确的目的,其建立起学科的学术范式,汉字阐释被学术界边缘化。汉字阐释为什么被学术界冷落,一方面是实用性不及古文字学与应用文字学,另一方面是其从诞生之日起,就存在着不同的阐释道路,一条是从语言文字实际材料出发的文字学研究,另一条是服务于主观的观念表达。长期以来,汉字阐释未能与传统文字学中的错误道路彻底分离,没有经过现代学术的规范。

目前的形势发生了变化。一是汉字被重新重视,从上到下都有深入了解汉字、重新认识汉字的需求。二是汉字研究新材料、新方法、新理论都有重大进步,为汉字阐释到达新的高度奠定了基础。本文的宗旨是探索现代汉字阐释学术研究的方法,探索建立符合现代学术规范的话语体系,使汉字阐释"科学化",纳入现代学科体系,成为汉字学的重要内容之一。

第二,核心概念要明确,要知道自己说的是什么。

本文的核心概念是"汉字阐释"。"汉字阐释是对已释字的形音义、构形理据、历史演变、字际关系、文化内涵等不同层次的全面描写和解释。""已释字"区别于古文字的研究对象;"形音义、构形理据、历史演变、字际关系、文化内涵等"是阐释的具体内容,"不同层次"指出对所述内容的层级性与对研究方法的制约,"全面"是把每一个字放在共时、历时的系统中观察与研究,"描写"是用一定的话语系统对各种文字现象能够准确说明,"解释"是用一定的理论方法对现象产生的原因等各方面的揭示。

本文第一部分不仅对核心概念进行了界定,还通过《新华字典》《说文解字》对"流"字的解释以及古玺"流"字考释的过程进行比较,阐明应用文字学、汉字阐释、古文字学彼此之间的差别,直观理解"汉字阐释"。

第三,学术文章忌讳空谈。

学者不能大而空宏观指导写文章,会被视为空谈。本文"以'也'及其所构成的文字为例",就是尝试用具体的实例,展示目前汉字阐释所能达到的程度。所谓"大处着眼,小处着手"。

首先梳理学术史上近两千年来对"也"字阐释所取得的成就与所走过的弯路。结论是如果道路走错,学问越大,在错误的道路上就会走得越远。在此基础上从材料出发,对"也"字进行了全面的描写与解释。

第四,要透彻了解、理解所批评的观点。

在没有完全理解前人观点的情况下就提出批评,是写文章之大忌。站在今天文字学的立场上,谁都知道许慎"也"字的阐释是错误的,但要进一步思考许慎为什么会犯这样的错误。文章从古文字材料出发,将许慎能够见到的"也"字与《说文》篆文的"也"字进行比较得出结论:《说文》篆文之"也"字既不是历史留存的古文字,也不是汉代实际应用的文字,是汉代草书的篆化,人为规范的结果。许慎对"也"字的阐释既是受汉代经学思想的影响,也是为了阐明阴阳理论。从经师的角度看,他恪尽职守;从思想史的角度看自有其价值。对古人的观念,要充分理解,报以理解之同情。

第五,提出问题,更重要的是解决问题。

在否定从观念出发的文化学阐释基础上,文章的主体是从材料出发的文字学阐释。分别从"也"字的表层结构、所记录语言、构形理据、构字功能、"也"这个词与"也"这个字产生的过程、"它"讹变为"也"的过程等六个方面详细描写,并对文字构形中"它"讹变为"也"的动机加以解释。

从材料出发,一方面是为汉字阐释"瘦身",即"也"本义是表示语气词的半表意半记号字。在先秦时期,很少参与构字,也没有什么阴阳文化可言。另一方面,通过详细描写,我们发现了更多有价值的语言文字现象,例如战国时期记录"也"这个词的用字有地域差异、《说文》篆文中"也"的草书篆化、文字构形中"它"讹变为"也"、从自然发生到东汉以后的系统替换,等等。

第六,应用材料尽量准确、全面。

这是衡量一个学者学术功底的重要方面,对于一些重要的材料要不惜篇幅。

例如本文第四部分"它"讹变为"也"一节,用大量的篇幅,列出古文字字形和词例,描写了"故""施""驰""匜""弛""地""陁"等字中的"也"由"它"变化或替换而来的过程。在文章写作时对所能搜集到的材料力求全面,这样做的好处是说服力强,弊端是有堆砌材料之嫌。使用多少材料要根据文章的需求而定。本文的主旨是"从材料出发"阐释汉字,就不避繁复,尽量齐全,全面占有材料,有效利用材料,这是一个学者始终不懈的追求。

第七,结语不仅是全文的总结,还要努力有助于文章的深化拓展。

本文从宏观提出问题,中间是用个例解决具体问题,最后回到结语的"汉字阐释的新构想",在总结全文的基础上提出汉字阐释的一些基本原则。提出了汉字文字学阐释与文化阐释的关系,避免读者形成反对文化阐释的误解。最后指出汉字的学术阐释是汉字文化普及的基础,为汉字阐释寻找现实应用的出路。

以上七个方面是写作时所注意到的一些问题,有些问题虽然想到了但不一定能够处理好,所谓力不能至,心向往之。本文期望对"也"字的构形、构字、用法等各个方面进行共时、历史的系统描写,但做得很不够,多有疏漏。期望青年学者能有更好的建树。

当代汉字应用热点问题回顾与思考[*]

王立军[**]

摘要：新中国成立70年来，语言文字事业取得了辉煌成就，汉字规范应用程度也得到了很大的提高。社会各界普遍关注汉字的应用问题，在汉字应用的各大领域都先后出现了一些讨论的热点问题，诸如通用印刷汉字字形的优化、繁体字字形的标准、简繁对应关系的明晰化、类推简化的范围等，至今仍未能取得高度共识。而当前社会语文生活的快速变化，又将为这些热点问题带来新的机遇和挑战，或者使之更为复杂，或者助其迎来曙光。在第二届全国语言文字工作大会即将召开之际，对这些热点问题进行回顾和重新思考是很有必要的。本文主要从出版印刷领域的视角进行讨论。

关键词：汉字应用；汉字字形；汉字规范；出版印刷

汉字是记录汉语的工具，是中华文化传承与传播的重要载体。科学规划汉字的规范与应用，是关乎国家文化建设的重大基础性工作。纵观我国发展的历史，每逢文化的复兴和繁荣时期，汉字应用问题就会成为国家和社会关注的热点。新中国成立之初，就将汉字问题摆在了各项文化建设事务的优先位置，迅速出台了《汉字简化方案》《第一批异体字整理表》等汉字应用标准，对当时文化的快速复兴起到了极其重要的推动作用。其后的《通用汉字印刷字形表》《现代汉语常用字表》《现代汉语通用字表》《通用规范汉字表》等，也都是在不同历史阶段适时推出的重要汉字标准，及时回应了不同时期汉字应用领域的相关诉求，解决

---

[*] 原载《语言文字应用》2020年第2期。本书收录时略有修改。本文为国家社科基金重大项目"基于国际化、标准化的古籍印刷通用字字形规范研究"（项目编号：15ZDB096）和教育部人文社会科学重点研究基地重大项目"汉碑文字通释"（项目号：14JJD740005）的阶段性成果。

[**] 王立军（1965—），北京师范大学文教授，博士生导师，教育部"长江学者"特聘教授。

了汉字应用的一系列现实问题。回顾新中国70年来语言文字事业发展的历程，在汉字应用的一些重点领域出现了诸多热点问题，有些问题直到现在仍然是热门话题。在第二届国家语言文字工作大会即将召开之际，对这些热点问题进行回顾和重新思考，从中获取对当前语言文字工作的借鉴和启示，是十分必要的。1994年国家语委发布的《关于社会用字管理工作的意见》中说"社会用字是指面向社会公众的示意性文字。其范围大致包括计算机用字、出版印刷用字、影视屏幕用字和城镇街头用字四个方面"（国家语委，1994）。其中出版印刷用字是重中之重，因此，本文首先从出版印刷领域的视角对几大热点问题进行讨论。

一、通用印刷汉字字形优化问题

我国通用印刷汉字字形标准的研制，始于20世纪60年代。在此之前，汉字印刷字形没有明确的标准，出版印刷领域的字形选用十分混乱。1962年，为了统一铅字字形，文化部、中国文字改革委员会、教育部、中国科学院语言研究所联合成立汉字字形整理组，对通用范围内的汉字铅字字形进行整理，确定了6 196个印刷通用字体宋体字的笔画数目、笔画形状、结构方式和笔顺，形成了我国第一个汉字字形标准《印刷通用汉字字形表》（以下简称《印通表》），于1965年附于《关于统一汉字铅字字形的联合通知》之后向社会发布。"《字形表》从现代汉字角度出发整理一些汉字的形体结构……采取了向前看的现实主义态度。它所公布的标准字形多数接近手写字体。"（陈天泉，1984）人们习惯上称《印通表》所采用的字形为新字形，相应的旧印刷体字形就成了"旧字形"。也有学者不赞同"新旧字形"的说法，认为"新旧字形这个称谓只是一种习惯说法，严格推究起来，这个说法并不科学。有必要作一番'正名'。因为有的新字形比旧字形出现得还早，有的旧字形出现的时间反倒比新字形要晚"（林仲湘、李义琳，2008）。也就是说，所谓的新字形，并不都是新造出来的字形，多数是从历史字形中优选出来的。

新字形在选择标准上优先考虑了笔画简单、书写方便、结构明晰、系统性强等方面的因素，因而深受印刷行业和学术界的欢迎，不仅对当时铅字字形的统一发挥了重要作用，而且其字形为后来的《现代汉语通用字表》所承袭，对信息时代电脑字库的制作也起到了很大的规范作用。应该说，在铅字印刷时代，《印通表》基本上满足了制作字模的需求。但是，随着现代汉语层面用字量的逐渐扩大，特别是中文信息处理对现代汉字提出的新需求，《印通表》的一些隐性问题逐渐显现出来。主要表现在两个方面：

第一，《印通表》只是提供了一批印刷宋体字的标准字形，并没有提供详细的字形整理细则，人们只能从其字形选择的结果来倒推其中的原则。而《印通表》中的汉字数量只有6 196个，到《现代汉语通用字表》中也只是7 000个，对于超出这个范围之外的简体汉字，我们能否类推？按照什么样的字形原则类推？是有限类推还是无限类推？这些都是很难把握的问题。费锦昌曾从《印通表》中提取出一些整理字形的基本原则，如：尽量选择便于辨认、便于书写的形体，字形结构和笔势都要尽可能服从横写的要求；宋体在笔画结构上要尽可能接近手写楷体；不拘泥于文字学的传统，而是从现代汉字书写和阅读的实际需要出发等。费锦昌还列举了字形选择和修改的一些细则，如：左右结构优先于上下结构，部分左右结构的包孕字改为左右结构的非包孕字，改变部分不便于横写的笔画，把部分折笔改为直笔，尽量减少可有可无的笔画，精简部件的数量等（费锦昌，1983）。但这些原则并不能覆盖《印通表》的全部字形，更无法满足表外字的需要。一些学者认为，问题的关键在于"旧字形所指范围不明，对照时无明确依凭""究竟有哪些是与新字形相应的旧字形？从何处可以一一查到？它们与繁体字和异体字是怎样一种关系？一般人很难准确回答。原因在于国家那时从未正式公布过一个完整的新旧字形对照表，一些被认定的旧字形还与繁体字和异体字之间存在着某些纠葛，新旧字形的概念本身也比较模糊"（程荣，2004）。鉴于此，不少学者建议尽快研制比较全面的新旧字形对照表。

第二，《印通表》所收新字形本身也有不完善的地方，其中最主要的是新字形的内部原则存在不统一现象。例如，"辱"是上下结构，但与之部件组合关系相似的"唇"和"蜃"却是半包围结构，而且当"辱"充当"蓐、薅、褥、缛"等字的部件时，也都是半包围结构。再如"瞥、憋、弊、鳖、蹩"5字都是以"敝"为声符的字，而且都是上下结构，声符"敝"都是上部件，但"瞥、弊、憋"的第四笔带钩，而"鳖、蹩"的第四笔却不带钩。像这样的规则不统一现象，很有可能是由于铅字制作时的疏忽造成的，而不是当时字形整理组有意如此。这些现象在铅字时代不太容易觉察，但在进入"电脑时代"后，工业标准化的程度越来越高，对汉字标准化的要求也越来越细致，这就使得上述不规范现象逐渐"暴露"出来。对于这些规则不统一的字形，电脑字库制作时无法回避，教师讲授汉字时无法解释，学生学习汉字无法把握，给人们日常应用带来的影响越来越突出。特别是信息时代社会用字量越来越大，规则的不统一会让表外字的定形无所适从。如《印通表》只收了一个以"殳"为声符的"彀"字,其中声旁"殳"左下的一横笔被省去了,而GB13000.1字符集还收了同类结构的"縠、觳、穀、豰、瀔、瞉"等字,这些字形应该怎样处理呢?再如,GB13000.1字符集在《印通表》外增收了"嫳、幣、弊、擎、氅、瞥、獘、蟞、鼈、鳖、鷩、鷩、龞、鱉"等14个"敝"作上部件的字,第四笔均去钩变形,而"弊、憋、瞥"3字仍然保持带钩的形体,特别是其中的"瞥、瞥"二字如此相似却规则不同,确实难以让人理解和接受。对于这些问题,多数学者认为,起码在现代通用字的范围内,规则应该是统一的。应该"利用研制《规范汉字表》的机会做一点调整,把不统一的地方统一起来,以提高新字形的规范化程度。这种调整极其细微,不会造成任何不便"(苏培成,2002)。

配合《通用规范汉字表》的研制,不少学者提出了调整的具体方案,如费锦昌、徐莉莉(2003)通过对《现代汉语通用字表》的全面测查,提出10类需要修改的字形,共涉及7 000个通用字中的400字左右。《通用规范汉字表》专家工作组经过反复论证,提出了"尽量保持稳定、尊重汉字结构、考虑宋体风格、遵循统一规则"(王立军,2010)的宋体字形调整原则,尽可能缩小调整的范围,最后形成了关于44个字形的微调方案。但由于社会大众对这一工作尚未形成高度共识,最终为了稳妥起见,暂时未予调整,这确实是一个不小的遗憾。

从长远来看,汉字字形的进一步规范化、标准化是必然趋势,我们期待社会各界都能本着科学求实的精神和负责任的态度,求同存异,共同推动汉字字形的规范化、标准化进程。"语言文字规范关涉到全社会每一个人的切身利益,对教育、传媒、出版等文化领域具有广泛影响,因此国家语言文字规范本质上是社会公共服务工作,也是一项基础文化建设工作,需要兼顾公共政策、学术研究、社会应用。……需要了解社会心理、把握社会文化走向,需要语言学、社会学、文化学、公共管理等多元研究的支撑"(王敏、刘朋建,2014),更需要社会各界的共同参与,这是我们在研制《通用规范汉字表》过程中所深切体会到的。

二、繁体字字形标准问题

繁体字的应用问题主要表现在两大方面:一是字用,二是字形。繁体字的字用问题与简繁对应关系有关,我们后面再谈,这里先讨论字形。

繁体字的字形标准是一个原则性的大问题。前面提到,《印通表》提供的是现代通用汉字的字形规范,1964年文化部和文字改革委员会《关于统一汉字铅字字形的联合通知》只是强调"翻印古籍和有其他特殊需要者,可以不受范本限制"①,但对于翻印古籍究竟应该遵循什么样的字形原则,并没有给出具体的指导意见,古籍整理出版领域所采用的繁体字形便出现了严重分歧,用新字形还是用旧字形,很不一致(曹乃木,1980)。"有的甚至同一个字新旧字形都用上,例如'吴'和'吳'同在一本书中出现,大概是新旧铜模铸的字混在一起了。这样,无端又增加了新的异体字,给读者带来不便,也给整理古籍增添了无谓的麻烦。比方说,编专书词典,究竟以新字形为准,还是以旧字形为准,令人伤透脑筋"(林仲湘,1984)。如此混乱的状况和严重的困惑,正说明了繁体字字形标准的制定势在必行。

繁体字字形标准争论的焦点在于,究竟应该采取旧字形,还是依照现代汉字新字形的原则类推出繁体字新字形? 对此,刘蕴璇(1996)建议应该采取新旧字形"双轨制",除现代用字以外的字,包括出版繁体字的古籍用字,都应仍旧保留旧字形:"统一字形标准,并不意味着要把全部汉字都'统一'成新字形。《汉语大字典》收字 54 678 个,《中华字海》收字 85 568 个,其中绝大部分是现代已停用的异体字、繁体字和'死字',如果把它们统统改造成为新字形,那么,会给本来已够繁多的汉字字库里又增加数以万计的无用的'新字',这显然是不妥当的。"后来他在另文中又重申,不能把新字形用作繁体字和古籍专用字的偏旁,以免出现像"誤"这样既无实用价值又不伦不类的繁体新字形(刘蕴漩,1998)。林仲湘(1984)在前文中曾表示古籍用字或者一律用旧字形,或者一律用新字形,都是值得探讨的。但随后他又调整了自己的观点,认为刘蕴璇所说的"双轨制"会"造成新旧字形混杂","繁体字新字形是行得通的"(李义琳、林仲湘,1997)。

《规范汉字表》课题组(2002)②早些时候曾就这一问题提出设想:"《规范汉字表》应确立规范的繁体字系统,而这一系统应以新的印刷字形为基础。过去,由于新旧、简繁、正异的概念纠缠不清,在繁体古籍中,出现了像'静、誤'这样不伦不类的字形,背离了古代用字的实际。随着三个概念界限的划清,原来的新旧字形系统将得到梳理。凡是在古籍中不曾出现或较少出现的'新字形',将被处

---

① 1988 年国家语言文字工作委员会、中华人民共和国新闻出版署联合发布《现代汉语通用字表》时又重新申明:"《现代汉语通用字表》依据《印刷通用汉字字形表》确定的字形标准,规定了汉字的字形结构、笔画数和笔顺。字表发布后,印刷通用汉字字形即以此为准。……古籍出版和有其他特殊需要的,可以不受这个字表的限制。"

② 2001 年 4 月,国家语委启动《规范汉字表》项目,前期为课题组研制阶段。2004 年 10 月 22 日以后,正式进入专家工作组研制阶段。2009 年 7 月 21 日,更名为《通用规范汉字表》。

理为简化字(争、奂、吴等),不再出现于繁体古籍中,而原来和它们对应的'旧字形'将被处理为繁体字,堂堂正正地出现于古籍。那时,背离古代用字实际的问题就会迎刃而解了。"苏培成对此表达了不同意见:"我主张繁体字要用新字形,而不是以'新的印刷字形为基础',夹用一些旧字形。""把不统一不规范的旧字形,改为统一规范的新字形,原来使用旧字形的书籍,不论是简体还是繁体,也都来个'新字形化',这就是汉字字形的历史发展。"(苏培成,2002)

我们认为,鉴于"新字形"明确的现代指向性,以及现代通用汉字与古籍用字在字量上的显著失衡性,如果完全囿于"新旧字形"的概念去考虑繁体字字形标准问题,很难有根本性的突破。一方面,《印通表》在确定字形规则时,更多地照顾了现代时期的字形特点,并没有考虑古籍印刷的实际需求,其字形与古籍实际字形之间产生了显著差异,如果按照新字形大面积类推,就会出现大量古籍中从来没有出现过的字形,无疑会使本已十分复杂的汉字系统更加繁复,而且还会进一步拉大与台湾地区用字字形的距离。另一方面,完全采用旧字形,仍然延续过于陈旧、不符合现代书写习惯的旧字形,既难以为现代社会所接受,也会隔断简繁字形之间的联系。因此,繁体字字形标准的研制,并不是在新旧字形之间的抉择问题,而是必须打破"新旧字形"的藩篱,另外寻找新的思路。

结合《辞源》(第三版)的修订工作,我们提出了基于《辞源》用字的古籍印刷通用字形整理指导原则:既要充分照顾古籍用字的特殊性,又要与《通用规范汉字表》中的现代汉字规范字形相衔接,同时又尽可能不扩大简、繁体字形之间的差异。在具体操作上重点考虑四个方面的因素:(1)系统性:同一部件在同一位置,尽量选取相同形体。(2)流通度:一是古代的通行度,也就是在典籍中的字频相对较高;二是今天古籍印刷的流通度,优先选用古籍中确曾用过、且与古籍用字系统不矛盾的"新字形"。(3)理据性:在上述两个条件同样满足的情况下,应尽量照顾传统理据。(4)简约性:在上述三个条件同样满足的情况下,应尽量选择笔画少的字形。此外,在依顺序采用以上条件优选字形时,对个别字还要考虑与周边字形的区别度,尽量避免同形字与形近字的增多,减少混淆;当遇到各种条件之间发生矛盾时,应权衡利弊,斟酌抉择。在以上原则的指导下,《辞源》(第三版)字头及释文字形都得到了显著优化,为繁体字字形标准的研制提供了经验和示范。《辞源》(第三版)字头及释文用字共计14 208个,离古籍印刷通用字的范围还有一定的距离,将上述规则推广到更大范围的古籍印刷通用字集中,应该还会遇到一些新的问题,但只要总体的方向是正确的,细节的问题都是可以继续讨论的。

三、简繁对应关系明晰化问题

在汉字主要是靠手写实现的历史时期,追求简化的诉求一直是影响汉字形体发展的重要动力。1949 年之初,更是将汉字简化的问题提升到国家政治文化建设的高度,迅速推进简化汉字方案的研制,并于 1956 年 2 月由国务院发布了《关于公布〈汉字简化方案〉的决议》和《汉字简化方案》。《汉字简化方案》包括三个部分:《汉字简化第一表》收录已经过试用并确定下来的简化汉字 230 个;第二部分《汉字简化第二表》简化汉字 285 个,第三部分《汉字偏旁简化表》列简化偏旁 54 个。可以说,及时推出《汉字简化方案》,是当时满足政治文化建设迫切需要的重大举措,对于当时劳动人民迅速掌握文化知识、迅速投入新中国各项事业的建设发挥了关键性的作用,其意义极其重大。这正如濮之珍所说:"汉字存在着笔画繁多、难写难认的缺点。在旧社会,文字只为少数人掌握,问题不那么突出。……以后情况就不大相同了。广大工农群众迫切要求识字、学文化;而党和政府又无微不至地关怀着识字教学问题。这样汉字难写难认的缺点,就显得突出了。因此,对汉字进行有组织、有计划的简化工作是必要的。汉字经过简化以后,能更好地成为我国人民进行交际和交流思想的工具,更好地为我国社会主义建设事业服务。"(濮之珍,1964)

《汉字简化方案》简化汉字的途径主要有两种:一种是从个体字符的角度进行简化,通过各种方式减少汉字的笔画数,以达到便于书写的目的;另一种是从汉字系统的角度进行简化,通过同音替代等方式减少汉字的字数,而且用笔画简单的同音字代替笔画复杂的字,同样也起到了方便书写的作用。其中第一类简化字总体上遵循了"约定俗成"的原则,尽管在"符号替代""草书楷化"等简化方式上存在些问题,但并没有像"二简字"那样给汉字构形规律和区别功能带来太大影响,而且由于这类简化字只是涉及个体汉字的字形,而不涉及字用问题,所以也不会造成书面语言意义上的混淆。而第二类简化字的实质是字用合并,如"吁"代替"籲"、"咸"代替"鹹"、"丑"代替"醜"、"才"代替"纔"、"秋千"代替"鞦韆"等,如果合并双方有一方比较罕用,或者意义比较单一,或者出现的语境区别比较明显,合并之后也不会产生很大的问题。而且"同音替代"很早就是节制汉字字量的一种重要方法。按道理来讲,汉字是记录汉语,应该一个字记录一个词,清晰明白,不会混淆,但事实上这是不可能的。一个字记录一个词,就会造成汉字数量的无比庞大,给人们的辨识和记忆造成巨大负担,从而影响汉字职能的有效发挥。所以,汉字的"定量",也是汉字规范的一项重要内容。"同音替代"的简化方式就是借鉴历史的做法,将一些笔画繁难的字加以合并。如"韆"有24画之多,只在"鞦韆"一词中使用,不能单独成词,将它与数字"千"合并后,减省了21画,且不会发生意义上的混淆,确实是一个不错的选择。

但毕竟"同音替代"的简化方式涉及字用合并,如果将两个常用且义项较多的字合并在一起,必然会造成书面语理解上的障碍。就像殷焕先所说:"同音代替工作是不容易做的,要考虑代替字、被代替字好多方面,尽最大可能'不引起意义混淆'。并且,让书面语波动大了也不行。"(殷焕先,1978)从这个角度看,《汉字简化方案》中某些"同音替代"简化字确实有值得讨论的地方。如用"复"代替"覆、複、復"三字,相当于四个同音字合并,而且几个字之间的用法又有很多的纠葛,都合并在一起实在是让人无法把握。1964年发布、1986年重新发表《简化字总表》时,对《汉字简化方案》中个别"同音替代"简化字作了调整,如"叠、覆、像、罗"不再作"迭、复、象、罗"的繁体字处理;"瞭"字读"liǎo"(了解)时,仍简作"了",读"liào"(瞭望)时作"瞭",不再简作"了"。但这些细微的调整并没有使问题真正消除,如将"餘"简化作"余"、"摺"简化作"折",并分别注释说:"在余和馀意义可能混淆时,馀仍用馀。""在折和摺意义可能混淆时,摺仍用摺。"这样,到底什么时候该用哪个字,很多人根本区分不清。这种简化看起来是想减少一个字,实际上不仅字数没能减少,反而搞乱了字的职能,使人无所适从,影响了表意的明确性,给使用带来了更多的麻烦。

同音合并处理不得当,不仅会给简化字文本的理解带来障碍,而且由此所造成的简繁对应关系的复杂性,还会给繁体字的正确运用造成麻烦,如果把握不好,就会在一定程度上影响古籍出版的质量。目前古籍出版从业人员对繁体字知识的掌握程度不容乐观。我们在相关行业培训活动中曾做过多次测查,相当多的人分辨不清"一见钟情"的"钟"繁体应该写作"鐘"还是"鍾"、"复杂"的"复"繁体应该是"復"还是"複";至于同音合并的"系、係、繫"三字的职能在繁体古籍中如何分辨,就更是让不少人头疼了。遇到需要用繁体字排印文本时,往往先编辑好简化字文本,再用简繁转换软件转换成繁体文本。而很多一简对多繁的情况是无法完全靠软件实现正确转换的,尽管不少软件力图通过词对应及智能学习的方式提高转换的正确率,但仍然不能从根本上解决问题,靠人工校对也难以将转换错误处理干净。比如,"狂风一个劲儿地刮",用目前 office 系统自带的简转繁工具,转换结果是"狂風一個勁兒地刮",其中刮风的"刮"未能正确转换为"颳"。而"让衣服干一干再穿吧"一句的转换结果更是出人意料,竟转换为"讓衣服幹一干再穿吧",其中的两个"干"都应该转换为"乾",第一个转错了,第二个没有转。这确实是影响繁体文本编校质量的一个重要因素。

鉴于上述原因,不少人主张对部分明显影响简繁关系清晰度的简繁字组进行调整,有些学者还提出了应该调整的具体范围。《通用规范汉字表》专家工作组也曾针对相关现象做过专门研究,并根据某些意见提出过调整若干简繁字组的方案,在不同层面进行了广泛的讨论,最终大家形成的共识是:尽管部分"同音替代"的简化字影响了简繁关系的清晰度,但这种简化方式本身并不是完全消极的,如何恰当地采用"同音替代"及其他简化方式,还需要大量扎实的科学研究与社会调查,仓促调整部分繁体字,可能造成文化教育领域的波动,不利于社会用字的稳定。"汉字是一个整体,牵一发而动全身,在全民已经使用简化字半个世纪以后,感想式的任意恢复一部分繁体字,也是违背科学性的。"(王宁,2006)因此,《通用规范汉字表》暂未对繁体字的问题进行调整,作为弥补措施,在附表中对 96 组一对多简繁字组的记词职能进行了详细分解,以指导人们正确使用繁体字。

至于部分人借口弘扬传统文化,主张全面恢复繁体字,甚至将简化字说得一无是处,这就不是实事求是的科学态度了。在"简繁之争"中,最好不要先有感情色彩,而是要冷静思考,客观分析。简化字固然会影响一部分汉字的理据,但有些繁体字的理据也变得十分隐晦,不少字的理据只有追溯到小篆以前的古文字形体才能找到,对于这样的理据,实际上已经失去了应用的价值,将这些字加以改造,不仅没有降低汉字的理据性,如果改得得当的话,反而会提高汉字的理据清晰度。如繁体字"郵""審"二字,按《说文》的说解是会意字,但如今还有多少人知道"郵"字是如何由"垂""阝"会意的,"審"字又是如何由"宀""番"会意的呢?相对来说,它们的简化字"邮""审"改成了形声结构,在理据上变得更为清楚了。再如繁体字"態、織、戰、躍、繡、憲、遷、遞"等,名义上是形声字,但它们的声符已与整字的读音相差很远,而且笔画也比较繁复,将它们简化为"态、织、战、跃、绣、宪、迁、递",声音上更接近了,笔画也更简单了,这样的简化既方便了书写,又强化了汉字的理据,很好地实现了优化的目标。"可以说,简化汉字是以继承为主,其性质是汉字发展演变中的部分调整,而不是革命性的改变,那么简化字也就不可能对汉字的表意性造成什么根本伤害,现代汉字的表意性仍然突出,保持了系统性的稳定。"即使那些影响简繁对应关系清晰度的简化字,也只是个体现象,如果将来时机成熟调整个别简繁字组,就像 1986 年恢复使用"叠、覆"等字那样,也不会动摇整个简化字方案的根基,更不会动摇以简化字为国家通用规范汉字的基本国策。

四、类推简化范围问题

如上所述,1956 年公布的《简化汉字方案》三部分共收录 515 个简化字和 54 个简化偏旁,其中实际上已经隐含了类推简化的方法,但当时并没有说明哪些简化字可以作为简化偏旁进行类推、简化偏旁可以类推到什么范围,给社会应用带来了困惑。1964 年发布、1986 年重新发表的《简化字总表》回应了社会的这一关切,首先对《汉字简化方案》的结构进行了调整,虽然仍为三个表,但三个字表的内容和性质有了显著变化,每个表都是以"类推简化"这个概念为中心而设置的:第一表收录 352 个不作简化偏旁用的简化字;第二表收录可作类推偏旁的 132 个简化字和 14 个简化偏旁;第三表收录应用第二表的简化字和简化偏旁作为偏旁类推出来的 1 754 个简化字(1986 年重新发表《简化字总表》时调整为 1 753 个)。1964 年中国文字改革委员会、文化部、教育部《关于简化字的联合通知》还对类推简化的范围作了简要说明:"在一般通用字范围内,根据上述一、二两项规定类推出来的简化字,将收入中国文字改革委员会编印的《简化字总表》。"《简化字总表》"说明"中的解释更为具体:"现在为了适应一般的需要,第三表所列的简化字的范围,基本上以《新华字典》(1962 年第三版,只收汉字 8 000 个左右)为标准。未收入第三表的字,凡用第二表的简化字或简化偏旁作为偏旁的,一般应该同样简化。"由此可见,《简化字总表》和《关于简化字的联合通知》已经明确将类推简化限定在"一般通用字范围内",而且《简化字总表》还将"一般通用字范围"具体化为当时《新华字典》所收录的 8 000 字左右。由于当时仍然是铅字印刷,8 000 字左右的字量基本满足了印刷简体文本的需要,类推简化范围的限定和实际应用需求之间不存在明显的矛盾。所以,无论是 1964 年发布还是 1986 年重新发表《简化字总表》,都没有出现多少异议。

类推简化再次成为讨论的热点,是 2001 年启动《规范汉字表》研制工作前后。此时的语文生活面貌已经与 20 世纪 60 年代有了很大的变化:传统文化迅速走向繁荣和复兴,大量古籍进入普及领域,使用简体字排印出版;一系列大中型字典辞书相继问世,面向现代应用的工具书收字量越来越大;大型计算机字库相继建立,编码字符集的汉字数量已接近10万字的规模。在用字需求日渐扩大的情况下,类推简化的问题也就逐渐显露出来:《简化字总表》一表不允许类推,二表允许类推,这样就存在两种不同的简化方式,字数大量增加后,两种简化方式的矛盾就会被放大,从而影响了简化字的系统性;有些繁体字类推简化后,原字的结构被破坏,影响了构字的理据,也破坏了字形的美观;有些辞书对储存领域的汉字不限部位、不限层次、不限功能地无限类推,在汉字本来数量繁多的情况下,又人为地造出大量历史上从来没有使用过的"人造字"(王宁,2006),既违背了辞书存储汉字的历史真实性原则,也使汉字的总体系进一步繁化甚至混乱,给应用领域带来不便。

对于是否可以无限类推,学界有过较多的讨论。李先耕基于古籍整理领域无限类推简化所导致的混乱现象,提出"为普及目的出版的古籍可以采用简化字,不过应以《简化字总表》所列为限,不宜无限类推"(李先耕,2002)。苏培成早先也明确表示应该"有限类推":"如何确定类推简化的范围?是有限制的类推还是无限制的类推?……现实可行的办法是:类推要有范围,也就是要有个圈,不过可以把这个圈画得大一些。把《简化字总表》作为圈,显然小了些。如果把正在研制的《规范汉字表》作为类推简化的圈比较合适。按照我的理解,《规范汉字表》要收入记录现代汉语用到的全部字,也就是全部活字。写作中偶尔要用到个别的死字,也就是《规范汉字表》以外的字,也就不必类推。"他甚至设想完全取消类推简化的可能性:"如果取消类推简化字,只保留个体简化字,使简化字的字数控制在500多个字,使用起来可能比较方便。取消了类推简化,类推简化和个体简化的矛盾也就没有了,类推的封闭性或开放性的矛盾也就不存在了。从学术上说,这不失为一种选择。"(苏培成,2003)

《通用规范汉字表》研制过程中,将学界的意见归纳为三大类:第一种意见认为,除了已经在《现代汉语通用字表》中定型了的类推字外,这次规范字表不要再类推了,因为继续类推就是仍然扩大和继续简化汉字,是不符合汉字规范的精神的,并且会给信息处理产品带来很大的损失。第二种意见认为,如果同一个字表中有的类推,有的不类推,不能保持汉字的系统性,也难以记忆。而全部放弃类推又有"倒退"之嫌,因此认为应当完全遵照《关于简化字的联合通知》的精神,在《通用规范汉字表》的范围内该类推的一律类推。第三种意见认为,不仅《通用规范汉字表》的范围内一律类推,那些没有收入《通用规范汉字表》的"表外字"也同样可以类推。三种意见碰撞有些激烈,但主张表内字统一类推、表外字不类推的观点始终是主流,因此,《通用规范汉字表》最终选择了遵从当时的主流观点。

字表颁布之后,部分学者调整了自己的观点,如苏培成后来明确反对"表外字不再类推"的原则,认为如果执行"表外字不再类推"的原则,《简化字总表》里将有 31 个繁体字被恢复,在辞书里和文本里必然要出现同一个偏旁的字有的简化有的不简化的"怪胎"(苏培成,2013)。张书岩早先曾"倾向于要对类推简化规定范围,比如可限制在通用字(或再扩大一些)的范围内,在此范围之外,不再类推"(张书岩,2002)。后来她明确表示"个人的主张有了新的变化",认为"《通用规范汉字表》并不能覆盖当代社会用字领域的全部,超出字表范围的字不准类推简化,必将导致当代用字中出现繁体字,进而从根本上动摇国家的汉字简化政策"(张书岩,2014)。这些学者前后认识的变化,一方面与《通用规范汉字表》收字规模的前后变化有关①,另一方面也从另一个侧面反映了这一问题的复杂程度。

其实,所谓的"表外字不再类推",本身就不是一个绝对的概念,因为《通用规范汉字表》(2013)"说明"第十条明确表示:"本表可根据语言生活的发展变化和实际需要适时进行必要补充和调整。"既然"表内字"是一个动态的概念,真正在现代汉语通用层面有实际需求的"表外字"也可以适时调整为"表内字",这样的话,对于确实需要类推同时又符合通用字标准的字其实是没有绝对限制的,但前提必须是书写现代汉语通用文本真正需要的字,而不是说任何收入字典辞书或电脑字库的字都要类推。因此"表外字不再类推"不应该成为争论的焦点,而真正需要关注的是如何通过科学手段动态监测语文生活的变化,对《通用规范汉字表》的收字进行适时调整。

上述几个问题既是过去讨论的热点,也是目前关注的焦点。当前社会语文生活的快速变化,又为这些热点问题带来新的机遇和挑战,或者使之更为复杂,或者助其迎来曙光。虽然本文主要从出版印刷的视角进行讨论,但这些都是关乎众多领域的普遍性问题,过去是、现在也是,仍然应该作为语言文字工作的重点。出版印刷领域在汉字规范应用方面具有很强的示范作用,解决好这个领域

---

① 2007 年 4 月 22 日完成的《规范汉字表》(送审稿)初稿收字总量为 12 009 字,后经反复讨论,多数专家认为应该强调字表收字的通用性,除更名为《通用规范汉字表》之外,在收字标准上也更加严格,最后逐步减少至 8 105 字。

的难点问题,必将有力促进全社会汉字应用水平的整体提升。

参考文献

曹乃木,1980.印行古籍及有关书刊的字形处理[J].出版工作,(5).

陈天泉,1984.《印刷通用汉字字形表》浅议[J].文字改革,(3).

程荣,2004.新旧字形问题刍议[C]//汉字字形研究,北京:商务印书馆.

费锦昌,1983.字形规范化的必要性和基本原则——《印刷通用汉字字形表》解说之一[J].文字改革,(1).

《规范汉字表》课题组(张书岩执笔),2002.研制《规范汉字表》的设想[J].语言文字应用,(2).

教育部,国家语言文字工作委员会,2013.通用规范汉字表[M].北京:语文出版社.

国家语言文字工作委员会,1994.关于社会用字管理工作的意见[J].语文建设,(11).

李先耕,2002.简化字应否无限类推——读横排简化字整理本古籍有感[J].求是学刊,(2).

李义琳,林仲湘,1997.也谈新旧字形和语文辞书字形规范——兼与刘蕴璇先生商榷[J].语文建设,(4).

林仲湘,1984.也谈古籍整理中字形问题的一些意见[J].广西大学学报(哲学社会科学版),(2).

林仲湘、李义琳,2008.略论新旧字形的规范问题[J].语言文字应用,(1).

刘蕴璇,1996.从"惧俱""誤误"谈语文辞书的字形规范[J].语文建设,(12).

刘蕴璇,1998.论辞书字形规范[J].汉字文化,(4).

濮之珍,1964.促进汉字简化工作[J].文字改革,(7).

苏培成.表外字不类推简化不可行[N].中国教育报,2013年11月13日第007版.

苏培成,2002.有关新字形的三个问题[J].广播电视大学学报(哲学社会科学版),(4).

苏培成,2003.重新审视简化字[J].北京大学学报(哲学社会科学版),(1).

王立军,2010.印刷宋体字形规范的必要性和可行性——兼谈《规范汉字表》

的字形调整问题[J].云南师范大学学报,(6).

王敏,刘朋建,2014.外语中文译写规范工作的原则与方法——兼及新时期国家语言文字规范服务工作的特点[J].语言文字应用,(3).

王宁,2006.再论汉字规范的科学性与社会性[J].语言文字应用,(4).

殷焕先,1978.学习《第二次汉字简化方案(草案)》——试论同音代替与形声字[J].文史哲,(2).

张书岩,2014.再谈汉字的类推简化[J].北华大学学报(社会科学版),(1).

复盘与导读

汉字的规范应用是中华文化传承与发展的重要需求,是事关文化自信和国民素质提升的基础性工作。特别是近年来,汉字应用多场域、多主体的发展特点和国际化、信息化的发展趋势,为新时期汉字应用研究赋予了新任务与新使命。王立军教授的《当代汉字应用热点问题回顾与思考》一文,围绕"通用印刷汉字字形的优化""繁体字字形的标准""简繁对应关系的明晰化""类推简化的范围"这四个汉字应用领域的热点问题,分析问题产生的深层原因和历史沿革,审辨重要学者的代表性观点,基于学理规律和社会现实提出自己的见解与构想,是一篇既具总结性质、也有创新见解,既具理论深度、又有时代意义的高质量学术论文。无论是思考问题的角度还是行文布局的章法,都值得深入学习。

文中讨论的汉字应用"热点问题",都是汉字规范领域的历史遗留问题,同时又是当代汉字应用亟待解决的关键性问题。本文所体现的问题意识,集中体现在作者梳理沿革、考辨异解、提出己见的思考模式上。

传统学术研究讲求"考镜源流,辨章学术"。对于汉字应用领域的研究,同样需要梳理历史沿革、探明来龙去脉。本文每一小节开篇,都用较多笔墨梳理相关政策文件及时代背景,为问题讨论打下了坚实基础。如谈及类推简化的范围问题时,文章指出:在《简化字总表》颁布和重新发表时,8 000字左右的字量基本能够满足社会的实际需求,所以类推简化问题未引起较多异议。而在新世纪以来,古籍印刷、辞书编纂相继展开,社会用字需求量大幅提升,类推简化的范围问题就逐渐显露出来。这一论述探明了类推简化问题产生的社会背景,同时也为问题的破局找到了方向——关键在"范围"。基于这一认识,文章从"'表内字'是一个动态概念"出发，质疑"表外字不再类推"这一现有论争焦点，提出应当更加关注"《通用规范汉字表》收字范围的适时调整"问题。由此可见，源流层面梳理清晰，才能为问题的解决找准方向。

不同学术观点的产生，是学者基于不同视角对问题进行思考的结果。所以，整理异解异说就要有意识地从具体观点中归纳其研究视角。带着这样的问题意识去梳理文献，才不会陷入各种观点而无所适从。如文章在"繁体字字形标准问题"的论述部分，就明确指出不同观点论争的焦点：繁体字字形标准争论的关键在于新旧字形的择选。基于这一焦点，文章提出质疑：对"繁体字字形标准问题"的既往研究在本质上均囿于"新旧字形"这一概念框架。在此基础上，作者提出了自己的观点："繁体字字形标准的研制，并不是在新旧字形之间的抉择问题，而是必须打破'新旧字形'的藩篱，另外寻找新的思路。"可见，概括论争视角，发掘个中局限，也就能打破僵局，提出更有建设性的问题解决方案。在论述过程中，也要用抽取出来的总体认识来组织具体观点，做到统分结合、有评有述。如文章对于《印通表》隐性问题的相关探讨，就归纳为"《印通表》没有提供详细的字形整理细则"和"《印通表》所收新字的内部原则存在不统一现象"两个方面。在此框架下，又分别征引了数家观点，为读者充分了解《印通表》的历史局限提供多元支撑。

梳理沿革、考辨异解，最终都是为提出观点服务。本文的核心学术价值，正在于作者针对汉字应用领域的一系列难点问题，提出了富有建设性和指引性的意见。汉字应用问题的复杂程度和难易程度并非完全一致，作者也遵循具体问题具体分析的原则，从不同层面亮明自己的学术观点。例如"通用印刷汉字字形的优化"问题，受多种因素的影响，字形的局部调整工作现阶段并未完成，所以作者指出了未来发展的长远方向："汉字字形的进一步规范化、标准化是必然趋势。"该文撰写阶段正值《古籍印刷通用字规范字形表》的研制阶段，针对"繁体字字形标准问题"，作者就从具体操作层面提出了"系统性""流通度""理据性""简约性"四条准则。针对"简繁对应关系明晰化问题"，作者结合典型例证，有力阐发了"主张全面恢复繁体字并非科学态度"的观点。针对"类推简化范围问题"，作者指出应当动态检测语文生活的变化，对《通用规范汉字表》的收字进行适时调整。文章针对热点问题提出的解决方案或为宏观设想，或为具体思路，或为价值评述，或为路径方向，体现了作者对这些问题深入的学术思考和实事求是的学术态度。

正因为本文对于每一个热点问题都提出了相应的深度思考,文章在2020年初发表后不久,即被人大复印资料《语言文字学》全文转载,产生了较大的学术反响。汉字整理与规范是一个既需明辨学理,也需关切现实的研究领域。本文的研究既依托作者在汉字学专业领域长期的理论探索,也离不开作者研制《通用规范汉字表》《古籍印刷通用字规范字形表》等国家级汉字标准的实践经历。在学习此文核心观点和写作理念的同时,我们也可获得治学路径层面的启发:学术研究需要获取"淹博"的学术给养,这其中既需要理论知识的积累,也需要实践经验的积淀;还需培养"精审"的学术眼光和"识断"的学术素养。只有这样,才能发现有价值的学术问题,才能鉴别有价值的学术观点,才能进行有价值的学术考辨,从而提出有价值的学术新见。

白　如
北京师范大学中国文字整理与规范研究中心

梵汉对音与中古音研究*

储泰松**

一、梵汉对音研究小史

运用传统的方法、材料研究汉语音韵学,到清儒那儿已臻极致。要想有所发展,就必须拓宽研究视野、方法,挖掘新的材料。正因为这种时代要求,1923年北大《国学季刊》发刊词提出"用梵文原本来对照汉文译音的文字,很可以帮助我们解决古音学上的许多困难问题",加上外国学者马伯乐、钢和泰等人的研究成果相继介绍到国内,终于导致了音韵学史上古音研究的一场大辩论,掀起这场辩论的是汪荣宝《歌戈鱼虞模古读考》,后来钱玄同、林语堂、唐钺、章炳麟、徐震都加入了辩论的行列。大辩论的结果,使得"梵汉对音是研究音韵学的重要材料"这一观念为人普遍接受(徐通锵,1980),但这一时期的研究忽略了一个重大的原则问题,即所采用的材料与所考证的古音时代有参差,如钢和泰用唐宋时的译音材料来论证上古汉语语音,这显然违背了常理,所以罗常培(1931)认为应用梵汉对音考证汉语古音的方法有相当的限度,但他又认为用它来推证守温字母的音值,比较用别的方法还更靠得住一点。罗氏的这个意见影响了后来的一大批人,人们运用梵汉对音材料只是为了考订某些声母的音值,或考察个别韵部的古今沿革,像陆志韦的《古音说略》、李荣的《切韵音系》、邵荣芬的《切韵研究》等,都是如此。直到1979年俞敏先生发表《后汉三国梵汉对音谱》之后,梵汉对音的研究才出现新局面,人们开始用这些材料来考察断代语音系统或某一地域的方音系统,深度有所加强,视野也较前期开阔。

国外学者研究梵汉对音也经历了一个曲折过程。早期学者只是注意到梵汉

---

* 原载《古汉语研究》1998年第1期。人大复印资料《语言文字学》1998年第6期全文转载,又收入《佛典语言研究论集》,芜湖:安徽师范大学出版社2014年版。本书收录时略有修改。

** 储泰松(1966—),安徽师范大学教授,博士生导师。

对音的拼法,并没有用它来考订古音;高本汉(1940;1987:22)利用过很多译音材料,唯独对梵汉对音材料怀疑有加;马伯乐(1920)注意到密咒对考证语音系统的功效,到 1923 年钢和泰发表《音译梵书与中国古音》才正式从理论上论述了利用梵汉对音材料考证汉语古音系统的可行性,由于是草创,这个理论还不完备,因而后人多有修订,罗杰瑞(1995:37)就认为域外借音只是邻国所用的交际媒介,服从于他国语言内部发展的历史规律,只有对译音进行系统研究之后才可作为构拟古音系统的参考。但这些学者都没有对译音材料作过具体分析,真正致力于整理梵汉对音材料、进行深入的专题研究,较早的有日本的水谷真成和加拿大的蒲立本,而近期则唯有美国的柯蔚南独撑大局。这三位的研究涉及梵汉对音的方方面面,对上古、中古汉语语音系统多有阐发。但他们也有个致命的弱点:过分相信材料,把有些可能是校勘上的问题极力解释成汉语语音上的某种特殊现象,大大降低了结论的可信性。

二、对中古音系的发明及质疑

2.1 声母的音值

2.1.1 梵文 c 组对音的参差与汉语精庄章三组的分合

c 组的音值,前后分为两大部分,不空之前对译汉语的章组,不空之后改对精组,标准梵文的 c 读[tɕ],与前贤的章组拟音相合;对精组,表明它的音值变成了[ts]等,这确实令人疑惑不解,因为从语音学上说,ts>tɕ 容易,而 tɕ>ts 这样的演变在今天的方言中很少见(云南、山东方言中有这种演变,见何大安,1985;张光宇,1992)。究其原因,罗常培(1931)认为是梵文方音不同抑或是宗派的关系所致,水谷真成(1956)也认为读精是北天竺一系的方音。对于这种改读,简单地归之于梵文方音不同有失偏颇,它可能与当时的西部方音不无关系。目前学界流行的意见是,承认这种现象的存在,但汉语方言中精章仍然有别,精是舌头音,章是舌面音。

船、禅的音值与传统的说法不一样:禅纽对 jh、j,船纽僧伽婆罗(东晋)与周隋经师同对 j,不空、施护、惟净对 ś,所以陆志韦(1947:10-12)认为唐朝方言里一定有分不清楚的,《切韵》系统里禅是塞擦音,船是擦音,这与同期的反切材料相吻合;《玉篇》《经典释文》有禅无船,《集韵》船、禅相混,另外守温字母有禅无船,唐五代藏汉对音材料床、审、禅不分。从对音看,唐中叶以前船、禅位置颠倒,陆志韦之说大抵可信,到宋初某些方言里船、审、禅合一。

从表1看看历代经师c组对音的情况：

表 1　c 组 对 音 表

	c	ch	j	jh	ś	ṣ
鸠摩罗什	章	昌	禅	禅	书	生
法显						
阇那崛多	章	昌	禅/船		书	生
玄奘	章	昌	禅		书/生	生
义净					书	
不空	精/章	清/昌	日/从/禅	从	书/船	生
慧琳					书	
施护	精	清	日	从	书/生/船	书/生
惟净						

从对音看，照系二、三等在宋以前有别，c组对章组，kṣ对初组，ṣ对生组，ś对书组。到宋初，kṣ对昌初二组，ṣ、ś混对生、书二组，可见此时照系二三等已合流，但与知组有别，因为ṭh只对彻纽，从不对昌、初二组。

2.1.2　知端两组的混用与分化

后汉三国两组混用不分。在鸠摩罗什译音里，情况比较复杂：一方面，从译经来看，ṭ对知组、来纽，ṭh对透纽，ḍ对定、来、澄纽，ḍh对定纽，ṇ对泥、娘、日组；一方面，《悉昙章》字母译音里，ṭ组是端知混对，如 ṭa/ṭā 吒，ṭu/ṭū 嘟，ṭhai/ṭhe 蛋，ḍu/ḍū 啳，ṇi/ṇī 尼，ṇu/ṇū 呶，ṇe/ṇai 耐，从这种情形看起来，端知合中有分的大势，也就是说知纽已开始了分化。除了上面的证据以外，还有两点可以证明：① 圆明字轮译音 ṭa 对吒，ṇa 对拏，ṭha 对咃；② ṭ组译端组，不混入知组字，而且对ṭ组的端组字多加口字旁，表明与端组有异，但又没有适当的用字。到周隋以后的译经里，端知两组塞音完全分用，只是泥娘两组有参差（参见表2）；周隋经师完全区分，玄奘虽有混用但分势明显，不空以后分用不混。

2.1.3　轻重唇音的分化时间

历代对唇音的是p组及半元音v。周隋以前p组轻重唇音混对，v对匣组合口、喻₃、帮系(主要是帮、並、奉三纽)。唐以后,p 组对帮组;v 的对音情况是:玄奘对並奉两组,不空对非奉微(非又对 ph,奉微又对 b),义净对並奉,施护对明奉微,惟净只对微纽。古吠陀语 b、v 可互换,所以 v 可对並纽。从对音看,玄奘以前还找不到轻重唇分化的痕迹。玄奘译音对前代的改译,一个重要内容就是把前代拿 p 等对轻唇的字都改为重唇,如 subhuti 苏部底,"旧曰须扶提,讹也"。

据此,施向东认为 7 世纪轻重唇已有别,稍后的于阗文转写《金刚经》中,帮组对 p、ph、b、m,非组对 hv、v,绝不相混,轻重唇已然分开(张清常,1963;水谷,1959;高田,1988)。不空以后,由于 v 主要对奉微,非组对 ph,而惟净只对微纽,据此推测,非组音值该是[pf]一类。

2.1.4 晓匣喻音值的变迁

后汉三国晓纽对 h,匣纽合口、喻₃对 v,匣纽开口对 g,喻₄对 y,鸠摩罗什的译经格局相同,到周隋经师那里,晓纽与匣纽开口对 h,匣纽合口与喻₃对 v,喻₄对 y,到玄奘以后,晓匣都对 h,喻₄对 y,喻₃不出现。由此可见,晓纽一直是[x],而匣纽却经历了一个"二合一"的变化过程:$\left.{g \atop v}\right\}$x,也就是说,中古匣纽的上古来源有两个:一是读 g 类,一是读 v 类,这与罗常培(1937)、邵荣芬(1991)的考证相合。

现在的问题是要确定匣纽合口与喻₃的音值。对音的参差表明两者之间关系非浅,柯蔚南(1993:888-890)认为 v 是一个强擦音 w,可以把匣纽合口与喻₃当作是同一音素的两个音位变体:[ɦʷ]喻₃和[ɣʷ]匣合。俞敏(1979)认为两者都是 w,"看起来这些字从来没经过[ɣʷ]一阶段。到唐朝,人们把它们和另外一部分来源不同的音合成一个匣纽,那是两支合流"。王力(1985)认为中唐以前(836AD)匣纽、喻₃读同 ɣ,晚唐以后喻₃并入喻₄,读 j,匣纽读浊擦音 ɦ。

仔细考察历代对音材料,我们发现译音中出现的喻₃纽字也全是合口字,但偶尔也有对 h 的,如 rāhul 罗云(支谦),bṛhatphala 惟于潘(支谶),据此,可将匣合、喻₃合拟做[ɦʷ],到唐中叶,匣纽开合口合流,进而与晓纽合并:

$$\left.\begin{array}{l}匣\begin{array}{l}\nearrow g[g]\rightarrow[\gamma]\\ \searrow v[\text{ɦ}^w]\rightarrow[\gamma^w]\end{array}\Big\}[\gamma]\\ 晓[x]\end{array}\right\}[x]$$

而喻₃纽合口的演变是[ɦʷ]>w(它是个强擦音,也可作 v),可能从来没有并入过喻₄纽(至少在译音方言里如此),因为中唐以后 y 都用喻₄对,从不夹进一个喻₃纽字，唐五代藏汉对音(罗常培，1933)也是喻₃合口对 ɦw，喻₃开口和喻₄对 y。另外，下列材料也能说明匣、喻₃的参差及其音值(冯承钧，1982；季羡林，1993)：

a) Uigur(维吾尔)：《魏书》称袁纥、乌护、乌纥，《隋书》称韦纥、回纥，《旧唐书》称回纥，唐中叶改称回鹘，元代碑记则称卫兀、伟吾尔。袁韦卫伟是喻₃，回护纥鹘是匣纽。

b) Awar：《大唐西域记》译活国，《旧唐书》译遏换城，《新唐书》译阿缓城。活、换、缓皆匣纽。

c) Waxs：《大唐西域记》译镬沙。镬是匣纽。

d) 楼钥《攻媿集》卷七十二：上梁文必言"儿郎伟"，旧不晓其义……"㥐"本音闷，俗音门，犹言辈也。独秦州李德一案云："自家伟不如今夜去"云……所谓儿郎伟者，犹言儿郎㥐，盖呼而告之，此关中方言也。

"伟"是喻₃纽字(唐代又作"弥、珥"，见《因话录》卷四)，"㥐"是明纽字，两者之间要构成音近关系，只有喻₃是 w 或 v，读同微纽，而在中古的西北方音里(秦州即今甘肃天水)，m(明纽)读 ᵐb(参下节)，《阿弥陀经》藏汉对音 'bwaŋ 正是用"往"字对，今甘肃甘谷县(属天水)称崖为 va²²，又音 wɣua，还可看到其演变痕迹(何天贞，1995)。

2.1.5 泥娘疑早期混用的面貌及日组音值

表 2　泥娘疑日对音表

	泥	娘	疑	日
鸠摩罗什	n ṇ	n ṇ	ṅ	ñ(n)
阇那崛多	n	ṇ	ṅ	ñ
玄　奘	n(ṇ)	ṇ(n)	ṅ	ñ
不　空	n d	ṇ ḍ ñ	ṅ g	j(ñ)
施　护	n d	ṇ ḍ	gñṅ	j
惟　净	n d	ṇ ḍ	g ñ	j

上文说过，n 对泥，ṇ 对娘，在周隋以后的对音里一直维持这种格局。ñ 的对音，请参看表 2，分成两类：玄奘以前对日组，不空对娘纽、日纽，施护、惟净对疑

纽,天息灾对日纽。前后颇有不同,施护对 ñ 的是"研倪"两个四等字,惟净 ṅ 对的是"誐岩愕",一二等字;"嶷诣虞",三四等字;对 ñ 的是"倪_{倪也切}语尧",有音无字的均加注以倪为切上字的反切(储泰松,1996),除而 ñai 外,全是三四等字,三四等有 i 介音,易使前面的 ŋ 发音部位前移,变成[ȵ],这与今天很多方言古疑母字逢齐齿呼读[ȵ]一致,可见这种现象可上溯到宋初。

中古日纽的音值,王力认为是颤舌音,正好与梵文 r 相合,若日纽是 r,则梵文 r 应对日纽字,可实际情形是对来纽,所以日纽不是颤音、卷舌音。日纽早期对 ñ,其音值是[ȵ],后来改对 j,读作[ndʑ]>[nʑ]。

2.1.6 鼻冠浊声母问题

中唐以后,对音出现了一些不同于前代的变化:汉语的疑、日、娘、泥、明五纽既用来对梵文浊塞音 g、j、ḍ、d、b,又用来对鼻音 ṅ、ñ、ṇ、n、m。这种现象是马伯乐 1920 年在研究不空的梵汉对音时首次发现的。他看到不空用鼻音尾的鼻声母汉字对梵文鼻辅音,用无鼻音尾的鼻声母汉字对梵文的浊不送气塞音,如 na 曩、ba 麼,据此他认为汉语的鼻音通常在除阻时带有一个塞音,如 n>nd, m>mb,但如果这个音节带鼻音韵尾,那么在鼻音的影响下,整个音节就会产生鼻化,不再保留鼻声母除阻时的塞音。十多年后罗常培(1933)根据唐五代的藏汉对音材料和厦门方言印证了马伯乐的观点,后来陆志韦(1947)在研究唐佛陀波利译《佛顶尊胜陀罗尼经》(仪凤四年,679 年)时发现佛陀波利就已应用了不空系统,所以他认为唐初的长安音就已有了上述现象。但不久周法高(1948)通过不同版本对勘,发现只有高丽本大藏经和法崇《佛顶尊胜陀罗尼经疏》所载属不空系统,而宋本、明本大藏经是玄奘系统,唐代石刻此经咒文多与宋本、明本同,而法崇曾游学于不空三藏门,鉴于此,周氏也倾向于马伯乐的说法。根据刘广和(1982)的研究,马伯乐对不空译音中这种现象的考察是极其片面的,其结论有待推敲。于是人们提出新的解释:聂鸿音(1985)根据《悉昙字记》认为这是梵语方音的反映;刘广和(1982)认为中古的长安方言鼻声母有浊塞音成分,有鼻音尾的鼻声母字由于共鸣作用而鼻音成分突出,所以较多地对梵文鼻辅音;尉迟治平(1985,1986)认为这是古汉语鼻塞复辅音声母流变的结果,因为鼻塞复辅音声母的分化要经历一个鼻音和浊塞音自由变读的阶段,中唐以前,次浊字仍为鼻塞复辅音,大约鼻音成分明显,所以用来对梵文的鼻音;而在 8 世纪前后的西北方言中,次浊字进入了自由变读的阶段,所以不空学派既用以对鼻音,又用以对塞音。

以上三种解释,第一种梵语方音的反映,笔者(1996)多有辩驳,刘先生之说与马伯乐并无本质区别,但他没有说明不空时期的长安音为何突然出现这种现象,因为在此之前很多在长安译经的僧人并没有以鼻声母对浊塞音,尉迟先生以鼻音成分强弱与自由变读解决了这个问题,但这个说法似乎要依赖下面这个前提:中唐以前的方言中这种鼻塞音都是鼻音成分强于浊塞成分,首先在西北方言里进入自由变读阶段,因为在此之前无论是在南方还是在北方的译音中都没出现过鼻声母的这种两对现象,不过这个说法仍有很大的解释力。

我们认为这种现象是原始汉藏母语在汉语中的遗留,西北地区由于多民族长期杂居,民族间交流频繁,使得它有可能更多地保留原始母语的特点。随着唐代国力的逐渐强盛,文明远播,长安音逐步取代中原音成为通语的基础方音,而译音采用的正是通语,因而盛唐以后不空系统逐渐推而广之。据我们观察,这种对音现象始出自隋阇那崛多,中经唐善无畏、金刚智,至不空而臻其极,这正好反映了长安音取得通语地位的曲折过程。据此,对音反映出的这种鼻声母音值是:

疑[^{ŋ}g]　　泥[^{n}d]　　娘[^{ɲ}ɖ]　　日[^{n}dz](>[nz])　　明[^{m}b]

2.2 韵母的音值

梵文元音不像辅音那样丰富,总共只有 14 个,而常出现的实际上只有 11 个,再除去长短的音素,梵文的元音就显得更加贫乏。而根据前贤的研究,中古汉语的韵母是相当丰富的,这种对比悬殊,给我们全面探讨韵母的音值带来诸多不便,但是大的发展脉络还是一清二楚的。

2.2.1 辅音韵尾的格局及其变化

从后秦的鸠摩罗什到宋初三大士施护、天息灾、法天,对音反映出来的汉语辅音韵尾面貌如下表 3:

表 3　汉语韵尾辅音对音表

	入　声　韵			阳　声　韵		
	舌头	舌根	双唇	舌头	舌根	双唇
鸠摩罗什	t、d、l、r	k	p	n、ñ、ṇ	ṅ	m
僧伽婆罗	t、d、l、r、s、c、j	k、g、h	p	ñ、n、ṇ、ø	ṅ、m	m、ṃ、n

续表

	入 声 韵			阳 声 韵		
	舌 头	舌 根	双 唇	舌 头	舌 根	双 唇
阇那崛多	t、d、l、r、s、j	k、ø	p、b、ø	n、ṇ	ṅ、m̐	m、m̐
玄 奘	t、d、r、l、s、c、ø	k、g、h、ḥ、ø	p、b、v	n、ṇ、ñ	ṅ、n、ø	m
义 净	t、d、r、l、s、ø	k、g、h	p、v	n、ṇ、ñ	ṅ、n、m	m
不 空	t、d、r、l、s、c	k、h、ḥ、s	p、b、v、r	n、ṇ、ñ、ø	ṅ、n、ø	m、n、ø
慧 琳	t、d、r、l、c、ø	k、h	p、v	n、ṇ	ṅ、ø	m
施 护	t、d、r、ø	k、ḥ、ø	p、b、v	n、ṇ、ø	ṅ、n、ø	m、n、ø
天息灾	t、d、r、l、c、ø	k、h、t	p、v	n、ṇ、ø	ṅ、n	m、n、ø

说明：ŋ、ñ 与 n 音值相近，m̐ 随其后辅音发音部位而变化；ø 指对的是开音节。

从表 3 中可以看出，对音虽然有点混乱，但是 -p、-t、-k 与 -m、-n、-ŋ 相配的面貌还是整齐的，混乱还不足以动摇三分天下的格局。入声尾里，只有唇音尾比较完整而单一，看起来它是最顽强的。收舌尾从鸠摩罗什开始就有不同程度的混乱，反映出它的消变和弱化过程很早就已开始，其中又以 -t 尾变化幅度最大，变化早期可能只是个别词的脱落，到晚期才是成批成系统的，折射出入声尾由塞音到喉塞再到开音节的变化步骤。阳声尾对音不像入声那样混乱，从表 3 中可以看到唇音尾消变的轨迹。舌根鼻音的脱落以及对前鼻音 -n，只出现在宕摄、梗摄清青韵、曾摄登韵，这可与同期的汉文材料如敦煌别字异文相印证。

2.2.2 介音的类别及音值

由于梵文音节构成是辅音永远冠于音节之首，多数音节都是一个辅音加一个元音构成，译音时也是用一个汉字去对一个梵文音节，这样从对音中来考察汉语的介音就显得相对困难，但也有两种音节的对音让我们窥测到汉语介音的某些蛛丝马迹：

① 辅音＋y＋元音

三四等字对译，四等字常是阳声韵先、添韵字。从比例上看，三等占绝对多数，鸠摩罗什不用四等字，据此推测，三等韵有 j 介音，四等没有 j 介音，用来对这种音节是受元音的影响(ya 平化是 e)。三等字也有不对这种音节的,但起首辅音限于 k 组、c 组、ś 等几类,除 k 组外,这些辅音都容易衍生出元音 i。以 i 为主元音的韵也没有 j 介音。另外,遇流通三摄和臻摄合口韵的三等字也从不对带 y 的音节,特别是唇音字和舌音字。到不空以后,这种音节三四等字混对,可能反映出汉语语音的变化导致音素的重新组合,因而研究对音的诸家都认为中唐以后三四等合流。

② 辅音+v+元音

这种音节只对合口字,看来合口字有 u 介音,但在下列情况下,合口字没有 u 介音:第一,主元音是 u 的;第二,唇音字;第三,匣纽合口字和喻三纽字(周隋以前)。从对音看,唇音字不存在开合口对立,因为除了带 v 的这种音节和 u、o 元音对合口字外,一般不出现合口字,只有唇音字例外,开合口字交替出现,看不到明确的分野。

③ 重纽介音

说重纽介音不同,主要是受到下面三个方面的启发:第一,梵文 r、r̄、ḷ、ḹ 四个元音本是拿响辅音(liquid)作主元音用,汉语没有这种音,翻译时分成两派:一派译鲁流卢楼(谢灵运《十四音训叙》),带有 u 音色,这是南印学派,多见于隋以前;一派译乙上乙去力上力去(慧琳《一切经音义》),这是中印学派,见于唐以后(俞敏,1984;另参饶宗颐 1993:190,199-202)。诸家从 r(＜r)对乙上、r̄(＜r̄)对乙去推测,重纽三等有介音[ɹ];第二,上文说到,"辅音+y+元音"音节主要用三等字对,零星地用四等字对,但在重纽韵里,却调换了位置:带 y 的音节只用重纽四等字对,而从不用重纽三等字对,这个规律无例外(玄奘、不空);第三,对音中出现了重纽三四等的对立:kṣi 绮器/khi 企弃(不空、义净),grid 姞 krit 讫 grān 乾 vrij 佛/khya 企 ki 吉(玄奘);第四,藏汉对音出现了类似情形:żaṅk' ribżer:尚绮立热(唐蕃会盟碑),绮是重纽三等字,对 k'ri。综上四点,各家都认为中古北部方言里存在 r 介音,出现在重纽三等韵,这样重纽三四等的区别就是介音 r、j 的区别。这种对立到宋代译音里已不复出现。

2.2.3 各摄主元音的变异

各摄对音用字数量参差不齐,有些韵对音用字很多,而有些韵字则干脆不出现,同一韵,不同的译主用字数量也不相同。各摄对音情况请看表 4。

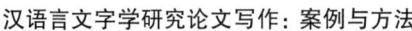

表 4 各家十六摄主元音对音表

	山	咸	梗	曾	深	臻	止	蟹	遇	通	流
鸠摩罗什	a(i₄)	a	a	a₁、i₃		i(e)真 u 文魂	i(e)脂 e(i)支 i 微	i(e)齐 e、ai 祭泰 e 卦	u、o(a 鱼)	u(o)	u(o)
僧伽婆罗	a、e₄	a、u₁	a	a₁、i₃	i	i 开口 u、o 文魂	e 支 i 脂之	e 齐咍 a 佳 e、ai 祭泰	o、u 虞 u 鱼 o 模	u(o)	u(o)
南那崛多	a、e₄	a	a₂、i₃	a₁、i₃	i	i 臻欣 e 臻 u 合口	i(e)	e、ai(i₄)	u、o	u	u
玄奘	a、e(i)₄	a	a、(e₄)	a(i)、i(a)₁	i、u	i(a、o)开口 u(o)合口	i	e、ai	u(o)模 u、o 鱼模	u (o)	u (o)
义净	a、i(ai)₄	a、u 覃凡	a、i₃,₄	a₁、i₃	i、u	i 开口 u 合口 (a 痕 a 欣)	i(e)	i、e、ai	o、u 虞 u 鱼模	u (o)	u (o)
不空	a、e₄	a	a、 i、e₃,₄	a₁、i₃	i、u	i 开口 u 合口	i(e)	e、ai(i₄)	u(o)模 u 鱼模	u	u(o)
慧琳	a	a	i₃,₄	a₁	i	i 开口 u 合口	i(e)	e(i)、ai	u(o)	u	u
施护	a	a(o)	i(e)₃,₄	a₁、i₃	i	i 开口 u 合口 (e 桁 a 痕)	i、e	e(i)、ai	u、o	u (o)	u (o)

说明：①字母右下方数字表示等，如 i₄ 表示 i 只对四等；② a、i、u 均包括各自的长音 ā、ī、ū；③ 括号中的元音表示出现的次数极少；④ 效摄对 au、av(<au)，果假宕江四摄历代对 a、ā，故略。

对照上表,我们可以看出各摄韵类分合的大致情形:

山摄、咸摄主要对 a,四等先韵又对 i、e,仙韵僧伽婆罗、不空也对 e。僧伽婆罗又以 u 对覃、谈,义净以 u 对覃、凡,颇与后汉三国对音格局相同。

梗摄庚耕韵各家均对 a,三等隋代对 i,唐初四等对 e,唐中叶以后三四等合流,对 i。

曾摄历代对音比较一致,一等登韵对 a,三等蒸韵对 i。

深摄对 i,但唐代玄奘、义净、不空又对 u,出现在阳声韵字上。另,隋南天竺僧人达磨笈多,梵名 dharmagupta,gup 译笈,是隋代缉韵也可对 u,这也与后汉三国相同。

臻摄开口一般对 i,偶或有对 e 的。其中痕韵有对 a、o,臻韵字历代各家几乎不出现,只有阇那崛多与施护用 se 译瑟;合口一般对 u,偶尔也对 o。

止摄与蟹摄:两晋南北朝时期两摄多相混,隋代以后分野逐渐清晰。鸠摩罗什与僧伽婆罗颇为相似,支韵、齐韵主要对 e,偶尔有对 i 的,脂之微(罗什无之韵字,婆罗无微韵字)对 i,脂韵个别字罗什 i、e 两对,祭泰废韵对 ai、ac(>ai,c 代表辅音)。隋以后,止摄主要对 i,蟹摄主要对 e、ai。

遇摄与流摄:遇摄模虞韵历代均对 u、o,而鱼韵字则很少出现,后汉三国译音鱼部、歌部多有牵涉,晋以后鱼韵对 a,也是这种现象的遗留(至少存留在某些方言中);流摄多对 u。

参考文献

冯承钧,1982.西域地名[M].北京:中华书局.

高本汉,1940.中国音韵学研究[M].北京:商务印书馆.

高本汉,1987.中上古汉语音韵纲要[M].聂鸿音译.济南:齐鲁书社.

高田时雄,1988.于阗文文书里的汉语词汇[J].汉语史诸问题,京都大学人文科学研究所.

何大安,1985.云南汉语方言中与颚化音有关诸声母的演变[G]//史语所集刊,56 本 2 分册.

何天贞,王天佐,1995.甘谷咀头话里的藏缅语底层[J].民族语文,(1).

季羡林,1993.论儿郎伟[G]//庆祝饶宗颐教授七十五岁论文集.北京:中华书局(香港).

柯蔚南,1990. Notes on Sanghabhara's Mahāmāyūrī Transcription，CLAO，V19(2).

柯蔚南,1991.义净梵汉对音探讨[J].语言研究,(1).

柯蔚南,1993. BTD Revisited—A Reconsideration of the Han Buddhist Transcriptional Dialect[G]//史语所集刊,63本4分册.

刘广和,1982.不空密咒与唐代八世纪长安音[D].北京师范大学硕士学位论文.

陆志韦,1947.古音说略[M].哈佛燕京学社.

罗常培,1931.梵文颚音五母的藏汉对音研究[G]//史语所集刊,3本2分册.

罗常培,1933.唐五代西北方音[M].北京：科学出版社.

罗常培,1937.经典释文和原本玉篇反切中的匣于两纽[G]//史语所集刊,8本1分册.

罗杰瑞,1995.汉语概说[M].张惠英,译.北京：语文出版社.

马伯乐,2005.唐代长安方音考[M].聂鸿音,译.北京：中华书局.

聂鸿音,1985.慧琳译音研究[J].中央民族学院学报,(1).

饶宗颐,1993.梵学集[M].上海：上海古籍出版社.

邵荣芬,1991.匣母字上古一分为二试析[J].语言研究,(1).

施向东,1983.玄奘译著中的梵汉对音和唐初中原方音[J].语言研究,(1).

水谷真成,1994.慧琳的语言谱系[G]//中国汉语史研究,东京都：三省堂.

水谷真成,1959.Brahmi文字转写"罗什译金刚经"的汉字音[G]//名古屋大学文学部十周年纪念论集.

王力,1985.汉语语音史[M].北京：中国社会科学出版社.

徐通锵,叶蜚声,1980.译音对勘与汉语的音韵研究[J].北京大学学报,(3).

俞敏,1979.后汉三国梵汉对音谱[G]//中国语文学论文选,日本光生馆出版.

俞敏,1984.等韵溯源[G]//音韵学研究：一.北京：中华书局.

张光宇,1992.汉语方言见系二等文白读的几种类型[J].清华学报,22(4).

张清常,1963.唐五代西北方音的一项参考材料——天城梵书金刚经对音残卷[J].内蒙古大学学报,(2).

周法高,1948.古音中的三等韵兼论古音的写法[G]//史语所集刊,19本.

储泰松,1996.鸠摩罗什译音研究[J].语言研究：增刊.

储泰松,1996.施护译音研究[M]//薪火编.太原：山西高校联合出版社.

 复盘与导读

阅读本文,需要有点背景知识,可以先阅读下述文献：《中国大百科全书·语言文字分卷》"梵汉对音"条、储泰松《梵汉对音概说》(《古汉语研究》1995年第1期)、刘广和《梵汉对音学科述略——纪念俞敏老师一百周年诞辰》(《励耘语言学刊》2017年第2期)、刘广和、储泰松、张福平《音韵学梵汉对音学科的形成和发展》(《博览群书》2017年第4期)、施向东《梵汉对音资料：从上古音到中古音》(《辞书研究》2020年第4期)。

一、写作背景

对音是用汉语音译外语名词术语或成段语料,或用外语音译汉语名词术语或成段语料,借此考订各个时期的汉语语音系统。就中上古语音研究来说,对音材料主要是指梵汉对音。佛教自东汉传入中国后,佛典翻译就拉开了帷幕,直至宋初基本结束,前后一千多年,历魏晋南北朝隋唐诸朝,每一朝代均留下了大量的梵汉对音材料。而这段时间,处于汉语上古音晚期——中古音——近代音前期,于汉语语音史而言,是至关重要的时期。由于梵文是表音文字,梵汉对音是我们观察这段时期汉语语音变化的最佳窗口。

1923年北大《国学季刊》第1期发刊词提出"用梵文原本来对照汉文译音的文字,很可以帮助我们解决古音学上的许多困难问题",并发表钢和泰《音译梵书与中国古音》,表明梵汉对音作为一种研究方法在国内学界正式提出并付诸实践;同年汪荣宝《歌戈鱼虞模古读考》(《国学季刊》第2期)的发表,使得梵汉对音引起古音研究者的普遍关注。此后,作为一种古音研究材料和研究方法,梵汉对音慢慢为学界所接受。

梵汉对音研究,自20世纪20年代肇始,到40年代末,学界已广泛采用梵汉对音资料研究汉语中上古音系;对音音系成为汉语语音史研究的重要参照系。其后沉寂了一段时间,至1979年俞敏先生发表《后汉三国梵汉对音谱》,梵汉对音研究重新进入研究者视野,一些重要的、代表性的译经家,像鸠摩罗什、玄奘、义净、不空、慧琳、天息灾、施护等,他们的译音系统均被研究过;还有仿照俞敏先生后汉三国断代译音系统研究,接续作西晋、东晋、南朝、北朝等断代的综合研究。大致说来,到90年代末,已有的梵汉对音研究基本是以单个译经家为对象,探讨个体译者的译音体系。

众所周知,每个著名译经家的对音体系及其对音特点大致反映了作者所处时代的通语语音系统。但作为语音史的研究材料,自后汉至北宋初,前后绵延一千多年,欲知其内部体现出什么样的汉语语音变化脉络,就需要把这些个体的梵汉对音音系纵向串联起来,综合考察汉语语音的历时演变。当时尚无人对其进行整理、归纳、研究,本文就是基于此一目的写作的。

二、写作思路

自汉末到宋初,汉语大致经历了上古汉语末期、中古汉语、近代汉语初期三个阶段,是汉语发展史上最重要的时期。从汉文材料来看,其间汉语语音发生了很大变化,主要包括以下几个方面:唇音分化为重唇、轻唇两类;舌音分化为舌头、舌上两类;庄组音值:卷舌音还是舌叶音;从邪、船禅的混并及音值变化;日纽音值;日母前后期的变化;云母前后期的变化;喻匣两组的参差及分化;遇摄、流摄主元音的参差;鱼韵主元音前后期的变化。

上述语音的变化或前后差异,是通过汉语语音材料如反切、异文、通假以及押韵等分析出来的,但其具体音值如何,往往不得要领。具体说来,知道音类,但不知音值;知道某两个音有区别,但不知道何以区别、如何区别;知道语音产生了分化演变,但说不清其原因。

前代文献中虽然留下了很多语音资料,但由于汉语是表意文字,文字揭示语音的能力较弱,所以这些语音资料能够为我们提供很多音类特点,但却不能告诉我们音值,而梵文是表音文字,用汉字对应梵文音节,即可知道该汉字的大致读音,因而梵汉对音是构拟中古时期汉语语音系统最直观的证据,也是最有力的证据,不像日本、朝鲜、越南汉字音层次复杂、时间不明,梵汉对音资料时间明确、地点明确、表音明确,因而它必然成为考察中古音的最重要的辅助资料。

另外,中古音系里,介音、入声韵尾、四等的主元音等音值,也可以借助梵汉对音作出更准确的构拟。

三、写作体会

选题要有意义,例如本文主要把握两个重点:第一,本文第一次对梵汉对音研究成果作出综合性纵向梳理,勾勒出梵汉对音视角的中古汉语语音系统及其内部差异与演变;第二,首次对零星材料(个体翻译家译音系统)进行综合分析,其方法可以为后来的研究提供一种范式。

视野要开阔。对音研究,需要了解外语(梵文)的音系及其音变特点,需要了解对音的规则与规律,需要了解两种语言的音节特点以及如何切分音节,需要了解汉语断代或平面音系特点,这就要求研究者不仅要有良好的汉语语音史修养,还要有相关外语的知识;要熟悉汉语语音史的研究方法,还要了解国外最新的语音研究理论、观念、方法;既要了解汉语语音发展变化的内因,还要了解历史上汉语受到哪些语言的影响、跟哪些语言发生过接触。

　　基础要扎实。中古音研究,首先要具备扎实的《切韵》音系的基础知识,要熟悉中古音研究的各类资料及其研究现状;其次要充分了解现代通语音系及方音音系特点,充分认识到分析语音现象要有历史的眼光和现代语音学的素养。

从疑难字看新版《汉语大字典》的缺失*

郑贤章**

摘要：1990年出版的《汉语大字典》是新中国成立以来形音义收录最完备、规模最大的一部汉语字典。新版《汉语大字典》在此基础上有了新的进步。不过其在疑难字处理方面仍然存在许多问题,如增字比较随意、对新增的疑难字考释不够、疑难字举证不够、对已有疑难字考释成果重视不够、疑难字的修订新增了不少失误等。这些问题有的是以前就存在的,修订时没有吸收学界已有成果加以纠正,而有的则是新产生的。本文提出这些问题加以论述,以期有益于今后《汉语大字典》的修订。

关键词：《汉语大字典》;新版;疑难字;缺失

1990年出版的《汉语大字典》是新中国成立以来形音义收录最完备、规模最大的一部汉语字典,其规模、质量都大大超越以前的字典,是汉语语言文字研究者必备的工具书之一。近二十年来,随着汉语言文字研究的深入,人们看到《汉语大字典》首版由于受时代的局限也存有许多方面的阙失,这在一定程度上影响了其作为权威工具书的地位。2010年4月修订后的《汉语大字典》第二版出版,根据《第二版修订说明》所言,此次修订主要做了"纠正错误、增加收字、统一字形、更新内容、强化实用功能、提高排印质量"等方面的工作。笔者对其中的"纠正错误、增加收字、更新内容"甚为关注。《汉语大字典》《中华字海》在俗字处理上存在不少问题,如何处理这些俗字就成了检验字典质量高低的一项重要指

---

* 原载《中国语文》2013年第5期。本书收录时略有修改。本研究项目受教育部人文社科项目"汉文佛典与中近古字韵书疑难字研究"(项目批准号：11YJA740120)资助。感谢匿名审稿人提出的宝贵修改意见。

** 郑贤章(1972—),湖南师范大学教授,博士生导师,教育部"长江学者"特聘教授。

标(郑贤章,2007:46)。新版《汉语大字典》在疑难字的处理上取得了不小的成绩,但仍然存在许多问题。其中有的问题是以前就存在的,修订时未能吸收学界已有成果加以纠正,而有的问题则是新产生的。我们将从六个方面进行论述,以期对其将来的修订有所帮助。

一、增字与失收

首版《汉语大字典》收楷书单字54 678个,新版《汉语大字典》新增5 692字,达60 370个。《第二版修订说明》:"有不少古今典籍和重要工具书的字被漏收,修订中予以了适当增补。"汉字的数量巨大,异体众多,首版《汉语大字典》漏收的字很多,修订时哪些字哪些异体该收,哪些不该收,理应有个原则。新版《汉语大字典》增字时似乎没有一个统一的标准,随意性较大。典籍中大量音义可考、有具体例证的字未予以收录,而收录了不少新的正体不明或音义未详的疑难字。

近二十年来,大量存有俗字的典籍如佛教文献、道教文献、碑刻文献、敦煌文献被研究俗文字的学者所重视,一大批音义可考、有具体例证而大型字典漏收的汉字被发现被研究。如:

脝 《新集藏经音义随函录》卷十二《杂阿含经》卷四十二:"腰脝,上力主反,下卜昧反。"(59/1011c)

按:"脝",新版《汉语大字典》未收,乃"背"的增旁俗字。宋求那跋陀罗译《杂阿含经》卷四十二:"时有二老男女,是其夫妇,年耆根熟,偻背如钩,诸里巷头,烧粪扫处,俱蹲向火。""汝见彼夫妇二人,年耆愚老,偻背如钩,俱蹲向火,犹如老鹄。"(T02,p0310a)两处"背",圣本皆作"脝"。《新集藏经音义随函录》"腰脝"即《杂阿含经》"偻背",其中"脝"即"背"字。

㩳 《大方便佛报恩经》卷三:"复次,问于阿难:'祇桓中何以多乌鸟声?'阿难言:'众鸟㩳食。'"(T03,p0137a)"㩳",宋、元、明本作"诤"。

按:"㩳",新版《汉语大字典》未收,即"诤"字。《添品妙法莲华经》卷二:"由是群狗,竞来搏撮,饥羸慞惶,处处求食,斗争齩掣,嘷哶㗛吠。"(T09,p0146c)"争",宋本作"㩳",明本作"诤"。《菩萨处胎经》卷七:"有一大臣名优波吉,谏言诸王:'莫㩳佛舍利,应当分之,普共供养。'"(T12,p1057c)"㩳",宋、元、明、宫本作"诤"。"㩳"即"诤"的换形旁俗字。在上述用例中,"㩳"同"诤",义与"争"同。

蘸 义净译《根本说一切有部毗奈耶破僧事》卷一:"时诸有情由福力故,有林薐出,色香味具,如雍菜花,如新熟蜜。食此林薐,长寿而住,若少食者,身有光明,因相轻慢,广如前说,乃至林薐没故。"(T24,p0099c)"薐",明本作"藤"。

按:"薐",新版《汉语大字典》未收,乃"藤"的换声旁俗字。佛经中多见。义净译《根本说一切有部毗奈耶破僧事》卷一:"'汝离我前,汝离我前',犹如有人极相嗔恨,不许当前,广如上说,林薐没已。"(T24,p99c)"如是缘故,复生林薐,色香美味,亦皆具足,我等食之,年寿长远。"(T24,p100b)《诸法集要经》卷十:"天上妙林藤,修蔓四垂布。"(T17,p512b)"林薐"即"林藤",其中"薐"即"藤"字。

壍 《新集藏经音义随函录》卷八《十住断结经》卷五:"山壍,五街反。"(59/826b)

按:"壍",新版《汉语大字典》未收,乃"崖"字。《新集藏经音义随函录》卷十《大智度论》卷十七:"山壍,五街、五奇二反,正作崖。"(59/910c)后秦鸠摩罗什译《大智度论》卷十五:"又如偏阁崄道,若悬绳,若乘山羊。"(T25,p0173c)"山羊",宋、元、明等作"山崖"。《新集藏经音义随函录》"山壍"即宋、元、明、宫本《大智度论》中的"山崖",其中"壍"即"崖"字。

"脂""哶"是佛经中的常见俗字,"薐""壍"是学界详细论述了的俗字。大型字典修订时对这些文献中常见的或已经有了研究结论的俗字理应优先收录。新版《汉语大字典》似乎没有广泛地收集这方面现成的资料①。

现代大型字典作为工具书,所收的每个字理当有明确的音义、书证或例证。大型字典在增补漏收字的时候应该有一个符合字典特点和功效的比较合理的规则。多补收或优先收录那些文献中常见的或音义可考、有具体例证的字,而不是那些正体不明或音义未详的字。

二、新增字研究不够

新版《汉语大字典》部分地吸收了学术界现有的研究成果,对一部分原有的疑难字进行了考释。与此同时,在新增汉字的时候,却又增收了不少的疑难字。编撰者在修订《汉语大字典》时,对这些新增的疑难字缺乏深入研究。其实这些新增的疑难字大部分是可考的。我们以新版《汉语大字典·一部》为例加以说

---

① 周志锋(1998)、张涌泉(1996)、郑贤章(2004、2007)、黄征(2005)、韩小荆(2010)等人的著作中都收有大量《汉语大字典》漏收的俗字。

明。根据初步统计,新版《汉语大字典·一部》新增汉字92个,其中正体不明或音义未详的疑难字有12个。新增的字主要来源于《玉篇》《龙龛手鉴》《改并四声篇海》《字汇补》《集韵》《古俗字略》等字韵书,很少增补字韵书以外的字。12个疑难字中"㒭""㓇""鼠""國""爾""爾""亶"等来自《龙龛手鉴》,"市""㐁""㐂""兩""平"等来自《改并四声篇海》,皆意义未详。其实这新增的12个疑难字,绝大部分是可以考释的。

市 《改并四声篇海·辛卯重编增改杂部》:"市,阻史、兹里二切。"(新版《汉语大字典》17B)

按:"市"音"阻史、兹里二切",当为"㞢"字。《说文》:"㞢,止也。""㞢",《广韵》写作"市"。《广韵·止韵》:"市,止也。阻史切。"《广韵·止韵》:"市,止也……即里切。""市"音"阻史切""兹里切",分别与"㞢"音"阻史切""即里切"同。"市"与"㞢"形体也近似。"市""㞢"皆同"㞢"字。

㒭 《龙龛手鉴·二部》:"㒭,音伯。"(新版《汉语大字典》19A)

按:"㒭"音伯,即"伯"字。宋代夏竦《古文四声韵》:"伯,崔希裕《纂古》作㒭。""㒭"与"伯"的古体"㒭"形体极其近似,应为其变(郑贤章,2004:299)。

㐂 《改并四声篇海·辛卯重编增改杂部》:"㐂,音春字。"(新版《汉语大字典》27B)

按:"㐂"音春,即"春"字。"春"或作"萅"。"㐂"当是受"春"与"萅"交互影响而产生的,"㐂"的上半部取自"春",而下半部取自"萅"。

兩,《改并四声篇海·辛卯重编增改杂部》:"兩,音丽字。"(新版《汉语大字典》29A)

按:"兩"音"丽",即"丽"字。(郑贤章,2007:571B):"麗(丽),俗作䴡。""兩"当为"麗"的俗体"䴡"减省所致。"䴡"减省为"兩",如同"麗"减省为"丽"一样。

鼠 《龙龛手鉴·一部》:"鼠,音初。"(新版《汉语大字典》29A)

亶 《龙龛手鉴·一部》:"亶,音初。"(新版《汉语大字典》30A)

按:"鼠""亶"音"初",即"初"字。(郑贤章,2007:488B):"初,或作䎱、䎰、䎲。""鼠""亶"与"初"的俗体"䎱""䎰""䎲"等形体近似,也当为"初"字。

爾 《龙龛手鉴·二部》:"爾,音尔。"(新版《汉语大字典》30A)

爾 《龙龛手鉴·杂部》:"爾,音尔。"(新版《汉语大字典》30A)

按:"爾""爾"音"尔",当为"爾(尔)"字。(郑贤章,2007:511A):"爾(尔),俗作䒞、䒟。""爾""爾"与"爾(尔)"的俗体"䒞""䒟"等形体近似,也当为"爾

(尔)"字。

奤 《改并四声篇海·天部》:"奤,日、月二音。"(新版《汉语大字典》27B)

按:"奤"音"日",即"日"字,音"月"字,即"月"字。日月皆从天而出,取天出会意。杨宝忠(2005:3)对"奤"字已有考论,可从。

新版《汉语大字典·一部》新增的 12 个疑难字,有 9 个可以考出,只有"平""國""玎"暂时存疑。编撰者在修订时对这些字多一些研究的话,就可以大大减少新的疑难字的出现。

三、举证不够

现代字典超越古代字书的一个重要标志就是所收的字除了有形、音、义外,还有书证、例证。王力(1980:360)指出,一般的字典对于近代的字义所以不举例者,一则是看轻俗字俗义,不屑举例;二则是近代的书太多,要找始见的例子很难。古代的字义,有许多字书、类书可抄,至于近代的字义,就只能靠自己去群书中搜索,所以是不容易的。但是,看轻近代汉语是不应该的,无论如何困难,对于每一个近代常用的字义,是必须举例的。

对于一个疑难字,我们可以从多方面去考证其形、音、义。如果能够找到该字在文献中的具体用例,那是最好不过的。有了用例,我们就能够更好地了解该字的形体、读音、意义,就能将在字韵书中取于沉睡状态的疑难字激活,由"死字"变为"活字"。疑难字存在的价值就会大大提高。古人编撰字韵书,一般是不举例的。没有用例的字,其读音、意义甚至形体都可能令人生疑。有了这些用例,我们可以更加清楚地了解这些字各方面的情况。

新版《汉语大字典》给原有的部分疑难字补充了例证,但力度不够大,更多的疑难字仍旧缺少例证。有的字确实是难以找到例证,而有的字却是学界已经发现了例证却未增补进去。例如:

檓 《集韵·灰韵》:"魁,檓,《说文》:'羹斗也。'或从木。枯回切。"

按:新版《汉语大字典·木部》无"檓"的用例。今佛典中有此字。《新集藏经音义随函录》卷十二《中阿含经》卷四十五:"以檓,苦灰反。"(59/997a)《中阿含经》卷四十五:"或有沙门梵志,裸形无衣,或以手为衣,或以叶为衣,或以珠为衣,或不以瓶取水,或不以檓取水。"(T01,p0712a)《中阿含经》卷四:"或以手为衣,或以叶为衣,或以珠为衣,或不以瓶取水,或不以魁取水。"(T01,p0441c)"魁",

宋、元、明本作"樾"。可见"魁"的确如《集韵》所言可作"樾"。

埻 《集韵·铎韵》(1505)："覃（郭），或作埻。光镬切。"

按：新版《汉语大字典·土部》无"埻"的用例。今佛典中有此字。东晋瞿昙僧伽提婆译《中阿含经》卷五十四："是谓比丘度壍、过壍、破埻、无门、圣智慧镜。"（T01，p0765c）"埻"，元、明本作"郭"。《佛本行经》卷七："七国王军众，象吼马鸣声，震动其城埻，人民战如波。"（T04，p0112b）《苏悉地羯罗经》卷二："应于神庙上过，及独一树，并四衢道，诸仙居处，及以城埻祭祀之坛。"（T18，p0680a）《宾头卢突罗阇为优陀延王说法经》："婆勒天坏阿修罗城埻，殄灭其民。"（T32，p0785c）《新集藏经音义随函录》卷三《虚空藏菩萨经》："城埻，古霍反，正作郭。"（59/639c）"郭"作"城郭"之义，与"土"相关，故增"土"旁而作"埻"。

抦 《集韵·梗韵》(874)："抦，持也，通作秉。补永切。"

按：新版《汉语大字典·手部》无"抦"的用例。今佛典中有此字。《胜鬘宝窟》卷下："佛知一切法，为通达法，为正法依，佛能抦持此法。"（T37，p0086c）《杂阿含经》："若有女人贞良无有女色，大贞便为持两善教。已受两善教便欲治产，不欲瞋恚，便欲抦持家。"（T02，p0497c）"抦"，宋、元、明本《杂阿含经》作"秉"。"抦"即"秉"字。

鞊 《龙龛手鉴·革部》："鞊，音眉。"

按：新版《汉语大字典》无"鞊"的用例，意义也不详。"鞊"本无实际意义，乃佛经翻译时的译音用字，今佛典可见用例。慧琳《一切经音义》卷四十三《陀罗尼杂集》卷十："垤鞊，徒结反。"（T54，p0593c）《陀罗尼杂集》卷十："萨婆蓑摩鲁，那阇那泞，比提蛇摩鞊。"（T21，p0634a）（郑贤章，2004：40）。

"樾""埻""抦"是佛经中出现的俗字，"鞊"是学界已经论述了的俗字，4个字皆有例证，寻找起来比较容易，字典修订时或许应该补充进去。

四、已有考释成果吸收不够

《汉语大字典》首版已经有二十年，这二十年里，人们对它进行了充分的研究，成果丰硕。随着近代文字研究的深入，大量的新材料如敦煌文献、佛教文献、道教文献、碑刻资料、徽州文书、日本古辞书等被利用，大量的疑难俗字被考释。随着辞书学研究的发展，辞典编撰的理论与实践日益丰富。实际上，二十年后大字典的修订可资参考的成果是很多的。新版《汉语大字典》后记说："修订时重点参考了以下先生专著中的研究成果：周志锋《大字典论稿》，张涌泉《汉语俗字丛考》，王粤汉《〈汉语大字典〉考正》，毛远明《语文辞书补正》，杨正业《〈汉语大字典〉难字考》，郑贤章《〈龙龛手镜〉研究》，杨宝忠《疑难字考释与研究》，邓福禄、韩小荆《字典考正》等。"根据我们对新版《汉语大字典》的调查，其修订时参考的成果有限。这可以从两个方面理解：一方面，二十年来，对《汉语大字典》研究比较重要的成果不止这些，就我们所知，胡吉宣《玉篇校释》(1989)、曾良《敦煌文献字义通释》(2001)、黄征《敦煌俗字典》(2005)、张涌泉《敦煌俗字研究》(1996)、郑贤章《〈新集藏经音义随函录〉研究》(2007)等也考释了不少疑难俗字。这些成果《汉语大字典》修订时参考不多。另一方面，即使是上述重点参考的著作的成果也没有充分加以吸收利用。不少上述重点参考的著作已考释出来的疑难字，新版《汉语大字典》没有吸收。

丽　《改并四声篇海·一部》引《川篇》："丽，音形。"《海篇直音·一部》："丽，义未详。"（新版《汉语大字典》24A)

按："丽"字在新旧两版《汉语大字典》中都正体不明、意义不详。其实"丽"即"刑"字之讹。杨宝忠(2005：2)对此字有详细考证。

犙　《改并四声篇海·九部》引《龙龛手鉴》："犙，音邻。"《字汇补·九部》："犙，力寅切，音邻。义阙。"（新版《汉语大字典》602B)

按："犙"字在新旧两版《汉语大字典》中都正体不明、意义不详。其实"犙"即"邻"字之讹。郑贤章(2004：30)、杨宝忠(2005：124)皆有详论。

韈　《龙龛手鉴·革部》："韈，音罗。"《字汇补·革部》："韈，出《篇韵》。"（新版《汉语大字典》4641A)

按："韈"字在新旧两版《汉语大字典》中都正体不明、意义不详。其实"韈"本为译音字，用于梵文 Pula 的汉语音译词"鞴韈"中，不能单独表义。"鞴韈"是一种皮革做的"短勒靴"，又作"鞴韈""复罗""富罗""腹罗""福罗""布罗"等形。《萨婆多部毗尼摩得勒伽》卷六："佛言：听诸比丘五种受法，谓手从手受，器从器受，衣从衣受，余身分从余身受，放地受，是名边方净。云何方净？雪寒处听诸比丘著靴履鞴韈，余国不听，亦听诸比丘著复衣，余处不听。"（T23，p0598a)"鞴韈"，宋、元、明本作"复罗"。慧琳《一切经音义》卷六十五："腹罗，或作福罗，或云富罗，正言布罗，此云短勒靴也。"（T54，p0740b）丁福保《佛学大辞典》："富罗，(物名)Pula，又曰福罗，布罗，腹罗。庄饰之短靴也。玄应《音义》十五曰：'福罗，正言布罗。此译云短勒靴也。'同十六曰：'腹罗或作福罗，或云富罗，正言布罗,此云短勒靴也。'"

由于"富罗"是一种皮革做的"短勒靴",故俗增革旁作"韛韊"。"韛韊"即"富罗"之俗无疑。"韛韊(富罗)"本是梵语 Pula 音译词,"韛(富)"、"韊(罗)"为译音用字,不表实义。由于汉语中词的意义,一般能通过字形反映出来,写经者深受其影响,故对本不表意的译音用字增义符以显义(郑贤章,2004:329)。

趶 《龙龛手鉴·足部》:"趶,俗,音计。"《字汇补·足部》:"趶,姑器切,音计。见《海篇》。"(新版《汉语大字典》3930A)

按:"趶"字在新旧两版《汉语大字典》中都正体不明,意义不详。其实"趶"乃佛经中的译音字。慧琳《一切经音义》卷四十三《陀罗尼杂集》卷四音义:"趶,音计。"(T54,p0591c)"牟尼提耶,多婆迦破斗罗趶跤(许月)脾阁摩尼那罗延那供波那罗延挈娑婆因陀半挈。"(T21,p0599b)(郑贤章,2004:41)

"冊""尩""韊""趶"等字都是其所参考的重点著作详细考释了的,新版《汉语大字典》没有把相应的成果加以吸收。只要检索上面提到的那些书籍,已经考释出了却不被采纳的字还有不少。

五、修订失误

修订《汉语大字典》是一件工程浩大、涉及面广、难度极大的工作。新版《汉语大字典》在不少方面取得了进步。由于种种原因,《汉语大字典》修订时一方面纠正了以前的不少失误,另一方面却又增加了新的失误,这些错误涉及引文、考释、说解、注音等。

庝 《龙龛手鉴·广部》:"庝,俗,音身。"(《汉语大字典》885B)

庝 《龙龛手鉴·广部》:"庝,俗,音身。"按:疑即"身"的增旁俗字。(新版《汉语大字典》950A)

按:"庝"字,旧版没有考证,新版在旧版的基础上加了按语"按:疑即'身'的增旁俗字"。新版《汉语大字典》以"庝"为"身"不妥,其实"庝""痦"皆"呻"字之俗。

《龙龛手鉴·广部》:"庝,俗,音身。"《龙龛手鉴·疒部》:"痦,俗,音身。"《新集藏经音义随函录》卷六《六度集经》卷五:"痦吟,上音身,正作呻。"(59/766c)吴康僧会译《六度集经》卷五:"或有已死或折臂髀胫者睹佛来,或搏颊呻吟云:'归命佛,归命法,归命圣众。愿十方群生皆获永康,莫如我等也。'"(T03,p0031b)

"瘖吟"即经文中的"呻吟",其中"瘖"即"呻"字。由此可见,《龙龛手鉴》"瘖"音身,即"呻"的俗字。从形体上看,"呻"由于与病痛有关,故换形旁为"疒",其声旁"申"因与"身"音同而换成了"身"。至于"瘖"则是"瘖"字之讹,构件"疒"与"广"近似易误(郑贤章,2005:295)。

瘖　同呻。《可洪音义》卷六《六度集经》第五卷音义:"瘖吟,上音呻。正作呻。"(新版《汉语大字典》2863A)

按:"瘖"是新版《汉语大字典》增补的字。新版以"瘖"为"呻",是。不过,其引用文献时有失误。"瘖吟,上音呻"有误,《可洪音义》原文作"瘖吟,上音身"。《龙龛手鉴·疒部》:"瘖,俗,音身。"《龙龛》"瘖"音"身",正好与《可洪音义》相同。

咾　《集韵·晧韵》:"咾,声也。"《正字通·口部》:"咾,俗字。"(《汉语大字典》612B)

咾　《集韵·晧韵》:"咾,声也。"《正字通·口部》:"咾,俗字。"邓福禄、韩小荆《字典考正》:"'咾'为佛经译音用字,无实际意义。"(新版《汉语大字典》660B)

按:"咾"字的确可为佛经译音用字。如:《苏悉地羯罗经》卷一:"咾达啰讫啰(二合)母剑颇里迦宁(上)囊里迦。"(T18,p609b)但《集韵》训"声"的"咾"却不是译音字。新版《汉语大字典》在义项"①声"下引《字典考正》之说不妥。《率庵梵琮禅师语录》卷一:"等闲咾吼一声,直得惊天动地。"(X69,p653c)《大佛顶广聚陀罗尼经》卷二:"其师子嗔怒咾吼,振动阿修罗宫。"(T19,p161c)"咾"在上述用例中的意义为"大声吼叫",与《集韵》训"声"近似,不是译音字。

噢　xīng《龙龛手鉴·口部》:"噢,呵朋反。"《字汇补·口部》:"噢,呵名切,音欣。义未详。"(《汉语大字典》700A)

噢　hōng《龙龛手鉴》呵朋反。佛经咒语译音用字,无实义。《大集月藏经》卷八:"除尼毗噢伽摩,阿舍尼毗噢伽摩,婆呵毗噢伽摩。"(新版《汉语大字典》757B)

按:"噢",新版对旧版改动比较大。新版以为《龙龛手鉴》"噢"是佛经咒语译音用字,无实义,这是十分正确的。不过,新版对旧版修订过程中又出现了新的失误:

"噢"旧版读为"xīng",而新版读为"hōng"。我们以为旧版注音不误,新版修订为"hōng"反而不妥。《龙龛手鉴·口部》:"噢,呵朋反。"晓母登韵。单从《龙龛手鉴》的反切读为"hōng"似乎并无不妥,但应结合"噢"作为译音字在其他佛典出现的情况来综合判断。《新集藏经音义随函录》卷九《出生菩提心经》卷一："尼噢，蝈蝇反。"(59/886c)"噢"音"蝈蝇反"，晓母蒸韵。佛经中带口旁的咒语用字注家常以其形体的一边读之。如："呔"，《龙龛手鉴》音"代"；"呕"，《龙龛手鉴》音"泛"；"哞"，《龙龛手鉴》音"季"；"悅"，《龙龛手鉴》音"脱"。"噢"作为咒语用字以其形体的一边读之即音"兴"，这与《新集藏经音义随函录》"噢"读"蝈蝇反"正好音同。再有从"兴"旁得声的字没有读为"hōng"的。经文，《龙龛手鉴》"噢"音"呵朋反"，有可能是其方音中"登""蒸"合韵所致。综合多方面考虑，我们以为"噢"还是读"xīng"比较合理。

  傱 zòng 聚。《广韵·送韵》："傱，聚。"(《汉语大字典》230A)

  傱 zòng 聚。《广韵·送韵》："傱，聚。"按：邓福禄、韩小荆《字典考正》："傱"，"聚"的增旁俗字。(新版《汉语大字典》270A)

  按：《广韵》"傱"音义皆详，不可能是"聚"字。新版《汉语大字典》在《广韵》"傱"下引《字典考正》"'傱'、'聚'的增旁俗字"，是要说明什么呢？"聚"在文献中的确可俗作"傱"，但此"傱"与《广韵》"傱"只是同形，乃两个不同的字，字典要收《字典考正》的说法也应增立一个说解条目，而不是把两者混同在一个义项下，这样给读者造成误解。

  《广韵》"傱"音"徂送切"，意义为"聚"，并不如《字典考正》所说"来历不明"。比它早的可洪《新集藏经音义随函录》有此说解。《新集藏经音义随函录》卷六："人隟，才句反，又或傱，才送反，聚也。"(59/766a)可洪"傱"音"才送反"，意义为"聚"，与《广韵》音义完全相同。

六、字典中疑难字的考证任重道远

  字典作为工具书，理想的状态是所收每一个字都应形音义具备。字典中如果出现许多音义不详、正体不明的字，势必会让读者常常查而无获，这在一定程度上会影响其功效。大型汉语字典作为权威的字典，理当尽量减少那些所谓的疑难字。要让读者遇到了文献中的生僻字、疑难字查阅它时尽可能得到正确的答案。疑难字的减少不可能一蹴而就，疑难字的研究还任重道远。只要学界多关注这方面的工作，多加强这方面的研究，绝大部分疑难字是可以辨识的。

  瘚 fù《改并四声篇海》引《龙龛手鉴》音父。朽。《字汇补·疒部》："瘚，朽

也。"(新版《汉语大字典》2873A)

按:"瘙"《汉语大字典》音"fǔ",正体不明。其实"瘙"即"腐"字之讹,应音"fǔ",《龙龛手镜·疒部》(473):"瘙,俗;腐,或作,音父,朽也。""瘙"与"腐"的俗体"瘙"音义相同、形体极其相近。"瘙""瘙"音"父",既然是"腐"字,今天的读音当然应音"fǔ"。

鉫　义未详。《龙龛手鉴·金部》:"鉫,音加。"(《汉语大字典》4192A)

鉫　器具。《龙龛手鉴》音加。《五侯鲭字海·金部》:"鉫,器也。"(新版《汉语大字典》4192A)

按:"鉫"字在新旧版《汉语大字典》中正体皆不明,意义也不是很清楚。其实"鉫"即"枷"字之俗。《龙龛手镜·金部》:"鉫,音加,又古荷反。"《大方广华严十恶品经》卷一:"其地赤铁,上火彻下,下火彻上,铁鉫铁钮铁衔铁鋑,持火烧之。"(T85,p1360a)《心性罪福因缘集》卷下:"或云利剑当杀其命,或云利锥可锥其咽,或云鉫鏁系缚手足。"(X88,p0018b)"鉫鏁"即"枷锁",其中"鉫"即"枷"字。"枷"表"枷锁",既有木制的也有金属制的,"鉫"即"枷"的换形旁俗字。

觕　jiè《龙龛手鉴·角部》:"觕,音介。又他口反。"(新版《汉语大字典》4178A)

按:《中华字海·角部》(1443):"觕,义未详。"其实"觕"乃"瓻"字之讹。东晋佛陀跋陀罗译《佛说观佛三昧海经》卷一:"如来今者头上有八万四千毛,皆两向靡右旋而生。分齐分明四抓分明,一一毛孔旋生五光。"(T15,p0649a)"抓",宋本作"觕",元、明本作"瓻"。《法苑珠林》卷十:"如来头上有八万四千毛,皆两向靡右旋而生。分齐分明四瓻分明,一一毛孔旋生五色光。"(T53,p0364c)《光明经照解》卷上:"如来顶有八万四千发,四瓻分明。"(X20,p0499c)宋本《佛说观佛三昧海经》"四觕分明"即"四瓻分明",其中"觕"即"瓻"字。

"觕"是一个俗字,《龙龛手鉴》音"介",疑为俗读,俗以"觕"形体上从"介"得声故读为"介",这是一种音随形变的现象。《龙龛手鉴》中不少字注的是俗音,根据俗音是无法考释出正体的。

《汉语大字典》的修订对于疑难字的处理还存在一些问题,限于篇幅,难以详述。《汉语大字典》这次修订从内容到形式都有非常大的进步,我们提出上述问题,希望能对将来的修订有所帮助。

参考文献

可洪,1993.新集藏经音义随函录[M]//中华大藏经：第59,第60册.北京：中华书局.

行均,1985.龙龛手镜[M].北京：中华书局.

徐中舒,1992.汉语大字典[M].武汉：湖北辞书出版社.成都：四川辞书出版社.

汉语大辞典编辑委员会,2010.汉语大字典[M].第二版.成都：四川辞书出版社.武汉：崇文书局.

胡吉宣,1989.玉篇校释[M].上海：上海古籍出版社.

周志锋,1998.大字典论稿[M].杭州：浙江教育出版社.

张涌泉,2000.汉语俗字丛考[M].北京：中华书局.

张涌泉,1996.敦煌俗字研究[M].上海：上海教育出版社.

郑贤章,2004.《龙龛手镜》研究[M].长沙：湖南师范大学出版社.

郑贤章,2007.《新集藏经音义随函录》研究[M].长沙：湖南师范大学出版社.

黄征,2005.敦煌俗字典[M].上海：上海教育出版社.

杨宝忠,2005.疑难字考释与研究[M].北京：中华书局.

邓福禄,韩小荆,2007.字典考正[M].武汉：湖北人民出版社.

韩小荆,2010.可洪音义研究——以文字为中心[M].成都：巴蜀书社.

 复盘与导读

2010年,《汉语大字典》(第二版)由崇文书局、四川辞书出版社出版。新版《汉语大字典》后记说："修订时重点参考了以下先生专著中的研究成果：周志锋《大字典论稿》,张涌泉《汉语俗字丛考》,王粤汉《〈汉语大字典〉考正》,毛远明《语文辞书补正》,杨正业《〈汉语大字典〉难字考》,郑贤章《〈龙龛手镜〉研究》,杨宝忠《疑难字考释与研究》,邓福禄、韩小荆《字典考正》等。"正因为如此,我们有幸第一次时间获得了出版社赠送的精装版《汉语大字典》。收到字典后,非常高兴,迫不及待地将序言与后记认真阅读了一遍,了解到了这次修订的原则与范围。根据《第二版修订说明》所言,此次修订主要作了"纠正错误、增加收字、统一字形、更新内容、强化实用功能、提高排印质量"等方面的工作,是一次中修,没有对字典作大规模的全面修订。这次修订虽然是中修,但与旧版比较还是取得了很大的进步。旧版《汉语大字典》收楷书单字54 678个,新版《汉语大字典》新增5 692字,达60 370个。同时一大批旧版中的音义未详字在新版中得以识读。因我们之前对疑难字、尤其是汉文佛典中的疑难字关注较多,积累了较多的材料,我们重点关注了新版字典在疑难字方面的修订情况。花了一个月的时间,我们逐一比对旧版与新版在疑难字处理方面的差别,然后将这些差异的字条挑选出来,归纳出差异的类别,在此基础上确定了论文的选题。拟从疑难字的角度来研究一下这次修订还存在什么问题,以期为今后再次修订提供参考。字典是工具书,疑难字太多会影响工具书的效用,怎么样减少大型工具书中的疑难字,是字典编撰、修订时应重点考虑的。

我们确定了六个方面的内容:

一、增字与失收;

二、新增字研究不够;

三、举证不够;

四、已有考释成果吸收不够;

五、修订失误;

六、字典中疑难字的考证任重道远。

这六个方面涉及字典的收字、释义、注音、举证、形音义之间的匹配等问题,我们在文中进行了论述。收字问题始终是大型字典编撰时需要认真考虑的问题。修订时哪些字的哪些异体该收,哪些不该收,理应有个原则。我们发现新版《汉语大字典》增字时典籍中不少音义可考、有具体例证的字未予以收录,而收录了不少新的正体不明或音义未详的疑难字。大型字典在增补漏收字的时候应该有一个比较合理的规则。多补收或优先收录那些文献中常见的或音义可考、有具体例证的字。新版《汉语大字典》部分地吸收了学术界现有的研究成果,对很多原有的疑难字也进行了考释。但是,在新增汉字的时候,却又增收了不少的疑难字。《汉语大字典》自出版至2010年已有二十年,这二十年里,学者们对《汉语大字典》进行了充分的研究,成果丰硕。《汉语大字典》修订时一方面吸收已有研究成果,纠正了以前的不少失误,另一方面又出现了新的失误,这些错误涉及引文、考释、说解、注音等,未能达到理想的状态所收每一个字都形音义具备。当然,疑难字的减少不可能一蹴而就,疑难字的研究还任重道远。只要学界多关注这方面的工作,多加强这方面的研究,绝大部分疑难字是可以辨识的。

  我们大概花了一个月的时间完成了初稿,然后投给《中国语文》杂志。拙文可能是《中国语文》刊发的研究《汉语大字典》第二版相关问题的第一篇文章,受到了广泛关注。撰写这篇论文,我的心得是:一是有契机,新版的字典出版了,有了研究的新对象;二是有前期的积累,如果平时没有对疑难字比较多的思考,也不大可能把两者结合起来研究。我觉得做学问首先要树立问题意识,读书要有目的性,不只是简单地去记忆书中的知识与内容,要善于从中发现问题,提出问题,能举一反三,问题一时解决不了也不要紧,及时用本子把它记下来,也许今后它就是一个很好的选题。其次是持续积累,某个领域的持续积累很重要,积累的材料多了,发现问题、解决问题的可能性就会增加。再者是学界的动态也需要时刻关注,有什么新的材料发现,有什么新的研究热点,从中也有可能找到适合自己的选题。总之,多学习,多积累,多思考,多质疑,总会发现一些好的选题,写出一些有价值的论文。

上古汉语叙事语篇中由话题控制的语篇中的省略模式*

董秀芳**

摘要： 上古汉语语篇中的省略比现代汉语语篇中更多。本文对上古汉语叙事语篇中的省略模式及规律进行考察，剖析了语段话题在语篇省略中的控制因素，发现上古汉语中语段话题控制与其同指的小句主语的省略的力度很大，即使中间有由不同于语段话题的成分作主语的小句插入，后续的与语段话题同指的主语仍然可以省略。语段话题可以控制兼语的省略，而在现代汉语中，兼语一般是不能省略的。上古汉语中的语段话题还可以压制与其不同指且不重要的小句主语以有形形式出现，这样做是为了防止分散读者的注意力，保证语篇的连贯性。这一语篇组织策略有可能导致了"受事主语句"这种句法结构的形成，这说明了语篇中常用的策略可能固化为句法结构形式，即发生句法化。

关键词： 语段话题；省略；上古汉语；叙事语篇

汉语是语段取向的语言（曹逢甫，1995），因而篇章研究对于汉语来讲很重要。很多句法现象要在语篇层次上才能得到较好的说明，比如"了"的隐现、"的"的隐现等问题都要在篇章层面才能确定。因而，研究语篇组织规律对于汉语句法问题的解决有启发意义。

---

* 原载《中国语文》2015年第4期。本书收录时略有修改。本文的研究得到国家社科基金重大项目"功能—类型学取向的汉语语义演变研究"（项目批准号：14ZDB098）、国家社科基金重大项目"基于多学科视域的认知研究"（项目批准号：12&ZD119）以及北京大学中国语言学研究中心的资助（CCU01301）。本文曾在"国际中国语言学学会第二十届学术年会"（2012，香港）、"第六届国际古汉语语法研讨会"（2013，首尔）以及"北京大学斯坦福中心/中文系历史语法研讨会"（2014，北京）上宣读。

** 董秀芳（1972—），北京大学教授，博士生导师，教育部"长江学者"特聘教授。

上古汉语的语篇与现代汉语的相应语篇相比,省略更为多见。省略体现了语篇的组织策略,是有规律可循的。但是,目前对于上古汉语语篇中具体的省略规律还未有深入的探讨。

在语言学研究中区分语体形式已得到越来越多的学者的认同。本文选择上古汉语的叙事语篇作为考察对象,研究其中的省略模式与规律。这里所谓的叙事语篇,严格来讲是"叙事语段",因为在一个完整的语篇中,很多时候既包括叙事的段落,也包括议论的段落,因而我们并不是不加分析地考察一个语篇的全部,而是选出纯粹是叙事性的段落来加以研究。这样可以保证得到比较统一的模式。

我们的研究发现,在上古汉语的叙事语篇中,语段话题对于语篇中的省略起着很大的控制作用。所谓"语段话题"(discourse topic),指的是一个语段(包括两个或两个以上的小句)中共享的话题,其辖域可大可小,有的统领几个小句,有的统领一整段话,还有的甚至统领全篇。从语义上看,语段话题就是一个语段所要说明的主要对象。

本文主要考察由语段话题控制的上古汉语叙事语篇中的省略模式。

一、语段话题控制下的与其同指的小句主语的省略

上古汉语语篇中主语的省略是很多的,语篇中不出现有形主语的句子相对于现代汉语来讲更为普遍。很多小句主语的省略是因为与语段话题同指,这是最为常见的小句主语省略模式。比如(以下例子中,ø代表零形式;小句的主语都是因为与语段话题同指而省略的,语段话题用下划线标出):

(1) 藐姑射之山,有<u>神人</u>居焉,肌肤若冰雪,绰约若处子。ø 不食五谷,ø 吸风饮露,ø 乘云气,ø 御飞龙,而 ø 游乎四海之外。(《庄子·逍遥游》)

此例中的语段话题是"神人",语段中五个小句的主语都因为与语段话题同指而省略。这样的省略在现代汉语叙事语篇中也很多(参看田然,2003)。然而,上古汉语中这类省略的一个突出特点是,当中间插入主语和语段话题不同的小句时,语段话题依然可以控制后续小句中与其同指的主语的省略。如:

(2) 晋灵公不君:ø 厚敛以雕墙;ø① 从台上弹人,而 ø 观其辟丸也;宰夫胹熊蹯不熟,ø 杀之,置诸畚②,ø 使妇人载以过朝。(《左传·宣公二年》)

此例中,语段话题是晋灵公,这一话题控制了后续小句的主语省略,虽然"宰夫胹熊蹯不熟"这一小句中的主语"宰夫"与语段话题不同指,但这一小句的出现并没有阻止语段话题控制其后几个小句的与其同指的主语的省略。注意,"杀之"这个小句与"宰夫胹熊蹯不熟"这一小句紧邻,但是其省略的主语并不与"宰夫"同指,而是与语段话题同指。

(3) 商君治秦,法令至行,公平无私,罚不讳强大,赏不私亲近,法及太子,黥劓其傅。期年之后,道不拾遗,民不妄取,兵革大强,诸侯畏惧。ø 然刻深寡恩,ø 特以强服之耳。(《战国策·秦一》)

此例中,语段话题是"商君(即商鞅)",最后两个小句虽然与语段话题所在小句之间被很多主语不同的其他小句隔开,但是其主语还是由于与语段话题相同而被省略了。如果是现代汉语,这个地方一般就会用代词("他")来复指或重提名词形式("商君"),因为语段话题的可及性(accessibility)由于间隔很多小句而在一定程度上降低了。

(4) 初,郑武公娶于申,曰武姜,ø 生庄公及共叔段。庄公寤生,惊姜氏,ø 故名曰寤生,ø 遂恶之。ø 爱共叔段,ø 欲立之。ø 亟请于武公,公弗许。及庄公即位,ø 为之请制。公曰:"制,岩邑也,虢叔死焉。他邑唯命。"ø 请京,使居之。(《左传·隐公元年》)

以上语段中的语段话题是武姜,这一语段话题对于其后一系列小句主语的省略具有极强的控制能力,尽管中间有些小句的主语与语段话题不同(比如,有几个小句的主语是"庄公"),但是这些主语与语段话题不同指的小句的出现,不

---

① 此处省略的小句主语可能与语段话题同指也可能不同指,因为所指不重要而省略。对于这种现象请参看第 3 小节的论述。

② "置诸畚"这一小句的主语很可能不是"晋灵公",因为晋灵公可能不会亲自动手来做,应该是命令别人去做,"置诸畚"这一小句的主语既与语段话题不同指,所指又不重要,因此省略了,参看第 3 小节的论述。

影响语段话题对其后与其同指的小句主语的省略控制。

同类的例子还有:

(5)颍考叔为颍谷封人,ø闻之,ø有献于公。公赐之食。ø食舍肉。公问之。ø对曰:……(《左传·隐公元年》)

(6)(公子重耳)出于五鹿,ø乞食于野人,野人与之块。公子怒,ø欲鞭之。子犯曰:"天赐也。"ø稽首,受而载之。……公子不可。姜与子犯谋,醉而遣之。ø醒,ø以戈逐子犯。(《左传·僖公二十三年》)

(7)秦伯伐晋,ø济河焚舟,ø取王官及郊,晋人不出。ø遂自茅津济,ø封殽尸而还。ø遂霸西戎。(《左传·文公三年》)

(8)穆伯娶于莒,曰戴己,生文伯;其娣声己生惠叔。戴己卒,ø又聘于莒,莒人以声己辞,ø则为襄仲聘焉。(《左传·文公七年》)

在现代汉语中,如果语段中有一些与语段话题不同指的小句主语出现,后续的小句如果与语段话题同指,往往不能以零形式出现,而要使用代词形式或名词形式。因为在这样的情况下,语段话题的可及性变得比较低了,所以不宜再采用零形式。可见,上古汉语中语段话题对与其同指的主语省略的控制力度比现代汉语同类语篇大。

二、语段话题控制下的与其同指的兼语的省略

(9)子曰:"回也,视予犹父也,予不得视ø犹子也。非我也,夫二三子也。"(《论语·先进》)

此例中语段话题是"回"(即颜回),"予不得视犹子也"中"视"和"犹"的中间有一个零形式的兼语,这个兼语成分既是"视"的宾语,又是"犹"的主语。这个兼语因为与语段话题同指而省略了。如果译成现代汉语,"视"的宾语不能用零形式,要用代词形式,要说成"我不能把他看作儿子"[①]。

[①] 现代汉语的对译在句式上与古代汉语也有不同,现代汉语中"看作"不能出现在兼语句式中,只能采用"把"字句。

同类的例子还有：

(10) 初，祭封人仲足有宠于庄公，庄公使ø为卿。(《左传·桓公十一年》)

(11) (苏秦)见说赵王于华屋之下，抵掌而谈。赵王大悦，封ø为武安君。(《战国策·楚一》)

现代汉语中的兼语成分很多时候是不能省略的①，可以采用代词形式复指：

(12) a. 张三是个好学生，我让他做我的助教。
　　　b. *张三是个好学生，我让ø做我的助教。

宾语在上古汉语中一般是不能承前省略的，但是在现代汉语中，如果宾语是在话语中具有较高的可及性的已知信息时，就可以零形式出现，而且在某些结构中还必须采取零形式(董秀芳，2005)。请对比：

(13) 是二氏者，吾亦闻之，而不知其故。(《左传·昭公二十九年》)
(14) a. 这件事，我没有听说。
　　　b. *这件事，我没有听说它。

例(13)中，"之"处于宾语位置，其先行语为"是二氏"，这个"之"按照上古汉语的语法，是必须出现的，不能以零形式出现。例(14)是现代汉语的例子，宾语位置上是零形式，其所指与"这件事"相同，由于先行语是高可及的信息，而且是指物的，宾语位置上不允许出现代词形式来复指，如14b的不合法所示②。

在一些有格标记的语言中，兼语采用的是宾格而不是主格，这让人认为兼语

---

① Tang(2002)认为，兼语句中兼语移位的限制属于音韵上的问题，与句法无关。当兼语句中的主要动词是单音节时，兼语不能移位，但是当主要动词是双音节时，兼语就可以移位。如(画"＿＿"的地方是兼语最初的位置)：
　　这些学生被我要求/命令/劝说/催促/邀请/解释这个问题。
　　但我们发现，现代汉语口语中也有一些主要动词是单音节而兼语省略的例子，如：张三，老板派ø去上海了。在这种情况下，兼语后面的动词也是单音节，两个动词可以合成为一个双音节，兼语零形式的存在没有阻止这种音韵合并。
② 现代汉语中如果先行语是指人名词，宾语位置可以出现代词来复指。如：张三，我很喜欢他。

更像是宾语而不是主语。但是上古汉语中的宾语不能承前省略，而兼语可以承前省略，从这一点上看，上古汉语中的兼语与主语更接近。

三、语段话题控制下的与其不同指的小句主语的省略：语段话题对离题小句主语的压制

当小句的主语与语段话题不同指时，我们称这样的主语为"离题主语"，因为这样的小句主语是在叙述语段话题之外的其他对象。如果离题主语的所指对于话语来讲不是很重要，也可以被省略，如果不省略的话，就有可能分散读者的注意力，影响语篇的连贯性。这种省略，我们将它看作语段话题对小句离题主语的压制作用（以下我们用"⌀"来指示离题主语不出现时的空位）。如：

（15）孟施舍似曾子，北宫黝似子夏。夫二子之勇，⌀未知其孰贤，然而孟施舍守约也。（《孟子·公孙丑上》）

这一例中，语段话题是"孟施舍"和"北宫黝"，"未知其孰贤"这一小句的主语（可以认为是说话人，但也可以认为是泛指的）没有出现，这一主语与语段话题不同指，而且其所指对于话语表达来讲不重要，因而受到语段话题的压制而以零形式出现。现代汉语的语篇中也有这类省略，但是上古汉语中这类省略更为普遍。再如：

（16）齐王不听即墨大夫而听陈驰，ø遂入秦，⌀处之共松柏之间，饿而死。（《战国策·齐六》）

"处之共松柏之间"的主语因与语段话题"齐王"不同指，且文本作者认为不是重要信息，因而这一主语受到语段话题的压制，以零形式出现。这一小句中的动词"处"后的宾语"之"指的就是齐王。

（17）子招、子围、子干、子皙、弃疾，五人皆有宠，共王无适[①]立，乃望祭

[①] 适，通"嫡"。

山川,请神决之。乃与巴姬埋璧于太室之庭,令五子齐①而入拜。康王跨之;子围肘加焉;子干、子皙皆远之;弃疾弱,ø抱而入,再拜皆压纽。(《论衡·吉验》)

以上这一段并没有统一的语段话题。在叙述到五个人的情况时,话题是不断地转移的。最后三个小句的话题是"弃疾","抱而入"这一小句的主语是零形式,但其所指与话题"弃疾"不同,由于所指是谁不重要,因而被压制省略。

(18) 庄公走出,ø逾于外墙,ø射中其股,ø遂杀之,而ø立其弟景公。(《战国策·楚四》)

这一例中的语段话题是"庄公","逾于外墙"这一小句的主语因与语段话题同指而省略,但接下来的三个小句,主语所指都和语段话题不同(这三个主语相互之间也可能不同指),但由于在话语中不重要,因而都在语段话题的压制下省略了。

在现代汉语中,要保证语篇的连贯,如果要压制离题主语出现,经常使用的一种策略是采用被动句。比如例(18)在现代汉语中可以说成:

(19) 庄公跑出来,跳过外墙,他的大腿被射中了,被杀了,他的弟弟景公被立为国君。

语段话题对离题主语的压制策略在汉语文本中从古到今一直都有使用,虽然后代的使用没有上古汉语数量那么多。比如,直到《红楼梦》中还可以找到这样的例子:

(20) 我自来是如此,ø从会吃饮食时便吃药,ø到今日未断,ø请了多少名医修方配药,ø皆不见效。(《红楼梦》第三回)

此例中,语段话题是"我",即林黛玉,最后三个小句的主语因与语段话题不

---

① 齐,通"斋"。

同指又在表达上不重要因而被压制省略。"到今日未断"这一小句的主语是指吃药这一行为,"请了多少名医修方配药"这一小句的主语很可能是指黛玉的家人,"皆不见效"的主语可以是药。从以上举例中可以看出,被语段话题压制省略的小句主语的具体所指有时是比较模糊的。

四、语段话题对离题主语的压制策略可能对句法带来的影响

我们猜测,上古汉语中语段话题对离题主语的压制策略对句法可能产生了影响。受事主语句的形成可能就是由语段话题对离题主语的压制策略这一语篇组织原则导致的。下面我们先分析受事主语句的性质,再分析受事主语句的产生与语段话题对离题主语的压制策略之间的可能关联。

1. 受事主语句的性质

汉语中所谓的受事主语句,是一种特殊的构式(construction),既不同于被动结构和中动结构(middle voice),也不同于一般的话题结构。下面我们将受事主语句与其他结构作一对比。

受事主语句曾被一些人称为意念上的被动句。但实际上,除了形式上没有被动标记之外,受事主语句与被动句在是否可以被语义指向施事者的副词性成分修饰上也有差异(Huang 等,2009),如:

(21) a. 那幅画被挂在墙上了。
　　 b. 那幅画被小心翼翼地挂在墙上了。
(22) a. 那幅画挂在墙上了。
　　 b. *那幅画小心翼翼地挂在墙上了。

由"被"字构成的被动句可以被语义指向施事的状语"小心翼翼"修饰,如例(21b)所示,但是受事主语句不能被语义指向施事的状语"小心翼翼"修饰,如例(22b)的不合法所示。这说明被动句隐含施事(Baker 等,1989),而受事主语句并不隐含施事。

另外一个差异是,被动句可以表示动态的事件,但受事主语句表示的是一种结果状态,这在现代汉语层面表现为被动句中可以出现表示完成或实现的"了$_1$",但受事主语句中一般不能出现"了$_1$"(董秀芳,2006)。如:

(23) a. 那幅画被摘下来了。
　　　b. 那幅画被摘了下来。
(24) a. 那幅画摘下来了。
　　　b. ＊那幅画摘了下来。①

在上古汉语中情况也是如此,受事主语句也是表示结果状态的。在语篇中,往往是 V+O 形式(动宾结构)先出现,O+V(受事主语句)形式随后出现,V+O 表示动作行为,而 O+V 表示动作完成以后的结果状态(董秀芳,2014)。如:

(25) 魏弱则割河外,韩弱则效宜阳。宜阳效则上郡绝,河外割则道不通。(《战国策·赵二》)
(26) 古之欲明明德于天下者,先治其国;欲治其国者,先齐其家;欲齐其家者,先修其身;欲修其身者,先正其心;欲正其心者,先诚其意;欲诚其意者,先致其知,致知在格物。物格而后知至,知至而后意诚,意诚而后心正,心正而后身修,身修而后家齐,家齐而后国治,国治而后天下平。(《礼记·大学》)

受事主语句与中动结构的区别在于中动结构补不出具体的施事,如例 27 所示;而受事主语句虽然表层没有出现施事,但是一般情况下都可以补出一个特定的施事,如例 28 所示:

(27) a. 这种牌子的烟抽起来不呛。
　　　b. 这种牌子的烟张三抽起来不呛。
(28) a. 那辆车卖了。
　　　b. 那辆车张三卖了。

这表明受事主语句不是缺乏特定施事而是施事在表层被抑制了。由于施事在表层受抑制,从而造成了前面所提到的不能带指向施事的修饰成分的特点,而

---

① 这样的句子只有在有后续句的时候才能被接受,单独使用是站不住的。在后面有数量结构的情况下,"了₁"可以出现在受事主语句中,如"饭吃了两碗""这件衣服穿了两年"。在有数量结构的时候,数量结构是焦点所在,突显的是结果状态,而不是事件性和动态性。其实,在这样的句子中,数量结构的作用就相当于句末的"了₂",都可以指示结果状态,因而也都能结句。

且与施事相关的动态性也就相应地变弱了。

受事主语句也不同于一般的话题结构。在上古汉语中,话题结构中的话题如果是受事,句子如果不是否定句,那么动词后一般用代词对提前的话题宾语进行复指,而且施事经常在表层结构中出现①(董秀芳,2005)。比如:

(29) 夏礼,吾能言之。(《论语·八佾》)
(30) 子女玉帛,则君有之。(《左传·僖公二十三年》)
(31) 其所善者,吾则行之。其所恶者,吾则改之。(《左传·襄公三十一年》)

不过,如果一定要归类的话,受事主语句还是可以归入话题结构的。只不过,受事主语句比起动词后有复指代词且在表层出现施事的话题结构来说,结构上更为紧密,句法整合程度更高。这就提示我们去思考受事主语句与话题结构可能存在的历时关联。

受事主语句这种特殊的句法构式从古到今一直存在,就像话题结构从古至今一直存在一样,只不过现代汉语中的受事主语句比起上古的相应形式来,重要区别在于句末必须有"了"才能成句(这个"了"一般被看作"了$_1$"和"了$_2$"的合并,但实际上更像是"了$_2$")。句末的"了"的作用是显性标明结果状态,这是语法化的结果。如:

(32) a. 作业交了。
b. *作业交。

受事主语句自古至今的存在表明这是一种重要的构式,而且是汉语中有特色的构式。这里顺便指出,汉语史研究中除了要重视变化之外,也应该重视那些稳定不变的部分,因为稳定不变的部分可能正反映了汉语的本质特点,使我们能够发掘出汉语构成中的"基因"。

2. 受事主语句的形成与语篇组织策略的可能关联

受事主语句这一汉语特殊构式的形成与什么因素有关呢?我们猜测,除了

---

① 在这样的话题结构中,话题与述题之间的结构比较松散,话题的后面很可能出现停顿。

与汉语词语基本没有形态变化这一语言类型特点相关之外,这与汉语的语篇组织策略也有关系。Givón(1979)指出,语篇中反复出现的组织模式可能变为某种固定的句法格式,即发生"句法化(syntactization)"。受事主语句有可能是由"话题$_i$,零形主语$_j$+动词短语"结构经句法化而来的,其中,动词短语的零形主语因与话题不同指(不同的下标显示其所指不同)且不重要而被省略,即属于本文所说的"离题主语"被压制的情况。比如:

(33) 子胥沉江,比干剖心。此二子者,世谓忠臣也,然卒为天下笑。(《庄子·盗跖》)

此例中,"子胥沉江,比干剖心"是受事主语句,我们推测其来源是这样:"子胥""比干"是话题,"沉江""剖心"的主语与话题不同指而且在话语中又不重要,因此在话题的压制下没有出现,这样就造成了受事主语句。

让我们看一个过渡性的例子:

(34) 吴,周之胄裔也,而弃在海滨,不与姬通。今而始大,比于诸华,光又甚文,将自同于先王。(《左传·昭公三十年》)

此例中的语段话题是"吴","弃在海滨"中的"弃"可以理解为是在被动含义上使用的,如果这样理解的话,"弃在海滨"就是受事主语句结构;但"弃"也可以理解为是在主动意义上使用,其施事主语与语段话题不同指且在语篇中不重要,属于离题主语,由于语段话题要压制离题主语的出现,因此"弃"的主语表现为零形式。支持后一种理解的一个因素是"弃"在同期文献中在主动意义上使用的占绝大多数,做后一种理解的唯一困难是这里"弃"后的宾语位置上没有复指的"之",但由于"弃在海滨"正好构成四字格,得到了韵律上的支持,因此"之"的不出现也是可以勉强说通的。于是,我们可以把例(34)看作是由主动结构因为压制离题主语出现的语篇策略的作用而向受事主语句变化的过渡性的例子。

导致变化发生的一个关键因素是:语段话题对离题主语的压制策略使得一个主动结构中的施事缺位。这样,这个结构中的谓语部分的叙述就可以看作是围绕着语段话题展开的,回答的是"什么东西(语段话题)怎么样了"这样的问题。比如例(18)中,"射中其股,遂杀之"这两个小句在施事主语被省略之后,可以看作是对语段话题"庄公"的一种叙述,回答的是"庄公经历了什么"这样的问题。在这样的情况下,动词的语义解释就有可能发生变化,从主动意义(叙述施动者的动作行为)变为被动意义(叙述受事者受到的作用或影响)。而且,由于施事的缺位,受事话题就有可能直接位于动词的前面,与动词的关系变得紧密,从而最终导致受事主语句的产生。

随着受事主语句的句法化,原本松散的话题和述题形成一个结构紧密的小句,述题部分复指话题的"之"就不能出现了。根据生成句法GB理论中的约束第二原则,代词必须在其管辖语域(governing category)内自由。在一般的话题结构中,话题可以游离在作为述题的小句结构之外,述题部分可以单独构成代词的管辖语域,因此,在述题的宾语部分可以对提前的受事话题用代词进行复指(如例(29)—例(31))。而句法化后的受事主语句是一个结构紧密的小句,因此动词后不能出现代词来复指受事主语,否则代词在其管辖语域内就会受到约束从而违反约束原则,如不能说"车$_i$卖了它$_i$"。

当然,要证明受事主语句的确是来自语篇策略的句法化是有一定困难的。目前我们面对的上古语料中就已经存在受事主语句了,我们无法找到变化的确切起点和具体轨迹。但我想我们还是可以提出一种合乎情理的猜测。最终是验证或是推翻这种猜测还要等待将来更进一步的研究。

五、双线话题控制下的省略模式

上古汉语语篇中有些紧邻的小句,其中有两个谈论到的主体,这两个主体都可以控制后续小句与其同指主语的省略。这样的两个主体,都具有语段话题的地位,我们称为"双线话题"。这种双线话题控制下的省略模式,吕叔湘(1988)称为"错杂省略",表现为"先省去一个甲,又省去一个乙,接着又省去一个甲"。张文国(1999)也注意到了这种情况,认为这种情况在涉及两方的叙事结构中容易出现。

由于控制省略有两个主体,因此相邻的零形式的所指可能不同,省略掉的主语的具体所指可以由谓语动词的语义推断出来。比如(下标相同表示所指相同):

(35)初,郑伯$_i$将以高渠弥为卿,昭公$_j$恶之,ø$_j$固谏,ø$_i$不听。(《左传·

桓公十七年》)

以上例中,"郑伯"和"昭公"相继出现,构成双线话题,"固谏"这一小句的主语因与双线话题之一"昭公"同指而省略,"不听"这一小句的主语因与双线话题中的另一个"郑伯"同指而省略。两个小句紧邻,但所省略的主语不同,所省略主语的具体所指可以由谓语动词推断出。这种例子的存在说明了上古汉语语篇中的省略力度之大。

(36) 齐侯$_i$使连称、管至父$_j$戍葵丘,ø$_j$瓜时而往,ø$_i$曰:"及瓜而代。"期戍,公问不至。ø$_j$请代,ø$_i$弗许。(《左传·庄公七年》)

此例中,齐侯和连称、管至父是话语中提到的有关系的双方,构成双线话题,以下小句中省略的主语可以与这两方之一同指,如例中同标所示,决定零形式主语所指的关键因素是谓语的语义。

(37) 初,鬻拳$_i$强谏楚子$_j$。楚子弗从。ø$_i$临之以兵,ø$_j$惧而从之。(《左传·庄公十七年》)

以上例中,鬻拳和楚子是话语中相继提到的两个主体,构成双线话题,最后两个小句中省略的主语分别与二者同指,如下标所示。同类的例子还有:

(38) 齐侯$_i$使敬仲$_j$为卿。ø$_j$辞曰:"羁旅之臣,幸若获宥,及于宽政,赦其不闲于教训,而免于罪戾,弛于负担,君之惠也。所获多矣,敢辱高位以速官谤? 请以死告。诗云:'翘翘车乘,招我以弓。岂不欲往? 畏我友朋。'"ø$_i$使ø$_j$为工正。(《左传·庄公二十二年》)

(39) (重耳$_i$)及曹,曹共公$_j$闻其骈胁,ø$_j$欲观其裸。ø$_i$浴,ø$_j$薄而观之。(《左传·僖公二十三年》)

(40) 公$_i$与公冶$_j$冕服。ø$_j$固辞,ø$_i$强之而后受。(《左传·襄公二十九年》)

这种省略模式也经常用于记述两人对话的场合,如:

(41) 齐宣王$_i$问曰:"汤放桀,武王伐纣,有诸?"孟子$_j$对曰:"于传有之。"ø$_j$曰:"臣弑其君,可乎?"ø$_j$曰:"贼仁者,谓之贼;贼义者,谓之残。残贼之人,谓之一夫。闻诛一夫纣矣,未闻弑君也。"(《孟子·梁惠王下》)

例(41)中,对话的双方是齐宣王和孟子,在首轮问答结束后,接下来的对话中,言说主体都被省略了,只剩下了言说动词"曰"。这与现代小说中省略对话双方,只出现对话本身的用法很相似,只不过现代小说中连言说动词也省略掉了,这是因为有标点符号和分段的帮助。而在古代文献中没有标点符号,因而言说动词不能省,言说动词出现的位置标示着言说主体的变换。

在这种省略模式中,由于控制省略的有两个主体,造成相邻小句的两个零形式主语可能不同指,其所指只能靠谓语语义推出,因而有可能造成语义含混。所以,这种省略模式在后代逐渐使用得较少,尤其是在正式的书面语中。不过,也没有完全消失,在现代汉语中还偶有表现,如(例子转引自田然,2003):

(42) 张向东$_i$的儿女$_j$多,ø$_i$不愁没人照顾,ø$_j$甚至都抢着在医院里值班。

这也表明,汉语中具体句子的语义解释对语篇上下文的依赖较大,这是汉语的一个很大的特点。

六、结论

总起来看,上古汉语中语段话题对其后与其同指的成分的省略的控制力度比现代汉语大,同时上古汉语中的语段话题还可以直接压制与其不同指的成分,使其不能实现为后续小句的显性主语。这就造成了上古汉语语篇中比现代汉语语篇中的省略更多。

省略同指的小句主语是因为语段话题的可及性高,而省略不同指的小句主语则是为了防止分散读者的注意力,保证语段话题的连贯性。可以看出,从表面上看都可以说是省略的现象,其实在背后有不尽相同的动因。因此我们不能简单用"省略"一言以蔽之,而应该对其中蕴含的不同规律进行深入分析。

古汉语中由于可以直接省略与话题不同指且在话语中不重要的施事主语,因而使得受事有可能直接出现在动词之前,并使得动词在语篇中获得一种类似于被动的含义。这种语篇策略的反复使用,可能造成了汉语中具有独特性质的受事主语句的出现。可见,研究语篇的组织规律对于解释句法规则的形成与表现也会是有帮助的。

从本文的分析还可以看出一个重要事实,即汉语的语篇中语段话题组织控制具体小句的能力是很强的,局部的语法表现受制于语篇整体的表达中心。这一点是汉语语篇的一个重要特点,从古到今一直都有表现,显示了研究语篇整体结构与特点对研究汉语句法的重要性。

参考文献

曹逢甫,1995.主题在汉语中的功能研究[M].谢天蔚,译.北京:语文出版社.
陈平,1987.汉语零形回指的话语分析[J].中国语文,(5).
吕叔湘,1988.中国文法要略[M].北京:商务印书馆.
田然,2003.现代汉语叙事语篇中 NP 的省略[J].汉语学习,(6).
徐烈炯,刘丹青,1998.话题的结构与功能[M].上海:上海教育出版社.
张文国,1999.先秦汉语主语省略中的词汇手段[J].聊城师范学院学报,(2).
董秀芳,2005.古汉语中宾语的表层隐现条件及其解释[M]//语言学论丛:第 31 辑.北京:商务印书馆.
董秀芳,2006.宾语提前的话题结构的语义限制[J].汉语学报,(1).
董秀芳,2007.动词直接作定语的历时考察[M]//燕赵学术:2007 年秋之卷.成都:四川辞书出版社.
董秀芳,2012.领属转喻与汉语的句法和语篇[J].汉语学习,(6).
董秀芳,2014.2+1 式三音节复合词构成中的一些问题[J].汉语学习,(6).
Baker, Mark, Kyle Johnson and Ian Roberts, 1989. Passive arguments raised[J]. *Linguistic Inquiry*, (20):219-251.
Huang, C. T James, Yenhui Audrey Li and Yafei Li, 2009. *The Syntax of Chinese*[M]. Cambridge:Cambridge University Press.
Givón, Talmy, 1971. *Historical Syntax and Synchronic Morphology: an Archaeologist's Field Trip*[J]. Chicago:Chicago Linguistic Society (1) 394-415.
Givón, Talmy, 1979. *On Understanding Grammar*[M]. New York:

Academic Press.

Tang Sze-Wing(邓思颖), 2002. Extraction in control structures in Chinese [J]. *Cahiers de Linguistique-Asie Orientale* 31（2）.

 复盘与导读

这篇文章是我对古代汉语的语篇特点进行探讨的第二篇比较重要的文章，考察了上古汉语叙事语篇的特点，与发表在《中国语文》2012年第4期上的《上古汉语议论语篇的结构与特点：兼论联系语篇结构分析虚词的功能》构成了姊妹篇。

语篇研究在汉语中非常重要，因为汉语形态句法上的显性标记没有多少，句子的语义解读与形态丰富的语言相比，更多地依赖于语篇。现代汉语的语篇研究已经有了不少成果，但古代汉语的语篇研究成果还比较少，这方面的研究值得深入开展。

古代汉语语篇比起现代汉语语篇来有更多的省略，现代汉语语篇中一些不容许出现零形式的地方，古代汉语语篇中可以出现。但如果只说古代汉语语篇中的省略多，这还只是看到了问题的皮毛。要想推进研究，还需要弄清楚古代汉语文本中的省略有什么具体的模式？其中反映出什么样的规律？语篇层面的这些省略现象对句法有没有影响？我选择的切入点是研究上古汉语叙事语篇中的省略，并且严格限制在纯叙事的语段，这样研究材料的同质性就比较强。

这篇文章的写作灵感是来自对古汉语文本的慢读。我觉得对汉语史语法研究来讲，细读文本很重要。当我仔细阅读上古汉语的一些文本时，我会在脑子里把其中的表达与现代汉语的相应表达作一个对比，如果发现了有意思的差异，就会停下来思考差异与什么相关？有无规律可循？正是通过这样的细读，我注意到了古汉语省略模式与现代汉语的不同，并注意到上古汉语对离题主语压制之后形成的小句如果与话题紧邻，在形式上就与受事主语句相同，因而就想到了受事主语句的可能来源。

这篇文章主要是考察语段话题对小句主语省略的控制模式，探讨语篇策略与句法的关联。文章中比较有意义的发现有这样几点：(1) 表面上看来都是省略，但省略背后的动因是不一样的。小句主语的省略有些是由于与语段话题同指，具有高可及性，有些则是由于与语段话题不同指，为了避免分散读者的注意力而省略。（2）比较了上古汉语叙事语篇与现代汉语同类语篇在省略模式上的不同。（3）语篇策略有可能发生句法化。论文对受事主语句的性质进行了分析，并指出受事主语句的产生可能与语段话题对离题主语的压制策略有关。

文章对上古汉语叙事语篇中的省略进行了细致的分析，分析中所采用的标记符号是当代语言学通用的，比如用相同的拉丁字母下标表示两个成分的所指相同，用ø表示零形式，但用"¤"来指示零形式的离题主语则是我自己的创造。在进行分析时，我们主要通过研究省略出现的上下文，搞清省略的原因。

文章利用了当代语言学的一些理论，结合了现代汉语语法研究中的一些成果，将历时分析与共时分析有机结合起来，这也是文章的一个主要特色。比如，现代汉语语法研究中对"了"的隐现、"的"的隐现等问题的讨论让我们认识到汉语句法与语篇的密切关联，因为"了"的隐现规律、"的"的隐现规律都要在篇章层面才能最终确定。这让我们想到进行古汉语语篇研究的必要性。这从一个侧面反映了现代汉语句法研究对古汉语句法研究的启发。另外，如果我们对语言学理论中的一些话题比较了解，我们就更容易看到古汉语语言事实的理论价值。比如，文章的第2小节通过上古汉语中兼语可以省略的事实讨论了兼语的句法性质，指出上古汉语中的兼语与主语更接近而不是与宾语更接近。这一讨论回应了句法学中对兼语的认识分歧，同时也能证明语篇方面的观察对一个成分的句法性质的认定是有帮助的。再如，为了更好地给受事主语句定性，文章采取了将受事主语句与相关句式进行句法对比的方法，吸收了当代句法学的一些研究结论，采纳了形式句法学的一些验证手段，指出了受事主语句不同于被动句、中动结构与话题结构的地方。还有，在讨论受事主语句的可能起源时，我们借鉴和引入了"句法化"这个概念。吸收前沿的当代语言学理论对汉语史的研究是非常重要的一个方面，恰当的理论运用能让我们对语言事实的分析更为深入。

这篇文章所给出的结论是假设性的，我们认为受事主语句的来源可能与语段话题对离题主语的压制策略有关，但并不能完全证明。在汉语史研究中，要搞清楚一个成分或结构的来源经常是很不容易的事情，更别说早在上古汉语就已出现的形式。即使对一些在近代汉语才出现的语法成分（比如虚语素"的"和"们"）的来源，学者们也是众说纷纭，莫衷一是。因此，在论文中作出猜测，给出假设性的结论应该被允许，很多时候，科学的进步就是从合理的猜测开始的。这篇文章在古代汉语叙事语篇的特点研究上只是做了一点点探索，可以做的相关研究还有很多。比如,文章中总结的上古汉语的省略模式到了中古汉语或近代汉语中有无变化？如果有变化,是什么因素导致了变化。这些都有待考察。

最后,谈一点点研究的体会。汉语史的研究是复杂的,其实,任何语言学上的问题都不简单,要想搞清楚都需要付出很多努力。我们在研究中遇到的最大困难往往就是会陷入语言材料的泥潭。要在大量的语言事实当中找到条理和秩序绝对是件大费脑筋的事情。往往当我们为找到了一点模式和规律而感到欣喜时,就会同时发现恼人的反例。语言材料之间并不是泾渭分明的,当我们好不容易分出了几个类型,往往会发现有些例子似乎是骑墙派,放到 A 类也行,放到 B 类也未尝不可,从而让我们刚刚要建立的秩序又要坍塌或者模糊。这样的情况是常态。我们必须有足够的耐心处理纷繁棘手的材料。之所以会出现这样的复杂情况,就是因为在语言中起作用的因素往往是多个而不是一个,这些因素会相互作用相互影响,这样就呈现出了复杂的局面。我们必须如抽丝剥茧一般,将不同因素分离开来,明确它们各自的功能及起作用的条件,这样被掩盖着的规律才可能呈现出来。另外,在探讨语言现象时必须思路开阔,不能仅盯着要研究的事实本身,而是要尽量联系相关的事实进行研究。

衷心希望有更多的朋友能够热爱汉语语言学的研究,祝愿汉语语言学能有更多原创性的理论发现,从而更好地屹立于学术之林！

宇内孤本《永乐大典韵总歌括》名实关系考论*

丁治民**

摘要：《永乐大典韵总歌括》为宇内孤本，其纽数为 2 097 个，与八十韵本《洪武正韵》同。《永乐大典韵总》纽数为 2 363 个，比《永乐大典韵总歌括》纽多 266 个。《永乐大典韵总歌括》不能完全概括《永乐大典韵总》的实情，为《永乐大典韵总》的"歌括"，名不副实。

关键词：《永乐大典韵总歌括》；《永乐大典韵总》；《洪武正韵》；纽数

《永乐大典韵总歌括》（一卷）、《永乐大典韵总》（四卷）现藏于国家图书馆，仅此一部，清抄本。该抄本题明解缙等辑，其中永乐御制序、进《永乐大典》表、凡例、《永乐大典韵总歌括》、《永乐大典韵总》，每册首页盖有"桐城姚伯印藏书记"朱长方印①。

《永乐大典韵总歌括》，从题名上看当为《永乐大典韵总》的"歌括"，应是把《永乐大典韵总》各韵每纽首字按四字至七字依次编为诗歌的形式。

《永乐大典韵总歌括》平声二十三韵、上声二十三韵、去声二十三韵、入声十一韵，总计八十韵。在汉语语音史上，八十韵本韵书现知仅有八十韵本《洪武正韵》。

在二十世纪九十年代之前，学术界仅知《洪武正韵》只有七十六韵本一种，直至九十年代宁忌浮先生在国家图书馆发现八十韵本《洪武正韵》并对其加以研究，出版《洪武正韵研究》一书后，学界始知还有一种八十韵本《洪武正韵》，2016

---

* 原载《辞书研究》2019 年第 5 期。人大复印资料《语言文字学》2020 年第 3 期全文转载。本书收录时略有修改。

** 丁治民（1969—），上海大学教授，博士生导师。

① 姚元之（1773—1853）字伯印，号荐青，又号竹叶亭生，晚号五不翁，安徽桐城人。

年,中华书局出版八十韵本《洪武正韵》,书名为《国家图书馆藏明刻本洪武正韵》。

宁忌浮先生(2003)指出:"《增韵》(《增修互注礼部韵略》)全书小韵数为3 104,《正韵》(即八十韵本《洪武正韵》)合并成2 220。"小韵数即纽数,也就是说八十韵本《洪武正韵》纽数为2 220。

宁忌浮先生(2003)同时指出:"《永乐大典》二万二千八百七十七卷,三亿七千多万字,收录重要典籍七八千种之多。如此浩瀚的大百科全书,以什么作纲目编排得井然有序?是八十韵本《洪武正韵》。各词条均按八十韵本的韵部、小韵、韵字,依次排列。韵字的注释、反切均照录。"

宁先生又指出(2003):"现存八十韵本《洪武正韵》有残损,阳韵缺一叶,侵韵只存一面,覃韵存末尾两个小韵计三行,胶片周边欠清晰。"

《永乐大典》是采取"用韵以统字,用字以系事"的按韵与分类两者相结合编辑方法。其中的"韵"就是宁先生所指的八十韵本《洪武正韵》。《永乐大典》的编纂与八十韵本《洪武正韵》的关系密切。《永乐大典韵总歌括》、《永乐大典韵总》与八十本《洪武正韵》关系应同样密切[①]。

我们现将《永乐大典韵总歌括》转录于下,并与八十韵本《洪武正韵》、《永乐大典韵总》(下简称《韵总》)及《永乐大典目录》(以下简称《目录》)每纽首字比较,看其二者的关系。

《永乐大典韵总歌括》

平声

一东

东通同笼 蓬蒙恩宗 纵丛从洪 烘空穹公

翁风冯松 充中戎虫 龙融颙穷 农舂胸邕 雄绷肱烹 俱在一东

按:一东三十六纽,各纽纽名用字与顺序与八十韵本《洪武正韵》、《韵总》及《目录》均相同。

二支

支施差时儿 知摘驰雌赀 疵斯与词字 俱载在二支

按:二支十三纽,各纽纽名用字与顺序与八十韵本《洪武正韵》、《韵总》及《目录》均相同。

[①] 八十韵本《洪武正韵》系宁忌浮先生复印馈赠,谨致谢忱。

三微

微肥霏纰篚 疲縻夷羲兮 伊奇与桂字 俱载在三微

按：三微十三纽，各纽纽名用字与顺序与八十韵本《洪武正韵》、《韵总》及《目录》均相同。

四齐

齐西妻赍 氐梯题泥 倪离鸡谿 俱载四齐

按：四齐十二纽，各纽纽名用字与顺序与八十韵本《洪武正韵》、《韵总》及《目录》均相同。

五鱼

鱼于於虚 区居渠胥 疽徐书诸 除殊如袽 枢间与趋 俱载五鱼

按：五鱼十九纽，各纽纽名用字与顺序与八十韵本《洪武正韵》、《目录》及《目录》均相同。

六模

模铺逋租徂 锄蒲都徒卢 奴胡孤枯呼 吾粗乌苏初 疏敷扶与无 俱载在六模

按：六模二十四纽，各纽纽名用字与顺序与八十韵本《洪武正韵》及《韵总》与《目录》前二十四纽均相同。

七皆

皆缯谐乖 怀差齐豺 排埋筵崖 咍衰开该 孩哀皑胎 臺能来鳃 猜哉与裁 俱载七皆

按：七皆二十七纽，各纽纽名用字与顺序与八十韵本《洪武正韵》及《韵总》与《目录》前二十七纽均相同。

八灰

灰恢煨傀 规回危堆 推隤雷崔 杯丕枚垂

随佳桵虽 为字与葵 倠衰及痿 厜与谁睢 吹字及摧 俱载八灰

按：八灰三十纽，各纽纽名用字与顺序与八十韵本《洪武正韵》及《韵总》与《目录》前三十纽均相同。

九真

真申瞋辰神人辛 亲津秦缤宾频民 陈邻因氤纫云钧 巾勤银囷熏群欣 谆春纯荀逡存旬

伦文芬汾魂昆温 昏坤奔歅盆门孙 村尊遵暾屯论敦 臻莘榛痕根恩垠 其字俱载在九真

按：九真六十三纽，各纽纽名用字与顺序与八十韵本《洪武正韵》及《韵总》与《目录》前六十三纽均相同。

十寒

寒豻看干安 欢宽官剜般 槃满酸钻攒 端湍团鸾潘 桓字与暵字 俱载在十寒

按：十寒二十二纽，各纽纽名用字与顺序与八十韵本《洪武正韵》及《韵总》与《目录》前二十二纽均相同。

十一删

删跚关弯还跧 奸颜顽班虤攀 蛮潺孱斓阑闲 悭黫翻烦残单 滩壇儃及难櫕字俱载十一删

按：十一删二十九纽，各纽纽名用字与顺序与八十韵本《洪武正韵》及《韵总》与《目录》前二十九纽均相同。

十二先

先天千笺前 边篇眠颠田 年莲坚牵贤 延烟涓梋玄

挛渊然涎瀍 铤馋蝉孱梴 轩乾缏宣诠 镌旋全穿专䀎喧员圈权 俱载十二先

按：十二先四十五纽，各纽纽名用字与顺序与八十韵本《洪武正韵》及《韵总》与《目录》前四十五纽均相同。

十三萧

萧貂祧迢聊 浇幺硗筊焦 樵森漂瓢苗 烧弨昭韶饶 潮尧桥与鸮 俱载十三萧

按：十三萧二十四纽，各纽纽名用字与顺序与八十韵本《洪武正韵》、《韵总》及《目录》均相同。

十四爻

爻交敲哮垇抛 庖茅梢謏巢嘲 铙豪蒿高麃敖 褒骚操遭曹刀 饕萄劳及猱尻字俱载十四爻

按：十四爻二十九纽，各纽纽名用字与顺序与八十韵本《洪武正韵》、《韵总》及《目录》均相同。

十五歌

歌珂诃阿何 莪娑蹉醝多 佗驼罗那戈 科涡和讹波 颇字及䥯摩 俱载十五歌

按：十五歌二十三纽，各纽纽名用字与顺序与八十韵本《洪武正韵》及《韵总》与《目录》前二十三纽均相同。

十六麻

麻葩巴杷沙叉楂 树槎拏䎃呀呱嘉 鸦牙华花夸瓜娲 其字俱载十六麻

按：十六麻二十一纽，各纽纽名用字与顺序与八十韵本《洪武正韵》及《韵总》与《目录》前二十一纽均相同。

十七遮

遮奢些车嗟 邪蛇耶茄迦 爹字及靴瘸 俱载十七遮

按：十七遮十三纽，各纽纽名用字与顺序与八十韵本《洪武正韵》及《韵总》与《目录》前十三纽均相同。

十八阳

阳芳房亡襄 锵将详墙商 昌章常穰孃 霜疮庄床长 良香羌姜强 央王狂匡唐
当汤郎囊滂 旁茫桑仓臧 藏唐冈印杭 汪荒光黄邦 降字与舡字 俱载十八阳

按：十八阳五十二纽，各纽纽名用字与顺序与《目录》、《韵总》及现存八十韵本《洪武正韵》均相同。

十九庚

庚卿京形星 丁听庭馨绳 征成柽令明 兵平勍英盈 宁娉清精饧
情声仍生行 亨铮桱争登 能腾棱僧增 层恒与㧌字 俱载十九庚

按：十九庚四十三纽，各纽纽名用字与顺序与八十韵本《洪武正韵》及《韵总》与《目录》前四十三纽均相同。

二十尤

尤抽休邱鸠 求忧周俦留 脩秋湫酋收 柔缪杯彪滮
碰浮哀谋侯 搜邹愁讴驱 䳒钩漱兜偷 头楼及甃笐 俱载二十尤

按：二十尤三十九纽，各纽纽名用字与顺序与八十韵本《洪武正韵》及《韵总》、《目录》前三十九纽均相同。

二十一侵

侵祲寻深斟 谌壬琛沈林 淫心音吟歆 钦今琴南森 簪字及岑参 载二十一侵

按：二十一侵二十三纽，各纽纽名用字与顺序与《韵总》、《目录》前二十三纽及现存八十韵本《洪武正韵》均相同。

二十二覃

覃贪耽婪南氉参 簪蚕堪含谙甘酣 谗衫欃咸喦监嵌 俱载在二十二覃

按：二十一覃二十一纽，各纽纽名用字与顺序与《韵总》、《目录》前二十一纽及现存八十韵本《洪武正韵》均相同。

二十三盐

盐铦佥尖燫潜苫 襜詹蟾髯廉淹黏 箝添甜谦兼嫌抾 俱载在二十三盐

按：二十三盐二十一纽，各纽纽名用字与顺序与八十韵本《洪武正韵》及《韵总》、《目录》前二十一纽均相同。

上声

一董

董统恫笼琫 蠓总㨃孔拱 㜪捧辣宠冗 肿䥖𤺄凶勇 陇字与㼈囧 俱载在一董

按：一董二十三纽，各纽纽名用字与顺序与八十韵本《洪武正韵》及《韵总》、《目录》前二十三纽均相同。

二纸

纸史齿耳 舐侈䫻此 子字与死 俱载二纸

按：二纸十纽，各纽纽名用字与顺序与八十韵本《洪武正韵》及《韵总》、《目录》均相同。

三尾

尾斐厞比 䊸米以喜 溪倚与忌 俱载三尾

按：三尾十一纽，各纽字形与顺序与八十韵本《洪武正韵》及《韵总》、《目录》均相同。

四济

济玺洗邸 体你挀里 已字与起 俱载四济

按：四济十纽，各纽纽名用字与顺序与八十韵本《洪武正韵》及《韵总》、《目录》均相同。

五语

语伛许举 去𡕈沮墅 暑纾主杵 吕汝及取 女字与𦙄 俱载五语

按：五语十七纽，各纽纽名用字与顺序与八十韵本《洪武正韵》及《韵总》、《目录》均相同。

六姥

姥普补祖 粗睹土鲁 弩古苦虎 五楚坞所 阻抚武数 俱在六姥

按：六姥二十纽，各纽纽名用字与顺序与八十韵本《洪武正韵》及《韵总》、《目录》前二十纽均相同。

七解

解蟹罢摆洒 跐买夥枴剿 骇鲠骏矮海 恺改䵷采宰 茝骀乃与㨺 俱载在七解

按：七解二十四纽，各纽纽名用字与顺序与八十韵本《洪武正韵》及《韵总》、《目录》前二十四纽均相同。

八贿

贿瘣猥芐陒 美漼垒魁傀 捶蕊髓屃嘴 趌跬水毁诡 彼字与甗否 俱载在八贿

按：八贿二十三纽，各纽纽名用字与顺序与八十韵本《洪武正韵》及《韵总》、《目录》前二十三纽均相同。

九轸

轸忍哂引 嶙尽辗纼 泯紧窘稇 准蠢盾笋 陨吻粉悻

攟隐蠵听 椚衮稳本 襟损忖撙 鳟很恳品 俱载九轸

按：九轸三十六纽，各纽纽名用字与顺序与八十韵本《洪武正韵》及《韵总》、《目录》前三十六纽均相同。

十罕

罕侃秆浣碗 款管满纂短 瞳字与卵暖 俱载在十罕

按：十罕十三纽，各纽纽名用字与顺序与八十韵本《洪武正韵》及《韵总》、《目录》前十三纽均相同。

十一产

产赧僴绾 版返饭晚 盏醆僝简 眼齴亶坦 懒散灒昄 载十一产

按：十一产二十纽，各纽纽名用字与顺序与八十韵本《洪武正韵》及《韵总》、《目录》前二十纽均相同。

十二铣

铣扁免典 腆婗显茧 岘犬畎琄 浅剪选隽 腾阐蟺舛

转软展辇 衍辗㒤齴 遣寋蜎卷 阮宛晼偃 载十二铣

按：十二铣三十六纽，各纽纽名用字与顺序与八十韵本《洪武正韵》及《韵总》、《目录》前三十六纽均相同。

十三筱

筱湫裹朓 了嬼沓漾 皎沼纠扰 赵悄少晓 表缥摽缈 载十三筱

按：十三筱二十纽，各纽纽名用字与顺序与八十韵本《洪武正韵》及《韵总》、《目录》前二十纽均相同。

十四巧

巧佼饱卯稍 爃爪挠拗咬 骹好考杲媪 宝扫草早倒 讨字及老脑 俱载十四巧

按：十四巧二十三纽，各纽纽名用字与顺序与八十韵本《洪武正韵》及《韵总》、《目录》前二十三纽均相同。

十五哿

哿可㱃我左 瘌拕娜么瑳 果顆火夥嬤 跛頗鎖朶妥 裸字与婐字 俱載十五哿

按：十五哿二十二纽，各纽纽名用字与顺序与八十韵本《洪武正韵》及《韵总》、《目录》前二十二纽均相同。

十六马

马把鲊洒贾 閜哑雅踝骻 寡瓦及打笝 俱载十六马

按：十六马十四纽，各纽纽名用字与顺序与八十韵本《洪武正韵》及《韵总》、《目录》前十四纽均相同。

十七者

者写且捨 苴欉与野 惹字及姐 载十七者

按：十七者九纽，各纽纽名用字与顺序与八十韵本《洪武正韵》及《韵总》、《目录》前十纽均相同。

十八养

养鞅奖两 强仰想瓬 敞掌爽响 襁壤赏上 仿罔柱往 慌抢迋党

傥曩榜莽 颡苍駔奘 沆忨块沅 駬䝙与广 朗字及讲 载十八养

按：十八养四十一纽，各纽纽名用字与顺序与八十韵本《洪武正韵》及《韵总》、《目录》均前四十一纽均相同。

十九梗

梗埂丙景悻 省顶挺拯逞 领茗影颖顈 请井繁省皿 烓肯殑冷等 俱载十九梗

按：十九梗二十五纽，各纽纽名用字与顺序与八十韵本《洪武正韵》及《韵总》、《目录》前二十五纽均相同。

二十有

有潴酒首 鈤酼蹂柳 纽黝朽糗 九赳扣嘍

否溲掫吼 口耉欧偶 剖𡒊叟趣 走字与斗 载二十有

按：二十有三十纽，各纽纽名用字与顺序与八十韵本《洪武正韵》及《韵总》、《目录》前三十纽均相同。

二十一寝

寝㾕审沈枕 恁恁吟踸廩 锦饮瘆墋糁 载二十一寝

按：二十一寝十五纽，各纽纽名用字与顺序与八十韵本《洪武正韵》及《韵总》、《目录》前十五纽均相同。

二十二感

感髡坎唵錎 穇慘歜寁紞 禫嗛槛阚賧 壈噉览减黵 穇斩꯳噆嶃 载二十二感

按：二十二感二十四纽，各纽纽名用字与顺序与八十韵本《洪武正韵》及《韵总》《目录》前二十四纽均相同。

二十三琰

琰奄闪冉诌 敛险检㺊貶 忝点㸃渰㟏 载二十三琰

按：二十三琰十四纽，各纽纽名用字与顺序与八十韵本《洪武正韵》及《韵总》《目录》前十四纽均相同。

去声

一送

送凤譀粽 纵㑴痛洞 弄哄烘控 贡瓮梦赗

雍众仲用 颂从䡒共 憃䨦迸矙 俱载一送

按：一送二十八纽，各纽纽名用字与顺序与八十韵本《洪武正韵》及《韵总》、《目录》前二十八纽均相同。

二寘

寘试翅侍二 智誓世揥治 恣自次笥寺 俱载在二寘

按：二寘十五纽，各纽纽名用字与顺序与八十韵本《洪武正韵》及《韵总》、《目录》均相同。

三未

未屝费臂 闭避袂异 戏系意䓲 俱载三未

按：三未十二纽，各纽纽名用字与顺序与八十韵本《洪武正韵》及《韵总》、《目录》均相同。

四霁

霁剂细砌 帝替第泥 诣利计器 俱载四霁

按：四霁十二纽，各纽纽名用字与顺序与八十韵本《洪武正韵》及《韵总》、《目录》均相同。

五御

御飫孺去 据瞿絮觑 怚聚叙恕 树处著筯 嘘虑与女 俱载五御

按：五御十九纽，各纽纽名用字与顺序与八十韵本《洪武正韵》及《韵总》、《目录》均相同。

六暮

暮铺布步素 措祚作助诅 妒度兔路怒 护𬨮库顾污 误疏赴附务 俱载在六暮

按：六暮二十五纽，各纽纽名用字与顺序与八十韵本《洪武正韵》及《韵总》、《目录》均相同。

七泰

泰代带戴 赖俫奈菜 盖爱艾害 外嘅慨再 在嘬蚕戒

隘睚䐐派 拜败卖晒 塞怪寨债 快械坏帅 俱在七泰

按：七泰三十六纽，各纽纽名用字与顺序与八十韵本《洪武正韵》及《韵总》、《目录》均相同。

八队

队对退类配 旆背妹岁逐 翠萃溃海汭 侩匮坠䅳胃

㥌吹瑞税诱 内字及啐醉 皋与睢字类 俱载在八队

按：八队三十纽，各纽纽名用字与顺序与八十韵本《洪武正韵》及《韵总》、《目录》均相同。

九震

震阵𥼶刃闰 㥣孕印慎信 晋尽烬亲𧤛 藽𩰚釁仅吝 傧牝俊峻巽 焌殉舜顺奔

论问分偾郡 酝训运㤙顉 𢚩困喷㘭闷 寸镈顿钝嫩 褪恨及艮硍 俱载在九震

按：九震五十四纽，各纽纽名用字与顺序与八十韵本《洪武正韵》及《韵总》、《目录》前五十四纽均相同。

十翰

翰干汉看按 岸换唤贯惯 玩半判畔缦 算窜钻攒锻 彖字及段乱 俱载在十翰

按：十翰二十三纽，各纽纽名用字与顺序与八十韵本《洪武正韵》及《韵总》、《目录》前二十三纽均相同。

十一谏

谏晏惯患襻 慢讪栈篡撰 骭奻粲赞䨫 炭掸烂旦散

腕雁难瓣盼 苋字与贩饭 万限及铲字 俱载十一谏

按：十一谏三十一纽，各纽纽名用字与顺序与八十韵本《洪武正韵》及《韵总》、《目录》前三十一纽均相同。

十二霰

霰蒨羡贱 殿瑱电练 恋现砚建 眩愿献券 碾绢宴绚 遍怨片面

选𤪎旋扇 𦆞战缮𠷂 钏传㬫缠 谴字与倦 健便及荐 载十二霰

按：十二霰四十一纽，各纽纽名用字与顺序与八十韵本《洪武正韵》及《韵总》《目录》均相同。

十三啸

啸吊窌调料 浇溺窍叫要 陗醮嚼少照 邵召燿骄勡 孚妙及敲俵 俱载十三啸

按：十三啸二十四纽，各纽纽名用字与顺序与八十韵本《洪武正韵》及《韵总》《目录》均相同。

十四效

效孝敩教乐 豹砲㧢貌帽 稍钞罩趠櫂 闹号耗犒诰

奥懊暴噪操 灶字与漕到 导劳及臑字 俱载十四效

按：十四效三十一纽，各纽纽名用字与顺序与八十韵本《洪武正韵》及《韵总》《目录》前三十一纽均相同。

十五个

个贺呵饿卧 过课逻些左 惰和奈瘥播 破磨剉坐涴 货字及唾缚 俱载十五个

按：十五个二十三纽，各纽纽名用字与顺序与八十韵本《洪武正韵》及《韵总》《目录》前二十三纽均相同。

十六祃

祃怕霸罢 画化跨卦 奼嫁诈乍 咤假䜟骼 驾与亚讶 载十六祃

按：十六祃十九纽，各纽纽名用字与顺序与八十韵本《洪武正韵》及《韵总》、《目录》前十九纽均相同。

十七蔗

蔗与泻借 谢与藉舍 社与夜趄 载十七蔗

按：十七蔗九纽，各纽纽名用字与顺序与八十韵本《洪武正韵》及《韵总》、《目录》前九纽均相同。

十八漾

漾相尚饷唱 障将象蹡匠 让仗谅向强 怏酿绛巷宕 盪当浪傍丧 藏葬吭亢盎

柳访妄壮撞 创王晃况诳 旷字与谤儴 㳽漭及㴕胖 俱载十八漾

按：十八漾四十七纽，各纽纽名用字与顺序与八十韵本《洪武正韵》及《韵总》《目录》前四十七纽均相同。

十九敬

敬映竞庆 更行柄病 命迎钦硬 聘性倩净 圣盛称郑 正令铛钉

听定宁甑 孕脛兴应 扔譝净瞠 噌邓赠亘 稜蹭与澄 载十九敬

按：十九敬四十三纽，各纽纽名用字与顺序与八十韵本《洪武正韵》及《韵总》、《目录》前四十三纽均相同。

二十宥

宥齅糗救 旧秀螑岫 就狩臭祝 授肉胄溜 幼谬候吼 寇沤戊覆

復漱凑奏 斗透豆漏 耨字与薅 瘦字与簉 绉字及骤 载二十宥

按：二十宥三十八纽，各纽纽名用字与顺序与八十韵本《洪武正韵》及《韵总》、《目录》前三十八纽均相同。

二十一沁

沁浸枕甚 任闯临紟 朕赁禁荫 谂字与吟 渗纤及潜 二十一沁

按：二十一沁十七纽，各纽纽名用字与顺序与八十韵本《洪武正韵》及《韵总》、《目录》前十七纽均相同。

二十二勘

勘绀憾暗 参探暂三 担淡滥蘸 赚摲忏阚 陷字与鉴 二十二勘

按：二十二勘十八纽，各纽纽名用字与顺序与八十韵本《洪武正韵》及《韵总》、《目录》前十八纽均相同。

二十三艳

艳厌埏苦 赡襜占染 敛捻店念 僭黏胁欠 剑俭渐朁 二十三艳

按：二十三艳二十纽，各纽纽名用字与顺序与八十韵本《洪武正韵》及《韵总》、《目录》前二十纽均相同。

入声

一屋

屋榖熇縠 卜扑僕木 速蔌族秃 㢱禄福局 伏酷肃鏖 足蔌柷祝

孰肉缩逐 六字与朒 育字与旭 趣字与匊 或字与续 俱载一屋

按：一屋三十六纽，各纽纽名用字与顺序与八十韵本《洪武正韵》及《韵总》、《目录》均相同。

二质

质栉瑟失 实日叱秩 匹必弼密 肊逸盻一 疾悉七栗

吉姞乞昔 刺席寂积 释尺只石 壁僻与觅 俱载二质

按：二质三十五纽，各纽纽名用字与顺序与八十韵本《洪武正韵》及《韵总》、《目录》均相同。

汉语言文字学研究论文写作：案例与方法

三术

术出怵焌 卒崒窣崪 律聿欻屈 橘矞役倔 鬱矞臭殈 鈙勿拂没

孛不窣卒 卒咄佛胇 突讷硉粹 鶌怨窟骨 兀字与媼 俱载三术

按：三术四十二纽，各纽纽名用字与顺序与八十韵本《洪武正韵》及《韵总》、《目录》均相同。

四曷

曷喝渴葛 遏末活豁 阔括斡拔 泼跋楇缲 掇脱夺捋 俱载四曷

按：四曷二十纽，各纽纽名用字与顺序与八十韵本《洪武正韵》及《韵总》、《目录》均相同。

五辖

辖劼戛轧杀 察札鏋桰瞎 猾八汃拔茁 貀刮刜刷悦

偛拶椛笸囮 达㧺㸎鐇剌 擦撒伐髪韈 俱载在五辖

按：五辖三十五纽，各纽纽名用字与顺序与八十韵本《洪武正韵》及《韵总》、《目录》前三十五纽均相同。

六屑

屑孼结别 鳖列渴灭 杰热挈挈 节截铁彻 辙浙缬曳 设涅舌臬

歇切阙月 穴威拙雪 蓝绝说抉 歠与劣爇 厥字与蘖 俱载六屑

按：六屑四十一纽，各纽纽名用字与顺序与八十韵本《洪武正韵》及《韵总》、《目录》前四十一纽均相同。

七药

药涊约谑削 鹊嚼爵铄灼 箸绰杓若略 却觉嗻缚索 错作昨浞朔 躩恪矍各膜

蘥霍获蒦矍 托洛诺博雹 铎朴莫鹤胉 学殼廓郭恶 谔婼与捉浊 俱在载七药

按：七药五十四纽，各纽纽名用字与顺序与八十韵本《洪武正韵》及《韵总》、《目录》均相同。

八陌

陌拍百白 宅坼赫客 格覈搹额 画耆获虢 索窄厄𧹉

率国德崱 特勒贼北 莔墨塞则 黑克忒或 俱载八陌

按：八陌三十六纽，各纽纽名用字与顺序与八十韵本《洪武正韵》及《韵总》、《目录》前三十一纽均相同。

九缉

缉习涩集 湿执蛰十 立揖吸熠 泣字与急 及岌与涩 俱载九缉

按：九缉十七纽，各纽纽名用字与顺序与八十韵本《洪武正韵》及《韵总》、《目录》前十七纽均相同。

十合

合欱榼閤姶 趿帀杂答沓 鎝腊纳洽恰 夹歃歠劄㕟 押字与呷䨮 俱载在十合

按：十合二十三纽，各纽纽名用字与顺序与八十韵本《洪武正韵》及《韵总》、《目录》前二十三纽均相同。

十一叶

叶笈屫妾接 捷摄涉䐑聂 谍牒猎帖喋 牒字与协胁 颊箧字与爕 俱载十一叶

按：十一叶二十一纽，各纽纽名用字与顺序与八十韵本《洪武正韵》及《韵总》、《目录》均相同。

与《歌括》相比，除八十韵本《洪武正韵》阳韵夺臧、藏、唐、冈、卬、杭、汪、荒、光、黄十纽及首字，侵韵夺壬、琛、沈、林、淫、心、音、吟、歆、钦、今、琴、南、森、簪、岑、参十七纽及首字，覃韵夺覃、贪、耽、婪、南、毵、参、簪、蚕、堪、含、谙、甘、酣、谗、衫、欃、咸、嵒十九纽及首字外，其他均相同，且《洪武正韵》三韵所夺四十六纽在《歌括》《韵总》《目录》中完全相同。可以说八十韵本《洪武正韵》所有纽首字与《歌括》亦应相同。如此说可成立，那么《歌括》每纽其实就是《洪武正韵》每纽的首字。《歌括》实为《洪武正韵歌括》。《歌括》有2 097纽，《洪武正韵》也应当为2 097纽，而不是宁先生所说的2 220纽。如果《永乐大典韵总》纽数亦为2 097，那么《歌括》这一名称名副其实，但实际并非如此。

《永乐大典》虽然均是按八十韵本的韵部、小韵、韵字而依次排列，但不仅韵字多于八十韵本《洪武正韵》，而且纽也多于八十韵本《洪武正韵》。《歌括》的纽只是《永乐大典韵总》纽首字的大部分，而不是全部。

《永乐大典韵总》所收纽除了《洪武正韵》《歌括》的2 097纽外，还多266纽，各韵所多的纽均排于《歌括》纽之后。现将多于《洪武正韵》《歌括》的纽列于下：

六模〈1〉（数字表示该韵多的纽数，下同）：枰(18)（数字表示该纽的字数，下同），他乎切

七皆〈14〉：鬚(3)，丁来切；俙(4)，喜皆切；崴(5)，乌乖切；培(2)，补才切；䐴(3)，力怀切；䦲(9)，苦乖切；䚡(5)，妳佳切；踔(2)，䕻佳切；娃(16)，於佳切；噅(6)，火娲切；嵓(1)，匹俚切；椑(3)，都皆切；昌(1)，普开切；㪒(5)，度皆切

八灰〈1〉：玃(5)，奴回切

九真〈6〉：㙙(4)，乃昆切；欥(7)，去斤切；颠(4)，典因切；天(1)，铁因切；

䫙(1),口恩切,田(1),地因切

十寒〈2〉：鋑(11),七桓切;濡(1),乃官切

十一删〈4〉：尣(4),跪顽切;犚(1),充山切;羴(1),许间切;𢓼(6),陟山切

十二先〈2〉：栓(3),山员切;兀(1),丁全切

十五歌〈1〉：𩚥(9),乃他切

十六麻〈2〉：孿(1),力华切;驦(1),良沙切

十七遮〈7〉：骹(1),去靴切;臙(1),缕迦切;肥(2),乌茄切;查(1),才邪切;磋(1),七邪切;臡(1),利遮切;哶(1),弥嗟切

十九庚〈1〉：膯(4),他登切

二十尤〈5〉：鮈(6),火侯切;譐(2),千侯切;㖿(1),尼獸切;丢(1),丁羞切;風(1),丁幽切

二十一侵〈5〉：奥(3),他林切;圯(1),陟钦切;䶂(1),秋今切;彜(2),丁林切;鬖(1),眉吟切

二十二覃〈4〉：詀(11),竹咸切;顉(1),常含切;姶(2),年含切;簳(1),倍甘切

二十三盐〈10〉：天(3),直廉切;誗(1),持廉切;芝(1),匹炎切;壥(1),白炎切;𤝆(1),蒲瞻切;怗(6),丁兼切;故(1),多兼切;刮(1),都添切;𧮦(2),直占切;聃(1),岢兼切

平声共多出六十五纽。

一董〈5〉：莛(9),蒲蠓切;惣(1),且勇切;湡(1),五蓊切;梁(3),巨勇切;渢(8),虎孔切

六姥〈1〉：龃(6),状所切

七解〈15〉：佰(4),普乃切;釟(3),知骇切;枳(8),侧买切;噎(4),他改切;觬(6),多改切;釛(3),来改切;稞(3),莫改切;扮(1),共夥切;筶(2),求蟹切;攦(6),落骇切;崴(1),乌买切;誾(3),息改切;鋝(4),枯买切;筴(3),徙骇切;碟(1),士解切

八贿〈3〉：陲(9),都猥切;儨(10),吐猥切;䍻(2),初委切

九轸〈15〉：趣(8),弃忍切;䡇(4),鱼吻切;翩(4),匹本切;炳(4),乃本切;笱(2),七忍切;穩(2),安狠切;惥(7),卢本切;黭(3),火衮切;塽(3),柱允切;頣(1),古很切;癗(1),才尹切;黇(10),他衮切;苊(1),治本切;顉(2),丁本切

毛𣬉(1),女允切

十罕⟨8⟩：㦧(3),千短切；免(4),呼馆切；鄟(2),辞篡切；𨂁(4),普伴切；粄(5),补满切；伃(1),何侃切；巨𠂇(1),渠管切；𠃜(1),苏管切

十一产⟨4⟩：䶩(2),口限切；轧(2),膺限切；眲(3),呼眼切；䒠(1),蒲返切

十二铣⟨3⟩：㖑(5),匹典切；膻(4),式善切；钱(1),似浅切

十三筱⟨3⟩：巐(10),丑小切；硗(4),苦皎切；乔(4),祛矫切

十四巧⟨6⟩：䒛(7),明昊切；翶(1),芳好切；鬼𢦏(1),士绞切；敬(1),滂保切；聊(1),词卯切；嗃(1),孝狡切

十五哿⟨4⟩：爸(4),蒲可切；顉(3),许可切；柯(1),无可切；虫鹿(1),所可切

十六马⟨6⟩：𥬺(11),初雅切；䕨(4),力瓦切；𤸷(6),蒲瓦切；胗(8),女雅切；䎺(1),匹马切；掗(4),乌瓦切

十七者⟨7⟩：乜(7),明者切；趌(1),来者切；䭾(3),卑也切；𦰷(3),丁也切；嚊(1),毗也切；䂳(1),无且切；𣂑(1),披也切

十八养⟨6⟩：騳(1),毗两切；旰(8),火朗切；㝩(3),初讲切；䒶(4),普朗切；磋(3),丘仰切；夯(1),呼讲切

十九梗⟨17⟩：癋(6),其颈切；𧞥(1),子等切；嘟(4),乃等切；餅(5),旁梗切；澄(1),直拯切；倰(1),朗等切；䁬(1),他等切；𧿹(1),徒等切；瞢(3),忙肯切；攉(1),呼梗切；耳(1),仍拯切；盯(6),张梗切；瀳(2),差梗切；啐(1),仓梗切；𧤒(1),虎梗切；朤(1),步等切；牛䁬(4),乌梗切

二十有⟨3⟩：䱅(1),丈九切；穋(5),土九切；婤(4),在九切

二十一寝⟨7⟩：㱂(3),许锦切；潭(2),似荏切；伈(1),悉枕切；吟(8),丘锦切；鲐(3),士瘁切；呫(2),当审切；䫴(1),土锦切

二十二感⟨9⟩：𥅴(5),士减切；湳(14),奴感切；顲(9),火感切；㖧(3),谟敢切；釩(3),峯犯切；门(1),五犯切；柑(1),扳范切；臉(3),初减切；鍰(1),七敢切

二十三琰⟨5⟩：磹(4),疾染切；饗(6),子冉切；叟(2),明忝切；酥(6),且冉切；㬎(2),纤冉切

上声共多出127组。

一送⟨1⟩：鞊(9),如用切

九震⟨3⟩：栫(9),徂闷切；琯(15),古困切；愸(1),忙觐切

十翰⟨1⟩：鐵(1)，口涣切

十一谏⟨4⟩：扮(2)，哺幻切；栓(2)，数谏切；⿺走⿳(4)，求患切；奻(2)，女患切

十四效⟨3⟩：犥(6)，叵到切；套(3)，他皓切；敲(5)，口教切

十五个⟨1⟩：尢⿱(8)，补过切

十六祃⟨4⟩：瘂(11)，奴下切；處⿳(1)，七架切；䏲(1)，苏下切；庁(1)，方卦切

十七蔗⟨11⟩：斥(5)，充夜切；諾(4)，人夜切；䩙(3)，亭夜切；袚(3)，名夜切；徭(1)，力夜切；㑣(1)，卢舍切；疒(1)，尼舍切；舡(1)，古卸切；哋(1)，地夜切；憗(1)，徒舍切；㩻(1)，并夜切

十八漾⟨8⟩：釀(2)，乌浪切；狂(2)，渠放切；唴(3)，丘亮切；燜(4)，古浪切；桄(2)，古旷切；横(4)，苦旷切；㱹(5)，呼浪切；㤑(4)，赫浪切

十九敬⟨7⟩：⿰刂䒑(1)，思邓切；敻(1)，妨正切；口⿱㝵(2)，於进切；䆞(1)，宁邓切；絅(1)，口定切；挏(3)，古定切；霙(1)，七正切

二十宥⟨1⟩：鋂(13)，蒲候切

二十一沁⟨12⟩：𦼆(2)，慈衽切；譀(5)，火禁切；⿱宀⿻(2)，虚禁切；訐(1)，于禁切；瞽(2)，鱼禁切；厴(4)，岑潜切；勘(1)，思沁切；稟(1)，逋鸩切；沈(1)，鸱禁切；頟(3)，丘禁切；鼠尢(1)，淫沁切；㝡(1)，当禁切

二十二勘⟨7⟩：箶(10)，丁绀切；襦(9)，奴绀切；顑(2)，郎绀切；㒼(2)，五绀切；姏(1)，莫绀切；䮺(1)，其闇切；㹥(2)，蒲鉴切

二十三艳⟨2⟩：礹(4)，先念切；㪾(4)，历店切

去声共多出六十五纽。

五辖⟨1⟩：矙(7)，五滑切

六屑⟨1⟩：瞳(10)，丁结切

八陌⟨2⟩：礉(3)，口获切；臇(5)，奴勒切

九缉⟨4⟩：皀(6)，皮及切；㳘(6)，女立切；䇎(1)，测入切；欠(1)，丁立切

十合⟨1⟩：儑(17)，齿涉切

入声共多出九纽。

六模多1纽、七皆多14纽、八灰多1纽、九真多6纽、十寒多2纽、十一删多4纽、十二先多2纽、十五歌多1纽、十六麻多2纽、十七遮多7纽、十九庚多1纽、二十尤多5纽、二十一侵多5纽、二十二覃多4纽、二十三盐多10纽；一董

多5纽、六姥多1纽、七解多15纽、八贿多3纽、九轸多15纽、十罕多8纽、十一产多4纽、十二铣多3纽、十三筱多3纽、十四巧多6纽、十五哿多4纽、十六马多6纽、十七者多7纽、十八养多6纽、十九梗多17纽、二十有多3纽、二十一寝多7纽、二十二感多9纽、二十三琰多5纽；一送多1纽、九震多3纽、十翰多1纽、十一谏多4纽、十四效多3纽、十五个多1纽、十六祃多4纽、十七蔗多11纽、十八漾多8纽、十九敬多7纽、二十宥多1纽、二十一沁多12纽、二十二勘多7纽、二十三艳多2纽；五辖多1纽、六屑多1纽、八陌多2纽、九缉多4纽、十合多1纽。五十三韵共多266纽。

《永乐大典韵总》共有2 363纽,《歌括》共有2 097纽。2 097纽未能全面概括2 363纽。《歌括》这一书名未能全面准确地反映《永乐大典韵总》的实际情况,《歌括》这一名称就值得推敲。为什么要如此命名？是因为《永乐大典》的编纂不是根据八十韵本《洪武正韵》,而是根据《永乐大典韵总》,但《永乐大典韵总》是根据八十韵本《洪武正韵》的框架进行编纂的,在此基础上加纽、加韵字而成。《歌括》是为《永乐大典韵总》而编,所以名为"永乐大典韵总歌括",虽情有可原,但确有点勉强。

参考文献

宁忌浮,2003.洪武正韵研究[M].上海：上海辞书出版社.

[清] 姚元之,1996.竹叶亭杂记[M].上海：上海古籍出版社.

[明] 乐绍凤,宋濂,主编.洪武正韵[M].八十韵本.北京：国家图书馆藏本.

[明] 乐绍凤,宋濂,主编.2016.国家图书馆藏明刻本洪武正韵[M].北京：中华书局.

[明] 解缙,等,主编.1986.永乐大典[M].北京：中华书局.

[明] 解缙,等,主编.永乐大典韵总[M].四卷.国家图书馆藏本.

[明] 解缙,等,主编.永乐大典韵总歌括一卷[M].国家图书馆藏本.

张升,2010.《永乐大典》流传与辑佚研究[M].北京：北京师范大学出版社.

 复盘与导读

《永乐大典》是明代官修的一部大型类书。它是以哪一部辞书为纲目来编纂的？历来聚讼纷纭，直到宁忌浮先生出版《洪武正韵研究》，才把这一悬而未决的难题的解决向前推进了一大步。宁忌浮先生(2003)指出："《永乐大典》二万二千八百七十七卷，三亿七千多万字，收录重要典籍七八千种之多。如此浩瀚的大百科全书，以什么作纲目编排得井然有序？是八十韵本《洪武正韵》。各词条均按八十韵本的韵部、小韵、韵字，依次排列。韵字的注释、反切均照录。"宁先生认为《永乐大典》编纂"用韵以统字"之"韵"为《洪武正韵》的八十韵，而非七十六韵。此诚为真知灼见！《永乐大典》确是以八十韵为纲来编纂的，这是没有问题的；但小韵、韵字是不是也是如此？小韵的问题在论文中已阐述，《永乐大典韵总》的纽数比《永乐大典韵总歌括》多266个，也就是说比《洪武正韵》同样多266个。从小韵角度看，《洪武正韵》定非编纂《永乐大典》的纲目。我们再来看韵字：

现存《永乐大典》813卷纽共保留95个，其中完整的41纽，相对完整的16纽，只存部分的38纽。现以保存完整八贿韵的苦猥切（魁纽）为例，魁纽韵字与前部分释文转录如下：

　　魁　《洪武正韵》："苦猥切。《庄子》：'魁垒……'"
　　䰟　《洪武正韵》："苦猥切。同上。顾野王《玉篇》：'口罪切……'"
　　傀　《洪武正韵》："苦猥切。傀儡……'"
　　嵬　《洪武正韵》："苦猥切。山小而众……'"
　　薞　《洪武正韵》："苦猥切。马蓼，似蓼而大……"
　　魏　苦猥切。扬雄《方言》："羌华反……"
　　頠　苦猥切。顾野王《玉篇》："丘委切……"
　　䫴　苦猥切。顾野王《玉篇》："口罪切……"
　　頯　苦猥切。陆法言《广韵》："大头……"
　　䯰　苦猥切。陆法言《广韵》："首大骨……"
　　㟨　苦猥切。丁度《集韵》："㟨然独立貌……"
　　块　苦猥切。丁度《集韵》："大块天地间……"
　　輠　苦猥切。丁度《集韵》："车转也……"
　　箉　苦猥切。丁度《集韵》："箉，竹高节……"
　　傀　苦猥切。丁度《集韵》："傀儽……"
　　䯏　苦猥切。丁度《集韵》："头骨貌……"
　　㿪　苦猥切。丁度《集韵》："㿪，《博雅》……"

  垝 苦猥切。丁度《集韵》:"垝,毁垣也……"
  樻 苦猥切。丁度《集韵》:"椐樻,木名……"
  蛫 苦猥切。司马光《类篇》:"蟹属。又古委切……"
  恢 苦猥切。丁度《集韵》:"苦虺切,大也……"
  郳 苦猥切。丁度《集韵》:"陆郳,山名……"
  頯 苦猥切。丁度《集韵》:"面頯也,一曰厚也……"
  嵬 苦猥切。司马光《类篇》:"嵬苦轨切……"
  崥 苦猥切。司马光《类篇》:"崥魂……"
  儱 苦猥切。释行均《龙龛手鉴》:"苦罪反……"
  畢 苦猥切。韩道昭《五音类聚》:"匡累切……"
  虺 苦猥切。韩道昭《五音类聚》:"去委切……"

  魁纽现存二十八个韵字,魁纽前五字均注明《洪武正韵》,说明该字是来源于《洪武正韵》,第五字后的二十三字均没有"洪武正韵"四字,这说明这些字均不是来源于《洪武正韵》。这些字来源于哪里?我们再来看《永乐大典韵总》魁纽韵字,分别为:

  魁苦猥切瑰傀峗薳○魏㟪𧾷魋頮磈块䡠箉傀骽虺垝樻蛫恢郳頯嵬崥儱畢虺

  可以看到《永乐大典韵总》魁纽有反切,还有一个分隔符"○"。反切与《永乐大典》《洪武正韵》的反切同,韵字与《永乐大典》完全相同,魁纽前五字与《洪武正韵》同。这表明分隔符"○"前的为《洪武正韵》的韵字,分隔符后的就不是《洪武正韵》的韵字。这也与《永乐大典》韵字有的"洪武正韵",大多数没有"洪武正韵"的情形相吻合。
  宁先生(2003)统计《洪武正韵》韵字计有 14 050 多字,据虞万里先生相告,《永乐大典目录》韵字有近 50 000 字。
  《永乐大典》各纽列字有严格的分布原则,一纽之内录于《洪武正韵》者列前,《洪武正韵》之外者列后,两部分划分井然。换言之,《永乐大典》的收字中,有一部分严格遵照《洪武正韵》收录,而还有很大一部分是《洪武正韵》之外的增加字,因此《永乐大典》的收字，是远多于《洪武正韵》的。仅凭《洪武正韵》的收字不可能满足《永乐大典》"统字"的需要，当时以解缙为首的纂修官员一定在《洪武正韵》的韵字基础上进行了大量的增收。从韵字的角度看，《永乐大典》编纂纲目肯定不是《洪武正韵》。

《永乐大典》卷帙宏富，韵字比《洪武正韵》要多近 35 000 字，可谓收字如海，如此浩大的纂修工程，能在短短 5 年内就完，其纂修工作应不可能毫无头绪、信手拈来，必有确定的纲目或底本作为基本架构。也就是说，《永乐大典》在编纂时是找到一个韵字再继续编，还是在编时就有一个纲目？从《大典》规模和完成时间上看，应该是后者。

从韵字也可以看出，《永乐大典》编纂也不是以《洪武正韵》为纲目的。

《永乐大典韵总歌括》共有 2 097 纽。《永乐大典韵总歌括》与八十韵本《洪武正韵》同韵同纽，是以其本来性质，应为"《洪武正韵歌括》"，那么为什么不采用这个名实相符的题目？《永乐大典韵总》共有 2 363 纽，2 097 纽未能全面概括 2 363 纽。《永乐大典韵总歌括》这一书名未能全面准确地反映《永乐大典韵总》纽的实际情况，《永乐大典韵总歌括》这一名称就值得推敲。为什么要如此命名？这就需要考虑到该书的编纂目的，《永乐大典韵总歌括》是为《永乐大典韵总》而编的，而《永乐大典韵总》又是为《永乐大典》的编纂做准备的。可以说，《永乐大典》的编纂纲目不是八十韵本《洪武正韵》，而是《永乐大典韵总》。《永乐大典韵总》是在八十韵的《永乐大典韵总歌括》的框架基础上增字、加纽而成。《永乐大典韵总歌括》又是直接根据八十韵本《洪武正韵》而编的，韵是八十韵，纽为 2097 个，这与《洪武正韵》同。这应是《永乐大典韵总歌括》得名的原因吧。

八十韵本《洪武正韵》与《永乐大典》的关系固然是不可分割，但这一关系应是间接，而不是直接的。可以说《永乐大典》如此浩瀚的大百科全书，以《永乐大典韵总》纲目编排得井然有序。各词条均按八十韵本《洪武正韵》。如此，《永乐大典》是以哪一种辞书为纲目来编纂的难题应可以告一段落。

研究论文写作，需要两个必要条件之一：或是发现新材料，或是运用新理论。《永乐大典韵总歌括》《永乐大典韵总》是北师大张升先生首先发现并公布的新材料。他是文献学家，对《永乐大典》的研究有许多重要成果。中国的典籍，浩如烟海，对发现的新材料，要充分利用，挖掘其价值。新发现的材料，要与传世文献相互比较，如此，看问题才会更全面。

早期上海话位移事件的词化类型*

林素娥**

摘要：早期上海话口语文献显示，虽然各类位移事件词化结构皆有 S 型框架特征，但无生自移事件 S 型框架倾向最强，其次是致移事件，而有生自移事件的 V 型框架倾向最明显。位移事件内部词化结构类型的差异反映了三者所受演变机制或者影响程度之别：双音节化和语义要素分离成为汉语位移事件向 S 型框架转变的重要机制；早期上海话中致移事件的词化类型主要受制于连动结构语法化为动趋式的制约；有生自移事件借双音节化使 V 型框架特征更为稳定；无生自移事件因语义表达需要更青睐 S 型框架结构。研究表明，演变机制对词化类型的制约作用并非均衡的，也非线性的，而是有复杂性因素的。

关键词：早期上海话；S 型框架；V 型框架；演变机制

引言

Talmy(1985、1991、2000a、2000b)根据语言表达位移事件中的路径编码为动词还是附加语，将位移事件整合类型分为 V 型(verb-framed，动词框架)或以 V 型框架为主导的语言，S 型(satellite-framed，卫星框架)或以 S 型框架为主导的语言。Slobin(1996a、1996b、2004、2006)则进一步从语言使用和篇章结构等角度提出考察 V/S 语言在路径、方式、背景、修辞风格等方面的语言使用倾向度，并通过数据统计和倾向对比来观察语言位移事件编码的类型倾向。在该理

---

* 原载 *Language and Linguistics*，2019，20(3)。本书收录时略有修改。该研究由国家社科基金一般项目"域外吴语文献的调查和研究"(15BYY042)资助。感谢审稿专家为本文提出的宝贵修改意见。

** 林素娥(1975—)，上海大学教授，博士生导师。

论框架下,汉语位移事件词化结构类型学研究成果颇丰。共时平面因对汉语位移事件表达结构的句法语义分析不同,对其词化类型存在不同看法。例如Talmy(1985,2000:108－109)、Matsumoto(2003)等认为汉语为卫星框架语言(即S型)或非典型的卫星框架语言(沈家煊,2003);Tai(2003)则指出汉语属于动词框架(即V型)为主、卫星框架为辅的语言;李福印(2017)统计分析典型位移运动事件的表达类型,得出汉语为V-语言;Slobin(2004;2006)、Zlatev & Yangklang(2004)、Chen & Guo(2009)则认为汉语用连动式表位移事件,属于E型即均等框架型(equipollently-framed language)或广义均等构架语言(阚哲华,2010);Lamarre(2003、2008a、2008b)通过对位移事件的分类考察得出汉语位移事件词化类型具有"互补"性,为混合型或分裂型;Beavers、Levin & Tham(2010)认为共同语位移事件编码存在V型、S型和E型框架等不同类型。虽前贤对汉语词化类型的归属仍持不同看法,但其研究充分证明了共同语词化类型的多样性。历时平面,Li(1993,1997)、Peyraube(2006)、冯胜利(2000)、Xu(2006)、史文磊(2010、2011a、2011b、2014a)、Shi & Wu(2014)等先后考察了汉语位移事件词化类型从"V>S"的演变及其制约机制,得出其演变机制有:汉语使动词的自动化;连动式的语法化;双音节韵律模式的推动;语义要素的分离;动趋范畴显赫扩张(史文磊,2011a、2011b、2014b)等。这种演变研究揭示了汉语位移事件词化类型演变机制的多样性或复杂性。

虽然目前的研究已注意到汉语位移事件词化类型及演变机制的多样性,且已涉及汉语位移事件内部词化类型演变及其机制的差异(Peyraube,2006;梁银峰,2007;魏兆惠,2005;史文磊,2010、2014a;Yiu,2014;姚玉敏,2015),但仍侧重于从整体上考察其演变的倾向性,对词化类型多样性与演变机制之间的复杂关系仍缺乏足够的讨论。比如制约不同位移事件词化类型演变的机制是否相同?相同的演变机制对不同位移事件或不同历史时期词化类型演变的制约作用是否一样?我们相信,汉语位移事件词化类型演变机制不仅具有多样性,而更重要是它们与位移事件之间具有非均衡的、非线性的复杂关系,正是这种关系导致汉语词化类型的多样性或复杂性。

此外,目前的研究大多关注共同语的词化类型及其演变,而开展汉语方言位移事件词化类型及其演变研究并不多。Lamarre(2003、2008a)提出方言调查和比较研究对考察汉语位移词化类型发展的必要性。Yiu(2014)考察了共同语、吴闽客粤等方言于19世纪末20世纪初和现今两个时期位移事件的词化类型及演变,得出它们在早期虽动词框架和卫星框架特征皆有,不过较现今用动词表路径的倾向更强,即动词框架特征更多。姚玉敏(2015)对比粤语和官话一百多年来位移事件词化类型演变得出其共同倾向(即"V＞S")和差异(粤语较官话慢)等。

本文拟以早期上海话位移事件词化类型为研究对象,探讨其类型特征,并尝试讨论词化结构类型与演变机制间的复杂关系。选取上海话为考察对象,是因为当代上海话在句法上和共同语、粤语具有一系列类型上的差异(刘丹青,2001a、2001b、2003)。就位移事件来看,刘丹青(2003:274-275)指出北部吴语不用"V＋趋向补语＋处所词",而要表达为"V到＋处所词"或"处所词＋来/去"等。Yiu(2014:368-369)在跨方言位移事件词化类型对比研究中指出现代吴语位移事件词化类型较普通话、客闽粤方言具有更多卫星框架特征。如现代吴语在无生自移和致移事件中皆只用方向补语表路径,而普通话、客闽粤方言则只在致移事件中用方向补语将路径具体化。不过,她所用吴语历史文献(苏州话文献两种,上海话文献两种)有限,且立足于跨方言比较,而并未对吴语位移事件表达类型做更具体的考察。那么到底吴语位移事件词化类型特征有哪些?而选取早期上海话(指19世纪下半叶至20世纪初期)的原因有三点:一是"19世纪后半期至20世纪20年代"是上海话形成的第一个时期(游汝杰,2004),因此,此时上海话更接近其形成初期的面貌;二是语言接触是语言或方言词化类型演变的因素之一(Slobin,2004、2006),与今上海话相比,早期上海话所受共同语的影响远不及推普之后,这更便于我们从语言结构内部观察其位移事件词化类型特征及制约机制;三是便于以后开展上海话位移事件词化结构类型的历时演变研究。尽管本文旨在描写和分析早期上海话位移事件词化类型特征,暂不拟讨论一百多年来上海话词化类型的历时演变。

本文主要分为三部分:一是选用早期上海话课本为语料(课本类文献较真实地记录了当时的口语),描写和统计分析早期上海话位移事件表达模式及词化类型特征;二是利用同内容语料(《土话指南》和《官话指南》),对比早期上海话和官话位移事件表达模式及词化类型同异,进一步明确早期上海话位移事件词化类型特征;三是基于早期上海话与早期官话的对比,讨论位移事件各类型与不同演变机制之间的错综复杂关系。

本文语料来源:

[1] Benjamin Jenkins. *lessons in the Shanghai dialect*(《上海话功课》,简称《功课》),手稿,1850年。

[2] Joseph Edkins. *A Grammar of Colloquial Chinese: As Exhibited in the Shanghai Dialect*(《上海方言口语语法》,简称《语法》),1853年版。

[3] G. E. Morrison. *leçon ou exercices de langue chinoise: Dialecte de Song-kiang*(《松江话课本》,简称《松江话》),1883年版。

[4] John Macgowan. *A Collection of Phrases in the Shanghai Dialect: Systematically Arranged*(《上海方言短语集锦》,简称《集锦》),1862年版。

[5] D. H. Davis. *Shanghai Dialect Exercises*(《上海话练习》,简称《练习》),上海徐家汇土山湾印书馆本,1910年版。

[6] Anonymous. *T'ou-wo Tse-ne*,*Boussole du langage mandrin*,*traduit et romanisee en dialecte de Changhai*(《土话指南》),上海土山湾慈母堂本,1908年版。

[7] 御幡雅文:《沪语便商》(简称《便商》),上海日本堂本,1892年版。

[8] Anonymous. *Ali-Baba et les quarante voleurs*(*dialecte de Changhai*)《阿里排排逢盗记》,Changhai:Imprimerie de L'orphelinat de T'ou-sè-wè.1921年版。

[9] 吴启太、郑永邦:《官话指南》,上海美华书馆重印本,1900年版。

1. 早期上海话位移事件的词化类型

根据致移者的隐现,位移事件可分为他移(agentive)、非自主(non-agentive)和自主(self-agentive)三类(Talmy,1985、2000b:66)。他移也被称为致移,非自主为无生自移,自主则为有生自移(lamarre,2003、2008a、2008b;Yiu,2014;姚玉敏,2015),这种分类可以更清晰地看到各类位移事件的表达结构及其分布,便于开展共时比较、历时演变及其机制的讨论等。下文拟采用该分类法逐一描写并统计分析早期上海话位移事件表达结构及其词化类型特征。

早期上海话中表路径趋向词有"上、下、出、进、转、起、开、拢、落、过、回、归"等(记为"P_{nd}"),表指示趋向词有"来/去"(记为"P_d"),它们可以构成双音节复合趋向词(记为"$P_{nd}P_d$")。在致移和自移事件中,趋向词的句法表现不同。

1.1 致移事件表达结构及词化类型

早期上海话仍见单独用路径趋向词表致移,但更常见的是构成"$V_cP_{nd}P_d$"和"V_cP_d"表致移,而"$P_{nd}P_d$""P_d"并非皆为补语,"$V_cP_{nd}P_d$"和"V_cP_d"在早期上海话中为"同形异构"式。

1.1.1 "P_{nd}"

表路径趋向词单独带位移体表致移。如：

(1) a. 今朝要<u>上茶叶</u>来栈里。(《集锦》1862：25)
  b. <u>上完仔货下来</u>，就要发力钱。(《集锦》1862：25)
  c. 啥辰光<u>下货</u>？(《集锦》1862：24)
  d. <u>破仔城下来</u>就出安民告示。(《集锦》1862：135)

例(1)a—d中表路径趋向词单独带位移体，表致移，是该位移事件表达的核心，句义表达已完备，虽可分别理解为"装上""卸下""贴出"等"V_cP_{nd}"的述补组合，但无须指明方式。

不过，从课本类语料来看，这种用法虽为口语自然表达形式，但已不常见，也不普遍，用于该类表达中的路径趋向词也已不多。若依照 Talmy(1985，2000a，2000b)提出的口语化、高频率和普遍性等标准，该类结构不再是判断上海话位移事件词化类型的依据，但从历时角度来看，作为残留形式，表明更早时期上海话致移事件直接用路径编码应更为自由。

1.1.2 "$V_cP_{nd}P_d$/到+Loc+P_d"

致移事件的表达，在早期上海话中未见使用"V_cP_{nd}"结构，而须用"V_c"与双音节复合词"$P_{nd}P_d$"或与"到+Loc+P_d"的组合式，构成(A)"$V_cF+P_{nd}P_d$/到+Loc+P_d"、(B)"$V_cP_{nd}+F+P_d$"、(C)"$F+V_cP_{nd}P_d$/到+Loc+P_d"等结构。它们的句法特点及在文献中的分布不同。下面逐一讨论。

(A) "$V_cF+P_{nd}P_d$/到+Loc+P_d"

该类结构实际为"同形异构"式。其一为"$V_cF+哱+P_{nd}P_d$/到+Loc+P_d"，其中"哱"(也常写作"咾")为表顺承关系的连词。钱乃荣(2003：338-342)指出"咾"在19世纪末的上海话会话书中，十分常见。可做连词、助词等。其中连词用法，可做并列连词、方式连动连词、连贯连词、因果连词、其他状语连词等。早期上海话文献中"咾"也仍活跃在"V_cF"和"$P_{nd}P_d$/到+Loc+P_d"之间标记前后成分的连动关系，如例(2)a、b。该结构中 V_c 和"$P_{nd}P_d$"或"到+Loc+P_d"语法地位对等，尽管从语义角度来看，"V_cF"似乎可分析为表方式状语，"$P_{nd}P_d$"和"到+Loc+P_d"为语义核心，但坚持句法标准，称之为"句法性连动式"(史文磊

2010:40),将有利于从历时角度看它与其他相关结构间的演变关系,故拟视该类结构为具有双核心的E框架的代表。其二为"$V_cF+P_{nd}P_d/$到$+Loc+P_d$"结构,该结构自身又包含两类不同的句法语义关系。一类如例(3)a、b句中"$P_{nd}P_d/$到$+Loc+$来"的施事者为致移主体即句子主语,各句仍为连动结构,如例(3)b并列谓词后接同一趋向词,很显然该趋向词与前面并列的"V_cF"构成的是连动关系,称之为"短语性连动结构";一类如例(4)a—e中"$P_{nd}P_d/$到$+Loc+$来"的施事为V_c的受事,用来补充说明V_c的结果,为趋向补语。

(2) a. 伊是担之褥子哞居去。(《功课》1850:555)
　　b. 乡下人背之袋哞到啥人场化去?到伊爷墙头去。(《功课》1850:265)

(3) a. 领之传杯弄盏个朋友出去。(《语法》1853:358)
　　b. 有一日,伊骑之马嗒领之狗出去收账。(《练习》1910:39)

(4) a. 侬为啥勿去牵伊起来?(《功课》1850:567)
　　b. 是我地间里向椅子多,可以拿两张过去。(《便商》1892:12)
　　c. 倒一碗茶出来。(《集锦》1862:10)
　　d. 拼家生拢来。(《语法》1853:192-193)
　　e. 掇一把椅子到上头来。(《集锦》1862:40)

例(3)a、b、例(4)a—e共享"动词$+O+$复合趋向词"结构。对该类结构仍存在不同看法。范继淹(1963)、杨德峰(2005)在分析共同语中"动词$+O+$复合趋向词"结构时指出该结构在句法上与典型的连动句或兼语句具有一系列平行性,它沿袭了古汉语连动句和兼语句结构,句中复合趋向词仍为趋向动词,因此这类结构实为连动句或兼语句,并非动趋式的"宾语插入式"。从早期上海话语料来看,很显然这类结构包含连动结构和述补结构两类,分别如例(3)a、b和例(4)a—e,不宜一概视为连动或述补结构。而这种同形异质性一方面证明连动结构经重新分析演化为述补结构,另一方面也说明原有结构在演变出新的句法语义关系之后,新旧句法语义关系仍可长期共存于同一结构。

早期上海话还可见到"V_cF+P_{nd}"的用法。如例(5)a—b中"归"的施事仍为句子主语,构成连动结构。

(5) a. 替我洋货店里去,<u>剪个尺一二寸花洋布归</u>。(《松江话》1883:89)

b. 侬若使上海去末,替我<u>带两管笔归</u>。(《松江话》1883:64)

从文献来看,单音节形式路径动词与 V_c 构成双核心结构在路径动词双音化趋势下已是强弩之末,但它也说明上海话中曾使用过"V_cF+P_{nd}"的连动结构。

由此可知,早期上海话中"$V_cF+P_{nd}P_d/$到$+Loc+P_d$"实际上包括两种词化类型,即 E 型框架和 S 型框架。

(B) "$V_cP_{nd}+F+P_d$"

(B)式也见于早期上海话,Edkins(1853:175)对此就有记录。宾语可为名词或名词性短语,未见代词用法,若位移体为代词则常用(A)式;(B)式中趋向词"出、起"最常见,其他趋向词更常用(A)式。该类结构中"P_{nd}"为补语,属于 S 型框架。如例(6)。

(6) a. <u>担出洋钱来</u>。(《语法》1853:131)

b. 地格抬肩忐小,<u>搊起手来</u>勿大便当/勿趁适意。(《便商》1892:20)

c. 地间房里向俫勿要<u>带进壁虱来</u>,我伲顶怕地样物事。(《便商》1892:18)

虽然该结构已见于百年前文献,但相对于(A)、(C)式来说,只是一种次要结构。

(C) "$FV_c+P_{nd}P_d/$到$+Loc+P_d$"

(C)式中位移体前置为话题或充当处置介词"担"或"拿"的宾语,是早期上海话中表致移事件的最常见形式。特别是当位移体由光杆名词或表定指的名词性短语充当时,优先采用此结构。"$P_{nd}P_d/$到$+Loc+P_d$"只能分析为位移体 F 在 V_c 作用下出现的位移路径,句法上充当 V_c 的补语。如例(7)a—f、例(8)a—e 等。

(7) a. <u>篷扯起来</u>。(《便商》1892:5)

b. 第种灯笼,勿但好看,而且可以<u>穿拢来</u>,成功另有一工个样式。(《练习》1910:112)

c. 佣园拉箱子里个<u>衣裳应该常庄担出来</u>晒晒,勿要拨伊霉

脱。(《练习》1910：73)

　　d. 格末㑚拿地格带转去，换之新鲜个来罢。(《便商》1892：5)

　　b. 拿客人房间里伊张八仙桌扛过去摆拉。(《便商》1892：12)

　　e. 拿第个病人搭好拉个人分开来住。(《练习》1910：63)

　　f. 第个物事相帮扛到外头去。(《集锦》1862：38)

(8) a. 衣裳净仔下来要用养蓝水漂一漂。(《集锦》1862：42)

　　b. 圣体龛子个钥匙，拿之出去。(《松江话》1883：166)

　　c. 两只脚污之落去。(《松江话》1883：99)

　　d. 侬搭之出店司务，拿伊间房里向个零碎/粒屑物事先拿之出来，乃末都打扫干净之(《便商》1892：6)

　　e. 马鞍辔装好起来。(《集锦》1862：43)

例(8)a—d，V_c后仍可带体标记，甚至仍可后接结果补语，如例(8)e，表明 V_c 和"$P_{nd}P_d$"原为连动结构，即 V_c 得以实现或者实现某种结果之后再出现某种位移。位移体前移使得"V_c"与"$P_{nd}P_d$"之间的结构更紧凑，为演变为述补结构提供了句法条件，例(7)a—f 和例(8)a—e 皆只能分析为述补结构。不过，因结构形式演变滞后于意义演变(Hopper,1991)仍保留了 V_c 后带体标记和结果补语的用法。

早期上海话话题化倾向强，特别是受事类话题十分常见(钱乃荣，2014；林素娥，2015)，"$FV_c+P_{nd}P_d/$到$+Loc+P_d$"在早期上海话中的高频使用是其话题化倾向强的表现。

当位移路径表达为双音节形式的趋向词时，除了(A)、(B)、(C)三式外，值得注意的是早期上海话课本中未见一例"$V_cP_{nd}P_d+F$"式。

我们统计了《功课》(1850)、《集锦》(1862)、《松江话》(1883)、《土话指南》(1908)等四种课本，得出(A)、(B)和(C)三类结构在文本中的分布情况，如表1所示。

表1表明，一百多年前(C)式最常见，除《功课》外，在其他三种文献中的分布皆超过 2/3，为优势结构，其次是(A)式，而最少的为(B)式。就词化类型来看，(A)式为 E 框架和 S 框架共享结构，表明早期上海话仍未完成从 E 框架演变为 S 框架的过程，不过，从(B)和(C)式特别是(C)式的高频使用来看，S 框架很显然已成为早期上海话致移事件词化结构的主导类型。

表 1　早期上海话课本中(A)、(B)和(C)等结构的分布

课本	结构			合计
	(A)	(B)	(C)	
《功课》	25(67%)	0	12(32%)	37
《集锦》	12(27%)	1(3%)	31(70%)	44
《松江话》	18(25%)	7(9.8%)	46(64.7%)	71
《土话指南》	45(32%)	3(2.1%)	90(65%)	138
合计	100(34.5%)	11(3.7%)	179(61.7%)	290

1.1.3 "$V_c + P_d$"

"P_d"常与表原因的动词"V_c"组合表致移事件,与位移体共现时,可构成"V_cF+P_d""FV_c+P_d",未见"V_cP_d+F"结构。

当采用"V_cF+P_d"时,"P_d"也并非皆为指示位移方向的补语成分。如,

(9) a. 个个人担之一百铜钱,<u>领之庄上两个人咾去者</u>。(《土话指南》1908:91)

b. 第个强盗听伊个求咾勿杀伊,倒<u>抢之伊拢总屋里个物事咾去</u>哉。(《练习》1910:217)

c. 侬可以脱我<u>买之笔啈来</u>否? 可以个。(《功课》1850:560)

例(9)a—c"V_cF+去/来"结构,F 可以是有生或无生对象,"V_cF"与"去/来"之间用顺承连词"咾"连接,"去/来"表示实在的位移动作,由句子主语发出,该结构也为句法性连动结构,"去/来"为连动结构后项谓词。

更常见的是不用"咾"连接的"V_cF+P_d"结构。如,

(10) a. 有一家人家,无人拉屋里,拨拉贼夜里向来<u>偷之多化物事去</u>,就是银叉咾银抄,搭之刀家生咾,台布,茶布,咾啥。(《练习》1910:17)

b. 看见我要出动末,伊(狗)<u>衔之嘴套来</u>,要我搭伊套之咾领伊出

去。(《练习》1910:54)

(11) a. 难末我叫用人拉面盆里拿点热水来。(《练习》1910:16)

b. 去换椅子来。(《松江话》1883:61)

c. 侬吃完之饭,孥地锭银子去换之铜钱来。(《便商》1892:25)

d. 拿一个水壶来。(《松江话》1883:71)

e. 担琴棋书画来。(《语法》1853:189)

例(10)a—b 为陈述句,句中"来/去"指实际位移动作,仍为连动结构,例(11)a—e 祈使句中,"来"指 F 在 V_c 作用下的位移方向,即表示朝向说话人,为 V_c 的补语。可见,"V_cF+P_d"结构在早期上海话中实际上也包含了两种词化类型,即 E 框架和 S 框架。

位移体也可出现在"V_c+来/去"结构之前,做话题或处置介词宾语。如,

(12) a. 伊个都是左老爷个,侬明朝叫部车子替伊送之去罢。(《便商》1892:31)

b. 常庄有得听见个,一个勿留心末,物事就偷之去哉。(《练习》1910:87)

c. 门布咾垫子也拨拉过路个人拾之去。(《练习》1910:196)

d. 侬替我拿伊盒子信纸拿来。(《便商》1892:20)

e. 当手个勿拉屋里出去者,拿店里向一个伙计传之去者。(《便商》1892:3)

f. 就带之兵咾,担伊拉四五个人一齐捉之去,送到县里。(《练习》1910:233)

g. 伊要担原票拿去,庄上人担票子扣住之辄勿肯还伊。(《练习》1910:232)

例(12)a—g 中"来/去"皆只表示位移体的运动方向,充当 V_c 的补语,且该类结构分布句类不受限制。

早期上海话中"来/去"与 V_c 组合表致移事件,仅以上两种词序。两者在文献中的分布很不平衡,"V_cF+来/去"较"FV_c+来/去"使用广泛得多。

表 2　早期上海话中"V_cF+P_d"与"FV_c+P_d"分布

课　本	结　　构		合　计
	V_cF+来/去	FV_c+来/去	
《功课》	36(78%)	10(22%)	46
《集锦》	24(92%)	2(8%)	26
《松江话》	24(53%)	21(46%)	45
《土话指南》	46(79%)	12(21%)	58
合　计	130(75%)	45(25%)	175

表2中"V_cF+P_d"在早期上海话文献中的分布比例之高表明它仍为优势结构,而该结构实为E型框架和S型框架共享,可见早期上海话致移事件词化类型的混合性。

以上为早期上海话表致移事件的三种结构模式,即"P_{nd}""$V_c+P_{nd}P_d$/到+Loc+P_d""V_c+P_d"等。其中"P_{nd}"虽为V型框架语言位移事件结构,但文献中已不常见、也不具有普遍性,而其他两种与位移体构成的结构是表达早期上海话致移事件的常见结构。它们与位移体所构成的结构中,"$V_cF+P_{nd}P_d$/到+Loc+P_d"和"V_cF+P_d"结构为"同形异构"式,存在句法性连动结构、短语性连动结构和述补结构等三种句法语义关系,这种共存现象从历时来看,体现了三者之间的演化关系,即从句法性连动结构经短语性连动结构发展为述补结构,它们的共存也表明早期上海话致移事件词化类型的混合性,即E型和S型混合;而"$FV_c+P_{nd}P_d$"和"FV_c+P_d"结构的发展,特别是前者高频使用,表明早期上海话致移事件词化结构类型在向着S型发展。

早期上海话致移事件表达结构中缺少"$V_cP_{nd}P_d+F$"和"V_cP_d+F"结构,应该反映了话题化倾向对上海话致移事件表达的制约作用。

Lamarre(2003,2008a,2008b)指出共同语中致移事件只能用"动词词根+卫星"组合表达,有生自移事件则能用趋向动词和述趋式两种表达方式,无生位移则以"方式动词+趋向补语"表达为常。根据这种"互补"体系,她认为汉语位移事件词化类型属于混合型或分裂型(split system of conflation)。若从早期上海话致移事件来看,不仅不同结构之间存在词化类型的差异,即使是同一结构也并存着 E 型、S 型,可见其混合的程度之高,而这种同类位移事件词化类型的混合性或复杂性是其演变的真实写照,可以让我们看到其词化类型演变的进程和方向。

1.2 有生自移事件表达结构及词化类型

有生自移事件中位移体能自主决定或控制其位移行为。早期上海话中有生自移事件的表达结构有:"P_{nd}""$P_{nd}P_d$""$V_m P_{nd}$"和"$V_m P_{nd} P_d$"等。

1.2.1 "P_{nd}"

早期上海话中"P_{nd}"表自移事件,须构成"P_{nd}+Loc"结构。如例(13)a—f,"进、上、回、到"等后带表终点的处所名词,"下、出"等后接表源点的处所名词。从文献来看,"进、出、到"最常见,其次是"上、下、转、回",而"起、开、拢、归"等未见该用法。

(13) a. 侬晓得就要浇大雨,所以侬就跑到房子里去,<u>进之房子</u>勿多一歇,大雨就落下来哉。(《练习》1910:169)

b. 耶稣十二岁个辰光照仔守节个规矩咾<u>上耶路撒冷</u>。(《集锦》1862:151)

c. 兵马得胜<u>回营</u>。(《集锦》1862:31)

d. 我巴勿得<u>到花旗国</u>去。(《功课》1850:223)

e. 几点钟<u>下船</u>?(《集锦》1862:17)

f. 今朝要<u>出门</u>买湖丝。(《集锦》1862:162)

虽然表路径趋向词仍可单独表有生自移事件,但从其组合功能和部分成员功能的缺失来看,它是一种次要的形式。即进入词汇双音节化阶段以后,它只是作为单音节阶段的残留形式而存在,尽管这种表达仍十分自然。仅"到+Loc+P_d"结构高频使用,这种相对固定的组合在音节形式上满足了双音节化的需要。

1.2.2 "$P_{nd}P_d$"

"$P_{nd}P_d$"单独表有生自移事件是早期上海话中的基本表达形式。如例(14)a—h。

(14) a. 侬现在可以去,但是就要<u>转来</u>。(《集锦》1862:55)

b. 难末种田人<u>转去</u>哉,伊个儿子去请伊个亲族来研麦。(《练习》1910:202)

c. 伊个娘<u>进来</u>看见伊皱之眉头,面孔有忧愁个样式,就问伊为啥实盖。(《练习》1910:156)

d. 老兄刻到,我还勿曾替老兄接风,明朝就拉聚丰园,请老兄过去谈谈。勿敢当,咸费心者,我常庄到此地来个,下转再过来,地两日贴正有眼事体,心领之罢。(《便商》1892:35)

e. 拉伊个旁边有一个下流坯,就轻轻能上来偷脱手里个洋钱。(《练习》1910:79)

f. 我伲归来个时候也走过多化清水河。(《练习》1910:81)

g. 其余个末,叫伊拉全归去。(《练习》1910:234)

h. 朝晨起来要揩面。(《集锦》1862:13)

较之于"P_d""$P_{nd}P_d$"做谓语满足了词汇双音化的要求,因此使用更普遍,不过,"拢/开+来/去"已不用于表自移。

1.2.3 "$V_m P_{nd}/$到$+Loc+P_d$"

自移事件中路径趋向词也可在动词后做补语,并后接处所名词。不过,这类结构在早期上海话中并不常见。如:

(15) a. 有一只蝙蝠是做中立,伊想不过要归拉得胜个一面。后首看见野兽将要得胜咾,所以走进野兽淘里去。(《练习》1910:230)

b. 难末议定当要立一个公所,题伊叫济良所;意思末,是帮助第等女人跳出恶门咾做好人。(《练习》1910:36)

c. 我要走到轿过边去。(《集锦》1862:64)

仅《练习》中见到"V_m进/出"用例。Lamarre(2003)指出共同语中使用"V+趋向动词+处所起点"可能来自书面语。该结构在早期上海话课本也只是偶见,很可能是借自官话。若表终点,则只用"V_m到$+Loc+P_d$",如例(15)c,今上海话、苏州话等北部吴语也仍不用"V_m+趋向词+Loc"结构(刘丹青,2001a、2001b、2003)。

2.2.4 "$V_m P_{nd} P_d$"

"$V_m P_{nd} P_d$"编码有生自移事件较常见。如例(16)a—h。

(16) a. 母鸟飞转来末,小鸟告诉伊咾求伊立刻搬场勿要等到明朝恐怕咾晚。(《练习》1910:202)

b. 用末,无啥大用头。伊不过要囥起来。伊所顶欢喜个,就是要

开出箱子来拿金子翻碌转个看。(《练习》1910:208)

c. 兵丁四面埋伏仔咾杀拢来。(《集锦》1862:132)

d. 勿要走开来,恐怕有事体。(《集锦》1862:40)

e. 扶梯上走起去。(《松江话》1883:58)

f. 伊拉马上跌之下来,滚到浜里去满头满面个烂泥,实盖末,蛮体面个人,弄得来拨人笑杀。(《练习》1910:191)

g. 歇之一个时辰,姓朱个倒活之转来者咾,竭力喊救命。(《练习》1910:162)

h. 等到第个忠厚人出来之末,伊拉缩之进去哉咾让伊去歇。(《练习》1910:128)

从组合功能来看,它较"$P_{nd}P_d$"更为自由。"开来""拢来""起去"在早期上海话中已失去单独充当核心动词的功能,但能在该结构中表自移,这也正表明该结构中"$P_{nd}P_d$"为"V_m"的补语成分,而非双核心的 E 型结构。

文献所见早期上海话有生自移事件各类表达结构的分布,如表3所示。

表3 早期上海话有生自移事件编码类型分布①

课 本	结 构			合 计
	P_{nd}	$P_{nd}P_d$	$V_m P_{nd} P_d$	
《功课》	2(6%)	31(93%)	0	33
《集锦》	9(27%)	13(39%)	11(33%)	33
《松江话》	5(14%)	17(48%)	13(37%)	35
《土话指南》	18(9.5%)	121(64%)	50(26%)	189
合 计	34(11.7%)	182(62.7%)	74(25.5%)	290

从表3可知,早期文献中"$P_{nd}P_d$"分布率最高,四种文献中分布率合计近63%,而它与"P_{nd}"二者合计高达74%,表明早期上海话有生自移事件中路径

---

① 表中所列四种文献中皆未见"$V_m P_{nd}$"结构,而"$V_m P_d$"只是偶见,故未统计。

仍常编码为动词,特别是双音节的复合趋向动词。不过,"$V_m P_{nd} P_d$"的组合优势表明早期上海话有生自移事件词化类型也在朝着 S 框架发展。

1.3 无生自移事件表达结构及词化类型

该类位移事件中位移体为无生命体,不具有自我控制能力。早期上海话常用"$V_{m/c} P_{nd}/$到＋Loc＋P_d"和"$V_{m/c} P_{nd} P_d$"表达。如例(17)a—d 和例(18)a—d。

(17) a. 第个货色<u>涨上跌落</u>,拿勿定个。(《集锦》1862:23)
　　b. 免之第个毛病<u>传开</u>拉国度里咾多起来。(《练习》1910:63)
　　c. 滚个咾,实介能茶叶完全<u>氽起</u>拉上头个。(《松江话》1883:186)
　　d. 船已经<u>开到</u>天津去。(《集锦》1862:52)

(18) a. 难末皇帝大哭,眼睛里个眼泪水<u>滴下来</u>末,伊就用手来揩,眼泪也变之金子咾挂拉伊个面颊上。(《练习》1910:172)
　　b. 因为伊个蹄是软个咾能够<u>放开来</u>,扑拉沙上勿跌倒。(《练习》1910:247)
　　c. 伊用两只指头放拉嘴里一吹,就有吹叫鞭能个声气<u>发出来</u>。(《练习》1910:46)
　　d. 伊个声气洪隆洪隆<u>吹过来</u>。(《练习》1910:168)

文献中表达无生自移事件时趋向词只充当补语,也就是说,无生位移体发生位移更倾向于说明位移的原因或方式,趋向词用来补充说明位移路径,具有更强的 S 框架倾向。

由以上可见,早期上海话三类位移事件的词化类型虽然表现出共同的倾向,即向着 S 型发展,但也存在较明显差异:其中无生自移事件 S 框架倾向最强,其次是致移事件,再次是有生自移事件,反之亦然,有生自移事件 V 框架倾向更显著,而致移事件仍可用 E 型,无生自移事件则 V 型倾向最弱。

Slobin(2004,2006)指出人类语言在表达方式的易及性(ease of processing)上存在显著度(salience of manner)的不同,语言位移事件词化类型可视为一个连续系统,词化类型相同的语言表达方式的高低程度也可能有别,同一语言词化类型也随着时间的推移沿着连续系统演变。从早期上海话来看,位移事件各次类在共时平面上的程度差异实际上反映了它们动态的演变过程,即沿着 V - E - S 型演变。从早期文献来看,致移事件中的同形异构式"$V_c F + P_{nd} P_d / P_d$"表明 E 型框架向 S 型框架演变,而单音节形式趋向词作路径动词则保留了更早的 V 型框架结构。因此共存的多种结构及其词化类型实际上反映了上海话词化类型的历时演变进程。

2. 早期上海话和官话位移事件词化类型的差异

本节我们将利用一百多年前课本(《官话指南》《土话指南》[①])为语料,统计分析同类位移事件各类表达结构的分布比率,并重点考察官话和早期上海话同一位移事件的表达方式及词化类型的区别,讨论两者于一百年前位移事件词化类型的共性和各自特征。

下文统计数据和例句皆来自《官话指南》和《土话指南》,例句后括号内标明出处,因同一课文在各书中页码可能不同,故统一采用课文序号标记出处。

2.1 致移事件表达结构的对比分析

早期上海话和官话致移事件所用结构较一致,皆可用"V_c"与"$P_{nd}P_d$"或"P_d"组合表达,两种文献均未见路径动词单独表致移。与位移体构成"$F+V_cP_{nd}P_d/$到$+Loc+P_d/P_d$(F 为话题或处置介词宾语)""$V_cF+P_{nd}P_d/$到$+Loc+P_d/P_d$""V_cP_{nd}/P_d+F"以及"$V_c+P_{nd}+F+P_d$"等。不过,同一结构在早期上海话和官话中分布并不一样,即相同内容在两方言中往往会选择不同结构表达。先列出各类结构在两种文献中的分布,然后举例分析两者对不同结构的使用之异如表 4-1、表 4-2 所示。

表 4-1 《土话指南》《官话指南》致移事件表达结构的分布

方 言	结 构			合计
	(1) $FV_c+P_{nd}P_d/$ 到$+Loc+P_d$	(2) $V_cF+P_{nd}P_d/$ 到$+Loc+P_d$	(3) $V_cP_{nd}+F+P_d$	
《土话指南》	50/14(50%)	46/11(44.5%)	7(5%)	128
《官话指南》	86/21(75%)	10/4(9.8%)	21(15%)	147

---

① 对《官话指南》《土话指南》教材的介绍可参见六角恒广(2000:18-20),Hino Yoshihiro(2010),张美兰(2016),张美兰、战浩(2016),等;兹不赘述。不过,本文所用语料,因《土话指南》只对译了《官话指南》前三卷:即《应对须知》《官商吐属》《使令通话》,故对比也只限于此三卷,并不包括第四卷即官话问答部分。

表4-2 《土话指南》《官话指南》致移事件表达结构的分布

方言	结构				合计
	(4) FV_c+P_d	(5) V_cF+P_d	(6) V_cP_d+F	(7) $V_cP_{nd}+F$	
《土话指南》	14(26%)	38(71.7%)	1(1.8%)	0	53
《官话指南》	34(33%)	61(59.8%)	1(0.9%)	6(5.9%)	102

由表4-1和表4-2可知,除"$V_cP_{nd}+F$"只见于官话外,其他各结构在两方言中皆用。从表4-1来看,早期上海话结构(1)、(2)在文本中的分布相当,皆为主要结构,而结构(3)不常见;早期官话中结构(1)分布超过2/3,为优势结构,其次是结构(3)和(2)皆有分布。比较而言,早期上海话在结构(2)、(3)的使用上与早期官话形成较显著的对比,上海话较官话中更常用结构(2),而结构(3)很不活跃,官话则结构(2)很不活跃,结构(3)的使用比上海话要发达。从结构本身所体现的词化类型来看,(2)为连动结构和述补结构共享,即E型和S型共存,(1)、(3)皆为述补结构,属于S型。因此两方言之间对结构(2)和(1)、(3)之间的选择倾向不同,体现了两者致移事件词化类型的差异。

由表4-2来看,早期上海话中(5)为优势结构,超过2/3,其次是(4),早期官话中(5)也为基本结构,其次为(4),两方言一致性较高,不过,从分布比例来看,早期上海话对结构(5)的选择倾向较官话仍稍强烈一些。

2.1.1 对"$V_cF+P_{nd}P_d$"的选择之异

早期官话也偶见使用"$V_cF+P_{nd}P_d$",可构成连动结构,如例(19)a用于叙述,V_c后加"了",极少见到不加"了"的,如例(22)b"贩货回去"。张伯江(1991)指出今北京话中该结构大多V后带"了",不带"了"字总有很强的祈使味道。不过,早期官话中即使是祈使句也极少用不带"了"字的该类结构。

(19) a. 这么着他就<u>雇了一匹驴回来</u>了。(《官商吐属》15章)

　　　a'. 乃末伊叫之<u>一只驴子咾转来</u>。(上海话)

而同时期上海话中这类连动结构常加上表顺承关系的连词"咾"。如例(19)a'。

且文献中早期上海话用"$V_cF+P_{nd}P_d$"结构,如例(20)a—(26)a。官话则用其他结构表达,如例(20)b—(26)b。

(20) a. 担之银子咾转去个。

　　b. 把银子拿回去了。(《官商吐属》33章)

(21) a. 我拉天盛典当里估之货色咾转来。

　　b. 我是到天盛当铺对货去了才回来。(《官商吐属》20章)

(22) a. 皮货卖完之后来,带银子转去呢,还是贩货色转去? 贩货色转去。贩啥个货色转去?

　　b. 您卖完了皮货,是带回银子去呀,还是贩货回去呢? 是贩货回去,都是贩回什么货物去呢?(《官商吐属》第2章)

(23) a. 店家领伊进去。

　　b. 店家可就把他带进来了。(《官商吐属》31章)

(24) a. 后来再有什介毛病,一定立刻赶侬出去。

　　b. 后来再若有这些毛病,一定立刻得赶出去。(《使令通话》15章)

(25) a. 让我先转去,预备铜钱起来。

　　b. 我先回家去,把钱给你们预备出来。(《官商吐属》26章)

(26) a. 就担印子钱个折子出来。

　　b. 就把取印子钱的折子拿出来。(《官商吐属》35章)

例(20)a—(22)a 上海话"$V_cF+P_{nd}P_d$"仍为句法性或短语性连动结构,官话或表达为述补结构,如例(20)b,或用副词"才"连接前后分句,如例(21)b,而例(22)b官话虽也说"贩货回去",但从后边的"贩回什么货色去"来看,"贩货"得以使用,应保留了书面语用法。可见,相同内容,早期上海话倾向于将表原因的动词和路径表达为双核心成分,而官话相应表达中核心左倾,路径表达为原因动词的卫星成分。而例(23)a—(26)a 上海话"$P_{nd}P_d$"皆已重新分析为补语,为 V_c 的卫星成分,但形式上仍保留了原来的连动结构,而对应的官话则采用处置介词提宾式,如例(23)b—(26)b,表义和结构更符合 S 框架的特征。

2.1.2 对"V_cF+P_d"的选择之异

早期上海话中"V_cF+P_d"也为连动和述补式共享的优势结构,且其使用频率远远高于"FV_c+P_d"。早期官话也常用"V_cF+P_d"结构,特别是祈使句中,但

未见表连动关系。官话"把"字处置式较上海话更常见,因此"V_cF+P_d"结构的分布率仍不及早期上海话。如,

(27) a. 乃末个多化强盗,就<u>担之箱子包袱、铜钱咾去</u>者。
   b. 这么着那群贼,就<u>把箱子和包袱、现钱都拿了去</u>了。(《官商吐属》28章)

(28) a. 侬去<u>叫伊来</u>。
   b. 那么你<u>把他叫来</u>。(《使令通话》16章)

(29) a. <u>担茶来</u>。
   b. <u>把茶拿来</u>。(《使令通话》4章)

例(27)a—(29)a早期上海话采用"V_cF+P_d"表致移,例(27)a为句法性连动结构,例(27)b官话对应句中位移体前移,虽然"拿""去"皆用体标记,句法上仍保留连动结构特征,与述补结构有别,但语义上"去"用来指示"拿"的方向,可看作V_c的卫星成分。例(28)a上海话用兼语式、例(29)a用短语性连动式,相应地早期官话皆用处置式,使得"来"紧邻表原因的动词,从句法语义上更易于重新分析为V_c的补语成分,S型语言特征更典型。

2.1.3 对"$V_cP_{nd}F+P_d$"的选择之异

早期官话"$V_cP_{nd}F+P_d$"较早期上海话要常见得多,该结构中P_{nd}已为V_c的补语。如,

(30) a. 忽然听见,有几部车子来者,喊开门,开门进来,看见六部镖车。
   b. 直叫店门,赶店门开开了,就见<u>赶进六辆镖车来</u>。(《官商吐属》29章)

(31) a. <u>拨个片子拉伊</u>。
   b. <u>给他拿出个片子去</u>。(《使令通语》17章)

(32) a. <u>搬伊一百两银子去</u>,拨拉个个穷人。
   b. <u>搬出他一百两银子来</u>,给了那个穷人拿了走了。(《官商吐属》31章)

(33) a. 庄上个人,刚刚<u>担戳子来</u>。
   b. 那个钱铺的人,刚<u>拿过一个戳子来</u>。(《官商吐属》36章)

(34) a. 拉搭等先生个相帮人,担衣裳出来。

b. 在这儿竟等着您的跟班的给我拿出衣裳来哪。(《官商吐属》37 章)

例(30)b—(34)b 官话皆用"$V_cP_{nd}F+P_d$"表达,而上海话或不表达为致移事件,如例(30)a,或表达为双及物结构,如例(31)a,或用连动结构,如例(32)a、例(33)a,也可用"$V_cF+P_{nd}P_d$"的述补结构表达,如例(34)a。

从以上致移事件表达结构对比来看,早期上海话、官话表致移事件时,上海话较官话更常用"同形异构"式,即"$V_cF+P_{nd}P_d/P_d$"结构,该结构仍保留了 E 型框架特征,而官话则更倾向于用"$FV_c+P_{nd}P_d/P_d$"或"$V_cP_{nd}+F+P_d$"结构,为更典型的 S 型语言。

2.2 有生自移事件表达结构对比

早期上海话和官话中自移事件也并存多种表达结构。主要有(1)"P_{nd}"(2)"$P_{nd}P_d$"和(3)"$V_1P_{nd}P_d$"等。"P_{nd}"常须后接处所名词,如早期上海话"出门""到之屋里"等,"$P_{nd}P_d$"和"$V_1P_{nd}P_d$"为不及物结构,只有后接"到"时须带处所名词。各结构在《土话指南》和《官话指南》中的分布如表 5 所示。

表 5 《土话指南》和《官话指南》中有生自移事件表达结构的分布

方言	结构						合计
	(1)			(2)		(3)	
	P_{nd}+Loc	到+Loc	P_{nd}/到+Loc+P_d	$P_{nd}P_d$	P_{nd}+到+Loc(+P_d)	$V_1P_{nd}P_d$	
上海话	21	44	91	149	9	10/12	336
分布率	46%			47%		6.5%	100%
官话	9	8	75	185	9	7/0	293
分布率	31%			66%		2.3%	100%

表 5 中(1)、(2)两类以路径动词为核心,不管是在早期上海话还是官话中,分布比例皆超过 90%,为有生自移事件表达中的优势结构,类型(3)"$V_mP_{nd}P_d$"中路径实现为补语成分,属于 S 型框架,在两方言中分布率皆很低。可见,早期

上海话和官话有生自移事件词化结构类型表现较一致,皆以 V 型为主导。下面略举数例,a 句为上海话,b 句为对应的官话。

(35) a. 交卸之后来,就上新任呢？还是先要到省里去？先到省里去。
    b. 您交卸之后是就上新任去呀？是还得先进省里去呢？是先得到省里去。(《官商吐属》5 章)
(36) a. 我想今夜头就出城者。
    b. 我就今儿晚上赶出城去。(《官商吐属》13 章)
(37) a. 怕是你出到外边儿去。
    b. 勿要只怕外势去之咾,又发作者。(《应对须知》)
(38) a. 担刀来撬开之棚门,跑到船里去。
    b. 拿刀把舱板砍开了,就进了舱里头去了。(《官商吐属》28 章)
(39) a. 早辰头天亮之,我踞起来,外势去看看,瓦上霜厚来交关,果然昨夜霜勿小。
    b. 早起天才亮,我起来出去走动,看见瓦上的霜厚的很,原来昨儿夜里有大霜。(《应对须知》)

从例(35)—(36)可见,早期上海话更倾向于直接用路径带处所名词表达,而官话则用"$P_{nd}Loc+P_d$"结构,"P_d"补充前面的路径动词,也满足路径动词双音节化的需要。例(37)官话"到+Loc+去"做路径动词补语,上海话用指示动词做核心谓词。两方言皆用动词编码路径,不同的是,上海话保留了更多单音节路径动词编码有生自移的用法,而官话双音节化的倾向更明显。例(38)—(39)上海话似乎更倾向于将运动方式分离出来,而官话仍只用动词编码路径。不过,总的看来,早期上海话和官话自移事件中将方式分离出来的结构并不常见,且方式动词词项所见不多,常见的一般只有"跑""爬""走"等。

Lamarre(2008a,2008b)统计电视剧中的对话和文本中自移事件表达类型,发现对话中普通话自移事件以 V 型表达为优势,而文本中则 V 型、S 型表达形式各占一半。《土话指南》《官话指南》记录了一百多年前上海话和官话地道的口语,因此本文对自移事件表达类型的统计也表明一百多年前上海话和官话口语中有生自移事件也具有较典型的 V 型语言特征。

2.3 无生自移事件表达结构对比

早期上海话和官话无生自移事件表达结构也十分一致，最常见的是"$V_m P_{nd} P_d$"，即方式与路径分离，路径成分充当方式动词补语。如，

(40) a. 眼泪就<u>落之下来</u>者。
　　　b. 可就<u>掉下</u>眼泪<u>来</u>了。(《官商吐属》31章)
(41) a. 有一间凉棚侪破拉者，凉棚架亦<u>落之下来</u>。
　　　b. 那三间有一间棚都破了，架子也<u>掉下来</u>了。(《使令通话》14章)
(42) a. 墙上个坭，侪<u>落下来</u>者。
　　　b.你留神，看墙上的土<u>掉下来</u>。(《使令通话》9章)

史文磊(2011b)指出"落""掉"等类动词最初融合了"运动"和"路径"，后来路径找到专门的词形记录，如趋向词。早期官话和上海话中它们都只能采用与趋向词分离的述补结构表达了。

从三类位移事件表达结构及其词化类型的对比来看，早期上海话和官话在自移事件表达结构及其词化类型上的共同点有：有生自移以 V 型为主导类型，无生自移则以 S 型为主导类型，而在致移事件的结构表达及词化类型上，两者皆表现出了较显著的 S 型框架倾向；不同的是，早期上海话更常用"$V_c F + P_{nd} P_d / P_d$"，该结构在上海话中并存了句法性连动、短语性连动和述补结构三种句法语义关系，而官话则更常用典型的 S 型框架结构，即在向 S 型框架发展中早期上海话致移事件词化类型演变应较官话慢。

3. 从早期上海话看汉语位移事件词化类型的演变机制

利用汉语共同语历史文献探讨汉语位移事件"V＞S"的演变及其机制已经取得颇多成果(Li, 1993、1997；Peyraube, 2006；冯胜利, 2000；Xu, 2006；史文磊, 2010、2011a、2011b、2014b；Shi & Wu, 2014)。这种讨论大多集中于从整体上观察汉语词化类型演变的机制，而实际上汉语共时平面词化类型的多样性应与其演变机制作用的复杂性或非线性制约作用直接相关，因此有必要就演变机制的作用做更具体的讨论。

实际上不少学者都注意到了位移事件内部即致移、自移事件之间词化类型

演变的诱因或演变速度不同。如，史文磊(2014a：54)指出他移事件中位移体的话题化或承上文省略，使得 V_2 致移性和动词性减弱，触发动趋结构的产生。而就自移事件来说，Peyraube(2006)、梁银峰(2007)、魏兆惠(2005)、史文磊(2014a：52)等皆指出位移体 NP 后移是句法性连动式向动趋结构转化的诱因之一。就致移与自移之间的演变差异，史文磊(2011a，2014a：98)指出他移事件中"V_t+指示"较自移事件中"去"更易补语化，而后类推至自移事件。不过，史文磊(2011a，2014a，2014b)、Shi & Wu(2014)在统计汉语史各时段动词结构的分布时并未区分他移和自移。Yiu(2014)、姚玉敏(2015)在跨方言位移事件词化类型的对比中，不仅看到致移事件、无生自移事件、有生自移事件三者演变速度的差异，同时也指出使动用法消亡之说只能解释致移事件从"趋向动词"到"伴随动词+趋向补语"的转变，而不牵涉使动义的有生自移和无生位移事件采用述补结构是双音节化作用的结果。

我们注意到不管是早期上海话还是官话，致移事件、有生自移和无生自移事件之间实际上存在位移事件词化类型上的差异，而形成这种差异应该不仅仅是演变速度的问题，而更可能关系到其演变机制的不同或者相同演变机制对不同位移事件词化类型演变的影响有别。因此，仍有必要对演变及其作用机制做更具体的考察，这也有助于更清晰地认识汉语位移事件词化类型的特征。下面我们结合早期上海话位移事件词化类型的表现和前贤对共同语词化类型发展的研究成果，尝试进一步认识演变机制与位移事件词化类型演变的复杂关系。

3.1 从早期上海话看致移事件的演变及机制

梁银峰(2007：15)指出，汉魏时期"V_t+去"带受事宾语时，常用"NP_1+V_t+NP_2+去"结构表达，不过，也开始出现"NP_2"前移为话题的格式"NP_2+NP_1+V_t+去"，史文磊(2011a，2014a：98)也赞同"NP_2"的话题化对"去"语法化的推动作用。史文磊(2014a：157，2011b)还指出表路径的指向词"来/去"从上古到中古逐渐在核心动词后发展为表指向信息的补语成分。其中表他移的格式变化为：V+O>V 来/去+O(援+O>拿来+O、捐+O>除去+O)(石毓智，2003)。即从汉语史文献来看，他移事件中位移体因话题化作用而前移，"来/去"语法化为补语，且从上古到中古，"因指向信息从隐含于语境转为由显性形式标记"(史文磊，2011b，2014a：157)使得"来/去"在"V+来/去+O"结构中进一步明确其语义句法功能。而从共同语来看，陆俭明(2002)指出当可控位移动词带受事时，陈述句中不仅可构成"V+来/去+O"结构，也仍用"V+O+来/去"

结构,且在祈使句中只允许后一结构。可见从语境来看,"V+O+来/去"仍为基本结构。而从早期上海话来看,致移事件中近乎不见"V₁+来/去+O"结构,甚至"NP₂+NP₁+Vₜ+去"的话题化结构也远不如"V₁F+来/去"结构的分布,如表2早期上海话四种课本皆以"V₁F+来/去"为绝对优势结构,而"FV₁+来/去"为次要结构。因此,若述补结构在"FV₁+来/去"这类非普遍性的结构中首先形成,再类推到更常见的基本结构,可想而知其阻力之大。

而早期上海话中仍存在句法性连动结构"V₁F+咾/哞+去",如例(9)a—b,尽管其分布远不如结构更为紧凑或固定的"V₁F+去"结构。它作为一种残存形式,应是述趋式语法化的最早结构。即随着结构的固定化、连词脱落,结构关系更加紧凑,表路径的指示词语义不仅指向致移者,还可指向位移者,如例(10)a、b,"去"的施事可以为致移主体,也可以是位移体,若为前者,则仍为连动结构,若为后者,则语义重心左倾,"去"仅表示运动的方向,经重新分析为"V₁"的补语。据此,我们相信早期上海话"V₁F+来/去"结构本身在未发生F前移的情况下,已开始"来/去"的语法化。

那么"V₁F+来/去"从连动结构演变为述补结构的动因又是什么呢?从例(10)b、例(11)a—e对比来看,例(10)b"来"在陈述句中仍可理解为致移体实施的位移动作,例(11)a—e皆为祈使句,"来"只能表"V₁"朝向言者运动的方向。这种最小对立表明,祈使句应该是该连动结构发生语法化的语用环境。相比陈述句,祈使句并非对客观事件的描述,而只是要求令位移体朝向或离开言者的方向,"主观指向性强,而运动性弱,自然就更容易虚化"(史文磊 2014a:183)。从早期上海话来看,"来"和"去"在该结构中语法化的速度也不同。"来"更常用,其语法化也先于"去"。例(11)a—e皆为"来"做补语,而相应的"去"在同时期更常用于陈述句中,充当连动结构后项谓词,如例(9)a—b、例(10)a。

魏培泉(2003:81)、何乐士(2005:49—50)、魏兆惠(2005)、史文磊(2011a,2014a:180—185)等指出从汉末开始,句法性连动式"V方式+V路径"向词法性动趋式语法化,到南北朝基本完成,进入唐代已经相当成熟了。现代汉语则只用动趋式或动结式表达。不过,从早期上海话来看,句法性连动结构和短语性连动结构仍保留于表致移事件的"V₁F+来/去"中,而从例(5)a—b来看,短语性连动结构可能也构成过"V₁F+P_{nd}",尽管较之"V₁F+来/去"结构,它在一百多年前已几乎消失。其消失的原因,与词汇双音节化不无关系。蒋绍愚(1999a,1999b)、刘承慧(1999)、魏培泉(2003)、Xu(2006)等先后指出中古以来汉语语音格局发生演变,音节结构简化,声母清浊对立消失,导致双音节化和使动词自动化。据此可知,应双音节化的要求,单音节路径动词只能与表指示的"来/去"构成复合形式,进而构成表致移事件的"$V_1F+P_{nd}P_d$"结构,该结构中"$P_{nd}P_d$"仍可做动词表位移路径,如例(2)a、例(3)a—c,句中"$P_{nd}P_d$"仍为连动结构后项。也就是说,双音节化并未直接导致表路径的趋向动词演变为V_1的补语成分,"$P_{nd}P_d$"语法化为补语是连动结构语法化为动趋式的结果。据此看来,尽管双音节化确实为汉语词化类型演变的重要机制(Xu,2006:146-188),不过,从早期上海话来看,致移事件中连动结构语法化为动趋式似乎较表路径趋向词本身的双音化对词化类型的演变更为直接或重要。

当然在"V_1F+P_d""$V_1F+P_{nd}P_d$"从连动式演变为述补结构的同时,F前移为话题或处置介词宾语的结构也在使用,结构中的"P_d""$P_{nd}P_d$"皆只能指位移体的运动方向或路径,做V_1的补语,尤其是"$FV_1+P_{nd}P_d$"的高频使用,对"$V_1F+P_{nd}P_d$"语法化为述补结构应该也起着相应的类推作用。

据此,我们相信,从早期上海话来看,表致移事件的"V_1F+P_d""$V_1F+P_{nd}P_d$"演变为述补结构,是从连动结构语法化而来,而位移体话题化或介宾化在其语法化为述补结构过程中只起着间接的推动作用。

从"$V_1F+P_{nd}P_d$"或"V_1F+P_d"语法化为述补结构也可以解释早期上海话中某些结构的缺失。史文磊(2011b)指出上古汉语表他移事件的综合型结构发展至中古也逐渐以分析型结构取代,其演变例示为:$V_{路径}$NP>$V_{1方式}V_{路径}$NP>把NP$V_{1方式}V_{路径}$NP。而从早期上海话语料来看,表致移事件的结构主要由"V_1+F+V_2"连动结构演变而来,因此并未出现"$V_{1方式}V_{路径+指示}$NP""$V_{1方式}V_{指示}$NP"结构,但这不影响位移体前移为话题或处置介词宾语,且位移体前移无疑也加速了其语法化进程。

3.2 从早期上海话看自移事件的演变及机制

与早期上海话和官话在表致移事件时存在差别不同的是,早期上海话语料及与官话对比表明,早期上海话和官话表自移事件的结构或词化类型更为接近,有生自移事件中仍以V型(以$P_{nd}P_d$为代表)为主导,而无生自移事件则以S型(以$V_1P_{nd}P_d$为代表)为主导。

Peyraube(2006:128)、梁银峰(2007)、魏兆惠(2005)、史文磊(2013:51-52)等认为自移事件动趋结构产生的重要触发因素是位移体从动前后置于宾语,其演变格式为:NP$_{动体}$+V_1+V_2→V_1+V_2+NP$_{动体}$。自唐以后越来越多的核心动词后开始带出补语(来/去),表达指向信息。其演变例示为:V>V+来/去(如,"出>出来/去""入>进来/去");V+O>V+O+来/去(如,"之、适、如、至+O">"到+O+来/去","奔/走至+O">"跑到+O+来/去")(史文磊 2011b)。不过,路径动词带上指示词"来/去"与"V$_{方式}$+来/去"述补式的词化类型存在区别。前者词汇化为表路径的复合趋向动词,在早期上海话四种文献中它为基本形式,仍属 V 框架,只有"V$_1$+来/去"或"V$_1$+P$_{nd}$P$_d$"属于 S 框架,不过,其分布远不及路径动词单独做谓语表自移,在早期上海话自移事件表达中只是次要类型。也就是说,从早期上海话来看,"来/去"补语化虽然使得 S 型框架形成,但就自移事件词化类型来看,并未使得早期上海话发展为 S 框架为主导的语言。

双音节的复合趋向词表自移事件时,位移体若所指有定,早期上海话常居于 VP 前做主语,如例(14)a—c、f,句中趋向词做谓语动词;若位移体所指无定,则常构成"有+NP+P$_{nd}$P$_d$/P$_d$"式,如例(43)a,句中"进来"仍为表路径的动词,对应官话如例(43)b 中"进来"也为表路径的动词。而"V$_1$+P$_{nd}$/P$_d$"不管 NP 在前还是在后,如例(15)a—c、例(44)a—b 皆属 S 型。"V$_1$+P$_{nd}$P$_d$"结构表自移时,位移体有定,做主语,如例(16)a—c、f—h,若无定,如例(45)a 则插入表路径和指示的趋向词之间,未见 NP 在宾语位置。不管 F 在句首还是句中,皆属 S 型。如,

(43) a. 等之勿多歇,又<u>有一个人进来</u>。

  b. 赶待了不大的工夫儿,又<u>进来了一个人</u>。(《官商吐属》36 章)

(44) a. 忽然<u>有只野猪獾跑来</u>。

  b. 忽然<u>跑来了个野猪</u>。(《官商吐属》15 章)

(45) a. 咕咚一声,<u>跳进一个人来</u>。

  b. 咕咚的一声,<u>跳进一个人来</u>。(《官商吐属》25 章)

可见,早期上海话有生自移事件的词化类型主要与 P$_{nd}$P$_d$ 的句法功能直接相关。位移体居于句首或句中,若以 P$_{nd}$P$_d$ 单独做谓语,则为 V 框架型,若以"V$_1$+P$_{nd}$P$_d$/P$_d$"做谓语,则为 S 框架型。在分布上,早期上海话有生自移事件表达中"V$_1$+P$_{nd}$P$_d$/P$_d$"做谓语的分布远不及"P$_{nd}$P$_d$"单独做谓语,早期官话也相似,即两者皆以 V 框架为主导类型。

不过,较之有生自移事件,早期上海话和官话无生自移事件更常用 S 型框架结构。如例(17)a—d 用"V$_1$+P$_{nd}$/到+Loc+P$_d$"式,例(18)a—e、例(40)—(42)

皆用"$V_1+P_{nd}P_d$"式。为何无生自移事件更倾向于 S 框架的表达呢？

史文磊(2011a)指出语义要素分离是汉语位移事件词化类型转变的机制之一，即从上古到中古汉语位移事件词化结构中经历了"运动"要素分离，分离出来的"运动"要素由 V_1 表达，"路径"要素则由语法化为补语的 V_2 表达。从早期上海话语料来看，显然有生自移和无生自移都已经历了这一分离过程，皆可用"$V_1+P_{nd}P_d/P_d$"式来表达，为何无生自移更倾向于选择这一结构表达呢？比较有生自移和无生自移事件的语义要素，可以提供一些线索。表路径的趋向词一般常用于位移体能自我决定和控制自己的移动，而无生自移事件中主体对位移并无自我控制能力(Lamarre, 2003)，因此在语义和句法上更要求将造成位移路径的原因或方式陈明出来，形成述趋式。这应该是无生自移事件较有生自移事件更常使用"$V_1+P_{nd}P_d/P_d$"式的语义原因。

由以上可知，早期上海话因词汇双音节化的影响而使得单音节形式的"P_{nd}"表致移和自移成为一种不具有普遍性，也并不常见的次要形式，特别是表无生自移和致移时，分布极少，只作为残存形式存在；"运动"与"路径"要素分离，运动动词用表方式或原因的 V_1，而路径用趋向成分或复合趋向词表达，使得"$V_1+P_{nd}P_d/P_d$"结构的语义关系更加明晰，表明早期上海话已具有较显著的 S 框架特征；连动结构语法化为动趋式也具有较明显的趋势，如"$V_1F+P_{nd}P_d/P_d$"等结构更常见的句法语义关系已是动趋式。这些共同表明早期上海话在这些机制的作用下，词化类型从 V 型或 E 型向着 S 型演变。

不过，比较而言，早期上海话语料也表明，连动结构动趋化是致移事件向着 S 型演变的主要机制。从"$V_1F+P_{nd}P_d/P_d$"结构来看，其语法化过程并非因双音化，而是因各成分间句法语义关系的演变而形成动趋式，同时，位移体的话题化或因处置结构的发展而充当介词宾语，从结构和语义上使得动趋式之间的述补关系更为明确。

而有生自移事件中虽然单音节路径动词已因双音节化少用，但双音节化形成的路径动词"$P_{nd}P_d$"在早期上海话和官话中都十分常用，它虽由上古汉语连动结构演变而来，但已词汇化，单独表位移事件时，应视为路径动词，而非述补结构，同时，早期上海话中也用"P_{nd}到+Loc+P_d"的述补结构，核心动词依然是"P_{nd}"，因此仍可看作 V 框架结构。双音节化对自移事件的词化类型演变似乎存在双向影响，并非只有利于其向 S 型发展。

无生自移事件词化类型较致移事件和有生自移事件具有更明显的 S 型倾

向,其原因与位移体自身无位移控制能力有关。为了更清晰地描述该类位移事件的过程,在语义和结构上都需要将导致位移的原因或方式表达出来。

4. 结语

早期上海话课本类文献为我们展示了一百多年前上海话位移事件的各类表达结构及其词化类型的基本面貌。从词化类型来看,尽管各类位移事件词化类型都具有 S 型特征,但倾向性存在明显差异。无生自移事件 S 型倾向最显著,其次是致移事件,而有生自移事件 V 型倾向最强。

基于同内容课本文献《官话指南》和《土话指南》的对比也表明,早期上海话和官话自移事件词化类型更相似,而致移事件中上海话演变较官话慢,保留更多 E 框架结构特征。这种共性和差异一方面表明两者可能经历了相对一致的演变途径,另一方面也看到上海话演变较官话要慢。

从早期上海话和官话词化类型的演变机制来看,我们认为双音节化和语义要素分离是更早历史阶段汉语词化类型从 V 或 E 型向 S 型转变的重要机制,而在一百多年前上海话和官话中,双音节化虽也导致单音节路径动词在自移事件表达中的减少,但"$P_{nd}P_d$"的广泛使用也表明双音节化对稳定路径动词表有生自移事件也起着推动作用,据此推测,它对汉语词化类型演变的影响并不是线性的,在不同历史时期或者不同演变阶段其作用的表现也不完全一样;无生自移事件词化类型演变除了受到语义要素分离机制的影响之外,应该还受到其他语义关系的制约,即需要陈述无自我控制力的主体产生某种位移的方式或原因;而连动结构语法化为动趋式和位移体前移是使得致移事件向 S 型发展的关键因素。早期上海话和官话文献表明,连动结构动趋化的速度呈现方言差异,也正是这种差异使得两者致移事件词化类型也稍有不同。总的来看,正是因为各类位移事件受不同机制制约,或者相同机制对不同位移事件或不同方言中同一位移事件的作用不同,使得方言位移事件的词化类型呈现出多样性以及彼此之间的差异。

不过,这种多样性又表现出很强的规律性。三类位移事件朝着 S 框架型演变,有生自移事件最慢,其次是致移事件,而最快的是无生自移事件。这种演变差异验证了语义认知对位移事件词化类型的深层制约。Lamarre(2003)考察现代汉语词化类型的"互补体系"(complementary system of conflation)时指出:"汉语的这种'分工'状况可能不是偶然的,也许反映人一般的认知机制:位移的主体如果缺乏自己移动的意志和能力,特别是作为受动者(patient)的时候,可能会促使说话者把位移方式或原因也表达出来。"早期上海话三类位移事件的词化类型特征也验证了这一推测。有生自移事件中位移主体即为施事者,自我控制能力最强,可直接实施某个运动路径,"路径信息优先表达,方式信息只有在必须时才提及"(Slobin,2004),早期上海话有生自移事件就体现了这一特点,其 S 框架型结构只有在需要特别指明方式时才使用;无生自移事件因位移体无自我控制力而要求提供方式或原因信息更为强烈;致移事件中位移体可以是人或物,当所指为有生命对象,早期上海话优先选择"$V_1F+P_{nd}P_d/P_d$"结构,该结构中 F 仍具有兼语的句法特点,若为无生对象且表定指,则优先充当话题或处置介词宾语,使得"$V_1P_{nd}P_d/P_d$"构成更典型的 S 型框架结构。

缩写对照表

F   figure(位移体)

Loc   Locative(处所)

NP   noun phrase(名词短语)

P   path(路径)

P_d the Deictic Component of the Path(指示性路径)

P_{nd} the nondeictic Component of the Path(非指示性路径)

V_t transitive verb(及物动词)

V_i intransitive verb(不及物动词)

V_m the verb expressing the manner of motion(表位移方式的动词)

V_c the verb expressing the cause of motion(表位移原因的动词)

参考文献

Beavers, John & Levin, Beth & Tham, Shiao Wei, 2010. The typology of motion expressions revisited[J]. *Journal of Linguistics*, 46(2): 331–377.

Chen Liang & Guo Jiansheng, 2009. Motion events in Chinese novels: Evidence for an equipollently-framed language[J]. *Journal of Pragmatics*, 41(9): 1749–1766.

范继淹,1963.动词和趋向性后置成分的结构分析[J].中国语文,(2):136-160.

冯胜利,2000.汉语双音化的历史来源[J].现代中国语研究,(1):123-138.

何乐士,2005.《史记》语法特点研究[M].北京:商务印书馆.

Hopper Paul J, 1991. On some principles of grammaticization. [M]// Traugott, Elizabeth Closs & Heine, Bernd. *Approaches to grammaticalization*, 17-36. Amsterdam: John Benjamins.

蒋绍愚,1999a.两次分类—再谈词汇系统及其变化[J].中国语文,(5):323-330.

蒋绍愚,1999b.汉语动结式产生的时代[J].国学研究,(6):327-348.

阚哲华,2010.汉语位移事件词汇化的语言类型探究[J].当代语言学,(2):126-135.

Lamarre Christine(柯理思),2003.汉语空间位移事件的语言表达—兼论述趋式的几个问题[J].现代中国语研究,(5):1-18.

Lamarre Christine,2008b.中国語の位置変化文とヴォイス[M]// Ogoshi, Naoki(生越直树)& Kimura, Hideki(木村英树)& Washio, Ryuichi(鹰尾龙一)(eds.),ヴォイスの対照研究——東アジア諸語からの視点.109-142, Tokyo: Kurosio.

Li Fengxiang, 1993. *A diachronic study of V-V compound in Chinese*[D]. Buffalo: State University of New York at Buffalo.

Li Fengxiang. 1997. Cross-linguistic lexicalization patterns: Diachronic evidence from verb-complement compounds in Chinese [J]. *language Typology and Universals* (STUF) 50(3):229-252.

李福印,2017.典型位移运动事件表征中的路径要素[J].外语教学,8(4):1-6.

梁银峰,2007.汉语趋向动词的语法化[M].上海:学林出版社.

林素娥,2015.一百多年来吴语句法类型演变研究—基于西儒吴方言文献的考察[M].北京:中国社会科学出版社.

刘承慧,1999.试论使成式的来源及其成因[J].国学研究,(6):349-355.

刘丹青,2001a.汉语方言的语序类型比较[J].现代中国语研究,(2):24-38.

刘丹青,2001b.方所题元的若干类型学参项[J].中国语文研究,(1):11-23.

刘丹青,2003.语序类型学与介词理论[M].北京:商务印书馆.

陆俭明,2002.动词后趋向补语和宾语的位置问题[J].世界汉语教学,(1):5-17.

Peyraube Alain, 2006. Motion events in Chinese: A diachronic study of directional complements[M]// Maya, Hickmann & Stéphane, Robert (eds.), *Space in languages: linguistic systems and cognitive categories*, 121-135. Amsterdam: John Benjamins.

钱乃荣,2003.上海语言发展史[M].上海:上海人民出版社.

钱乃荣,2014.西方传教士上海方言著作研究:1847—1950年的上海话[M].上海:上海大学出版社.

六角恒广,2000.日本中国语教学书志[M].王顺洪,译.北京:北京语言文化大学出版社.

沈家煊,2003.现代汉语"动补结构"的类型学考察[J].世界汉语教学,(3):17-23.

史文磊,2010.类型学与汉语运动事件词化的历时考察[D].南京大学博士学位论文.

史文磊,2011a.汉语运动事件词化类型的历时转移[J].中国语文,(6):483-498.

史文磊,2011b.汉语运动事件要素词化模式的历时演变[M]//北京大学汉语语言学研究中心《语言学论丛》编委会.语言学论丛.北京:商务印书馆,(43):281-312.

史文磊,2014a.汉语运动事件词化的历时考察[M].北京:商务印书馆.

史文磊,2014b.语言库藏显赫性之历时扩张及其效应—动趋式在汉语史上的发展[J].*International Journal of Chinese linguistics*,(2):293-324.

Shi Wenlei & Wu Yicheng, 2014. Which way to move: The evolution of motion expressions in Chinese[J]. *linguistics*, 52(5):1237-1292.

石毓智,2003.古今汉语动词概念化方式的变化及其对语法的影响[J].汉语学习,(4):1-8.

Slobin Dan I., 1991. Learning to think for speaking: Native language, cognition, and rhetorical style[J]. *Pragmatics* 1(1):7-25.

Slobin Dan I., 1996a. From "thought and language" to "thinking for speaking"[M]// Gumperz, John J. & levinson, Stephen C. (eds.), *Rethinking linguistic relativity*. Cambridge: Cambridge University Press: 70-96.

Slobin Dan I., 1996b. Two ways to travel: Verbs of motion in English and Spanish[M]// Shibatani, Masayoshi & Thompson, Sandra A. (eds.), *Grammatical constructions: Their form and meaning*. New York: Oxford University Press: 195-219.

Slobin Dan I., 2000. Verbalized events: A dynamic approach to linguistic relativity and determinism[M]// Niemeier, Susanne & Dirven, René (eds.), *Evidence for linguistic relativity*. Amsterdam: John Benjamins: 107-138.

Slobin Dan I., 2004. The many ways to search for a Frog: linguistic typology and the expression of motion events[M]// Strömqvist, Svan & Verhoeven, ludo (eds.), *Relating events in narrative: Typological and contextual perspectives*. Mahwah: lawrence Erlbaum Associates: 219-257.

Slobin Dan I., 2006. What makes manner of motion salient: Explorations in linguistic typology, discourse, and cognition[M]// Hickmann, Maya & Robert, Stéphane (eds.), *Space in languages: linguistic systems and cognitive categories*. Amsterdam: John Benjamins: 59-81.

Talmy Leonard, 1985. lexicalization patterns: Semantic structure in lexical forms[M]// Timothy, Shopen (ed.), *language typology and syntactic description: Grammatical categories and the lexicon*. Cambridge: Cambridge University Press: 57-149.

Talmy Leonard, 1991. Path to realization: A typology of event conflation [C]// Sutton, laurel A. & Johnson, Christopher & Shields, Ruth (eds.), *Proceedings of the Seventeenth Annual Meeting of the Berkeley linguistics Society: General session and parasession on the Grammar of event structure*. Berkeley: Berkeley linguistics Society: 480-519.

Talmy Leonard, 2000a. Toward a cognitive semantics, volume 1: Concept structuring systems[M]. Cambridge: The MIT Press.

Talmy Leonard, 2000b. Toward a cognitive semantics, volume 2: Typology and pocess in concept structuring[M]. Cambridge: the MIT Press.

Tai James H.Y.，2003. Cognitive relativism：Resultative Construction in Chinese[J]. language and linguistics，4(2)：301－316.

魏兆惠,2005.论两汉时期趋向连动式向动趋式的发展[J].语言研究,(1)：109－112.

Xu Dan，2006. Typological change in Chinese syntax[M]. Oxford：Oxford University Press.

杨德峰,2005."时间顺序原则"与"动词＋复合趋向动词"带宾语形成的句式[J].世界汉语教学,(3)：56－65.

Yiu Carine Yuk-man，2014. The typology of motion events: An empirical study of Chinese dialects[M]. Berlin：De Gruyter Mouton.

姚玉敏,2015.重构早期汉语方言语法：位移事件的类型[G]//中国语言学集刊,(8)：267－288.

冰野善宽,2010.《官话指南》の多样性－中国语教材から国语教材[J]. Tōajiabunkakōsyōkenkyū 东アジア文化交涉研究,(3)：237－259.

游汝杰,2004.方言接触和上海话的形成[G]//邹嘉彦,游汝杰,等.语言接触论集.上海：上海教育出版社：319－346.

张伯江,1991.关于动趋式带宾语的几种语序[J].中国语文,(3)：183－191.

张美兰,2016.常用词的历时演变在共时层面的不平衡对应分布—以《官话指南》及其沪语粤语改写本为例[J].清华大学学报(哲学社会科学版),(6)：54－63.

张美兰,战浩,2016.从《官话指南》方言对译本看官话与沪语、粤语动词的异文表达[J].合肥师范学院学报,(4)：1－7.

Zlatev Jordan & Yangklang, Peerapat，2004. A third way to travel：the place of Thai in motion-event typology[M]// Strömqvist，Sven & Verhoeven，ludo（eds.），Relating events in narrative: Typological and contextual perspectives. Hillsdale：lawrence Erlbaum：159－190.

复盘与导读

"汉语方言是国家语言资源之一"(李如龙,2008),从语法角度而言,方言语法系统是自足的,它具有类型学研究价值。近二十多年来在语言类型学视角下所开展的方言语法研究成果也充分证明了方言语法丰富的语言资源价值。

Talmy(1985,1991,2000)对语言位移事件编码类型的研究是当今认知类型学研究的最重要成果之一。在该理论框架下,汉语共同语位移事件的词化类型研究成果颇为丰硕,不过,对汉语共同语词化类型的归属以及历时演变机制,学界仍存在分歧,这也表明汉语位移事件词化类型表达模式的复杂性,汉语方言位移事件表达模式也如此,且与共同语存在演变速度的差异,普-方间的空间差异是观察汉语位移事件演变过程及机制的重要途径。可惜目前对汉语方言位移事件的研究甚少,这种不足也限制了我们对汉语位移事件词化类型演变及其机制的深入认识和讨论。

在这一背景下,本研究选取早期上海话位移事件为研究对象,旨在揭示一百多年前上海话位移事件词化类型特征;同时也利用上海话和共同语位移事件表达模式的同异,再次探讨制约汉语位移事件词化类型演变的机制。

本文利用 19 世纪中叶至 20 世纪初上海话课本类文献语料,按照致移事件、有生自移事件和无生自移事件的分类,逐一梳理并统计各种位移事件的具体表达模式,采用定量和定性结合,探讨了早期上海话各类位移事件的词化类型倾向。整体上表现为混合型,即有 S 型、V 型和 E 型特征,而各次类之间存在词化类型倾向的差异,如无生自移事件词化类型 S 型最明显,有生自移事件则 V 型特征显著,致移事件混合性最强的属于 S 型、E 型。早期上海话和官话平行语料也表明二者位移事件词化类型同中有异。二者间的差异为进一步探讨汉语位移事件词化类型演变的制约提供了重要线索。如,连动结构语法化为动趋式和位移体前移是使得致移事件向 S 型发展的关键因素。

总而言之,本文首次在认知类型学视野下揭示了早期上海话位移事件表达的类型特征,并进一步探讨了汉语位移事件词化类型演变不平衡的相关机制,展示了上海话位移事件词化类型研究的类型学价值。此外,该研究也突出了平行语料对于跨方言语法比较研究的重要价值。

苏州话[i]元音的语音学分析*

凌 锋**

摘要：本研究从发音和声学两个角度分析调查了苏州话两个前高元音[i$_z$]和[i]的语音性质。研究表明，前者是一个摩擦元音，其发音部位比普通的前高元音更靠前；后者是个典型的前高元音。研究还解释了为什么发音部位比[i]更靠前的元音，其发音—声学关系跟普通元音相反。最后，本研究证实了苏州话的摩擦元音[i$_z$]确实是元音高化的结果，并解释了舌面元音[i]发展成舌尖元音的音变过程。

关键词：摩擦元音；发音；共振峰；元音高化

一、缘起

世界上所有语言的元音系统几乎都可以找到元音[i]（Crothers，1978：93-152）。苏州话也不例外，但有意思的是它竟然有两个对立的元音都被人认为是[i]。在袁家骅(1960：58)，叶祥苓(1988：3)的描写里，止摄、蟹摄三四等字的元音被认为是[i]，零声母平声字"衣"可以作为代表字。而汪平(1996：17)则认为咸山摄三四等字的元音才是[i]，零声母字平声字"烟"可以作为代表字。两个元音出现的环境很相似，都可以和除了入声之外其他所有声调组合，也都可以和除了软腭声母之外的其他各组声母搭配，唯一的区别只有"衣"的元音能和两个唇齿擦音组合，而"烟"的元音不行。

---

* 原载《语言学论丛》第43辑，北京：商务印书馆2011年版。本书收录时略有修改。本研究部分成果曾分别在第14届IACL年会和ICPHS2007发表过，与会专家给了很多好的建议。此外，本文匿名评审老师也给了很多有价值的意见，在此一并表示感谢。

** 凌锋(1976—)，上海大学副教授，硕士生导师。

此外，还有一个相关的问题。有些学者发现苏州话"衣"的元音不是一个普通元音，而是一个带摩擦的元音（赵元任，1928：48；钱乃荣，1992：37；汪平，1996：17）。在通常的元音定义中，元音是不能带摩擦的。但是"摩擦元音"在汉语方言中并不罕见。石汝杰（1998）综合了汉语各方言的资料后发现，吴语、江淮官话、徽语、西北官话、山西方言中都可以找到带摩擦的元音。事实上不光汉语方言，西北的很多少数民族方言同样也有这样的元音。此外，世界其他语言也可以找到摩擦元音的例子，比如非洲的班图语里所谓的"超高元音"，Ladefoged & Maddieson（1996：314）认为也是"摩擦元音"。可惜的是，这一语音现象虽然被广泛报道，但很少有学者对这种"摩擦元音"进行专门的语音分析。

由于过去的研究还都依靠主观听觉印象，我们很难更深入了解这些元音的语音性质。所以本研究打算结合声学分析和颚位分析的方法来分析一下苏州话的这两个元音。研究首先要解答哪个元音才是真正的一号元音。其次，这两个元音是如何互相区分的。再次，如果"衣"确实是摩擦元音，我们还想对这种特殊的元音作一下深入的分析。最后，我们还想讨论一下苏州话的元音系统是如何演化成这样的格局的。

为了叙述方便，后文中用[i_z]表示"衣"的元音，用[i]表示"烟"的元音。选用这两个符号，仅仅是为了区分两个元音，并不代表它们的实际音值。

二、实验方法

本实验是笔者正在进行的苏州话元音系统语音研究的一部分。发音人有20个苏州本地人，10男10女，年龄在50—60岁之间。实验过程是先拟制好录音字表。然后请发音人把这些字放在负载句中逐个以自然的语速语调读出。负载句为"我说＿＿拨佤听"。字表打乱顺序后重复读三遍。

为了排除声调，声母等因素的影响，实验用字都选用了零声母，高平调（阴平）字。本文涉及的实验用字如下：

[i_z^{44}]　衣　　　[i^{44}]　烟

录音在一间安静的房间中进行。录音话筒采用Shure SM-58，录音机用的是HHB MDP500便携式MD录音机。语音分析主要包括共振峰分析、语图分析和HNR分析，所有声学分析所用的软件都是阿姆斯特丹大学Paul Boersma

和 David Weenink 开发的 Praat 软件。其中共振峰分析和 HNR 分析都直接选取了元音中点的分析结果。

除了声学实验之外,我们还做了发音实验。在上述 20 人中选了 2 男 2 女。用颚位照相的办法做了这两个元音的颚位图和舌位图。颚位照相参考了 Dart(1991:11)介绍的方法。

三、实验结果

3.1 声学测量结果

表1 苏州话[i_z]和[i]前三个共振峰的平均值和标准差(10男10女)

单位 (Hz)	元音	F1		F2		F3	
		平均值	标准差	平均值	标准差	平均值	标准差
男	[i_z]	274.2	38.2	2 022.0	111.6	3 012.4	198.7
	[i]	268.8	37.8	2 353.4	205.3	3 420.8	295.6
女	[i_z]	323.0	38.5	2 323.3	165.8	3 514.1	167.3
	[i]	289.8	36.0	2 938.8	150.7	3 773.3	240.6

从声学测量的结果看,两个元音最大的区别在于第二共振峰。无论男女发音人,[i_z]的第二共振峰都要比[i]低很多。用单因素方差分析分别比较男女两组发音人两个元音的第二共振峰,结果 p 值均小于 0.000 1,这说明[i_z]和[i]的第二共振峰有显著差异。其次,两者的第三共振峰也有差异,[i_z]的第三共振峰也要比[i]的低,p 值也均小于 0.000 1。此外,第一共振峰也略有区别。从数值上看,无论男女都是[i_z]比[i]的第一个共振峰高。但是从统计看,男子组的差异 p 值为 0.581 9,不是显著性差异;而女子组的差异 p 值为 0.056 7,接近显著性差异。

三维语图可以直观地显示出元音中是否带有摩擦成分。为了确认[i_z]是否是摩擦元音,我们也作了语图分析。图 1 分别列出了这两个元音的窄带和宽带语图。

a. [iᶻ](衣)

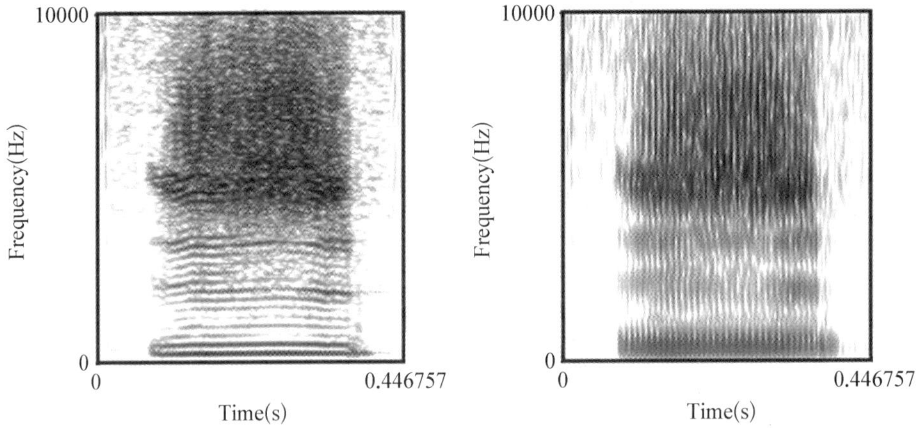

b. [i](烟)

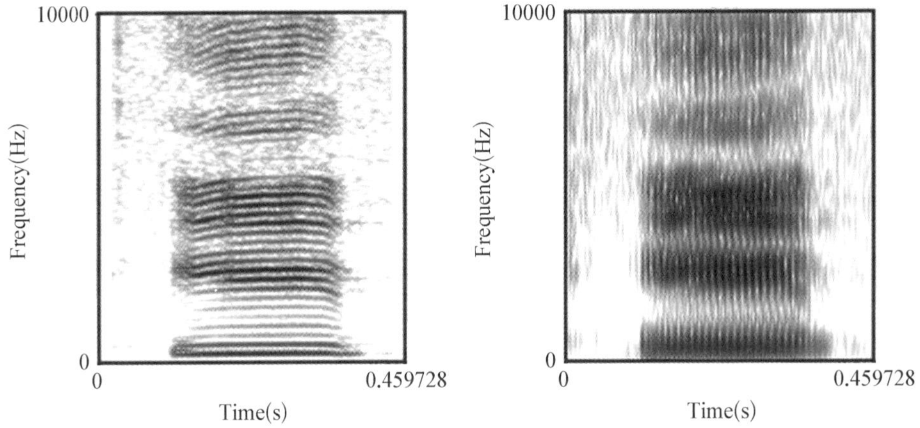

图 1 苏州话[iᶻ]和[i]两个元音的窄带语图和宽带语图(来自一位男发音人)

根据窄带语图显示,[iᶻ]在中高频区的谐波非常模糊,而[i]在各频率区的谐波都非常清晰。在宽带语图上,[iᶻ]的共振峰能量相对偏弱,并不是十分清晰;而[i]的共振峰的能量比较强。这说明在这个频段有较强的噪音,因此,不论宽带语图还是窄带语图,都显示元音[iᶻ]包含有比较多的噪音成分,噪音能量主要集中在中高频区;而元音[i]基本没有噪音成分。

为了量化这两个元音的噪音水平,我们还做了 HNR 分析。HNR(Harmonics-to-Noise Ratio)是一个反映声音中谐波和噪音能量比率的量化指标。数值越大,说明其中的噪音成分越少;反之则噪音越大。如果 HNR 值超过 20 dB,那就说明谐波总能量占整个声音能量的99%以上。统计结果如表2所示。不过需要说明的是，音质相差很大的元音，内在HNR会有较大差异。[i]和[i_z]虽然音质接近，但毕竟不是相同的元音，以下比较结果仅能作为参考。

表2　苏州话[i_z]和[i]的HNR值比较（10男10女，男女数据没有分开统计）

元音	平均HNR(单位：dB)	标准差	F值	P值
[i_z]	15.6	4.5	39.285	P<0.0001
[i]	20.4	3.9		

测算结果是[i_z]的HNR值显著小于[i]。这说明相比元音[i]而言，苏州话[i_z]中包含了更多噪音成分；而[i]的HNR值大于20 dB，说明它包含的噪音成分相当少。HNR分析的结果跟我们从语图上观察到的结果是一致的。

综合前述几项声学测量的结果，我们发现这两个元音有两点区别，除了两者的共振峰结构不同，而且[i_z]还含有更多的噪音成分。

3.2　发音测量结果

图2是这两个元音的颚位图和舌位图，数据来自一位男发音人。为了清楚的显示出收紧点的位置，我们在颚位图上根据发音人的牙齿位置画了若干条参考线。

根据下图2显示，[i_z]的收紧点位置，主动发音位置是比舌叶更靠后，应该算"舌面前"；被动发音部位处在比齿龈和齿龈后的交界线略偏后的位置，可以看作是"齿龈后"。[i]的收紧点则已经不是一个点了，而是一条窄窄的通道，主动发音部位是"舌面"；被动发音部位是"硬腭"。所以该发音人的[i_z]是个"舌面前—齿龈后"音，而[i]是个"舌面—硬腭"音。简而言之，[i_z]的发音位置比[i]更靠前。

两个元音除了发音部位有差异之外，收紧点的宽窄也有差异。颚位图显示[i_z]的收紧点要比[i]窄得多。根据空气动力学的原理，气流通过一个非常狭窄的通道之后，会产生大量噪音，这也就可以解释为什么[i_z]会有更多噪音成分。其他三位发音人的发音实验结果也是大同小异，他们的颚位图这里就不一一展示了。表3列出了这三位发音人的调查结果。

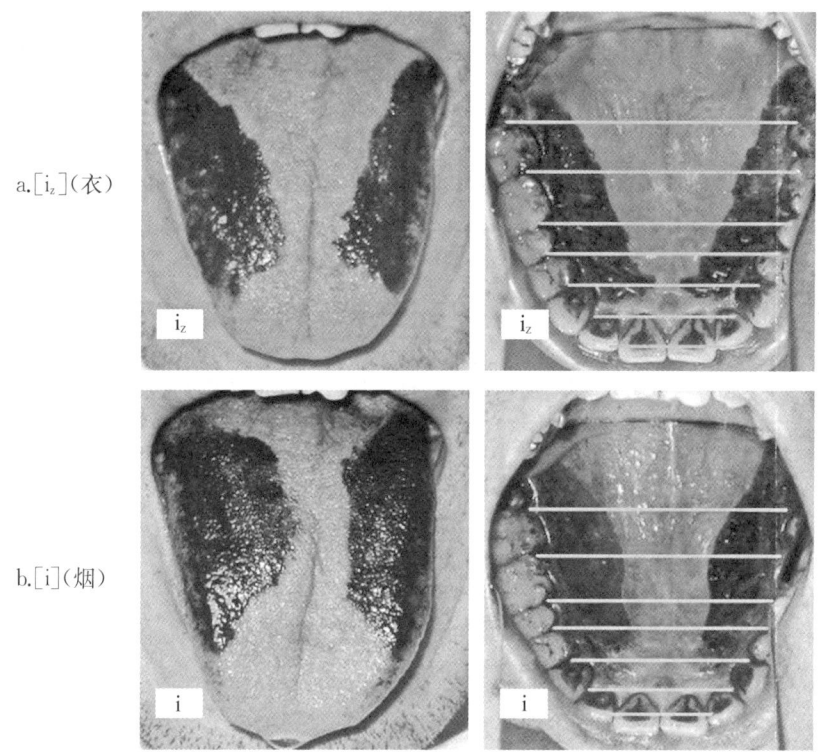

图 2 [i_z][i]的颚位图和舌位图(男发音人 M1)

其中除了两位女发音人的[i_z]主动发音部位比男发音人略微更偏前一些之外,其他方面四位发音人都基本一致。

表 3 其他三位发音人[i_z][i]的主动和被动发音部位

	M2(男)		F1(女)		F2(女)	
	主动	被动	主动	被动	主动	被动
[i_z]	舌面前	齿龈后	舌叶	齿龈后	舌叶	齿龈后
[i]	舌面	硬腭	舌面	硬腭	舌面	硬腭

因此,从发音调查结果来看,[i_z]和[i]的发音部位也有明显区别。[i]的发音部位是舌面—硬腭,这是一个典型前高元音的发音位置;而[i_z]的发音部位要更靠前一些。曹文(1999)曾经推测盐城方言摩擦元音的发音部位是舌叶。我们

的研究结果跟他的推测很相似。

但是值得指出的是,发音调查的结果是有点出乎意料的。因为声学调查的结果是[i_z]的第二共振峰低于[i]。按通常的元音发音—声学关系,第二共振峰越低,说明元音发音部位越后。根据这一关系推测,[i_z]应该比[i]的发音部位偏后一些,但是实际发音调查结果是正好相反。我们将在后文的讨论部分进一步探讨这个"矛盾"。

四、讨论

4.1 哪个元音才是真正的[i]

为了解决这个问题,我们先来比较一下苏州话这两个元音和其他一些方言或者语言[i]的共振峰数据。由于同一语言男女发音人的元音格局基本是一样的,下表4只比较了男发音人的数据。

表4 苏州话、北京话(Lee & Zee, 2001)、粤语(Zee, 2003)、英语元音(Peterson & Barney, 1952)[i]前三个共振峰的比较

元音(单位:Hz)	F1	F2	F3
[i_z](苏州话)	274	2 022	3 012
[i](北京话)	300	2 443	3 384
[i](香港粤语)	265	2 369	3 327
[i](美国英语)	270	2 290	3 010
[i](苏州话)	269	2 353	3 421

表4显示,这些元音第一共振峰的差别不大。而第二共振峰的数据很明显可以分成两组。北京话、粤语、英语和苏州话[i]的第二共振峰在2 300 Hz左右或者更高,而苏州话[i_z]的第二共振峰只有2 022 Hz。这些元音的第三共振峰也可以分成两组,苏州话[i_z]和英语[i]为一组,其他三个元音为另一组。

对于一般元音来说,前两个共振峰是最重要的,而第三共振峰更多是在区分圆唇元音和非圆唇元音的时候起作用。所以相比之下,苏州话的[i]的共振峰数

据和其他语言的[i]比较接近,而苏州话的[i_z]则跟这些[i]差别要大一些。

从发音角度来说,一号元音[i]的发音部位应该是"舌面硬腭"。我们发音调查的结果发现苏州话[i]也正是一个舌面硬腭音。而苏州话[i_z]的发音部位要比"舌面硬腭"更靠前一些。

综合发音和声学两方面的调查结果,我们认为,苏州话"烟"的元音才是一号元音[i]。而苏州话[i_z],除了共振峰数据跟其他语言的[i]不大一样,发音部位也和普通的一号元音不同。而且它的频谱中还包含了很多噪音成分。因此,"衣"的元音是一个国际音标中没有专门符号的带摩擦元音,简单地用一号元音来描写它很不合适。

4.2 有关摩擦元音[i_z]的性质

既然"衣"用[i]来描写不合适,那么从纯粹语音学的角度来看,它应该怎么描写更合理?我们再比较一下[i_z]和其他一些典型浊擦音的频谱。

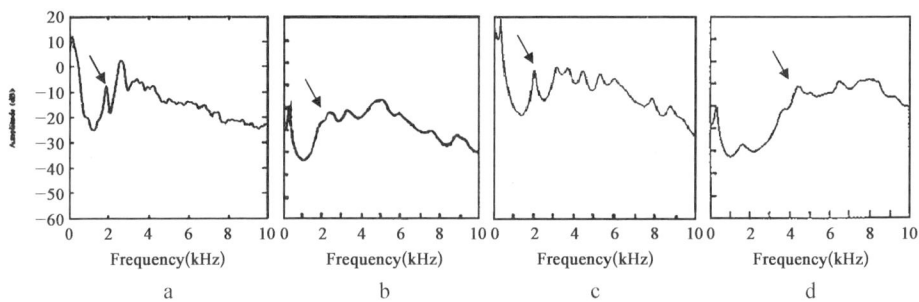

图3 a 葡萄牙语[ʒ]的频谱(Jesus & Shadle,1999),b 英语[ʒ]的频谱(Soli,1982),c 苏州话[i_z]的频谱,d 英语[z]的频谱(Soli,1982)

在葡萄牙语[ʒ]的频谱上,一个重要特征是在2 kHz左右有一个明显的尖峰(如箭头所指位置)(Jesus & Shadle,1999)。而英语[ʒ]的频谱也一样,在2 kHz附近同样有一个凸起的部分(Soli,1982)。从整个频谱包络线来看,两条线在5 kHz以上的频段都是平缓下降的。英语[z]频谱则和前两者差别非常大,它除了在1.7 kHz左右有一个不大显眼的小凸起之外,主要能量是集中在4 kHz以上的频段,在这个频段里,包络线基本平行于横坐标轴的(Soli,1982)。

苏州话[i_z]的频谱同样在2 kHz左右有一个尖峰,5 kHz以上的频段包络线平缓下降。这样的频谱和英语葡萄牙语的[ʒ]非常相似。

而发音调查的结果也表明,苏州话[i_z]是一个齿龈后音。因此综合声学和发音两方面的结果,我们认为单纯从语音学角度来看,苏州话的[i$_z$]可以描写成[ʮ]"音节化的舌叶(或舌面前)—齿龈后浊擦音"。不过这样的描写毕竟太繁琐了,使用的时候很不方便。再考虑到汉语方言中常见的音节化辅音一般都是成音节的边音或者鼻音。这些音一般只能独立成音节,不能和其他辅音搭配,往往只出现在有限的几个词语中,在音系中不占重要地位。所以它们的性质和[i$_z$]性质不大一样。所以我们认为要描述类似[i$_z$]这类元音,"摩擦元音"还是一个相当合适的术语。

不过如前所述,"摩擦元音"确实是一个不同寻常的术语。比如国内常用教材《语音学教程》(第 35 页)对元音的特征的描述是"声腔完全开放,气流能够顺利通过"。又如特拉斯克的《语音学与音系学词典》对元音的定义是"口腔气流没有明显阻塞的音段"。根据以上定义,"摩擦"和"元音"是不能共存的。但是正如 Laver(1994:114)指出的,"元音"这个术语经常在两个层面上被使用。一个是纯语音层面,这也是前述那几个"元音"的定义;另一个则是功能层面,把可以作为音节核心的音段当作"元音"。通常情况两者并不矛盾。而"摩擦元音"正好属于非常情况。所以在使用这个术语的时候需要注意,其中的"元音"只是在功能层面定义的。

4.3 声学结果和发音结果的"矛盾"

本研究的声学分析和发音分析两部分,单独看结果都没有问题。但是如果把两者放在一起,发音—声学关系却出现了一个看似"矛盾"的地方。从发音看,[i$_z$]比[i]更靠前。一般来讲,元音舌位越靠前,其第二共振峰就越高。所以,[i$_z$]的第二共振峰应该比[i]的高。但是声学分析的结果却是,[i$_z$]的第二共振峰低于[i]的第二共振峰。

事实上类似的问题也出现在普通话舌尖元音中。舌尖元音的第二共振峰比舌面元音[i]要低很多。如果画在一个以第一、第二共振峰为坐标轴的二维声学元音图上,舌尖元音差不多处在央高元音的位置。有鉴于此,Howie(1976:64)就认为舌尖元音实际是比元音[i]要偏后一些。但是这样的判断看上去总是有点别扭。因为"舌尖元音"这个名称上本身就意味着它应该比所有其他元音更靠前才对。鲍怀翘(1984)同样也发现了普通话舌尖元音发音部位靠前,但第二共振峰却很低。通过比较舌尖元音的 X 光发音照片,他认为,舌尖元音在舌面后—软腭位置还有一个次收紧点,这个位置的前后影响了舌尖元音第二共振峰的高度。但是这一解释不大适用于苏州话摩擦元音的情况,因为[i$_z$]的颚位图(见图2a)显示,收紧点后面的气流通道呈倒三角形状,在舌面后位置并没有次收紧点。

所以有必要进一步审视一下第二共振峰与发音部位前后的关系。

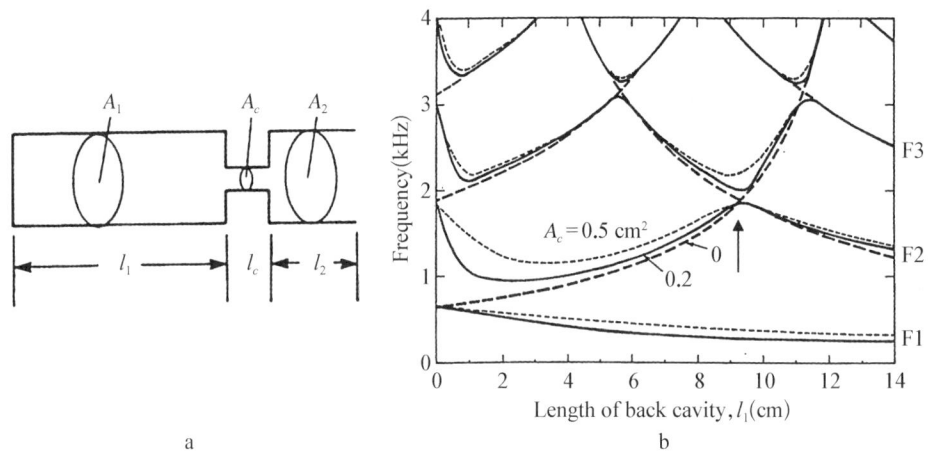

图4　a 非低元音的声道形状简化模型　b 左侧声学模型中收紧处位置变化和自然共鸣频率变化关系(Stevens,1989)

图4是元音发音理论的"管子"模型。根据这一模型,所有音的声道形状都可以简化成若干不同长度、口径的管子的组合。不圆唇非低元音的声道形状可以简化成图4a那样一个模型。这个模型是一根细管子连接了两根粗管子。左侧的粗管子代表了从声门到收紧处的声道后腔,它的长度我们可以用 l_1 来标记;右侧的粗管子则是从收紧处到嘴唇的声调前腔,它的长度我们标记为 l_2;中间的细管子则是收紧处,长度标记为 l_c,口径标记为 A_c。假设整个声道长度(=17 cm),三根管子的口径(其中 $A_c=0.2\ cm^2$)和 $l_c(=3\ cm)$ 这几个参数都保持不变,如果仅仅 l_1 从 0 cm 开始逐渐变长,(也就是细管子从最左侧开始向右移动,或者说保持元音高度不变,逐渐从后元音向前元音滑动),那么这个模型的共振峰变化情况就如图4b中实曲线所示(另两种虚曲线分别代表 $A_c=0.5\ cm^2$ 和 $A_c=0\ cm^2$ 的情况)。其中自左而右向上弯曲的几条曲线是前腔共振频率的变化曲线,自右而左向上弯曲的几条曲线则是后腔共振频率的变化曲线。最底下那条线是后腔的 Helmholtz 共振频率,它是元音的第一共振峰,这里我们就不作详细讨论。

我们主要看前后腔各自的第一共振频率曲线。它们在图4b箭头所指的位置有一个交叉。这个位置就是 Stevens(1989) 所谓元音[i]的 quantal 位置,这也是普通元音的边界,过了这个位置再向右,在西方语言学界看来都不属于元音范畴了。而在箭头左侧部分,元音的第二共振峰是前腔的第一共振频率。随着收紧处不断前移,第二共振峰持续升高。这一部分完全符合"元音越前,第二共振峰越高"的说法。但是在箭头右侧部分,由于前腔的第一共振频率已经变得很高,超过了后腔的第一共振频率,两条曲线的位置颠倒过来了,后腔的第一共振频率反而成为元音的第二共振峰。所以对于比[i]更靠前的音,收紧点越前,第二共振峰不是越高,而是越低。这样也就解释了为什么[i_z]比[i]前,第二共振峰却更低。根据这一关系,我们还可以进一步推测,发音位置更靠前的舌尖元音,第二共振峰应该比[i_z]还要低。事实也确实如此。经过测量,苏州话舌尖元音[ɿ]的第二共振峰,本实验 10 位男发音人的平均值是 1 179 Hz,10 位女发音人的平均值为 1 405 Hz,均小于对应的[i_z]的第二共振峰。

除了管子模型以外,其他诸如 Chiba 和 Kajiyama(1941)、Fant(1960)、Mrayati 等人(1988)的发音—声学关系的模型,在这个问题上推导出的结果也是一样的。本文就不多作介绍了。

不过,理论模型总是比较理想化。就像刚才介绍的这个模型,它假定只有一个参数变化,而其他所有参数保持不变。但是在实际发音过程中,往往改变一个参数,其他参数也会一起变化。那么在实际发音过程中,上述关系是否也能成立呢?

Ladefoged、Lindau(1989)发表了他们的一个实验。在实验中,他们请发音人先发元音[i],然后让发音人以这个发音动作为基准,逐渐把舌叶慢慢靠向上颚,使收紧处不断前移。实验结果表明,随着收紧点前移,第二共振峰会逐步下降。

在实际语言中,我们也发现有相似的例子。比如瑞典语有两个圆唇的高元音,通常分别描写为[y]和[ʉ]。但 Fant(1973)用 X 光调查这两个元音的发音舌位时却发现那个所谓的央高元音,"舌头主体的位置在硬腭软腭方向上并不比前元音更软腭化,舌冠部分则微微翘起,从而使舌—腭收紧处比[i]更靠前"。

因此不论理论模型、实验数据还是真实语言的数据都表明我们的声学发音调查结果并不冲突。由于苏州话[i_z]的收紧点位于比[i]更靠前的位置,通常的舌位前后与第二共振峰关系已经不再成立,而变成舌位越前,第二共振峰越低。

这个结论同样也可以解释为什么在包括北京话在内的很多汉语方言里,舌尖元音收紧点位置比[i]更靠前,而它的第二共振峰要比[i]的要低。

4.4 苏州话前高元音的演变过程

虽然不论在发音方面还是声学方面,[i_z]和[i]都是有区别的。但是两者毕竟还是有些相似的,否则也不会有学者用"[i]"来描写[i_z]了。一个元音系统,一般而言应该尽可能让内部各成员之间彼此保持充分的距离,这样才能有利于感知的区分(Liljencrants & Lindblom, 1972)。那么探讨一下这两个相似的元音怎么会共存在苏州话元音系统里,它们未来又会如何发展也是很有意思的题目。

根据发音分析的结果,[i_z]的发音部位已经超出一般元音的界限,位于"齿龈后"的位置。舌尖元音的发音部位比[i_z]还要靠前。所以我们打算结合了舌尖元音来讨论这个问题。

朱晓农(2004)推测舌尖元音可能是从摩擦元音演变而成的。他总结了汉语方言中高元音的演变情况后,发现汉语高元音有一个"元音大转移"演变过程。他发现,不同于印欧语的是,汉语的元音高化到高元音之后不是直接就变成复元音,而是继续高化,出现所谓"高顶出位"的现象。大致来说,演化可以分成这样三个阶段:首先是"擦化",即高元音继续变高,就成为擦化元音;其次是"舌尖化",即擦化元音继续发展就会变成舌尖元音;最后是"复化",也就是变成复元音。在此之前,也有一些学者(石汝杰,1998;曹文,1999等)推测很多汉语方言的舌尖元音来自摩擦元音。而朱晓农的研究,确认了这样的演变过程。

但是这个演变过程还是存在着一点漏洞。第一步元音[i]继续高化,就会变成擦音,这是大家非常容易接受的。因为擦音和元音的区别本来就在于主被动发音器官之间距离的大小。但是第二步就有点令人费解了,如果擦音继续变高,其结果只能是由擦音变成舌面塞音,而不应该跑到前面去,变成舌尖元音。何况从舌面到舌尖还是有一段距离的。对于这一步,朱晓农在文章里也承认确实很难给出一个很圆满的解释。

有意思的是,苏州话高元音的历史发展,又跟朱晓农说的"高顶出位"过程非常吻合。根据丁邦新(2003:124)对一百多年前苏州话的研究,他发现今天苏州话的[i]和[i_z],一百年前分别应该是[ie]和[i]。而李小凡(1998:211),汪平和杨佶(2002)都发现,现在部分苏州年轻人,尤其是年轻女孩,倾向于把[i_z]发成舌尖元音[ɿ]。由此可见,近一百多年来苏州话的"衣"正好经历了从舌面元音[i]发展成摩擦元音[i_z],然后再向舌尖元音[ɿ]发展的音变过程。所以摩擦元音[i_z]是从舌面元音[i]发展到舌尖元音的一个中间阶段,至少对于苏州话来说完全没有问题。

我们的研究结果正好可以合理解释舌面元音[i]发展成舌尖元音的变化过程。如前所述,苏州话摩擦元音的发音部位应该是舌叶(或舌面前)—齿龈后。所以从[i]到[ɿ],并非是一个简单变高的过程,而是一个发音部位逐步从舌面发展到舌面前,然后再到舌叶,最后到舌尖这样一个逐步前化的过程。如果连续发这三个音,我们还会发现,前化同时也是高化的过程,只不过不是整个舌头不断抬高,而是舌头前端逐渐变高。比如前文提到的Ladefoged和Lindau(1989)那个实验正好再现这样的发音变化。他们是这样描述这个发音变化过程的,"the blade of the tongue is advanced and raised(舌叶向前并抬起)"。所以从这一点而言,从[i]发展到舌尖元音也是一个高化的结果。

不过苏州话[i_z]为什么会在这一百多年里发生这样的变化仍是一个值得探讨的问题。这里我尝试着给出几个可能的解释,一种可能是元音系统内部调整造成的元音链式变化。因为在一百多年前,现在的[i]还是一个双元音[ie]。当这个双元音的音值变得越来越接近一号元音时,本来音值为一号元音的[i_z]如果要保持跟这个"双元音"的对立,就必然改变自己本来的音值。继续"高化",就变成了今天的摩擦元音[i_z]。而由于[i_z]和[i]的音值还是有点相似。为了更好地区分这两个元音,新一代年轻苏州人就继续前化本来的摩擦元音[i_z],从而变成舌尖元音。如果这种解释成立,那么苏州话前高元音的变化是一个推链过程。

另一种可能则是受周边方言的影响。因为苏州以北的方言不论是吴语还是江淮官话普遍存在摩擦元音[i_z],有些方言甚至已经完成了摩擦元音到舌尖元音的演变过程(石汝杰,1998)。相比之下,苏州前高元音的演变速度并不算快。如果这种变化确实是方言接触引起的语音特征扩散,那么变异的源头肯定不会是苏州而应该在更北边的某个方言。笔者对上海话的一次小调查里就观察到了这种扩散的例子(凌锋、李俭,2006)。上海话跟苏州话关系非常密切,它也发生了[ie]单元音化成为[i]的语音演变。不同于苏州话的是,这个新出现的[i]和原来的[i]合并了(许宝华、汤珍珠,1988)。所以上海话等于已经失去了推链音变的条件。但是我们的调查却发现现在上海年轻人的[i]大概可以分成两派,一派的[i]就读成一号元音,而另一派则读成摩擦元音[i_z]。这样两种不同的变体的出现恐怕只能用周边方言的影响来解释。因此,苏州话也很可能是先受周边的影响,产生了摩擦元音,反过来促使[ie]单元音化。这样,这种变化就应该是拉链式演变了。

当然，还有一个可能就是前述两种因素共同发生作用，从而导致苏州话出现了[iz]和[i]一对音值相近但彼此对立的元音。

五、小结

根据本文的研究，我们发现苏州话两个元音[iz]和[i]的不同，后者才是普遍出现在世界各语言中的一号元音，前者是一个特殊的摩擦元音，它不但带有摩擦，其共振峰模式也和[i]不大一样，发音部位是在"舌叶（或舌面前）—齿龈后"。

我们还发现对于像[iz]这类发音部位比[i]更靠前的元音，通常的第二共振峰与元音前后的对应关系不再成立，而变成元音越前，第二共振峰越低。这个解释不光适用于苏州话，其他语言中只要出现类似的更靠前的元音，其共振峰都会呈现相同的模式。

我们也证实了苏州话前高元音确实发生了"高顶出位"的历史演变。但是我们发现"高顶出位"不是单纯的元音高化，同时更是发音部位的前移。这样才能更合理地解释从前高元音发展成舌尖元音的音变过程。

参考文献

鲍怀翘,1984.普通话单元音的生理解释[J].中国语文,(2)：117-127.

曹文,1999.舌叶韵母[G]//现代语音学论文集.第四届全国现代语音学学术会议.北京：金城出版社.

李小凡,1998.苏州方言语法研究[M].北京：北京大学出版社.

凌锋,李俭,2006.苏州、上海和杭州三地前高元音比较研究[C]//首届国际上海方言学术研讨会,深圳.

钱乃荣,1992.当代吴语研究[M].上海：上海教育出版社.

石汝杰,1998.汉语方言中高元音的强摩擦倾向[J].语言研究,(1)：100-109.

丁邦新,2003.一百年前的苏州话[M].上海：上海教育出版社.

汪平,1996.苏州方言语音研究[M].武汉：华中理工大学出版社.

汪平,杨佶,2004.苏州方言语音演变研究[C]//南京：第三届中国社会语言学国际学术研讨会.

许宝华,汤珍珠,1988.上海市区方言志[M].上海:上海教育出版社.

叶祥苓,1988.苏州方言志[M].江苏:江苏教育出版社.

袁家骅,1989.汉语方言概要[M].第二版.北京:文字改革出版社.

赵元任,1928.现代吴语的研究[M].清华学校研究院丛书第四种.1956 重印.北京:科学出版社.

朱晓农,2004.汉语元音的高顶出位[J].中国语文,(5):440-451.

Chiba T, Kajiyama J., 1941. The vowel: its nature and structure[M]. Tokyo: Tokyo-Kaisekan.

Crothers J., 1978. Typology and universals of vowel systems[M]. Universals of Human Language, Volume 2 Phonology, J.H, Greenberg, C.A. Ferguson and E.A. Moravcsik, eds, Stanford: Stanford University Press.

Dart S.N., 1991. Articulatory and acoustic properties of apical and laminal articulations[D]. *UCLA Working Papers in Phonetics*, 79.

Fant G., 1960. Acoustic Theory of Speech Production[M]. The Hague: Mouton.

Fant G., 1973. Speech sounds and features[M]. Cambridge, Massachusetts: MIT Press.

Jesus L. M. T. and Shadle C. H., 1999. Acoustic analysis of a speech corpus of European Portuguese fricative consonants[C]// Proceedings of Eurospeech: 431-434.

Ladefoged P. and Maddieson I., 1996. The sounds of the world languages[M]. Oxford: Blackwell Publishers Ltd.

Ladefoged P. and Lindau M., 1989. Modeling articulatory-acoustics relations: a comment on Stevens' "On the quantal nature of speech"[J]. Journal of Phonetics, (17): 99-106.

Laver J., 1994. Principles of phonetics[M]. Cambridge UK: Cambridge University Press.

Lee W. S and Zee E., 2001. An Acoustical Analysis of the Vowels in Beijing Mandarin[J]. Eurospeech, Scandinavia.

Liljencrants J. and Lindblom B., 1972. Numerical simulation of vowel quality systems: the role of perceptual contrast[J]. Language, (48): 839-862.

Mrayati M., Carre R. and Guerin, B. ,1988. Distinctive Regions and Modes: a New Theory of Speech Production[J]. Speech Communication, (7): 257-286.

Peterson G. E. and Barney H. L., 1952. Control methods in a study of the vowels[J]. J Journal of the Acoustical Society of America, vol 24(2): 175-184.

Soli S., 1981. Second formants in fricatives: acoustic consequences of fricative-vowel coarticulation[J]. JASA, vol 70(4): 976-984

Stevens K., 1989. On the quantal nature of speech [J]. Journal of Phonetics, (17): 3-45.

Zee E., 2003. Frequency analysis of the vowels in Cantonese from 50 male and 50 female speakers[C]// Proceedings of 15th ICPHS Barcelona: 1117-1120.

复盘与导读

在汉语方言研究中有几个相关问题一直困扰着学界。首先一个问题是,在很多方言中存在着所谓的"摩擦元音"(如赵元任,1928;张成材,1987;乔全生,1990;钱乃荣,1992),主要分布在江浙皖地区和西北地区。"摩擦元音"这个名称显然就跟经典的元音定义是矛盾的。因为元音和辅音最重要的一个区别,就是元音无摩擦,而辅音往往有摩擦。那么既然这样的元音存在了摩擦,就不应该把它们归入元音,至多处理成声化韵。但是这类音与常见可以充当声化韵的鼻音边音不同,不但可以充当音节的核心,而且还可以跟多数声母自由拼合。这和其他单元音基本是一样的。这也是为什么仍然把它们归入元音的原因。其次问题,这类摩擦元音语音性质虽然特殊,但是它们跟其他元音并非毫无关联。很多学者发现摩擦元音很可能是汉语方言元音演变很重要的一个中间环节。比如石汝杰(1998)、曹文(1999)等就推测很多汉语方言的舌尖元音来自摩擦元音。朱晓农(2004)进一步提出了一个关于汉语高元音演变的非常有影响力的假说"汉语元音的高顶出位"。他发现汉语高元音和印欧语相似,也有"元音大转移"演变过程。但不同于印欧语的是,汉语的元音高化到高元音之后不是直接就变成复元音,而是继续高化,出现所谓"高顶出位"的现象。大致来说,演化可以分成这样三个阶段：一是"擦化"，即高元音继续变高，就成为摩擦元音；二是"舌尖化"，即擦化元音继续发展就会变成舌尖元音；三是"复化"，也就是变成复元音。虽然从方言材料来看，这一假说的证据是非常充分的。从语音性质来说，高元音变更高就摩擦化是很自然的结果，但是继续高化怎么就会变成舌尖元音，而不是变成比摩擦音更高的塞音。这一点朱晓农也承认是个很棘手的问题。由此也带来了第三个问题，舌尖元音的性质。舌尖元音虽然在国际音标中没有被正式承认为元音，但是其在汉语方言中，乃至东亚、东南亚的很多语言中广泛分布。所以中国学者都普遍使用了几个由高本汉创立的，非国际音标的音标符号来表示这类元音。但是在语音性质上，这类元音存在一个大麻烦，其发音特征和声学特征不匹配。因为一般来说，元音的舌位前后与元音的第二共振峰存在对应关系。元音的舌位越靠前，那么第二共振峰的数值就越大。舌尖元音从名称上来说，它的舌位应该是比前高元音 i 还要靠前的，那么很自然它的第二共振峰应该比 i 的第二共振峰高。但是实际测量的结果却是反过来的，舌尖元音的第二共振峰更低。因此，很多国外学者比如 Howie(1976)认为舌尖元音实际是央高元音。这种看法也许在音系处理上是可以接受的，但是从语音角度来说总是比较别扭。有些国内学者(鲍怀翘，1984)就认为舌尖元音在舌尖部分收紧同时，舌体后部也同时拱起。

总之，需要解决的问题有：摩擦元音的语音性质到底是什么样的，是否跟普通元音的差别仅仅是多了摩擦？摩擦元音是如何产生的？到底是什么语音特性使它能够与舌尖元音联系起来？摩擦元音以及舌尖元音的发音声学关系到底是什么样的？

本文选择苏州话的两个元音作为切入点，是因为这两个元音方便比较研究。论文先从常见的几个语音参数入手，根据研究需要，分析了共振峰、谐噪比、舌位腭位图。然后再具体讨论了其语音属性，声学发音关系和其历史演变脉络。

本研究不但对苏州话摩擦语音性质做了细致周到的描写，而且对摩擦元音的发音声学关系作了合理的解释，从而一定程度上纠正了学界对元音前后与第二共振峰关系的片面认识，该结论不但适用于摩擦元音本身，也适用于所有发音部位比前高元音更靠前的音素。同时解决了舌尖元音发音声学不匹配的问题，完善了"元音高顶出位"假说中最不易解释的从擦化到舌尖的演变机制。该论文发表后，得到了学界广泛好评，涉及舌尖元音、舌冠辅音的研究对本文多有引用。

对于论文写作来说，有个很重要的原则就是"从大处着眼，从小处着手"。所

谓"从小处着手"就是指选题不要求大求全,应该尽量精简聚焦在一个比较小而具体的问题上,分析的时候要把所有细节都穷尽深入。这样研究就不至于枝枝蔓蔓,反而模糊了焦点。而"从大处着眼"是指选题要抓住学科发展中的关键问题,分析讨论的时候不能就事论事,只局限于这个问题本身,要格局大,要关注这个问题和其他问题的关联性,深入发掘问题背后的理论价值,找到其背后具有普遍规律性的东西来。例如本论文的选题本身很小,主体只研究对比了两个元音。但其直接关涉到语音学和音韵学的几个重要问题,其结论不是局限于苏州话这两个元音本身,而是反映了世界语言发展共同的语音规律。